U0604952

国家统一法律职业资格考试

民诉宝典

方志平◎编著

中国政法大学出版社
2021·北京

图书在版编目（CIP）数据

国家统一法律职业资格考试民诉宝典/方志平编著. —北京：中国政法大学出版社，2021.2
ISBN 978-7-5620-9867-6

Ⅰ.①国… Ⅱ.①方… Ⅲ.①民事诉讼法－中国－资格考试－自学参考资料 Ⅳ.①D925.1

中国版本图书馆 CIP 数据核字(2021)第 033374 号

出 版 者	中国政法大学出版社
地　　址	北京市海淀区西土城路 25 号
邮寄地址	北京 100088 信箱 8034 分箱　邮编 100088
网　　址	http://www.cuplpress.com（网络实名：中国政法大学出版社）
电　　话	010-58908285(总编室) 58908433（编辑部）58908334(邮购部)
承　　印	北京鑫海金澳胶印有限公司
开　　本	787mm×1092mm　1/16
印　　张	26.75
字　　数	430 千字
版　　次	2021 年 2 月第 1 版
印　　次	2021 年 2 月第 1 次印刷
定　　价	89.00 元

目 录

第一部分 民事诉讼、民事诉讼法、诉的基本理论

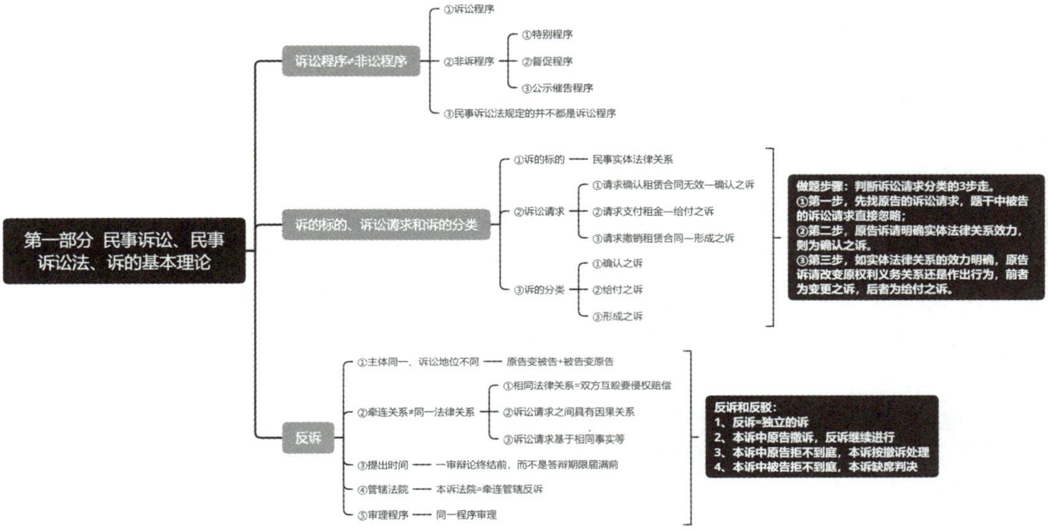

一、诉讼程序≠非讼程序

（一）诉讼程序（解决“民事”纠纷）

诉讼程序解决民事主体间因财产和人身关系发生争议而提起的诉讼，包括一审程序（普通和简易）、二审程序（2012/84AB）和再审程序。

（二）非讼程序（没有“民事”纠纷，只是确定一种事实状态或法律关系存在还不存在）

1. 特别程序

（1）选民资格案件。（2）宣告失踪。（3）宣告死亡。（4）宣告无限人。（5）宣告无主财产。（6）担保物权实现程序。（7）确认调解协议效力程序。

> 判断1：选民资格案件涉及公民政治权利，不属于民事审判程序，所以也不是非讼程序。
>
> 判断2：其他的特别程序属于非讼程序。（2012/84C 认定财产无主案件审理程序不是诉讼案件的审判程序√。）

2. 督促程序：（1）对于给付金钱或有价证券的请求，人民法院根据债权人的申请向债务人发出支付令，债务人在收到支付令之日起15日内不提出异议又不履行支付令的，债权人可以向人民法院申请执行。（2）督促程序是督促债务人尽快清偿债务的一种简便迅速的程序。

3. 公示催告程序：(1) 可以背书转让的票据持有人，因票据被盗、遗失或者灭失，可以向票据支付地的基层人民法院申请公示催告。(2) 申请人应当向人民法院递交申请书，写明票面金额、发票人、持票人、背书人等票据主要内容和申请的理由、事实。(3) 人民法院决定受理申请，应当及时通知支付人停止支付，并发出公告，催促利害关系人申报权利。没有人申报的，人民法院应当根据申请人的申请，作出判决，宣告票据无效。(4) 判决应当公告，并通知支付人。自判决公告之日起，申请人有权向支付人请求支付。

(三) 执行程序（申请执行人 V 被执行人）

1. 民事诉讼法规定的由法定组织和人员运用国家的强制力量，根据生效法律文书的规定，强制民事义务人履行所负义务的程序。

2. 如拒不履行，权利人可申请法院强制执行。执行程序是民事诉讼程序的最后阶段。执行程序具有以下特点：

(1) 执行权由人民法院统一行使。无论生效的法律文书是由何种机构作出的，凡应通过民事执行程序加以实现的，只能由人民法院执行。

(2) 执行程序的目的在于实现生效法律文书所规定的内容。

(3) 执行手段具有强制性。

秒杀：民事诉讼法规定的并不都是诉讼程序。

(四) 民事诉讼法

民事诉讼法具有溯及力。1991 年民诉法，2007 年局部修改，2012 年全面修改，2017 年只修改一条检察院可以提起公益诉讼。2017 年的民诉法修正案生效后，法院无论是审理生效前受理的案件，还是审理生效后受理的案件，都应适用新法（类似于《著作权法》）

判断 1：2011/35C 根据其规定内容，民事诉讼法是程序法√。(与实体法相对应)
判断 2：2011/35A 根据其调整的社会关系，民事诉讼法是程序法 ×。（应将“程序法”修改为“部门法”）(调整的对象即社会关系属于部门法概念)
判断 3：2011/35B 根据其在法律体系中的地位，民事诉讼法是程序法 ×。(应将“程序法”修改为“基本法”)（宪法是根本法、民诉是基本法、一般法）
判断 4：2011/35D 根据公法与私法的划分标准，民事诉讼法是程序法 ×。(应将“程序法”修改为“公法”)(两大诉讼法都是公法，审判权是公权力的救济制度)（实体法有的是私法有的是公法）

二、诉的标的、诉讼请求和诉（诉讼请求）的分类

(一) 诉的标的

民事实体法律关系（2015/37A）(2011/37B)（2009/37D)。

1. 如房屋租赁合同法律关系。

2. 如相邻关系。(2009/37D……王某起诉要求邻居刘某不要将垃圾袋放家门口……本案诉讼标的是 D 王某和刘某之间的相邻关系√。)

判断 1：诉讼标的≠诉讼标的物。①房屋租赁合同法律关系 = 诉讼标的。房屋是诉讼标的物。②买卖手机合同法律关系 = 诉讼标的。手机是诉讼标的物。
判断 2：2011/37 甲诉乙要半年房租 6000 元，案件开庭审理前，甲提出时间过去 1 个月，要求乙将房租增加到 7000 元。①作为诉讼标的变更，另案审理 ×。②作为诉讼请求增加，继续审理√。

（二）诉讼请求

1. 请求确认租赁合同无效。

2. 请求支付租金。

3. 请求撤销租赁合同。

（三）诉讼请求分类（根据原告提出的诉讼请求来判断）

1. 请求确认租赁合同无效 = 确认之诉。

2. 请求支付租金 = 给付之诉。

3. 请求撤销合同 = 形成之诉。

（四）确认之诉

当事人对待确认的法律关系是否存在、是否有效是存在争议的。

1. 积极的确认之诉 = 确认合同有效。（确认亲子关系）

2. 消极的确认之诉 = 确认合同无效。（确认无效婚姻）（确认股东大会决议无效）

判断：2013/37B“周某向法院申请宣告自己与吴某的婚姻无效，属于变更之诉 ×。”

解析：①是否有效需要确认，故属于消极的确认之诉。②变更之诉中待消灭或变更的法律关系是既存且效力确定的，如解除婚姻关系。

3. 确认无限人、确认财产无主、确认调解协议效力 = 特别程序，不是诉讼程序，故不是确认之诉。（“用非诉来骗人”、不涉及诉讼案件、不存在诉的种类）

判断：2013/37A“孙某向法院申请确认其妻无民事行为能力，属于确认之诉 ×。”

（五）给付之诉

原告请求法院判令被告履行一定义务。

1. 财物给付 = 给钱物。

（1）给付种类物之诉（如金钱）。

（2）给付特定物之诉（如房屋）。

判断：2013/37C“张某在与王某协议离婚后，又向法院起诉，主张离婚损害赔偿，属于给付之诉（给付财物）√。”

2. 行为给付

（1）积极给付之诉（作为）：积极作为（赔礼道歉、继续履行 2008/86B）。

（2）消极给付之诉（不作为）：消极不作为（停止侵权行为）。

判断 1：给付财物和给付行为案

2015/37D“车被追尾，起诉要求修车，诉讼中变更诉讼请求，要求赔偿损失并赔礼道歉 = 给付之诉√。”

解析：①要求修车 = 给付之诉，给付内容是行为。②变更后要求赔偿损失并赔礼道歉 = 给付之诉，给付内容是财物和行为。③诉讼标的都是侵权法律关系，诉讼标的没有发生变化。

判断 2：给付行为之积极作为和消极不作为案

2008/86D 甲公司起诉乙公司，要求乙公司立即停止施工或采取有效措施降低噪音，属于变更之诉 ×。

解析：①停止施工 = 消极的不作为。②采取措施降低噪音 = 积极的作为。③都是给付之诉，给付的内容是行为，既有作为又有不作为。

（六）形成之诉（变更之诉）

请求法院消灭或者变更某种既存的法律关系（对现存关系没争议）（是否变、如何变）

1. 主体变更＝孩子从母抚养变更为父抚养。

2. 客体变更＝撤销合同或者解散公司或者第三人撤销之诉（“三撤”）。

3. 内容变更＝抚养费由1000增加为2000或者抚养费由1000降低为500。（“三费案件”）

判断1：2013/37D“赵某代理女儿向法院诉请前妻将抚养费从每月1000元增加为2000元，为给付之诉×。”解析：抚养费由少变多，为变更之诉，变更既存的抚养关系内容。 判断2：小甲要求甲给付抚养费1000元，为给付之诉√。解析：并非变更或消灭既存关系，而是请求对方当事人给付财物，故属于给付之诉。

总结：①单纯要三费＝给付之诉（本次诉讼中从1元变成2元，增加诉讼请求，还是给付之诉）（原来没有固定的关系）。②在原来基础上增减三费＝变更之诉（原来有一个稳定的关系）。

（七）交叉判断

1. 原告说要钱，被告说合同无效，本案仍为给付之诉。因为对诉讼请求分类是对原告的诉讼请求进行分类，不考虑被告的答辩意见。

判断：【一方要钱，对方说没欠钱案】2008/86C甲向法院起诉乙，要求返还借款1000元，乙称自己根本没有向甲借过钱，该诉讼属于确认之诉×。 解析：①原告诉讼请求作为诉的分类的唯一根据，不考虑被告乙的答辩意见。②原告甲起诉请求返还借款。③被告答辩不存在借款关系，虽然法院应首先确认借款关系是否存在，但对诉的分类不产生影响。

2. 原告说要钱，法院需要明确合同是否成立、是否有效，但仍然为给付之诉，而不是确认之诉（给付之中会存在确认的问题）。因为确认之诉只要求确认，不能有给付、变更、消灭的请求。

做题步骤：判断诉的分类的3步走。①第一步，先找原告的诉讼请求，题干中被告的答辩（“请求”）直接忽略；②第二步，原告诉请明确实体法律关系效力，则为确认之诉。③第三步，如实体法律关系的效力明确，判断原告是诉请改变原权利义务关系效力，还是请求法院判令被告履行给付义务，前者为变更之诉，后者为给付之诉。④非讼中不存在这个分类。

三、反诉（被告提出的独立的诉）（“反”）

《民诉解释》第233条，反诉的当事人应当限于本诉的当事人的范围。

反诉与本诉的诉讼请求基于相同法律关系、诉讼请求之间具有因果关系，或者反诉与本诉的诉讼请求基于相同事实的，人民法院应当合并审理。

反诉应由其他人民法院专属管辖，或者与本诉的诉讼标的及诉讼请求所依据的事实、理由无关联的，裁定不予受理，告知另行起诉。

《民诉解释》第232条，在案件受理后，法庭辩论结束前，原告增加诉讼请求，被告提出反诉，第三人提出与本案有关的诉讼请求，可以合并审理的，人民法院应当合并审理。

（一）主体同一、诉讼地位不同

1. 本诉：原告 + 被告

2. 反诉：原告变被告 + 被告变原告。（1）本诉原告成为反诉被告。（2）本诉被告成为反诉原告。

判断 1：【主体相同】2013/80A 反诉的原告只能是本诉的被告√。 判断 2：【主体相同，不等于诉讼地位相同】2012/80D 本诉与反诉的当事人具有同一性，因此，当事人在本诉和反诉中诉讼地位是相同的 ×。 判断 3：【主体不同，不是反诉】房东向租户要租金（原告是房东；被告是租户）；租户说房屋失修砸伤租户孩子要赔汤药费（原告是租户孩子；被告是房东）。因为主体不同，故不是反诉√。

（二）牵连关系≠同一法律关系（为了诉讼经济）

1. 诉讼请求基于相同法律关系。

秒杀：只有 1 个法律关系：①原告诉借款返还。被告反诉合同无效。②原告诉要货款。被告反诉合同无效。

2. 诉讼请求之间具有因果关系。

秒杀：有 2 个或 2 个以上法律关系：①房东诉租户付租金，租户反诉房东没修房屋砸到自己要求侵权赔偿。②没付租金是因为你砸到我了。

3. 诉讼请求基于相同事实。

秒杀：有 2 个或 2 以上法律关系：①A 打 B；B 打 A。互殴。②A 诉 B；B 反诉 A。③相同事实，打人。

判断 1：2013/80D 反诉与本诉之间必须存在牵连关系，因此必须源于同一法律关系 ×。 判断 2：房东向租户要租金，租户说房屋失修砸伤自己要侵权赔偿，并非相同法律关系，但仍然牵连√。

（三）提出时间

1. 一审辩论终结前，而不是答辩期限届满前。（2013/80C 反诉必须在答辩期届满前提出 ×。）

2. 二审提出反诉，二审法院调解，调解不成，告知另行起诉。如果双方同意二审一并审理，二审法院可以一并审理。

判断：二审中一律不允许提反诉 ×。

（四）管辖法院（管辖同一性）

1. 本诉法院 = “牵连管辖”反诉。为了诉讼经济。

2. 除非反诉属于专属管辖或者协议管辖等强制性情形，或者有仲裁协议。

判断：2012/80A 反诉应当向受理本诉的法院提出，且该法院对反诉所涉及的案件也享有管辖权√。

（五）审理程序

1. 同一程序审理（2013/80B 反诉与本诉必须适用同一种诉讼程序√。）。

2. 反诉和本诉都适用普通程序审理；或都属于适用简易程序审理。

（六）反诉＝独立的诉（请求的独立性）

1. 区分反诉和反驳：把原告的诉讼请求抽掉，单独判断被告的主张是否可单独向法院提起诉讼，可以即为反诉；不可以即为反驳。（请求是否有独立性）

判断1：【反诉和反驳之房东向租户要租金案】①租户说合同无效（反诉2014/43B）。因为如果抛开房东要租金，租户单独到法院可以起诉合同无效。②租户说已经支付租金（反驳2014/43D）、无支付能力（穷＝没有对抗性＝也不是反驳＝什么都不是2014/43C）、支付租金的请求权已经超过诉讼时效（反驳2014/43A）。因为如果抛开房东要租金，租户单独就这些话拿去法院讲会很荒唐。 判断2：【反诉之继续履行买卖合同案】原告要求被告履行合同，被告主张合同无效要求原告承担缔约过失责任（反诉2009/36）因为如果抛开原告要求被告履行合同，被告单独也可以去法院主张缔约过失责任。 判断3：【反诉归还借款案】原告要求被告归还借款，被告主张曾经给了玉石，用来充抵借款（反诉）。因为被告是基于买卖玉石的关系提出主张，不要管实际结果。

秒杀：实务中判断反诉和反驳很简单。如属于反诉，法官会要求当事人庭后补交诉讼费。

2. 本诉与反诉相互独立

（1）本诉中原告赢了，反诉中本诉被告可能也会赢，即双方都可能赢了。

判断：2012/80C反诉如果成立，将产生本诉的诉讼请求被依法驳回的法律后果×。 解析：①如甲乙打架，甲诉乙赔汤药费，乙反诉甲赔礼道歉。②法院可能判决双方主张都成立，即反诉成立不一定会产生本诉诉讼请求被驳回的法律后果。

（2）本诉中原告撤诉，反诉继续进行（告了我别想跑，我告你还没完呢）。（2012/80B反诉中的诉讼请求是独立的，它不会因为本诉的撤销而撤销√。）

（3）本诉中原告拒不到庭，本诉按撤诉处理；反诉中原告拒不到庭，反诉按撤诉处理。

（4）本诉中被告拒不到庭，本诉缺席判决；反诉中被告拒不到庭，反诉缺席判决。

（七）二审反诉或再审发回重审时反诉处理方法

1. 二审中反诉的处理。根据自愿原则调解，调不成告知另行起诉。双方当事人同意二审法院一并审理，二审法院可以一并裁判。（《民诉解释》第328条）

2. 再审裁定发回重审反诉的处理。4种情形准许：原审未合法传唤缺席判决，影响当事人行使诉讼权利的；追加新的诉讼当事人的；诉讼标的物灭失或发生变化导致原诉讼请求无法实现的；当事人申请变更、增加的诉讼请求或提出的反诉，无法通过另诉解决的。（《民诉解释》第252条）

反诉：①第1步，人：主体同一。②第2步，请求：请求独立。③第3步：牵连关系（相同关系、因果关系、事实）。

第二部分　基本原则和基本制度

一、基本原则

（一）平等原则（原告与被告）、同等原则（中国人在中国与外国人在中国）、对等原则

1. 第一个“等”：平等原则＝诉讼当事人诉讼权利、义务平等（2014/35C）。

（1）诉讼权利和义务相同：原告和被告都可委托诉讼代理人、申请回避、申请调查取证、申请保全、参加庭审、进行辩论、对一审判决提出上诉等。

（2）或者诉讼权利和义务相对应：原告有权起诉，被告有权应诉答辩、提出反诉；原告有权选择有管辖权的法院，被告有权提出管辖权异议。原告有权提出、放弃、变更诉讼请求，被告有权承认、反驳诉讼请求。

> 判断1：平等原则要求原被告诉讼权利相同×。
>
> 判断2：2011/38B 当事人均有权委托代理人代为进行诉讼，是处分原则的体现×。（平等原则）（当事人均，则平等原则）
>
> 判断3：2011/38C 原告与被告在诉讼中有一些不同但相对等的权利，是同等原则的体现×。（平等原则）

2. 第二个“等”：同等原则＝国民待遇（2014/35D）

外国人、无国籍人在中国打官司，享受国民待遇，一视同仁。

> 判断：2013/45/A“外国人在我国进行民事诉讼时，与中国人享有同等的诉讼权利义务，体现了当事人诉讼权利平等原则×”。（同等原则）

> 记忆：同＝国。

3. 第三个“等”：对等原则＝投桃报李（2014/35D）

外国法院限制中国人诉讼权利，我国采取对等的方式。

> 记忆：对＝“怼”

> **秒杀：题干没有提到外国人，不可能是“同等原则”与“对等原则”。**

（二）诚实信用原则

1. 约束当事人

当事人不得在诉讼中滥用诉讼权利，侵害国家、社会、他人合法权益。比如不得伪造证据、恶意串通通过诉讼逃避债务、转移资产、滥用管辖权异议、回避申请或者执行异议等程序拖延诉讼、拖延执行等。（2014/37/A “当事人以欺骗方法形成不正当诉讼状态，违反了诚信原则。”）

（1）虚假诉讼夺财（离婚构造借条寻找“过桥人”）（“借条”）

《民诉法》第112条，“当事人之间恶意串通，企图通过诉讼、调解等方式侵害他人合法权益的，人民法院应当**驳回其诉讼请求**，并根据情节轻重予以罚款、拘留；构成犯罪的，依法追究刑事责任。”

（2）虚假诉讼逃债（负债后还继续构筑债务寻找“过桥人”）（“借条”）

《民诉法》第113条，“被执行人与他人恶意串通，通过诉讼、仲裁、调解等方式逃避履行法律文书确定的义务，人民法院应当根据情节轻重予以罚款、拘留；构成犯罪的，依法追究刑事责任。”

2. 约束法院

法院在行使民事审判权的过程中应当公正、合理，善意行使自由裁量权，不得滥用权力，认定事实不得对当事人提出的证据进行任意取舍（2014/37/D “法院对当事人提出的证据任意进行取舍或否定＝违反诚信原则√。”）等。

3. 约束其他诉讼参与人

其他诉讼参与人应当诚实、善意地实施诉讼行为，如证人应当如实作证（2014/37/B “证人故意提供虚假证言＝违反诚信原则√。”）、鉴定人应当如实出具鉴定意见、代理人不得滥用或超越代理权等。

（三）检察监督原则

1. 监督谁？（公对公）（公权力对公权力的监督）

（1）监督法院及其工作人员行使审判权（民事审判检察监督）和执行权（民事执行检察监督）的行为。如审判人员、执行人员是否存在贪赃枉法、徇私舞弊等违法行为；如法院作出的生效判决、裁定、调解书是否存在法定情形可提出抗诉或者检察建议以启动再审。

（2）不监督人民调解委员会、仲裁委员会。

（3）不监督当事人和其他诉讼参与人。

检察院：监督；公益诉讼原告；支持起诉。

2. 怎么监督？

（1）抗诉＝启动对生效法律文书再审＝必须满足再审条件即适用再审制度的才可以。（北京一中院：北京一分检，申请，北京市检察院向北京高院提起抗诉，抗诉的是北京一中院）（上同抗下）

（2）检察建议＝对生效法律文书建议再审（必须满足再审条件）＋对法院或法官违法行为提出检察建议要求法院予以纠正。

> 辨析：抗诉和检察建议的适用。县法院对当事人实现担保物权的申请作出裁定。
> 问1，市检察院可以就该裁定向市中院提出抗诉吗？回答：不可以。因为实现担保物权属于特别程序，不适用再审制度，故对其裁定不能提出抗诉。
> 问2，县检察院就该裁定可以向该法院提出再审检察建议吗？回答：不可以。因为再审检察建议是要求启动再审，必须满足再审条件，而实现担保物权作为特别程序不适用再审制度，对其裁定不能提出检察建议。
> 问3，县检察院发现本案法官接受当事人请客送礼，可向县法院提出检察建议吗？回答：可以。虽然实现担保物权作为特别程序不适用再审制度，但本案检察院是针对法官接受请客送礼这一具体违法行为提出检察建议，符合法律规定。

（四）支持起诉原则

机关、社会团体、企业事业单位对损害国家、集体或者个人民事权益的行为，可以支持受损害的单位或者个人向人民法院起诉。

1. 谁支持？“单位” = 机关 + 社会团体 + 企业事业单位。不包括个人。（不是原告）
2. 支持谁？“单位”或个人。（是原告）
3. 怎么支持？为受害人提供物质上或精神上帮助。但当事人仍是受害人，即以受害人名义起诉。

> 判断：公益诉讼是以机关组织名义起诉，不属于支持起诉原则的适用√。

（五）辩论原则

人民法院审理案件时，当事人有权进行辩论。

1. 适用范围：仅适用于诉讼程序。故特别程序、督促程序、公示催告程序和执行程序不适用辩论原则。

> 判断：2009/82/D 督促程序不适用辩论原则√。
> 解析：这些程序不解决民事权利义务纠纷，因为没有争议，故不需要辩论。

2. 适用阶段：整个民事诉讼审判程序。不限于法庭辩论阶段，包括整个一审、二审和再审程序

> 判断：2009/82/A “当事人辩论权的行使仅局限于一审程序中开庭审理的法庭调查和法庭辩论阶段”×。

3. 辩论形式：书面、口头。

> 判断：2009/82/B 当事人向法院提出起诉状和答辩状是行使辩论权的一种表现√。
> 解析：提交起诉状和答辩状是当事人通过书面形式，对案件的实体问题进行辩论的体现。

4. 辩论主体：当事人。如不包括证人。

> 判断：2009/82/C “证人出庭陈述证言是证人行使辩论权的一种表现”×。
> 解析：辩论的主体是当事人，证人没有辩论权。

5. 辩论内容：实体（事实问题证据问题）、程序问题、法律问题（适用什么法律）。
6. 约束性辩论原则：法院审判权的行使范围受当事人辩论的约束 = 法院的裁判必须受当事人主张的事实和证据的约束。（辩论权对审判权的约束）

原理：约束性辩论原则 = 法院审判权范围受当事人辩论的约束。①只有当事人提出并加以主张的事实，法院才能加以认定；②对双方当事人都没有争议的事实，法院应当予以认定，即法院受当事人自认事实的约束；③对证据的调查，法院原则上仅限于当事人提出的证据，而不允许法院依据职权主动调查证据；④故根据约束性辩论原则，法院就原被告没有主张的事实进行裁判，即超出了当事人主张的事实进行裁判的行为，违反了辩论原则。

7. 违反辩论原则：超事实 = 违反辩论原则。法院以原告、被告没有主张的事实作为裁判依据，即超出当事人主张的事实进行裁判的行为，违反辩论原则。

（六）处分原则：当事人有权在法律规定的范围内处分自己的权利

1. 处分的对象

（1）实体权利和诉讼权利。①实体权利：自认、认诺、放弃主张、接受调解等。对民事实体权利的处分通过处分诉讼权利来体现。②程序权利：放弃委托诉讼代理人。处分程序权利未必涉及处分实体权利。

判断 1：2011/38A 当事人有权决定是否委托代理人代为进行诉讼，是诉讼权利平等原则的体现 ×。

解析：委托代理人是当事人的诉讼权利，当事人有权决定是否委托，是处分原则的体现，当事人可以处分委托诉讼代理人这一程序性权利。

判断 2：2013/45C 当事人主张的法律关系与法院根据案件事实作出的认定不一致时，根据处分原则，当事人可以变更诉讼请求√。

解析：涉及的是诉讼请求，体现的就是处分原则。

（2）处分原则适用整个诉讼过程中，诉讼程序、非讼程序、执行程序。辩论原则仅适用于诉讼程序。

2. 处分的限制：在法律规定范围内（“处分原则意味法院无权干涉当事人诉讼权利的行使” ×）依法处分、诚信处分。当事人行使处分权必须符合法律规定，不能损害国家利益、社会公共利益和其他人合法权益。

原理：当事人的处分权（诉权）与法院的审判权（审判权）构成民事诉讼的核心和主线，彼此制约：

（1）处分权制约审判权：法院裁判不能超请求（又称“处分权的约束力”）。

（2）审判权制约处分权：依法处分，法院代表国家对当事人行使处分权的行为进行监督。

①如对确认身份关系的案件，不适用自认。

②如原告撤诉，但法院审查后认为撤诉将损害国家利益、社会公共利益的，不予准许。

③【证明责任不能处分】如当事人约定，“合同是否履行无证明时，以甲方主张事实为准”，这是无效的，因为证明责任分配不是处分权范围。(2014/79A)

④【诉权不能处分】当事人在诉讼和解中约定“原告撤诉后不得以相同事实再次提起诉讼”，这是无效的，这剥夺了当事人的起诉权。还如交通事故私了一笔勾销不再追究，这是和解，和解是可以反悔的，还是可以去起诉的。(2014/79B)

⑤【程序不能处分】当事人约定“如果起诉，只能适用普通程序”，这是无效的。可以约定适用简易程序，不能约定适用普通程序。司法资源是公共资源，可以约定少用，不可以约定多用。(2014/79C)

⑥【强制措施不能处分】当事人约定“双方必须亲自参加开庭审理，不得无故缺席”，如果被告委托了代理人参加开庭，自己不参加，法院应根据该约定在对被告两次传唤后进行拘传。这是错误的，因为拘传等强制措施的适用对象和条件只能法定，不能约定。(2014/79D)

3. 秒杀①：超请求下判决 = 违反处分原则：判决超出了原告的诉讼请求即违反了处分原则

例 1：【违反处分原则】原告要被告还款 100，法院判被告还 100 加利息，则法院违反了处分原则。因为原告没有要利息，即原告处分了利息这一实体权利（不意味原告不要利息，而是原告在本次诉讼中未主张利息，这种未主张本身是一种“处分”），法院却仍然对原告未主张的权利作出判决，故侵犯了原告对自己权利的处分。

例 2：【不违反处分原则】原告要被告还款 100，诉讼中达成调解协议，被告向原告付 100 和利息，这没有违反处分原则，**因为这是调解而不是判决**，故不受处分原则的限制。

4. 秒杀②区分违反辩论原则和违反处分原则

(1) 超事实裁判 = 违反辩论原则（辩论原则针对事实和证据层面）

判断 1：2013/45B 法院未根据当事人的自认进行事实认定，违背了处分原则 ×。

解析：①自认是对对方主张事实进行承认，针对的是事实，而非原告诉讼请求，故涉及辩论原则。(对身份关系有关事实不适用自认制度) ②认诺是针对对方诉讼请求的承认，针对的是诉讼请求，故涉及处分原则。

判断 2：超事实裁判 = 违反辩论原则。(2012/5)

“司机开车时速 60，突遇路人骑车横穿马路，司机紧急刹车，路人在车前倒地摔伤。路人告到法院，主张自己被撞伤索赔；司机主张自己未撞到路人，路人乃自己摔倒（《西虹市首富》中国最高超假摔）。争议焦点为路人倒地是否为司机撞倒所致？

法院：无法确定是否司机撞路人，但即使司机没有撞到路人，由于司机是大车，速度快，刹车声音刺耳，足以使路人受到惊吓而摔倒，因此判各 50% 的责任。”

解析：①当事人主张的事实是司机是否撞到路人（是否撞人），而法院在该事实无法查清的情况下，以未经当事人主张而法院自行认定的事实“司机吓倒了路人”（是否吓人）作为裁判依据，做出判决。属于超事实的判决 = 违反辩论原则。②正确的做法是：在事实真伪不明时，应启动证明责任规则作出对承担证明责任一方不利的判决。由受害人即原告对被告的侵权行为承担证明责任，因该事实真伪不明，故法院应判决原告败诉。

（2）超请求裁判＝违反处分原则（处分原则针对的是权利，在诉讼中主要通过原告的诉讼请求体现）

判断：【超请求裁判＝违反处分原则】（2008/38）“甲诉求法院判决乙归还借款2万元。案件审理中，借款事实得以认定，同时，法院还查明乙逾期履行还款义务近1年，法院遂根据银行同期定期存款利息，判决乙归还甲借款本金2万元，利息520元。” A全面保护了权利人合法权益×；B违反了处分原则√；C违反了辩论原则×；D违反了平等原则×。 解析：①甲要本金，法院却判本金和利息，超请求下判决，故违反处分原则。②不论是要本金还是要利息，都是基于借款事实，该事实为当事人所主张，法院判决没有超出当事人主张的事实，没有违反辩论原则。

（3）既超事实又超请求裁判＝违反辩论原则和违反处分原则。

判断：【超事实裁判和超请求裁判＝违反辩论原则和违反处分原则】（2010/88）“王某和钱某系夫妻，因感情不和王某提起离婚诉讼，一审法院经审理判决不准予离婚。王某不服提出上诉，二审法院经审理认为应当判决离婚，并对财产分割与子女抚养一并做出判决。” A违反了处分原则√；B违反了辩论原则√；C违反了两审终审制度√；D违反了回避制度×。 解析：①违反两审终审制：因为对财产分割和子女只经过了一次审理。《民诉解释》第329条规定，一审判不离，二审认为应该判离，对财产分割和子女抚养问题，二审法院可以调解，调解不成应当撤销原判，发回重审；或者当事人同意一并审理的，二审法院可以一并审理，而不能直接改判。②超请求裁判：原告的诉讼请求限于离婚，解除婚姻关系，不涉及财产分割和子女抚养问题，法院超出原告诉讼请求，对子女抚养和财产分割一并做出判决＝违反处分原则。③超事实裁判：如要处理财产分割和子女抚养问题，需要对相关财产状况和子女生活状况等事实进行认定，而原告只主张解除婚姻关系，并未主张财产分割和子女抚养，自然只是对婚姻关系事实进行了主张，没有主张有关财产和子女事实。缺少对与财产、子女事实进行举证、质证，发表辩论意见的机会。法院的裁判超出了当事人主张的事实，擅自以当事人未加主张的事实即财产状况和子女状况作为裁判依据＝违反辩论原则。

二、基本制度（回避、公开、合议、两审终审）

（一）回避制度

为了保证案件公正审判，要求与案件有一定利害关系的审判人员和其他人员不得参与本案的审判和其他诉讼活动的制度。

1. 哪些人有什么问题需要回避？

（1）哪些人？（不包括当事人）

①审判人员：参与本案审理的人民法院院长、副院长、审判委员会委员、庭长、副庭长、审判员、助理审判员和人民陪审员。还有书记员、执行员。

问：什么是审判“人”员？审判人员 = 审判员 + 助理审判员 + 人民陪审员 + 书记员、执行员参照审判人员回避来处理。

②翻译人员、鉴定人、勘验人员。

③不包括证人。

（2）这些人有什么问题？

①“意念回复”：是本案当事人或当事人近亲属；本人或近亲属与本案有利害关系；担任过本案证人、鉴定人、辩护人、诉讼代理人、翻译人员；是本案诉讼代理人近亲属；本人或其近亲属持有本案非上市公司当事人的股份或者股权（“新规”）；与本案当事人或者诉讼代理人有其他利害关系，可能影响公正审理的。(《民诉解释》第 43 条)

②“情礼之交”：接受本案当事人及其受托人宴请，或者参加由其支付费用的活动的；索取、接受本案当事人及其受托人财物或者其他利益的；违反规定会见本案当事人、诉讼代理人的（“原写的是私下会见”）；为本案当事人推荐、介绍诉讼代理人，或者为律师、其他人员介绍代理本案的；向本案当事人及其受托人借用款物的；有其他不正当行为，可能影响公正审理的。(《民诉解释》第 44 条)

③“审理过案件的审判人员不能再参与本案其他程序审理”

第一，原则上。在一个审判程序中参与本案审判工作的审判人员，不得再参与该案其他程序的审判。(“比如法官升迁”“比如发回重审要另行组合议庭”“比如再审另行合议庭”)

第二，例外上，但发回重审的案件，在一审法院作出裁判后又进入第二审程序的，原第二审程序中合议庭组成人员不受前款规定限制（因为他们并没有审过，没实体接触）。(《民诉解释》第 45 条)

2. 怎么启动回避？

（1）自行回避。

（2）申请回避（向合议庭申请，不是向院长申请）。

（3）【职权回避】决定回避（兜底方式 = 自行回避和申请回避都失灵的最后一道防线）：审判人员有应当回避的情形，没有自行回避，当事人也没有申请其回避的，由院长或者审判委员会决定其回避。(《民诉解释》第 46 条)（“前提” + “主体” + “决定”）

3. 什么时候申请回避？

（1）案件开始审理时提出。(原理：避免浪费司法资源)

（2）或者如果在开始审理后才知道回避事由的，可以在法庭辩论终结前提出

判断：2015/36/A“开庭后才知道人民陪审员与被告大 BOOS 是亲兄弟……A 可在知道时提出回避申请√。”

原理：开庭后才知道法官与当事人存在利害关系，所以只能在法庭辩论终结前提出回避。

4. 申请回避的后果：一旦被申请回避，被申请回避人应暂停本案工作，但需要采取紧急措施的除外。

判断：2015/36/B“法院对回避申请作出决定前，被申请回避的人民陪审员丙不停止参与本案审理 ×。”

5. 回避还是不回避，谁说了算？谁做出回避决定？（回避决定不是合议制，是一个人说了算，回避的决定权）

（1）院长决定审判人员（陪审员＝审判人员；助理审判员＝审判人员；审判长＝审判人员；书记员和执行员适用审判人员回避规定）的回避。

“台上（戴国徽）的由院长定”。（2015/36/C“审判长决定人民陪审员丙是否应回避×。”）（2010/37/A 审委会×。B 审判长×。）

（2）审判长决定其他人员的回避。

“台下（没戴国徽）的由审判长定”。（2010/37/D 翻译人员回避，由合议庭决定×。）

（3）院长＝审判长时，由审委会决定是否回避。

“院长担任审判长的则由审委会定”。

6. 回避决定的后果

（1）回避决定作出前：相关人员有高度嫌疑，所以要暂停工作。这是本院第一次审查期间。

（2）回避＝换人。（复议的救济是给申请人，不是被申请人）

①被换的人不能申请复议。因为这是法院内部的工作安排，被决定的人应该服从。（2018 真题考过） ②决定回避后，已经进行的诉讼程序不受影响。避免司法资源浪费。（仲裁员回避后，当事人可以请求仲裁程序重新进行，是否准许，由仲裁庭决定；仲裁庭也可以自行决定程序是否重新进行。当事人对仲裁庭的回避决定不能申请复议）

（3）不回避＝不换人。（复议的救济是给申请人，不是被申请人）

①申请人对驳回回避申请的决定不服，可以复议 1 次（同级复议，不是上诉）（2015/36/D“法院作出回避决定后，许某对此可提起上诉×。”）。（所有的决定都不能上诉，决定都是小问题。没有可以上诉的决定。） ②但复议期间不停止工作（2010/37/C）。（这是本院第二次审查期间。）

秒杀：①什么时候？开庭时或辩论终结前。②谁决定？三角区院长定，其他人审判长定。③决定前，停？有嫌疑，故停。④决定换人，不存在复议问题，新人将程序继续进行。⑤决定不换人，救济申请人，复议期间被回避的人，没嫌疑，故不停。

（二）合议制度

由审判人员组成合议庭对案件审理的审判制度，与独任制相对应。（简单案件简易 V 复杂案件合议）

1. 哪些程序要合议庭？

（1）一审普通程序

①3 个审判员。（3 个证）

②审判员（“有证”）＋人民陪审员（“没证”）：人民陪审员可以参加适用一审程序审理的诉讼程序，包括发回重审适用一审的情形和再审中适用一审的情形。人民陪审员不能担任审判长，不能做独任制审判员。

秒杀：人民陪审员＝“一审”“陪”审。（28周岁以上高中文化无犯罪记录随机抽选）

（1）“一审”

第一，“3可”。①一审：一审普通程序。②重审：二审发回重审的案件，用一审普通程序。（因为是有救济性质，所以程序保障肯定要更强，要合议，不能独任制）③再审：适用一审程序再审的案件（因为是最严重的救济，所以程序保障肯定要更强，要合议，不能独任制）。（适用第一审普通程序的案件≠第一审案件）。（一普＝可能是第一审＋可能是重审＋可能是再审中的一审）

第二，“3不可”。①不可二审（二审是事实审和法律审，二审更侧重法律适用，陪审员特长是事实认定，没有优势）。②不可适用二审程序的再审案件（二审是事实审和法律审，二审更侧重法律适用，陪审员特长是事实认定，没有优势）。③不可非讼（没有纠纷，陪审员的优势是事实认定，没纠纷不要认定）。

（2）“陪”：①可以做审判长吗？不可以。②可以独任制吗？不可以。简易程序不能由人民陪审员独任。

（3）以上是说可以用陪审制，也可以不用。但是，一旦是公益诉讼、公共利益、群体利益等，因为涉及公共利益，必须用陪审制。

（4）最高院会有陪审员吗？最高院会有一审吗，有一审就有陪审员。陪审制和法院级别（1～4级）高低没有关系。和案件审级有关系。最高院也有一审案件，重大案件也是需要7人庭，有人民陪审员参加。《陪审员解释》第5条，人民陪审员不参加下列案件的审理：①依照民事诉讼法适用特别程序、督促程序、公示催告程序审理的案件。②申请承认外国法院离婚判决的案件；③裁定不予受理（不归法律管）或者不需要开庭审理的案件（书面审）。

判断1：2008/83D 中级人民法院作为一审法院时，合议庭可以由审判员与陪审员共同组成，作为二审法院时，合议庭则一律由审判员组成√。

解析：人民陪审员参加案件①只考虑审级和案件性质，②不考虑法院级别。③人民陪审员不参加二审，因为二审有监督一审的职能，人民陪审员无法律知识，无法胜任。

判断2：2008/83C 法院适用特别程序审理案件，陪审员不参加案件的合议庭√。

解析：①人民陪审员可以参加适用一审程序审理的诉讼程序，②即人民陪审员能否参加合议庭，既要看审级（一审），③还要看案件性质（诉讼程序）。④特别程序不是诉讼程序，不能有人民陪审员参加。⑤因为只有诉讼程序才存在纠纷的解决，无纠纷也就不需要陪审了。

判断3：2016/35C 适用普通程序的案件，当事人双方同意，经上级法院批准，可由审判员独任审判×。

解析：①普通程序得案件不可能适用独任制。②即使当事人约定将普通程序的案件转化为适用简易程序进而启动独任制，但是该约定本身也无须经过上级法院批准。

判断4：2008/83B 二审法院裁定发回重审的案件，原审法院应当组成合议庭进行审理√。

解析：①发回重审不能适用简易程序，只能组成合议庭进行审理。②重审案件适用一审程序审理，合议庭中可以有人民陪审员参加（2006/37B）。③中级人民法院审理的案件不可能适用简易程序。因为简易程序的适用范围要受到审级限制，还要受到法院级别的限制，只能适用于基层法院及其派出法庭。

③人民陪审员和法官组成合议庭审判案件，由法官担任审判长，可以组成三人合议庭，也可以由法官三人与人民陪审员四人组成七人合议庭。

判断1：【3人庭】一审民事案件有下列情形之一的，由人民陪审员和法官组成合议庭进行：①涉及群体利益、公共利益的；②人民群众广泛关注或者其他社会影响较大的；③案情复杂或者有其他情形，需要由人民陪审员参加审判的。（对事实问题和法律问题独立发表意见，都有表决权，可以投票）

判断2：【7人庭】一审民事案件有下列情形之一的，由人民陪审员和法官组成七人合议庭进行：①公益诉讼案件。②涉及征地拆迁、生态环境保护、食品药品安全，社会影响重大的案件。③其他社会影响重大的案件。（对事实问题和法律问题独立发表意见，对事实问题有表决权，可以投票；但是对法律问题无表决权，不能投票。）

（2）二审：3个审判员。

判断：2006/37A 第二审程序中只能由审判员组成合议庭√。

（3）再审

①原来一审，按一审另行组成合议庭（不能适用简易程序）。

②原来二审或上级法院提审，按二审另行组成合议庭。

判断：2008/83A 再审程序中只能由审判员组成合议庭×。

解析：①因为再审可能是适用一审程序，也可能是适用二审程序。②如果是适用一审程序再审，合议庭是可以有人民陪审员参加的。③如果是适用二审程序再审，则合议庭是不可能有人民陪审员参加的。

（4）特别程序中的选民资格案件和重大疑难案件：3个审判员。（单一式合议制）

判断1：特别程序中选民资格和重大疑难案件应当适用普通程序审理×。正确表述是：将普通程序修改为“由审判员组成合议庭”。

判断2：2016/35D 适用选民资格案件审理程序的案件，应组成合议庭审理，而且只能由审判员组成合议庭√。

解析：特别程序三步走，①原则上独任制；②选民资格和重大疑难案件应当合议制；③合议制时应由审判员组成，不能有人民陪审员参加。

判断3：2006/37C 法院适用特别程序，只能采用独任制×。

2. 哪些程序要适用独任制

（1）简易程序（基层法院及其派出法庭审理简单的第一审民事案件）：1个审判员（人民陪审员不能做独任审判员）。

> 判断1：2006/37D 独任制只适用于基层法院及其派出法庭√。解析：因为只有简易程序、特别程序（选民资格和重大疑难案件除外）、督促程序、公示催告程序的公示催告阶段才能适用独任制，而这些程序只能由基层法院及其派出法庭适用。
>
> 判断2：适用简易程序审理的案件，当事人不服一审判决上诉后发回重审的，可由审判员独任审判×。解析：发回重审的不得适用简易程序，不得适用独任制。
>
> 判断3：适用简易程序审理的案件，判决生效后启动再审程序进行再审的，可由审判员独任审判×。解析：再审程序不得适用简易程序，不得适用独任制。

（2）特别程序中的宣告自然人失踪、死亡；认定自然人为无行为能力人、限制行为能力人；认定财产无主；确认调解协议效力；实现担保物权：1个审判员。

判断：除选民资格和重大疑难案件外，特别程序一律适用简易程序（×）。正确表述是：将“简易程序”修改为独任制。特别程序怎么会是简易程序？

（3）督促程序（支付令）：1个审判员。

（4）公示催告程序中的公示催告阶段：1个审判员。但是，宣告票据无效应由审判员组成合议庭。

合议制：
- ①普通程序：普通程序必须合议制。一审人民陪审员
- ②特别程序：①选民资格案件、②重大疑难案件——无人民陪审员
- ③公示催告程序之宣告票据无效阶段

独任制：
- ①简易程序：简易程序必须独任制。
- ②特别程序：不是选民资格案件、不是重大疑难案件
- ③公示催告阶段之公示催告阶段

（②③：大部分的非讼案件）

> 秒杀1：程序≠审理制度。①普通程序≠合议制。因为其他程序中也有要适用合议制的。②简易程序≠独任制。因为其他程序中也有要适用独任制的。
>
> 秒杀2：看到中院条件反射，既可作为一审法院，也可作为二审法院。①陪审员？中院一审，其合议庭可邀请人民陪审员参加；中院二审，陪审员不得参加合议庭。（2011/39A 中院审理案件组成合议庭时，均不可邀请陪审员参加×。）②开庭？中院一审案件必须开庭审理；中院二审原则上应当开庭，有法定情形可以不开庭。（2011/39C 中院审理案件均须以开庭审理的方式进行×。）③判决可上诉吗？中院一审判决可上诉；中院二审判决不可上诉。（2011/39D 中院对案件作出的判决均为生效判决×。）

3. 合议庭评议原则：一人一票，各自独立，少数服从多数

（1）1人1票：合议庭权利义务相同，平等就案件事实认定和法律适用问题发表意见。

（2）少数服从多数：不同意见如实计入评议笔录。持不同意见的法官必须在裁判文书上有名字。

（3）无法形成多数意见：以合议庭名义报请院长决定是否提交审委会讨论。

（4）评议过程和评议笔录保密。

> 判断：2010/38 关于合议庭评议案件，哪一表述正确？A 审判长意见与多数意见不同的，以其意见为准判决×。B 陪审员意见得到支持、形成多数的，可按该意见判决×。C 合议庭意见存在分歧的，也可提交院长审查决定×。D 审判人员的不同意见均须写入笔录√。

解析：①陪审员意见得到支持形成多数，应当按照该意见判决，而不是“可”。②合议庭有分歧，形不成多数意见的，应当以合议庭名义报请院长决定是否提交审委会讨论决定，而不是由院长决定。因为法院的审判组织只有独任庭、合议庭、审判委员会，院长不是一个审判组织，不能决定案件。

秒杀：“人多力量大”。

原理：合议时开的这个会议，法官应如何发表合议意见？依法和依事实……发表自己的意见。

（三）公开审判制度（“看得见的公平”、“阳光是最好的防腐剂”）

1. 过程：公开审判过程＋公开宣判（评议一律不公开）

2. 过程：不公开审判过程＋公开宣判（评议一律不公开）

（1）法定不公开审判过程：涉及国家秘密；涉及个人隐私；法律规定其他案件。

（2）经一方（2016/36A 须双方申请×）当事人申请不公开审判过程：**离婚诉讼；涉及商业秘密。**

判断1：2012/36 甲公司唐某与甲公司签订了2年保密合同，合同履行1年时就被乙公司高薪挖走，甲公司诉唐某承担违约责任并保守其原知晓的产品秘密……C 法院可根据当事人的申请不公开审理此案，但应当公开宣判√。

判断2：2011/77D“关于离婚诉讼，原则上不公开审理，因其属于法定不公开审理案件范围×。”解析：离婚诉讼属于依申请不公开审理，不是法定不公开。

记忆1：国密个“隐”法定不公开；商业离婚申请不公开。

记忆2：法定不公开质证，国家秘密、商业秘密、个人隐私。①质证即对证据发表意见。②国密个隐本来就不公开审理，必然是不公开质证。③商业秘密依申请不公开，如果不公开，必然不公开质证。如果公开，则质证环节请旁听群众退出法庭。④质证问题：三个秘密。

3. 结果：公开审理与裁判文书说理。

《民诉法》第152条第1款，判决书应当写明判决结果和作出该判决的理由。《民诉法》第154条第3款，裁定书应当写明裁定结果和作出该裁定的理由。

4. 结果：公开审理与公众的裁判文书查阅权。

《民诉法》第156条，公众可以查阅发生法律效力的判决书、裁定书，但涉及国家秘密、商业秘密和个人隐私的内容除外。

记忆1：未生效不能查（公众要监督的是法院的审判权，没生效就没审判）、调解书不能查（公众要监督的是法院的审判权，调解是当事人的意思内容）、三个秘密不能查。

记忆2：民事公益诉讼的调解书，允许公众查阅。原理是其处分的是公共利益，本来调解内容就需要公告。

（四）两审终审制度（4级法院两审终审）

一般情况是两审终审：一个民事案件经过两级法院审判后即终结。例外情况是一审终审。

一审终审记忆口诀：①小（“小额”+小额中的管辖权异议裁定、驳回起诉裁定不可上诉）②督（“督促”“非讼”）③公（“公示催告”“非讼”）④特（“特别”“非讼”）⑤调（“调解书”“当事人自己的方案”“不能上诉让步牺牲了审级利益但可以申请再审”）⑥定（“一般裁定”）（仅3个特别裁定可以上诉：驳回管辖权异议、不予受理、驳回起诉，这是涉及起诉权）（“决定一概不能上诉”）⑦罪（“最高院一审”）⑧无效婚姻（“婚姻效力”“小近多”，**确认婚姻效力案件，这是确认之诉。但是离婚案可以上诉，这是形成之诉**）。

判断：2014/82C“一审判决都允许上诉，一审裁定有的允许上诉，有的不能上诉×。”

第三部分　主管：纠纷是不是由法院来管

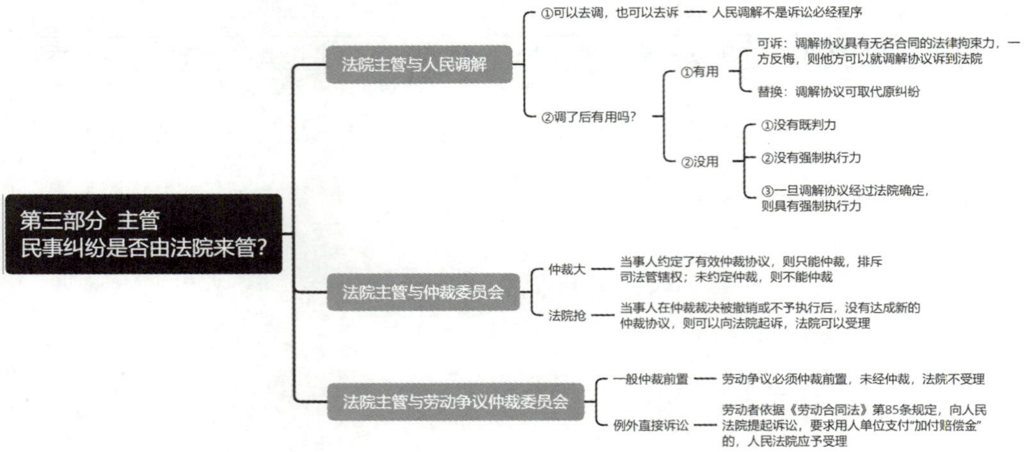

一、法院主管与人民调解之间

（一）可以去调解，也可以去诉。人民调解不是诉讼必经程序。

（二）调解了后有用吗？调解协议的效力是什么？区分法律约束力、既判力和强制执行力。

1. 调解协议有“法律约束力”=合同效力（证据=免去争议事实）。

（1）可诉。调解协议具有无名合同的法律拘束力，一方反悔，则他方可以就调解协议诉到法院。（“覆盖”）

（2）替换。调解协议可取代原纠纷。一方不履行调解协议，他方可向法院就调解协议的履行或效力起诉到法院（2010/35A 邻里打架调解成功但不履行调解赔偿协议……A 就协议可起诉√。），而非原纠纷起诉（2010/35B 就原人身损害赔偿起诉×。）

2. 调解协议没有既判力，未经法院确认没有强制执行力

（1）没有既判力。①既判力是指禁止止再诉的效力，即一个有既判力的法律文书会禁止当事人就该纠纷再次向法院起诉。②调解协议没有既判力，因为当事人达成调解协议后没履行，则可就该调解协议向法院起诉。

（2）没有强制执行力。“人民调解委员会”主持制作的调解协议没有强制执行力（2010/35C）。

（3）一旦调解协议经过法院确定，则具有强制执行力：当事人在调解协议生效后 30 日内共同向调解组织所在地基层法院申请确认调解协议效力，则该调解协议具有强制执行力。法院司法确认调解协议的效力，是一种特别程序。

二、法院主管与仲裁委员会之间

（一）仲裁大

当事人约定了有效仲裁协议，则只能仲裁，排斥司法管辖权；未约定仲裁，则不能仲裁。

（二）法院抢

当事人在仲裁裁决被撤销或不予执行后，没有达成新的仲裁协议，则可以向法院起诉，法院可以受理。

三、法院主管与劳动争议仲裁委员会之间怎么分蛋糕？

（一）一般仲裁前置

劳动争议必须仲裁前置，未经仲裁，法院不受理（2006/80C）（10元）。

（二）例外直接诉讼

劳动者依据《劳动合同法》第85条规定，向人民法院提起诉讼，要求用人单位支付“加付赔偿金”的，人民法院应予受理。①

---

① 第85条，用人单位有下列情形之一的，由劳动行政部门责令限期支付劳动报酬、加班费或者经济补偿；劳动报酬低于当地最低工资标准的，应当支付其差额部分；逾期不支付的，责令用人单位按应付金额百分之五十以上百分之一百以下的标准向劳动者加付赔偿金：（一）未按照劳动合同的约定或者国家规定及时足额支付劳动者劳动报酬的；（二）低于当地最低工资标准支付劳动者工资的；（三）安排加班不支付加班费的；（四）解除或者终止劳动合同，未依照本法规定向劳动者支付经济补偿的。

第四部分　管辖：纠纷是由哪个法院来管

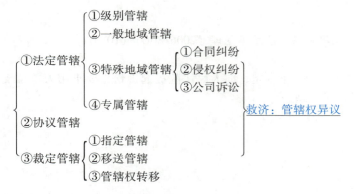

- ①法定管辖
  - ①级别管辖
  - ②一般地域管辖
  - ③特殊地域管辖
    - ①合同纠纷
    - ②侵权纠纷
    - ③公司诉讼
  - ④专属管辖
- ②协议管辖
- ③裁定管辖
  - ①指定管辖
  - ②移送管辖
  - ③管辖权转移

救济：管辖权异议

一、地方法院和专门法院

（一）专门法院有哪些？军事法院、海事法院、铁路运输法院、知识产权法院

（二）涉及军人的民事诉讼，去哪里诉讼？（《民诉解释》第 11 条）

1. 军人与军人、军人与军队单位、军队单位与军队单位 = “双军” = 军事法院管辖。

2. 军人与非军人、军队单位与非军人 = “单军” = 地方法院管辖。军事法院也有管辖权。

> 判断：2014/39A 军人与非军人之间的民事诉讼，都应由军事法院管辖，体现了专门管辖的原则 ×。

二、上级法院和下级法院 = 级别管辖（级别管辖 = 纵坐标；地域管辖 = 横坐标）

（一）海淀区法院 = 基层法院，中级人民法院、高级法院、最高法院不管的一审案件，都归基层法院管。（功能只有 1 个 = 解决纠纷）

> 判断：2009/35A 第一审民事案件原则上由基层法院管辖√。

（二）北京市一中院 = 中级人民法院（功能有 2 个：解决纠纷 + 监督基层法院）

1. “重大”涉外案件：“重大” + “涉外”

> 判断：2009/35B 涉外案件的管辖权全部属于中级人民法院 ×。一般涉外归基层（考）。

2. “重大”影响本辖区案件

> 判断：2011/39A 中院既可受理一审涉外案件，也可受理一审非涉外案件√。

3. 最高院确定由中院管辖

（1）与“仲裁”相关的，一大半归中院管辖；另一小半归基层法院管辖。（半仲）

①一半归中院管辖：确认仲裁协议效力 + 仲裁裁决的撤销（2018 主观题） + 不予执行仲裁裁决 + 部分执行仲裁裁决 + “涉外”仲裁的证据保全 + “涉外”仲裁的财产保全

> 判断：执行仲裁均由中院管辖（×）。①错在“均”。因为存在管辖权转移的可能。②执行仲裁裁决下放到基层法院：高院批准，被执行人住所地或被执行财产所在地中院可以将执行仲裁裁决案件交由基层法院去执行。条件 1：执行标的额符合基层人民法院一审民商事案件级别管辖受理范围；条件 2：被执行人住所地或者被执行的财产所在地在被指定的基层人民法院辖区内。③如执行仲裁裁决已下放到基层法院，被执行人、案外人申请不予执行仲裁裁决则继续由基层法院管辖。④如执行仲裁裁决是在中院，则被执行人、案外人申请不予执行仲裁裁决，该中院另行立案审查处理。

②一半归基层法院管辖：部分执行仲裁裁决 + “国内”仲裁的证据保全 + “国内”仲裁的财产保全。【方便】

> **秒杀：看到仲裁找中院，3 除外。除外 1：执行仲裁裁决的管辖权转移，除外 2：国内仲裁证据保全，除外 3：国内仲裁财产保全。**

（2）专利纠纷案件（《民诉解释》第 2 条），一大半归最高院确定的中院管辖；另一小半归最高院确定的基层法院管辖。（半专）

①一大半归中院管辖：知识产权法院（2015/77A） + 最高院确定的中级人民法院（2015/77C）。（2015/77B 所有的中级人民法院 ×。）

②一小半归基层法院管辖：最高院确定的基层人民法院管辖（2015/77D）。

> 判断：2014/39C“最高法院通过司法解释授予部分基层法院专利纠纷案件初审管辖权，体现了平衡法院案件负担的原则”√。
> 问：一审知识产权案件由基层法院管辖受标的额限制吗？不受诉讼标的限制。

- ①专利案件
  - ①知识产权法院（北京、上海、广州）[①]
  - ②最高院确定的中院
  - ③最高院确定的基层法院 → 二审知识产权法院
- ②著作权案件
  - ①中院
  - ②高院确定若干基层法院 → 二审知识产权法院
- ③商标权案件
  - ①中院
  - ②各高院根据辖区情况，经最高院批准，在较大市确定 1 ~ 2 个基层法院 → 二审知识产权法院

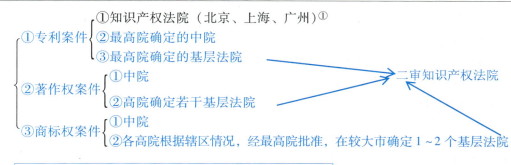

> 1. 专——专业 + 最。2. 著——高。3. 商—高商最高批

（3）公益诉讼案件，但法律、司法解释另有规定的除外。

（4）海事海商案件 = 海事法院管辖 = 海事法院级别与中院级别一样。

> 记忆：半个“中”“专”，是“公”、“害”。

① 一审：专利、植物新品种、集成电路布图设计、技术秘密、计算机软件民事案件；涉及驰名商标认定的民事案件。二审：基层法院审的一审著作权、商标、技术合同、不正当竞争的知识产权民事上诉案件。

（三）北京市高级人民法院 = 高级法院

本辖区范围内有重大影响的案件（功能有 3 个：解决纠纷 + 监督下级法院 + 制定意见）

判断：2009/35C 高级法院管辖的第一审民事案件包括在本辖区内有重大影响的民事案件和它认为应当由自己审理的案件×。 解析：因为只有最高院可以。

（四）最高人民法院 = 最高法院（功能有 3 个：解决纠纷 + 监督下级法院 + 制定司法解释）

1. 全国范围有重大影响的案件
2. 认为应当由本院管辖的案件："有且只有"最高院有管辖权。

判断 1：2009/35D 最高法院仅管辖在全国有重大影响的民事案件×。 判断 2：2009/35C 高级法院管辖的一审民事案件包括在本辖区内有重大影响的民事案件和它认为应当由自己审理的案件×。

互联网法院 = 基层法院。知识产权法院 = 中级人民法院。海事法院 = 中级人民法院。

三、海淀区法院和朝阳区法院 = 地域管辖

（一）【专属管辖】人"死"在"港口"这个"不动产"那里了吗？专属管辖（地域专属管辖）

1. 遗产纠纷，由被继承人死亡时住所地、主要遗产所在地法院专属管辖。
2. "港口"：港口作业纠纷，由港口所在地法院专属管辖。
3. "不动产"：不动产纠纷，由不动产所在地法院专属管辖。（1）不动产已登记的，以不动产登记簿记载的所在地为不动产所在地。（2）不动产未登记的，以不动产实际所在地为不动产所在地。

判断：2014/39D 不动产纠纷由不动产所在地法院管辖，体现了管辖恒定的原则×。

原理："2 便"原则 = 便于法院调查了解案件 + 便于当事人参加诉讼。

问：什么是不动产纠纷呢？不动产纠纷 = "不明确的、相邻不动产物权"（①不动产的权利确认、分割、相邻关系等引起的物权纠纷）"农村承包土地上"（②农村土地承包经营合同纠纷）"建设施工盖房"（③建设工程施工合同纠纷），一部分"政策性房屋"拿去卖（④政策性房屋买卖合同纠纷），一部分"房屋"拿去租（⑤房屋租赁合同纠纷）。 原理：（1）1 个不动产物权纠纷，会涉及不动产勘验，还有保证同案同判。排除不动产债权纠纷，比如不动产抵押合同纠纷。（2）4 种合同纠纷。①政策：土地承包涉及政策，政策房屋买卖、房屋租赁合同也涉及政策，涉及宏观调控，为了保证同一区域政策的统一适用。②施工合同，涉及建筑物工程造价评估、质量鉴定、优先权、执行拍卖等，由建筑物所在地法院管辖，有利于案件审理与执行。 记忆：**农（农村土地承包经营权纠纷）、邻（相邻权）、建（建设工程施工）、经（政策性房屋买卖）、租（房屋租赁）**。

做题：①商品房买卖 = 合同管辖（合同履行地交付不动产就是不动产所在地 + 被告地）。②房屋租赁 = 专属管辖（房屋地，但无被告地）。③施工合同 = 专属管辖（施工地。但无被告地）

问：什么是专属管辖的 2 个排斥和 1 个不排斥？①排斥：专属管辖排斥其他法院管辖权。②排斥：专属管辖排斥协议管辖。故当事人不能通过协议改变专属管辖。③不排斥：专属管辖不排斥仲裁。当事人可通过仲裁协议约定由仲裁委员会管辖，当然，遗产纠纷除外，因为仲裁法规定遗产纠纷不能仲裁。如 2018 主观案例施工合同可以约定仲裁条款。

4. 涉外三合同“在中国履行”：由中国法院管辖（《民诉法》第 266 条）（“国别专属管辖”）

（1）“在中国履行的”中外合资经营企业合同纠纷。

（2）“在中国履行的”中外合作经营企业合同纠纷。

（3）“在中国履行的”中外合作勘探开发自然资源合同纠纷。

判断：2014/39B 中外合资企业与外国公司之间的合同纠纷，都应由中国法院管辖（×）。

解析：①此句“偷换了概念”，缺了“在中国履行的”，故错误。②正确表述应该是，在中国履行的三类合同纠纷才是由中国法院管辖。

5. 破产专属管辖。受理后，有关债务人的诉讼案件，启动集中管辖，都由破产案件法院来管辖。除非启动裁定管辖中的管辖权转移或指定管辖。

合同纠纷排序：仲裁（不能仲裁继承）> 专属管辖（地域专属或国别专属）> 协议管辖。

（二）【协议管辖】合同的事，财产的事，有协议说好了去哪个法院打官司吗？协议管辖

【协议管辖】【合意管辖】【约定管辖】《民诉法》第 34 条，“**合同或者其他财产权益纠纷**当事人可以书面协议选择被告住所地、合同履行地、合同签订地、原告住所地、标的物所在地等**与争议有实际联系**的地点人民法院管辖，但不得违反本法对级别管辖和专属管辖的规定。”

《民诉解释》第 34 条，当事人因同居或者在解除婚姻、收养关系“后”发生财产争议，约定管辖的，可以适用民事诉讼法第 34 条规（协议管辖）定确定管辖。（家事纠纷财产争议）

1. 什么纠纷可以由当事人协议管辖？

（1）“合同纠纷” + “财产权益纠纷”（故排除身份关系）。

（2）当事人因同居或者在解除婚姻、收养关系后发生财产争议，约定管辖的，可以适用协议管辖规定确定管辖。

2. 当事人用什么方式协议管辖？

（1）限于书面：口头协议管辖无效。

（2）书面协议：包括书面合同中的协议管辖条款或者诉讼前以书面形式达成的选择管辖的协议。

（3）格式条款无效：经营者使用格式条款与消费者订立管辖协议，未采取合理方式提

请消费者注意，消费者主张该条格式条款不成为协议内容的，人民法院应予支持。(倾斜保护消费者)

3. 当事人可以协议哪些法院来管辖？(可多选)

(1)“实际联系原则”＝①两人“原告被告”。②两合同“签订地履行地”。③一物“标的物”等。

(2) 约定了好几个有实际联系的法院，怎么办？①“雨露均沾”＝共同管辖。②“原告翻牌子”＝选择管辖。

(3) 协议签订时住所地为准：管辖协议约定由一方当事人住所地人民法院管辖，协议签订后当事人住所地变更的，由签订管辖协议时的住所地人民法院管辖，但当事人另有约定的除外。

(4) 约定了仲裁，又约定了诉讼（有协议管辖）。仲裁协议无效。但是协议管辖不必然无效，除非协议管辖违反级别管辖或专属管辖。

4. 当事人可以协议由最高法院来管辖吗？不可以，除非最高法院是本案一审法院。协议管辖不能违反级别管辖的规定。协议只能选地域，不能选级别。协议管辖只能协议一审法院，绝不可以协议二审法院。

判断：2012/78D 当事人可以通过协议变更案件的级别管辖×。

5. 当事人可以协议不动产纠纷、遗产纠纷、港口作业纠纷由某法院管辖吗？不可以。协议管辖不能违反专属管辖的规定。

6. 甲、乙之间有协议管辖的合同转让了（合同换人），当事人变成了甲、丙，协议管辖跟着走吗？即丙要受协议管辖的约束吗？(《民诉解释》第30条)(“丙取代乙”)

(1) 丙受约束。(2个都要买下来)(债权转让通知就可以)

(2) 但有两个例外：①丙受让时不知道有协议管辖（实务中不能装不知道吧）；②或者转让合同明确约定丙不受约束且甲同意（新的人同意废掉原来的协议管辖）（合同的变更！）。

判断：2013/79/D“当事人可以书面约定纠纷的管辖法院，这属于选择管辖×”。 解析：这属于协议管辖。所谓选择管辖，是指一个案件有两个以上法院有管辖权，原告可以选择一个法院起诉。

(三)【一般地域管辖】人在哪里？一般地域管辖：根据法院辖区与当事人所在地之间的联系来确定管辖权（“原告就被告”和“被告就原告”都属于一般地域管辖）

1. 被告所在地在哪里？“原告就被告”①

规律：原被告双方都一样＝原被告双方情形一样＝原告就被告。

(1) 都没户口：原被告双方都被注销户籍的＝被告居住地法院管辖。

没户口 { ①仅被告没户口：被告就原告
②双方都没户口：原告就被告

(2) 都被抓：原被告双方都被监禁或者被采取强制性教育措施的。抓了多久？①1年内则被告原住所地法院管辖（有更密切的联系）。②1年以上则被监禁地法院管辖（有更密切的联系）

① 给原告制造麻烦，避免原告滥诉，原理类似于原告预交诉讼费。

坐牢的：
- ①仅原告坐牢：原告就被告
- ②仅被告坐牢：被告就原告
- ③双方坐牢：原告就被告
  - ①被告被抓 1 年以内：被告原住所地
  - ②被告被抓 1 年以上：被告监禁地

（3）双方都在外地超过 1 年：原被告夫妻双方离开住所地（不是迁出户口）超过 1 年的离婚案件 = 被告经常居住地法院管辖 + 被告没有经常居住地则由原告起诉时被告居住地法院管辖。

换地方工作的离婚去哪告？
- ①没超过 1 年
  - ①单方没超 1 年
  - ②双方没超 1 年
  - 原告就被告
- ②超过 1 年
  - ①原告离开超过 1 年：原告就被告
  - ②被告离开超过 1 年
    - ①可以原告住所地
    - ②也可以被告地
  - ③双方离开超过 1 年：原告就被告
- ③规律：仅被告离开超 1 年，两可。其他均原告就被告

2. 原告所在地在哪里？“被告就原告”（《民诉法》第 22 条）

规律：被告一方有特殊情况，为方便原告起诉，规定原告住所地法院管辖。

（1）“老公”在外国：被告一方不在中国领域内居住（限于身份关系诉讼、看居住地而非看国籍）。

（2）“老公”不见了：被告一方下落不明或者宣告失踪（限于身份关系诉讼）。

> 判断 1：2005/71/C“原告对下落不明的被告提起的给付扶养费的诉讼，被告住所地法院有管辖权 ×”。
>
> 判断 2：2011/77A“关于离婚诉讼，被告下落不明的，案件由原告住所地法院管辖√”。
>
> 判断 3：2013/79A“对下落不明或宣告失踪人提起的民事诉讼，均应由原告住所地法院管辖 ×”。
>
> 判断 4：2014/78D“对下落不明人提起违约诉讼，向原告住所地提出，法院以本院无管辖权为由裁定不予受理√”。
>
> 解析：因为是财产纠纷，而不是身份纠纷，故仍然应该是“原告就被告”。

身份：被告就原告：
- ①被告不在我国领域内居住
- ②**被告下落不明**
- ③**被告已经被宣告失踪了**

（3）仅被告销户了：被告一方被注销户籍的 = 原告所在地法院管辖（经常居住地 > 户口地）。

没户口：
- ①仅被告没户口：被告就原告
- ②双方都没户口：原告就被告

（4）仅被告被监禁：被告一方被监禁或者被采取强制性教育措施的 = 原告所在地法院管辖（经常居住地 > 户口地）

坐牢的：
- ①仅原告坐牢：原告就被告
- ②仅被告坐牢：被告就原告
- ③双方坐牢：原告就被告
  - ①被告被抓 1 年以内：被告原住所地
  - ②被告被抓 1 年以上：被告监禁地

3. 可以原告就被告，也可以被告就原告【两个可以】

（1）离婚案“老公”在外地1年以上：夫妻中被告一方离开住所地超过1年=可以由原告住所地法院管辖。（可以的意思是，被告地法院也可以管辖的）（“老公在外长期打工1年以上”）

换地方工作的离婚去哪告？
- ①没超过1年
  - ①单方没超1年 } 原告就被告
  - ②双方没超1年 } 原告就被告
- ②超过1年
  - ①原告离开超过1年：原告就被告
  - ②被告离开超过1年
    - ①可以原告住所地
    - ②也可以被告地
  - ③双方离开超过1年：原告就被告
- ③规律：仅被告离开超1年，两可。其他均原告就被告

（2）分布各地的亲人间欠“费”：“家事要钱纠纷”（追索赡养费、抚育费、抚养费案件）被告多人不在同一辖区=可以由原告住所地法院管辖。（被告住所地法院也可以管辖）

三费的
- ①被告简单：原告就被告
- ②被告复杂：两可

4. 什么是原告所在地，什么是被告所在地？

当事人所在地判断3步走：经常居住地“交了1年以上社保地” > “户口地”住所地 > “户口迁出未落户”的原户口地。

第一步，是否有经常居住地。“起诉时”+“连续居住”+“满1年”=经常居住地。当事人经常居住地法院为当事人所在地法院。

问1：什么叫“起诉时”？①户口上海，②北京经常居住1年，③后又广州居住2个月。④起诉时在广州居住2个月，则没有经常居住地，北京那个经常居住地作废，因为不是起诉时的经常居住地。⑤发生官司则上海才是住所地。

问2：为什么经常居住地要 > 住所地？①因为经常居住地才是有密切的实际联系的。②但是如果是住院就医，则在医院待1年以上，这不是经常居住地，因为就医是只看病，不可能发生其他活动，就不存在“密切联系”问题。。

第二步，没有经常居住地，则户籍所在地为住所地。当事人户口所在地法院为当事人所在地法院。

问：为什么户籍所在地为住所地？“所”，联想派出所，派出所管理户口。

第三步，没有经常居住地，又没有户籍所在地（即户籍迁出尚未落户），则原户籍所在地法院为当事人所在地法院。

一句话记忆：1年社保地大；否则户口大（新户口 > 原户口）。

判断：2016/77 仅“老婆”走了1年以上，老公诉离婚案 = 原告地 + 被告地（社保地 > 户口地）

A市东区（原告户口地）居民朱某（男）与A市西县（被告户口地）刘某结婚，婚后双方住A市东区（原告社会保地）。一年后，公司安排刘某赴A市南县分公司（被告社保地）工作。三年后，因感情不和朱某向A市东区法院（原告户口地）起诉离婚【老公在老家告老婆】。东区法院受理后，发现刘某经常居住地在南县，其对该案无管辖权，遂裁定将案件移送南县法院（被告社保地）。南县法院收到案件后，认为无管辖权，将案件移送刘某户籍所在地西县法院。西县法院收到案件后也认为无管辖权。关于本案管辖：

A. 东区法院有管辖权√。

B. 南县法院有管辖权√。【社保地】

C. 西县法院有管辖权×。【户口地】

D. 西县法院认为自己没有管辖权，应当裁定移送有管辖权的法院×。

解析：①第一步，离婚案件。②第二步，只有老婆走了1年以上。③第三步，原告地和被告地法院都可以管辖。④第四步，原告户口地是东区法院、原告社保地也是东区法院。而被告户口地是西县法院、被告社保地却是南县法院。⑤第五步，原告户口地法院（东区）和被告社保地（南县）法院有管辖权。⑥第六步，西县法院没管辖权，作为受移送法院，不能将案件退回，也不能再移送，而应报请A市中院指定管辖。

5. 不服指定监护或变更监护关系案件，可以由被监护人住所地法院管辖，也可以由被告住所地法院管辖。

找监护的：两可 {①被告所在地；②**被监护人所在地**}

归总规律：①“只有被告坐牢的案件”“只有被告没户口的案件”“被告找不到的身份案件”这是“被告就原告”。②“离婚案只有被告离开超1年的”“找监护人案”“三费案被告复杂的”，这是“两可”。③其他统统都是原告就被告。比如“双方坐牢的案件”；比如“双方都没有户口的案件”；比如“找不到被告的财产案件”；比如“离婚案中，双方离开原住所地没超过1年或超过1年、被告离开没超过1年、原告离开超过1年或没超过1年”；比如“三费被告简单的案件”，统统都是原告就被告。

一般地域管辖记忆3句话：①只有被告“坐牢”“没户口”“找不到的身份”，则“被告就原告”；②“离婚案只有被告离开超过1年”，所以要“找监护人案”、要“三费案被告复杂的”，则“两可”。③其他统统都是原告就被告。

（四）【特殊地域管辖】事实在哪里？特殊地域管辖：以引起法律关系发生、变更、消灭的法律事实所在地（或诉讼标的所在地）与法院辖区之间的关系为标准而确定的管辖。

1. 合同事实（排除专属管辖囊括的合同纠纷、排除协议管辖的合同纠纷）

（1）一般合同事实（《民诉法》第23条）

①不管三七二十一，提出来被告住所地法院可以管辖。

②有约定履行地，则被告地 + 约定地履行地法院管辖（不管是否实际履行）。除非“三无是空气”（无实际履行 + 约定地既不是原告地 + 约定地又不是被告地 = 则只能由被告住所地法院管辖）

例1：+约定地。合同实际履行了，约定履行地>实际履行地。

海淀人和朝阳人签订买卖家具合同【专属管辖？协议管辖?】，约定在西城交付（约定履行地）。后来因条件限制，实际在东城交付（实际履行地）。【三无是空气？本案是二无】【**满足任何一个条件约定是有效的**】因家具质量问题发生纠纷，朝阳人起诉海淀人追究违约责任。问：什么法院有管辖权？

答：海淀法院（被告住所地）+西城法院（约定履行地）。因为合同已经实际履行，约定履行地与实际履行地不一致，以约定履行地为合同履行地。

例2：+约定地。合同没有实际履行，约定履行地>“0”。

海淀人与朝阳人在西城签订合同，约定卖掉宠物狗在朝阳交付（约定履行地=原告地）。后海淀人将宠物狗卖给出价更高的东城人【合同未履行】。朝阳人起诉海淀人追究违约责任。问：什么法院有管辖权？

答：海淀法院（被告住所地）+朝阳法院（约定履行地）。因为虽然合同没有实际履行，但约定地在朝阳，是朝阳人的朝阳，故约定履行地有用。本案由被告住所地海淀法院和约定合同履行地朝阳法院管辖。

例3：“三无是空气”：无履行+约定履行地不既不在原告地+约定履行地又不在被告地。(2017/36A)

海淀人与朝阳人在西城签订合同，约定卖掉宠物狗在西城交付（约定履行地）。后海淀人将宠物狗卖给了出价更高的东城人【1物2卖，前一个合同未履行】。朝阳人起诉海淀人追究违约责任。问：什么法院有管辖权？

答：海淀法院（被告住所地）。因为合同没有实际履行，约定地在西城，既不是海淀人的海淀、又不是朝阳人的朝阳，故约定是空气，约定履行地无用。本案只能由被告住所地即海淀法院管辖。

原理：为何“三无是空气”？①“案件与履行地没有密切联系”。②“与行为无关”：没有履行，故履行地不是行为地，所以履行地是与行为无关的地方。③“与人无关”：约定的地方不是原告地、又不是被告地，所以约定的履行地与案件没有密切关系。所以只能被告住所地法院管辖。

③无约定履行地，则被告地+法定履行地法院管辖。

无约定履行地或约定履行地不明：则下列法定地视为合同履行地。

A钱=收方地=履行地：争议标的为给付货币的，接收货币一方所在地为合同履行地。

B房屋=房屋地=履行地：交付不动产的，不动产所在地为合同履行地（**商品房**）

C其他=交方地=履行地：交付其他标的（**排除货币**）（交车、交表、服务合同），履行义务一方所在地为合同履行地

D租赁=租赁物使用地=履行地：财产租赁合同、融资租赁合同，以租赁物使用地为合同履行地。(排除房屋租赁)

E信息网络方式签订买卖合同：通过信息网络交付标的（“虚拟交付如手机充值”）=买方住所地为合同履行地；通过其他方式交付标的（“实际交付如拆快递”）=收货地为合同履行地。【没有设立的互联网法院】

问：为什么虚拟交付时以买方住所地为合同履行地？买方接受产品的终端不确定，如果以接受产品的终端作为合同履行地，容易造成买受人任意选择管辖的法院。

（2）运输合同事实：运输始发地＋运输目的地＋被告住所地。（铁路、公路、水上、航空运输和联合运输合同纠纷）

例：2005/71A“某航班飞机延误，部分乘客对航空公司提出违约赔偿之诉，被告住所地法院有管辖权√”

记忆：合同看车票，联想记忆火车票的始发站和到达站＋被告住所地。

比对运输侵权纠纷：车辆船舶最先到达地或航空器最先降落地（中间站）＋事故发生地＋被告住所地。 2005/71B“某公共汽车因为违章行驶而与其他车辆发生碰撞，受伤乘客向公交公司提出损害赔偿之诉，被告住所地法院有管辖权√”。

（3）保险合同事实：三分法

①人身保险合同纠纷：被保险人住所地（肉身）（《民诉解释》第21条）＋被告住所地。（记忆：“人”，人人）

②财产保险合同纠纷：保险标的物所在地＋被告住所地。（记忆：“财”，财人）

③运输工具保险或者货物运输保险纠纷：运输工具登记注册地＋运输目的地＋保险事故发生地＋被告住所地。（记忆：“车”，车人目事）

问：保险代位追偿案件怎么确定管辖？最高法指导案例第25号。保险公司取代被保险人，换人即可。

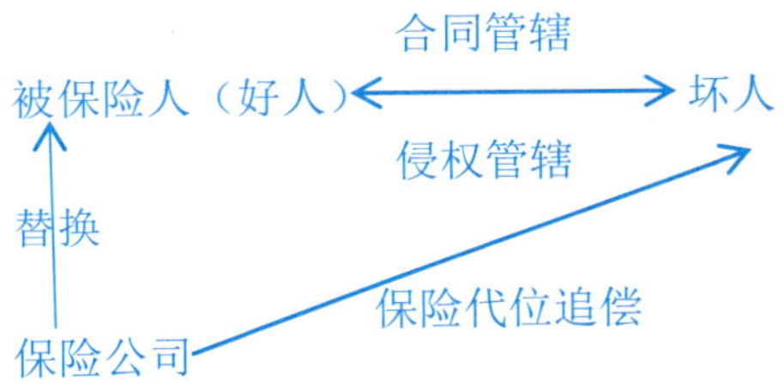

【自动换人】不是保险纠纷。自动换人。如果诉合同，如果诉侵权。【约定了仲裁呢?】

（4）票据合同事实：票据支付地法院＋被告住所地法院

2. 侵权事实

（1）一般侵权事实：侵权行为地（侵权行为实施地和侵权结果发生地，链接到原告）（有时候同一有时候不同一）（2008/82A）（2014/78B）＋被告（包括共同被告）（2008/82B）住所地。

原理：确定侵权案件管辖的实务意义何在？最密切联系原则。

①赔偿金额的判断标准：“受诉法院”

《人身解释》第7条，误工费根据受害人的误工时间和收入状况确定。

误工时间根据受害人接受治疗的医疗机构出具的证明确定。受害人因伤致残持续误工的，误工时间可以计算至定残日前一天。

受害人有固定收入的，误工费按照实际减少的收入计算。受害人无固定收入的，按照其最近三年的平均收入计算；受害人不能举证证明其最近三年的平均收入状况的，可以参照受诉法院所在地相同或者相近行业上一年度职工的平均工资计算。

《人身解释》第12条 残疾赔偿金根据受害人丧失劳动能力程度或者伤残等级，按照受诉法院所在地上一年度城镇居民人均可支配收入或者农村居民人均纯收入标准，自定残之日起按二十年计算。但六十周岁以上的，年龄每增加一岁减少一年；七十五周岁以上的，按五年计算。

受害人因伤致残但实际收入没有减少，或者伤残等级较轻但造成职业妨害严重影响其劳动就业的，可以对残疾赔偿金作相应调整。

《人身解释》第14条 丧葬费按照受诉法院所在地上一年度职工月平均工资标准，以六个月总额计算。

《人身解释》第17条 被扶养人生活费根据扶养人丧失劳动能力程度，按照受诉法院所在地上一年度城镇居民人均消费性支出和农村居民人均年生活消费支出标准计算。被扶养人为未成年人的，计算至十八周岁；被扶养人无劳动能力又无其他生活来源的，计算二十年。但六十周岁以上的，年龄每增加一岁减少一年；七十五周岁以上的，按五年计算。

被扶养人是指受害人依法应当承担扶养义务的未成年人或者丧失劳动能力又无其他生活来源的成年近亲属。被扶养人还有其他扶养人的，赔偿义务人只赔偿受害人依法应当负担的部分。被扶养人有数人的，年赔偿总额累计不超过上一年度城镇居民人均消费性支出额或者农村居民人均年生活消费支出额。

《人身解释》第15条 死亡赔偿金按照受诉法院所在地上一年度城镇居民人均可支配收入或者农村居民人均纯收入标准，按二十年计算。但六十周岁以上的，年龄每增加一岁减少一年；七十五周岁以上的，按五年计算。

《人身解释》第18条 赔偿权利人举证证明其住所地或者经常居住地城镇居民人均可支配收入或者农村居民人均纯收入高于受诉法院所在地标准的，残疾赔偿金或者死亡赔偿金可以按照其住所地或者经常居住地的相关标准计算。

被扶养人生活费的相关计算标准，依照前款原则确定。

②同一诉讼多个被告住所地法院都有管辖权：《民诉法》第21条第3款，同一诉讼的几个被告住所地、经常居住地在两个以上人民法院辖区的，各该人民法院都有管辖权。

③保险公司是交强险共同被告：《道路交通解释》第22条第1款，人民法院审理道路交通事故损害赔偿案件，应当将承保交强险的保险公司列为共同被告。但该保险公司已经在交强险责任限额范围内予以赔偿且当事人无异议的除外。

④保险公司可能是商业三责险共同被告：《道路交通解释》第22条第2款，人民法院审理道路交通事故损害赔偿案件，当事人请求将承保商业三者险的保险公司列为共同被告的，人民法院应予准许。

⑤保险公司分公司是交强险被告：《民诉解释》第52条，（六）依法设立并领取营业执照的商业银行、政策性银行和非银行金融机构的分支机构。

⑥保险公司是交强险被告：通事故中经常会发生事故发生地、肇事司机所在地、保险公司所在地等不同的情况，如事故发生在广州，肇事司机是江西人，**保险公司分公司是深圳公司**。

⑦回归到误工费、残疾赔偿金、丧葬费、被扶养人生活费、死亡赔偿金，都可以按照深圳的标准给付，会高一些！

（2）产品、服务质量不合格侵权事实：产品制造地（2007/80A）＋产品销售地

（2007/80B）＋服务提供地＋侵权行为实施地和结果地（2007/80D）＋被告住所地（2007/80AB）。

原理：方便消费者。选择权有消费者。厂家北京＋商家上海＋行为地广州＋结果地（链接到原告住所地）＋被告地（厂家＋商家）

2007/80 甲县（产品制造地、被告地）的电热毯厂生产一批电热毯，与乙县的昌盛贸易公司（产品销售地、被告地）在丙县签订了一份买卖该批电热毯的合同。丁县居民张三在出差到乙县时从昌盛贸易公司购买了一条该批次的电热毯，后在使用过程中电热毯由于质量问题引起火灾，烧毁了张三在丁县的房屋。张三欲以侵权损害为由诉赔：

A 甲县法院√。（制造地、被告地）

B 乙县法院√。（销售地、被告地）

C 丙县法院。

D 丁县法院√。（侵权结果地）

问：产品质量的加害给付管辖如何确定？①选择诉违约（合同管辖，被告是商家＋合同履行地）。②选择诉侵权（侵权管辖，被告是商家和被告＋厂家＋商家＋侵权行为地＋侵权结果地）。

（3）信息网络侵权事实：侵权行为实施地（包括实施侵权行为的计算机等信息设备所在地）＋侵权结果发生地（包括被侵权人住所地）＋被告住所地。

（4）运输侵权事实：车辆船舶最先到达地或航空器最先将落地（中途站）＋事故发生地＋被告住所地。（侵权看事故）（铁路、公路、水上、航空事故请求损害赔偿纠纷）

（5）侵犯知识产权（著作权和商标权）事实：侵权行为实施地、复制品的储藏地或查封、扣押地，被告住所地法院。储藏地可能有多个，多个法院都有管辖权。

（6）侵犯名誉权的事实：侵权行为实施地、侵权结果发生地、被告住所地法院都有管辖权。侵权结果发生地通常是原告住所地。侵权产品的每个传播地都是侵权行为实施地。

（7）因“诉前保全”引发的损害赔偿诉讼：①诉前保全后未提起诉讼或申请仲裁致人损害，由采取保全措施的法院管辖。②诉前保全后提起诉讼或申请仲裁，保全致人损害，由受理起诉的法院或采取保全措施的法院管辖。

3. 公司事实：公司住所地法院管辖【内部】

因公司设立、确认股东资格、分配利润、解散等纠纷以及股东名册记载、请求变更公司登记、股东知情权、公司决议、公司合并、公司分立、公司减资、公司增资等纠纷提起的诉讼。

4. 海事海商事实

（1）海难救助：救助地、被救助船舶最先到达地法院管辖。（无被告住所法院管辖）（2005/71D“货轮甲和货轮乙在我国领海上相撞，途经此海域的属于丙公司的客轮对甲乙两船人员进行了救助，后丙公司向我国法院提起诉讼，请求支付救助费。被告住所地法院有权管辖×”）

（2）共同海损：共同海损理算地、船舶最先到达地、航程终止地法院管辖。（无被告住所法院管辖）（2013/79B“因共同海损或者其他海损事故请求损害赔偿提起的诉讼，被告住所地法院享有管辖权×”）

一句话：公司内部诉讼、海难救助、共同海损、3个专属管辖中，被告住所地没有管辖权。

归总1：特别地域管辖的试题怎么做？①第1步，定性，是什么案件。②第2步，是合同（专属、协议、约定履行地＋被告地、三无是空气则被告地）？是侵权（行为地＋结果地＋被告地）？是公司（公司住所地）？

归总2：一般地域管辖，更多的是身份纠纷。**一般地域管辖记忆3句话：①只有被告“坐牢”“没户口”“找不到的身份”，则“被告就原告”；②“离婚案只有被告离开超过1年”“要找监护人案”“要三费案被告复杂的”，则“两可”。③其他统统都是原告就被告。**

四、法院1和法院2都有管辖权，怎么办？共同管辖＋选择管辖

（一）共同管辖＝一个案件两个法院都有管辖权（2008/82A）。【法院视角】

（二）选择管辖＝当事人可以选择其中一个法院起诉（2008/82B）（2013/79D 当事人可以书面约定纠纷的管辖法院，这属于选择管辖×。）。【当事人视角】

（三）不看起诉先后，看立案先后＝先立案的法院取得管辖权（后立案的法院应将案件裁定移送给先立案的法院）

例：加害给付存在共同管辖和选择管辖的现象。（1）诉合同，则合同履行地、被告住所地法院管辖；（2）诉侵权，则侵权行为地、被告住所地法院管辖。

五、【裁定管辖1】上级法院1与下级法院2之间立案错误（级别管辖立案错误）、海淀区法院和朝阳法院之间立案错误（地域管辖立案错误）＝移送管辖（纠错）

（一）移送管辖的本质

“移送管辖本质是对错误立案的纠错，受理案件的法院发现自己没有管辖权（即错误立案＝地域管辖上错误＋级别管辖上错误），将案件移送到有管辖权的法院，以纠正错误。移送管辖可以发生在同级法院之间，也可以发生在上下级法院之间。”上下左右都可以移，十字路口。怎么对怎么走。

（二）移送管辖的条件

1. 时间点：立案受理后（“错”）。法院1已经受理案件。

2. 错误：法院1发现自己没有管辖权。

3. 不存在应诉答辩：被告在答辩期间届满前没有应诉答辩。（因为如果被告应诉答辩没有提出管辖权异议，法院1依据应诉管辖取得管辖权）

4. 受移送的法院2有管辖权。

秒杀：受理后，从无到无，“一次用尽”。

（三）只能移送1次

1. 纠错不能反复进行，移送管辖只能移送1次。

2. 如果受移送的法院2无管辖权，则：（1）不能再送：法院2不能移送给法院3。（2）不能退回：法院2不能退回给法院1（2009/80C；2008/82D；2010/39A）。（3）启动指定管辖：法院2上报其上级法院指定管辖。

例：共同管辖中，不看起诉先后而看立案先后。起诉到法院 1 在先，起诉到法院 2 在后；但是法院 2 立案在先，法院 1 立案在后。则法院 2 取得管辖权，同时法院 1 丧失管辖权。故法院 1 应该将案件移送给法院 2。

问：为什么不是法院 2 将案件移送给法院 1？答：因为法院 1 没有管辖权。（2008/82C）

（四）“三移送”：常见有错需要移送【无到有】

1.【立案后，无到有/“共同管辖”】共同管辖情况下，案件由先立案法院管辖，后立案法院没有管辖权，故应当将案件裁定移送给先立案的法院。

2.【开庭前，无到有/“未应诉答辩”】当事人在答辩期间届满后未应诉答辩，法院在一审开庭前，发现案件不属于本院管辖的，应当裁定移送管辖。

3.【异议后，无到有/“异议成功”】被告提出管辖权异议，法院认为异议成立的，则说明受诉法院没有管辖权，应当裁定移送管辖。

（五）“三不移送”：常见没错不需要移送【有不能到有】

1.【有不能到有/“共同管辖”】在共同管辖情况下，先立案的法院取得管辖权，不得将案件移送给后立案的法院。（2014/78B）

2.【有不能到有/“应诉答辩”】法院受理案件后，被告在提交答辩状期间没有提出管辖权异议，并且应诉答辩的，受诉法院取得应诉管辖，不得移送管辖。但不得违反级别关系和专属管辖规定。

3.【有不能到有/“管辖权恒定”】根据管辖权恒定原则，行政区划变化，当事人住所发生变化后，原受诉法院仍然具有管辖权，不允许移送管辖。法院对管辖异议审查后确定有管辖权，不因当事人提起反诉、增加或变更诉讼请求等改变管辖，除非违反级别管辖、专属管辖规定。

六、【裁定管辖 2】上级法院 1 与下级法院 2 之间级别管辖的变通 = 管辖权转移（方便）

（一）中院可以争取也可以经特批后推脱

1. ↑【自己可以向下要】北京一中院可以审海淀区法院的案子吗？一中院同意就可以。争取 = 上级法院有权审理下级法院管辖的第一审民事案件。（上级法院自己同意）

2. ↓【经上级特批可以下放】北京一中院可以将自己的案子交给海淀区法院审理吗？北京高院特事特批才可以。推脱 = 上级法院认为**确有必要**将自己管辖的案件交给下级法院审理的，应当在开庭前报请自己的上级法院批准后，下达裁定，将案件转移给下级法院审理。（《民诉解释》第 42 条）

问 1：什么是“确有必要”？

（1）破产程序中有关债务人的诉讼案件。①破产衍生诉讼，案件量非常大的取回权诉讼、别除权诉讼、撤销权诉讼，有的有上千件，破产法院审判压力太大，可以移交下级法院审理，以免拖延诉讼。②案件受理费最高不超过 30 万，按财产案件的 5 折收诉讼费。【破产案件的集中管辖】

（2）当事人人数众多（10 人以上）且不方便诉讼的案件。一些群体性案件，下移管辖，有利于矛盾化解。

（3）最高法院确定的其他类型案件。

问 2：为什么“下放”这么难？①“**人为下放审级**”。②因为其本质是将本来由中级人民法院一审的案子，变成了基层人民法院一审，然后中级人民法院二审终审，把控案子二审结果，容易产生腐败。③避免“两审终审制”被架空。④“**避免地方保护主义**”。

（二）海淀法院可以推脱（案子往上）但不能争取（案子往下）

1. ↑海淀区法院可以将自己的案子转移给北京一中院审吗？一中院同意就可以。海淀法院可以推脱 = 下级法院对它所管辖的第一审民事案件，认为需要上级法院审理的，可以报请上级法院审理。（海淀法院有报请权，一中院有决定权）

2. 海淀区法院可以要求将北京一中院的案子拿过来审吗？不可以。

判断：2014/78C“省高院受理标的额 1000 万到 5000 万财产案件，中院受理了 5005 万案件后，向省高院报请审理该案 ×”。

解析：正确的做法是，省高院如果认为“确有必要”交中院审理，才可以报请自己的上级法院即最高院裁定将本案管辖权转移给中院。

原理：如果允许海淀法院要求一中院下放，那么会架空“一中院要高院特批才能下放”的规则。

一中院

主动要？ { 一中院可以要√ ↓ / 海淀法院不能要

↑ 一中院可以往下推（北京高院特事特批√） / 海淀法院可以往上推（一中院同意即可√） } 主动推？

海淀法院

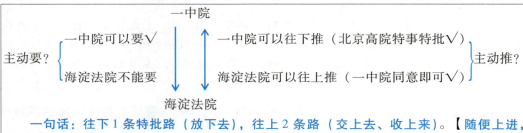

一句话：往下 1 条特批路（放下去），往上 2 条路（交上去、收上来）。【随便上进，特批下放】

问：怎么区分移送管辖和管辖权转移？

（1）移送管辖是法院错误立案后的纠错方式：①送出去的是“案件”。“从无到有”。②级别管辖错误则纵向（上下）移送。+ 地域管辖错误则横向（左右）移送。③无论是上下级之间移送还是同级之间移送，都不需要谁同意。（2013/79C）（2012/78B 案件被移送管辖由可能是因为受诉法院违反了级别管辖的规定而发生的√。）④文书为裁定书。受移送法院认为自己没有管辖权，必须报经共同上级法院指定管辖。

（2）管辖权转移是对级别管辖的变通做法，为了照顾实践需要，将案件由原本有管辖权的法院转移给原本无管辖权的上级或者下级法院：①送出去的是“案件”+“管辖权”。②限于纵向（上下）转移。③需要上级法院决定或者同意的。（2012/78C 管辖权转移制度是对级别管辖制度的变通和个别的调整√。）④文书为裁定书。上级法院认为有错误的，可以直接撤销下级法院的转移裁定。

例：【关联移送管辖和管辖权转移】海淀法院受理合同纠纷，发现本案依法应由北京一中院管辖。(1) 海淀法院管辖错误，应裁定将案件移送北京一中院管辖，为移送管辖，不需要一中院同意。(2) 本案依法应由一中院管辖，故一中院可报请北京市高院批准后，裁定案件由海淀法院审理，为管辖权转移（限于特事特批）。(3) 本案依法由北京一中院管辖，海淀法院不得报请中院将案件转移给自己审理。

关键词条件反射：①“依法应由”=移送管辖（按对分配）。法院1受理案件后发现“依法应由”法院2管辖，启动“移送管辖”。②“确有需要”=管辖权转移（按需分配）。法院1受理案件后认为“确有需要”由法院2管辖，启动“管辖权转移”。

七、【裁定管辖3】上级法院指定=指定管辖

“特殊情况下，由上级法院通过裁定的方式指定某一下级法院对某一具体案件行使管辖权”。

（一）哪三种情形会有指定管辖？（三难：管辖权难行使；移送管辖难；管辖权争议难）

1. 管辖权难行使：法院1有管辖权，但是却不能行使管辖权=由上级法院指定管辖

问：什么叫“特殊原因”不能行使管辖权？①因法律上或事实上的原因，导致按法律规定受诉的法院无法或难以行使管辖权。②如法院1是案件一方当事人（法院采购）（法院租房屋）（全体法官要回避）（无集体回避规则）（法律上原因）。③如法院1全体法官集体需要回避（院长离婚）（法律上原因）。④如由于自然灾害，该法院无法正常工作（法院地震）（事实上特殊原因）。

2. 移送管辖难：法院1立案错误，移送管辖法院2，移送继续错误则法院2不能再移送，启动法院2的上级法院指定管辖。

3. 管辖权争议难：1法院和2法院发生管辖权争议，协商不了，由1法院和2法院的共同上级法院指定管辖。(2010/39D)

问：什么叫共同上级法院？①北京市一中院和北京二中院协商不了，由北京市高院指定管辖。②北京海淀区和上海静安区法院协商不了，逐级上报，中院和中院协商；协商不了，则高院和高院协商；协商不了，则共同上级只能是到最高院指定管辖。③必须是协商前置。④指定之前，应该中止案件审理。如果下级法院强行判决、裁定的，则上级法院在裁定指定管辖的同时，一并撤销下级法院对该案件的判决、裁定。

（二）报请指定管辖有什么效果？

1. 【中止审理】下级法院应该中止审理。

2. 【抢先裁判】如果下级法院继续审理并且作出判决、裁定的，则上级法院应当在裁定指定管辖的同时，一并撤销下级法院的判决、裁定。(《民诉解释》第41条)

八、管辖权异议（不异议非被告=拖延诉讼）

“法院受理案件后，当事人对管辖权有异议的，应当在提交答辩状期间提出。法院对当事人提出的异议，应当审查。异议成立的，裁定将案件移送有管辖权法院管辖；异议不成立的，裁定驳回。”

（一）不异议白不异议：应诉管辖（**默示的处分权**）

1. 应诉了，启动应诉管辖

（1）一般应诉管辖："当事人在提交答辩状期间没有提出管辖权异议，并且应诉答辩的，视为人民法院有管辖权，但违背级别管辖和专属管辖的除外。"（《民诉法》第127条）

> 例：2017/36B 海淀人与朝阳人签订买卖合同，约定在西城区履行。后合同未履行，海淀人在西城法院起诉朝阳人，朝阳人提交答辩状。西城法院判决朝阳人败诉。朝阳人不服，以西城法院无管辖权为由提起上诉，要求二审法院撤销一审判决，驳回起诉。
>
> 解析：正确做法是，二审法院对朝阳人提出的管辖权异议不予审查，裁定驳回异议。因为西城法院获得应诉管辖权。

（2）"特殊应诉管辖"：发回重审或按一审程序审理的再审案件，当事人提出管辖权异议，怎么办？法院不予审查。原理正是基于应诉管辖。（《民诉解释》第39条）。（最高院指导案例第56号"当事人在一审提交答辩状期间未提出管辖权异议，在二审或再审发回重审时提出管辖异议的，法院不予审查"2018年考）

2. 级别管辖错误，应诉了，不启动应诉管辖（不能错太厉害）

（1）【原告恶意规避审级】原告增加诉讼请求金额导致案件标的额超过受诉法院级别管辖标准，不算被告应诉管辖，被告可提出管辖权异议。（2020年《级别管辖异议规定》第3条）

（2）【对管辖权转移裁定不服可上诉】上级法院根据《民事诉讼法》第38条管辖权转移的规定，将其管辖的第一审民事案件交由下级人民法院审理的，应当作出裁定。当事人对裁定不服提起上诉的，第二审人民法院应当依法审理并作出裁定。

（3）【**向上转移的裁定，上级法院可以依据职权撤销**】对于将案件移送上级法院管辖的裁定，当事人未提出上诉，但受移送的上级法院认为确有错误的，可以依职权裁定撤销。

3. 专属管辖错误，应诉了，不启动应诉管辖。（比如不动产纠纷）（不能错太厉害）

（二）异议了不会白异议

1. 谁有资格提出管辖权异议？本案当事人，一般为被告（反诉中，本诉的原告即反诉的被告有权针对反诉的管辖权提出异议）。但是，有独三或无独三均无权提出管辖权异议。

2. 向谁提出管辖权异议？向受诉法院提出

> 判断：2016/78A 向受诉法院提出管辖权异议，要求受诉法院对管辖权的归属进行审查√。B 向受诉法院的上级法院提出异议，要求上级法院对案件的管辖权进行审查×。

3. 什么时候提出管辖权异议？

（1）初次审理的提交答辩状期间。（2007/40B）应诉之后过期提出管辖权异议，则启动应诉管辖，法院对管辖权异议不予审查，裁定驳回。

（2）例外：原告增加诉讼标的金额，被告可对级别管辖提出异议。这个时候就不适用管辖权恒定了，以避免当事人通过增加诉讼标的来控制级别管辖。

4. 怎么表达管辖异议？（《民诉解释》第223条）

（1）当事人在提交答辩状期间提出管辖异议，又针对起诉状的内容进行答辩的，法院应当对管辖异议进行审查。（异议＋答辩，则异议大）

（2）当事人未提出管辖异议，就案件实体内容进行答辩、陈述或者反诉的，可以认定为应诉答辩。

5. 对什么提出异议？

（1）对一审法院的级别管辖和地域管辖提出异议。（2007/40A 当事人对一审案件的地域管辖和级别管辖均可提出异议√。）（2012/78A 级别管辖不适用管辖权异议制度 ×。）

（2）二审期间不能对二审法院提出管辖权异议。因为二审法院是哪个，取决于一审法院是哪个。二审法院是一审法院的上级法院。

6. 提出管辖权异议后，法院怎么处理？（2007/40C）

（1）异议成功 = 法院 1 立案错误 = 裁定移送给法院 2 管辖。

（2）异议失败 = 裁定驳回管辖权异议。异议人对该裁定不服，可以上诉（2007/40D“申请复议 ×”）。不能再审。（2016/78D 在法院对案件审理终结后，可以以管辖错误作为法定理由申请再审 ×。）

（3）加害给付变更诉讼标的之裁定驳回起诉。

7. 被告提出管辖权异议，法院来不及作裁定，原告申请撤回起诉的，怎么办？

（1）一审中，原告向受诉法院撤回起诉，则受诉法院裁定对被告管辖权异议不再审查，并在裁定书中一并写明。

> 原理：因为原告申请撤回起诉，受诉人民法院准许，则此案不需要进行实体审理，直接终结即可，再由法院就该案有没有管辖权进行审查没有任何意义。

（2）对驳回管辖权异议裁定提出上诉过程中，原审原告向原审法院撤回起诉，原审法院准许，则此案不需要进行实体审理，二审法院对上诉人提出的管辖权异议上诉不再审查（2010/50D）。

> 原理：既然对方已经就管辖权异议裁定提起了上诉，为什么原审原告还是向原审法院撤回起诉，而不是向二审法院撤回起诉？①因为当事人提出管辖权异议后，在管辖权确定之前案件不能进入实体审理。②管辖权异议裁定下来后，当事人提起上诉，这仅是对管辖权异议裁定上诉，是管辖权问题进入二审。③原纠纷仍然在一审，尚未进行实体审理，故应向原审法院申请撤回起诉。

九、管辖权恒定于起诉之时

管辖权恒定。“确定案件管辖权，以起诉时为标准，起诉时对案件享有管辖权的法院，不因确定管辖的事实在诉讼中发生变化而影响其管辖权。”

（一）行政变：行政区划变了是空气，还是原法院有管辖权（《民诉解释》第 38 条）

1. 有管辖权的法院受理案件后，不得以行政区域变更为由将案件移送给变更后有管辖权的法院。

2. 诉讼过程中当事人住所地、经常居住地的变化，适用管辖恒定。

（2009/80AD）当事人住所地变化也不影响管辖权。（2014/78A 在一起借款纠纷中，原告张海起诉被告李河时，李河居住在甲市 A 区。A 区法院受理案件后，李河搬到甲市 D 区居住，该法院知悉后将案件移送 D 区法院 ×。）

（二）法院变：法院发回重审或者再审按一审再审，还是原法院有管辖权（《民诉解释》第 39 条）

人民法院发回重审或者按照一审程序再审的案件，当事人提出管辖权异议的，法院不予审查。

（三）当事人变：当事人提起反诉、增加或变更诉讼请求，还是原法院有管辖权

人民法院对管辖权异议审查后确有管辖权的，不因当事人提起反诉、增加或变更诉讼请求而改变管辖。但违反级别管辖、专属管辖规定的除外。

主观题重点把握“合同纠纷”管辖5步走：①专属管辖。②协议管辖。③被告。④有约定地，则+约定地（不论是否实际履行），除非“三无是空气”。⑤无约定地，则+法定履行地。

第一步，这些合同纠纷是否属于专属管辖的纠纷范围：人“死”在“港口”这个“不动产”那里了吗？（专属管辖会管死一部分合同纠纷）

例1：海淀区公司（原告住所地）和朝阳区公司（被告住所地）在西城区（合同签订地）签订出租合同，约定将位于东城区（标的物所在地）中南海附近的房屋出租给朝阳区公司，双方书面协议约定纠纷由西城区法院管辖。问：本案谁有管辖权？

答：专属管辖，由东城区法院管辖。专属管辖囊括的纠纷不能协议管辖，即使协议也是无效的。

第二步，专属管辖未囊括的合同纠纷中，当事人是否有协议管辖：合同纠纷和其他财产权益纠纷中当事人实现有协议管辖的约定吗？有的话依当事人意思，入围法院都可以。

例2：海淀人与朝阳人签订宠物狗买卖合同，约定在西城区交付。海淀人与朝阳人达成补充协议，因合同履行发生争议可向原告住所地或被告住所地法院起诉。后海淀人不履行合同，朝阳人起诉海淀人追究违约责任。问：本案谁有管辖权？

答：卖宠物狗的合同不是专属管辖囊括的合同。本案当事人有协议管辖，故从之。朝阳法院和海淀法院均有权管辖。

第三步，专属管辖未囊括的合同纠纷，且合同中当事人没有协议管辖，剩余的其他合同纠纷，不管三七二十一，直接提出来被告住所地法院有管辖权。

第四步，有约定地，则+约定地。除非“三无是空气”（无实际履行+约定地不是原告地+约定地不是被告地）。

原理1：为什么“三无是空气”？因为合同没有实际履行，所以约定的履行地与合同争议没有联系；因为约定的履行地既不是原告住所地、又不是被告住所地，所以约定的履行地与合同争议没有联系。

原理2：为什么约定履行地约定得不好会导致不存在“合同履行地法院”？因为既然约定履行地是空气，而合同又没有实际履行，自然不存在“合同履行地法院”。

第五步，无约定地，则+法定履行地。

专属管辖的合同纠纷　　协议管辖的合同纠纷　　其他合同纠纷（被告住所地+？）

民诉合同纠纷管辖

0：仲裁协议

第1步：专属管辖。

第2步：协议管辖。

第3步：直接提出来被告地可以管辖。（不管三七二十一）

第4步：有约定地。被告地+约定地（不管是否实际履行）。除非三无是空气。（三无是空气=无履行+约定地既不是原告地+约定地也不是被告地），则被告地。

第5步：无约定地。被告地＋法定履行地（争议标的为货币的接收货币一方＋交付不动产则不动产所在地＋交付其他标的的履行义务一方所在地）。

第6步：应诉管辖则应诉法院有管辖权。（不能违反专属管辖和级别管辖）

验证做题步骤：2017/36约定履行地是空气案＋应诉答辩案

住所在A市B区（被告地）的甲公司与住所在A市C区（原告地）的乙公司签订了一份买卖合同，约定履行地为D县（约定地）。合同签订后尚未履行，因货款支付方式发生争议，乙公司诉至D县法院。甲公司就争议的付款方式提交了答辩状（“应诉管辖”）。经审理，法院判决甲公司败诉。甲公司不服，以一审法院无管辖权为由提起上诉，要求二审法院撤销一审判决，驳回起诉。

A. D县法院有管辖权（“结论正确”），因D县是双方约定的合同履行地（“原因错误”）×。（“三无是空气”）（正确原因是应诉管辖才有管辖权）

B. 二审法院对上诉人提出的管辖权异议不予审查，裁定驳回异议√。（“应诉管辖”）

C. 二审法院应裁定撤销一审判决，发回一审法院重审×。

D. 二审法院应裁定撤销一审判决，裁定将案件移送有管辖权的法院审理×。

解析：(1) 合同纠纷的管辖：①第一步，不是专属管辖。②第二步，没有协议管辖。③第三步，提出来被告地B区可以管辖。④第四步，有约定地，＋约定地。但是本案属于三无是空气，故约定地D县法院无管辖权。（合同无履行＋约定地D县既不是原告地C区＋又不是被告地B区＝因此约定是空气。）⑤结论：只有被告地B区法院有管辖权。(2) 但是，对管辖权异议应在答辩状期间提出。①“甲公司就争议的付款方式提交了答辩状。”②说明甲公司已经应诉答辩，视为受诉法院D县法院取得应诉管辖权。③法院对其异议不需要审查，裁定驳回即可。

第五部分　人

- 人
  - ①当事人
    - ①小孩＝活人：有诉讼权利能力（有当事人能力）
    - ②小孩＝无限人：无诉讼行为能力
    - ③小强＝本案当事人
      - ①共同人
        - ①普通共同诉讼＝1 人揍 2 人＝2 个侵权关系
        - ②必要共同诉讼＝2 人揍 1 人＝1 个侵权关系
        - ③人数确定的代表人诉讼
          - ①1 人揍 10 人（普共）
          - ②10 人揍 1 人（必共）
        - ④人数不确定的代表人诉讼：1 人揍 N 人（普共）
      - ②第三人
        - ①有独三：无权处分合同诉，物权人＝有独三
        - ②无独三：加害给付违约诉，厂家＝无独三
        - ③撤销之诉第三人：官司打完了才发现被害
  - ②代理人
    - ①小强的爹：法定诉讼代理人
    - ②小强爹请的人：委托诉讼代理人
      - ①1 专家：律师＋基工
      - ②2 种人：家人＋工人
      - ③3 推荐人：社区＋单位＋社会团体

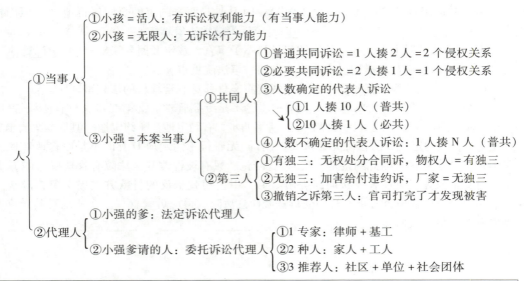

> 民诉程序思维巅峰即第三人制度：（1）法院诉讼中可以申请诉第三人（隔山打牛）；（2）仲裁中是绝无可能找第三人。

第一节　当事人[①]

一、什么是诉讼权利能力？抽象层面，孩子能“上”判决书吗？能。

（一）诉讼权利能力＝以自己名义成为民事诉讼当事人，享有诉讼权利和承担诉讼义务的资格。

（二）自然人活着就有：开始于出生，终止于死亡。

① “当事人是指因民事权利义务发生争议，以自己名义进行诉讼，要求法院行使民事裁判权的人。”

判断1：2014/81B“被宣告为无行为能力的成年人可以自己的名义作为当事人进行诉讼√”。

判断2：小强打了小明，谁是原告？谁是被告？①小强有诉讼权利能力是被告1、无诉讼行为能力，列小强爹为法定代理人，代为参加诉讼。另外，“熊孩子坑爹”，孩子和爹是共同被告，因此，小强爹还是被告2；②小明有诉讼权利能力是原告、无诉讼行为能力，故列小明爹为法定代理人，代为参加诉讼。

（三）法人活着就有：开始于成立，终止于注销。

判断：2014/81A依法清算并注销的法人可以自己的名义作为当事人诉讼×。

问：诉讼中法人注销怎么办？①在民事诉讼过程中，作为一方当事人的公司办理注销登记的，应当区分注销公司时依法清算和未清算两种情形。②如果在当事人起诉后，公司依法成立了清算组，依照公司法等规定进行了清算，则诉讼应当中止或者终止，当事人可以依照公司清算程序实现自身权利。（《民诉法》第150条第3项，作为一方当事人的法人或者其他组织终止，尚未确定权利义务承受人的）③在诉讼过程中，公司未经清算即办理注销登记的，则应当由有限责任公司的股东在债权人主张的公司债务范围内，承担相应的赔偿责任。当然赔偿的前提是债权债务查证属实。

（四）其他组织满足特定条件才有：开始于成立，终止于结束。

1.“登记”+“营业执照”的非法人组织（有民事权利能力也有诉讼权利能力）：依法“登记”并领取“营业执照”的个人独资企业、合伙企业、中外合作经营企业、外资企业、乡镇企业、街道企业。

判断：2014/81C非法人组织依法可以自己的名义作为当事人进行诉讼√。

2. 依法设立+“营业执照”的法人的分支机构（无民事权利能力但有诉讼权利能力）：（1）依法设立并领取“营业执照”的法人分支机构（如私刻公章即无营业执照故无诉讼权利能力）。（分公司财产未必多）（2）商业银行、政策性银行和非银行金融机构的分支机构。（分行财产多所以这些特殊的分支机构在2012年前就具有诉讼权利能力）

两个最大：①保险公司是中国最大的被告，为什么？交通事故侵权。②银行是中国最大的原告，抵押权人，为什么？借款合同纠纷。

3. 依法成立的社会团体的分支机构、代表机构（无民事权利能力但有诉讼权利能力）。

（五）如何区分诉讼权利能力与民事权利能力？

1. 有民事权利能力的人，一定有诉讼权利能力。

2. 一些没有民事权利能力的人，却有诉讼权利能力，比如经登记并领取营业执照的法人分支机构、保险分公司、银行分行等。

3. 实体法和程序法对比：①民法：自然人、法人、非法人组织。法人分支机构＝民法中叫分支机构。②民诉：自然人、法人、其他组织（非法人组织＋法人分支机构）。

判断1：2008/48有诉讼权利能力的都有民事权利能力×。

判断2：2008/48诉讼权利能力都是以民事权利能力为基础×。

判断3：2008/48具有民事诉讼权利能力者在实体法上不一定就具有民事权利能力√。

秒杀1：民法上的非法人组织＋依法成立领取营业执照的分公司＝民诉法上的其他组织。

秒杀2：记住保险公司分公司有诉讼权利能力，没有民事权利能力，就可以用个例将两个概念区分开来。

秒杀3：民事诉讼权利能力＝民事权利能力（自然人＋法人＋非法人组织）＋依法设立并领取营业执照的分支机构

二、什么是诉讼行为能力？抽象层面，孩子能“上”法院打官司吗？不能

（一）诉讼行为能力＝亲自参加诉讼行使诉讼权利，承担诉讼义务的资格。

问：什么是诉讼行为能力二分法？有诉讼行为能力和无诉讼行为能力。

（二）自然人两分法

1. 完人有诉讼行为能力：有诉讼行为能力可以上法院。

判断：2013/38C“未成年人均不具有诉讼行为能力×”。解析：因为16～18周岁虽然是未成年人但如果有自己劳动收入作为主要生活来源＝完人＝有诉讼行为能力。“初中毕业北漂”

2. 无限人没有诉讼行为能力。

（三）法人和其他组织：诉讼权利能力＝诉讼行为能力。

三、什么是当事人适格（正当当事人）

（一）当事人适格＝正当当事人：针对具体的诉讼有作为本案当事人起诉或应诉的资格。

原告适格。那被告呢？

问：如何区分诉讼权利能力或诉讼行为能力与当事人适格？

①诉讼权利能力或诉讼行为能力是抽象层面讲自然人、法人，或其他组织有无作为民事诉讼当事人，或者亲自参加诉讼的资格和能力的问题。与具体案件无关。

②当事人适格是具体层面讲本案中自然人、法人、或其他组织有无作为本案适格当事人的资格。(2008/44A)。

③当事人能力由法律规定，当事人适格不是由法律规定，而是法官根据本案来进行判断（2012/81D“当事人能力和当事人适格均由法律明确加以规定”×）。

④诉讼权利能力＞当事人适格：有诉讼权利能力的人不一定是适格当事人（2012/81B“有当事人能力的人一定是适格当事人”×），适格当事人一定具有诉讼权利能力（2012/81C“适格当事人一定具有当事人能力”√）。

判断：①当事人能力1＝诉讼权利能力1。(2012/81A“当事人能力又称当事人诉讼权利能力”√)。②当事人适格2＝正当当事人2。（2012/81A“当事人适格又称正当当事人。”√)。③当事人能力1≠适格当事人2（2012/81B“有当事人能力的人一定是适格当事人”×)。

秒杀：诉讼权利能力（当事人能力）＝是不是人。当事人适格（正当当事人）＝关不关你的事。

(二) 一般情况 = 争议民事法律关系人 = 当事人适格 1 (关你的事)

具体到本案中，争议的民事法律关系（本案诉讼标的）的主体是本案适格当事人。

例 1：具体到本案的侵权关系中，受害人为原告，侵权人为被告√。

例 2：具体到本案的合同关系中，守约方为原告，违约方为被告√。

判断 1：2013/38B 一般而言，诉讼标的的主体即是本案的正当当事人√。

判断 2：2008/44D 检察院就生效民事判决提起抗诉，抗诉的检察院是适格当事人×。解析：检察院与案件没有法律上的利害关系，其对生效民事裁判提起抗诉，是基于其作为法律监督机关的职责，并非案件当事人。

(三) 特殊情况 1 (私益诉讼) = 非争议民事法律关系主体 = 当事人适格 2 (不关你的事但是适格)

具体到本案中，他们不是本案争议民事法律关系（本案诉讼标的）的主体，但仍然是本案适格当事人（2008/44B）。

1. 确认之诉中，对诉讼标的有确认利益的人，虽然不是本案争议的民事法律关系的主体，但却是确认之诉的适格当事人。(**消极的确认之诉** = "我不是你爹")

例 1：确认不存在父子关系

妈妈带孩子向男方索要抚养费，男方拒绝，妈妈带孩子闹，男方不堪其扰。

问：男方和孩子不是抚养关系的主体，但是男方可以成为本案诉争抚养关系的主体吗？

答：可以。男方作为原告，孩子作为被告，请求确认不存在父子关系。

我不是你爹。不能违反处分原则。对方可以提反诉。

例 2：确认不存在侵权关系

甲楼高空石头致小孩损害，小孩和他爹跑到乙单位去闹，单位不堪其扰。

问：乙单位与小孩不是侵权关系的主体，但是乙单位可以成为本案诉争侵权关系的主体吗？

答：可以。乙单位作为原告，孩子作为被告，请求确认不存在侵权关系。

例 1 + 例 2 合并为一句话：如果不允许这些人做原告，就不会存在消极的确认之诉。

判断：2013/38A "一般而言，应以当事人是否对诉讼标的有确认利益，作为判断当事人适格与否的标准×"。

解析：①一般而言，本案所争议的民事法律关系主体是本案适格当事人；②但是也有例外，即在确认之诉中，对诉讼标的有确认利益的人，是确认之诉的适格当事人。③不能把例外当一般。

2. 依法或依约对他人民事法律关系享有管理权的主体，虽然不是本案争议民事法律关系的主体，但却是适格当事人。("越俎代庖型" 又称 "诉讼担当")

(1) 被宣告失踪人的财产代管人。

问：被宣告失踪的老公有个借条，老婆被指定为其财产代管人，老婆不是本案争议的借款关系的主体，但是老婆可以持借条向债务人起诉吗？以什么名义起诉？

答：老婆可以以自己名义起诉。老婆是宣告失踪人的财产代管人，是适格当事人。(2013/38D "以失踪人名义起诉×")

（2）为保护死者名誉而起诉的死者的近亲属（被撞死，近亲属作为原告起诉）。（《民诉解释》第69条："对侵害死者遗体、遗骨以及姓名、肖像、名誉、荣誉、隐私等行为提起诉讼的，死者的近亲属为当事人。"）

（3）遗产管理人。

（4）股东代表诉讼的股东。

（5）经作者授权的著作权集体管理组织（"音著协、文著协""任意诉讼担当"）（"提成"）。

（四）特殊情况2＝公益诉讼＝非争议民事法律关系主体＝当事人适格3

1. 公益诉讼中，有权提起公益诉讼的机关、组织虽然不是争议的实体侵权法律关系主体，但基于民诉法的特别规定，可以作为适格原告提起公益诉讼。

判断1：2014/81D"中国消费者协会可以自己的名义作为当事人，对侵害众多消费者权益的企业提起公益诉讼√"。

判断2：2013/35D"公益诉讼的提起必须以存在实际损害为前提×"。解析：因为对公众造成潜在威胁的行为提起公益诉讼，可请求中院判令停止被告侵权。

原理：起诉有什么要求？①要有初步证据，是区分公益诉讼和私益诉讼的基本条件，防止滥用诉权。不要求提供足以胜诉的充足证据。②公益诉讼有事先预防功能，也有事后救济功能。③最高检指导案例第28号，民事公益诉讼案，行政责任、刑事责任、民事责任互不替代。"侵权人因同一行为已经承担行政责任或者刑事责任，不影响承担民事侵权责任。"

2. "NGO"一般公益诉讼：对污染环境、侵害"众多"（"解释为10人以上"）消费者合法权益等损害社会公共利益的行为，法律规定的机关和有关组织（"环境污染并没有损害到具体环保组织的利益"）可以向人民法院提起诉讼。

（1）什么是法律规定的机关和有关组织？谁是原告？

①原告＝环保公益诉讼原告＝依法在设区的市级以上人民政府民政部门登记，且专门从事环境保护公益活动连续5年以上且无违法记录的社会组织（"NGO"）。

②原告＝消费公益诉讼原告＝省级以上消费者保护协会（中国消费者保护协会以及在省、自治区、直辖市设立的消费者协会）

判断：2015/35 手机生产商在手机出厂前预装众多程序，大幅侵占手机内存，某省消费者保护协会以侵害消费者知情权为由提起公益诉讼……√。

③共同原告＝其他机关和组织：法院受理公益诉讼案件后到"开庭前"期间，依法可以提起公益诉讼的其他机关和组织向法院申请参加诉讼，法院准许的，**列为共同原告**。（《民诉解释》第287条）。逾期申请则不予准许。（《环境公益诉讼解释》第10条第2款）

判断：2017/98 公益环保组织1起诉污染方，法院受理后，在公告期间，公益环保组织2也起诉污染方。法院应该怎么办？A与公益环保组织1的公益诉讼合并审理×。B作为另案单独审理×。C属于重复起诉不受理×。D允许其参加诉讼，列为共同原告√。

（2）由哪一个法院管辖？

①侵权行为地中级人民法院（2015/35A）。

②被告住所地中级人民法院（2015/35A）。

③对同一侵权行为分别向两个以上法院提起公益诉讼，由最先立案的法院管辖（"共同

管辖”），“必要时”由他们的共同上级法院指定管辖。（“同一法院集中管辖”）

（3）法院管了，行政主管部门还管吗？管。

①法院受理公益诉讼案件后，应当在10日内书面告知相关行政主管部门。

②负有环境资源保护监督管理职责的部门依法履行监管职责而使原告诉讼请求全部实现，原告申请撤诉的，法院应该准许。（《环境公益诉讼解释》第26条）

判断：2015/35B 公益诉讼原告没有撤诉权×。

（4）【“公益诉讼与私益诉讼的关系”】法院管了，具体受害人（比如买手机的受害消费者）还可以另行向法院起诉索赔吗？可以（2015/35D）（2017/100D）（公益归公益，私益归私益）

同一侵权行为的受害人可以通过另行提起民事诉讼的方式维护自身合法权益，故其不能对生效公益诉讼裁判提出第三人撤销之诉。（《民诉解释》第297条）

（5）公益诉讼中，对诉讼请求的规定有什么特殊之处？

①【可以释明】针对原告诉讼请求，法院有释明权。法院在审理公益诉讼中，认为原告提出的诉讼请求不足以保护社会公共利益的，可以向其释明变更或者增加停止侵害、恢复生态环境等诉讼请求。 ②【禁止反诉】针对被告的反诉请求，法院不予受理。（《环境公益诉讼解释》第17条、《消费公益诉讼解释》第11条）。

问：证据方面有何限制？“对自认的限制：原告在诉讼中承认对自己不利的事实和认可的证据，法院认为损害社会公共利益的，应当不予确认。”

（6）公益诉讼中，当事人可以和解、法院可以调解吗？可以（2015/35C 不可以和解、不可以调解×）。对当事人和解、对法院调解，有什么特殊要求？

①必须公告和解协议或调解协议（公告期间不少于30日）（2017/99C）。 ②和解或调解成功：公告期满后，协议不违反公共利益，则法院依职权出具调解书结案（2017/99D），不允许原告撤诉结案（2017/99AB）。 ③和解或调解失败：公告期满后，协议违反公共利益，则法院继续对案件进行审理并依法作出裁判。（《环境公益诉讼解释》第25条）

3. 检察机关提起公益诉讼（《两高关于检察公益诉讼案件的解释》）

（1）检察机关要么自己上，要么支持起诉。

①没有你或者你没用，检察机关自己上：“检察院在履行职责中发现损害社会公共利益的行为（破坏生态环境和资源保护，食品药品安全领域侵害众多消费者合法权益，侵害英雄烈士等的姓名、肖像、名誉、荣誉等损害社会公共利益的行为），在没有法律规定的机关和组织；或者有法律规定的机关和组织法律规定的机关和有关组织、英雄烈士等的近亲属但它们不提起诉讼的情况下”，检察院可以提起公益诉讼。

问：为何检察院在“拟”提起公益诉讼前，要发“诉前公告”，30天，没人干活就自己上？①因为检察机关是后顺位主体。②没人去起诉，则检察院要去起诉。③避免扯皮，通过“诉前公告”来证明自己是后顺位主体。

②有你且你有用，检察机关支持起诉。

问：归总检察机关在民诉中的地位是什么？①检察监督（抗诉上同抗下＋检察建议同级再审＋检察建议个人贪污）。②公益诉讼原告。③支持起诉的支持人。

（2）检察机关以什么身份提起公益诉讼？公益诉讼起诉人≈原告，可以调查、收集证据，有权宣读起诉书、对证据进行质证、参与法庭辩论。

（3）由哪个法院管辖？

①侵权行为地中级人民法院。

②被告住所地中级人民法院。

（4）检察机关以什么身份提起上诉？

①是“上诉”而非“抗诉”。

②上诉理由是“不服一审判决”，而不是认为一审判决“确有错误”。

③原检察院派员出庭，上级检察院也可以派员出庭（不要求一定要二审法院的同级检察院派员出庭）。

归总检察院公益诉讼：①诉前公告、②派员出庭、③禁止反诉、④全部请求实现才可以撤诉、⑤法院移送执行（不是申请执行）

（五）当事人变更：人“死了”、法人“分了并了”、关系换人了，怎么办？

1. 人“死了”则“**活人适格**”：官司打到一半，自然人当事人死亡，其民事权利义务发生继承，由其继承人继承诉讼权利义务，进行诉讼。（“保护被告的信赖利益”“一脉相承”）但该民事权利义务具有人身专属性除外。

例：离婚诉讼中，一方当事人死亡，婚姻关系消灭，直接导致诉讼终止。

2. 法人或其他组织“分了并了”则“**承受单位适格**”：官司打到一半，分立、合并后的法人或其他组织承担诉讼权利、义务，进行诉讼。（《民诉解释》第63条）

例：（2011/45C＋2012/45C）三合公司诉两江公司合同纠纷一案，经法院审理后判决两江公司败诉。此后，两江公司与海大公司合并成立了大江公司。在对两江公司财务进行审核时，发现了一份对前述案件事实认定极为重要的证据。问：应该由谁申请再审并参加诉讼？

答：大江公司。常识反射：原组织都不在了，只有新的单位适格。

3. 本案争议的民事权利义务发生转移给了受让人：官司打到一半，债权换人了（债权转让的三方结构，《民诉解释》第249条）。

（1）【**受让人不参诉**】当事人恒定主义为原则：**原主体继续适格，对受让人有效**

①原主体是适格当事人，不影响原当事人的诉讼主体资格和诉讼地位。

②法院作出的生效判决、裁定对受让人具有拘束力。（《民诉解释》第249条第1款）

（2）【**受让人参诉**】诉讼继承主义为例外

①受让人申请以无独三参加诉讼，法院可准许。

②受让人申请替代当事人（一般原告）承担诉讼的，法院可以根据案件审理情况决定是否准许。

如准许，则受让人适格，“裁定”变更当事人。原当事人退出，其曾实施的诉讼行为对受让人即新当事人有拘束力。

如不准许，则可以追加受让人为无独三。（《民诉解释》第249条第2款）

例 1：2016/79 程某诉刘某借款诉讼过程中，程某将对刘某因该借款而形成的债权转让给了谢某。

（1）问 1：程某可以撤诉吗？可以，原告有权撤诉√（2016/79A）（“程某还是原告”）。你撤你的，我告我的。“实体权利转移不影响程序的进行”

（2）问 2：新债权人谢某怎么办？两条道路：无独三或者原告。

①如谢某申请 1 以无独三身份参加诉讼（“申请权”），法院可予以准许√（2016/79B）；

②如谢某申请 2 替代程某诉讼地位（即“原告”）（“申请权”），法院可以根据案件具体情况决定是否准许√（2016/79C）；

③如法院不准许谢某申请替代程某诉讼地位的，可追加谢某为无独三√（2016/79D）。

例 2：2008/40C 甲公司诉乙公司合同纠纷一案，审理过程中，甲公司与其他公司合并，法院裁定诉讼终结×。解析：变更当事人可以继续进行，不属于诉讼终结情形。

秒杀：看到官司打到一半，债权人换人。（1）新人参加诉讼有两条路：申请 1 无独三；或者申请 2 为原告（成功就是原告；失败就是无独三），都是法院说了算。（2）新人不参加诉讼。（3）“实体和程序各玩各的”：诉讼中对实体权利处分，原则上不影响程序。所以一切照旧。①不参诉，约束受让人。②参诉，申请权，法院决定，直接替换或无独三。

四、适格当事人之“个人”系列

（一）无限人 = “熊孩子坑爹” = 孩子和爹是共同被告

例：2016/36 精神病人冲入幼儿园打伤小明。小明爹妈，与精神病人爹妈、幼儿园协商赔偿事宜无果，“拟”向法院起诉。问：怎么列当事人？

答：小明是原告，小明爹妈是法定诉讼代理人；精神病人、精神病人爹妈、幼儿园是共同被告。

解析：①实体法为安保义务场所第三人侵权，安保义务场所之幼儿园承担与其过错相应的补充责任。②题干没有交代幼儿园是否尽到管理职责即是否有过错，但是这属于实体法判断范畴。③在起诉时，只解决当事人的主体资格问题，至于幼儿园是否要承担责任，属于实体审判后的问题。④幼儿园与受害人之间具有直接赔偿权利义务关系，是赔偿权利义务关系一方当事人，是适格被告，不是无独三。⑤“精神病人爹妈”有双重身份：被告 1 的法定诉讼代理人 + 被告 2

（二）个人合伙的合伙人 = 合伙人 1234 是共同被告

1. 未依法登记领取营业执照（“人合组织”）的个人合伙的全体合伙人是共同诉讼人

（1）全体合伙人可以推选代表人代表全体共同诉讼人进行诉讼。

（2）如全体合伙人不能取得一致意见则仍由全体合伙人共同进行诉讼。

2. 个人合伙有核准登记的字号的，应该在法律文书中注明登记的字号。

判断：2010/40C “3 人合伙开电脑维修店，店名为‘一通电脑行’，店员碰坏顾客电脑”，则 3 合伙人为共同被告，并注明‘一通电脑行’字号√。

步骤：①见到合伙先看是合伙企业（**其他组织**）（登记并领取营业执照具有商事主体地位）还是个人合伙。②如果是合伙企业，则合伙企业是适格当事人。③如果是个人合伙，则全体合同人是共同诉讼人（如有字号则在法律文书注明）

问：如果合伙企业登记领取营业执照，合伙企业是被告，那么，合伙人是什么法律地位？合伙企业是被告，合伙人在执行中可能被裁定追加为被执行人。❶公民、法人或者其他组织可以作为诉讼当事人。❷其中的其他组织包含了依法登记并领取了营业执照的合伙企业。❸如果起诉合伙企业，而该合伙企业已经登记并有营业执照，以该合伙企业为被告，合伙人为负责人。❹不需要列合伙人为被告，如果判决合伙企业承担责任，合伙企业的财产不足以履行判决中的责任的话，执行的时候可以执行合伙人的财产，因为合伙人对合伙企业承担连带责任。❺无限合伙人对执行中追加自己为被执行人不服的裁定，可以向执行法院的上一级法院复议。有限合伙人对该裁定不服，则可提起执行异议之诉。

（三）个体工商户 = 字号 > 登记经营者 > 登记经营者 + 实际经营者

1. 有字号：直接以字号为当事人，同时列明经营者基本信息。（“店名”）

2. 没有字号：则营业执照上登记的经营者为当事人。

3. 没有字号，登记的经营者与实际经营者不一致，两人为共同诉讼人。(2015/39B)

记忆：个人合伙和个体工商户中都涉及字号，一个不重要，一个重要，怎么记忆呢？联系记忆法，一看到个体工商户的“商”，联系起来“号”，因此，个体工商户的字号更重要，有的字号就以字号为当事人。

例：2015/39 徐某开设打印设计中心并以自己名义登记领取了个体工商户营业执照，该中心未起字号。不久，徐某应征入伍，将该中心转让给同学李某经营，未办理工商变更登记。后该中心承接广告公司业务，款项已收却未能按期交货，遭广告公司起诉。

问：谁是适格被告？答：李某和徐某。解析：①无字号 = 字号不是被告。②登记者与实际者不一致 = 两人为共同被告。

（四）员工个人行为 = 行为人是适格当事人（法人或组织不是适格当事人）

1. 行为人用未登记组织名义活动 = 行为人是适格当事人（没组织）

2. 行为人冒用组织名义活动 = 行为人是适格当事人（没组织）

3. 行为人用依法终止组织名义活动 = 行为人是适格当事人（没组织）

（五）劳务个人 = 保姆坑雇主 = 雇主是适格当事人

提供劳务一方因劳务造成他人损害，受害人提起诉讼的，以接受劳务一方为被告。（《民诉解释》第 57 条）

（六）保证人 = 区分一般保证和连带保证

1. 一般保证

（1）仅起诉主债务人，主债务人 = 被告。

（2）仅起诉一般保证人，法院应当通知主债务人为共同被告参加诉讼。

问：如果原告（银行）不同意追加怎么办？①裁定驳回起诉：如果原告不同意追加主债务人参加诉讼，法院根据先诉抗辩权原理，裁定驳回原告起诉。②判决驳回原告诉讼请求：如果原告不同意追加主债务人参加诉讼且明确放弃对主债务人诉讼请求的，法院应当判决驳回原告的诉讼请求。

（3）起诉主债务人和一般保证人，主债务人和一般保证人为共同被告，但法院判决书中应明确一般保证人的先诉抗辩权。（“判决书应明确对债务人的财产依法强制执行后仍不能履行义务的，由保证人承担保证责任。”）

2. 连带保证

（1）仅起诉主债务人，主债务人 = 被告。

（2）仅起诉连带保证人，连带保证人 = 被告。

（3）起诉主债务人和连带保证人，主债务人和连带保证人是共同被告。

记忆：**起诉谁，谁就是被告。**唯独一般保证中，起诉一般保证人，必须追加主债务人为共同被告。（一般保证人必须追，其他随意）

（七）侵害死者遗体、遗骨、姓名、肖像、名誉、荣誉、隐私等行为 = 死者近亲属是适格当事人

原理：死者没有诉讼权利能力，不可能是适格当事人。

五、适格当事人之“单位”系列

（一）职务行为 = 单位（分公司）对外员工（“正式工 + 临时工”）不对外 = 单位（“法人 + 其他组织”）是适格当事人（2008/84/C）

例：公司 1 起诉公司 2 要求支付货款。公司 2 称已经将货款交给了公司 1 业务员，公司称 1 业务员未将货款上交，故公司 2 要求追加业务员参加诉讼。（公对公）

问：业务员是什么诉讼地位?

答：证人。业务员不是共同被告、不是有独三、不是无独三。因为“法人或其他组织的工作人员执行工作任务致人损害，应当以法人或其他组织为当事人，工作人员不得作为当事人。”业务员属于了解案情的人 = 证人。

问：法人分支机构行为，谁是当事人？①依法设立 + 领取营业执照，分支机构是当事人。②非依法设立的分支机构、依法设立但没有领取营业执照，法人是当事人。

（二）劳务派遣≈一般保证（《民诉解释》第 58 条）

1. 仅起诉用工单位 = 用工单位是适格当事人 =1 个被告。

判断：2016/37A 起诉用工单位，应追加派遣单位为共同被告 ×。

2. 仅起诉派遣单位 = 派遣单位和用工单位是共同被告。

判断：2016/37C 起诉派遣单位，应追加用工单位为共同被告√。

3. 如果同时起诉用工单位和派遣单位，则为共同被告。

记忆：“派遣单位≈一般保证人”。

（三）挂靠 = 看怎么告（“原告有选择权”）

1. 仅起诉挂靠人 = 挂靠人是适格当事人 = 被告。

2. 仅起诉被挂靠人 = 被挂靠人是适格当事人 = 被告。

3. 起诉挂靠人和被挂靠人 = 挂靠人和被挂靠人是适格当事人 = 共同被告。

记忆：和连带保证一样，告谁，谁就是被告。

合并记忆：①告一般保证人，必须追主债务人为共同被告。②劳务派遣单位≈一般保证人。

（四）法人 = 看注销

1. 法人注销前 = 法人还活着 = 法人是适格当事人

（1）非法设立的法人分支机构；或虽然依法设立但没有领取营业执照 = 法人是适格当事人。（《民诉解释》第 53 条）（如果是依法设立并且领域营业执照分支机构 = 有诉讼权利能力 = 就告分支机构）

（2）只要法人没注销，不论法人处于撤销、清算、解散等任何状态 = 法人都活着 = 法人是适格当事人。（清算组织等不再以自己名义起诉、应诉）

> 判断 1：2014/81/A 依法清算并注销的法人可以自己的名义作为当事人进行诉讼 ×。
> 判断 2：2008/44/C 清算组织是适格当事人 ×。解析：法人清算期间，尚未注销，应当以法人作为当事人，清算组织不再具有当事人资格。

2. 法人注销后 = 法人已经死了 = 法人不是适格当事人，个人是不是适格当事人呢？

（1）经依法清算注销 = 债权债务消灭 = 法人正常死亡 = 股东、出资人、发起人没责任，他们不是适格当事人。

（2）非经依法清算注销 = 法人非正常死亡 = 股东、出资人、发起人有责任，他们是适格当事人（被告）（《民诉解释》第 64 条）

> 问：法人已经注销，法人在银行账户还有钱，股东 1 要求分钱，股东 2 不同意。股东 1 怎么告？不能以法人为被告，以银行为被告，请求权基础是不当得利返还，追加股东 2 为无独立请求权第三人。

①吊销
②撤销
③歇业
④解散
⑤破产
—— { ❶依法清算 ❷非依法清算 } 注销（结果） { ❶没有被告了 ❷告股东、发起人、出资人 }

（五）居民委员会、村民委员会或村民小组看有没有钱

1. 居民委员会、村民委员会一定有钱 = 有诉讼权利能力 = 能够以自己名义起诉、应诉。

2. 村民小组 = 有独立财产村民小组（可以自己名义起诉、应诉） + 无独立财产村民小组（不可以自己名义起诉、应诉）

第二节　共同诉讼

一、普通共同诉讼 = 1 个人打 2 个人，怎么告？ = 两个侵权关系（侵你还侵他赔 2 份钱）

普通共同诉讼，诉讼标的同种类，法院认为可以合并当事人也同意合并而合并审理的共同诉讼。

（一）诉讼标的同种

①1 个化工厂排污致害 3 个养殖户（3 个侵权关系）。 ②1 个旅游公司大巴倾覆致害 3 个游客（3 个侵权关系）。 ③1 家物业公司告 3 个欠缴物业费的业主（3 个合同关系）。 ④1 个人揍别人父子 2 人（2 个侵权关系）。（2008/42C“子告侵权人，父为普通共同诉讼的共同原告√”）

（二）各个诉是可分之诉

1. 当事人同意合并审理的，才合并审理。
2. 各个共同诉讼人“各玩各的”，行为独立，对其他共同诉讼人不发生效力。
3. 管辖上同一性：几个诉讼须属于同一法院管辖。

二、必要共同诉讼 =2 个人打 1 个人，怎么告？一个侵权关系（赔 1 份钱）

必要共同诉讼 ①固有的必要共同诉讼（必须合并审理）
　　　　　　 ②类似的必要共同诉讼（原告选择权）：连带保证、挂靠

问 1：什么是固有的必要共同诉讼？①必要共同诉讼，诉讼标的同一，法院必须合并审理并且在裁判中对诉讼标的合一确定的共同诉讼。②《民诉法》第 132 条，必须共同进行诉讼的当事人没有参加诉讼的，人民法院应当通知其参加诉讼。这属于“固有的必要共同诉讼”。（原告无选择权的连带责任）③常见的夫妻、共有。 问 2：什么是类似的必要共同诉讼？①数人为诉讼标的法律关系，虽然不必一同起诉或者一同被诉，而是有选择单独诉讼或共同诉讼的自由。②如选择单独诉讼，该一人所受判决的既判力及于未诉讼的其他人。③如选择共同诉讼，则其他法律关系对于共同诉讼人全体，必须合一确定，法院不得为歧异判决。这属于“类似的必要共同诉讼”。（原告有选择权的连带责任，如连带保证，如挂靠）（所以，我们可以说连带保证属于必要共同诉讼，因为它是类似必要共同诉讼）。

（一）诉讼标的同一

①3 个化工厂污染致害 1 个养殖户（1 个侵权关系）； ②3 个游客掀翻旅游公司大巴（1 个侵权关系）； ③物业使用人和该物业所有人（约定物业使用人付费）2 人欠物业公司物业费（1 个合同关系）； ④父子 2 人揍 1 人（1 个侵权关系）。

（二）一个诉讼是不可分之诉

1. 只有一个诉讼标的（“民事实体法律关系”），就是一个诉，法院必须合并审理、合一判决。

2. “凡事商量着来”，一人的诉讼行为必须经其他共同诉讼人承认，才对承认人生效。不是要求行为相同，是说不同行为需要其他人承认才对其他人发生效力（2007/87/D）

原理：共同诉讼人和对方当事人之间只有一个诉讼标的，所以共同诉讼人内部之间的行为会有一定的相互影响。（“一致对外”）

区分1：普通共同诉讼和必要共同诉讼。

	普通共同诉讼	“固有”必要共同诉讼
标的	诉讼标的同种类 = 同类诉讼标的 =2 个以上（2007/87AB）	诉讼标的共同 = 同一诉讼标的 = 1 个（2007/87AB）
性质	2 个以上诉 = 可分	1 个诉 = 不可分
是否合并审理	经当事人同意，可以合并审理	强制合并
诉讼请求	多个诉讼请求（2007/87C）	1 个或多个诉讼请求，如诉赔 + 停止侵权 + 赔礼道歉（2007/87C 必要共同诉讼的诉讼请求只有 1 个 ×。）
内部关系	各玩各的：一人的诉讼行为，对其他人没有效力	商量着来：一人的诉讼行为经其他共同诉讼人承认，对其他共同诉讼人产生效力（2007/87D 诉讼行为必须一致 ×。）

区分2：普通共同诉讼和必要共同诉讼。

问：银行起诉主债务人和连带保证人，是普通共同诉讼还是必要共同诉讼？银行和主债务人之间借款关系是主关系，银行和连带保证人之间保证关系是从关系。不是两个独立的法律关系，故属于必要共同诉讼。

判断：2013/77AC 银行起诉主债务人和连带保证人，属于必要共同诉讼，属于诉的主体的合并，不是诉的客体的合并，因为只有一个诉讼标的√。

问：那如何解释银行在起诉前可以选择起诉主债务人，或者选择起诉连带保证人，或者告欠款人 + 连带保证人的现象呢？（1）学理上解释为这属于“类似必要共同诉讼”，债权人有选择权。①简言之，连带保证中，银行告了主债务人和连带保证人，属于“类似必要共同诉讼”。②实质上，告之前可分（银行可选择告欠款人、告保证人、告欠款人和保证人）。③一起告了之后不可分（比如银行告欠款人和连带保证人）。（2）另外一种叫“固有必要共同诉讼”，是不可分，即告之前和告之后都必须一起告，比如告 N 个个人合伙人。（3）“类似必要共同诉讼”是对必要共同诉讼的扩大解释。

秒杀：看该关系中需要赔几份钱？赔 1 份钱 = 必要共同诉讼；赔 2 份钱 = 普通共同诉讼。银行起诉主债务人和连带保证人，最终都是赔 1 份钱。

（三）常见的必要共同诉讼【固有和类似】

1. 老人要钱，找共同被告【固有!】

在追索赡养费案件中，应当将所有赡养义务人作为共同被告。

判断：2009/97D 老人找一个儿子要赡养费，其他两个儿子是共同被告√。解析：因为老人与孩子们形成一个赡养法律关系，为同一诉讼标的 = 必要共同诉讼。

2. 年轻人分钱，成为共同原告（“遗产继承人共同共有”《民诉解释》第 70 条）（固有的必要共同诉讼）

（1）通知共同原告：遗产继承诉讼（“专属管辖” = 死时住所地和主要遗产所在地）中，老大、老二、老三，其中老大起诉老二，法院应通知老三作为共同原告参加诉讼。

（2）不来仍列共同原告：老三不愿意参加诉讼，又不明确表示放弃实体权利的，法院仍应将老三列为共同原告（“可以缺席判决”）。

（3）不来不要不列：老三不愿意参加诉讼，且明确表示放弃实体权利的，则老三是案外人（可以是证人）。

3. 找个体户、找个人合伙、找分立后法人、找未依法清算就注销的有钱人要钱，这些被找的人是共同被告

（1）个体工商户营业执照上登记的经营者和实际经营者不一致。（①有字号，则仅字号。②如果没字号，才是这样的连带。如字号“一剪梅”的理发店，甲登记经营者，乙实际经营者）

（2）民事个人合伙中的全体合伙人。（没有领取营业执照的个人合伙 = 人合组织 = 固有的必要共同诉讼）

（3）企业法人分立，因分立前行为发生纠纷，分立后的企业法人为共同诉讼人。

（4）企业法人未依法清算就被注销的，以该企业法人的股东、发起人或者出资人为当事人。

4. 找关系人要钱，关系人是共同被告：

（1）挂靠关系中，权利人主张挂靠方和被挂靠方承担连带责任的。（类似的必要共同诉讼 = 乱告）

（2）借用业务介绍信、合同专用章、盖章的空白合同或者银行账户的，出借单位和借用单位为共同诉讼人。（《民诉解释》第 65 条）【固有的必共】

5. 找熊孩子和他爹、找代理人和被代理人、找派遣单位和用工单位，这些被找的人是共同被告：

（1）无限人造成他人损害的，无限人和监护人为共同被告。（如无限人是受害人，则原告仅为无限人，监护人是法定诉讼代理人）

（2）原告起诉被代理人和代理人，要求承担连带责任，被代理人和代理人是共同被告。原告起诉代理人和相对人，要求承担连带责任的，代理人和相对人为共同被告。（《民诉解释》第 71 条）（可以选任意 1 个或 2 个，如果 2 个，那么就是共同被告）（类似的必要共同诉讼 = 乱告）

（3）在劳务派遣期间，被派遣的工作人员因执行工作任务造成他人损害的，以接受劳务派遣的用工单位为当事人。当事人主张劳务派遣单位承担责任的，该劳务派遣单位是共同被告。（类似的必要共同诉讼）

6. 找共人要钱，这些人是共同被告：

（1）连带保证。（类似的必要共同诉讼 = 乱告）

（2）共同侵权、共同危险等需要承担连带责任。（类似的必要共同诉讼，法院释明，放弃的其他共同侵权人不赔）

（3）共有财产致人损害，共有人对外承担连带责任。（共有财产不可分）

（4）共有财产权受人侵害，部分共有权人起诉的，其他共有权人为共同诉讼人。（固有必要共同诉讼 = 不可分之诉 ≈ 继承中的原告一样）（《民诉解释》第 72 条）

7. 找安保义务人要钱，安保义务人 + 肇事第三人 = 共同侵权。（诉 1：原告可以选择诉第三人。诉 2：可以选择诉幼儿园和第三人。但不能只诉幼儿园）（类似的必要共同诉讼 = 乱告 = 像一般保证）

问：2010/46 甲在丽都酒店就餐，顾客乙因地板湿滑不慎摔倒，将热汤洒到甲身上，甲被烫伤。甲拟向法院起诉。怎么告？答：甲起诉丽都酒店，乙是共同被告。实体法上是否承担责任，立案时不知道。所以，可以作为共同被告。至于是否承担责任，经审理才知道。

秒杀：要不要承担责任（实体法），与是否可以作为被告（程序法），是两个问题。如果被告都要承担责任才可以做被告，那所有的官司就都是原告赢了！

8. 航空旅客运输合同纠纷（突破合同相对性原理，最高法指导案例第51号）（原告有选择权）

（1）诉1：实际承运人，实际承运人申请追加缔约承运人，是否准许由法院根据案件实际情况决定是否准许。

（2）诉2：缔约承运人，缔约承运人申请追加实际承运人，是否准许由法院根据案件实际情况决定是否准许。

（3）诉3：实际承运人+缔约承运人

秒杀：共享航班，原告有选择权。被告1申请追被告2；被告2申请追被告1。

- ①不可分之诉
  - ①无字号的个体户登记和实际经营者：共同被告
  - ②借用介绍信：借用人和出借人是共同被告
  - ③个人合伙：各个合伙人是共同被告
  - ④法人分立：法人A和法人B是共同被告
  - ⑤赡养费：年轻人A和年轻人B是共同被告
  - ⑥监护人和孩子：坑爹的孩子和爹是共同被告
  - ⑦继承中的原告：多个法定继承人是共同原告
  - ⑧共有物致人损害：多个共有人是共同被告
  - ⑨共有物受害：多个共有人是共同原告
- ②债权人选择权
  - ①债权人找代理人和被代理人
    - ①告A（代理人）
    - ②告B（被代理人）
    - ③告A+B
  - ②连带保证≈挂靠
    - ①告A主债务人（挂靠人）
    - ②告B连带保证人（被挂靠人）
    - ③告A+B
  - ③一般保证≈劳务派遣≈安保义务
    - ①告A主债务人用工第三人
    - ②告B必须追加A
    - ③告A+B
  - ④航空客运合同
    - ①告A（缔约承运人）
    - ②告B（实际承运人）
    - ③告A+B
  - ⑤共同侵权（①共同加害、②共同危险、③教唆帮助）
    - ①告A共同侵权人1
    - ②告B共同侵权人2
    - ③告A+B

记忆1＝固有必要共同诉讼（不可分之诉）："无字号的个体户""借用""个人合伙"让"法人分立"去"赡养""坑爹的孩子""继承""共有物"。

记忆2＝类似必要共同诉讼（债权人选择权）："代理人和被代理人""保（+挂靠）""保（+劳务派遣）""保（安保）""空运""共侵权"。（告了AB则列AB为共同被告）

问：什么是“必须共同进行诉讼”的当事人？①【“固有必要共同诉讼”】《民诉法》第132条，必须共同进行诉讼（限缩解释为“固有必要共同诉讼”）的当事人没有参加诉讼的，人民法院应当通知其参加诉讼。②【“固有必要共同诉讼”原告的追加】《民诉解释》第74条，“人民法院追加共同诉讼的当事人时，应当通知其他当事人。应当追加的原告，已明确表示放弃实体权利的，可不追加；既不愿意参加诉讼，又不放弃实体权利的，仍应追加为共同原告，其不参加诉讼，不影响人民法院对案件的审理和依法作出判决。”③【没规定“固有必要共同诉讼”被告的追加】考虑到追加被告参加诉讼的情形极为复杂，争议颇大，且缺乏上位法的明确具体规定，《民诉解释》最终没有对此作出规定。

三、代表人诉讼=10人以上是众多=2~5个代表

（一）代表人诉讼本质是共同诉讼，只是人数众多

1. 人数众多=一方或双方10人以上。由众多一方推举出代表（2至5人）。

问：代表人可以委托几个律师？1至2个。

2. 代表人有什么权限？≈一般授权的诉讼代理人。

（1）代表人的诉讼行为对其所代表的当事人发生效力（**程序事项**）。

判断：2008/48B代表人因病不能参加诉讼，可以委托1到2人作为诉讼代理人，无须征得被代表当事人的同意√。

（2）代表人放弃、变更、承认诉讼请求，进行和解（**实体事项**）必须经被代表的全部当事人同意。

判断1：2008/48A代表人自行变更诉讼请求，事后告知其他当事人×。解析：变更诉讼请求涉及实体权利，故应该事先征得被代表人同意，而不是事后告知。

判断2：2008/48D和解经过过半数同意就可以×。解析：和解涉及当事人实体权利，故不是过半数，而是全体同意。

问：代表人诉讼中，代表人是本案当事人吗？答：是。

（二）人数确定的代表人诉讼（普共或者必共）=1个人打10个人（普共：10个人住院=10份钱）或者10个人打1个人（必共：1个人住院=1份钱），怎么告？

1. 共同诉讼形式？

（1）可以是普通共同诉讼=1家污染厂排污侵害40家养殖户=40个侵权关系。

（2）也可以是必要共同诉讼=40个污染厂排污侵害1家养殖户=1个侵权关系。

2. 代表人怎么推选？

（1）当事人推选自己的代表人。

（2）选不出代表人的，要区分处理：

①必要共同诉讼，选不出代表人就“自己代表自己”即自己参加诉讼。（10人打A=8人打A+2人打A=8人选代表人做被告+2人自己做被告）

②普通共同诉讼，选不出代表人就“自己走殊途最后同归”，即自己另行起诉（“当然也可以自己参加诉讼”）。（1人打ABCDEFGHIJ=1人打ABCDEFGHI+1人打J=ABCDEFGHI选A作代表+J另诉）

（三）人数不确定的代表人诉讼（普共）=1 个人打 N 个人（普共），怎么告？

1. 共同诉讼形式：只能是普通共同诉讼。“三鹿奶粉案中购买并消费奶粉的受害原告人数就是不确定的 = N 个侵权关系”（赔 N 份钱）。

问 1：为什么人数不确定的代表人诉讼中不会存在“必共”？①起诉时人数不确定，如果被告是 N，则连被告有几个人都不知道，而必要共同诉讼是一个诉讼标的，必须合并审理，被告必须明确。既然人数不确定，则“被告不明确”，故不符合起诉条件。②如果原告是 N，但是必要共同诉讼必须全体原告参加，既然原告是 N，则无法启动必要共同诉讼。

问 2：怎么确定已经起诉的部分原告？法院发出公告，通知权利人向法院登记。公告期间根据案件的具体情况，但不得少于 30 日。（《民诉解释》第 79 条）

2. 代表人怎么推选？分三步检索，不能跨越。

（1）先看当事人能不能推选出来代表人。

（2）推选不出来则法院提出人选与当事人协商。

（3）协商不成，法院在起诉的当事人中指定代表人。

判断：2008/48A 已经推选出甲乙作为诉讼代表人，但甲乙因故不能参加诉讼，法院可以指定另一当事人作为诉讼代表人 ×。

秒杀：人数不确定的代表人诉讼，怎么产生代表人？当事人定→当事人和法院定→法院定。

秒杀：选举，建议，指定。【普共选建筑地址】

（4）**【诉讼过程中】**【可以另诉】不同意法院指定的代表人，可以“自己走殊途最后同归”，即自己另行起诉。

例：2011/48C 企业用霉变面粉加工馒头，潜在受害人不确定。甲乙丙丁等 20 多名受害人起诉，但未能推选出诉讼代表人。法院建议由甲乙作为诉讼代表人，但丙丁反对。问：怎么办？答：由法院指定诉讼代表人。因为选举失败，协商失败，第三次不能再失败，直接点将！

一句话：必须要有代表人！原告是 N，赔 N 份钱 = 人数不确定代表人诉讼 = 普共。如果被告是 N = 被告不明确 = 法院裁定不予受理或者裁定驳回起诉。

（5）【判决作出后】【未登记的人起诉则裁定适用判决】【预决力】法院作出的判决、裁定对参加登记的全体权利人发生效力。未参加登记的权利人在诉讼时效期间提起诉讼的，法院裁定适用该判决、裁定。

判断：2011/48D 因丙丁不同意建议，故裁判对丙丁无约束力 ×。解析：人数不确定的代表人之诉的判决对未参加登记的权利人有预决效力或扩展效力。

原理：①相互不认识，很难推选出代表人。②不同意而另行起诉的人或者干脆不参加登记的权利人，为什么另行起诉还会“殊途同归”、无法躲开被代表的命运？③目的就是要让你被代表，化解矛盾，避免大规模的诉讼，避免同案不同判，避免大闹大赔、小闹小赔、不闹不赔的社会乱象。

①人数确定{①必共：选自己的代表人，不想被代表则自己必须亲自参加诉讼（不可分）
　　　　　②普共：选自己的代表人，不想被代表则自己另诉（可分之诉）

②人数不确定：普共{①先选已知的原告选出代表人
　　　　　　　　　②选不出则法院提出人选与原告们协商
　　　　　　　　　③协商不了则法院在起诉的原告中指定代表人}①另诉　②未登记起诉预决力

秒杀：①人数确定，可以没有代表人（不可分则自己诉；可分则另诉）。②人数不确定，必须有代表人（否则原告这边不定没法审案件）（可分另诉；裁判后登记的另诉则裁定适用裁判）

第三节　第三人

①诉讼中参加进来：第三人{①有独三　②无独三

②生效判决后参加进来：第三人撤销之诉，打掉判决

问：该人是本案诉讼标的当事人吗？是＝共同诉讼（要么共同原告，要么共同被告）。不是＝第三人（要么有独三，要么无独三）。

一、有独立请求权第三人＝无权处分合同当事人买方诉无权处分人履行合同，原权利人怎么办？有独三。

（一）什么是有独三？

对当事人双方的诉讼标的（本诉），第三人（“第三方当事人”）认为有独立请求权的，有权提起诉讼（原告）。（《民诉法》第56条第1款）

例1：确权诉讼中有独三：A和B提起财产确权诉讼，C参加诉讼主张自己有部分产权。

问：C是共同原告？还是有独三？答：有独三。人③不是本案A和B财产关系当事人，不是共同原告（2017/78B），而是有独三（2017/78A）。

[**秒杀：甲乙在法院抢东西，丙说那是我的，和你们没关系**]

例2：无权处分合同中有独三：A和B共有物，B签订无权处分合同将共有物卖给C，C起诉B履行合同，A参加诉讼主张自己为物权人。【物债两分】

问：A是共同原告？还是有独三？答：有独三。A不是无权处分合同当事人，不是共同原告，而是有独三。

例3：法院审理重婚导致婚姻无效，涉及财产处理的，应准许合法婚姻当事人作为有独立请求权第三人参加诉讼。

（二）有独三之诉

1. 有独三的地位：有独三之诉的原告（“双重反对＝不同意原告也不同意被告的诉讼请求”）

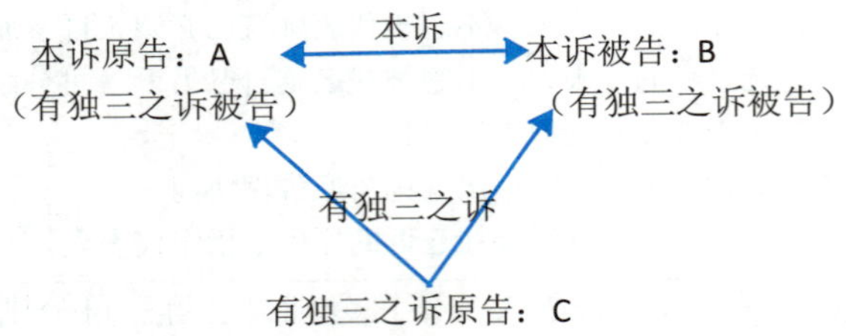

问：什么是有独三的“双重反对”？①既不同意原告的诉讼请求，也不同意被告的诉讼请求。②无论原告胜诉还是被告胜诉，都将损害他的民事权利。③有独三之诉中，有独三C是原告，本诉的原告A被告B是“被告”。④“原配”不同意重婚无效案分财产的“老公”和“小三”。

2. 有独三参诉方式：以自行起诉方式参加诉讼

（1）既然有独三自己是有独三之诉的原告，当然是自己提起诉讼，法院不主动追加。

判断：2009/39A 法院依职权追加有独三参加诉讼×。

（2）既然自己参加了，不能提管辖权异议。

判断：2009/39B 如有独三丙起诉后认为受案法院无管辖权，可以提出管辖权异议×。

3. 有独三参加时间

（1）一审：有独三C自己在本诉（AB）案件受理后，一审法庭辩论终结前参加诉讼（最高院：民诉法和民诉法解释都没规定，故第三人可以在案件作出裁判前以起诉方式参加诉讼。是否准许，由法院审查第三人与当事人双方的诉讼标的关系，结合案件具体情况而定）。

（2）二审：有独三C一审没参加，在二审申请参加，二审法院可以准许。（《民诉解释》第81条第2款）二审法院根据当事人自愿原则进行调解；调解不成，发回重审。

4. 有独三之诉与本诉的关系：“各玩各的”。

（1）本诉≠有独三之诉。有独三参加诉讼后，案件中会存在两个诉。理解上要进行拆分（记忆类似于反诉）。

（2）本诉中原告撤诉：不影响有独三之诉的进行。有独三作为另案原告、原案原被告作为另案被告，诉讼继续进行。

（3）有独三撤诉：本诉继续进行。

例：AB提起确认房屋所有权之诉，C向法院提起诉讼，主张对房屋享有所有权。

问1：AB达成和解协议撤诉，本案怎么处理？答：本诉被撤回，但有独三之诉继续进行。即C为原告、AB为被告，有独三之诉继续。

判断：“驳回有独三丙的起诉×”（2016/38B）（2009/39D）。原告李立撤回起诉后，法院应以有独三王强为原告、李立与陈山为被告另案处理，诉讼继续进行√（2017/78D）。裁定终结诉讼×（2017/78C）。

问2：C撤回起诉，本案怎么处理？答：有独三之诉被撤回（2009/39C），但本诉继续进行，A为原告，B为被告，本诉继续。

问3：开庭时A经传票传唤无理由拒不到庭，本案怎么处理？答：本诉中，A是原告，原告拒不出庭，本诉按撤诉处理。有独三之诉中，A是被告，被告无正当理由不出庭，缺席判决。

二、无独立请求权第三人＝加害给付中受害人起诉商家承担违约责任，厂家怎么办？无独三。

（一）什么是无独三？

对当事人双方的诉讼标的，第三人虽然没有独立请求权，但案件处理结果同他有法律上的利害关系的，可以申请参加诉讼，或者由人民法院通知他参加诉讼。人民法院判决承担责任的第三人，有当事人的诉讼权利义务。（《民诉法》第56条第2款）

例1：加害付诉讼＝甲从乙商场购买的由丙厂家生产的洗衣机爆炸，导致损害。

①诉侵权：甲诉乙商场侵权，丙厂家是什么诉讼地位？**必要共同诉讼被告（类似必共）**。因为厂家对甲构成侵权，与本案商家对甲构成侵权，属于同一侵权关系。【赔一份钱】

②诉违约：甲诉乙商场违约，丙厂家是什么诉讼地位？**无独三**。因为厂家与甲之间没有合同关系，仅违约之诉结果与丙厂家具有法律上利害关系。如果商家输，则必然会追厂家。

例2：连环交易货物不合格案＝甲从乙购货物卖给丙。丙以货物不合格为由诉甲违约，乙是无独三。①原告丙与被告甲有合同关系，但是原告丙与乙没有合同关系。②实体法上坚持合同相对性。③程序法上，当丙（下家）诉甲（中家）合同责任时，乙（上家）与该判决结果有利害关系。

（二）无独三的参加诉讼和诉讼权利

1. 无独三参加诉讼

①无独三申请参加
②原告申请追加【隔山打牛】
③法院依职权通知参加

（1）无独三申请参加诉讼。

（2）原告在**起诉状中直接列写第三人**的，视为其申请人民法院追加该第三人参加诉讼。是否通知第三人参加诉讼，由人民法院审查决定。（《民诉解释》第222条）（“醉翁之意不在酒”）

（3）法院依职权追加。

判断：2010/41A 有独三起诉方式参加诉讼；无独三申请或法院通知方式参加诉讼√。

问：为什么只要是法院依职权追加的，必然是无独三，无论法院追加时是否明确第三人身份？

答：①因为有独三是申请参加诉讼；无独三也可以申请参加诉讼，但只有无独三才存在法院依职权追加的问题。②代位权诉讼中法院追加债务人为第三人；撤销权诉讼中法院追加受让人为第三人，这些第三人都必然是无独三。

2. 无独三没有独立请求权但有独立诉讼地位

（1）说无独三有独立诉讼地位的都√，说无独三没有独立诉讼地位的都×。

判断1：2010/41B：无独三不具有当事人的诉讼地位×。 判断2：2011/80A 无独三有自己独立的诉讼地位√。 判断3：2011/80D 无独三有权申请参加诉讼和参加案件的调解活动，与案件原、被告达成调解协议√。

问：为什么无独三是当事人？①体系解释：无独三与原告、被告作为“当事人”规定在民诉法第五章“诉讼参加人”第一节“当事人”下头。②无独三实际上是以自己的名义独立进行诉讼活动，他通过支持原告或被告的诉讼主张，最终维护自己的合法民事权益。③因此其依附性（依附原告或被告）仅仅是程序上的，实体上仍有自己的主张。④尽管无独三（厂家）会支持某个人（商家），但是，无独三（厂家）和这某个人（商家）之间存在潜在的利益冲突。一旦商家在与消费者的诉讼中败诉，则无独三（厂家）将在与辅助一方（商家）的法律关系中承担相应责任，二者之间可能产生一个新的诉。⑤故无独三应视为独立当事人。 秒杀：第三人是广义当事人，故享有独立地位。

（2）无独三的诉讼行为对本诉的当事人发生效力（2010/41C）（比如无独三承认原告诉讼请求，可能导致原告胜诉和被告不再承担责任的效果）

3. 无独三的诉讼权利（“有限性”）

（1）“自己本来没有”：本来就没有的，自然就没有。不能提出管辖权异议，不能放弃、变更诉讼请求或者撤诉。

判断：2011/80B 无独三有权提出管辖权异议×。

（2）“自己本没有，但是可以承认原告的”：无独三虽然自己没有独立的诉讼请求，但是他**可以承认**原告的诉讼请求，比如厂家在消费者诉商家违约中，厂家主动说我赔钱，这当然可以。

（3）“一半一半”（上诉权和调解书签收）

①可以上诉吗？有责无独三有权提起上诉（《民诉解释》第82条）。无责无独三无权提起上诉（没有判责无需上诉）

判断1：2010/41D 无独三任何情况下无上诉权×。 判断2：2011/80C 无责无独三不能成为上诉人或被上诉人×。解析：①无责无独三无权上诉，不能成为上诉人，但可成为被上诉人。②如消费者诉商家合同，厂家作为无独三。一审法院判决厂家不承担责任。③消费者上诉，请求改判无独三的厂家承担责任，则厂家当然是被上诉人。

②可以参加案件调解吗？可以（2011/80D）。调解结案需要签收调解书吗？有责无独三在调解结案时签收调解书（不签收调解书不生效，法院应及时判决）；无责无独三在调解结案时无需签收调解书。

（三）常见无独三

1. 债权人代位权诉讼。（1）被告：向谁要钱谁被告＝次债务人是被告。（2）无独三：债务人“懒人”是无独三。（3）管辖：管辖法院被告住所地法院。（4）普共：2个代位权诉讼＝普共。两个或者两个以上债权人以同一次债务人为被告提起代位权诉讼的，人民法院可以合并审理。（“直接清偿”）

2. 债权人撤销权诉讼。（1）被告：谁逃债谁被告＝债务人是被告。（2）无独三：受益人或者受让人“配合逃债”是无独三。(3)管辖：撤销权诉讼的，由被告住所地人民法院管辖。(4)普共：2个债权人撤销权诉讼＝普共。两个或者两个以上债权人以同一债务人为被告，就同一标的提起撤销诉讼的，人民法院可以合并审理。(“入库规则”)

3. 合同转让中的无独三：区分诉前还是诉中

(1)诉讼前。①卖债权。买的人告债务人，原来卖的人是无独三。(辅助原告)②卖债务。债权人告新债务人，原来卖债务人的原债务人是无独三(辅助被告)。③卖债权和卖债务。买的人告对方，原来卖的人是无独三。原来的人是无独三(“甩锅的人”)

(2)诉讼中。换权利义务人。①受让人申请无独三。②受让人申请替代当事人，法院准许，换当事人。③受让人申请替代当事人，法院不准许，可列为无独三。④受让人不参加诉讼，一切照旧。【当事人恒定；当事人继承】

4. 保证合同纠纷债权人反诉：(1)债务人告债权人提起本诉，债权人反诉，则保证人无独三。(2)主债判决会决定保证人是否承担保证责任，故有法律上利害关系。

5. 产品缺陷侵权纠纷：(1)厂家商家物流仓储，产品爆炸损害消费者。(2)消费者诉厂家商家共同侵权。(3)物流仓储是无独三。

6. 连环交易质量纠纷：(1)上家卖给中家，中家卖给下家。(2)下家诉中家质量问题违约，上家是无独三。

(四)禁止“隔山打牛”：不得将案外人“追加”为无独三

1. 仲裁条款。AB诉讼。BC之间有仲裁条款。法院不能追加C作为无独三。当然，C可以参加诉讼(应诉主管)。【主管问题】

2. 专属管辖。AB诉讼。BC港口作业专属管辖。管辖法院不同，不能违背国家意志，所以不能追加。【管辖问题】【申请无独三不能破专属管辖】

3. 协议管辖。AB诉讼。BC协议管辖。管辖法院不同，不能违背处分原则，所以不能追加。【管辖问题】

4. “小三”不是无独三(“小三”是证人)：与原被告双方争议的诉讼标的无直接牵连和不负有返还或赔偿义务的案外人。【避免错误通知给案外人造成诉累】

5. 有权代理人不是无独三：单位是签约主体，员工代理。或者员工收款。对方不能将员工列无独三。员工能是个证人。【避免错误通知给案外人造成诉累】

6. 连环交易上家已经质量没问题：(1)上家卖给中家，中家卖给下家。下家诉中家。(2)上家质量合格：①上家证明了产品符合约定；②证明了中家没有在质量异议期内提异议；③证明了中家已经认可了货物质量。(3)此情形不能追加上家为无独三。【上家本分，上家和中家已经两清了，此时不能让上家陷入中下家的诉讼】

7. 撤销权诉讼中受让人是正常交易：已经履行了义务，或者依法取得了一方当事人的财产，并支付相应对价的原被告法律关系以外的人。

- ①原告
- ②被告
- ③共同诉讼人
  - a. 普共
  - b. 必共
- ④代表人诉讼
  - a. 人数确定的代表人诉讼(普共或必共)(原告人或被告人多)
  - b. 人数不确定的代表人诉讼(普共)(原告人多不确定)
- ⑤第三人
  - a. 有独三：有独三之诉，“各玩各的”。自行起诉。
  - b. 无独三：有责无独三，无责无独三。申请参加＋法院通知参加

附录：区分共同诉讼和第三人

一、总结1之"具体"区分共同诉讼与第三人：共同原告、共同被告、有独三、无独三的2步走

（一）做题步骤

第一步，套得进去吗？把"人"套进本案诉争标的法律关系，能套进去（**套进同一=如原案是侵权，拟套进的是共同侵权被告，则套进去同一，1个侵权关系，赔1份钱。套进同类=如原案是侵权，拟套进去的是另外1个侵权，则套进去同类，2个侵权关系，赔2份钱**），则有关系，该人是共同原告或者共同被告。①法律关系同一（1份钱），为必要共同诉讼；②法律关系同种（几份钱），为普通共同诉讼。

【**侵权套进同一侵权1份钱；侵权套进同类侵权2份钱**】

第二步，套不进去：套不进去（**如果套进去既不同一也不同类，比如原案是合同，拟套进的是侵权，则套不进去**），则与本案诉争标的没有关系，该人是第三人。①要么是有独三（申请参加诉讼）。②要么是无独三（申请参加诉讼或者法院依职权追加参加诉讼）。

（二）秒杀方法

秒杀：①套得进去是共同诉讼，1份钱必共，2份钱普共；②套不进去是第三人，有独三或无独三。

（三）示范试题

例1：【共有物受害侵权纠纷】

甲、乙共有汽车，丙将汽车损害。甲起诉丙索赔。诉讼中，乙参加诉讼。

问：乙是什么诉讼地位？答：必要共同诉讼的共同原告。

第一步，套得进去吗？把乙套进本案诉争法律关系，即侵权关系。能套进去。乙是受害人，与侵权人丙之间存在侵权法律关系，"赔1份钱"，该法律关系与甲诉丙之间的侵权法律关系同一。因此，乙是本案**必要共同诉讼的共同原告**。（固有必共）

例2：【继承遗产分割纠纷之法定继承】

一人死后留有遗产，未立遗嘱。有三个活人是法定继承人，1，2，3。其中原告1诉被告2继承遗产纠纷。3闻讯赶来要求参加诉讼。

问：3是什么诉讼地位？答：必要共同诉讼的共同原告。

第一步，套得进去吗？能把3套进本案诉争民事法律关系吗？本案诉争的是原告1、被告2之间的法定继承法律关系。3同样是基于法定继承关系参加诉讼，与原告1、被告2之间的诉讼标的同一，因此，3是必要共同诉讼的共同原告。（固有必共）

例3：【继承遗产分割纠纷之法定继承和遗嘱继承（2016/38）**】**

死人死后留有遗产。有三个活人是法定继承人，1，2，3。其中原告1诉被告2继承遗产纠纷。3闻讯**手持遗嘱**赶来要求参加诉讼，主张遗产归3自己继承。

问：3是什么诉讼地位？答：有独三。

第一步，套得进去吗？能把3套进本案诉争民事法律关系吗？本案诉争的是原告1、被告2之间的法定继承法律关系。3却是基于遗嘱继承法律关系参加诉讼（**遗嘱继承与法定继承，既不是同一，也不是同类，是完全不同的**），因此，3不可能是共同诉讼原告。

第二步，套不进去，3是第三人。3是基于遗嘱继承关系主张自己独立权利，有独立请求权。3=有独三。

例 4：【继承共有人无权处分合同纠纷（2007/37）**】**

甲有两子乙和丙，甲死亡后留有住房 3 间。乙乘丙长期外出之机，将 3 间房屋卖给丁，后因支付房款发生纠纷，乙将丁诉到法院。在诉讼过程中，丙知道了这一情况，要求参加诉讼。

问：丙是什么诉讼地位？必要的共同原告（2007/37A）？普通的共同原告（2007/37B）？有独三（2007/37C√）？无独三（2007/37D）？

第一步，套得进去吗？能把丙套进“乙、丁的无权处分合同中去吗”？不能，合同坚持相对性，丙不是无权处分合同签字人。故不会是共同诉讼人。（**乙丁是合同关系，丙乙或丙丁是物权关系，标的不同一也不同类，是完全不同的**）

第二步，套不进去，丙是第三人。丙是基于继承关系主张自己独立权利，有独立请求权，其权利主张既不同于原告，也不同于被告。丙 = 有独三。【继承物权套不进去合同】

例 5：【共有人无权处分合同纠纷（2015/38）**】**

赵某与刘某将共有商铺出租给陈某。刘某瞒着赵某，与陈某签订房屋买卖合同，将商铺转让给陈某，后因该合同履行发生纠纷，刘某将陈某诉到法院。赵某得知后，坚决不同意刘某将商铺让与陈某。

问：本案相关人的诉讼地位是什么？（注意，问的是本案。如赵某诉刘某侵权，则陈某是“证人”）

第一步，套得进去吗？能把赵某套进“刘某、陈某无权处分合同中去吗”？不能。赵某不是无权处分合同签字人。故不会是共同诉讼人。（2015/38A “法院依职权追加赵某为共同原告×”）

第二步，套不进去，赵某是第三人。赵某是基于共有关系主张权利，所以，是有独三（2015/38CD）。【物权套不进去合同】

二、总结 2 之“抽象”区分必共、普共、有独三、无独三：加害给付模型和善意取得模型

（一）建立模型

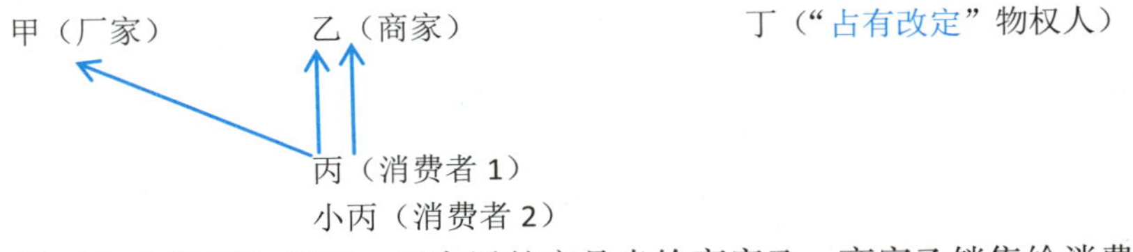

①“加害给付”模型：厂家甲的产品卖给商家乙，商家乙销售给消费者丙、消费者小丙，产品爆炸损害消费者丙、消费者小丙。

②“善意取得”模型：消费者丙、消费者小丙诉商家乙继续履行合同，商家乙“拟”将已经卖给了丁（占有改定）的货物交给消费者丙或消费者小丙。

（二）排列组合

- ①【1个侵权必共】 丙（原告）诉侵权
  - 乙（共同被告1）
  - 甲（共同被告2）
  - → 必共1标的
- ②【2个侵权普共】
  - 丙（原告）诉侵权
    - 乙（共同被告1）
    - 甲（共同被告2）
    - → 必共1标的
  - 小丙（原告）诉侵权
    - 乙（共同被告1）
    - 甲（共同被告2）
    - → 必共1标的
- ③【2个合同普共】
  - 丙（原告）诉合同
    - 乙（被告）
    - 甲（无独三）
    - → 甲套不进去；甲无请求权
  - 小丙（原告）诉合同
    - 乙（被告）
    - 甲（无独三）
    - → 甲套不进去；甲无请求权
- ④【2个合同普共】
  - 丙（原告）诉乙换丁货
    - 乙（被告）
    - 丁（有独三）
    - → 丁套不进去；丁有请求权
  - 小丙（原告）诉乙换丁货
    - 乙（被告）
    - 丁（有独三）
    - → 丁套不进去；丁有请求权
- ⑤【合同和侵权不是普共】
  - 丙（原告）诉侵权
    - 乙（共同被告1）
    - 甲（共同被告2）
    - → 必共
  - 小丙（原告）诉合同
    - 乙（被告）
    - 甲（无独三）
    - → 无独三
  - 丙（原告）诉乙换丁货
    - 乙（被告）
    - 丁（有独三）
    - → 有独三

（三）总结规律

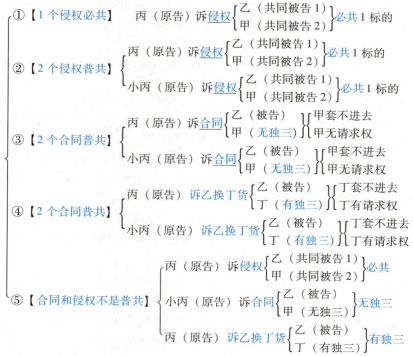

1. 规律1：【同1案由或同类案由“可以套”】①消费者丙告商家乙侵权，厂家甲也侵权，故可以把甲“套入”且1个侵权（同一诉讼标的）（1份钱），乃1个侵权关系，这是“同1案由可以套”，属于必要共同诉讼。②消费者小丙也“依葫芦画瓢”告商家乙，故可以把厂家甲“套入”且1个侵权（同一诉讼标的）（1份钱），乃1个侵权关系，这是“同1案由可以套”，属于必要共同诉讼。③消费者小丙告商家乙、厂家甲的侵权案，可以“套入”消费者丙告商家乙、厂家甲的侵权案，因为都是侵权关系，只不过是2个侵权关系，属于同种标的（普共赔2份钱），这是“同类案由可以套”，从外部总体观察，这属于普通共同诉讼。④可见，同一诉讼标的（同1案由），可以“套进去”（必共1份钱）；同种诉讼标的（同类案由），也可以“套进去”（普共2份钱）。⑤管辖链接点一样。

2. 规律2：【完全不同的案由不能套＋无独三】①消费者丙告商家乙合同，但是，厂家甲与消费者丙无合同关系，厂家甲仅对消费者丙负侵权责任，而消费者丙没有告侵权。②所以，厂家甲“套不进”去消费者丙与商家乙的合同之诉。③如果“非要套”，本案中，就是消费者丙与商家乙是合同关系，消费者丙与厂家甲是侵权关系，标的既不同一、又不同种。因此，“完全不同的案由不能套”！④所以，厂家甲是“第三人”，厂家甲没有自己的请求权，叫“无独三”。

3. 规律3：【完全不同的案由不能套+有独三】①消费者丙诉商家乙换物权人丁的货，这是合同纠纷，但是，物权人丁与消费者丙无合同关系。且这个货是物权人丁的。②物权人丁“套不进”去消费者丙与商家乙的合同之诉。③如果“非要套”，本案中，就是消费者丙与商家乙是合同关系，消费者丙与物权人丁是物权关系，标的既不同一、又不同种。因此，“完全不同的案由不能套”！④所以，物权人丁是“第三人”，物权人丁有自己的请求权，叫“有独三”。

4. 合成以上规律

（1）能“套得进去”“原案由”，为共同诉讼：①【“有福同享有难同当”】能“套进去”且是同1个诉讼标的，是必要共同诉讼。②【“依葫芦画瓢”】能“套进去”但是同种类的N个诉讼标的，是普通共同诉讼。

（2）“套不进去”“原案由”，故为第三人：①【“我来看看你们是不是有可能会害我”】第三人无独立请求权，是无独三。②第三人有独立请求权，是有独三。

（四）条件反射

（1）加害给付“诉侵权”：①加害给付诉商家和厂家侵权=必共。②多个加害给付诉商家和厂家侵权=1个“必共案”+另1个“必共案”=普共。

（2）加害给付“诉违约”：①加害给付诉商家违约=厂家“无独三”案。②多个加害给付诉商家违约=厂家“无独三”案+还是厂家“无独三”案=普共。

（3）善意取得买方“诉无权处分人合同”：①善意取得买方诉无权处分人违约=原物权人“有独三”案。②“多个善意取得”买方诉无权处分人违约=原物权人“有独三”案+还是原物权人“有独三”案=普共。

（五）终极秒杀

秒杀2句话：①“套得进去”，是共同诉讼。要么“有福同享有难同当”1份钱=必共；要么“依葫芦画瓢”N份钱=普共。②“套不进去”，是第三人。要么“你们别害我”，我是无独三；要么是有独三。

（六）一劳永逸

❶“套得进去”1份钱是必共（“有福同享有难同当”），“套得进去”2份钱是普共（“依葫芦画瓢”）。❷“套不进去”，但你们别害我，我是无独三；“套不进去”，但那是我的，我是有独三。

三、第三人撤销之诉=有独三、无独三发现官司时，原判决已经生效，怎么办？“三撤”

问：为什么会出现第三人撤销之诉？“**债权人提‘三撤’模型1：利用判决逃债**”“**物权人提‘三撤’模型2：一物2卖。钥匙人抢先获得判决坑过户人**”“**虚假诉讼提‘三撤’模型3：一房2租、工钱多给他不给我**”。

债权人提“三撤”模型1：利用判决逃债。

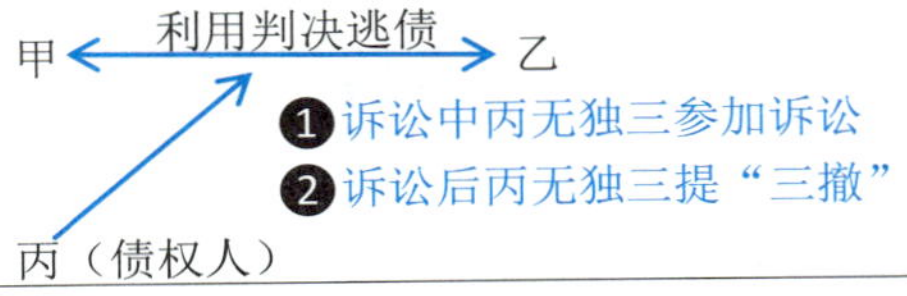

①甲乙逃债第 1 阶段：甲乙签订合同，丙可提起债权人撤销权诉讼，无效
②甲乙逃债第 2 阶段：甲乙签订合同 + 转移财产，丙可提债权人撤销权诉讼，无效 + 入库
③甲乙逃债第 3 阶段：甲乙做成判决，判错了，案外人丙提“三撤”，一审普通程序

入库规则！第三人没有独立请求权。

问 1：债权人撤销权诉讼与“三撤”有什么区别？①债权人撤销权诉讼，只能撤民事法律行为，不能去撤一个生效判决。【通过法律行为逃债】②“三撤”是撤一个生效判决。【“三撤”】

问 2：判错了，不是有再审程序吗？为何要“三撤”？①甲乙的判决文书中，并没有丙的名字，所以，丙是案外人。②纠正错误判决的是再审程序，它有三种启动方式，法院、当事人和检察院。③案外人丙不能直接申请再审。④根据民诉法规定，只有进入执行程序后，案外人丙提出执行异议，异议被驳回后对裁定不服，认为“判错了”，此时申请再审。简言之，案外人不能直接申请再审，必须有执行异议前置程序，才可提起再审。⑤如果甲乙的判决自愿履行没有进入执行，或者是确认判决不需要执行，案外人的再审之路就被堵死。⑥所以，我们给案外人一个特别纠正错判的机会，“三撤”。

物权人提“三撤”模型 2：一物 2 卖。钥匙人抢先获得判决坑过户人。

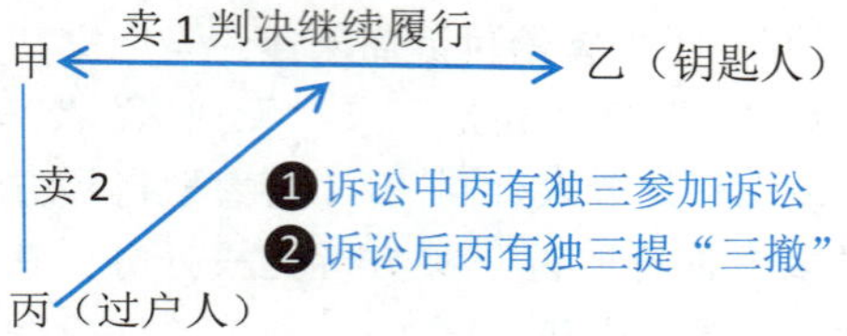

虚假诉讼提“三撤”模型 3：一房 2 租、工钱多给他不给我

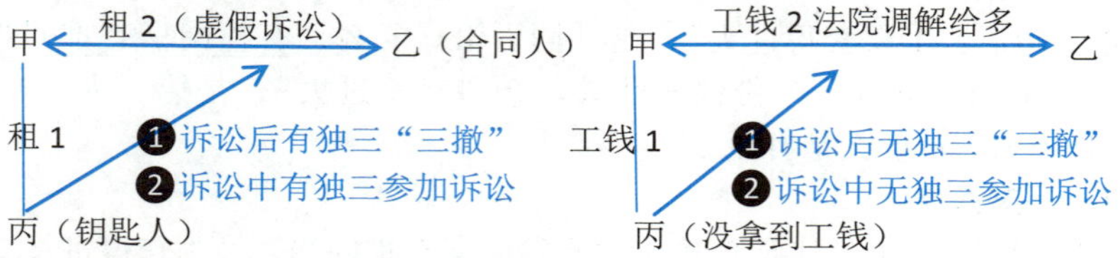

参加之诉和“三撤”

（一）什么是第三人撤销之诉？什么是“三撤”？

“本应作为**有独三、无独三的人（不包括共同原告和共同被告这些狭义当事人）**因不能归责于本人的事由未参加诉讼，但有证据证明发生法律效力的判决、裁定、调解书的部分或者全部内容错误，损害其‘**民事权益**’（物权和特殊情况下债权）的，可以自知道或者应当知道其权益受到损害之日起6 个月内向作出生效判决、裁定、调解书的法院起诉，要求撤销、改变原生效判决、裁定、调解书。”

判断：2014/41D 第三人撤销之诉的客体包括生效的民事判决、裁定和调解书√。

【例 1：事后救济：可“三撤”】甲、乙恶意串通通过诉讼、调解等方式损害丙的利益。如果诉讼中，案外人丙发现诉讼中可能涉及自己利益，可以有独三或无独三身份参加诉讼。如果诉讼中，案外人丙没有发现，但是在执行过程中发现了，可以提起案外人对执行标的的异议（也可以提“三撤”）。

问：如果诉讼中案外人丙没有发现，且案件没有进入执行程序，案外人丙如何维护自己的权利？

答：案外人提起第三人撤销之诉，撤销的对象是生效判决、裁定、调解书，管辖法院是做出生效法律文书的法院。

【例2：必共人不是案外人故不可“三撤”】法定继承人甲、乙诉讼分割遗产，丙作为另一法定继承人因不能归责自己事由未参加诉讼。

问：丙是否可以提起“三撤”？

答：不可以。丙是共同原告，不是第三人，不能提起“三撤”。丙可以通过申请再审救济自身合法权益。“漏必共人”，执行前，“视为是当事人”可直接启动再审（《民诉解释》第422条）；执行后，“视为是案外人”执行异议被驳回前置再启动再审（《民诉解释》第423条）。

（二）第三人对“任何案件”都可以提起“三撤”吗？不行。“法院对于下列情形提起第三人撤销之诉，不予受理。”

1. 特别纠错机制类型（“三撤只能撤诉讼程序”不能撤非讼程序）（案件性质）

适用特别程序、非讼程序之督促程序、公示催告程序、破产程序的案件，不能“三撤”。因为有其特殊的纠错方法（《民诉解释》第374条“原地爆炸”，当事人或案外人向原法院提出异议，异议成立的法院作出新判决裁定撤销或改变原判决裁定），无须通过“三撤”予以救济。

2. 保障再婚权利类型（案件性质，婚姻关系解体后不可逆）

（1）不能“三撤”婚姻关系中的身份内容：婚姻无效、撤销或者解除婚姻关系的判决、裁定、调解书中涉及“**身份关系**”的内容，不能“三撤”。

（2）可以“三撤”婚姻关系中的财产内容。财产分割问题可能会涉及第三人利益，与再婚无关，可以“三撤”。

原理：①这些都是否定性内容，一旦生效，则原婚姻当事人的婚姻关系消灭，当事人可以再行结婚。②如果允许案外人“三撤”，会导致原婚姻当事人构成重婚。会严重影响社会关系稳定。③【不能再审】《民诉法》第202条，当事人对已经发生法律效力的解除婚姻关系的判决、调解书，不得申请再审。④【扩大解释】确认婚姻无效、撤销婚姻与接触婚姻关系具有相同法律后果，应当参照适用，不得再审。同理，如果允许案外人“三撤”，会影响社会关系的问题。⑤【扩大解释】其他身份关系的内容，解除收养关系、解除监护关系等，也不适用“三撤”。

3. 可以另行起诉类型（走错了路）

（1）公益诉讼中（《民诉法》第55条），具体直接受害人可以另行起诉，对生效的公益诉讼裁判不能提起“三撤”。

（2）人数不确定的代表人诉讼中（《民诉法》54条），未参加登记的权利人对代表人诉讼案件的生效裁判不能提起“三撤”，因为他们可以通过另行起诉的方式维护自身合法权益。

（三）“三撤”诉讼规则

1. 管辖法院：作出生效判决、裁定、调解书的法院，可能是一审法院，也可能是二审法院。并称“终审法院”。（“专属管辖”，不适用级别管辖、也不适用地域管辖）

判断：2014/41C 第三人撤销之诉由原审法院的上一级法院管辖×。

2. 适用“一审”“普通”程序组成合议庭开庭审理

（1）不能适用简易程序。（2）不能适用独任制。（3）不能书面审理（应该开庭审理）。

3. “三撤”之诉的当事人列明

（1）第三人＝原告。

（2）原审原告、原审被告、原审有独三为“共同被告”。“打判决，打法院”

（3）原审无独三区分情形：①有责无独三＝“共同被告”。②无责无独三＝第三人。

4. 受理后，原则上不中止执行【“卡你”】

（1）“三撤”之诉原告的“内心希望”是“解放财产”：中止执行原判决的执行。毕竟原判决已经生效，要中止执行没那么容易。

（2）要么“给钱”：第三人向“三撤”法院提供担保，请求中止执行，法院可以准许。（《民诉解释》第299条）（也可以不准许）

（3）要么“讲理”：①第三人向“执行”法院提出“案外人对执行标的的异议”，执行法院审查，异议成立的即裁定中止执行。异议不成立的，裁定驳回。（《民诉解释》第303条）②“三撤”在原生效判决法院打官司＋“案外人对执行标的的异议”在执行法院提出。

判断：2014/41A 法院受理第三人撤销之诉后，应中止原裁判的执行×。

5. “三撤”之诉判决结果

（1）改变原判决、裁定、调解书内容的错误部分：第三人请求成立，且确认其民事权利的主张全部或部分成立。（法院错了，我要权）

（2）撤销原判决、裁定、调解书内容的错误部分：第三人请求成立但确认其全部或部分民事权利的主张不成立；或者第三人请求成立但其未提出确认其民事权利请求的。（法院错了）

（3）驳回诉讼请求：第三人请求不成立。（法院没错）

（4）原判决裁定调解内容未改变或未撤销的部分继续有效。（“一事不再理”）

①裁定不予受理：收到起诉状经审查发现不符合起诉条件
②裁定驳回起诉：受理后发现“三撤”不符合起诉条件
③判决驳回诉讼请求 {①第三人撤的请求不成立；②第三人的权利请求不成立}
（①②③）第三人可以上诉
④撤销：第三人撤的请求成立 {①第三人未提权利请求；②第三人提了权利请求但不成立}
⑤撤销＋改变 {①第三人撤的请求成立——→原审当事人对“撤”可以另诉；②第三人的权利请求成立——→原审当事人对“变”不能另诉}

6. “三撤”之诉判决结果＝“三撤”适用普通一审程序审理

（1）当事人服＝判决结果生效。

（2）当事人不服＝当事人可以上诉（《民诉解释》第300条）

问：“第三人提起撤销之诉后，原生效判决是一审程序作出的，适用一审程序审理，所作判决可以上诉；原生效判决是二审程序作出的，适用二审程序审理，所作判决不能上诉。”这段话对吗？

答：错误。第三人撤销之诉是以第三人为原告提起的一个独立的、全新的诉，适用一审普通程序审理，所作判决可以上诉。

7. “三撤”之诉的性质：变更之诉（形成之诉）

判断：2014/41B 第三人撤销之诉是确认原生裁判错误的确认之诉×。

原理：①诉的分类依据是原告的诉讼请求。②第三人撤销之诉的原告是第三人。③第三人诉讼请求是撤销、改变原生效裁判，其诉讼请求的本质是要求改变或撤销原生效法律文书确立的权利义务关系，是变更之诉（形成之诉）。

（四）“三撤”（改错）与再审（改错）的关系（互斥）

1. 为何会同时出现“三撤”和再审？

（1）“三撤”（“纠正错案”）与当事人申请的再审（“纠正错案”）【打判决】

根据《民诉解释》第 301 条规定，第三人撤销之诉案件审理期间，法院对生效判决（裁定、调解书）裁定再审的，受理第三人撤销之诉的法院应当裁定将第三人的诉讼请求并入再审程序。但有证据证明原审当事人之间恶意串通损害第三人合法权益的，法院应当先行审理第三人撤销之诉案件，裁定中止再审诉讼。

例：AB 官司，法院判房屋归 B。C 说是 C 的。AB 案子被启动再审。这个时候，就再审大。如 AB 官司是恶意串通，则“三撤”大。

注意：“三撤”与当事人启动再审不能同时存在。其实，“三撤”与法院、检察院启动再审也不能同时存在。因为第三人撤销之诉案件审理期间，再审法院对案件进行再审的原因可能是当事人申请再审、也可能是作出原生效判决的法院启动再审，或者检察院抗诉启动再审。（本节重点讨论“三撤”与当事人申请再审的关系）

（2）“三撤”（“纠正错案”）与第三人（案外人）申请的再审（“纠正错案”）

①“三撤”+案外人对执行标的的异议：《民诉解释》第 303 条，第三人提起撤销之诉后，未中止生效判决（调解书）执行的，执行法院对第三人依照民事诉讼法第 227 条规定提出的执行异议，应予审查。第三人不服驳回执行异议裁定，申请对原判决、裁定、调解书再审的，法院不予受理。（此后不能再去申请再审了，“三撤”必须一条路走到底）

②案外人对执行标的的异议+再审（“必须有前置因为不是当事人即判决书其名字”）：案外人对法院驳回其执行异议裁定不服，认为原判决、裁定、调解书内容错误损害其合法权益的，应当根据民事诉讼法第 227 条规定申请再审（**作出原生效判决法院**），提起第三人撤销之诉的，法院不予受理。（此后不能去“三撤”了，必须再审一条路走到底）

（3）“三撤”与任何情形下的再审都不可兼容（“三撤”与当事人申请的再审不能兼容+“三撤”与“第三人”自己申请的再审也不能兼容）

问：为什么不能兼容？①“三撤”和再审都是事后纠错，是事后救济。目的一样、功能重合，都是为了纠正原生效裁判错误，因此两者碰面时，只能取其一。②如果“三撤”和再审完全独立进行，会出现裁判矛盾现象。③如果“三撤”和再审独立进行，会导致大家要赶 2 个场子，增加诉讼负担。比如“三撤”和当事人再审，“当事人要赶 2 个场子”。比如“三撤”和案外人在异议程序中申请再审，“当事人还要赶 2 个场子”。

2. “三撤”与当事人申请再审的关系是什么？

（1）例外，恶意串通，则“三撤大”（停再审，先“三撤”）

“原审当事人恶意串通，损害第三人合法权益的，基于保护第三人合法权益的需要，应当先审理第三人撤销之诉，而**中止**再审程序。”（《民诉解释》第 301 条。）

原理：①既然是原审当事人恶意串通，故当事人之间是没有纠纷的，故原来的一审或者二审或者再审解决不了问题。“因为再审是对原案件的继续审理，‘三撤’是基于新事实主张撤销原生效裁判，是一个新的诉讼。”②但是原审当事人与第三人之间是有纠纷的，故只能“三撤”。③“三撤了”就完结，也不用浪费再审资源了。

（2）无恶意串通，则“再审大”（“三撤”并入再审）

“第三人撤销之诉案件审理期间，人民法院对生效判决、裁定、调解书裁定再审的，受理第三人撤销之诉的人民法院应当裁定将第三人的诉讼请求并入再审程序。”

3. 再审吸收“三撤”后适用的程序：“一是一；二是二；提审一定是二”。

（1）“按照一审程序再审，法院**对第三人诉讼请求一并审理**，所作判决可以上诉”。原来本应该怎么列就怎么并入：①本该作为原审有独三，列为有独三参加诉讼；②本该作为原审无独三，列为无独三身份参加诉讼。

（2）按照二审程序再审，法院只准调，不准判。调不成则裁定撤销原判决、裁定、调解书，发回一审法院重审。重审时列明第三人。（原理：保护第三人上诉权和审级利益）（《民诉解释》第302条）

例：【再审程序的提审＝二审程序（2017/38C）】丙公司因法院对甲公司诉乙公司工程施工合同案的一审判决（未提起上诉）损害其合法权益，向A市B县法院提起撤销诉讼。案件审理中，检察院提起抗诉，A市中级人民法院对该案进行再审，B县法院裁定将撤销诉讼并入再审程序。问：中级人民法院对丙公司提出的撤销诉讼请求应该怎么处理？ A. 将丙公司提出的诉讼请求一并处理，作出判决×。 B. 根据自愿原则进行调解，调解不成的，告知丙公司另行起诉×。 C. 根据自愿原则进行调解，调解不成的，裁定撤销原判发回重审√。 D. 根据自愿原则进行调解，调解不成的，恢复第三人撤销诉讼程序×。 解析：①本案不存在“恶意串通损害第三人利益情形”，故“再审大”，应将第三人诉讼请求并入再审程序。②如果再审适用一审程序，则直接将第三人诉讼请求并入一并审理，原来是什么地位就列什么地位。如果再审适用二审程序，则只能调，不能判，调不成则撤销原判发回原一审法院重审。③本案中，生效判决是基层法院作出，检察院抗诉，只能由上级检察院即市检察院向市中院提起抗诉，题干交代是由市中院重新审理本案，而原终审判决是基层法院作出，故中院应当提审，提审适用二审程序审理。④既然是二审程序再审，故不能判，只能调，调不成则撤销原判发回重审。⑤本质是，通过再审，让“漏的第三人”回到“参加之诉中去”（有独三、无独三）

❶“三撤”和当事人再审
- ①再审大
  - ①一是一：将案外第三人列入
  - ②二是二：调解，调解失败则裁定撤销原判发回重审
- ②“三撤”大：当事人有恶意串通

❷“三撤”和案外人自己再审
- 12：1“三撤”+2案外人自己对执行标的异议
- 23：2案外人自己对执行标的异议+3案外人申请再审

秒杀记忆：①【**吸收的互斥主义**】案外人自己“三撤”，与别人的再审，采用吸收的排他主义（案外人有了回到原来参加之诉的机会）。②【**排队的互斥主义**】案外人自己“三撤”，与案外人自己的再审（执行异议前置），采用排队的排他主义。

问1：【排队互斥主义】【12或23；13互斥；但是2为什么只能到3而不能到1呢?】为什么案外人提了执行异议被驳回后，只能走再审，不能走“三撤”？①【特别规定优先于一般规定】第三人撤销之诉是一般规定，民诉法规定的227条的再审程序是特别规定，特别规定应当优先于一般规定适用。②【再审更具有优势】再审程序相比第三人撤销之诉程序，具有一次性解决纠纷的优势，有利于提高纠纷的效率。故不能让当事人选择，而应优先用再审程序。③【参加之诉（有独三无独三参加之诉）优于“三撤”】尽量让第三人回到原来的参加之诉中去。

问2：【排队互斥主义】案件进入执行程序后案外人能提“三撤”吗?①可以“三撤”+对执行标的的异议。②但是，如果对执行标的异议提出被驳回，那么，只能再审，不能“三撤”。③中间点是2，不是执行程序本身。

问3：【为何要分隔“吸收互斥主义”和“排队互斥主义”】既然鼓励第三人进入参加之诉，为什么第三人提“三撤”之后，又以案外人身份提再审的情形下，不被允许?如果让第三人“三撤”后再进入再审，然后再让再审吸收“三撤”不就可以了吗?①吸收互斥是因为AB一拨人（当事人申请再审）；ABC另外一拨人（案外人“三撤”），所以才有“吸收”的问题，不同的2拨人才存在吸收问题。“我们可以说AB吸收ABC，把C吸收进来”。②而排队互斥是因为ABC一拨人“三撤”；ABC还是这波人（案外人经历执行异议被驳回后启动“再审”），所以就不能反复折腾了，他们压根就是同一拨人。“我们不能说ABC吸收ABC，因为是把谁吸收进来了呢?”③以上是判断规则。原理在于立法技术选择，就是限制第三人的选择权。要么12，要么23。这样做有利于提高诉讼效率，不需要“三撤”法院移送案件到再审法院，在诉讼效率上更优。选择ABC吸收ABC这种观点也是有市场的，只是没有被立法者采信。

问4：【吸收互斥主义和排队互斥主义体系图】怎么区分判错了和执错了?（1）【判错了】法院把a的东西，在bc诉讼判给了c。这是判错了。①bc启动再审，则存在吸收互斥主义。②c自己启动再审，则存在排队互斥主义，12和23。（2）【执错了】法院判bc让b还c钱。而后c申请法院执行，把b从a借的花瓶执行了。这叫执行错误。判决没错，因为判决书里根本没有涉及a的花瓶。（3）【区分判错了还是执行错了】判决对还是错，你就看判决书里是不是把案外人东西给判了，判决书主文里写了吗。没写，就不会把案外人东西判错了。写了，就属于把案外人东西判错了。

总体体系图

- ①判错了
  - ①【吸收互斥主义】案外人三撤与当事人再审
    - ①再审吸收三撤
      - ①1 是 1
      - ②2 是 2
      - ③提一定是 2
    - ②三撤吸收再审：恶意串通
  - ②【排队互斥主义】案外人三撤与案外人再审
    - ①12：三撤 + 案外人异议
    - ②23：案外人异议 + 再审
- ②执错了：案外人异议
  - ①执行法院裁定中止执行：许可执行之诉
    - ①原告：申请执行人
    - ②被告：案外人
    - ③被执行人
      - ①共同被告
      - ②第三人
  - ②执行法院裁定驳回异议：案外人异议之诉
    - ①原告：案外人
    - ②被告：申请执行人
    - ③被执行人
      - ①共同被告
      - ②第三人

第四节 诉讼代理人

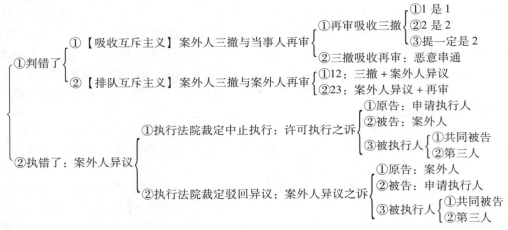

一、法定诉讼代理人 = 完全行为能力人代限制行为能力人上法院 = 孩子可以上判决书（有诉讼权利能力），不可以上法院（无诉讼行为能力），谁去法院参加诉讼呢？法定代理人。

（一）法定代理权限 = 全权代理

1. 法定代理人可以根据自己的意志代理被代理人实施所有的诉讼行为，也应当履行当事人所承担的一切诉讼义务，而无须被代理人的授权。（爹的意志就是孩子的意志）

> 判断 1：【全权代理】2011/82B 法定诉讼代理人可以按照自己的意志代理被代理人实施所有诉讼行为√。
>
> 判断 2：【无须授权】2011/82A 法定诉讼代理人的代理权取得不是根据其代理的当事人的委托授权√。

2. 法定代理人所为的诉讼行为与当事人所为的诉讼行为产生相同的法律效果。（法庭上爹做主）

（二）法定代理人≠当事人

	法定代理人	当事人
诉讼地位不同	只能以被代理人（即当事人）名义起诉或应诉	以自己名义起诉或应诉
裁判针对对象不同	不针对法定代理人	针对当事人
诉讼中发生事件效果不同如死亡	法定代理人死亡，更换法定代理人继续诉讼（2011/82C 法定代理人在诉讼中死亡的，产生与当事人死亡相同的法律效果×。）	当事人死亡，则发生诉讼中止、当事人变更或者诉讼终结的法律后果

二、委托诉讼代理人＝完全行为能力人找完全行为能力人上法院＝孩子他爹或者成年人自己不去法庭，让其他人去法庭，行不行？委托代理人＝律师基工或者亲人工人或者三地方（单位、社区、有关社会团体）推荐的人

（一）哪些人不能做委托代理人？无民事行为能力人和限制行为能力人及其他依法不能作为诉讼代理人的人。

（二）哪些人可以做委托代理人？（“禁止黑律师”）

1. 律师＋基工

判断1：2015/78“律师出庭应向法院提交哪些材料？A律所与当事人签订的协议书×。B当事人的授权委托书√；C律师的执业证√；D律师事务所的证明√。” 判断2：2013/42D“离婚诉讼女方为外国人，其必须委托中国公民×”。因为涉外诉讼中如果委托律师，必须委托中国律师。如果不是委托律师，则可以委托外国人、基层法律工作者。

2、当事人近亲属（“个人的家人”）或者工作人员（“法人的员工”）。

3. 当事人所在单位、社区以及有关社会团体推荐的公民。

4. 专利代理人经中华全国专利代理人协会推荐，可以在专利纠纷案件中担任诉讼代理人。

（三）委托代理人在诉讼中有什么权限？（民诉和民法是反着来的）

1. 一般授权＝程序事项＝只能行使程序性权利＝不得代为承认、放弃、变更诉讼请求，进行和解，提起反诉或者上诉。在授权委托书中仅写“全权代理”而无具体授权的＝一般授权。

判断：2013/42C全权代理的律师可以代为放弃诉讼请求×。

2. 特别授权＝实体事项＋程序事项＝代为承认、放弃、变更诉讼请求，进行和解，提起反诉或者上诉（＋参加调解），必须有当事人的特别授权。特别授权的每一项授权需要具体明确。

秒杀：【代理权限】民诉中未明确代理权限，则属于一般授权。民法中未明确代理权限，则属于全权代理。【双方代理】民法中双方代理效力待定；民诉中双方代理禁止。

记忆：“认真方便”（承认、增加、放弃、变更）；“策反和尚”（撤诉、反诉、和解、上诉）。

3. 在法律规定范围内，代理人的诉讼行为对被代理人发生效力。

判断：2013/42B离婚诉讼男方委托了律师当代理人，法院可向律师送达诉讼文书，律师签收行为有效√。

（四）委托代理后被代理人是不是就可以不去法庭了？一般不去，例外要去，特殊例外不去

1. 一般不去。一般有了委托代理人或者法定代理人后，当事人本人可以不亲自出庭。

2. 例外要去。离婚案件有了委托代理人或者法定代理人后，当事人本人仍应出庭。

判断：2013/42A离婚诉讼男方委托了代理人，可以不出庭参加诉讼×。

3. 特殊例外不去。离婚案件有了委托代理人或者法定代理人后，当事人本人不能表达

意思，可以不亲自出庭；因特殊原因无法出庭，必须向法院提交书面意见。

①无效婚姻一审终审，离婚案件可以上诉
②管辖，被告一方离开住所地1年以上，两可
③解除婚姻关系、无效、撤销婚姻案件，不适用“三撤”
④离婚案件委托代理人后本人要亲自出庭除非不能表达意思需要向法院提交书面意见

三、民事诉讼中代理人只有法定代理人和委托代理人，不存在指定代理

判断：2014/36 法院可为下落不明的被告指定代理人参加调解×。 解析：①非必须到庭的被告下落不明，法院应公告送达文书，作出缺席判决。②无诉讼行为能力人启动法定代理人；当事人授权产生委托代理人。

第六部分　证明对象、证明责任、证明程度

- ①证明对象
  - ①什么是待证事实
    - ①本案事实
    - ②外国法
    - ③本案专业领域内经验法则
  - ②什么不是待证事实
    - ①与本案无关事实
    - ②免证事实
    - ③自认事实
      - ①无须讨论证明责任
      - ②无须判断本证或反证
      - ③无须讨论证明标准
- ②证明责任：待证事实真伪不明时，谁承担不利后果
  - ①合同纠纷
  - ②侵权纠纷
- ③从哪里获得证据
  - ①证据保全
  - ②证据收集
  - ③文书证据提出命令
  - ④非法证据排除
- ④对获得的证据怎么分类
  - ①法定分类：8 种当、物、书、证、勘、鉴、电、视
  - ②学理分类
    - ①原始与传来
    - ②直接与间接
    - ③本证与反证
- ⑤怎么采信证据
  - ①当事人质证
  - ②法院认证
  - ③证明标准
    - ①高度可能性
    - ②排除合理怀疑

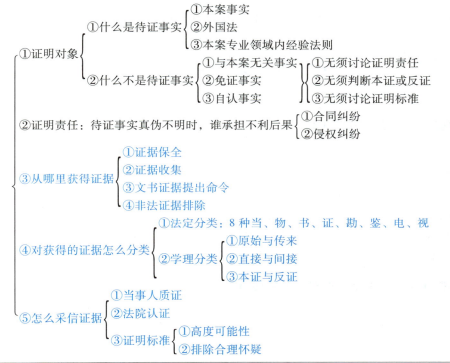

问 1：怎么安排证据体系？根据打官司的思路梳理证据规则和证明规则：①**【证明对象】**什么事情不需要我方客户去证明。什么事情需要我方客户去证明。②**【证明责任】**谁承担证明责任，我方客户拿不到证据会有什么后果（第一反应就是官司要输）。③**【证据收集】**我们要去哪里拿到证据（证据保全、证据收集）。④**【证据分类】**我们拿到的证据可以怎么分类（法定分类和学理分类）。⑤**【质证、认证、证明标准】**拿到证据后，双方怎么质证。法院怎么认定。证明标准要达到什么程度才能赢。

问 2：什么是证据的“三性”？(1) 客观性：证据是客观存在的，而非主观想象。(2) 关联性：证据材料与案件事实之间存有内在联系。①如人品与本案无关，用对方在他案中违约，来证明对方在本案中也会违约，这属于没有关联性。②但是，不安抗辩权制度中，用对方在他案中自动扶梯质量问题被召回来证明本案先方不安，这具有关联性。③又但是，用对方公司在我上一次买房中违约，来证明我这一次买房中对方也会违约造成我不安（或者对方子公司在我上一次买房中违约，来证明我这一次买房中对方也会违约造成我不安），这都不具有关联性。是否具有关联性，取决于逻辑法则和经验尝试。(3) 合法性：形式和内容合法、收集手段和收集程序合法。(4) 具有了客观性、关联性、合法性，就会作为法院裁判的依据。(5) 因此，**所谓证据的三性，本质是法官视野的证据（要经过质证，因为不质证就不可能知道是否具有三性）**。不是当事人视野的证据，当事人提交的“证据”是各种各样的，但不属于法官视野的证据。(6) **区分当事人提交的和法院认证的（三性）**

第一节 证明对象

一、哪些属于需要证明的对象？

（一）本案事实（实体法事实、程序法事实、证据事实）

（二）本案中涉及的外国法、外国地方性法规和外国习惯法（中国法律和地方性法规、习惯属于法官应当知道的内容，无须证明）

问：法官需要懂外语吗？不需要。《证据规定》第 17 条规定，当事人向人民法院提供外文书证或者外文说明资料，应当附有中文译本。“涉及国家主权和民族尊严”。

（三）本案涉及的专业领域内的经验法则

二、哪些属于不需要证明的对象？免证事实

（一）绝对免证（无关、无过错、自然）

1. 与本案无关的事实 = 绝对免证。比如无过错侵权责任中的过错 = 绝对免证（2017/40D）

2. 自然规律和定理、定律 = 绝对免证（牛顿定律）

（二）相对免证

1. 众所周知的事实（10 月 1 日国庆节；1997 年 7 月 1 日香港回归）

2. 【法律上推定事实】根据法律规定推定的事实（《著作权法》推定，署名的人为作者）（“侵权法过推”）

3. 【事实上推定的事实】根据已知的事实和日常生活经验法则所推定的另一事实：区分日常生活和专业领域，法官懂日常；法官不懂专业。

(1) 日常生活经验法则为一般人知晓，因此免证。“如虽不能证明合同缔结事实，但依据合同履行的事实，足以推定合同关系的存在”。

(2) 但不为一般人所知晓的专门知识领域的经验法则则应当加以证明。

判断：2014/45B 经验法则可验证的事实都不需要当事人证明 ×。

解析：①日常生活领域内的经验法则为一般人所共同知晓，无须证据证明。②专业领域内的经验法则不为一般人知晓，并非免证事实，需要证据证明。

4. 已为仲裁机构的生效裁决所确认的事实。

5. 已为人民法院（“排除境外法院”）发生法律效力的裁判所确认的基本事实。（法院生效裁判包括与本案无关联案件的生效裁判内容）【预决事实】

6. 已为有效公证文书所证明的事实。【预决事实】

例：“预决事实”2016/40 刘月购买甲公司的化肥，使用后农作物生长异常。刘月向法院起诉，要求甲公司退款并赔偿损失。诉讼中甲公司否认刘月的损失是因其出售的化肥质量问题造成的，刘月向法院提交了本村吴某起诉甲公司损害赔偿案件的判决书，以证明甲公司出售的化肥有质量问题且与其所受损害有因果关系。

问：本案刘月所受损害与使用甲公司化肥因果关系的证明责任怎么分配？

答：①应由甲公司负担无因果关系的证明责任。因为生效判决确定了化肥质量问题以及与农作物生长异常的因果关系，该事实成为免证事实（“因果关系免证”），无须证据证明。②但甲公司可用相反证据推翻生效判决认定的事实，即提供证据证明该化肥质量问题与农作物生长异常无关。

问：预决事实的意义是什么？提高效率，同一事实认定一次就可以。保证同案同判，司法统一。

7. 自认 = 相对免证 = 当事人自认事实 = 相对免证事实（自认 = 承认 = 当事人陈述的组成部分之一）【“当事人承认的事实”】

（1）自认的时间。何时算自认？【诉讼中自认 = 自认。诉讼外自认 = 不是自认不算数。所以，说诉讼外自认这话是不准确】

“在诉讼过程中，一方当事人陈述的于己不利的事实，或者对于己不利（‘证人或鉴定人说的’）的事实明确表示承认的，另一方当事人无需举证证明。”（《证据规定》第 3 条第 1 款）

“在证据交换、询问、调查过程中，或者在起诉状、答辩状、代理词等书面材料中，当事人明确承认于己不利的事实的，适用前款规定。”（《证据规定》第 3 条第 2 款）

秒杀：与法院打交道过程中（“诉讼行为”），才存在“自认”。当事人之间的短信、微信来往，属于证据，不是自认。

判断 1：2017/39B 借款人提出用收条来证明自己已经还款，这一行为即构成借款人自认借款事实√。

判断 2：2015/40A “被告在答辩状中对原告主张的事实予以承认 = 产生自认的法律后果√”。

②甲打乙了吗？甲说打了，则乙无须证明该事实。但法院查明事实与此相反，则法院查明事实 > 自认事实。

判断 1：2009/42A 自认的事实允许用相反的证据加以推翻√。

判断 2：2015/40D 被告承认原告主张的事实，但该事实与法院查明的事实不符，则不能产生自认的法律后果√。

（2）自认范围：当事人不能自认法院依职权调查的身份关系、国家利益、公共利益的事实。

①涉及可能损害国家利益、社会公共利益的。（“法院保留依职权调查的权利”）

②涉及公益诉讼的。（“法院保留依职权调查的权利”）

③当事人有恶意串通损害他人合法权益可能的。（“法院保留依职权调查的权利”）（“离婚案件中老公自认负债坑老婆；公司案件中小股东担任法定代表人自认负债坑大股东”）

④涉及依职权追加当事人、中止诉讼、终结诉讼、回避等程序性事项的。（“法院保留依职权调查的权利”）（当事人是否适格主体、管辖、回避等这些不属于案件事实）

⑤涉及身份关系。（“法院保留依职权调查的权利”）

第一，身份案件中有与身份有关的事实（婚姻是否有效 = 不能自认）。

第二，身份案件中与身份无关的事实（隐藏财产、家庭暴力 = 可以自认）。

判断1：2015/40C 被告认可其与原告存在收养关系，不能产生自认的法律后果√。 判断2：2009/42B 身份关系诉讼中不涉及身份关系的案件事实可以适用自认√。

秒杀：①与不得自认的事实相关的证据，属于由法院依职权启动调查收集证据的范围。②与可以自认的事实相关的证据，属于由当事人自己举证收集证据的范围。

（3）自认主体：当事人 + 委托代理人

①当事人自认

第一，普共各认各的。“普通共同诉讼中，共同诉讼人中一人或者数人作出的自认，对作出自认的当事人发生效力。”（《证据规定》第6条第1款）

第二，必共一票否决。“必要共同诉讼中，共同诉讼人中一人或者数人作出自认而其他共同诉讼人予以否认的，不发生自认的效力（‘一票否决’）。其他共同诉讼人既不承认也不否认，经审判人员说明并询问后仍然不明确表示意见的，视为全体共同诉讼人的自认（‘拟制自认’）。”（《证据规定》第6条第2款）

②委托诉讼代理人自认

第一，【当事人不在场】诉讼代理人自认 = 当事人自认。“除非授权委托书明确排除的事项。当事人委托诉讼代理人参加诉讼的，除授权委托书明确排除的事项外，诉讼代理人的自认视为当事人的自认。”（《证据规定》第5条第1款）【“负面清单规则”：不得代为承认对方当事人陈述】

第二，【当事人在场】诉讼代理人自认 + 当事人在场明确否认 = 不是自认。“当事人在场对诉讼代理人的自认明确否认的，不视为自认。”（《证据规定》第5条第2款）【一起出庭应以被代理人意思为准】

（4）自认方式

①【拟制自认】装聋作哑顾左右而言他：“一方当事人对于另一方当事人主张的于己不利的事实既不承认也不否认，经审判人员说明并询问后，其仍然不明确表示肯定或者否定的，视为对该事实的承认。”（“拟制自认”，又称默示自认，与明示自认对称）（《证据规定》第4条）

②【限制自认】打马虎 = 法院综合决定是否自认：“一方当事人对于另一方当事人主张的于己不利的事实有所限制或者附加条件予以承认的，由人民法院综合案件情况决定是

否构成自认。”（限制自认）（《证据规定》第7条）

（5）自认效果

①【约束当事人】当事人：自认的事实，免除对方当事人的举证责任。

②【约束法院】法院

第一，一般情况下，法院以当事人自认的事实作为裁判依据。如果法院未将当事人自认的事实作为认定案件事实的依据，则违反（约束性）辩论原则。

第二，但是法院查明事实＞自认事实。“自认的事实与已经查明的事实不符的，人民法院不予确认。”（“打击虚假诉讼和恶意诉讼”）

原理1：自认≠败诉（自认＝半投降，自认仅承认于己不利的事实，没有针对对方的请求做出表态。）

例：甲起诉乙还款，乙当庭承认借款事实。对借款事实，免除甲的举证责任，法院应以乙自认作为认定案件事实的依据。如果乙提出证据证明该借款已经归还，或者乙主张时效届满的抗辩，则乙不会败诉。

原理2：自认（借了钱）（承认事实）≠认诺（愿意还）（承认请求）（认诺＝承认对方的请求＝败诉）

	自认	认诺
对象	“承认”对方主张的事实	“承认”对方的诉讼请求
效果	导致对方主张的事实成立≠自认人败诉	导致对方诉讼请求成立＝认诺人败诉（全认全输；部分认部分输）
体现的原则	针对事实，体现（约束性）辩论原则	针对诉讼请求，体现处分原则

例：王某、马某离婚案中，马某同意离婚＝认诺（承认对方诉讼请求），马某承认出轨＝自认（承认与身份无关的事实），马某承认孩子是她和别人生的＝不能自认（承认与身份有关的事实）。

③妥协自认：诉讼中的调解、和解妥协让步的事实＝其后诉讼中是空气。（**“认了可以不算数”**）

“在诉讼中，当事人为达成调解协议或者和解协议作出妥协而认可的事实，不得在后续的诉讼中**作为对其不利的根据**，但法律另有规定或者当事人均同意的除外。”（《民诉解释》第107条。不代表完全不具备证据资格，因为不能作为对其不利的证据≠不能作为证据）

判断1：2009/42C“调解中的让步不构成诉讼上的自认√。”

判断2：2015/40B“被告在诉讼调解过程中对原告主张的事实予以承认，但该调解最终未能成功，则不可以产生自认的法律后果√”。

做题策略：看到诉讼中的调解和解有"自认"+后头调解和解失败=自认事实是空气

(2010/48) 郭某诉张某财产损害一案，法院进行了庭前调解，张某承认对郭某财产造成损害，但在赔偿数额上双方无法达成协议（**直接把这段话当空气**）。关于本案的判断如下：

①张某承认对郭某财产造成损害，已构成自认×。

②张某承认对郭某财产造成损害，可作为对张某不利的证据使用×。

③郭某仍需对张某造成财产损害的事实举证证明√。

④法院无需开庭审理，本案事实清楚可直接作出判决×。

④自认撤销："出尔反尔"=法庭辩论终结前+对方同意或者受胁迫或重大误解自认

"有下列情形之一，当事人在法庭辩论终结前撤销自认的，人民法院应当准许：（一）经对方当事人同意的（'对方不会同意的''对方的处分权'）；（二）自认是在受胁迫或者重大误解情况下作出的。人民法院准许当事人撤销自认的，应当作出口头或者书面裁定。"（《证据规定》第9条）

（6）区分自认（认可的是事实）和对证据的认可

《证据规定》第89条，"当事人在诉讼过程中认可的证据，人民法院应当予以确认。但法律、司法解释另有规定的除外。"

第二节 证明责任

一、为什么需要证明责任制度？"法官不能以事实无法查清为由拒绝断案"

"证明责任是由法律或司法解释预先规定，对于某一事实应当由谁提供证据证明（行为责任），如果该事实处于真伪不明的情况下，谁承担不利后果（结果责任）。①"

例：女诉男侵权，女说，你打我了（积极事实）。男说，我没打（消极事实）。

（1）女的会提供证据（如监控录像）证明男的打人（积极事实）；男的也会提供证据（如此期间赴外地旅行的机票）证明男的没打人（消极事实）。

（**这叫举证行为=当事人诉讼权利**）

（2）法院经过审查发现女的证据的证明力大于男的证据的证明力，女的主张事实成立=男的打人了（事实查清楚了）；法院经过审查发现女的证据的证明力小于男的证据的证明力，男的主张事实成立=男的没打人（事实也查清楚了）。

（**这叫事实查清=法院有下判的事实依据**）

（3）法院经过审查发现无法判断男女双方证据的证明力大小，无法取舍，男的打了女的这一积极事实处于"真伪"不明状态，怎么办？

（**这叫事实真伪不明=法院"等米下锅"暂时没有下判的事实依据**）

① 仅保留结果责任，就可以倒逼自动激活行为责任，即承担结果责任风险的人必然会积极主动的启动举证行为。

（4）法院不能以事实无法查清为由拒绝断案，因此法院审查谁对“打人”这一积极事实承担证明责任。

①如果侵权之诉原告女方对“打人”这一事实承担证明责任，那么女的承担不利后果（男的没打人）；

②如果侵权之诉被告男方对“打人”这一事实承担证明责任，那么男的承担不利后果（男的打人）。

③“打人”（积极事实）是“没打人”（消极事实）的反面。既然“打人”这一积极事实分配好了证明责任，也就不需要就“没打人”这一消极事实分配证明责任了。

④根据证明责任分配规则，过错侵权中，由原告对被告存在过错、行为、结果和因果关系承担证明责任。本案，被告男的打人这一事实真伪不明，应由原告女方承担证明责任，故女方承担不利后果 = 男的没打人 = 驳回原告女方的诉讼请求。

（这叫证明责任分配好了 = 法律上的事实“查清”了 = 未必是真相 = 但法院有下判的事实依据）

看出来没，为什么很多人在法院败诉但认为自己有道理要去上访，因为他们大都是“有理没证据”，致命的是他们还是承担证明责任的一方。法律事实与真相事实，经常有很大的距离。

一句话：“心证之后”，事实真伪不明，谁承担证明责任，谁承担不利后果，谁倒霉。原告找证据为了不要启动证明责任（本证）。被告找证据为了捣乱，达到真伪不明，启动证明责任（反证）。

问：如何区分行为意义上证明责任和结果意义上证明责任？①行为意义上的证明责任？主观上的举证责任。当事人在具体的民事诉讼中，为避免败诉风险而向法院提出证据证明其主张的一种行为责任。这是积极的行为。②结果意义上的证明责任？客观上的证明责任。待证事实的存在与否不能确定、真伪不明时，由哪一方当事人对不利后果进行负担的责任和风险。

1. 证明责任的启动：事实真伪不明

事实真伪不明，才启动证明责任。如果能够用证据证明案件事实，则法院应该根据查明的案件事实进行裁判。

判断：2011/84A 只有在待证事实处于真伪不明情况下，证明责任的后果才会出现√。

2. 证明责任的分配：由法律定死一方承担

（1）一方承担证明责任（此时其提出的证据叫“本证”，为了避免激活证明责任）。**针对单一诉讼请求**所涉及的事实，证明责任只能由一方当事人承担。

判断：2011/84B 对案件中的同一事实，只有一方当事人负有证明责任√。

（2）**针对单一诉讼请求**，只有一方承担证明责任，另一方不可能承担证明责任（但是他方可以积极行使举证权利，此时其提出的证据叫“反证”）。如果由双方承担证明责任，事实会“继续”真伪不明，法院“继续”无法判决。

（3）法院不承担证明责任（因为法院不承担不利后果，不可能判决“本院败诉”）。法院对一些特定事实（涉及国家、社会、第三人利益的事实，身份关系的事实，程序性事实等）可以依职权调查收集证据，查明了解。但这与证明责任无关，不能就此认为法院也需要承担证明责任。

（4）由哪方当事人承担证明责任，由法律和司法解释预先确定，禁止当事人约定。**法院不能自由裁量**。

判断1：2014/79A 当事人约定“合同是否履行无法证明时，应以甲方主张的事实为准”，法院应根据该约定分配证明责任×。 判断2：2016/40 C 应由法院依职权裁量分配证明责任×。D 应由当事人协商分担证明责任×。

（5）由法律和司法解释预先确定的证明责任承担在诉讼中不会在原告和被告之间转移。

判断1：2011/84D 证明责任的结果责任不会在原、被告间相互转移√。 判断2：2014/45D 证明责任是一种不利的后果，会随着诉讼的进行，在当事人之间来回转移×。

3. 证明责任的性质：无可奈何之举

（1）事实真伪不明下的不利风险负担，即与己不利的事实成立，但不代表一定败诉（仅败诉的风险增加而已）。

判断：2011/84C 当事人对其主张的某一事实没有提供证据证明，必将承担败诉的后果×。 解析：对方当事人认诺，依然可能胜诉。

（2）根据证明责任确定的事实是一种拟制或者假定的事实，可能与案件的客观事实不相符合。

（3）启用证明责任，“实属无可奈何之举，是没有办法的办法”。

二、证明责任的分配

谁主张积极事实，谁承担证明责任；主张消极事实的人不承担证明责任（“谁主张，谁举证”原则）

（一）什么是积极事实？

1. 产生或存在法律关系的事实（“主张法律关系存在的当事人，应对产生该法律关系的基本事实承担举证证明责任”）（《民诉解释》第91条）【权利发生规范】

2. 法律关系变更、消灭的事实；妨害权利产生的事实（“主张法律关系变更、消灭或权利受到妨害的当事人，应当对该法律关系变更、消灭或者权利受到妨害的基本事实承担举证证明责任”）（《民诉解释》第91条）【权利变更规范、权利消灭规范、权利妨害规范】

例1“借了吗”：是否存在借款的事实。①原告主张被告借了，被告主张自己没借。②对于借了还是没借，借了是积极事实，没借是消极事实。③故应由主张被告借了的一方当事人即原告承担证明责任。

例2“侵了吗”：是否存在侵权的事实。①原告主张存在，被告主张不存在。②对于是否存在侵权，存在是积极事实，不存在是消极事实。③故应由主张存在侵权的一方当事人即原告承担证明责任。

（二）劳动争议中的积极事实

劳动争议中，因用人单位作出开除、出名、辞退、解除劳动合同、减少劳动报酬、计算劳动者工作年限等决定发生争议的，由用人单位承担举证责任。是否存在这些决定？决定是积极事实。（开了吗）（“材料在单位受理，单位接近证据；单位是强势的，倾斜保护”）

劳动者主张劳动合同成立，劳动合同是否成立？成立是积极事实，劳动者承担证明责任。（雇了吗）

（三）合同纠纷中的积极事实

1. 主张合同成立并生效的一方当事人对合同的成立并生效的事实承担证明责任。（2017/39A“借款合同关系中借款成立的事实，由出借人原告承担证明责任√”）（签了吗）

（1）合同是否成立？合同成立是积极事实。

（2）合同是否有效？合同有效是积极事实。

2. 主张合同关系变更、解除、终止、撤销的一方当事人对合同关系变更、解除、终止、撤销的事实承担证明责任。

（1）合同是否变更？合同变更是积极事实。（变了吗）

（2）合同是否解除？合同解除是积极事实。（分了吗）

（3）合同是否终止？合同终止是积极事实。（死了吗）

（4）合同是否撤销？合同撤销是积极事实。（撤了吗）

3. 对合同是否履行发生争议，由主张合同已经履行的一方当事人承担证明责任。合同是否履行？合同履行是积极事实（“积极行为”）。（2017/39D“借款合同纠纷中，还款人提交收条证明已经还款，还款人对已经还款承担证明责任√”）

履行了吗？还了吗，送了吗，交了吗，过户了吗，运了吗，管了吗，办事了吗？

4. 对是否存在代理权发生争议，由主张代理权存在的一方当事人承担证明责任。是否存在代理权？存在代理权为积极事实。

（四）侵权纠纷中的积极事实

1. 过错侵权

（1）原告（受害人）对“过错”、“行为”、“结果”、“因果关系”承担证明责任

原理：是否存在侵权关系？存在侵权关系是积极事实 = 由主张侵权关系存在的原告承担证明责任。

（2）被告（加害人）对“免责事由”承担证明责任。

原理：是否存在免责事由？存在免责事由是积极事实 = 由存在免责事由的被告承担证明责任。

2. 无过错侵权

（1）原告（受害人）对“行为”、“结果”、“因果关系”承担证明责任。

（2）被告（加害人）对“免责事由”（**减责 + 免责**）承担证明责任。

3. 倒置 1：过错的倒置 = “过推”中由被告证明自己没有过错。其他不变。

4. 倒置 2：因果关系的倒置 = **环境污染和共同危险**由被告证明不存在因果关系。其他不变。

5. 倒置 3：方法的倒置 = 侵犯方法发明专利中由被告证明自己使用的方法与原告的专利方法不同。其他不变。

侵权纠纷证明责任三层次：①第一步，“谁主张，谁举证” = 原告证明侵权构成要件，被告证明免责事由。②第二步，区分侵权构成要件 = 过错侵权（过错、行为、结果、因果关系）+无过错侵权（行为、结果、因果关系）。③第三步，是否存在倒置 = 过推中过错的倒置 + 环境污染和共同危险中的因果关系的倒置 + 方法专利侵权汇总方法的倒置 = 倒置的归被告。

原告	被告
过错（?）有吗？挪吗？	过错倒置：过错推定侵权
行为（√）	
结果（√）	
因果关系（?）挪吗？	因果关系倒置：环境污染 + 共同危险
	免责事由（√）

方法：①直接将涉案原告和被告列出来，如上图罗列然后一一检查，其中过错和因果关系是？②如果无过错侵权则填写×。③如果过推侵权将其挪到被告处。④如果是环境污染或共同危险则将其挪到被告处。

例 1：无过错侵权之动物致人损害 = 动物饲养人负无过错责任故过错不是证明对象（2007/45）

甲养的宠物狗将乙咬伤，乙起诉甲请求损害赔偿。诉讼过程中，甲认为乙被咬伤是因为乙故意逗狗造成的。

问：关于举证责任的分配，哪一表述是正确的？

A. 甲应当就乙受损害与自己的宠物狗没有因果关系进行举证（因果关系 = 原告）（表述×）

B. 甲应当对乙故意逗狗而遭狗咬伤的事实负举证责任（免责事由 = 被告）（表述√）

C. 乙应当就自己没有逗狗的故意负举证责任（免责事由 = 被告）（表述×）

D. 乙应当就自己受到甲的宠物狗伤害（结果 = 原告）以及自己没有逗狗的故意负举证责任（免责事由 = 被告）（表述×）

例 1 表格

原告乙（被狗咬 = 无过错侵权受害人）的证明责任	被告甲（饲养狗致人损害 = 无过错侵权加害人）的证明责任
过错（×）（不需要）	
行为（√）	
结果（√）	
因果关系（√）	
	免责事由（√）

例 1 总结，本案一句话：无过错侵权中，被告是否有过错，与本案无关，不是证明对象，就谈不上证明责任。

例 2：无过错侵权之个人劳务致人损害 = 接受劳务方负无过错责任故过错不是证明对象（2017/40）

薛某雇杨某料理家务。一天，杨某乘电梯去楼下扔掉厨房垃圾时，袋中的碎玻璃严重划伤电梯中的邻居乔某。乔某诉至法院，要求赔偿其各项损失 3 万元。

问：关于本案，下列哪一说法是正确的？

A. 乔某应起诉杨某，并承担杨某主观有过错的证明责任（表述 ×）

B. 乔某应起诉杨某，由杨某承担其主观无过错的证明责任（表述 ×）

C. 乔某应起诉薛某，由薛某承担其主观无过错的证明责任（过错 = 不需要）（表述 ×）

D. 乔某应起诉薛某，薛某主观是否有过错不是本案的证明对象（过错 = 不需要）（表述√）

例 2 表格

原告乔某（个人劳务侵权受害人）的证明责任	被告薛某（个人劳务侵权接受劳务一方）的证明责任
过错（×）（不需要）	
行为（√）	
结果（√）	
因果关系（√）	
	免责事由（√）

例 2 总结，本案两个考点：（1）个人劳务侵权，雇主是被告。（2）无过错侵权中，被告是否有过错，与本案无关，不是证明对象，就谈不上证明责任。

例 3：堆放物倒塌致人损害过错推定 = 过错的证明责任倒置给被告（2012/37）

甲路过乙家门口，被乙叠放在门口的砖头砸伤，甲起诉要求乙赔偿。

问：关于本案的证明责任分配，下列一说法是错误的？

A. 乙叠放砖头倒塌的事实，由原告甲承担证明责任（行为 = 原告）（表述√）

B. 甲受损害的事实，由原告甲承担证明责任（结果 = 原告）（表述√）

C. 甲所受损害是由于乙叠放砖头倒塌砸伤的事实，由原告甲承担证明责任（因果关系 = 原告）（表述√）

D. 乙有主观过错的事实，由原告甲承担证明责任（过错 = 倒置给被告）（表述 ×）

例 3 表格

原告甲（过错推定侵权中受害人）的证明责任	被告乙（过错推定侵权中加害人）的证明责任
过错（×）倒置	过错倒置（√）
行为（√）	
结果（√）	
因果关系（√）	
	免责事由（√）

例3总结，本案一句话：过错推定中，过错的证明责任倒置给被告。

例4：环境污染无过错侵权=因果关系的证明责任倒置给被告（2005/78）（2008/33）

甲工厂的生产污水流入李某承包的鱼塘，致使鱼虾死亡，损失2万元。李某起诉，请求甲工厂赔偿。

问：下列哪些事实应当由甲工厂承担举证责任？

A. 甲工厂的生产污水是否流入李某承包的鱼塘（行为=原告）（表述×）

B. 李某承包的鱼塘鱼虾死亡造成损失的具体数额（结果=原告）（表述×）

C. 鱼虾死亡的原因是否为甲工厂污水所致（因果关系=倒置给被告）（表述√）

D. 是否具有免责事由（免责事由=被告）（表述√）

例4表格

原告李某（环境污染无过错侵权受害人）的证明责任	被告甲工厂（环境污染无过错侵权加害人）的证明责任
过错（×）不需要	
行为（√）	
结果（√）	
因果关系（×）倒置	因果关系倒置（√）
	免责事由（√）

例4总结，本案一句话：环境污染无过错侵权，因果关系的证明责任倒置给被告。

例5：共同危险行为侵权=因果关系的证明责任倒置给被告

2008/80三个小孩在公路边玩耍，此时，一辆轿车急速驶过，三小孩捡起石子向轿车扔去，坐在后排座位的刘某被一石子击中。刘某将三孩子起诉到法院。

问：关于本案的证明责任分配，下列哪些选项是正确的？

A 刘某应对三被告向轿车投掷石子的事实承担举证责任（行为=原告）（表述√）

B 刘某应对其所受损失承担举证责任（结果=原告）（表述√）

C 三被告应对投掷石子与刘某所受损害之间不存在因果关系承担举证责任（因果关系倒置给被告）（表述√）

D 三被告应对其主观没有过错承担举证责任（过错=原告）（表述×）

例5表格

原告刘某（共同危险侵权中受害人）的证明责任	三被告（共同危险行为中加害人）的证明责任
过错（√）	
行为（√）	
结果（√）	
因果关系（×）倒置	因果关系倒置（√）
	免责事由（√）

例5总结，本案一句话，共同危险侵权，因果关系的证明责任倒置给被告。

民诉侵权纠纷证明责任（侵权纠纷举证责任秒速判断法）：

第一，原告，过错，行为，结果，因果关系。被告，免责事由。

第二，然后问自己四个问题：是无过错责任吗？有过错倒置吗（过错推定责任）？有因果关系倒置吗（环境污染和共同危险）？有方法倒置吗？（侵犯方法专利权）。

然后，熟悉了之后就问自己三个问题：是无过错吗？是过错倒置吗？是因果关系倒置吗？

匹配记忆方法：过错倒置好记忆＝过推。参见实体法民法宝典。因果关系倒置也好记忆，不就是环境污染然后共同危险了吗，你想想，都雾霾了，大家是不是都危险啊，这里可没有特供空气。

第三节　怎么获得证据

怎么获得证据
- ①证据保全
- ②证据收集
- ③非法证据排除
- ④文书证据提出命令

一、证据保全

（一）诉讼前证据保全

情况紧急，在证据可能灭失或日后难以取得的情况下，利害关系人可在起诉或申请仲裁前申请证据保全（依申请）。

《民诉法》第81条第2款，因情况紧急，在证据可能灭失或者以后难以取得的情况下，利害关系人可以在提起诉讼或者申请仲裁前向证据所在地、被申请人住所地或者对案件有管辖权的人民法院申请保全证据。

关联：仲裁前证据保全适用诉前证据保全规则（2014/77A）；仲裁后证据保全则只能由申请人向仲裁委申请然后仲裁委转交证据所在地基层法院。（2014/77B）

（二）诉讼中证据保全

证据可能灭失或日后难以取得，依当事人申请（在举证期限届满前）或者法院依职权采取保全措施（依申请或依职权）。

《民诉法》第81条第1款，“在证据可能灭失或者以后难以取得的情况下，当事人可以在诉讼过程中向人民法院申请保全证据（依申请），人民法院也可以主动采取保全措施（依职权）。”

（三）证据保全的效果＝可以免除当事人提供证据的行为责任（不会免除结果责任）

（2013/46/D“如果法院采取了证据保全措施，可以免除吴某对甜橙损坏状况提供证据的责任√”）

	诉前证据保全	诉中证据保全
适用情形	**情况紧急**，证据可能灭失或日后难以取得	证据可能灭失或日后难以取得
程序	保全：法院在48小时内做出裁定。（2013/46/B“15日内裁定×”橙子都已经烂了）解除：申请人自保全日30日内不起诉或申请仲裁的，解除保全措施。	无
管辖	证据所在地、被申请人住所地、对案件有管辖权的法院（2013/46/A“烂甜橙所在地+被申请人住所地√”）	受理案件的法院
启动方式	只能依申请（2013/46/C“法院可以主动采取保全×”）	可以依职权，也可以依申请
时间	起诉或申请仲裁前	诉讼中，依申请的话，需要在举证期限届满前
担保	可以责令提供担保	当事人或者利害关系人申请采取查封、扣押等限制保全标的物使用、流通等保全措施，或者保全可能对证据持有人造成损失的，人民法院应当责令申请人提供相应的担保。

附录小结：依申请还是依职权

（1）诉讼前：①诉前证据保全，还没进入法院，不涉及法院审判权，故依当事人申请。②诉前财产保全，还没到法院，故不涉及法院审判权，仅依当事人申请。

（2）先予执行，只涉及当事人情况紧急穷的揭不开锅，故依申请。（2013/36/B“在张某追索赡养费的案件中，法官依职权作出先予执行裁定×”）

（3）诉讼中：①诉中证据保全，涉及当事人举证权+国家审判权行使=依当事人申请+依法院职权。②诉中财产保全，涉及当事人利益+法院判决的公信力=依当事人申请+依法院职权。③鉴定意见的启动，涉及当事人举证权+国家审判权行使=依当事人申请+依法院职权。

二、证据收集（“举证”）

证据收集
- ①原则：当事人举证
- ②例外：法院
  - ①依当事人申请调查收集证据“3秘提档客观原因”
  - ②依职权调查收集证据“公共身份程序”

（一）当事人及时举证=及时提出主义

举证时限制度
- ①举证期限的确定
- ②举证期限的延长
- ③逾期提供证据的处理
- ④逾期提供证据的后果

问：为什么不是随时提出主义？需要规定举证时限制度？①【证据突袭当事人】避免当事人证据突袭，损害对方的质证权：双方应遵循举证时限要求，才能做到平等攻击和防御，展开充分有效的言辞辩论，法院才能在此基础上裁判。②【折腾法院】提高司法权威：如果允许当事人随时提出证据，特别是在二审、再审程序中，随时提出证据，意味着法院可能随时根据新证据改变原来的裁判，影响裁判的稳定性，法院的权威性也必然受到损害。

1. 按时提出（举证期限内提出）

（1）什么时候确定举证期限?：审理前的准备阶段。(《民诉解释》第 99 条第 1 句话，“法院应当在审理前的准备阶段确定当事人的举证期限”)。法院在审理前的准备阶段向当事人送达举证通知书。(《证据规定》第 50 条第 1 款)

（2）怎么确定举证期限？

①“当事人协商 + 法院准许”：举证期限可以由当事人协商，并经法院准许。(《证据规定》第 51 条第 1 款)

②“法院指定”：法院指定举证期限的，适用第一审普通程序审理的案件不得少于 15 日【不能太短，下限】，当事人提供新的证据的第二审案件不得少于 10 日【不能太短，下限】。适用简易程序审理的案件不得超过 15 日【不能太长，上限，追求效率价值】，小额诉讼案件的举证期限一般不得超过 7 日。【不能太长，上限，追求效率价值】（《证据规定》第 51 条第 2 款）

记忆方法：大于一五一十，小于一五一周。

判断：2013/40A 当事人协议确定举证时限√。B 双方确定了 25 天的举证时限√。

③“反驳证据”、“补强证据”的提出“不受限制”：举证期限届满后，当事人提供反驳证据或者对已经提供的证据的来源、形式等方面的瑕疵进行补正的，人民法院可以酌情再次确定举证期限，该期限不受前款规定的期间限制。(《证据规定》第 51 条第 3 款)

（3）如何延长举证期限？

①“请假要提前请”：当事人在举证期限内提供证据确有困难的（“限于客观障碍”），可以在举证期限届满前向法院书面申请延长。(《证据规定》第 52 条第 1 款)

②“法院说了算但必要时要听对方意见”：法院应当根据当事人的举证能力、不能在举证期限内提供证据的原因等因素综合判断。必要时，可以听取对方当事人的意见。(《证据规定》第 52 条第 2 款)

③延长 + 通知：申请理由成立的，人民法院应当准许，适当延长举证期限，并通知其他当事人。延长的举证期限适用于其他当事人。（“搭便车”）（《证据规定》第 54 条第 2 款）

④不延长 + 通知：申请理由不成立的，人民法院不予准许，并通知申请人（“法院有通知义务”）。(《证据规定》第 54 条第 3 款)

判断：2013/40C 小华公司可在举证时限届满后申请延长举证时限 ×。

举证期限的效力：①提供证据；②申请延长举证期限；③申请证人出庭作证；④申请法院调查收集证据；⑤诉讼中申请法院保全证据；⑥申请法院责令书证持有人提交书证。以上诉讼行为均应在举证期限届满前进行。

秒杀：当事人应在举证期限内申请鉴定人作鉴定 ×。

（4）重新指定举证期限（“当事人主张与法院认定不一致”）

①当事人吵的和法院认定的不一致：诉讼过程中，当事人主张的法律关系性质或者民事行为效力与人民法院根据案件事实作出的认定不一致的，人民法院应当将法律关系性质或者民事行为效力作为焦点问题进行审理。但法律关系性质对裁判理由及结果没有影响，或者有关问题已经当事人充分辩论的除外。（《证据规定》第53条第1款）

秒杀：甲诉乙侵权，法院经审理后认为甲乙之间属于违约法律关系，则法院应该对甲释明×。

②当事人变更诉讼请求：存在前款情形，当事人根据法庭审理情况变更诉讼请求的，人民法院应当准许并**可以**根据案件的具体情况重新指定举证期限。（《证据规定》第53条第2款）（一审辩论终结前变更）

（5）举证期限的特殊确定方式（《证据规定》第55条）

①【当事人提出管辖权异议时的举证期限】当事人依照《民诉法》第127条规定提出管辖权异议的，举证期限中止，自驳回管辖权异议的裁定生效之日起恢复计算。

②【新参加诉讼的当事人的举证期限】追加当事人、有独立请求权的第三人参加诉讼或者无独立请求权的第三人经人民法院通知参加诉讼的，人民法院应当依据《证据规定》第51条规定为新参加诉讼的当事人确定举证期限，该举证期限适用于其他当事人。

③【发回重审案件的举证期限】发回重审的案件，第一审人民法院可以结合案件具体情况和发回重审的原因，酌情确定举证期限。

④【当事人增变反的举证期限】当事人增加、变更诉讼请求或者提出反诉的，人民法院应当根据案件具体情况重新确定举证期限。

⑤公告送达的，举证期限自公告期届满之次日起计算。

（6）证据交换规则与举证期限的关系

①证据交换日＝举证期限届满日【**家底必须掏出来**】

法院依照《民诉法》第133条第4项的规定（需要开庭审理的，通过要求当事人交换证据等方式，明确争议焦点），通过组织证据交换进行审理前准备的，证据交换之日举证期限届满。（《证据规定》第56条第1款）（“证据交换与举证期限的关系”）

②证据交换时间点如何确定？

证据交换的时间可以由当事人协商一致并经法院认可，也可以由法院指定。当事人申请延期举证经法院准许的，证据交换日相应顺延。（《证据规定》第56条第2款）

③证据交换谁主持？

法官。证据交换应当在审判人员的主持下进行。（《证据规定》第57条）

④什么情况下要再次组织证据交换？

当事人收到对方的证据后有反驳证据需要提交的，法院应当再次组织证据交换。（《证据规定》第58条）

2. 超时提出

举证期限后提出＝看主观恶性和证据重要度：超时提交证据，法院责令当事人说明理由，**视上述情形（具体做题时看本题情形）**决定不予采纳或采纳后予以训诫、罚款（注意，没有拘留）

（1）【有恶意但证据重要】当事人大错＋证据重要＝采纳＋训诫、罚款

当事人因故意或者重大过失逾期提供的证据，人民法院不予采纳（“关门”）。但该证据与案件基本事实有关的，人民法院应当采纳，并对当事人予以训诫、罚款（注意没有拘留）。【更重实体公正】

判断：2013/40D 当事人超时提供发货单，法院不顾对方反对在对迟延提交发货单一方进行罚款后，依然对该证据质证√。

（2）【无恶意】当事人小错＝采纳＋训诫

当事人非因故意或重大过失逾期提供的证据，人民法院应当采纳（“法院没有裁量空间”），并对当事人予以训诫（“口头批评”）。（所谓采纳是组织质证）

判断：2016/41B 被告说，“一审期间未找到收条”，这不是故意或重大过失，法院应该采纳该证据，并对还款人王某进行训诫√。

（3）【赔偿费用】“不管对逾期的过错严重还是不严重，都要赔”

当事人一方要求另一方赔偿因逾期提供证据致使其增加的交通、住宿、就餐、误工、证人出庭作证等必要费用的，法院可予支持。

（4）【当事人无错或对方默示认可】“逾期是空气”

当事人因客观原因逾期提供证据，或对方当事人对逾期提供证据未提出异议的，视为未逾期。

秒杀：有错没错只要证据重要都要采纳，有大错则训诫＋罚款，有小错则训诫。

（二）法院调查收集证据（“取证”）

法院调查收集证据
- ①依当事人申请：“三秘”“提档”“客观原因”
- ②依职权：“公共”“身份”“程序”“恶意诉讼”

1. 法院依当事人申请调查证据≈申请方当事人提出的证据＝必须质证

2005/42A“由原被告双方进行质证√”；2005/42B“由被告与法院进行质证×”。

（1）适用情形（“三秘”“提档”“客观原因”）

①该证据属于国家有关部门保存并经法院依职权调取的档案材料（2005/42）。【“当事人及其诉讼代理人无权调阅”】

②该证据涉及国家秘密、商业秘密、个人隐私。【“当事人及代理人自行收集可能会产生违法或侵权问题”】

③当事人及其诉讼代理人因客观原因不能自行收集的其他证据【客观原因】

判断1：“没时间不是客观原因”2008/90C 在周某诉贺某借款纠纷一案中，周某因自己没有时间收集证据，于是申请法院调查收集证据，在此情况下法院应当调查收集×。

判断2：“客观原因才是客观原因”2008/90B 在胡某诉黄某侵权一案中，因客观原因胡某未能提供一项关键证据，在此情况下胡某可以申请法院收集证据√。

（2）申请时间：在举证期限届满前向法院提出书面申请

《证据规定》第20条：提供证据名称或者内容（有时候不知道内容但会知道名字）、原因和要证明的事实以及明确的线索。

（3）法律效果：法院准许并收集来的证据视为申请方当事人提出的证据需要进行质证。

2. 法院依职权调查证据 = 不需要质证（仅需在庭审时出示，听取当事人意见，就调查收集情况进行说明）。

（1）【无争议事实但涉及其他利益的则法院可责令提供有关证据】《证据规定》第 18 条规定，双方当事人无争议的事实符合《最高人民法院关于适用〈中华人民共和国民事诉讼法〉的解释》第 96 条第 1 款规定情形的（涉及国家利益、公共利益、他人利益、公益诉讼、身份利益和涉及依职权追加当事人、中止诉讼、终结诉讼、回避等程序性事项），人民法院可以责令当事人提供有关证据。

（2）【限制法院依职权调查证据的情形】

①第一类：涉及可能损害国家利益、社会公共利益（1 个）、当事人有恶意串通损害他人合法权益可能的（1 个）、涉及公益诉讼的（1 个）【法院的职权主义】（3 个）

判断：2008/90A 在王某诉齐某合同纠纷一案中，该合同可能存在损害第三人利益的事实，在此情况下法院可以主动收集证据√。

②第二类：涉及身份关系的【公序良俗】

③第三类：涉及程序性事实的（涉及依职权追加当事人、中止诉讼、终结诉讼、回避等程序性事项的）

判断 1：2012/83 关于法院依职权调查事项的范围： A 本院是否享有对起诉至本院案件的管辖权√。 B 委托诉讼代理人的代理权限范围√。 C 当事人是否具有诉讼权利能力√。 D 合议庭成员是否存在回避的法定事由√。

判断 2：2013/36/D 在罗某诉华兴公司房屋买卖合同纠纷中，法官主动走访现场，进行勘察，并据此支持了罗某的请求 ×。 解析：“据此支持了罗某的诉讼请求”，法官调查的是与双方当事人实体权利义务有关的事实。

原理：为什么必须限制法院依职权调查收集证据的情形，将其闭锁为三大类？ ①如果法院在任何情形下均可依职权调查收集证据，则会破坏司法的中立性和被动性，侵犯当事人对自身权益的处分。故必须将法院依职权调查收集证据的情形闭锁为三类。 ②第一类涉及国家利益、他人利益、公益等事实，法院有保护国家、社会、第三人利益的职责，必须如实查明，均不允许当事人处分； ③第二类身份关系的事实，涉及公序良俗，不允许当事人处分； ④第三类涉及程序性事实，法院基于依法行使指挥诉讼程序的职责，法院必须如实查明，这与双方实体权利无关，且在程序上对双方当事人一视同仁，没有破坏法官的中立。

结合记忆：法官释明还是不释明？ （1）法院 1 个不释明（诉讼时效届满抗辩）。 （2）4 个释明。①法院释明离婚过错赔偿（2013/36C 在杜某诉阎某的离婚案件中，法院向当事人释明可以同时提出离婚损害赔偿√。）②法院释明违约金过高；③法院释明连带责任放弃被告 1 则被告 2 相应免责。④公益诉讼要释明。

问：法院收集的证据是否需要进行质证，由法院决定，这句话对吗？（2012/40B）

答：错误。①依当事人申请，法院收集的证据视为申请方当事人提供的证据，必须进行质证。②依法院职权收集的证据在庭审时出示，听取双方当事人意见，就调查收集情况作出说明。③故对于法院收集的证据是否应该质证，由法律明文规定，法院无决定权。

（三）文书证据提出命令

1. 启动：承担证明责任的一方申请法院责令对方提交书证（比如病历）

书证在对方当事人控制之下的，承担**举证证明责任的当事人**可以在举证期限届满前书面申请人民法院**责令对方当事人提交**。（《民诉解释》第112条第1款）

一方当事人控制证据无正当理由拒不提交，对待证事实负有举证责任的当事人主张该证据的内容不利于控制人的，人民法院可以认定该主张成立。【"证明妨害规则"】（《证据规定》第95条）

2. 效果：对方无正当理由拒不提交，则承担证明责任一方主张的书证内容为真实（2016/80C）（2017/80C），但不等于承担证明责任一方就能够全部胜诉（2016/80D）

【"做贼心虚"】申请理由成立的，人民法院应当责令对方当事人提交，因提交书证所产生的费用，由申请人负担。**对方当事人无正当理由拒不提交的，人民法院可以认定申请人所主张的书证内容为真实。**（《民诉解释》第112条第2款）

【"证明妨害规则"】一方当事人控制证据无正当理由拒不提交，对待证事实负有举证责任的当事人主张该证据的内容不利于控制人的，人民法院可以认定该主张成立。（《证据规定》第95条）

3. 区分：恶意毁灭书证【不是单纯不提交，而是"吃了、烧了"，主观恶性更大】，则罚款、拘留

【毁灭】持有书证的当事人以妨碍对方当事人使用为目的，毁灭有关书证或者实施其他致使书证不能使用行为的（"既然不能用故效果上与证据灭失无异，这约等于毁灭书证"），人民法院可以依照民事诉讼法第111条规定（"伪造、毁灭重要证据"），对其处以罚款、拘留。（《民诉解释》第113条）

判断1：2016/80B"法院可依法对王武进行拘留×"。因为题干交代王武经法院责令拒不提交遗嘱原件，未提及王武有毁灭书证的行为。

判断2：2017/80D"法院可对汪某进行罚款、拘留"。因为题干交代证人证实汪某在原告起诉后（即诉讼中）将借条原件烧毁，构成在诉讼中毁灭重要证据，妨碍诉讼行为。

做题要点：妨碍诉讼为目的

（四）非法证据排除

【"不符合证据的合法性"】对以**严重**侵害他人合法权益、违反法律禁止性规定或者**严重**违背公序良俗的方法形成或者获取的证据，不得作为认定案件事实的根据。（《民诉解释》第106条）

判断：2013/85C 买方高某偷录与卖方张某的谈判过程，虽然该录音带系高某偷录，但仍可作为质证对象√。

解析：①偷拍、偷录是指未经他人许可而进行的录音、录像，不构成违法。②窃听、窃录是使用法律禁止的专门窃听、窃录设备进行，是违法的。

摄像头：安在自己家里可以。安在办公室不可以，安在宾馆不可以。

第四节　对获得证据的分类

证据分类
- ①法定分类："当物书证看见电视"
- ②学理分类
  - ①原始证据与传来证据
  - ②直接证据与间接证据
  - ③本证和反证

一、法律分类（"8种"即"当物书证看见电视"）

当事人陈述、书证、物证、视听资料、电子数据、证人证言、鉴定意见、勘验笔录。
（当物书证看见电视）≈"当"当网"物""书""证""看""见""电""视"

（一）当事人陈述=当事人就案件事实向法院所作的陈述（**"自利性"、"虚实结合真伪并存"**）

广义当事人陈述
- ①【证明对象】当事人提出支持其诉讼请求的事实
- ②【自认】当事人对不利于自己事实真实性的认可
- ③【狭义当事人陈述】当事人就其亲历所知向法院陈述案件事实

1. 不能单独定案

只有当事人陈述没有其他证据证明，且对方当事人不认可的，则其主张将无法获得支持。（《证据规定》第90条）

例：房东诉租户房屋租赁合同纠纷，要求租户承担迟延退房的违约责任1000元。租户答辩称：确实没有按时退房，但按照房屋租赁合同迟延退房的违约责任是100元。问：租户的陈述有什么程序法效果？答：租户的陈述=当事人陈述。①第一，对未按时退房的自认；②第二，对房东诉讼请求的部分认诺；③第三，对违约责任金额的反驳即异议。

2. 对当事人陈述的要求

（1）如实陈述

当事人应当就案件事实作真实、完整的陈述。（《证据规定》第63条第1款）

（2）禁反言

当事人的陈述与此前陈述不一致的，人民法院应当责令其说明理由，并结合当事人的诉讼能力、证据和案件具体情况进行审查认定。（《证据规定》第63条第2款）

（3）虚假陈述的后果

当事人故意作虚假陈述妨碍人民法院审理的，人民法院应当根据情节，依照民事诉讼法第 111 条的规定（根据情节轻重予以罚款、拘留；构成犯罪的，依法追究刑事责任）进行处罚。（《证据规定》第 63 条第 3 款）

3. 当事人到场接受询问（“当事人询问制度”“独立证明效力”）

（1）法院提出

法院认为有必要的，可以要求当事人本人到场（“不是到庭”），就案件的有关事实接受询问。（《证据规定》第 64 条第 1 款）

（2）法院通知

法院要求当事人到场接受询问的，应当通知当事人询问的时间、地点、拒不到场的后果等内容。（《证据规定》第 64 条第 2 款）

（3）必须签署并宣读保证书（“当事人具结”）

法院应当在询问前责令当事人签署保证书并宣读保证书的内容。 保证书应当载明保证据实陈述，绝无隐瞒、歪曲、增减，如有虚假陈述应当接受处罚等内容。当事人应当在保证书上签名、捺印。 当事人有正当理由不能宣读保证书的，由书记员宣读并进行说明。（《证据规定》第 65 条）

（4）“不来、不签、不读、不答”的后果就是“待证事实对自己不利”（“当事人拒绝法院询问的后果”）

当事人无正当理由拒不到场、拒不签署或宣读保证书或者拒不接受询问的，人民法院应当综合案件情况，判断待证事实的真伪。待证事实无其他证据证明的，人民法院应当作出不利于该当事人的认定。（《证据规定》第 66 条）

（二）书证和物证（书证看气质 + 物证看颜值）

【书证】欠条“金额”（内在内容），证明对方借了 10 万元，欠条是书证。 【物证】欠条“笔迹字迹”（外在物理属性），证明对方本人签了字，欠条是物证。 【通俗区分】书证肉眼可以看懂。物证肉眼看不懂需要鉴定或勘验环节进入认证过程，人称“哑巴证据”。

1. 书证 = 以所记载的内容或表达的思想证明案件事实。一般是通过原始的记录方式，如书写、刻画、印刷等，其内容很直观。书证三规则：

（1）公文书证规则

①什么是公文书证？

国家机关或者其他依法具有社会管理职能的组织（“公共信用或社会公信力如共青团妇联工会行业协会”），在其职权范围内（“依照法定程序和方式”）制作的**文书所记载的事项推定为真实**，但有相反证据足以推翻的除外。必要时，人民法院可以要求制作文书的机关或者组织对文书的真实性予以说明。（《民诉解释》第 114 条）

区分	提供方	对方
公文书证	推定内容为真实。	承担公文书证不真实的“本证”的“证明责任”
私文书证	法官根据自由心证进行判断是否真实	承担私文书证不真实的“反证”的“证明责任”

②公文书证可以提交“复印件”吗？

可以。公文书证的制作者根据文书原件制作的载有部分或者全部内容的副本，与正本具有相同的证明力。在国家机关存档的文件，其复制件、副本、节录本经档案部门或者制作原本的机关证明其内容与原本一致的，该复制件、副本、节录本具有与原本相同的证明力。(《证据规定》第91条)

（2）私文书证规则：【私文书证真实性的举证责任】私文书证的真实性，由主张以私文书证证明案件事实的当事人承担举证责任。【“带署名”私文书证的形式真实】私文书证由制作者或者其代理人签名、盖章或捺印的，推定为真实。【瑕疵私文书证的认定】私文书证上有删除、涂改、增添或者其他形式瑕疵的，人民法院应当综合案件的具体情况判断其证明力。(《证据规定》第92条)

（3）原物原件优先规则（《民诉解释》第111条）。(我们叫“书证原件规则”，英美法系叫最佳证据规则)。书证应当提交原件。提交原件有困难的，可以提交复制品、副本、节录本（“摘录”“传来证据”）。(《民诉法》第70条）人民法院应当结合其他证据和案件具体情况，审查判断书证复制品等能否作为认定案件事实的根据。

（4）书证提出命令（《民诉解释》第112、113条）（“证明妨害或举证妨害”）（“大陆法系叫文书证据提出命令”）

①申请的提出：当事人申请法院责令**对方当事人**提交书证的，申请书应当载明所申请提交的书证名称或者内容（“书证特定化”）、需要以该书证证明的事实及事实的重要性（“要证事实重要”）、对方当事人控制该书证的根据以及应当提交该书证的理由。(《证据规定》第45条)

②法院的审查方式：法院对当事人提交书证的申请进行审查时，应当听取对方当事人的意见，必要时可以要求双方当事人提供证据、进行辩论。(《证据规定》第46条第1款)

③法院的审查结果：当事人申请理由成立的，人民法院应当作出裁定，责令对方当事人提交书证；理由不成立的，通知申请人。(《证据规定》第46条第3款)

④法院应当责令对方提交书证的情形：控制书证的当事人应当提交书证：控制书证的当事人在诉讼中曾经引用过的书证（“引用文书”）；为对方当事人的利益制作的书证（“利益文书”）；对方当事人依照法律规定有权查阅、获取的书证（“权利文书”）；账簿、记账原始凭证；人民法院认为应当提交书证的其他情形（“兜底条款”）。(《证据规定》第47条第1款）如果书证涉及国家秘密、商业秘密、当事人或第三人的隐私，或者存在法律规定应当保密的情形的，提交后不得公开质证。(“涉密证据”)（《证据规定》第47条第2款）

⑤对方收到命令后拒不提出书证的后果（“推定机制”）：控制书证的当事人无正当理由拒不提交书证的，人民法院可以认定对方当事人所主张的书证内容为真实。(《证据规定》第48条第1款）控制书证的当事人毁灭破坏书证，法院可以认定对方当事人主张以该书证证明的事实为真实。(《证据规定》第48条第2款）一方当事人控制证据无正当理由拒不提交，对待证事实负有举证责任的当事人主张该证据的内容不利于控制人的，人民法院

可以认定该主张成立。【“证明妨害规则”】（《证据规定》第95条）

（5）域外证据：不一定要公证

①公文书证须公证：当事人提供的公文书证系在中华人民共和国领域外形成的，该证据应当经所在国公证机关证明（“一般限制”），或者履行中华人民共和国与该所在国订立的有关条约中规定的证明手续（“特殊限制”）。

问：与以前的差异何在？不再需要同时经我国驻该国使领馆认证，限缩了使领馆认证的范围。

②身份关系证据须公证＋外交认证：中华人民共和国领域外形成的涉及身份关系的证据，应当经所在国公证机关证明并经中华人民共和国驻该国使领馆认证，或者履行中华人民共和国与该所在国订立的有关条约中规定的证明手续。

问：身份关系的裁判具有对世效力，且有关事实查明不依赖于当事人的举证，法院有广泛调查收集证据的质权，故更为慎重是必要的。

③当事人向人民法院提供的证据是在香港、澳门、台湾地区形成的，应当履行相关的证明手续。

问：证明手续？香港委托公证人公证，司法部委托一定条件的香港律师对证据进行公证。澳门与香港同理。台湾地区公证取得公证书正本，法院将其与本省、市、区公证员协会收到的台湾海基会寄送的副本进行比对，相互认证后可确认其真实性（《两岸公证书使用查证协议》）。对盖有“中华民国”字样钢印的公证书，一概不采用。

④总之，公文书证和身份关系证据之外，其他的域外证据不是必须要公证。

原理：无须经公证、认证的证据，是普通的民商事法律关系的证据。原则上仅仅涉及当事人之间权利义务的确定，其真实性通过质证检验就可以，如要求经所在国公证机关证明即能满足形式上的要求。驻在国使领馆认证的环节既增加了程序的复杂性，也加重当事人和使领馆的工作负担。

2. 物证＝以物品本身的外在特征（存在、形状、颜色、大小、质量、痕迹等物理特征）来证明案件事实。

例1：欠条。①如用来证明确实是由被告本人签名，欠条是物证；②如用来证明借款时间和金额大小，欠条是书证。 例2：手表。①如用其损坏程度（**“物理状态”**）来证明损失大小，手表是物证；②如用手表被撞坏后停止走动显示的时间用来证明案发时间，手表是书证。 例3：图书。2010/83“诉侵权提交的被损毁图书以证明遭受的损失，图书为物证√”。因为图书是以其受损害的状态这一物理特征来证明案件事实，故是物证，不是书证。

（1）动产证据

①【原物和替代品】以动产作为证据的，应当将原物提交人民法院。原物不宜搬移或者不宜保存的，当事人可以提供复制品、影像资料或者其他替代品。（《证据规定》第12条第1款）

②【查验】人民法院在收到当事人提交的动产或者替代品后，应当及时通知双方当事人到人民法院或者保存现场查验。（《证据规定》第12条第2款）

（2）不动产证据（《证据规定》第13条）

【影像资料】当事人以不动产作为证据的，应当向人民法院提供该不动产的影像资料。

【现场查验】人民法院认为有必要的，应当通知双方当事人到场进行查验。

（三）视听资料和电子数据

1. 视听资料：录音资料（录音带）+影像资料（录像带、电影胶片、微型胶卷、X光片）。“用流动的声音和图像等动态方式再现案件的发生过程”，储存在模拟信号介质中，如银行的自动监控装置拍摄的录像、某些宾馆超级市场的摄像镜头拍摄的录像带等。

问1：视听资料是否必须提交原件？①当事人提交的必须是原件：《证据规定》第15条第1款，当事人以视听资料作为证据的，应当提供存储该视听资料的原始载体。②当事人申请法院调查收集或者法院依职权调查收集的可以是原件或复制件：《证据规定》第23条，人民法院调查收集视听资料、电子数据，应当要求被调查人提供原始载体。提供原始载体确有困难的，可以提供复制件。提供复制件的，人民法院应当在调查笔录中说明其来源和制作经过。

问2：录像带和录音带都是视听资料吗？不一定。甲砸乙音像店。①乙提交店内监控录像的录影带，证明案发情景=视听资料；②乙提交被损害录音带、录像带，以证明损失=物证。

原理：如何区分书证和视听资料？（1）相同点：都是用记载的内容和思想来证明案件事实。（2）不同点：①是否利用了高科技手段（视听资料的形成、储存、读取需要借助录音、录像等技术手段）；②能否用肉眼直接感知（视听资料必须通过特定的播放设备才能感知如录音带、录像带等）。

2. 电子数据：以数字化形式存储、处理、传输的能够证明案件事实的信息（微信聊天记录、数码监控录像、U盘、电子邮件、电子数据交换、网上聊天记录、博客、手机短信、电子签名、域名等形成或存储在电子介质中的信息）

问1：电子数据包括哪些信息、电子文件？①【网络平台发布的信息】网页、博客、微博客（如方舟子与崔永元名誉权纠纷案的证据）等网络平台发布的信息；②【网络应用服务的通信信息】手机短信、电子邮件、即时通信、通讯群组等网络应用服务的通信信息；③【记录类信息】用户注册信息、身份认证信息、电子交易记录、通信记录、登录日志等信息；④【电子文件】文档、图片、**音频、视频**、数字证书、计算机程序等电子文件；⑤其他以数字化形式存储、处理、传输的能够证明案件事实的信息。（《证据规定》第14条）

问2：电子数据必须提交原件吗？①否。②《证据规定》第15条第2款，当事人以电子数据作为证据的，应当提供原件。电子数据的制作者制作的与原件一致的副本，或者直接来源于电子数据的打印件或其他可以显示、识别的输出介质，视为电子数据的原件。

问3：如何区分视听资料和电子数据？①是否可以精确复制；②是否可以在虚拟空间快速传播；③是否容易实现剪辑和修改。④电子数据存在电子介质中，与传统视听资料只能在物理空间传播不同，电子数据可以实现精确复制，可以在虚拟空间无线快速传播。

问4：照片、录音、录像到底是视听资料还是电子数据？①如果是通过胶片、录音带、录像带的方式存储，则属于视听资料；②如果是产生或存储于数码相机、数码摄像机、U盘等媒介中，则属于电子数据。③【交叉】存储在电子介质中的录音资料和影像资料，适用电子数据规定。故，电子数据的适用范围更广！

判断1：2014/48D“交通事故，交警到现场用**数码**相机拍摄了碰撞情况，受害人向法院提交光盘，内附交警拍摄的照片。该照片＝电子数据√”。

解析：交警不是司法工作人员，只有法院法官、勘验人员等司法人员去现场勘验所制作的笔录、现场绘图、现场照片等才是勘验笔录。（“光盘本身不是证据”）

判断2：2013/85B“买方高某偷录与卖方张某的谈判过程，该录音带属于电子数据，高某应当提交证据原件进行质证×”。

解析：录音带属于视听资料而非电子数据。①传统相机、摄像机、录音机所拍摄、录制的胶片、录音带、录像带是视听资料。②数码相机、数码摄像机、数码录音笔所拍摄、录制的内容存储在储存卡、U盘、移动硬盘灯电子介质中，可以精确复制，可以在虚拟空间无限快速传播。

（四）证人证言＝了解案件情况的人向法院所作的陈述和证词

广义证人：
①当事人：案件处理结果的承受者
②鉴定人：具有可替代性
③证人：不可替代

1. 单位可以作为证人吗？可以，只要了解情况。

2. 无限人可以作证、有证明力、不能单独定案。

（1）无限人可以作为证人吗？可以，只要了解情况能够正确表达意思（“由意志变成意思”）。待证事实与其年龄、智力状况或者精神健康状况相适应的无民事行为能力人和限制民事行为能力人，可以作为证人。（《证据规定》第67条第2款）

判断1：2017/79A何军只有11岁，无诉讼行为能力，不具有证人资格，故不可作为证人×。

判断2：2011/83A限人可以附条件的作为证人√。

判断3：2008/45A未成年人王某没有证人资格，不能作为证人×。

（2）有证明力吗？有。

判断：2017/79C11岁的何军作为未成年人，其所有证言依法都不具有证明力×。

（3）未成年小弟弟为大哥作证，能单独作为认定案件事实的依据吗？不能。（“需要补强”）

判断：2017/79D11岁的何军作为14岁原告的弟弟，证言具有明显的倾向性，其证言不能单独作为认定案件事实的根据√。

（4）未成年小弟弟为大哥作证，证言内容有利于大哥，该证言有证明力有吗？有但不能单独定案。（“需要补强”）

秒杀1：与案件有利害关系的人可以作为证人，其证人证言具有证明力。

秒杀2：只要证人与当事人有利害关系，不论证言内容是否有利于该方当事人，均不能单独作为认定案件事实的依据。因为他证明力比较小，不能单独定案，需要别的证据补强其证明力。

3. 证人身份的两性

（1）不可替代性。证人要回避吗？不要。

判断：2017/79B证人何军11岁是原告的弟弟，应回避×。解析：因为证人具有不可替代性。

（2）优先性。如有且仅有法官这一个证人目睹车祸，案件同时由法官审理，发生角色冲突，则证人身份优先。

> 判断：2008/45C 甲公司的诉讼代理人乙律师是目击案件情况发生的人，对方当事人丙可以向法院申请乙作为证人出庭作证，如法院准许，则乙不得再作为甲公司的诉讼代理人√。

> 原理：证人≈主要演员＝有底稿也有剧本。

4. 证人要出庭吗？

（1）证人一般应当出庭作证：法院应当要求证人出庭作证，接受审判人员和当事人的询问。证人在审理前的准备阶段或者人民法院调查、询问等双方当事人在场时陈述证言的，视为出庭作证。（《证据规定》第68条第1款）

> 判断：2011/83C 证人在法院组织双方当事人交换证据时出席陈述证言的，可视为出庭作证√。

（2）证人例外可以不出庭（"证人出庭例外"）

①大家都同意＋法院准许：双方当事人同意证人以其他方式作证并经人民法院**准许**的，证人可以不出庭作证。（《证据规定》第68条第2款）

②有正当理由＋法院许可：经法院通知，证人应当出庭作证。但有下列情形之一，经法院许可，可以通过书面证言、视听传输技术或者视听资料等方式作证：因健康原因不能出庭的；路途遥远，**交通不便**不能出庭的；因自然灾害等不可抗力不能出庭的；有其他正当理由不能出庭。（《民诉法》第73条）

③替代方式作证需要申请：证人确有困难不能出庭作证，申请以书面证言、视听传输技术或者视听资料等方式作证的，应当向人民法院提交申请书。申请书中应当载明不能出庭的具体原因。符合民事诉讼法第73条规定情形的，人民法院应当准许。（《证据规定》第76条）

④替代方式作证也要签署保证书（"具结"）：证人经人民法院准许，以书面证言方式作证的，应当签署保证书；以视听传输技术或者视听资料方式作证的，应当签署保证书并宣读保证书的内容。（《证据规定》第77条）

（3）证人应出庭作证而未出庭有何后果？无正当理由未出庭的证人以书面等方式提供的证言，不得作为认定案件事实的根据。（《证据规定》第68条第3款）

> 判断：2008/45D 李某在法庭上宣读未到庭的证人的书面证言，该书面证言能够代替证人出庭作证×。

（4）怎么启动证人出庭？

①启动证人出庭：当事人申请证人出庭作证的，应当在举证期限届满前向法院提交申请书。（《证据规定》第69条第1款）符合《民诉解释》第96条第1款规定情形的（国家利益、公共利益、他人利益、公益诉讼、身份关系、程序事项），法院应当依职权通知证人出庭作证。（《证据规定》第69条第2款）

②法院准许＋通知证人：法院准许证人出庭作证申请的，应当向证人送达通知书并告知双方当事人。（《证据规定》第70条第1款）

③法院不准许：当事人申请证人出庭作证的事项与待证事实无关，或者没有通知证人出庭作证必要的，法院不予准许当事人的申请。（《证据规定》第70条第2款）

判断：2008/45B 和 2015/79A 原告如果要在诉讼中申请证人出庭作证，应当在举证期限届满前提出，并经法院许可√。

5. 证人出庭做什么？

（1）“签和读”（“证人具结制度”）

①“完人”必须签，必须读（“保证书 = 具结书”）（“书面具结 + 口头具结”）：法院应当要求证人在作证之前签署保证书，并在法庭上宣读保证书的内容。但无民事行为能力人和限制民事行为能力人作为证人的除外。（《证据规定》第 71 条第 1 款）

②读不了则书记员代读：证人确有正当理由不能宣读保证书的，由书记员代为宣读并进行说明。（《证据规定》第 71 条第 2 款）

③不签或者不读则不能作证：证人拒绝签署或者宣读保证书的，不得作证，并自行承担相关费用。证人保证书的内容适用当事人保证书的规定。（《证据规定》第 71 条第 3、4 款）

秒杀 1：成年证人不签署保证书，还能作证吗？不能。自然不能要费用。如 2015/79CD 成年证人路芳拒绝签署保证书……C 法院不允许路芳出庭作证√。法院 D 对路芳的证言不同意组织质证√。 秒杀 2：无限人可以不签署保证书吗？可以。如 2015/79B 未成年 13 岁证人蒋勇未签署保证书……B 法院允许蒋勇出庭作证√。（**“因为它们没有保证能力”**）

（2）“说”（“证人作证方式”）

①要客观不猜测：证人应当客观陈述其亲身感知的事实。作证时不得使用猜测、推断或者评论性语言。（《证据规定》第 72 条第 1 款）

②不要旁听 + 不要念稿：证人作证前不得旁听法庭审理，作证时不得以宣读事先准备的书面材料的方式陈述证言。（《证据规定》第 72 条第 2 款）

③例外可以用“手势”：证人言辞表达有障碍的，可以通过其他表达方式作证。（《证据规定》第 72 条第 3 款）。

④不被打断（“证人连续陈述”）：证人应当就其作证的事项进行连续陈述。（《证据规定》第 73 条第 1 款）干扰者罚款或拘留（《民诉法》第 111 条）

（3）“答”（“询问证人”）

①回答法官提问和回答当事人律师提问：审判人员可以对证人进行询问。当事人及其诉讼代理人经审判人员许可后可以询问证人。（《证据规定》第 74 条第 1 款）

②单独询问与对质询问：询问证人时其他证人不得在场。人民法院认为有必要的，可以要求证人之间进行对质。（《证据规定》第 74 条第 2、3 款）

6. 证人出庭费用（**“证人可以主张误工费”，刑诉中不可以，是为国家，单位不扣钱；民诉中可以主张**）谁付？败诉方支付。

（1）谁申请，谁垫付；谁败诉，谁最终承担。

（2）法院依职权通知证人作证，则法院垫付，败诉方最终承担。

《民诉解释》第 118 条，“证人因履行出庭作证义务而支出的交通、住宿、就餐等必要费用，按照机关事业单位工作人员差旅费用和补贴标准计算；误工损失按照国家上年度日平均工资标准计算。”“法院准许证人出庭作证申请的，应当通知申请人预缴证人出庭作证费用。”

判断：2011/83B 证人出庭支出合理费用，由提供证人一方当事人承担×。

（3）庭后给付为原则，事前给付为例外：《证据规定》第75条，“证人出庭作证后，可以向人民法院申请支付证人出庭作证费用。证人有困难需要预先支取出庭作证费用的，人民法院可以根据证人的申请在出庭作证前支付。”

（五）鉴定意见（“专业事实问题发表意见”）

1. 两条路走出来的鉴定意见（鉴定程序启动模式：“当事人为主”+“法院职权主义为辅”）

（1）当事人申请鉴定（“当事人有申请权，法院有决定权”）

①当事人主动申请鉴定：当事人申请鉴定，应当在人民法院指定期间内提出，并预交鉴定费用。逾期不提出申请或者不预交鉴定费用的，视为放弃申请。《证据规定》第31条第1款。

秒杀：当事人须在举证期限届满前申请鉴定×。

②法院向当事人释明应申请鉴定：人民法院在审理案件过程中认为待证事实需要通过鉴定意见证明的，应当向当事人释明，并指定提出鉴定申请的期间。

③没有申请鉴定则承担举证不能后果：对需要鉴定的待证事实负有举证责任的当事人，在人民法院指定期间内无正当理由不提出鉴定申请或者不预交鉴定费用，或者拒不提供相关材料，致使待证事实无法查明的，应当承担举证不能的法律后果。（《证据规定》第31条第2款）

④谁是鉴定人？协商>摇号。人民法院准许鉴定申请的，应当组织双方当事人协商确定具备相应资格的鉴定人。当事人协商不成的，由人民法院指定。（《证据规定》第32条第1款）

（2）法院依职权决定鉴定（“属于法院调查收集证据的职权行为”）：①法院依职权决定鉴定情形：法院依职权（涉及国家、公共、他人、公益诉讼、身份关系、涉及依职权追加当事人、中止诉讼、终结诉讼、回避等程序性事项）决定鉴定。②谁是鉴定人？人民法院依职权委托鉴定的，可以在询问当事人的意见后，指定具备相应资格的鉴定人。（《证据规定》第32条第2款）（“法院垫付鉴定费用故有此项财政支出”）

（3）法院与鉴定人签订委托书：人民法院在确定鉴定人后应当出具委托书，委托书中应当载明鉴定事项、鉴定范围、鉴定目的和鉴定期限。（《证据规定》第32条第3款）

2. 鉴定人要怎么制作鉴定意见？鉴定人收钱没那么容易，不过鉴定费一般都死贵死贵。

（1）签署承诺书（“鉴定人具结”）：鉴定开始之前，人民法院应当要求鉴定人签署承诺书。承诺书中应当载明鉴定人保证客观、公正、诚实地进行鉴定，保证出庭作证，如作虚假鉴定应当承担法律责任等内容。（《证据规定》第33条）

（2）鉴定人准备工作：经人民法院准许，鉴定人可以调取证据、勘验物证和现场、询问当事人或者证人。（《证据规定》第34条第2款）

判断：2013/50A 鉴定中心在鉴定过程中可以询问当事人√。

（3）对鉴定所依据的材料质证：人民法院应当组织当事人对鉴定材料进行质证。未经质证的材料，不得作为鉴定的根据。（《证据规定》第34条第1款）

（4）“鉴定期限”按期完成鉴定工作：①鉴定人应当在人民法院确定的期限内完成鉴定，并提交鉴定书。②鉴定人无正当理由未按期提交鉴定书的，当事人可以申请人民法院

另行委托鉴定人进行鉴定。人民法院准许的，原鉴定人已经收取的鉴定费用应当退还。(《证据规定》第35条)

(5) 鉴定人签名、盖章（个人鉴定人则签名；机构鉴定人则机构章和个人签名）：鉴定书应当由鉴定人签名或者盖章，并附鉴定人的相应资格证明。委托机构鉴定的，鉴定书应当由鉴定机构盖章，并由从事鉴定的人员签名。(《证据规定》第36条)

原理：鉴定意见具有中立性。①鉴定意见由鉴定人个人负责，一定要由鉴定人签名、盖章。②鉴定中出现不同意见要分别注明，不能少数服从多数。③鉴定人需要秉持中立、客观的态度，具有可替代性，故适用回避制度。

3. 鉴定人制作完鉴定意见，工作就结束了吗？需要出庭吗？

(1) 鉴定人必须出庭的前提条件

①法院转交鉴定书：人民法院收到鉴定书后，应当及时将副本送交当事人。

②当事人对鉴定书提出书面异议：当事人对鉴定书的内容有异议的，应当在人民法院指定期间内以书面方式提出。

③鉴定人作出书面答复：对于当事人的异议，人民法院应当要求鉴定人作出解释、说明或者补充。人民法院认为有必要的，可以要求鉴定人对当事人未提出异议的内容进行解释、说明或者补充。(《证据规定》第37条)

④当事人对该书面答复还有异议则异议人预交鉴定人出庭费，法院通知鉴定人出庭：当事人在收到鉴定人的书面答复后仍有异议的，人民法院通知有异议的当事人预交鉴定人出庭费用，并通知鉴定人出庭。有异议的当事人不预交鉴定人出庭费用的，视为放弃异议。双方当事人对鉴定意见均有异议的，分摊预交鉴定人出庭费用。(《证据规定》第38条)

秒杀：书面异议——书面答复——继续异议——鉴定人出庭

判断：2013/50B 鉴定中心应当派员出庭，但有正当理由不能出庭的除外×。解析：题干交代，对方对鉴定意见提出异议，则鉴定人必须出庭。

(2) 经法院通知，鉴定人拒不出庭的后果

①鉴定意见作废：鉴定人拒不出庭作证的，鉴定意见不得作为认定案件事实的根据。法院应当建议有关主管部门或者组织对拒不出庭作证的鉴定人予以处罚。(《证据规定》第81条第1款)

②退鉴定费：当事人要求退还鉴定费用的，法院应当在三日内作出裁定，责令鉴定人退还；拒不退还的，由法院依法执行。("鉴定意见是废纸所以要退钱")(《证据规定》第81条第2款)

③重新再来：当事人因鉴定人拒不出庭作证申请重新鉴定的，法院应当准许。(《证据规定》第81条第3款)（"程序时间长"）

(3) 鉴定人出庭做什么？

①当庭答复当事人异议和法官询问：鉴定人应当就鉴定事项如实答复当事人的异议和审判人员的询问。

②庭后书面答复：当庭答复确有困难的，经人民法院准许，可以在庭审结束后书面答复。法院应当及时将书面答复送交当事人，并听取当事人的意见。必要时，可以再次组织质证。(《证据规定》第80条)

③经法庭许可，当事人可以向鉴定人发问。(《证据规定》第82条第1款)

4. 谁"最终"支付鉴定人出庭费用？

（1）败诉方支付：鉴定人出庭费用按照证人出庭作证费用的标准计算，由败诉的当事人负担。

（2）鉴定工作瑕疵则鉴定人自负：因鉴定意见不明确或者有瑕疵需要鉴定人出庭的，出庭费用由其自行负担。

（3）已包含则不付：法院委托鉴定时已经确定鉴定人出庭费用包含在鉴定费用中的，不再通知当事人预交。（《证据规定》第39条）

5. 重新鉴定的条件是什么？

（1）致命缺陷则重新鉴定：①鉴定人不具备相应资格的；②鉴定程序严重违法的；③鉴定意见明显依据不足的；④鉴定意见不能作为证据使用的其他情形。（"程序会拖延，故限定于致命缺陷才重新鉴定，故要启动重新鉴定不容易"）（《证据规定》第40条第1款）

（2）一般缺陷则补正：对鉴定意见的瑕疵，可以通过补正、补充鉴定或者补充质证、重新质证等方法解决的，人民法院不予准许重新鉴定的申请。（《证据规定》第40条第3款）

6. 重新鉴定的后果是什么？

（1）后果1：重新鉴定的，原鉴定意见不得作为认定案件事实的根据。（《证据规定》第40条第4款）

（2）后果2：鉴定人已经收取的鉴定费用应当退还。（《证据规定》第40条第2款）

7. 诉讼外鉴定有用吗？（"当事人单方自行委托鉴定的效力"）：对于一方当事人就专门性问题自行委托有关机构或者人员出具的意见，另一方当事人有证据或者理由足以反驳并申请鉴定的，人民法院应予准许。（《证据规定》第41条）

8. 对鉴定意见撤销的限制（《证据规定》第42条）：鉴定意见被采信后，鉴定人无正当理由撤销鉴定意见的，人民法院应当责令其退还鉴定费用，并可以根据情节，依照民事诉讼法第111条的规定对鉴定人进行处罚。当事人主张鉴定人负担由此增加的合理费用的，人民法院应予支持。人民法院采信鉴定意见后准许鉴定人撤销的，应当责令其退还鉴定费用。

9. 比对：专家辅助人

《民诉法》第79条，当事人可以申请人民法院通知有专门知识的人出庭，就鉴定人作出的鉴定意见或者专业问题提出意见。

专家证据：
- ①鉴定人鉴定意见
- ②专家辅助人意见（1～2个）
  - ①代表当事人对鉴定意见进行质证
  - ②对案件事实所涉及的专业问题提出意见

原理1：什么是专家辅助人？"诉讼辅助人"

①具有专门知识的人，不需要鉴定资格（比如大学教授）。

②他不同于鉴定人，因为鉴定人是具有鉴定资格的人。

③专家辅助人一般用来给鉴定人挑错，即"道高一尺魔高一丈"。

④当事人找来的帮手：经当事人申请（不能由法院依职权通知出庭），由法院通知1～2名有专门知识的人出庭。

⑤帮手干嘛？对鉴定意见提出意见。对专业问题提出意见。不得参与对鉴定意见质证或者就专业问题发表意见之外的法庭审理活动。（《证据规定》第 84 条第 2 款）

⑥帮手出庭被问：法院可对出庭的专家辅助人询问。经法庭许可，（“对方”）当事人对出庭的专家辅助人询问（2014/38C）；当事人各自申请的有专门知识的人可以就案件中有关问题进行对质。（《证据规定》第 84 条第 1 款）

原理 2：专家辅助人的地位是什么？

①专家辅助人的意见 = 当事人陈述：有专门知识的人出庭的作用实际上是帮助当事人对鉴定意见进行质证，或者对案件事实所涉及的专业问题提意见。故其在法庭上就专业问题提出的意见，视为当事人陈述，此乃法律拟制。（2014/38B “专家辅助人在法庭上的陈述是一种法定证据√”）。（最高检指导案例第 28 号公益诉讼案中 “专业技术问题，可以引入专家辅助人。专家意见经质证，可作为认定事实的根据”）

②专家辅助人 = 拉偏架：专家辅助人出庭的作用是帮助当事人质证或者就专业意见从专业角度说服法官，争取对自己有利的判决，并不要求其处于公正、中立立场。（2013/50C “如果专家辅助人燕教授出庭，其诉讼地位是鉴定人 ×”）

原理 3：证人、鉴定人、专家辅助人之费用对比和回避对比：

（1）费用：①证人费用和鉴定人费用由败诉方承担。②专家辅助人专家费由申请人承担（2013/50D “专家辅助人出庭费用由申请人垫付，最终由败诉方承担 ×”）（2014/38D “专家辅助人出庭费用由败诉方承担 ×”）。

（2）回避：①证人不回避，专家辅助人不回避（2014/38/A “被告以专家辅助人是原告近亲属为由申请其回避，法院应批准 ×”）。②鉴定人回避（要求中立）。③关于回避的原理：第一，证人没有中立性，就不需要回避。第二，鉴定人则不同，有中立性，一进入法庭，法官会相信的，所以鉴定人适用回避制度为了其中立性。

证人：不回避，费用是诉讼费用，败诉方承担。
家人：不回避，自费。
鉴人：回避，费用是诉讼费用，败诉方承担。

（六）勘验笔录 = 人民法院指派的勘验人员制作，物证或现场进行勘验、调查后所作的记录。

1. 制作主体 = 法院的勘验人员。

2. 记载内容 = 勘验过程和结果。（勘验的对象是物证和现场）

3. 勘验流程（通知 + 当事人参与 + 制作勘验笔录）（《证据规定》第 43 条）

（1）通知：法院应当在勘验前将勘验的时间和地点通知当事人。

（2）当事人参与：当事人不参加的，不影响勘验进行。当事人可以就勘验事项向人民法院进行解释和说明，可以请求人民法院注意勘验中的重要事项。

例 1：【林木种植纠纷】当事人对林木的种植面积、生长、位置等情况的解释和说明，对法院顺利勘察并对纠纷作出正确的判断作用重大。

例 2：【宅基地纠纷】当事人对宅基地位置、面积、四至范围、现有状况的解释和说明，对法院对争议的现场勘验，通过勘验笔录的形式客观反映原貌较为重要。

（3）制作勘验笔录：人民法院勘验物证或者现场，应当制作笔录，记录勘验的时间、地点、勘验人、在场人、勘验的经过、结果，由勘验人、在场人签名或者盖章。对于绘制的现场图应当注明绘制的时间、方位、测绘人姓名、身份等内容。

4. 经法庭许可，当事人可以询问勘验人。

【“当”当网“物”“书”“证”“看”“见”“电”“视”】当事人陈述、物证、书证、证人证言、视听资料、电子数据、鉴定意见、勘验笔录（当无书证看见电视）

【看原始形态而不看载体】进行证据种类的判断，只能看其原始形态，不能看其传来形态。(1) 如用视听资料形式记录未出庭的证人证言，虽然是视听资料形式，但其实质仍然是证人证言。(2) 如反映冰箱被损坏的照片，虽然是照片形式，但其仍然是用冰箱被损坏的状态证明案件事实，属于物证，照片只是该物证的一个表现形式或者传来形态而已。

二、学理分类

（一）原始证据与传来证据（证据的来源）

1. 原始证据 = 原件 + 原物 + 证人证言等：直接来源于案件的事实而未经复制、转述等中间传播环节的证据。（“一手”）

2. 传来证据 = 复印件 + 复制品 + 证人转述他人见闻等：并非直接来源于案件事实，而是经过复制、转述等中间传播环节的证据。（“二手”）

判断：2017/80B 叶某提交给法院的借条复印件是案涉借款事实的传来证据√。

（二）直接证据与间接证据（证据的内容是否完整，不考虑证据来源和形式）

1. 直接证据：在内容上能够单独、直接、完整地证明“待证事实”。

判断1：2010/83A 诉侵权提交的被损毁图书以证明遭受的损失，图书为直接证据√。解析：因为待证事实为遭受的损失，而被损毁的图书当然能够完整地证明该事实。

判断2：2009/40A 传来证据有可能是直接证据√。解析：因为借条复印件内容上能完整证明待证的借款事实。

2. 间接证据：在内容上只能证明待证事实的一个部分或片段，需要别的证据在内容上对其进行补充，才能完整证明待证事实。

秒杀要点：直接证据与间接证据的分类只看证据在内容上能否单独直接说明待证事实，能，为直接证据；不能，为间接证据。与证据来源、证明力大小无关。

判断1：2006/47A 无法与原件、原物核对的复印件、复制品一定是间接证据吗？

答：不一定。这是从证据的来源角度描述证据，证明力薄弱，不能作为认定案件事实的依据。但是，如果内容上能够完整证明待证事实，仍然可以是直接证据。

判断2：2006/47B 无正当理由未出庭作证的证人证言一定是间接证据吗？

答：不一定。这是从证据的证明力角度描述证据，不能单独作为认定案件事实的依据，如果该证言能够完整说明待证事实，仍然可以是直接证据。

判断3：2006/47D 与一方当事人或代理人有利害关系的证人出具的证言一定是间接证据吗？

答：不一定。这是从证据的证明力角度描述证据，其证明力小于其他证人证言，如果能完整说明待证事实，仍然可以是直接证据。

判断4：2006/47C 证明夫妻感情破裂的证据一定是间接证据吗？

答：一定是。这是从证据内容角度描述证据。夫妻感情破裂无法通过一项证据完整证明，只有将若干证据相结合才能证明夫妻感情破裂这一待证事实，每一个证据均只能证明夫妻感情破裂这一待证事实的一个部分、片段，无法完整证明整个待证事实，故属于间接证据。

判断5：2009/40D 一个客观与合法的间接证据可以单独作为认定案件事实的依据×。

解析：①间接证据不能单独定案，因为其内容上只能证明部分待证事实，故不可能单独作为认定案件事实的依据。②但不能单独定案的不一定是间接证据，因为一个证据不能单独定案的原因很多，可能是因为证明的内容不够完整，需要别的证据在内容上予以补充，这是间接证据；也可能是因为证明力比较小，需要其他证据在证明力上予以补强，这就与间接不间接无关了。

判断6：2009/40C 证人转述他人所见的案件事实都属于间接证据×。

解析：①证言转述他人所见事实，为传来证据。②如该证言在内容上能够完整说明案件事实，则为直接证据。③如该证言在内容上之只能说明待证事实的一个部分、一个片段，则为间接证据。

判断7：2016/39 战某打电话向牟某借款5万元，并发短信提供账号，牟某当日即转款。之后，因战某拒不还款，牟某起诉要求战某偿还借款。在诉讼中，战某否认向牟某借款的事实，主张牟某转的款是为了偿还之前向自己借的款，并向法院提交了证据；牟某也向法院提供了一些证据，以证明战某向其借款5万元的事实。

A. 牟某（原告）提供的银行转账凭证属于书证，该证据对借款事实而言是直接证据×。

B. 牟某提供的记载战某表示要向其借款5万元的手机短信属于电子数据，该证据对借款事实而言是间接证据√。

C. 牟某提供的记载战某表示要向其借款5万元的手机通话录音属于电子数据，该证据对借款事实而言是直接证据×。

D. 战某提供一份牟某书写的向其借款10万元的借条复印件，该证据对牟某主张战某借款的事实而言属于反证×。

解析：①因为转账的原因多样，不限于借款，还可能是货款，或者是其他欠款，甚至是赠与等。故转账记录只能证明转款事实，但相对于借款事实而言，属于间接证据。②手机短信是电子数据。短信内容仅表示“要”借款，实际是否发生借款，还需要其他证据从内容上予以补强。故属于间接证据。③通话录音是存储在电子介质即手机存储卡内的录音资料，属于电子数据。从内容观察，仅表示战某要向牟某借款5万元，不能完整证明借款关系。故属于间接证据。④本案待证事实是“原告牟某主张的战某向牟某借款的事实”，包括战某是否借款、战某是否归还等事实。被告战某提供的借条只能证明牟某是否向战某借款，该事实不是本案待证事实，故此借条与本案待证事实无关，不是本案的证据，就谈不上是本案的本证或反证。“另案处理”“你还欠我货款”“你还骂了我要赔钱”“你还坑了我要赔钱”

（三）本证与反证（“证据与证明责任的关系”）

1. 本证（“避免激活证明责任”）：负证明责任一方当事人提出用于证明自己所主张事实的证据。（“你做了你该做的事情”）

2. 反证（“捣乱激活证明责任”）：不承担证明责任的一方当事人提出的用于反驳对方主张的证据。（“你做了不需要你做的事情”）

做题步骤：

①第一步，该证据的待证事实是什么？

②第二步，对该事实应该由谁承担证明责任？

③第三步，该证据是谁提出来的？如果是承担证明责任的人提出来的（“你该”），是本证；如果是不承担证明责任的人提出来的（“你不该”），是反证。

例 1 本证：出借人（债权人）提出的借条是本证（2017/39A）

甲诉乙还借款，为证明借款事实的存在，甲提交了乙亲笔签名的借条复印件。

问：借条复印件是学理上的什么证据？

答：（1）来源看是传来证据；（2）内容看是间接证据；（3）证明责任看是本证。①借条的待证事实是借款事实是否存在。②借款事实存在是积极事实，由主张借款关系存在一方即甲承担证明责任。③甲提出该借条，故借条是本证。

例 2 本证：借款人（债务人）提出的收条是本证（2017/39C）

甲诉乙还借款，为证明已经还款，乙提交了甲亲笔签名的收条。

问：收条是本证还是反证？

答：本证。①收条的待证事实是是否已经还款。②已经还款是积极事实，由主张已经还款的一方即乙承担证明责任。③乙提出该收条，故收条是本证。

例 3 判断：2009/40B 诉讼中原告提出的证据都是本证，被告提出的证据都是反证 ×。

解析：因为诉讼中有的事实由原告承担证明责任，有的事实由被告承担证明责任。比如侵权纠纷中被告对免责事由承担证明责任，故对免责事由的存在，被告提交的证据是本证，原告提交的证据是反证。

合同模型：❶被告说没借钱，是否借钱＝合同成立＝原告承担证明责任，故被告提交的证据是反证。❷被告说已经还钱，是否还钱＝合同消灭＝被告承担证明责任，故被告提交的证据是本证。（2019 考）

例 1 反证：侵权之诉中被告提出自己未实施侵权行为的证据是反证

甲诉乙的狗咬人动物侵权，乙辩称其狗在宠物医院住院，甲主张的侵权事实不成立。乙提交了狗入住宠物医院的住院单。

问：“狗”的住院单是本证还是反证？

答：①住院单的待证事实为是否存在侵权行为。②存在侵权行为是积极事实，由存在侵权行为一方即原告甲承担证明责任，不是由被告乙承担证明责任。③由不承担证明责任的乙提出住院单，故住院单是反证。

例 2 本证和反证：机动车侵权中车方提交行车记录仪证明没撞到人（反证）＋证明对方碰瓷（本证）

原告行人诉被告车方机动车撞倒自己，要求车方赔偿，车方否认该事实。车方提交行车记录仪记载的影像资料作为证据。 假设情形1：行车记录仪影像资料显示，车未撞到行人，行人自己倒在地上离车2米。 假设情形2：行车记录仪影像资料显示，车辆撞到行人，但是是行人自己主动碰瓷。 问：行车记录仪的影像资料是本证还是反证？ 答：（1）情形1中：①行车记录仪的待证事实是车方是否撞到行人存在侵权行为。②撞到行人存在侵权行为是积极事实，由原告行人承担证明责任。③现在不是由行人提交的，而是由不承担证明责任的被告车方提交，故属于反证。 答：（2）情形2中：①行车记录仪的待证事实是行人是否碰瓷即受害人故意。②受害人故意属于免责事由，由被告车方承担证明责任。③现在是由承担证明责任的被告车方提交，故属于本证。

第五节　怎么采信证据

怎么采信证据
- ①当事人质证
- ②法院认证
- ③证明标准
  - ①高度可能性
  - ②排除合理怀疑

一、当事人质证

（一）质证主体＝当事人：“证据应当在法庭上出示，由当事人互相质证”（《民诉解释》第103条第1款）

判断：2013/85A“再审质证应由当事人高某、张某和检察院共同进行×”。解析：本案不是公益诉讼，而是私益诉讼，因此检察院不是质证主体。

（二）什么时候质证？

1. 庭前质证：当事人在审理前的准备阶段或者人民法院调查、询问过程中发表过质证意见的证据，视为质证过的证据。（《证据规定》第60条第1款）

原理：有的案件比较复杂，证据比较多，故在开庭前进行证据交换，对双方都认可的证据视为质证过，将不认可的证据集中起来，待开庭庭审时进行质证。

2. 当庭“面对面”质证

（1）证据应当在法庭上出示由当事人相互质证。（《民诉解释》第103条）

（2）【原则公开质证】：一般情形公开质证。

（3）【例外不公开质证】但特殊情形的证据法院依职权不公开质证：涉及国家秘密、商业秘密、个人隐私或者法律规定应当保密的证据，不得公开质证。

判断：2013/85D 如再审法院认定该录音带涉及商业秘密，应当依职权决定不公开质证√。

一句话：涉及以下的秘密不公开质证，一是国家（不公开审理＝自然不公开质证），二是商业（不公开审理＝自然不公开质证。公开审理＝仍然不公开质证），三是个人（不公开审理＝自然不公开质证）。

辨析：不公开审理与不公开质证。（1）不公开审理：①法定不公开审理：涉及国家秘密、涉及个人隐私；法律规定其他案件。（国家个人）②依申请不公开审理：**离婚诉讼；涉及商业秘密案件。（商业离婚）**（2）不公开质证：法定不公开质证的证据：4种“涉密”证据＝国家＋商业＋个人＋保密。（3）交叉判断：①质证，是审理中的法庭调查环节的一个小环节。所以才会说只要不公开审理，必然不可能公开质证。②国家秘密，个人隐私，依职权不公开审理，必然不会公开质证。③商业秘密依申请不公开审理，必然不会公开质证。商业秘密没申请不公开审理，则公开审理，但仍然不会公开质证（如有一份需要质证的证据涉及商业秘密，依法不能在公开开庭时质证，此时法官要求旁听人员退庭后对证据再进行质证即可）。④离婚案件，依申请不公开；如果申请不公开，必然不公开质证。如果没申请公开，则公开审理，就会公开质证。

秒杀：不公开审理的（国密个隐依职权不公开；商业离婚依申请不公开）；不公开质证（三个秘密）。

3. 庭后“文对文”质证（“书面质证”）：当事人要求以书面方式发表质证意见，法院在听取对方当事人意见后认为有必要的，可以准许。法院应当及时将书面质证意见送交对方当事人。（《证据规定》第60条第2款）

（三）质证的对象是什么？

1. 当事人提交的证据。

2. 当事人申请法院调查搜集的证据：法院根据当事人申请调查收集的证据，审判人员对调查收集证据的情况进行说明后，由提出申请的当事人与对方当事人、第三人进行质证。（《证据规定》第62条第2款）

3. 不包括法院依职权调查收集的证据：法院依职权调查收集的证据，由审判人员对调查收集证据的情况进行说明后，听取当事人的意见。（《证据规定》第62条第3款）

（四）质证的角度是什么？（“原物原件优先规则及例外”）

1. 一般出示原件：【原件原物优先规则】对书证、物证、视听资料进行质证时，当事人应当出示证据的原件或者原物。（《证据规定》第61条）

2. 但有下列情形之一的除外

（1）出示原件或者原物确有困难并经人民法院准许出示复制件或者复制品的。

（2）原件或者原物已不存在，但有证据证明复制件、复制品与原件或者原物一致的。（《证据规定》第61条）

（五）质证的顺序是什么？（《证据规定》第62条）

1. 原告出示证据，被告、第三人与原告进行质证。

2. 被告出示证据，原告、第三人与被告进行质证。

3. 第三人出示证据，原告、被告与第三人进行质证。

（六）质证的效力是什么？

未经当事人质证的证据不得作为认定案件事实的依据。（《民诉解释》第103条）

二、法院认证

证据证明力（**“认证” = 法院依职权对证据进行判断 = 法院是认证主体**）

（一）不能单独定案类型【“瑕疵证据”的补强规则】

下列证据**不能单独**作为认定案件事实的证据（《证据规定》第 90 条）【不得单独作为≠不得作为】

1. 当事人的陈述。（“真实性瑕疵”）

2. 无民事行为能力人或者限制民事行为能力人所作的与其年龄、智力状况或者精神健康状况不相当的证言。（“证据能力存在瑕疵”）

3. 与一方当事人或者其代理人有“利害关系”的证人陈述的证言。（“真实性瑕疵”）

4. 存有疑点的视听资料、电子数据。（“真实性瑕疵”）

5. 无法与原件、原物核对的复制件、复制品。（“真实性瑕疵”）

> 注意 1：修法变更。①新增“当事人的陈述”不能单独定案。②删除“无正当理由未出庭作证的证人证言”，**压根就不是证据**。③鉴定人不出庭作证，其鉴定意见是不能作为证据，不是不能单独作为定案依据，是压根就不能作为证据。
>
> 注意 2：区分证据的证明力需要补强和证据证明的内容需要其他证据来补强。①证据的证明力需要补强：这些证据可以作为证据使用，只是证明力比较弱，不能单独作为认定案件事实的证据，只有通过其他证据在证明力上对其予以补强后才能据此认定案件事实。②证明证明的内容需要补强 = 间接证据：间接证据是在内容上只能证明部分待证事实，需要其他证据在内容上加以补充才能证明完整待证事实的证据。

（二）综合判断之“自由心证”

法院应当以证据能够证明的案件事实为根据依法作出裁判。审判人员应当依照法定程序，全面、客观地审核证据，依据法律的规定，遵循法官职业道德，运用逻辑推理和日常生活经验，对证据有无证明力和证明力大小独立进行判断，并公开判断的理由和结果。（《证据规定》第 85 条）

1. 单一证据的判断（“单一证据审核认定”）：审判人员对单一证据可以从下列方面进行审核认定。①证据是否为原件、原物，复制件、复制品与原件、原物是否相符【“真实性认定”】；②证据与本案事实是否相关【“关联性认定”】；③证据的形式、来源是否符合法律规定【“合法性认定”】；④证据的内容是否真实【“真实性认定”】；⑤证人或者提供证据的人与当事人有无利害关系。（《证据规定》第 87 条）

2. 全案证据的判断（“对证据进行综合审核认定”）：审判人员对案件的全部证据，应当从各证据与案件事实的关联程度、各证据之间的联系等方面进行综合审查判断。（《证据规定》第 88 条）

3. 法庭调查的结论：人民法院应当在裁判文书中阐明证据是否采纳的理由。对当事人无争议的证据，是否采纳的理由可以不在裁判文书中表述。（《证据规定》第 97 条）

4. 控制证据一方不提交证据怎么办？一方当事人控制证据无正当理由拒不提交，对待证事实负有举证责任的当事人主张该证据的内容不利于控制人的，人民法院可以认定该主张成立。（《证据规定》第 95 条）（**证明妨害规则针对所有类型证据**）

秒杀：《证据规定》删除原来的证明力比较规则。故①原始证据的证明力一般大于传来证据×。②直接证据的证明力一般大于间接证据×。③国家机关、社会团体依据职权制作的公文书证的证明力，一般大于其他书证×。④物证、档案、鉴定意见、勘验笔录或者经过公证、登记的书证，其证明力一般大于其他书证、视听资料和证人证言×。⑤证人提供的对与其有亲属或者其他密切关系的当事人有利的证言，其证明力一般小于其他证人证言×。

判断：2014/45A 经过公证的书证，其证明力一般大于传来证据和间接证据×。解析：这属于张冠李戴，因为经过公证的书证本身可能是传来证据或者间接证据。

（三）公开心证理由

《证据规定》第97条，“人民法院应当在裁判文书中阐明证据是否采纳的理由。对当事人无争议的证据，是否采纳的理由可以不在裁判文书中表述。”

三、证明标准

证据离法院认定的“事实真相”要有多近？证明标准=要达到什么程度才算证明成功

（一）对承担证明责任的人才需要判断其提供证据的证明标准

1. 承担证明责任的人要“达标”：承担证明责任的人需要提供证据将其主张的事实证明到相应标准，才能阻止证明责任。如果没有达到相应标准，则待证事实“真伪不明”，要启动证明责任。

例：原告主张合同关系成立并生效，应将合同关系成立并生效的事实证明到高度可能性的标准，否则将承担证明责任的不利后果√。

2. 不承担证明责任的人不要“达标”：不承担证明责任的人不需要提供证据证明其主张的事实，因为本来就没有证明责任，故其不需要将该事实证明到相应证明标准。只要该事实一直处于事实不清、真伪不明状态，法院就会启动证明责任，由对方（承担证明责任的一方）承担不利后果，即对方主张的事实不存在。

例：被告主张合同关系不存在，应当将合同关系不存在的事实证明到高度可能性标准，否则将承担证明责任的不利后果×。解析：合同关系是否成立，由主张成立一方承担证明责任。被告主张合同关系不成立，无需对该事实承担证明责任，自然无须达到相应证明标准。只要合同是否成立这一事实处于事实不清，真伪不明状态，法院即认定合同不成立。

3. 不承担证明责任的人提出的“反证”=捣乱：有权利提出证据反驳对方的主张，其提出的证据叫“反证”。反证的目的是使对方主张的事实处于真伪不明的状态，进而启动对方承担证明责任不利后果，即法院将作出对对方不利的推定。

证明责任、本证、反证和证明标准的关系：①承担证明责任的人应当提供证据，其提供的证据为本证，提供本证应达到证明标准，否则需承担证明责任的不利后果。②不承担证明责任的人没有提供证据的义务，但有提供证据的权利，其提供的证据为反证，不承担证明责任的人提供反证无需达到证明标准。

（二）证明标准是高好还是低好？都不好，适中才好。

1.【怎么确定】为什么证明标准太高或太低都不好？

（1）太高不好：如果太高，承担证明责任的一方提交了N多证据，仍然失败，则容易发生错判。

（2）太低不好：如果太低，承担证明责任的一方提交了丁点证据，即可成功，则容易发生错判。

2.【原则】一般证明标准＝高度可能性或者较大可能性≈75%（相对低）

（1）高度可能性：①【本证】“对负有证明责任的当事人提供的证据（‘本证’），法院经审查并结合相关事实，确信待证事实的存在具有高度可能性的，应当认定该事实存在。”（《民诉解释》第108条第1款）②【反证】“对一方当事人为反驳负有举证证明责任的当事人所主张事实而提供的证据，法院经审查并结合相关事实，认为待证事实真伪不明的，应当认定该事实不存在。”（《民诉解释》第108条第2款）

原理：①诉讼证明活动实际上是围绕本证展开。②反证是用来挑战本证的证明效果。③对于法院来讲，核心在即使有反证的情况下对本证是否达到高度盖然性的证明标准进行判断。

（2）较大可能性（“降低证明标准”）：与诉讼保全、回避等程序事项有关的事实，法院结合当事人的说明及相关证据，认为有关事实存在的可能性较大的，可以认定该事实存在。（《证据规定》第86条第2款）

3.【例外】特殊证明标准＝排除合理怀疑≈99%（相对高不是最高，最高是“排除一切怀疑”＝神）：对欺诈、胁迫、恶意串通的事实；以及对口头遗嘱的事实；或者赠与事实，承担证明责任的人提供的证据，法院确信该待证事实存在的可能性能够排除合理怀疑的，应当认定该事实存在。（《证据规定》第86条第1款）

原理：“两害相遇取其轻”。

（1）受欺诈方主张欺诈要求撤销合同：①受欺诈人对存在欺诈承担证明责任。②如果轻松达标，则交易安全被破坏。③如果很难达标，则损害了受欺诈人利益。④立法的屁股坐哪里？答：交易安全更大。【为何没有重大误解、乘人之危致显失公平？欺诈、胁迫、恶意串通可能会涉及刑事问题，故用刑事的排除合理怀疑标准】

（2）继承人1主张口头遗嘱要全部财产：①继承人1对存在口头遗嘱承担证明责任。②如果轻松达标，则损害其他法定继承人利益。③如果很难达标，则损害继承人1的利益。④其他继承人大。

（3）赠与人与受赠人签订赠与合同。①受赠人对存在赠与合同承担证明责任。②如果轻松达标，则损害赠与人。③如果很难达标，则损害受赠人。④受赠人本来“不劳而获”，故赠与人大。

证明标准解题策略

（1）第一步，该事实由谁承担证明责任？①承担证明责任的一方当事人才需要将该事实证明到相应标准。②不承担证明责任的人不需要将该事实证明到相应标准。

（2）第二步，该事实是否属于特殊事实（欺诈、胁迫、恶意串通；赠与，口头遗嘱）？①属于特殊事实，适用特殊标准＝排除合理怀疑。②不属于特殊事实，适用一般标准＝高度可能性。

汇总第六部分的做题策略＝证明对象是证明责任的前提，证明责任是证明标准的前提。

第一步，哪些事实需要证据证明＝证明对象。（排除与本案无关的事实；排除自认事实；排除法院生效裁判、仲裁生效裁决、有效公证文书的事实等）

第二步，对于证明对象才讨论证明责任。如果不是本案证明对象，则不需要证明，自然无需讨论证明责任。

例 1：无过错侵权诉讼案件中，被告是否有过错与本案无关，不是本案证明对象，无需证据证明，故不存在证明责任问题，更不存在证明标准问题。

（2017/40）薛某雇佣杨某料理家务，一天，王某乘电梯去楼下扔厨房垃圾时，袋中碎玻璃严重划伤电梯中的邻居乔某。乔某诉至法院，要求赔偿各项损失 3 万元。D 乔某应起诉薛某，薛某主观是否有过错不是本案的证明对象√。

解析：个人劳务侵权，接受劳务方承担无过错责任，故被告薛某是否有过错与案件无关，不是本案证明对象，无须任何人承担证明责任。

例 2：（2015）借款合同纠纷案件中原告诉被告归还借款，原告向法庭出示了转账凭证证明借款关系。被告主张借款合同不存在，主张前述转账是原告归还曾向自己的借款。被告向法庭出示了原告曾向自己借款的**借条**。问：该借条是本证还是反证？

答：都不是。因为被告应对已经还款的事实承担证明责任。而被告提交的借条的待证事实是原告曾经向自己的借款，与本案无关，不是本案证明对象，故无须讨论证明责任问题，也不是本案证据，既不是本证，也不是反证。（不具有证据的关联性）

例 3：（2015）甲公司起诉乙公司支付货款，乙公司主张货款已经交给甲公司的业务员小甲，甲公司称小甲确实是本公司员工【“自认”】，但其无权代为收取货款，且未将该货款交回甲公司。

问 1：本案当事人怎么列？

答：甲公司 = 原告。乙公司 = 被告（员工执行工作任务引发纠纷应该以法人为当事人）。小甲仅仅了解案件情况 = 证人。

问 2：证明责任怎么分配？

答：（1）合同履行与代理权问题 = 积极事实：①乙公司主张已经履行合同，故履行合同事实由乙公司承担证明责任。②关于小甲是否有代理权产生争议，应由主张小甲有代理权的乙公司对该事实承担证明责任。③乙公司需要向法庭出示两份证据 = “收据”（小甲出具的收据以证明货款交给了小甲）+“授权委托书”（甲向乙公司出具的授权委托书以证明小甲有代理权）

（2）货款是否交回问题 = 与本案无关：小甲是否将货款交回给甲公司属于与本案无关的事实，不是本案证明对象。

（3）小甲是否甲公司员工问题 = 甲公司自认：小甲是甲公司员工这一事实已经由甲公司自认，属于免证事实，也不是本案证明的对象。

第三步，承担证明责任的人提供的证据是本证，需要讨论证明标准。不承担证明责任的人提供的证据是反证，无需达到证明标准。

第七部分　保全和先予执行

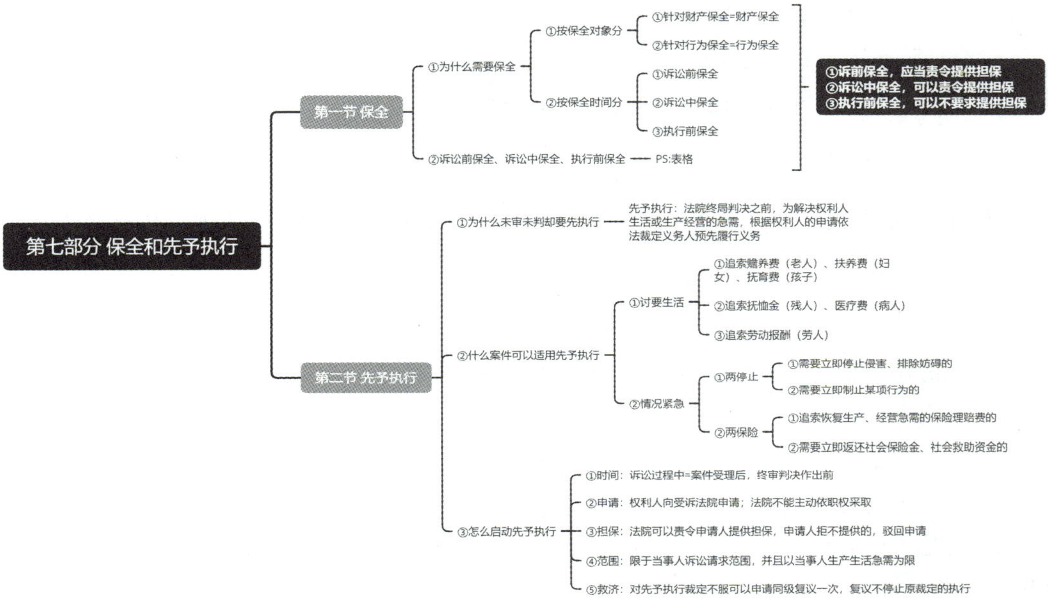

第一节　保　全

一、为什么需要保全？“未雨绸缪”

（一）按保全对象分

1. 针对财产保全＝财产保全（“防执行不了”）：法院作出裁定，对一方当事人的财产采取查封、扣押、冻结等保全措施，防止当事人转移、处分财产而导致将来判决难以执行。

2. 针对行为保全＝行为保全（“防损失扩大”）（“诉前禁令＝行为保全之一”）：法院作出裁定，责令一方当事人作出一定行为或禁止其作出一定行为，防止该当事人正在或者将要实施的行为给申请人带来不可弥补的损害。

判断：2015/81 诉前禁令，禁止对方销售侵犯注册商标专用权商品的行为√。

（二）按保全时间分

1. 诉讼前保全：不立即采取保全措施将会使申请人合法权益受到难以弥补的损害。诉前保全的解除（＋30 日）（申请人没有在＋30 日内起诉或仲裁）

记忆：诉前保全，要在30日内起诉或仲裁。小宝130的6个知识点，善意取得、债权人撤销权、违约金、小额诉讼、律师风险代理和诉前保全30日内要起诉或仲裁。

2. 诉讼中保全：可能因当事人一方的行为或其他原因使判决难以执行或者造成当事人其他损害的。

3. 执行前保全（+5规则）：法律文书生效后，进入执行程序前，债权人因对方当事人转移财产等紧急情况，不申请保全将可能导致生效法律文书不能执行或者难以执行的，可以向执行法院申请采取保全措施。

法律文书生效日 ↕ 法律文书指定履行期限届满 ↕ +5日必须去申请执行

执行前保全

生效后执行前？
- ①终审判决宣告之日起到裁判文书最后1方当事人送达止
- ②法律文书生效后到文书确定履行期限之前

记忆：执行前保全+5，上班、上岗执行，一周其实只有5天，5天上班执行落地。

判断：2016/43A说案件已经审理结束且未进入执行阶段，故债权人不可申请法院采取保全措施×。

二、诉讼前保全、诉讼中保全、执行前保全

（一）保全的范围

1. 请求的范围（“被告应承担实体责任的财产”）

2. 与本案有关的财物（“当事人争议的财产”）。

3. 对他人享有担保物权的抵押物、留置物、质押物采取保全措施时【所有权人欠债】【留置权案件】

（1）无须担保物权人同意

2015/80D说法院可不经担保物权人同意裁定采取保全措施√。

（2）保全不影响担保物权人的优先受偿效力

2008/43不影响抵押权人、留置权人和质权人的优先受偿权√。

2015/80BC说别人的担保物权没了×。

（3）担保物一般由担保物权人继续占有，例外由法院保管（法院保管时不导致质权、留置权消灭）

2015/80A说保全由质权人占有的手表，一般由法院保管×。

4. 被保全的一般财产由谁保管（《民诉解释》第154条、155条）

（1）法院保管。（“死封”）（被保全人不可以继续使用）

（2）不宜法院保管则法院指定被保全人负责保管。（“活封”）（被保全人可以继续使用）

（3）不宜被保全人保管则可委托他人或申请保全人保管。（“死封”）（被保全人不可以继续使用）

一句话：保全方法与执行方法同，查封、扣押、冻结。

（二）保全的启动

1. 诉前保全：依申请

2012/82A 说可以依职权作出 ×。

2. 诉中保全：可依申请，也可依职权

2008/87C 说受诉法院如认为确有必要，可直接作出诉中财产保全裁定√。

3. 执行前保全：依申请

（三）保全的管辖

1. 诉前保全："财法人"

（1）被保全财产所在地法院

（2）被申请人住所地法院（2015/81B 前段√）

（3）对案件有管辖权的法院（2015/81C 前段√）

2. 诉中保全：受案法院

2008/87A 说法院受理后的财产保全申请必须向货物所在地法院提出 ×。

（1）一审期间：一审法院（案卷材料在一审法院则一审法院裁定）

（2）上诉期间：①案卷材料在一审法院则一审法院裁定。上诉案件中，二审法院收到报送案件前，向一审法院申请，由一审法院采取保全措施（《民诉解释》第 161 条）。②案卷材料在二审则二审法院裁定。

2006/45D 齐某向一审法院提出申请，由一审法院裁定财产保全√。

（3）二审期间：二审法院（案卷材料在二审法院则二审法院裁定）

（4）执行期间：诉讼保全自动转变为执行中查扣冻（"程序衔接、自动转化"）

保全裁定未经人民法院依法撤销或者解除，进入执行程序后，自动转为执行中的查封、扣押、冻结措施，期限连续计算，执行法院无需重新制作裁定书，但查封、扣押、冻结期限届满的除外。（《民诉解释》第 168 条）

（5）再审期间：再审法院（案卷材料在再审法院则再审法院裁定）

3. 执行前保全：有执行管辖权的法院（"依申请"，一般法院不依"职权"）

（1）什么是执行前保全？"法律文书生效后，进入执行程序前，债权人因对方当事人转移财产等紧急情况，不申请保全将可能导致生效法律文书不能执行或者难以执行的，可以向执行法院申请采取保全措施。债权人在法律文书指定的履行期间届满后 5 日内不申请执行的，人民法院应当解除保全。"（《民诉解释》第 163 条）

（2）管辖法院：①一审法院。②或者与一审法院同级的被执行财产所在地法院。

2016/43B 说只能一审法院管辖执行前保全 ×。 2016/43C 说可以由一审法院或者被执行财产房屋所在地法院管辖√。

（四）担保的额度

1. 诉前保全：**应当**责令申请人提供担保（2015/81A 说应提供担保√）"相当于请求保全的数额 = 等额担保"

2. 诉中保全：**可以**责令申请人提供担保（2008/87B 说必须提供担保 ×）"担保数额不超过请求保全数额的 30%"

3. 执行前保全：可以不要求申请人提供担保

原理：随着程序的推进，当事人之间的权利义务关系逐渐明确，保全的错误概率越来越小，所以要求担－保的必要性逐渐减小。（“担保方式不限于现金，有人保和物保”）

①诉前保全，应当责令提供担保。为什么诉讼前保全应当提供担保，因为还没起诉，完全是听一面之词，法院不知道，拿不住。“全额担保，因为风险大”

②诉讼中保全，可以责令提供担保。为什么诉讼中保全，是可以责令提供担保，不是必须？因为，法院已经知道情况了，法院裁定是否保全，法院可以自己把关。

③执行前保全，可以不要求提供担保。为什么执行前保全可以不要求提供担保？因为判决已经生效，当事人权利义务已经明确。

④知产案件是行为保全，无论是诉前还是诉中，都应当提供担保。因为无论诉前还是诉中都会对当事人造成不利影响。

（五）对申请的处理结果

1. 诉前保全：对申请在48小时内裁定，裁定后立即执行（2015/81B后段√）

2. 诉中保全：（1）紧急情况在48小时内裁定，裁定后立即执行。（2）一般情况在5日内处理，裁定后5日内开始执行。

2008/87D“题干交代被告随时可能转移财产”，D说法院应在48小时内做出诉中财产保全裁定×。

原理：随时可能转移只是进行财产保全的一个必要条件，即可能因被告行为导致判决难以执行，并非说明情况紧急。要不是随时可能转移，何来诉中保全之必要。

3. 申请人对驳回裁定不服＋被保全人对保全裁定不服：（1）申请人申请同级法院复议1次。（2）被保全人申请同级法院复议1次，复议期间不停止原裁定的执行。

（六）保全的解除

1. 谁作解除保全裁定？原法院自行解除或上级法院决定解除。“人民法院裁定采取保全措施后，除作出保全裁定的人民法院自行解除或者其上级人民法院决定解除外，在保全期限内，任何单位不得解除保全措施。”（2法院是选择关系《民诉解释》第165条，排除其他任何单位）

2. 法院应当作出解除保全裁定的情形（《民诉解释》第166条）

（1）诉前保全的解除（＋30日）（申请人没有在＋30日内起诉或仲裁）

①**30日内起诉或者申请仲裁**，诉前保全自动转化为诉讼或者仲裁中保全措施；进入执行程序后，自动转化为执行中的查封、扣押、冻结。（2015/81C后段√）

②30日内未起诉或申请仲裁，法院**应裁定**解除保全措施。（不是自动解除，是需要裁定解除。2015/81D说自动解除×）

（2）执行前保全的解除（＋5日）（申请人没有在＋5日内申请执行）

①生效文书指定的履行期间届满后5日内，须申请执行。

例：生效判决说，判决生效后30日内应付款。债权人提出执行前保全后，应该在30日届满后的5日内申请执行。

记忆：执行前保全＋5，上班、上岗执行，一周其实只有5天，5天上班执行落地。

②生效文书指定的履行期届满后5日内，未申请执行，则法院应解除保全。

2016/43D说生效判决书指定的履行期间届满后15日内部申请执行，法院应解除保全措施×。

（3）被申请人提供担保"解除""财产"保全的：财产纠纷案件，被申请人向法院提供担保的。既然提供了担保即有了"财产"，故彻底消除了判决难以执行的危险。

> 问：【提供担保】被申请人向法院提供担保的，法院应当裁定解除保全×。为什么错了？①因为仅仅限于财产纠纷案件，被申请人提供担保，法院才应当裁定解除保全。②如果是行为保全，被申请人提供担保不一定解除保全。比如家暴，法院裁定行为保全，停止家暴。男方不能说提供担保，然后解除行为保全，继续家暴。

（4）保全错误的：①申请人的错误导致。法院对保全申请是否符合程序法条件进行审查，不可能对申请人是否能胜诉进行审查。如果出现裁定保全错误，从程序上只能是申请人的申请错误。②法院的错误导致。第一，保全了与诉讼无关的、根本不可能承担实体责任的案外人财产。如申请保全甲的财产，却错误保全了乙的财产。第二，保全财产数额或范围超出了申请保全方诉讼请求的数额或范围。第三，重复保全等。③法院自己发现错误，应及时解除财产保全。上级法院发现错误，应及时解除财产保全。

（5）申请人撤回保全申请的：申请保全属于申请人的诉讼行为，以产生、变更诉讼法律关系为目的。通常情况下，该诉讼行为符合法律规定，只产生诉讼法律关系，不产生实体法律关系。申请人自愿申请解除保全措施或申请人撤回保全申请的，则采取保全措施的目的和意义已经不复存在，法院应及时解除保全措施。

（6）申请人在诉讼过程中已经申请撤诉并经法院裁定准许：当事人之间的诉讼基于裁定准许撤诉已经不存在，故继续采取保全措施的目的已经不存在了。

（7）双方当事人同意和解的：在诉讼过程中，当事人有权在法律规定的范围内处分自己的民事权利和诉讼权利，双方当事人同意和解的，法院应当及时作出裁定解除保全措施。

（8）申请人的起诉或者诉讼请求被生效裁判驳回的：如果当事人的起诉或诉讼请求被生效裁判全部驳回，则应对全部保全予以解除。如果对当事人的诉讼请求被生效裁判部分驳回的，则应当对超额保全的部分予以解除。

（9）被申请人申请复议意见成立，法院作出新裁定，撤销原保全裁定的。

（10）案外人善意取得与案件有关财产的：①保全应当限于与本案有关的财物，即当事人争议的财产，或者被告的应承担实体责任的财产。②为维护交易稳定和安全，保护善意第三人的利益，第三人善意取得了与案件有关的财产后，即成为该财产的合法所有权人，如果不解除，则保全了案外人（第三人）的财产，将损害案外人（第三人）的利益。③所以案外人对保全裁定不服，可以向作出保全裁定的法院申请复议。保全裁定属于中间性程序性裁定，不是终局裁定。④该裁定错误造成案外人损害的，赋予案外人复议就足够。⑤不能适用执行阶段的案外人异议制度，因为保全或先予执行是强制措施，并不是执行阶段，不能适用执行程序中处理案外人异议的规定。⑥如果给予案外人提异议之诉的权利，将导致保全和先予执行程序变得过于冗长和低效。

（11）对方当事人已经自觉履行了调解书或判决书所确定的给付义务。

3. 解除保全的裁定怎么具体落实？解除保全裁定书＋协助执行通知书

（1）解除以登记方式实施的保全：解除以"登记方式"实施的保全措施的，应当向登记机关发出协助执行通知书。（《民诉解释》第166条第2款）

（2）解除超过查封、扣押、冻结期限的裁定：①查封、扣押、冻结超过规定期限，法院未办理继续查封、扣押、冻结手续的，如果案件未执行完毕，应当继续查封、扣押、冻结。②查封、扣押、冻结超过规定期限，法院未办理继续查封、扣押、冻结手续的，如果案件已经执行完毕，即使已经超过期限，法院也必须按照解除查封、扣押、冻结手续的法定程序办理。

（七）保全的置换

财产保全的被保全人提供其他“等值”担保财产且“有利于执行”的，人民法院可以裁定变更保全标的物为被保全人提供的担保财产。（《民诉解释》第167条）

第二节 先予执行

一、为什么“诉讼中”未审未判却要先执行

“诉讼中”法院终局判决之前，为解决权利人生活或生产经营的急需，根据权利人的申请依法裁定义务人预先履行义务。【“燃眉之急”】

二、什么案件可以适用先予执行？（《民诉解释》第170条）

（一）讨要生活

1. 追索赡养费（老人）、扶养费（妇女）、抚育费（孩子）
2. 追索抚恤金（残人）、医疗费（病人）
3. 追索劳动报酬（劳人）

（二）情况紧急

1. 两停止

（1）需要立即停止侵害、排除妨碍的。

（2）需要立即制止某项行为的。

2. 两保险

（1）追索恢复生产、经营急需的保险理赔费的。

（2）需要立即返还社会保险金、社会救助资金的。

3. 一兜底：不立即返还款项，将严重影响权利人生活和生产经营的。

条件检讨： ①双方：当事人之间权利义务关系明确。 ②申请人一方：申请人有实现权利的迫切需要，即如果申请人不通过先予执行预先实现一定权利，则其生产、生活会遭受极大困难。 ③被申请人一方：被申请人有履行能力，否则先予执行裁定没有实际意义。

三、怎么启动先予执行？

（一）时间

诉讼过程中＝案件受理后，终审判决作出前。

民事诉讼法规定的先予执行，人民法院应当在受理案件后终审判决作出前采取。先予执行应当限于当事人诉讼请求的范围，并以当事人的生活、生产经营的急需为限。（《民诉解释》第169条）

（二）申请

权利人向受诉法院申请；法院不能主动依职权采取。

判断1：2013/36B在张某追索赡养费的案件中，法官依职权作出先予执行裁定×。 判断2：2012/82A财产保全和先予执行的裁定都可以根据当事人的申请或者法院依职权作出×。 解析：诉前财产保全只能可以依申请；诉中财产保全可以依申请，也可以依职权。先予执行只涉及当事人权利保护，只能依申请，不能依职权。

（三）担保

法院可以责令申请人提供担保，申请人拒不提供的，驳回申请（担保不是必须的，由法院自由裁量）。

判断：2012/82C当事人提出财产保全或先予执行的申请时，法院可以责令其提供担保，当事人拒绝提供担保的，驳回申请√。

原理：为什么不是应当提供担保？当事人本来就生活、生产紧急需要，本来就穷。为什么不是依职权先予执行？因为这只与当事人有关，与法院无关。

应当责令提供担保	诉前（财产、行为）保全
可以责令提供担保	①诉中（财产、行为）保全
	②**诉前**、诉中证据保全：证据保全可能给他人造成损失的，应责令申请人提供担保，经责令拒不提供的，驳回申请。
	③先予执行
可以不责令提供担保	执行前（财产、行为）保全

（四）范围

限于当事人诉讼请求范围，并且以当事人生产生活急需为限。

（五）救济

对先予执行裁定不服可以申请同级复议1次，复议不停止原裁定的执行。

1. 双方当事人不服：申请同级法院复议。（1）【复议1次】当事人对保全或者先予执行的裁定不服的，可以申请复议1次。复议期间不停止裁定的执行。（《民诉法》第108条）。（2）【法院处理】当事人对保全或者先予执行裁定不服的，可以自收到裁定书之日起5日内向作出裁定的人民法院申请复议（“5日是复议期限”）。人民法院应当在收到复议申请后10日内审查（“10日是审查期限”）。裁定正确的，驳回当事人的申请；裁定不当的，变更或者撤销原裁定。（《民诉解释》第171条）

判断：2012/82D对财产保全和先予执行的裁定，当事人不可以上诉，但可以申请复议一次。说不可以上诉，可以申请复议√。

2. 案外人不服：申请复议。利害关系人对保全或者先予执行的裁定不服申请复议的，由作出裁定的人民法院依照民事诉讼法第108条规定处理。（《民诉解释》第172条）

同级复议	先予执行裁定（对“假执行”的裁定不服）、回避决定、保全裁定“先回堡”
上级复议	罚款决定、拘留决定、执行管辖异议裁定、执行行为异议裁定（对“真执行”行为不服）（执执罚款拘留）

小结：①要命钱。②依申请。③可以提供担保。④同级法院复议不停止执行。

3. 法院裁定先予执行后的“执行回转”

人民法院先予执行后，根据发生法律效力的判决，申请人应当返还因先予执行所取得的利益的，适用民事诉讼法第233条（“执行回转”）的规定。

（1）申请先予执行方胜诉，则不存在执行回转问题。

（2）申请人全部或部分败诉，则需要执行回转。对执行回转的孳息数额或范围有争议，在执行回转程序中由执行机构进行确定，存在事实和法律障碍的，可由当事人就孳息的数额或范围问题另行提起诉讼。

第八部分　简易程序中的小额诉讼程序

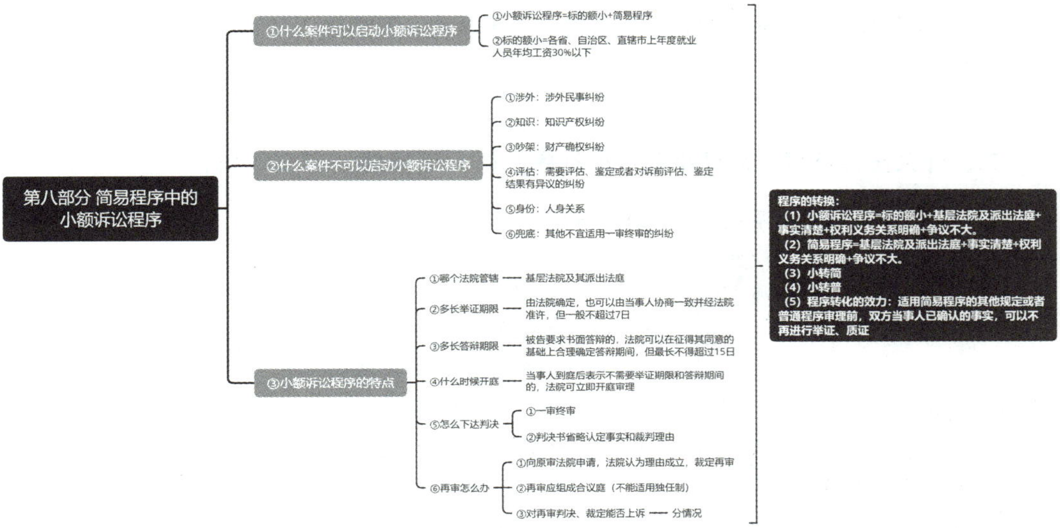

一、什么案件可以启动小额诉讼程序?（《民诉法》第162条、《民诉解释》第274条）

（一）小额诉讼程序＝标的额小＋简易程序。

小额诉讼程序＝**标的额小**＋基层法院及派出法庭＋事实清楚＋权利义务关系明确＋争议不大

判断：【不能简易就一定不能小额】2015/84D 不能适用简易程序的案件，必然不可以适用小额诉讼程序。如发回重审的案件不得适用简易程序，必然不可以适用小额诉讼程序√。

问2：为什么海事法院可以适用小额程序？①一般法院是4级2审终审，海事法院是3级2审终审（海事法院，高院，最高院）。②虽然海事法院相当于中院，但海事法院审理海事、海商案件，符合条件也可以启动小额诉讼程序（《民诉解释》第273条）。③因为《海事诉讼特别程序法》规定，海事法院审理案件可以适用简易程序。故《民诉解释》据此规定海事法院审理案件符合条件也可以适用小额诉讼程序。（2015/84C 说海事案件不适用小额诉讼程序×）④中国海事法院1年受理量是全世界受理海事案件最多的国家，2012年来，2万多件。⑤如果不纳入小额程序，可能几万块钱的还是纠纷二审是高院，再审就是最高院，占用审判资源。所以，海事法院的3级2审终审会导致“审级上移”。纳入小额程序，有利于将海事海商纠纷化解在“基层”。

问3：武汉海事法院在湖北省，但是跨行政区域管辖，负责审理发生在四川宜宾合江门到江苏太仓浏河口之间长江干线及支流的海事海商案件，管辖区域跨越四川、重庆、湖北、湖南、江西、安徽、江苏等七省市。设有重庆、宜昌、南京、南通、常熟5个派出法庭，分别在重庆、湖北、江苏三省直辖市。比如重庆派出法庭，是按重庆的工资算还是按湖北的工资算？①重庆的。②以实际受理案件的派出法庭所在省直辖市为标准。③符合小额案件**因地制宜**的特点。

（二）标的额小＝各省、自治区、直辖市上年度就业人员年均工资30%以下。【关联记忆小宝130：善意取得，债权人撤销权诉讼，违约金，风险代理，小额诉讼，诉前保全30日起诉】。

二、什么案件不可以启动小额诉讼程序？（《民诉解释》第275条）

（一）涉外：涉外民事纠纷。（2015/84B）

（二）知识：知识产权纠纷。

（三）吵架：财产确权纠纷。

（四）评估：需要评估、鉴定或者对诉前评估、鉴定结果有异议的纠纷。

（五）身份：人身关系。（2015/84A）（但身份关系清楚，仅在给付的数额、时间、方式上存在争议的赡养费、抚育费、扶养费纠纷可以适用小额诉讼程序审理）

1. 原被告之间是否存在父母子女等人身关系。
2. 不存在人身关系争议前提下，单纯就金钱给付问题产生争议。

判断：所有的三费案件都不能适用小额程序×。

（六）兜底：其他不宜适用一审终审的纠纷。（不能简易的必须不能小额）

记忆："不小了"＝用"涉外"、"知识"与人"吵架"之后，要来"评估"一下你的"身份"。

三、小额诉讼程序的特点

（一）哪个法院管辖？

基层法院及其派出法庭。

（二）多长举证期限？

1. 由法院确定。
2. 也可以由当事人协商一致并经法院准许。
3. 但"一般"不超过7日。（有"一般"就允许有特殊，但是不能超过简易程序的15日）

（三）多长答辩期限？

1. 被告要求书面答辩的，法院可以在征得其同意的基础上合理确定答辩期间。（2018B）
2. 但最长不得超过15日。

（四）什么时候开庭？

1. 当事人到庭后表示不需要举证期限和答辩期间的，法院可立即开庭审理。
2. 但应当开庭审理。2014/40B说可以经当事人书面同意后书面审理×。

3. 开庭前，法院有告知义务：告知当事人审判组织、一审终审、审理期限、诉讼费用交纳标准。(2018A)

（五）怎么下达判决?

1. 一审终审（2014/40D）。适用小额诉讼程序的案件中所有的判决、裁定，包括实体判决以及管辖权异议裁定（2018CD）、驳回起诉裁定均为一审终审。(《民诉解释》第278、279条)

2. 判决书省略认定事实和裁判理由。主要记载当事人基本信息、诉讼请求、裁判主文内容。

> 联想记忆：小额，“小”，少，少写，即“省略”。“原告诉称、被告辩称、法院查明、法院认为的4段论”，省略为当事人信息、诉讼请求和裁判主文。

3. 小额转简易的内部变更和小额转普通的程序质的变化

（1）小额是简易的一种情形。①小额诉讼程序 = 标的额小 + 基层法院及派出法庭 + 事实清楚 + 权利义务关系明确 + 争议不大。②简易程序 = 基层法院及派出法庭 + 事实清楚 + 权利义务关系明确 + 争议不大。

（2）小转简（“诉讼费不变”）

①【事前】“当事人”对按照小额诉讼案件审理有异议的，应当在“开庭前”提出。法院经审查，异议成立，适用简易程序的其他规定审理。

②【事中】因当事人申请增加或者变更诉讼请求、提出反诉、追加当事人等，致使案件不符合小额诉讼案件条件的，应当“适用简易程序的其他规定”审理。

（3）小转普（一步到位，“补交一半诉讼费”）：应当适用普通程序审理的，“裁定”转为普通程序。

（4）程序转化的效力：适用简易程序的其他规定或者普通程序审理前，双方当事人已确认的事实，可以不再进行举证、质证。

（六）再审怎么办?(《民诉解释》第426条)

1. 向原审法院申请，法院认为理由成立，裁定再审。（2016/81向上级法院申请再审×。）

2. 再审应组成合议庭（不能适用独任制）。(2016/81B法院应组成合议庭审理√。)

3. 对再审判决、裁定能否上诉?

（1）不能上诉。当事人对适用小额程序无异议，仅以判决、裁定存在法定再审情形（常规再审事由即民诉法200条）申请再审，再审判决、裁定 = 一审终审 = 不能上诉。

（2）可以上诉。当事人对适用小额程序有异议，且以程序违法为由申请再审（本来不应适用小额程序），再审判决、裁定 = 可以上诉。

> 判断：2016/81小额诉讼案件判决生效后，被告认为借款数额远高于法律规定的小额案件的数额，不应按小额案件审理，遂提出再审申请。法院裁定予以再审。C对作出的再审判决当事人可以上诉√。D作出的再审判决仍实行一审终审×。

第九部分　简易诉讼程序

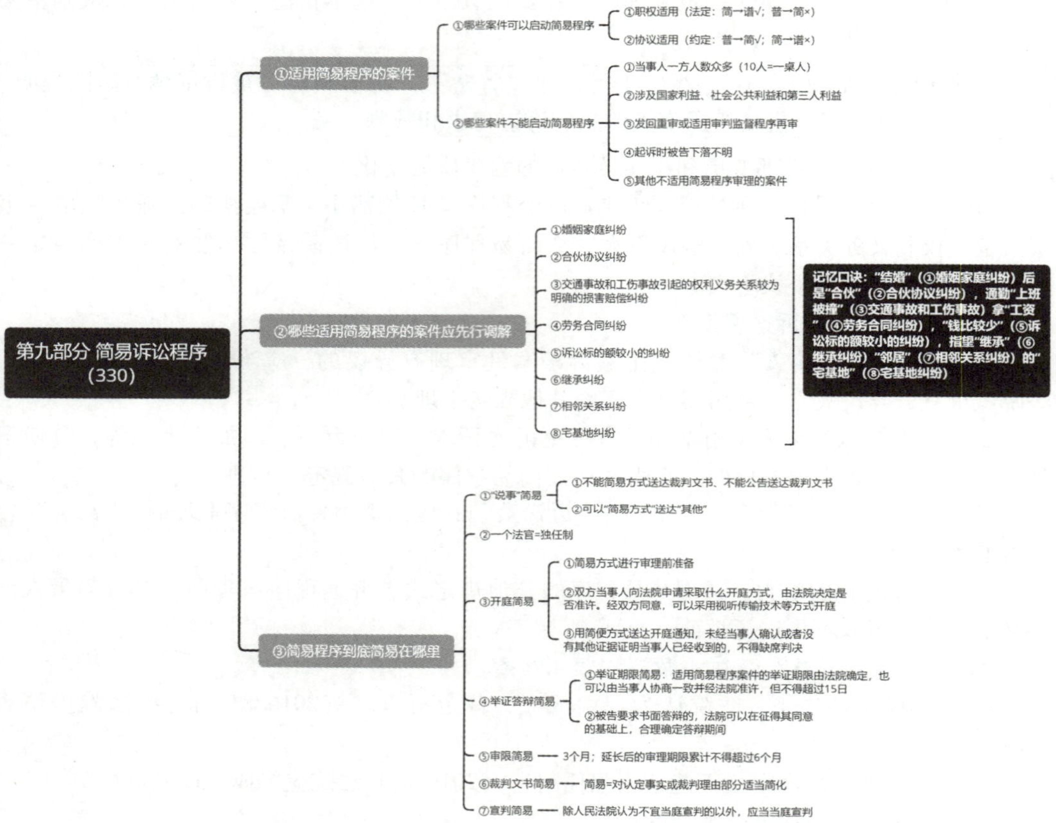

一、哪些案件可以启动简易程序？（积极条件）

（一）职权适用（法定：简→普√；普→简×）

法定简易程序 = 基层法院及其派出法庭 + 事实清楚 + 权利义务关系明确 + 争议不大的简单民事案件。

1. 简→普√：法院裁定简易程序转为普通程序（不是决定）。（"三个人写剧本"）

（1）【法院依据职权】法院认为案情复杂，需要转为普通程序审理。

（2）【当事人异议权】"开庭前"当事人就案件适用简易程序提出异议，法院经审查，异议成立的。

（3）原告提供了被告准确地址但是无法直接送达或留置送达，只能公告送达，只得转为普通程序。

（4）效果：①原来干的“活”没有白干：转为普通程序之前，双方当事人已经确认的事实，“可以”不再进行举证、质证。②原来经过的“时间”没有白经过：普通程序的审限从原来立案之日起计算，而不是从转换日起算。【继续算审限】

2. 普→简 ×：法院不得将本来应该适用普通程序审理的案件，启用简易程序审理（《民诉解释》第 260 条）。

（二）协议适用（约定：普→简√；简→普 ×）

1.【选择权的有限性 = 只能选择基层法院及派出法庭】普→简√：约定简易程序 = 基层法院及其派出法庭 + 别的民事案件 + **开庭前提出（口头提出的，**记入笔录，由双方当事人签名或者捺印确认）+ 不得违反适用简易程序的禁止性规定 + 法院同意。

秒杀：当事人有程序选择权，法院有最终决定权。

判断 1：2015/83A 郑飞诉万雷侵权纠纷一案，虽不属于事实清楚、权利义务关系明确、争议不大的案件，但双方当事人约定适用简易程序进行审理，法院同意并适用简易程序对案件进行审理√。

判断 2：2010/87A 基层法院适用普通程序审理的民事案件，当事人双方可协议并经法院同意适用简易程序审理√。

2.【选择权单向性 = 只能选择少占司法资源】简→普 ×：当事人不得将本来应该适用简易程序审理的案件，约定为适用普通程序。

判断 1：2006/48A 说当事人可以协议不适用简易程序 ×。

判断 2：2014/79C 当事人约定“如果起诉，只能适用普通程序”，法院根据该约定不能适用简易程序审理 ×。

原理：①为什么法定中简可转普（案件复杂需要更多工时），普不可转简（案件复杂需要更多工时）？避免法官滥用简易程序去减少工作量。②为什么约定中普可转简，简不可转普？普可转简，符合节约司法资源的价值追求。简不可转普，避免当事人架空简易程序，浪费公共诉讼资源。③诀窍：当事人可以约定普转简，会导致合议制变独任制。

记忆一句话：法定简普，约定乱来就是普简。

辨析：第一审民事案件≠适用一审程序审理的案件。

①第一审民事案件：简易程序适用于基层法院及其派出法庭审理简单的第一审民事案件√。

②适用一审程序审理的案件：简易程序在基层法院及其派出法庭适用一审程序审理的简单民事案件时适用 ×。

③因为适用一审程序审理的案件，不仅包括第一审程序，也包括发回重审的重审程序和适用一审程序的再审程序。在重审程序和适用一审程序的再审程序中不能适用简易程序。

二、哪些案件不能启动简易程序？（禁止性规定 = 不能职权适用也不能协议适用）

①当事人一方人数众多。②发回重审或适用审判监督程序再审。③涉及国家利益、社会公共利益、第三人撤销之诉。④起诉时被告下落不明。

口诀：有一桌人，在重审、再审时，损害国家利益、社会公共利益和第三人利益，却不知道被告在哪里，这事得多不简单啊！不适用简易程序的案件。

（一）当事人一方人数众多（10 人 = 一桌人 = “代表人诉讼”）

1. 共同诉讼不必然等于当事人一方人数众多。

判断：2006/48D 说共同诉讼案件不适用简易程序×。

2. 代表人诉讼必然是当事人一方人数众多。因为代表人诉讼要求一方 10 人以上，故代表人诉讼肯定不能适用简易程序。

（二）涉及国家利益、社会公共利益和第三人利益

1. 公益诉讼程序。

原理：①公益案件原则上是中院审理，中院不能适用简易程序。②公益诉讼案件会涉及社会公共利益，不得适用简易程序审理。

2. 第三人撤销之诉：第三人起诉请求改变或者撤销生效判决、裁定、调解书的。

（三）发回重审或适用审判监督程序再审

1. 重审

判断 1：2006/48C 发回重审的案件不适用简易程序√。 判断 2：2016/35A 适用简易程序审理的案件，当事人不服一审判决上诉后发回重审的，可由审判员独任审判×。 判断 3：2015/82 适用简易程序审理的案件，二审法院以事实不清为由发回重审，县法院征得当事人同意后，适用简易程序重审此案×。

2. 再审

判断：2016/35B 适用简易程序审理的案件，判决生效后启动再审程序进行再审的，可由审判员独任审判×。

原理：①发回重审或者再审适用一审程序审理的案件，只能适用普通程序，不能适用简易程序。②普通程序应当由审判员或者审判人员与人民陪审员组成合议庭审理，不存在独任制问题。③重审和再审都有救济和纠错作用，比较复杂，不能适用简易程序。

（四）“起诉时”被告下落不明

1. 【被告下落不明】裁定简转普【原告完成了其工作任务】

受理后适用简易程序，发现虽然原告提供了被告准确地址，却无法向被告直接送达或留置送达应诉通知，则转为普通程序审理。

（1）原告提供了被告准确地址 = 被告明确 = 法院应受理。

（2）因为无法直接送达或留置送达文书，故需要公告送达，但是简易程序不适用公告送达。（公告送达要 60 天呢，简易程序本身一般 3 个月结案）

（3）**裁定**简转普。

2. 【被告不明确】裁定驳回起诉【双重失灵 = 原告没完成工作任务 + 法院也没找到】

受理后适用简易程序，发现原告提供的被告地址不准确，法院查证后仍不能确定被告送达地址，则属于被告不明确 = 裁定驳回起诉。（告天下）

判断1：2017/43 夏某因借款纠纷起诉陈某，法院决定适用简易程序审理。法院依夏某提供的被告地址送达时，发现有误，**经多方了解和查证也无法确定准确地址（=被告不明确）**。对此，法院应如何处理？A 将案件转为普通程序审理×；B 采取公告方式送达×；C 裁定中止诉讼×；D 裁定驳回起诉√。 判断2：2006/48B 起诉时被告被监禁的案件，可以适用简易程序吗？答：可以。被告被监禁不属于禁止适用简易程序情形。

（五）其他不适用简易程序审理的案件

三、哪些适用简易程序的案件应先行调解？（《简易程序规定》第14条）

（一）婚姻家庭纠纷（“亲密关系展望未来”）

（二）合伙合同纠纷（“亲密关系展望未来”）

（三）交通事故和工伤事故引起的权利义务关系较为明确的损害赔偿纠纷（“要快”）

（四）劳务合同纠纷（“亲密关系展望未来”）

（五）诉讼标的额较小的纠纷（小额诉讼程序属于适用简易程序审理的标的额较小的纠纷，应当先行调解）（“要快”）

判断：2014/40A 说赵洪诉陈海返还借款100元，法院决定适用小额诉讼程序审理，应在开庭审理时先行调解√。

（六）继承纠纷（“亲密关系展望未来”）

（七）相邻关系纠纷（“亲密关系展望未来”）

（八）宅基地纠纷（“亲密关系展望未来”）

记忆口诀：“结婚”（①婚姻家庭纠纷）后是“合伙”（②合伙协议纠纷），通勤“上班被撞”（③交通事故和工伤事故）拿“工资”（④劳务合同纠纷），“钱比较少”（⑤诉讼标的额较小的纠纷），指望“继承”（⑥继承纠纷）“邻居”（⑦相邻关系纠纷）的“宅基地”（⑧宅基地纠纷）

四、简易程序到底简易在哪里？

（一）“说事”简易

1. 不能简易方式送达裁判文书、不能公告送达裁判文书

判断：2015/83D 说简易程序可以公告送达判决书×。

2. 可以“**简易方式**”送达“**其他**”。

（1）简易方式=捎口信（“传话”）、电话、短信、传真、电子邮件等简便方式

判断：2015/83B 说简易程序中用电子邮件向双方当事人通知开庭时间√。

（2）“**其他**”=传唤当事人+通知证人+开庭通知等

判断：2010/87C 说简易程序中法院可口头方式传唤当事人出庭√。

（二）一个法官=独任制

1. 简易程序适用独任制=由审判员1人独任审判+1个书记员（不能自己审自己记）

2. 普通程序适用合议制=审判员组成合议庭或者审判员和人民陪审员组成合议庭审理

判断：2016/35C 说适用普通程序审理的案件，当事人双方同意，经上级法院批准，可由审判员独任审判×。解析：虽然当事人可以协议普转简，相应的合议制变独任制，但是，本句限定为“适用普通程序审理的案件”，说明当事人并没有协议普转简。

辨析：区分审判组织与程序

①独任制 = 简易程序 + 特别程序（选民资格和重大疑难案件除外）+督促程序 + 公示催告程序的公示催告阶段。**可以说简易程序适用独任制，但不能说独任制就是简易程序**。

②合议制 = 普通程序 + 选民资格案件的特别程序和重大疑难案件的特别程序 + 公示催告程序中的除权判决阶段 + 撤销仲裁裁决程序。**可以说普通程序适用合议制，但不能说合议制就是普通程序**。

判断1：特别程序中，除了选民资格以及重大疑难案件应当适用**普通程序**审理外，其余案件应当适用**简易程序**审理×。解析：偷换概念了，应将“普通程序”修改为合议制、将简易程序修改为独任制。“说A程序是B程序，必然错误”

判断2：人民法院对于撤销仲裁裁决的申请，应当适用**普通程序**审理×。解析：偷换概念了，应将“普通程序”修改为合议制。

判断3：选民资格案件，应组成合议庭审理，而且只能由审判员组成合议庭√（2016/35D）。解析：选民资格案件是特别程序，不是普通程序，应组成合议庭，且不能由人民陪审员参加。

（三）开庭简易

1. 可以简便方式进行审理前的准备。（《民诉解释》第267条）

判断：2013/41 简易程序受理程序简便，可以当即受理，当即审理√。

2. 双方当事人向法院申请采取什么开庭方式，由法院决定是否准许。经双方同意，可以采用视听传输技术“等”方式开庭。（《民诉解释》第259条）

秒杀：开庭方式双方可选择法院批准，但是开庭本身是不可选择的，一审必须开庭。

辨析：无论是小额程序，还是简易程序，还是普通程序，只要是一审程序，必须开庭审理。（二审程序原则上开庭审理，但符合一定条件即经过阅卷、调查和询问当事人，没有提出新的事实和理由，合议庭认为不需要开庭审理的，可以不开庭审理）

判断1：2010/87D 简易程序中，当事人对案件事实无争议的，法院可不开庭径行判决×。

解析：在一审程序中，无论是简易程序还是普通程序，必须开庭审理。

判断2：2014/40B 小额诉讼程序中，应开庭审理，但经当事人书面同意后，可以书面审理×。

判断3：2013/41B 简易程序中，审判程序简便，可以不按法庭调查、法庭辩论的顺序进行√。

小结：要开庭吗？①一审必须开庭。②二审原则上应当开庭审理，但当事人没有提出新的事实、理由，二审法院经过调查认为不需要开庭审理的，可以不开庭审理。③仲裁原则上开庭审理，但当事人协议不开庭的，可以书面审理。

问：庭审笔录可以自审自记吗？①不可以。②简易程序由审判员独任审判，书记员担任记录。审记分开有利于减轻审判员庭审工作负担，增强当事人对裁判过程公开性、公正性的认知。

判断：2013/41C 简易程序中，庭审笔录简便，可以不记录诉讼权利义务的告知、原被告的诉辩意见等通常性程序内容×。

解析：庭审笔录应该如实记录庭审过程，不存在简化问题。1+1，书记员的作用是“制衡”。

3. 用简便方式送达开庭通知，未经当事人确认或者没有其他证据证明当事人已经收到的，不得缺席判决。(《民诉解释》第261条)

判断1：2015/83C 当事人约定适用简易程序审理，法院同意并以电子邮件方式向双方当事人通知了开庭时间（双方当事人均未回复）。开庭时被告无正当理由不到庭。C 法院可以做出缺席判决×。

判断2：2015/46“周立诉孙华人身损害赔偿案，一审法院适用简易程序审理，电话通知双方当事人开庭，孙华无故未到庭，法院缺席判决孙华承担赔偿周立医疗费。……”

A. 法院电话通知当事人开庭是错误的×。

B. 孙华以法院未传票通知其开庭即缺席判决为由，提出再审申请是符合法律规定的√。

解析：简便方式通知开庭，但未经当事人确认不得缺席判决。这属于剥夺当事人辩论权，当事人有权以此为由申请再审。

（四）举证答辩简易

1. 举证期限简易：适用简易程序案件的举证期限由法院确定，也可以由当事人协商一致并经法院准许，但不得超过15日。(一审普通程序是要>15日，简易肯定不能>15日)

2. 答辩期限简易：被告要求书面答辩的，法院可以在征得其同意的基础上，合理确定答辩期间。

3. 马上开庭：双方都表示不需要举证期限、答辩期间的，法院可以立即开庭审理或者确定开庭日期。(《民诉解释》第266条)

判断：(2013/41A) 简易程序中，受理程序简便，可以当即受理，当即审理√。

（五）审限简易

1. 3个月。

2. 到期后，双方当事人**同意继续**适用简易程序的，由本院**院长批准**，可以延长审理期限。延长后的审理期限累计不得超过6个月。

3. 小结：短则一季搞定；最长半年搞定。

对比记忆：①简易程序审限330：33（院长批准）0。②普通程序一审限66N：66（院长批准）N（上级法院批准）

（六）裁判文书简易（《民诉解释》第270条）

1. 裁判文书=法院制作的判决书+裁定书+调解书

2. 简易=对认定事实或裁判理由部分适当简化（2013/41D）

（1）一方认：一方当事人明确表示承认对方全部或部分诉讼请求的；（“1方认诺”）

（2）一方秘：涉及商业秘密、个人隐私的案件，当事人一方要求简化裁判文书中的相关内容，法院认为理由正当的；（“一方要求保密”）

（3）双方调：当事人达成调解协议并需要制作民事调解书的

（4）双方要：当事人双方同意简化的（2010/87B）。

判断1：2013/41D 简易程序中的简便性，裁判文书简便，可以简化裁判文书的事实认定或判决理由部分√。 判断2：2010/87B 简易程序中，经双方当事人一致同意，法院制作判决书时可对认定事实或者判决理由部分适当简化√。

记忆：事实和理由可以简化或省略吗？ ①普通程序的裁判文书认定事实和裁判理由部分不能简化、省略。（“写全”） ②简易程序的裁判文书在符合法定情形下可以对认定事实和裁判理由部分予以适当简化。（“写简”） ③小额诉讼程序的裁判文书可以对认定事实和裁判理由部分予以省略。（“写少”“少像小”） 普通程序=全。简易程序=写简（简化）。小额程序=写少（省略）。

（七）宣判简易（《简易程序规定》第27条）

适用简易程序审理的民事案件，除人民法院认为不宜当庭宣判的以外，应当当庭宣判。

判断：2014/40C 说小额诉讼程序应当当庭宣判√。解析：小额诉讼程序同时也必须符合简易程序的适用条件。

第十部分　一审普通程序（一审）

引1：普通程序的龙头位置

①普通程序是民事审判程序中体系最完整、最系统，内容最充实、最完备的程序，是整个民事诉讼程序的基础。(2011/78C)

②民事诉讼法的基本原则和基本制度在普通程序中有集中体现。(2011/78B)

③在其他审判程序审理案件时遇到本程序没有特别规定的，应当适用普通程序的相关规定进行审理。(2011/78D)（2012/43A“二审案件的审理，遇有二审程序没有规定的情形，应当适用一审普通程序的相关规定√。”）

问：普通程序是一审诉讼案件的审理程序，这句话对吗？(2011/78A)

答：错误。普通程序不仅仅是一审诉讼案件的审理程序，诸如二审、再审的程序中如果法律没有特别规定，也应当适用普通程序的规定。

引2：一审普通程序的逻辑体系

逻辑体系：

1. 先思考法院管不管（“①起诉和②受理”，关联主管和管辖）
2. 后思考法院受理案件后怎么开工（③“庭前分流”、“庭前会议”、“庭审流程”）
3. 再琢磨当事人来不来（④“撤诉和缺席判决”）
4. 再考虑诉讼效率提高（⑤合并审理）
5. 再考虑诉讼发生障碍怎么办（⑥“延期开庭、诉讼中止、诉讼终结”）
6. 工作成果怎么体现（⑦“判决、裁定和决定”）
7. 最后要公开工作成果（⑧“诉讼文书公开”）

引3：民事立案的走向路线

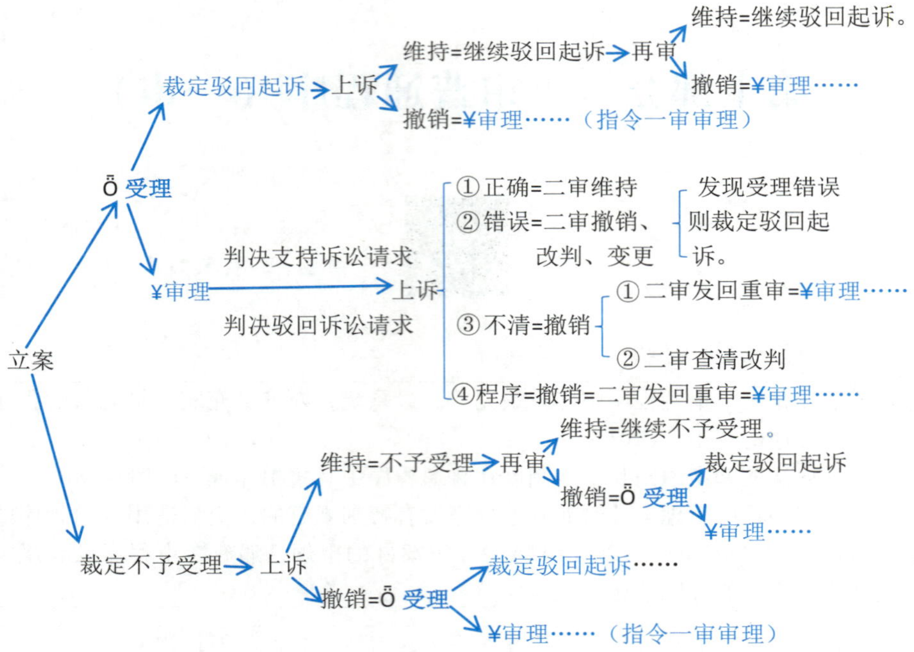

“轮回图”的总结：二审发回重审只能一次（《民诉法》第170条），当事人申请的再审只能一次（《民诉解释》第383条）。所以，当事人可以主导的最长程序为：①一审66N，②二审时发回重审3N，③一审重审66N，④二审下判3N，⑤当事人申请再审，按二审程序审理3N。⑥当事人认为再审有错，当事人可以向人民检察院申请检察建议或者抗诉。

一、起诉

（一）法院＝主管＋管辖

1. 主管

（1）主管1：劳动纠纷，未经劳动仲裁，当事人直接向法院起诉，不属于法官主管，法院不予受理。

（2）主管2：合同纠纷，合同中存在有效仲裁条款，不属于人民法院主管，法院不予受理。(《民诉解释》第215、216条)

2. 管辖（《民诉解释》第211条）

（1）“受理前”发现无管辖权：裁定不予受理。(《民诉法》第124条第四项，“对不属于本院管辖的案件，告知原告向有管辖权的人民法院起诉。”)

（2）“受理后”发现无管辖权：裁定将案件移送有管辖权的法院。(移送管辖送出去的是案件：受理后、无到有，限1次)

（二）人1＝原告＝适格

1. 原告既要有诉讼权利能力＝公民、法人、其他组织。(是人)

2. 原告还要适格＝原告与本案有“直接利害”关系。(关你的事)

问1：【猫诉东哥赔偿之原告无诉讼权利能力案】东哥在清华大学欺负了奶茶养的一只宠物猫，奶茶以猫的名义起诉东哥索赔，列猫为原告，法院怎么办？

答：裁定不予受理。因为猫不具有诉讼权利能力，原告不适格，不符合起诉条件。

问2：【村民1欺负村民2之原告不适格案】甲村民想承包本村鱼塘，故起诉乙村民，请求判决解除乙村民与本村的鱼塘承包合同，法院怎么办？（2004/72D）

答：裁定不予受理。因为甲与本案没有直接利害关系，属于原告不适格，不符合起诉条件。

乙和村诉合同，甲侵权。无独三。

（三）人2＝被告＝明确

被告明确＝原告提供被告的姓名或者名称、住所等信息具体明确，足以使被告与他人相区别。（《民诉解释》第209条）

1. 被告不正确怎么办？（判决驳回诉讼请求）

被告是否正确、是否适格，应否承担责任属于实体法上的判断，法院受理时在所不问。如果被告不正确就不管，法院只受理被告正确的案子，那么所有的官司都必然是原告胜诉……

问：原告起诉被告，法院受理时发现被告不适格，法院怎么办？

答：应当依法受理。经过实体审理后判决驳回原告诉讼请求。

2. 被告不明确怎么办？（裁定不予受理或者裁定受理后再裁定驳回起诉）

被告不明确＝法院裁定不予受理＋法院裁定受理后则再裁定驳回起诉

告天下人。

问1：【被告公司没了】2005/76B 甲公司起诉乙公司支付房租20万，但乙公司已经依法清算并注销。法院怎么办？

解析：裁定不予受理。①因为起诉时被告乙公司已经注销，主体资格消灭＝没有明确的被告，不符合起诉条件，故法院应当不予受理。②法院在受理后才发现，则裁定驳回起诉。

问2：【被告人死了】2015/48 张丽因与王旭感情不和，长期分居，向法院起诉离婚。法院向王旭送达应诉通知书，发现王旭已于张丽起诉前因意外事故死亡。法院如何裁判？A 诉讼终结的裁定×。B 驳回起诉的裁定√。C 不予受理的裁定×。D 驳回诉讼请求的判决×。

解析：①起诉时被告已经死亡，主体资格消灭＝没有明确的被告，不符合起诉条件，法院应当不予受理。②法院在受理后才发现，则裁定驳回起诉。③“离婚诉讼中一方当事人死亡，法院裁定诉讼终结”。因为婚姻关系不能继承，自然应当诉讼终结，但前提是起诉后死亡。本案是起诉前就死亡，属于无明确被告。

3. 被告是老公很明确但是失踪了，老婆要离婚怎么办？（应该受理＋公告送达＋缺席判决）

《民诉解释》第217条，夫妻一方下落不明，另一方诉至法院，只要求离婚，不申请宣告下落不明人失踪或者死亡的案件，法院应当受理，对下落不明人“公告送达”诉讼文书。

问：哪个法院管辖？①**这种情况的离婚，属于被告一方下落不明的身份关系案件，由原告地法院管辖。**②“被告一方坐牢没户口找不到人的身份案件，被告就原告”③“一方离开1年以上，找监护人，要三费被告复杂的，两可”。

判断1：2004/72C 陈某下落不明3年，其丈夫不申请宣告失踪，直接起诉离婚，法院应当受理√。

判断2：2007/44 甲与乙系夫妻关系，4年前乙下落不明，甲提起离婚之诉。

A. 法院应不予受理，并告知甲应当按照特别程序申请宣告乙死亡×。

B. 法院应不予受理，并告知甲应先依照特别程序申请宣告乙为失踪人×。

C. 法院应受理，但在受理后应裁定中止诉讼，并依照特别程序认定乙为失踪人后，再对离婚之诉作出判决×。

D. 法院应当受理，并向乙公告送达有关的诉讼文书√。

解析：下落不明不等于被告不明确。

（四）吵架＝具体的诉讼请求＋事实＋理由

具体的诉讼请求、事实和理由≠正确的、可以获得支持的诉讼请求、事实和理由。

1. 只要具体，就符合程序上的起诉要件。（“索赔要具体到数字”）

2. 是否正确，属于实体审理要解决的问题，起诉时在所不问。

问1：【“时效届满”抗辩案】（2012/79D）（2006/44）（2005/76A）原告起诉被告主张已经过了诉讼时效的借款债权，法院怎么办？

答：依法受理。法院实体审理后，被告提出“时效届满”抗辩（诉讼时效届满的抗辩），法院查明无中止、中断理由的，应依法判决驳回诉讼请求。（《民诉解释》第219条）“抗辩权发生说”＞“胜诉权消灭说”。

问2：【分手青春费案】（2004/A）（2005/76D）林某曾与李某同居3年，二人分手时产生纠纷，李某起诉李某，要求赔偿“青春费”5万元。法院怎么办？

答：依法受理。程序上符合起诉条件，原告适格，被告明确，诉讼请求具体，符合起诉条件，法院应该受理。至于请求是否能得到支持是实体审理需要解决的问题，不影响案件受理。

①法院主管、管辖吗？②原告适格吗？③被告明确吗？④请求具体吗？

归总起诉条件特点：起诉条件要求低＝起诉是件容易的事情，能不能获得支持是不知道的，如果一定能得到支持那就没有败诉。所以，起诉条件是形式上条件。

2011/79 民事起诉状需要包括：A 双方当事人基本情况√。B 案由×。C 诉讼请求√。D 证据和证据来源√。

二、处理（《民诉解释》第 208 条）

（一）法院管不管：什么是裁定不予受理？什么是裁定驳回起诉？

- ①当场发现不符合起诉条件则 = 不予受理
- ②当场发现符合起诉条件则立案 = 受理
  - ①错了 = 裁定驳回起诉
  - ②对了 = 审理……
- ③当场发现不了的则 = 接收起诉材料
  - ①“查明”后不符合起诉条件 = 不予受理
  - ②查明符合起诉条件 = 受理
    - ①错了 = 裁定驳回起诉
    - ②对了 = 审理……
- ④材料不全则收到补齐后 7 日内
  - ①符合起诉条件 = 受理
    - ①错了 = 裁定驳回起诉
    - ②对了 = 审理……
  - ②不符合起诉条件 = 不予受理

辨析：裁定不予受理、裁定驳回起诉、判决驳回诉讼请求

（1）【立案庭】裁定不予受理：①原告在起诉时在程序上不符合起诉条件，法院受理前就发现，故裁定不予受理，故法院不会进行实体审理。②原告可以再次起诉《民诉解释》第 212 条。③上诉期 10 天。

（2）【审判组织】裁定驳回起诉：①原告在起诉时在程序上不符合起诉条件，法院错误裁定予以受理后才发现，再通过裁定驳回起诉，故法院不会进行实体审理。②原告可以再次起诉《民诉解释》第 212 条。③裁定不予受理和裁定驳回起诉适用情形是一样的，区别在于适用时间不同。④上诉期 10 天。

（3）【审判组织】判决驳回诉讼请求：①原告的起诉在程序上符合起诉条件，法院受理并依法进行了实体审理，但因为证据不足或者其请求得不到法律的支持等原因，故法院在进行实体审理后判决驳回原告诉讼请求。②原告败诉受一事不再理原则限制。③上诉期 15 天。

	不予受理	驳回起诉	驳回诉讼请求
时间	受理前的审查起诉阶段	受理后	审完了败诉
条件	不符合起诉条件	不符合起诉条件（民间借贷 24 条本来是借款却诉买卖）	不符合胜诉条件
组织	立案庭	审判组织	审判组织
对案件不服	可以再起诉（当事人纠正错误，保护起诉权）	可以再起诉（当事人纠正错误，保护起诉权）	一事不再理，不能再起诉
对文书不服	可以上诉、再审（纠正法院错误）	可以上诉、再审（纠正法院错误）	可以上诉、再审（纠正法院错误）
书面文书性质	裁定：程序问题	裁定：程序问题	判决：实体问题
上诉期	10 天	10 天	15 天

起诉与受理做题4步骤：①第1步，是法院主管吗？不是法院主管，裁定不予受理。②第2步，原告适格吗？不适格，裁定不予受理，受理后裁定驳回起诉。③第3步，被告明确吗？不明确，裁定不予受理，受理后裁定驳回起诉。明确就够了，对不对另说。应当受理。④第4步，诉讼请求具体吗？具体就够了，对不对另说。应当受理。

第1步，是法院主管吗？不是法院主管，裁定不予受理。

问1：【劳动纠纷仲裁前置】张某起诉公司索要劳动报酬，法院受理前发现案件未经劳动仲裁，法院怎么办？

答：①裁定不予受理。②劳动纠纷仲裁前置，未经劳动仲裁，不属于法院主管，不符合起诉条件。③法院应裁定不予受理。

问2：【仲裁协议排斥法院管辖】张某起诉李某承担违约责任，法院受理前发现合同中存在仲裁条款，法院怎么办？

答：①裁定不予受理。②存在仲裁协议，仲裁排斥司法管辖，故该合同纠纷不属于法院主管，不符合起诉条件，法院尚未受理，应裁定不予受理。

第2步，原告适格吗？不适格，裁定不予受理，受理后裁定驳回起诉。

问1：【原告不适格＝公司告员工让员工给老板道歉】甲公司起诉乙，让乙向甲公司法定代表人丙赔礼道歉，法院怎么办？

答：①裁定不予受理。②乙和丙之间的权利义务关系，甲公司不是适格当事人，即原告不适格，不符合起诉条件，法院应裁定不予受理。

问2：【原告不适格＝物主起诉无权处分人，要求解除无权处分人与第三买受人的买卖合同】房屋主人甲起诉无权处分人乙，要求解除乙和丙之间的无权处分买卖房屋合同，法院怎么办？

答：①裁定不予受理。②乙和丙之间的无权处分合同关系，甲不是适格当事人，即原告不适格，不符合起诉条件，法院应裁定不予受理。③甲是有独三可申请参加乙丙买卖合同纠纷案的第三人。

第3步，被告明确吗？不明确，裁定不予受理，受理后裁定驳回起诉。明确，则应当受理。

问1：【被告不明确＝被告公司注销了】甲起诉乙公司合同纠纷，法院受理前发现乙公司已经注销，法院怎么办？

答：①裁定不予受理。②因为被告乙公司在起诉前注销，说明起诉时没有明确的被告，不符合起诉条件，法院受理前，应裁定不予受理。

问2：【被告不明确＝被告人死了】张某起诉李某主张违约责任，法院受理案件后，向李某送达起诉状副本时发现李某已经在张某起诉前死亡，法院怎么办？

答：①裁定驳回起诉。②被告李某已经在起诉前死亡，说明起诉时被告已经死亡，起诉时没有明确被告，不符合起诉条件，此时案件已经受理，故法院应裁定驳回起诉。

问3：【被告不正确但是明确＝员工职务侵权时受害人告员工没告公司】京东快递小哥送快递撞到张某，张某起诉快递小哥要求赔偿，法院怎么办？

答：①受理，实体审理后判决驳回诉讼请求。职务侵权员工不对外，公司对外。②但是，受害人张某起诉告快递小哥时，快递小哥作为被告虽然是不适格的，但仍然是明确的，符合起诉条件，法院应受理。③法院通过审理后应判决驳回原告诉讼请求。

第 4 步，诉讼请求具体吗？具体就够了，对不对另说。

问：【诉讼请求具体 = 索要过了诉讼时效债权】甲起诉乙要求偿还 100 元借款，法院发现该 100 元已经过了诉讼时效，法院怎么办？

答：①应当受理。②原告甲要求被告乙归还 100 元借款，提出了具体诉讼请求，符合起诉条件，法院应当受理。③受理后如果被告乙主张“时效届满”抗辩，且查明无诉讼时效中止、中断时候，法院从实体上判决驳回原告甲的诉讼请求。

（二）法院管了就不能再管：什么是重复起诉？（《民诉解释》第 247 条）

《民诉法》第 124 条第 5 项：……（五）对判决、裁定、调解书已经发生法律效力的案件，当事人又起诉的，告知原告申请再审，但人民法院准许撤诉的裁定除外……

《民诉解释》第 247 条，当事人就已经提起诉讼的事项在诉讼过程中或者裁判生效后再次起诉，同时符合下列条件的，构成重复起诉：

（一）后诉与前诉的当事人相同；

（二）后诉与前诉的诉讼标的相同；

（三）后诉与前诉的诉讼请求相同，或者后诉的诉讼请求实质上否定前诉裁判结果。

当事人重复起诉的，裁定不予受理；已经受理的，裁定驳回起诉，但法律、司法解释另有规定的除外。

一事不再理：同一案件已经由其他有管辖权的法院依法审理，或判决、裁定、调解书已经发生法律效力的案件，当事人重复起诉的，不予受理；已经受理的，裁定驳回起诉。法律另有规定的除外。

3 结果：①法院裁定不予受理。②法院已经受理的，裁定驳回起诉。③但法律、司法解释另有规定的除外。

3 考虑：案件已经经过法院的实体处理，故“一事不再理”。①考虑到法院裁判的权威性。②考虑到避免出现矛盾判决（重复起诉目的就是为了获得矛盾判决）。③考到减少诉累、节约司法资源。

1. 什么是重复起诉？（三缺一不可）

重复起诉 = ①后诉与前诉的当事人相同 + ②后诉与前诉的诉讼标的相同 + ③后诉与前诉的诉讼请求相同，或者后诉的诉讼请求实质上否定前诉裁判结果。

主观方面要求当事人同一性。客观方面要求诉讼对象同一性（审理对象）。3 相同或 2 相同但诉讼请求矛盾。

判断 1：【已过时效债权第一次打官司案 = 应受理】2012/79D 当事人超过诉讼时效起诉的，法院应当受理√。

解析：是否能赢官司，看被告是否“时效届满”抗辩，如果被告提出“时效届满”抗辩，法院查明无诉讼时效中止、中断事由，判决驳回原告诉讼请求。

判断2：【已过时效债权第一次打官司原告输了然后第二次再打官司案＝重复起诉＝不受理】2007/85C 原告向被告索要已过诉讼时效的债权，已经被法院判决驳回诉讼请求，原告再次起诉，法院应裁定不予受理√。

解析：①题眼＝法院判决驳回诉讼请求。②说明案件已经经过一次实体处理，依据一事不再理原则，法院不能受理。

2. 什么是后诉与前诉的当事人相同？

当事人相同，不受在前诉和后诉中当事人诉讼地位影响，即使前诉后诉的原告、被告诉讼地位完全相反，仍应认定为当事人相同。

问：前诉张某诉李某请求确认合同有效，后诉李某诉张某请求确认合同无效，两诉当事人相同吗？答：相同。

3. 什么是后诉的诉讼标的与前诉的诉讼标的相同？

前诉委托合同要房屋，后诉借款合同要钱，两诉的诉讼标的不同，且两诉的诉讼请求也不同。

问：丈人告前女婿要购房款案

老丈人给女婿女儿首付款32万，购买房屋登记在女婿名下，女婿女儿还月供。后夫妻离婚，老丈人诉前女婿要房屋，以委托购房为依据。法院因老丈人未能提供委托合同证据为由判决驳回老丈人诉讼请求。老丈人还能以借款合同为由要求女婿女儿还借款吗？

答：可以。①前诉诉讼标的是委托合同；后诉的诉讼标的是借款合同。②前诉的诉讼请求是要房屋；后诉的诉讼请求是要钱。③前诉裁判判决是否定了当事人之间的委托合同关系，但并没有就当事人之间是否存在借款关系进行实体审理。故后诉再审理借款关系后的裁判结果必然与前诉的裁判结果没关系。

4. 什么是诉讼请求相同？什么是后诉的诉讼请求实质上否定前诉的裁判结果？

（1）一般而言，给付之诉、形成之诉会包含确认的内容。（2）如张某起诉李某继续履行合同，法院判决支持张某诉讼请求后，李某又起诉张某要求确认合同无效，则构成后诉请求实质上否定前诉裁判结果。因为前诉法院裁判继续履行合同当然会包含确认合同有效。

判断：【前诉为请求承担违约责任，后诉为确认合同无效，构成重复起诉案】2017/42

甲、乙两公司签订了一份家具买卖合同，因家具质量问题，甲公司起诉乙公司要求更换家具并支付违约金3万元。法院经审理判决乙公司败诉，乙公司未上诉。之后，乙公司向法院起诉，要求确认该家具买卖合同无效。对乙公司的起诉，法院怎么办？

A 予以受理×。B 裁定不予受理√。C 裁定驳回起诉×。D 按再审处理×。

解析：①后诉、前诉的当事人相同（虽然诉讼地位相反）；②后诉、前诉的诉讼标的相同（家具买卖合同法律关系）；③后诉的诉讼请求会实质上否定前诉裁判结果：前诉判决支持甲公司的诉讼请求，显然包含了确认合同有效的内容。后诉乙公司请求确认合同无效的诉讼请求在实质上构成了对前诉裁判结果的否定。

5. 不能重复起诉，那怎么办呢？就任法院宰割吗？当事人可以启动再审。

《民诉法》第124条第五项，“（五）对判决、裁定、调解书已经发生法律效力的案件，当事人又起诉的，告知原告申请再审，但法院准许撤诉的裁定除外。”

秒杀重复起诉：①前诉违约继续履行、后诉不可以诉无效。②前诉违约继续履行、后诉不可以诉解除合同。③前诉违约继续履行 10、后诉不可以诉继续履行 5 或 15（与前同覆盖）。④前诉违约继续履行，后诉可以诉履行后质量问题，这是新事实。

（三）法院“管了”还能再管：什么是一事不再理的例外？（什么是法律另有规定）

1、法院**程序上管了，实体上未管**，则法院还能再在实体上管（《民诉解释》第 212 条、第 214 条第 1 款）

（1）对裁定不予受理、裁定驳回起诉的案件，原告再次起诉的，如果符合起诉条件，法院应予受理。

判断：2012/79A 法院裁定驳回起诉的，原告再次起诉符合条件的，法院应予受理√。

改诉状。

（2）当事人撤诉或者法院裁定按撤诉处理的案件，当事人以同一诉讼请求再次起诉的，法院应予受理。

判断 1：原告撤诉 2007/85B 原告撤诉后，没有新情况、新理由，原告又起诉的，法院应受理√。 判断 2：原告撤诉 2014/79B 当事人在诉讼和解中约定“原告撤诉后不得以相同的事由再次提起诉讼”，法院根据该约定不能再受理原告的起诉 ×。 判断 3：法院按撤诉处理 2012/79B 法院按撤诉处理后，当事人以同一诉讼请求再次起诉的，法院应当受理√。（如原告应预交而未预交案件受理费）

原理：裁定不予受理、裁定驳回起诉、撤诉或按撤诉处理，该案件没有经过实体处理，故不受一事不再理的限制。但是，原审原告在第二审程序中撤回起诉后重复起诉的，人民法院不予受理。

2. 家人之间“三费”变化 = 作为新案受理（《民诉解释》第 218 条）（通货膨胀）

赡养费（老人是原告）、扶养费（妻子是原告）、抚育费（孩子是原告）案件，裁判生效后，因新情况、新理由（货币贬值或者失业等），一方当事人再行起诉要求增加或者减少费用的，法院应作为新案件受理。 （此乃形成之诉 = 也是变更之诉）（还有比如探望权案件 10 天变更为 30 天探望）<u>通货膨胀、生重病了。</u> 判断：2007/85D 追索赡养费案件的判决生效后，有新情况、新理由，当事人起诉要求增加赡养费的，法院应受理√。

3. 夫妻之间没离成婚，3 种情形下再诉讼离婚 = 法院受理

《民诉法》第 124 条第七项“判决不准离婚和调解和好的离婚案件，判决、调解维持收养关系的案件，没有新情况、新理由，原告在 6 个月内又起诉的，不予受理”。 《民诉解释》第 214 条第 2 款，原告撤诉或者按撤诉处理的离婚案件，没有新情况、新理由，6 个月内又起诉的，比照民事诉讼法第 124 条第七项的规定不予受理。

（1）被告可以随时起诉离婚。

（2）原告有新情况、新理由可以随时再起诉离婚。

（3）原告在 6 个月后可以随便再起诉离婚。

判断1：【被告可以随时再诉离婚+原告在6个月后可以随便再诉离婚】2012/79C 判决不准离婚的案件，当事人没有新事实和新理由再次起诉的，法院一律不予受理×。

判断2：【原告6个月内必须有新情况新理由才能再诉离婚】

2007/85A 判决不准离婚，没有新情况、新理由，原告在6个月内起诉的，法院应受理×。

2005/76C 甲起诉乙离婚，诉讼中撤诉，2个月后甲再次起诉离婚，但没有提出新情况、新理由，法院应受理×。

判断3：【被告可以随时再诉离婚】2004/72B 甲诉乙离婚，法院于2004年月判决不准离婚；2004年7月乙起诉甲，请求离婚，法院应受理√。

一句话记忆："6个月冷静期"=原告+无新情况新理由+判不离6个月内。

4. 养父母与养子女之间没分成手，3种情形再诉讼分手=法院受理。

（1）被告可以随时起诉分手。

（2）原告有新情况、新理由可以再起诉分手。

（3）原告可以在6个月后随便再起诉分手。

小结：起诉的法律效果和受理的法律效果。

（1）起诉的法律效果：原告向法院提起诉讼，诉讼时效中断，从程序终结时，诉讼时效期间重新计算。

（2）受理的法律效果

①法院取得对案件的审判权，有权对案件进行审判并作出判决。因为民事审判是不告不理，民事审判权的启动有被动性。只有在原告起诉，法院受理后，法院才取得对案件的审判权。

②法院对案件有排他管辖权，其他法院不得重复受理。当事人也不得就本案再次向别的法院起诉。

③当事人与法院之间产生具体的诉讼法律关系，当事人分别取得原告或者被告的诉讼地位，并享有各自不同的诉讼权利，承担各自不同的诉讼义务。

判断：2013/44"何某因被田某打伤，向甲县法院提起人身损害赔偿之诉，法院予以受理。关于何某起诉行为将产生的法律后果，哪一表述正确？A何某的诉讼时效中断√；B田某的答辩期开始计算×；C甲县法院取得排他的管辖权×；D田某成为适格被告×。"

解析：①B被告答辩期是从收到起诉状副本之日起算，而不是原告起诉之日起算。②C起诉不会使法院取得排他管辖权，受理才会有这个效果。③D被告适格是实体法判断，与起诉无关，法院受理后，经过审理，认为被告不适格的，应依法判决驳回原告诉讼请求。

5. 裁判生效后"发生新的事实"（"既判力基准时"）

《民诉解释》第248条，"裁判发生法律效力后，发生新的事实，当事人再次提起诉讼的，人民法院应当依法受理。"比如当事人就重复侵权、持续侵权行为提起的诉讼，也不构成重复诉讼。

问 1：什么是既判力基准时？①【既判力】判决确定后，当事人不得就已经判决的同1 案件再行起诉，即判决具有既判力。②【既判力 3 效力范围】既判力具有主观范围、客观范围和时间范围。③【既判力基准时 = 既判力时间范围】既判力的时间范围 = 既判力的基准时或标准时，是法院确定终局判决所判断的当事人之间诉争事实状态或权利状态存在的特定时间点。④【既判力基准时“之前”】既判力的基准时为“事实审言词辩论终结时”。因确定裁判是对特定时点上当事人之间的身体法律关系状态的判断，故确定判决仅对基准时之前发生的事项具有既判力，对基准时之后的事项没有既判力。⑤【既判力基准时“之后”】基准时候新的事实，不受既判力的拘束，当事人可再次提起诉讼。

问 2：什么是“新事实”？①【生效裁判后全新事实】新事实为生效裁判发生法律效力后发生的事实。②【不是遗漏的事实】不是原生效裁判未查明或涉及的事实，也不是当事人在原审中未提出的事实。原审结束前就存在的事实，当事人应当主张而未主张的事实，也不属于新事实。③【2019 大案例的全新事实】“甲公司在与乙公司的一份轮胎买卖合同中，乙公司已经支付货款，但甲公司一直没有交付轮胎。对此，乙公司向法院起诉要求甲公司履行合同交付轮胎，胜诉判决生效后，乙公司认为甲公司交付的轮胎质量已经大不如以前，于是向法院提出解除合同，返还货款并赔偿损失的诉讼。”

问 3：怎么审查“新事实”？①当事人以裁判生效后新发生事实为由，再次起诉，法院应当依法受理。②但本身要符合起诉条件，法院对此仅仅是形式审查，仅审查“新的事实”是否有证据，至于该“新的事实”是否属实，在起诉的受理阶段无须审查，而有待于受理后进行审查处理。③当事人主张的新的事实不成立的，法院应裁定驳回起诉。

三、庭前分流、庭前会议和庭审流程

审前准备：①送达（起诉状副本；答辩状副本）。②告知（受理通知书；应诉通知书；或口头告知；合议庭确定后 3 日内告知当事人便于申请回避）。③审核（诉讼材料，调查收集必要证据，必要时委托外地法院调查）。④追加（必共当事人）。⑤传唤（传票传唤当事人）。通知（其他诉讼参与人诉代、证人、鉴定人、勘验人、翻译人员）。⑥分流。⑦庭前会议。“证据交换和庭前会议不是必经程序，法院裁量。”

（一）庭前分流

《民诉法》第 133 条，法院对受理的案件，分别情形，予以处理：

（一）当事人没有争议，符合督促程序规定条件的，可以转入督促程序；（分流到非讼）

（二）开庭前可以调解的，采取调解方式及时解决纠纷；（分流到调解）

（三）根据案件情况，确定适用简易程序或者普通程序；（诉讼繁简分流）

（四）需要开庭审理的，通过要求当事人交换证据等方式，明确争议焦点。

（二）庭前会议

《民诉解释》第 224 条，依照民事诉讼法第 133 条第四项规定，法院可以在答辩期届满后，通过**组织证据交换**、召集庭前会议等方式，作好审理前的准备。

《民诉解释》第 225 条，根据案件具体情况，庭前会议可以包括下列内容：

（一）明确原告的诉讼请求和被告的答辩意见；

（二）审查处理当事人增加、变更诉讼请求的申请和提出的反诉，以及第三人提出的与本案有关的诉讼请求；

（三）根据当事人的申请决定调查收集证据，委托鉴定，要求当事人提供证据，进行勘验，进行证据保全；

（四）组织交换证据；

（五）归纳争议焦点；

（六）进行调解。

《民诉解释》第229条，当事人在庭审中对其在审理前的准备阶段认可的事实和证据提出不同意见的，法院应当责令其说明理由。必要时，可以责令其提供相应证据。法院应当结合当事人的诉讼能力、证据和案件的具体情况进行审查。理由成立的，可以列入争议焦点进行审理。（有限的禁反言）

判断1：质证只能发生在庭审中，在开庭前进行的只能是证据交换√。解析：证据交换是为明确争议焦点，并不是质证。

判断2：2013/43 哪一审判行为只能发生在开庭审理阶段？A 送达法律文书×；B 组织当事人进行质证√；C 调解纠纷，促进当事人达成和解×；D 追加必须参加诉讼的当事人×。

解析：①A 送达法律文书可以在开庭前送达传票、应诉通知书等，庭审结束后送达判决书等。②C 开庭前，适合调解的纠纷可以通过调解方式结案。③D 追加当事人也可以发生在开庭之前。

（三）庭审流程

宣布开庭。法庭调查。法庭辩论。制作庭审笔录。合议庭评议。宣判（定期或当庭）

1. 宣布开庭：审判长核对当事人身份、宣布案由，告知申请回避的权利。

判断：2012/40A 开庭时由书记员核对当事人身份和宣布案由×。

2. 法庭调查。【打证据】

判断：2012/40B 法院收集的证据是否需要进行质证，由法院决定×。

解析：①依当事人申请，法院收集的证据视为申请方当事人提供的证据，必须进行质证。②依法院职权收集的证据在庭审时出示，听取双方当事人意见，就调查收集情况作出说明。③故对于法院收集的证据是否应该质证，由法律明文规定，法院无决定权。

3. 法庭辩论。【说理】

法院经当事人同意根据案件具体情况，可将法庭调查（事实和证据）和法庭辩论（法律适用）合并进行。因为事实证据与法律适用是分不开的。

4. 庭审笔录：书记员制作后，审判人员签名，当事人和其他诉讼参与人签名盖章。

5. 合议庭评议：少数服从多数，不同意见记入笔录，笔录由合议庭成员签名，保密。

判断：2012/40C 合议庭评议实行少数服从多数，形成不了多数意见时，以审判长意见为准×。

解析：①合议庭评议实行少数服从多数，但是形不成多数意见时不能按照审判长的意见作出，而应由合议庭提交院长决定是否提交审判委员会讨论决定。②这和仲裁是不一样的。仲裁形不成多数意见则听首席的。

6. 宣判：当庭宣判的10日内送达判决书。定期宣判的应当当庭发给判决书。

四、撤诉和缺席判决

（一）原告不想告了，行不行？撤诉

法院受理后，判决宣告前，原告要求撤回起诉，属于当事人对诉讼权利行使处分权的表现。

1. 申请撤诉（《民诉法》第145条第1款）（“原告主动”）

原告① = 本诉原告。原告② = 反诉原告。原告③ = 有独立请求权第三人作为有独三之诉的原告。

2. 按撤诉处理（《民诉法》第143条）（“原告被动接受”，对当事人意思拟制）

原告① = 本诉原告。（本诉撤诉的，反诉继续 + 有独三之诉继续）（《民诉解释》第239条、237条）

原告② = 反诉原告。（反诉撤诉的，本诉继续 + 有独立三之诉继续）

原告③ = 有独三作为有独三之诉的原告。（有独三之诉撤诉的，本诉继续 + 反诉继续。）

（1）情形①“人没来” = 原告①②③经传票传唤无正当理由拒不到庭。（ + ④无民事行为能力的原告的法定代理人，经传票传唤，无正当理由拒不到庭。必要时可拘传其到庭。《民诉解释》第235条第一句）

（2）情形②“人没来” = 原告①②③未经许可中途退庭。

（3）情形③“人来了钱没来等于人没来” = 原告①②③“应当预交”案件受理费而未预交案件受理费，法院应当通知其预交，通知后仍不预交或者申请减、缓、免未获批准而仍不预交的，裁定按撤诉处理。（《民诉解释》第213条）

判断：2008/79C 有独三经法院传票传唤，无正当理由拒不到庭的，或者未经法庭许可中途退庭的，法院可以缺席判决×。

解析：①有独三在有独三之诉中相当于原告，其拒不到庭或未经许可中途退庭，有独三之诉应当按照撤诉处理，而不是缺席判决。②当然，如果撤诉失败，则照样可以对有独三进行缺席判决。

3. 是否继续，法院说了算

（1）申请撤诉，成不成，由法院裁定说了算（《民诉法》第145条第1款）

（2）法庭辩论终结后申请撤诉，成不成，被告不同意，法院可以不准许（《民诉解释》第238条第2款）

（3）无论是申请撤诉还是依法按撤诉处理，如果当事人有违反法律的行为需要依法处理，法院可以不准许撤诉或不按撤诉处理。（《民诉解释》第238条第1款）

秒杀：法院不准许原告撤诉则会启动对原告的缺席判决。

4. 申请撤诉成功或者按撤诉处理，有什么法律效果？（《民诉解释》第214条）

（1）本次诉讼程序终结：法院不再对案件进行审理和判决。

（2）下次还可以依法再来：因为案件未经过实体审理，原告可以再次起诉。当然，原告撤诉的离婚案件，6个月内没有新情况、新理由，原告再次起诉的，法院不予受理。

（3）诉讼时效重新起算。

（二）原告或者被告不在了，法院能不能判？缺席判决

一方当事人无正当理由拒不到庭，法院依法作出判决。缺席判决效力 = 对席判决效力。

1. 对原告的缺席判决（非必须到庭的原告）

（1）可以缺席判决情形①：原告撤诉失败

原告申请撤诉，法院裁定不准许撤诉的，原告经传票传唤，无正当理由拒不到庭的，可以缺席判决。（《民诉法》第 145 条第 2 款）

必共原告的部分原告经传票传唤无正当理由拒不到庭或未经许可中途退庭，法院可对原告缺席判决（如继承案件原告没来又不放弃实体权利）

（2）可以缺席判决情形②：原告撤诉成功，但是被告反诉

判断：2008/79A 原告经法院传票传唤，无正当理由拒不到庭的，或者未经法庭许可中途退庭的，可按撤诉处理；被告反诉的，法院可以缺席判决√。

（3）不可以缺席判决情形：必须到庭的原告没有来，传票传唤 1 次不来，先“决定”延期审理，然后再传票传唤 1 次还不来则拘传。不能缺席判决。

必须到庭的原告 = 原告到了才能查清案件基本事实。

2. 对被告的缺席判决（非必须到庭的被告）（《民诉解释》第 241 条）

被告① = 本诉被告。被告② = 反诉被告。被告③ = 有独立请求权第三人之诉被告。

（1）可以缺席判决情形①：被告①②③经传票传唤拒不到庭。（ + ④无民事行为能力的被告法定代理人经传票传唤无正当理由拒不到庭。必要时可拘传其到庭。《民诉解释》第 235 条第 2 句）

（2）可以缺席判决情形②：被告①②③未经许可中途退庭。

（3）不可以缺席判决情形：对必须到庭的被告没有来，传票传唤 1 次不来，先“决定”延期审理，然后再传票传唤 1 次还不来则拘传。不能缺席判决。

必须到庭的被告 = **配偶“扶养费”父母“抚育费”子女“赡养费” + 被告到了才能查清案情**。

判断 1：不是必须到庭被告案

2014/79D 当事人约定“双方必须亲自参加开庭审理，不得无故缺席”，如果被告委托了代理人参加开庭，自己不参加开庭，法院应根据该约定在对被告两次传唤后对其拘传×。

判断 2：老公逃债，老婆在家签收传票案

2009/46 齐某起诉宋某要求返还借款 8 万元，法院适用普通程序审理并向双方当事人送达出庭传票，因被告宋某不在家，宋某的妻子代其签收了传票。开庭时，被告宋某未到庭。经查，宋某已离家出走，下落不明。法院怎么办？

A 进行缺席判决√。B 法院应对被告宋某重新适用公告方式送达传票×。C 法院应通知宋某的妻子以诉讼代理人身份参加诉讼×。D 法院应裁定中止诉讼×。

解析：①送达问题：因为借款纠纷的诉讼文书已经通过直接送达（本人签收或与之同住的成年家属代为签收）方式进行了有效送达，即宋某妻子签收，不需要再行送达（但离婚诉讼中不能交给身份上既是当事人又是与受送达人同住的成年家属签收，本案是借款纠纷，不是离婚诉讼）。②下落不明：如果在送达开庭传票时当事人就下落不明导致无法送达，则应当公告送达。但本案已经送达了，不需要再公告送达，故法院直接以被告经传票传唤无正当理由拒不到庭，缺席判决即可。

3. 对无独立请求权第三人的缺席判决（不影响案件审理）

《民诉解释》第240条，无独立请求权的第三人经人民法院传票传唤，无正当理由拒不到庭，或者未经法庭许可中途退庭的，不影响案件的审理。

判断：2008/79D“无独立请求权第三人经法院传票传唤，无正当理由拒不到庭的，或者未经法庭许可中途退庭的，法院可以缺席判决√。”

4. “无人”离婚案，爹妈不能到庭的缺席判决？

《民诉解释》第234条，无民事行为能力人的离婚诉讼，当事人的法定代理人应当到庭；法定代理人不能到庭的，法院应当在查清事实的基础上，依法作出判决（缺席判决）。

判断：2008/79B“无行为能力人离婚案件，当事人的法定代理人应当到庭，法定代理人不能到庭的，法院应当在查清事实的基础上，依法作出缺席判决√”。 解析：不论无人是离婚案原告方，还是无人是离婚案被告方，均适用同一规则，可以依法缺席判决。

（三）开庭审理时一方未到庭，会有什么可能的法律后果？

1. 延期审理（2011/81A）。有正当理由不能到庭，延期审理。

2. 按原告撤诉处理（2011/81B）。无正当理由不能到庭，原告是按撤诉处理。

3. 缺席判决（2011/81C）。无正当理由不能到庭，被告是缺席判决。

4. 采取强制措施拘传未到庭的当事人到庭（2011/81D）。无正当理由不能到庭，但属于必须到庭的当事人，则经2次传票传唤仍然拒不到庭，则拘传到庭。

小结：撤回与缺席判决

启动程序一方不到庭，表明不愿意通过程序解决问题 = 视为撤回起诉	①一审中，原告不到庭，按撤诉处理。
	②二审中，上诉人不到庭，按撤回上诉处理。
	③再审中，申请人不到庭，按撤回申请处理。
	④仲裁中，申请人不到庭，按撤回申请处理。
被动接受程序一方不到庭，表明其放弃陈述与申辩的权利 = 缺席判决	①一审中，被告不到庭，缺席判决。
	②二审中，被上诉人不到庭，缺席判决。
	③再审中，被申请人不到庭，缺席判决（201450D适用二审程序的再审中被申请人不到庭则缺席判决）。
	④仲裁中，被申请人不到庭，缺席裁决。

五、诉讼效率：当事人可以改主意吗？法院怎么办？可以合并审理

（一）一审中，原告、被告、第三人可以改什么主意？法院怎么办？

《民诉法》第140条，原告增加诉讼请求，被告提出反诉，第三人提出与本案有关的诉讼请求，可以合并审理。（合并审理后，反诉、有独三之诉分别减半交纳案件受理费）（《诉讼费用交纳办法》第18条）

《民诉解释》第232条，在案件受理后，法庭辩论结束前，原告增加诉讼请求，被告提出反诉，第三人提出与本案有关的诉讼请求，可以合并审理的，人民法院应当合并审理。

《民诉解释》第233条，反诉的当事人应当限于本诉的当事人的范围（主体同一）。

反诉与本诉的诉讼请求基于相同法律关系、诉讼请求之间具有因果关系，或者反诉与本诉的诉讼请求基于相同事实的，人民法院应当合并审理。

反诉应由其他人民法院专属管辖，或者与本诉的诉讼标的及诉讼请求所依据的事实、理由无关联的，裁定不予受理，告知另行起诉。

问1：什么是诉的合并？①诉的主体＝原告和被告。诉的客体＝诉讼标的。②法院将2个或2个以上彼此有牵连的诉合并到同1法院管辖、并适用同一诉讼程序审判。③广义诉的合并区分为诉的客观合并（狭义诉的合并）＋诉的主观合并＋诉的主客观合并。④诉的主体合并＝诉的主观合并（必共）。⑤诉的客体合并＝诉的客观合并（甲乙加工承揽合同，甲诉乙支付加工款，乙诉甲赔偿加工物质量不合格造成的损失，各自分别向同一法院起诉）。⑥诉的主客观合并（普共、反诉、第三人参加之诉）。⑦人的合并＝诉的主观合并。标的的合并＝诉的客观合并。

问2：常见诉的合并？①【各个诉的当事人诉求指向同一法律关系】基于同一合同关系，合同甲方请求继续履行合同。合同乙方起诉请求确认合同无效或申请撤销合同。②【各个诉的当事人诉求基于同一事实但存在多个法律关系，未到10人不满足代表人诉讼】同一交通事故多个受害人和责任，为使责任比例划分有一致性，宜合并审理。离婚诉讼中，同一离婚行为产生3个法律关系，离婚关系、孩子抚养关系以及财产分割关系，通常应在1个案件中合并审理。除非财产分割纠纷过于复杂，为避免拖延婚姻关系的处理，可以分别审理。③【各个诉之间涉及的法律关系存在主从关系】如借款纠纷中，借款人与出借人、担保人分别签订借款合同和担保合同。出借人起诉借款人。出借人又起诉担保人。分别起诉。担保合同纠纷中担保人的责任与借款合同中借款人的责任具有一致性，应合并审理。④【各个诉之间的当事人存在不真正连带债务】雇员工作时间受第三人损害。雇员告第三人侵权。雇员告雇主雇佣关系赔偿。分别提起，这两个诉讼可以合并审理，有助于确定终局责任承担者。

问3：诉的合并启动和决定？①当事人对程序问题有处分权，当事人可以向法院申请合并诉讼。由法院根据案件的牵连程度等考量因素做出决定。②当事人未申请合并情况下，法院认为有必要合并的，也可以自行决定合并审理。（当事人提出合并申请应在法庭辩论结束前）

（二）二审撤销一审判决发回一审重审中，可以改什么主意？法院怎么办？

《民诉解释》第251条，二审裁定撤销一审判决发回重审的案件，当事人申请变更、增加诉讼请求或者提出反诉，第三人提出与本案有关的诉讼请求的，依照民事诉讼法第140条（“可以”合并审理不是“必须”）规定处理。（“法院有决定权”）

问1：增反三变包括哪些主体？【原告】一审时诉讼请求，重审一审时增加或变更诉讼请求。【被告】一审时没反诉，重审一审时提反诉；一审反诉基础上，增加或变更诉讼请求。【第三人】一审无独三，重审一审时提有独三；一审有独三时诉讼请求，重审一审时增加或变更诉讼请求。

问2：为什么发回重审的案件，可以适用诉的合并？①【发回重审】二审法院对一审上诉案件审理后，认为一审法院的判决认定基本事实不清，或存在遗漏当事人、诉讼请求或违法缺席判决等严重违反法定程序情形，由二审法院作出撤销一审判决的裁定，将案件发回一审法院，由一审法院另行组成合议庭按照第一审程序重新审理。②【按一审重来】既然按一审程序重新审理，那么民诉法对当事人一审中诉讼权利义务的规定就可以适用于发回重审的情形。包括合并审理的规定。

问3：变更诉讼请求是否存在合并审理的问题？①变更诉讼请求可分为量的增减和质的变化。②【量的增减】如诉讼请求由2万增加到3万或3万减少为1万。不涉及争议基础法律关系的变动，当事人将原诉讼请求进行量的增减，意味用变动后的诉讼请求替代变动前的诉讼请求，原诉讼请求不复存在，故不存在诉的合并审理问题。③【质的变化】诉讼请求性质的变更，如将侵权损害赔偿请求变更为主张违约责任。为什么允许当事人质的变化？考虑到纠纷解决的效率和成本。如果直接驳回原告的诉讼请求，其后果可能是原告败诉后，又重新提起诉讼，提出新的诉讼请求，造成司法资源过多消耗和当事人诉讼成本增加。④【质的变化1仍然只有1个诉讼请求则不存在诉的合并】原来是一个侵权赔偿诉讼请求，后来是一个违约赔偿诉讼请求，诉讼请求个数没有增加，不存在合并审理问题。⑤【质的变化2则存在诉的合并】变更后为多个新的诉讼请求，故不排除合并审理。⑥【诉的客体合并】只是程序上对各个诉的合并审理，当事人提出的各个诉讼请求必须都作出裁判。否则违反处分原则。

问4：增反三变的新举证期限？①【当事人变更诉讼请求】当事人根据法庭审理情况变更诉讼请求的，人民法院应当准许并可以根据案件的具体情况重新指定举证期限。②【新参加诉讼的当事人的举证期限】追加当事人、有独立请求权的第三人参加诉讼或者无独立请求权的第三人经人民法院通知参加诉讼的，人民法院应当依据《证据规定》第51条规定为新参加诉讼的当事人确定举证期限，该举证期限适用于其他当事人。

（三）再审撤销原判决、裁定发回一审重审中，可以改什么主意？

《民诉解释》第252条，再审裁定撤销原判决、裁定发回重审的案件，当事人申请变更、增加诉讼请求或者提出反诉，符合下列情形之一的，人民法院应当准许：

（一）原审未合法传唤缺席判决，影响当事人行使诉讼权利的；

（二）追加新的诉讼当事人的；

（三）诉讼标的物灭失或者发生变化致使原诉讼请求无法实现的；

（四）当事人申请变更、增加的诉讼请求或者提出的反诉，无法通过另诉解决的。

问1：什么时候存在再审时发回重审？【“二是二”】适用二审程序的再审案件，裁定原裁判发回一审重审。【“二是二”发回重审＝清零】意味着以前全部的裁判都被全部撤销，当事人的诉争回到了原第一审宣判前的状况，原审当事人的起诉地位恢复，由一审法院对当事人之间的争议重新进行审理。【允许超出原审】就审理范围而言，适用二审程序的案件如果发回重审，法院对当事人诉讼请求在一定条件下允许超出原审。有限地允许当事人增、反、变。（适用一审程序的再审案件，当事人的再审请求不能超出原审）

问2：再审请求A，再审裁定撤销原一二审判决后，回到原点，提出B或者A+B或者反诉C，不就会使得整个案件让当事人获得了比“再审直接改判”更多的司法资源吗？①如果一概允许再审撤销原一二审判决发回重审后，当事人都可以随便增反变，会使得发回重审的判决结果要超过最彻底的再审改判。②因此，需要有所限制。有限制的承认可以超出原审。

问3：什么是未合法传唤缺席判决？①“违反辩论原则”。②这是二审裁定发回重审的原因，也是再审（“二是二”）裁定发回重审的原因。③还应该允许未到庭的这个人，提出变更、增加诉讼请求或提出反诉。

问4：什么是追加新的当事人？①“漏人”。②这是二审裁定发回重审的原因，也是再审（“二是二”）裁定发回重审的原因。③这个新人提出了诉讼请求，必然导致原审原来的诉辩双方不得不相应地改变原来的诉讼请求。

问5：什么是诉讼标的物灭失或发生变化？①“没东西了”。②如不允许变更诉讼请求，裁判生效后要么无法执行，要么只能替代执行，与其如此，还不如在“重审”中让当事人自己作出是否变更诉讼请求的决定。

问6：什么是无法另诉解决？①当事人增反变，无法通过另诉解决，可不就得允许在重审中处理。②比如要三费，老子向儿子要赡养费，没要到太多。然后再审（“二是二”）裁定撤销原一、二审判决，回到原点。儿子反诉向老爹要抚养费，在重审时一并解决，有利于全面解决关联纠纷。

（四）部分清楚，先行部分判决

《民诉法》第153条，人民法院审理案件，其中一部分事实已经清楚，可以就该部分先行判决。

六、诉讼障碍：延期审理、诉讼中止、诉讼终结

（一）延期审理

开庭那天我恰好在外地上课，可以申请延期开庭吗？（《民诉法》第146条）

1. 延期审理的文书用**决定书**，而非裁定书。

（1）文书错误1：2008/40B毛某与安某专利侵权纠纷一案，在法庭审理过程中，发现需要重新进行鉴定，法院裁定延期审理×。

（2）文书错误2：2009/85A甲起诉其子乙请求给付赡养费。开庭审理前，法院依法对甲、乙进行了传唤，但开庭时乙未到庭，也未向法院说明理由。法院裁定延期审理×。

> 解析：赡养费案件属于被告必须到庭，不能缺席判决，经 2 次传票传唤无正当理由拒不到庭，应当拘传。本案经过 1 次传票传唤，不能拘传，只能再次传票传唤，传不到再适用拘传，故本次无法继续开庭，应当适用延期审理。不过，延期审理应用决定书，而非裁定书。

（3）文书错误 3：2012/47B 当事人有正当理由没有到庭的，法院应当裁定延期审理×。

2. 延期审理的本质

（1）临时性障碍导致庭审不能按期或继续进行，但是法官内心还是有谱的，活肯定要继续干下去，从而推迟开庭或者择日开庭。

（2）仅仅是将“庭审推迟”，其他诉讼活动照常进行，待障碍解决后再次开庭即可。

3. 延期审理的情形

（1）情形①：必须到庭的当事人和其他诉讼参与人有“正当理由”没有到庭的。

（2）情形②：当事人临时提出回避申请的。（“要多花时间”）

（3）情形③：需要通知新的证人到庭，调取新的证据，重新鉴定（2008/40B）、勘验，或者需要补充调查的。（“要多花时间”）

（4）情形④：其他应当延期的情形。

> 问 1：什么是必须到庭的当事人？（《民诉解释》第 174 条）
>
> ①必须到庭的被告 = 负有赡养、抚育、扶养义务的被告（**配偶**父母子女）+不到庭就无法查清案情的被告。
>
> ②必须到庭的原告 = 必须到庭才能查清案件基本事实的原告。
>
> ③对必须到庭的原告或者被告，经 2 次传票传唤，无正当理由拒不到庭的，可以拘传。（《民诉解释》第 174 条第 2 款；《民诉法》第 109 条）
>
> 判断：【必须到庭三费案】2007/38“甲与乙系父子关系，甲起诉乙请求给付赡养费。法院确定开庭审理后，对甲和乙都进行了传票传唤。但法院开庭审理时，乙未到庭，也没有向法院说明理由。法院怎么办？A 应延期审理√；B 应中止诉讼×；C 可以拘传乙到庭×；D 可以缺席判决×。”
>
> 解析：①追索赡养费，被告乙必须到庭，因此不能缺席判决。②对必须到庭的被告可以拘传，但拘传的前提是 2 次传票传唤，本案没说 2 次传票，故不能拘传。③本案是必须到庭的被告没有到庭，确实无法开庭，只能先延期审理，再传票传唤 1 次，不到庭再拘传。

> 问 2：什么是其他应当延期的情形？因为临时性障碍导致庭审无法如期进行，换个时间再开庭，即可延期审理。
>
> 判断：【去法院路上胃病发作案】2009/85B“甲乙人身损害赔偿一案，甲在前往法院的路上，胃病发作住院治疗。法院决定延期审理√。”
>
> 解析：胃病发作无法到庭属于当事人因正当理由不能到庭情形。胃病发作仅仅是导致本次庭审无法继续，待治疗痊愈后，恢复庭审即可。

（二）诉讼中止

人死了（财产诉讼中还有继承人）？人残了？法人死了？不可抗力参加不了诉讼了？先决他案没搞定，这个案子怎么办？（《民诉法》第 150 条）

1. 诉讼中止的文书用**裁定书**，而非决定书。

判断：【文书错误】2008/40A“杨某与赵某损害赔偿一案，杨某在去往法院开庭的路上，突遇车祸，被送至医院急救。法院遂决定中止诉讼×。” 解析：①可能延期审理，可能中止诉讼，还可能诉讼终结呢，取决于到底撞成什么样。②但是，无论如何，诉讼中止不是用决定，而是用裁定。

2. 诉讼中止的本质

（1）障碍导致诉讼无法继续进行或者不宜继续进行，或许可以偷懒呢，待障碍消除后，再视情况决定诉讼要不要继续、谁来继续、如何继续。

（2）诉讼活动“全部停工”状态。

3. 诉讼中止的情形

（1）情形①“等活人”：财产诉讼中，一方当事人死亡，需要等待继承人表明是否参加诉讼。（2018）

（2）情形②“等他爹”：一方当事人丧失诉讼行为能力，尚未确定法定代理人。（2009/85D“原告在诉讼中因车祸成为植物人，在原告法定代理人没有确定的期间，法院裁定中止诉讼√。”）

（3）情形③“等新单位”：作为一方当事人的法人或者其他组织终止，尚未确定权利义务承受人。

（4）情形④“等地震”：一方当事人因不可抗拒的事由，不能参加诉讼。

（5）情形⑤“等先案”：本案必须以另一案的审理结果为依据，而另一案尚未审结。（2015/43）（2008/34）（2008/40D）“丙公司诉丁公司租赁纠纷一案，法院审理中，发现本案必须以另一案的审理结果为依据，而该案又尚未审结，遂裁定诉讼中止√。”

问1：延期审理和诉讼中止的本质区别是什么？ 答：①延期审理的临时性障碍，只是推迟开庭或者择日开庭而已，其他诉讼活动照常。②诉讼中止的障碍，是否要继续诉讼、谁来继续、如何继续这些问题都是待定状态，全部诉讼活动中止。

问2：什么是本案必须以另一案的审理结果为依据，而另一案尚未审结的？ 例1：【不是先决关系＝出卖人玉石被偷案与买方诉卖方违约案】（2008/37）张某向李某购买玉石，价款1万元。后该玉石在李某处丢失，张某起诉李某违约责任（买方诉卖方违约案）。在诉讼中，王某因盗窃李某玉石被公安机关刑事拘留，进入刑事诉讼程序（玉石被偷案）。 问：法院裁定中止违约诉讼吗？ 答：不。①因为不论王某是否盗窃了玉石，基于合同相对性，李某都需要对张某承担违约责任。②因此，违约一案的处理结果，并不以刑事诉讼的结果为依据，所以不能中止诉讼。③违约之诉应该继续进行。 例2：【不是先决关系＝继承人之一杀外人案与继承纠纷案】张某死后，三个儿子甲、乙、丙因继承遗产纠纷起诉到法院（继承纠纷案），诉讼过程中，甲因为涉嫌杀害邻居丁，被公安机关刑事拘留（继承人杀外人案）。 问：法院裁定中止继承纠纷诉讼吗？ 答：不。因为遗产继承纠纷与甲杀害丁的刑事诉讼结果无关，不需要中止诉讼。

例 3：【是先决关系 = 继承人之一杀被继承人案与继承纠纷案】张某死后，三个儿子甲、乙、丙因遗产继承纠纷起诉到法院（继承纠纷案），诉讼过程中，甲因涉嫌杀害张某，被公安机关刑事拘留（继承人杀内人案）。

问：法院裁定中止继承纠纷诉讼吗？

答：裁定中止诉讼。因为甲杀害被继承人，会丧失继承权，所以遗产继承纠纷的正确处理需要以甲涉嫌杀害张某的刑事诉讼结果为依据，而该案尚未审结，法院应裁定中止继承纠纷案诉讼。

例 4：【是先决关系 = 老公被宣告死亡案与老公个人索要债权纠纷案】2015/43 甲县法院受理居住在乙县的成某诉居住在甲县的罗某借款纠纷案。诉讼过程中，成某出差归途所乘航班失踪，经全力寻找仍无成某生存的任何信息，主管方宣布机上乘客不可能生还，成妻遂向乙县法院申请宣告成某死亡。怎么办？

A. 乙县法院应当将宣告死亡案移送至甲县法院审理×。

B. 借款纠纷与宣告死亡案应合并审理×。

C. 甲县法院应当裁定中止诉讼√。

D. 甲县法院应当裁定终结诉讼×。

解析：①如果成某死亡，应由成妻作为继承人继续进行诉讼。②故本案到底应由成某继续诉讼还是成妻继续诉讼，需要等待宣告成某死亡这一特别程序的结果予以确定，属于本案需要以另一案的结果为依据，另一案尚未审结，本案应当诉讼中止。

例 5：【是先决关系 = 老公被确认无行为能力案与老公个人买房合同被开发商告纠纷案】2008/34 居民甲与金山房地产公司签订了购买商品房一套的合同，后因甲未按约定付款。金山公司起诉至法院，要求甲付清房款并承担违约责任。在诉讼中，甲的妻子乙向法院主张甲患有精神病，没有辨别行为的能力，要求法院认定购房合同无效。怎么办？

A. 法院应通知甲的妻子作为法定诉讼代理人出庭进行诉讼×。

B. 由乙或金山公司申请对甲进行鉴定，鉴定过程中，诉讼继续进行×。

C. 法院可以依职权决定对甲进行鉴定×。

D. 乙或金山公司可以向法院申请认定甲为无民事行为能力人，法院应裁定诉讼中止√。

解析：①对公民是否无限人，需要启动特别程序认定。（《民诉法》第 187 条第 1 款，申请认定公民无民事行为能力或者限制民事行为能力，由其近亲属或者其他利害关系人向该公民住所地基层人民法院提出。）②该特别程序的审理结果直接关系到合同的效力问题，是买卖合同纠纷案作出正确裁判的依据，因此应当依申请启动特别程序，认定甲的民事行为能力。③在该特别程序尚未审结前，商品房买卖合同纠纷案应该诉讼中止。

问 3：中止诉讼的障碍消灭，恢复诉讼程序时，需要裁定撤销原中止诉讼的裁定吗？

答：不用。诉讼直接继续，原中止诉讼裁定自动失效。《民诉解释》第 246 条，裁定中止诉讼的原因消除，恢复诉讼程序时，不必撤销原裁定，从人民法院通知或者准许当事人双方继续进行诉讼时起，中止诉讼的裁定即失去效力。

（三）诉讼终结

（《民诉法》第 151 条）

1. 诉讼终结的文书用**裁定书**，而非决定书。

2. 诉讼终结 = 法官没必要审了。

3. 诉讼活动 = 句号。

情形①：原告死了无后？原告死亡，没有继承人，或者继承人放弃诉讼权利。

情形②：被告死了无钱？被告死亡，没有遗产，也没有应当承担义务的人。

情形③：离婚时死老婆、死老公？离婚案件一方当事人死亡。（2009/85C）

情形④：解除收养关系时死养父母、死养子女？解除收养关系案件的一方当事人死亡。（2005/45）

情形⑤：追索赡养费、扶养费、抚育费时，有人死了？追索赡养费、扶养费、抚育费案件的一方当事人死亡。

原理：

（1）【无人继承】一般案件①②中，有人死了，需要等待继承人表明是否参加诉讼，从而导致诉讼中止。中止后继承人继续参加诉讼，则恢复诉讼；如果没有继承人或者继承人放弃权利，则诉讼终结。

（2）【无法继承】身份案件③④⑤中，一方死亡，身份关系就消灭，诉讼标的不复存在。同时，由于身份关系不存在继承问题，所以无需通过诉讼中止等待继承人表明是否继续诉讼，直接裁定诉讼终结。（5 种 = 离婚 + 赡养 + 扶养 + 抚育 + 收养）

判断“诉前死人”1：【离婚案起诉前被告死人，受理后发现 = 裁定驳回起诉】2015/48“张丽因与王旭感情不和，长期分居，向法院起诉要求离婚。法院向王旭送达应诉通知书，发现王旭已于张丽起诉前因意外事故死亡。

问：法院怎么作裁判？A 诉讼终结的裁定 ×。B 驳回起诉的裁定√。C 不予受理的裁定 ×。D 驳回诉讼请求的判决 ×。”

解析：本题挖坑很深。①法院向被告送达应诉通知书 = 法院已经受理。②被告王旭在原告起诉前死亡 = 起诉时被告主体资格消灭 = 起诉时无明确的被告 = 不符合起诉条件。③故应裁定驳回起诉。

判断“诉中死人”2：【离婚案一审中死人 = 裁定诉讼终结】2009/85C“甲诉乙离婚案件，在案件审理中甲死亡。法院裁定按甲撤诉处理 ×。”

解析：离婚案件中不论哪一方死亡，婚姻关系即告消灭，诉讼无法继续，应当裁定诉讼终结。

2011/77B“关于离婚诉讼，一方当事人死亡的，诉讼终结√。”

判断“上诉中死人”3：【离婚案上诉期间死人 = 裁定诉讼终结】2009/47“甲起诉与乙离婚，一审法院判决不予准许。甲不服一审判决提起上诉，在甲将上诉状递交原审法院后第三天，乙遇车祸死亡。此时，原审法院尚未将上诉状转交给二审法院。

问：法院怎么办？A 终结诉讼√。B 驳回上诉 ×。C 不予受理上诉 ×。D 中止诉讼 ×。”

解析：为什么是终结诉讼而不是中止诉讼。①提交上诉状第三天 = 判决书尚未生效 = 在诉讼过程中。②诉讼过程中离婚案件一方当事人死亡，婚姻关系消灭，诉讼标的不复存在，诉讼自然不复存在，故裁定诉讼终结。③如果要对财产进行分割，则不应以婚姻关系为标的继续诉讼，而应终结离婚诉讼后，当事人按照继承关系处理，不能解决则以遗产继承关系为诉讼标的，重新起诉。**④如果中止诉讼，那么是等待什么？不可能等待甲的儿子表态是否与爸爸甲继续进行离婚诉讼。**

判断4：【离婚案中离婚和分割财产上诉期间女方死人=裁定诉讼终结+一审判决未生效故老公还是老公与岳母一起对女方继承权】

2017/81 对张男诉刘女离婚案（两人无子女，刘父已去世），因刘女为无行为能力人，法院准许其母李某以法定代理人身份代其诉讼。2017年7月3日，法院判决（如没上诉则判决在2017年7月18日生效）二人离婚，并对双方共有财产进行了分割。该判决同日送达双方当事人，李某对解除其女儿与张男的婚姻关系无异议，但对共有财产分割有意见，拟提起上诉。2017年7月10日（诉讼期间），刘女身亡。本案产生什么法律效果？

A. 本案诉讼中止，视李某是否就一审判决提起上诉而确定案件是否继续×。

B. 本案诉讼终结√。

C. 一审判决生效，二人的夫妻关系根据判决解除，李某继承判决分配给刘女的财产×。

D. 一审判决未生效，二人的共有财产应依法分割，张男与李某对刘女的遗产均有继承权√。

解析：本案挖坑很深。①岳母对女儿女婿一审离婚满意，对一审分财产不满意，要提起上诉，不料上诉期间内女儿死亡，则诉讼终结。②在上诉期间（或当事人上诉后二审期间），一审判决未生效。③一审判决未生效的第一个身份上效果：一审判决离婚=作废。判决尚未生效，故婚姻关系在一审判决时即2017年7月3日尚未解除，“老婆死亡前，老公还是老公”。④一审判决未生效的第二个财产上效果：一审判分割财产=作废。因为判决尚未生效，刘女死亡时即2017年7月10日，老公张男还是老公，故老公和妈妈李某是第一顺位法定继承人。启动法定继承。⑤最后，在女方死亡时，2017年7月10日夫妻婚姻关系消灭，启动法定继承，女婿和岳母继承女方遗产，不满意应该按继承关系重新起诉。⑥一句话：一审法院忙了半天，白审了！（无论是中止诉讼还是终结诉讼，已经收的诉讼费不退）

补充：(1)“拟”上诉，就是还没上诉，所以案件还是在一审当中。(2)离婚案应该诉讼终结，因为诉讼中死人了。(3)财产继承是可以继续审理的。(4)所以，本题是语文题。第一，是多选题，必须选2个。第二，题干措辞诉“离婚案”，问“本案”，所以本案指的是离婚。B的本案也是指离婚诉讼终结。

判断5：【解除收养关系案二审期间一方死亡案=二审法院裁定终结诉讼】

2005/45 甲向法院起诉请求解除与乙之间的收养关系。一审法院判决驳回起诉请求。甲不服提起上诉。二审法院开庭的前一天，甲因意外事故而死亡。法院如何处理？

A. 由一审法院裁定终结诉讼×。

B. 由一审法院裁定驳回上诉×。

C. 由二审法院裁定驳回上诉×。

D. 由二审法院裁定终结诉讼√。

解析：①解除收养关系案件一方死亡，应裁定诉讼终结。②本案进入二审，应由二审法院裁定诉讼终结。

判断6:【合同案公司合并=变更当事人诉讼继续】

2008/40C“甲公司诉乙公司合同纠纷一案，审理过程中，甲公司与其他公司合并，法院裁定诉讼终结×。”

解析：变更当事人可以继续进行，不属于诉讼终结情形。

记忆1：诉讼终结=要么没继承（没有继承人、继承人放弃权利、没有遗产也没有义务继承人），要么无法继承（身份关系）。

记忆2：当事人死亡的处理：是裁定不予受理？裁定驳回起诉？还是裁定诉讼中止？还是裁定诉讼终结？

（1）起诉前死亡

①原告死亡=没有适格的原告

②被告死亡=没有明确被告

③法院裁定不予受理，受理后发现的裁定驳回起诉。

（2）诉讼中死亡（包括上诉期间死亡）

①一般案件，一方当事人死亡，尚未确定权利义务继承人的，裁定诉讼中止。

②身份案件，离婚诉讼、追索赡养、扶养、抚育费案件，以及解除收养关系案件一方当事人死亡，由于案件诉讼标的是身份关系，不能继承，故直接裁定诉讼终结。

记忆3：①死没死不知道，早晚可以知道，等有数，决定延期审理。②死了没绝，等多久，裁定诉讼中止。③死了绝了，已知道，不用等，诉讼终结。

记忆4：横向串联记忆扶养费案纠纷知识点：《今日说法》之“不回家的男人”案，男方借女人钱买昂贵手机，打工赚钱没给家里，老婆糖尿病失明，索要扶养费。

①给付之诉。

②可重复提起：“赡养费（老人是原告）、扶养费（妻子是原告）、抚育费（孩子是原告）案件，裁判生效后，因新情况、新理由，一方当事人再行起诉要求增加或者减少费用的，法院应作为新案件受理”。（变更之诉或形成之诉）

③适用简易程序的应该调解：“婚姻家庭纠纷”。

④可适用小额程序：“身份关系清楚，仅在给付的数额、时间、方式上存在争议的赡养费、抚育费、扶养费纠纷可以适用小额诉讼程序审理”+“标的额为各省、自治区、直辖市上年度就业人员年均工资30%以下”。

⑤属于被告必须到庭的案件不能缺席判决：负有赡养、抚育、扶养义务的被告必须到庭的被告，如果没有来开庭，传票传唤1次不来，先延期审理，然后再传票传唤1次还不来则拘传。不能缺席判决。

⑥属于一方死人则诉讼终结：“追索赡养费、扶养费、抚育费案件的一方当事人死亡的，应诉讼终结。”

七、判决、裁定和决定

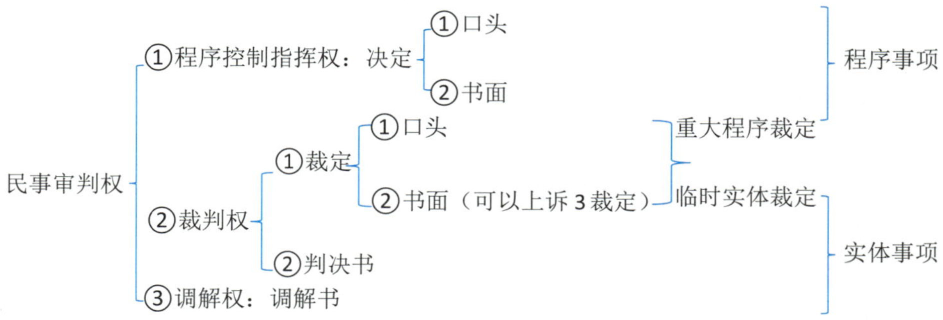

问：一审到底要多久可以拿到结果？

①一审审限＝66N：《民诉法》第149条，法院适用普通程序审理的案件，应当在立案之日起六个月内审结。有特殊情况需要延长的，由本院院长批准，可以延长六个月；还需要延长的，报请上级法院批准。（再加3，即663，合计15个月）

②一审审限有水分＝刨除公告期间、鉴定期间、和解期间、审理当事人管辖异议和处理法院管辖争议期间：《民诉解释》第243条，民事诉讼法第149条规定的审限，是指从立案之日起至裁判宣告、调解书送达之日止的期间，但公告期间、鉴定期间、双方当事人和解期间、审理当事人提出的管辖异议以及处理人民法院之间的管辖争议期间不应计算在内。

（一）裁定（《民诉法》第154条）

1. 可以上诉的三个裁定（《民诉法》第154条第2款）

①裁定不予受理。（可以再审）

②裁定驳回起诉。（可以再审）

③裁定管辖权异议。（不可以再审）

原理：不予受理与驳回起诉涉及当事人最重要的权利，起诉权，故可以上诉，可以再审。

2. 不可以上诉的其他裁定

①保全和先予执行。（涉及实体问题）

②准许或者不准许撤诉。

③中止或者终结诉讼。

④补正判决书中的笔误。

⑤中止或者终结执行。

⑥撤销或者不予执行仲裁裁决。（涉及实体问题）

⑦不予执行公证机关赋予强制执行效力的债权文书。（涉及实体问题）

⑧法院对确认调解协议案件的审判。

⑨法院对实现担保物权案件的审判。

⑩我国法院所作的承认和执行外国法院判决的裁定书。

⑪其他需要裁定解决的事项。

3. 裁定的效力通常只及于当事人、诉讼参与人和审判人员。（2012/47C“裁定的拘束力通常只及于当事人、诉讼参与人和审判人员√。”)

问 1：裁定可以口头方式作出吗？（2014/82B 判决都必须以书面形式作出，某些裁定可以口头方式作出√。）

答：可以。《民诉法》第 154 条第 3 款，裁定书应当写明裁定结果和作出该裁定的理由。裁定书由审判人员、书记员署名，加盖人民法院印章。口头裁定的，记入笔录。

问 2：裁定仅解决程序问题吗？（2014/82A “判决解决民事实体问题，而裁定主要处理案件的程序问题，少数涉及实体问题√。”）

答：不是。裁定主要处理案件的程序问题，少数涉及实体问题。比如裁定保全、裁定先予执行；裁定撤销或不予执行仲裁裁决；裁定不予执行公证机关赋予强制执行效力的债权文书。

问 3：可以用裁定驳回诉讼请求吗？（2012/47A “裁定可以适用于不予受理、管辖权异议和驳回诉讼请求 ×。”解析：裁定驳回起诉；判决驳回诉讼请求。）

答：不可以。驳回诉讼请求用判决而非裁定。

问 4：当事人不服一审裁定，都可以上诉吗？（2012/47D “当事人不服一审法院作出的裁定，可以向上一级法院提出上诉 ×。”）

答：不一定。只有不予受理、驳回起诉和管辖权异议裁定可以上诉，其他裁定不能上诉。

问 5：裁定都没有执行力吗？（2014/82D 后句）

答：错。有一些裁定是具有执行力的，如保全、先予执行、确认调解协议效力、实现担保物权、我国法院所作的承认和执行外国法院判决的裁定书等。

（二）决定 = 处理程序性事项

1. 处理法院内部工作关系。

2. 指挥诉讼进程如延期审理、申请顺延期限、诉讼费用减缓免、法院自行决定再审。

3. 处理有关回避和妨碍诉讼的强制措施（罚款、拘留）。可以复议。驳回回避申请为原级复议；罚款、拘留为上级复议。

上诉	不予受理裁定、驳回起诉裁定、管辖权异议裁定	
复议	同级复议	先予执行裁定、回避决定、保全裁定
	上级复议	罚款决定、拘留决定、执行管辖异议裁定、执行行为异议裁定

记忆：“先回保同级复议”；“执执罚款拘留 = 上级复议”。

（三）判决（《民诉法》第 152 条）

1. 必须书面：判决书由审判人员、书记员署名，加盖人民法院印章。（《民诉法》第 152 条第 2 款）

2. 必须公开宣判：不论案件是否公开审理，一律公开宣判。（《民诉法》第 148 条）

（1）2 发判决书

①【当庭宣判】当庭宣判择日送达判决书 = 当庭宣判的，法院应当在 10 日内送达判决书。

②【定期宣判】择日宣判当庭发给判决书 = 定期宣判的，应当当庭发给判决书。（2012/40D“法院定期宣判的，应当在宣判后立即将判决书发给当事人√。”）

（2）2 告知事项

①宣告判决时，必须告知当事人上诉权利、上诉期限和上诉的法院。

《民诉法》第 164 条，判决书送达日起 15 日内 + 裁定书送达日起 10 日内 + 《民诉解释》第 244 条不能同时送达双方则上诉期从各自收到判决书、裁定书之日计算。

问：一审裁判何时生效？①所有有上诉权的当事人在上诉期满都没有提起上诉，判决和裁定才发生效力。②每个上诉权人的上诉期是各自收到判决书、裁定书后分别起算。“各玩各的”。

②宣告“离婚”判决，必须告知当事人在判决发生法律效力前不得另行结婚。

问：财产案件的生效判决都有执行力吗？（2014/82D 前句“财产案件的生效判决都有执行力×。”） 答：不一定。①不是所有生效的财产案件的判决都有执行力。②如原告起诉被告归还借款，法院判决驳回原告诉讼请求，该判决就没法执行，也不需要执行。③如确认之诉的判决由于不具有给付的内容，同样不能执行。

3. 送达判决书后发现错误

（1）写错了 = 裁定补正（《民诉解释》第 245 条）（2016/46）

①轻微瑕疵 = 书写错误 = 法律文书误写、误算，诉讼费用漏写、误算和其他笔误。

②裁定补正。

（2）判错了 = 判决未生效则二审纠正 + 判决生效则再审纠正（《民诉解释》第 242 条）（2012/41）

①致命瑕疵 = 适用法律错误 + 认定事实错误。

②判决未生效 = 二审纠正：当事人上诉，判决未生效，则原审法院可以提出原判决有误的意见，报送二审法院，由二审法院通过二审程序予以纠正。

例：2019 一审判决后，当事人不服提起上诉，二审审理过程中，一审发现自己判错了，怎么办？A 一审法院裁定补正错误×。B 二审法院应将案件发回一审法院重审×（明知有错要自己改）。C 二审法院应向上级法院移送全部案卷×。D 一审法院可以提出一审判决有错误的意见，报送二审法院√。

③判决生效 = 再审纠正：当事人未上诉，判决已生效，则应当按照审判监督程序处理即再审。（“通常情况是由原审法院以院长发现形式提交本院审判委员会讨论决定再审，纠正错误”）

判断 1：【写错了，怎么办？】“2016/46 某死亡赔偿案件，二审法院在将判决书送达当事人签收后，发现其中死亡赔偿金计算错误（数学上的错误），导致总金额少了 7 万余元。” A. 应当通过审判监督程序，重新制作判决书×。 B. 直接作出改正原判决的新判决书并送达双方当事人×。 C. 作出裁定书予以补正√。 D. 报请上级法院批准后作出裁定予以补正×。

解析：①二审判决写错了，也类比一审判决写错的方法进行处理，即裁定予以补正。②修改本案案情，如果是二审判错了，则因为二审判决是生效判决，不存在上诉问题，故只能通过审判监督程序予以纠正。

判断2：【判错了，怎么办?】“2012/41 甲公司诉乙公司货款纠纷一案，A市B区法院在审理中查明甲公司的权利主张已经超过诉讼时效（乙公司并未提出时效抗辩），遂判决驳回甲公司的诉讼请求。判决作出后上诉期间届满之前，B区法院发现其依职权适用诉讼时效规则是错误的。”

A. 因判决尚未发生效力，B区法院可以将判决书予以收回，重新作出新的判决×。

B. B区法院可将判决书予以收回，恢复庭审并向当事人释明时效问题，视具体情况重新作出判决×。

C. B区法院可以作出裁定，纠正原判决中的错误×。

D. 如上诉期间届满当事人未上诉的，B区法院可以决定再审，纠正原判决中的错误√。

解析：①本案是判错了，不是写错了，所以不能裁定予以补正。②B区法院是一审法院，接下来就是等待看当事人上诉不，如果当事人上诉，则一审法院可以提出原判决有误的意见，报送二审法院，由二审法院进行纠正；如果当事人不上诉，则只能通过审判监督程序纠正。

问：判错了，15日内当事人尚未上诉，这期间有别的方法补救吗?

答：有。法官“说服”原告撤诉（原告负一半诉讼费），再行起诉，法院重新审理。

八、诉讼文书公开（《民诉法》第156条）

（一）公众可以查

公众可以“向作出该生效裁判”法院申请查阅发生法律效力的判决书、裁定书，但涉及国家秘密、商业秘密和个人隐私的内容除外。

（二）公众不能查

①公众不能查①：未生效的判决书、裁定书（未发生效力或者已经失去效力）

②公众不能查②：涉及国家秘密、商业秘密、个人隐私的判决书、裁定书

③公众不能查③：调解书、决定书

一句话：非本院、未生效、调解、三秘不可查。已经上网则自行查（2013年裁判文书网）。

（三）当事人可以查

当事人可以查：以上全部（当事人不能查阅合议庭评议笔录）

附录：小总结系列

小总结1：各期间可以做什么?

1. 答辩期间：①答辩状；②管辖权异议（记忆办法：竹字头）

2. 举证期间：①申请证据保全；②申请法院调查收集证据；③申请延长举证期限；④申请证人出庭；⑤申请法庭通知有专门知识的人出庭；⑥申请文书提出命令。

3. 法庭辩论终结前：①申请回避（评议前见到法官，评议后见不到法官）。②原告增加、变更诉讼请求。③被告提出反诉。④有独三参加诉讼（希望纳入评议）。

4. 判决宣告前：①一审判决宣告前撤回起诉。②二审判决宣告前撤回上诉。③减半收取诉讼费（《诉讼费用交纳办法》第 15 条，调解结案或撤诉的，都减半收取诉讼费）。

5. 判决宣告后生效前：撤诉。

小总结 2：各程序举证期限

1. 小额诉讼程序：当事人约定或者法院指定，一般不超过 7 日。

2. 简易程序：当事人约定或者法院指定，不得超过 15 日。

3. 普通程序：当事人约定或者法院指定，法院指定的举证期限不得少于 15 日。

小总结 3：一审终审情形 = 两审终审的例外

①小（“小额”）②督（“督促”）③公（“公示催告”）④特（“特别”）⑤调（“调解书”）⑥定（“一般裁定”）（不予受理、驳回起诉、驳回管辖权异议三个裁定可以上诉）⑦罪（“最高院一审”）⑧无效婚姻（“婚姻效力”）=1 次搞定。

小总结 4：审限

①简易程序审限 330：33（院长批准）0。

②普通程序一审审限 66N：66（院长批准）N（上级法院批准）。（乘以 2）

③普通程序二审审限 3N：3N（院长批准）。（除以 2）对裁定上诉的二审 =30N。

小总结 5：审理方式

①一审必须以开庭方式进行。

②二审原则上应当开庭审理，但经过阅卷、调查和询问当事人，对没有提出新的事实、证据或者理由，合议庭认为不需要开庭审理的，可以不开庭审理。（《民诉法》第 169 条）

小总结 6：可能、也可能

①委托代理人，可能是一般授权的委托代理人，也可能是特别授权的委托代理人。

②共同诉讼，可能是普共，也可能是必共。

③人数确定的代表人诉讼，可能是普通，也可能是必共。

④无独三，可能是承担义务的无独三，也可能是不承担义务的无独三。

⑤中院，可能作为一审法院，也可能作为二审法院。

⑥再审，可能适用一审程序再审，也可能适用二审程序再审。

⑦法院调查收集证据，可能是依申请调查收集，也可能是依职权调查收集。

第十一部分　二审普通程序（二审）

引：二审普通程序的逻辑体系

逻辑体系： 1. 先琢磨一下哪些案件一审终审，压根没有二审（“①二审的适用范围”）？ 2. 然后思考谁可以提起上诉，怎么写上诉状，什么时候要提交，怎么提交，什么时候可以有结果（“②上诉主体、上诉形式、上诉期、上诉渠道、二审审限”）？ 3. 二审会开庭吗，能看到法官吗（“③审理形式”即开庭吗）？ 4. 上了二审，怎么明确上诉人、被上诉人、原审诉讼地位的（“④二审当事人诉讼地位”）？ 5. 二审台上坐了什么法官（“⑤审判组织”）？ 6. 二审法院审理什么，怎么给一审挑错（“⑥审理范围”）？ 7. 最后的审理结果是什么（“⑦撤回起诉、撤回上诉、调解、裁判”）？

一、哪些案件一审终审，不能上诉，压根没有二审的机会？（“①二审的适用范围”）

（一）哪些案件一审终审？

1. 小额诉讼程序所作的判决、裁定，包括实体判决、驳回起诉和管辖权异议裁定（小伯伯），一审终审不得上诉。

问：对中院审理的1元钱专利案，可以上诉吗？ 答：可以。“2013/78B 曹某向市中院诉刘某侵犯其专利权，要求赔偿损失1元钱，中院驳回其请求。曹某提起上诉。法院不应该受理×。” 解析：①1元钱额度是小，但是小额诉讼程序的前提是基层法院审理的事实清楚、权利义务关系明确，争议不大的民事案件，诉讼标的为上年度就业人员年平均工资30%以下的。②本案是中院审理的专利案件，不能适用小额诉讼程序。③高院对上诉应该受理。

2. 督促程序，公示催告程序，特别程序（选民资格案件、宣告失踪或者宣告死亡案件、认定公民无民事行为能力或者限制民事行为能力案件、认定财产无主案件、确认调解协议案件和实现担保物权案件），所作裁判一审终审，不得上诉，且不得申请再审。

问：对确认调解协议有效的裁定，可以上诉吗？ 答：不可以。“2013/78C 孙某将朱某打伤，经当地人民调解委员会调解达成协议，并申请法院进行了司法确认。后朱某反悔提起上诉。法院不应受理该上诉√。” 解析：确认调解协议属于特别程序，一审终审，对其裁定不服，不能上诉。

3. 调解书一审终审，不能上诉。

4. 一般的裁定书一审终审，不得上诉。（不予受理、驳回起诉、驳回管辖权异议三个裁定可以上诉）

5. 最高法院的一审判决、裁定，无处上诉。

6. 婚姻效力判决一审终审，不得上诉。

问：离婚诉讼中发现存在无效事由，法院判决婚姻无效，还可以上诉吗？

答：不可以。“2013/78D 尹某诉与林某离婚，法院审查中发现二人系禁婚的近亲属，遂判决二人婚姻无效。尹某提起上诉。法院不应受理该上诉√。”

解析：①《婚姻法解释一》第 9 条，有关婚姻效力的判决一经作出，即发生法律效力。认定婚姻有效、认定婚姻无效、可撤销婚姻被撤销的判决，当事人不能上诉。②但是，解除婚姻关系（离婚）、维持婚姻关系（不准离婚）的判决，当事人可以上诉。

一句话：①小（“小额”）②督（“督促”）③公（“公示催告”）④特（“特别”）⑤调（“调解书”）⑥定（“一般裁定”）⑦罪（“最高院一审”）⑧无效婚姻（“婚姻效力”）=1 次搞定。

（二）哪些案件二审终审？

1. 一审判决。

2. 三类裁定 = 不予受理 + 驳回起诉 + 驳回管辖权异议。

一句话谐音记忆：“管”“理”“起诉”，对驳回与管理起诉有关的裁定，可以上诉。小额程序的驳回起诉和驳回管辖权异议裁定一审终审，“小伯伯一审终审”。

问：对执行管辖异议的裁定不服，可以提起上诉吗？

答：不可以。“2013/78A 宋某和卢某借款纠纷一案，卢某终审败诉，宋某向区法院申请执行，卢某提出执行管辖异议，区法院裁定驳回卢某异议。卢某提起上诉。法院不应受理卢某的上诉请求√。”

解析：①卡死只有三种裁定可以上诉，其他的都不可以。②对诉讼管辖权异议裁定不服，可以上诉。③而对执行管辖异议的裁定不服，不能上诉，只能向上一级法院申请复议。

小结：诉讼管辖与执行管辖

	诉讼管辖	执行管辖
共同管辖和选择管辖	最先立案的管	最先立案的管
后立案的法院怎么办？	诉讼中，裁定移送管辖	执行中，裁定撤销案件
何时提出管辖权异议？	提交答辩状期间	收到执行通知书 10 日内
异议成功怎么办？	裁定移送管辖	裁定撤销案件
异议失败怎么办？	上诉：可拖延	上级复议：不停止执行

二、谁可以提起上诉？怎么写上诉状？什么时候提交？怎么提交？什么时候会有结果？（“②上诉主体、上诉形式、上诉期、上诉渠道、二审审限”）

（一）谁可以提起上诉？上诉主体 = 本案当事人

1. 原告。
2. 被告。
3. 有独立请求权第三人。
4. 判决承担义务的无独立请求权第三人。

> 问 1：一审判决未要求无独三承担义务，无独三可以提起上诉吗？①不可以。②“2013/48甲对丙提起代位权诉讼，法院追加乙为第三人（追加的只能是无独三）。一审判决丙向甲还款。乙上诉请求法院判丙向自己还款。乙的上诉无效，乙不能成为上诉人√。”
>
> 问 2：无责无独三不可以上诉，但可以作为被上诉人吗？①可以。②被上诉人没有资格问题，任何判决书上的当事人只要没上诉，都可能成为被上诉人。

5. 委托代理人需要“特别授权”才能代为提起上诉。
6. 无限人的法定代理人有权代理当事人上诉。（《民诉解释》第 321 条）
7. 上诉后当事人死了或灭了，通知权利义务承继者继续参加诉讼，需要终结诉讼的，二审法院裁定终结诉讼。（《民诉解释》第 322 条）
8. 上诉后作为当事人的法人或其他组织变了，继续，分立后的列为共同诉讼人，合并后的列为当事人。（《民诉解释》第 336 条）

> 问 1：当事人在一审程序中实施的诉讼行为，在二审中就会作废吗？
>
> 答：不会。
>
> 解析：因为《民诉解释》第 342 条第 1 款，当事人在第一审程序中实施的诉讼行为，在第二审程序中对该当事人仍具有拘束力。第 2 款，当事人推翻其在第一审程序中实施的诉讼行为时，人民法院应当责令其说明理由。理由不成立的，不予支持。

> 问 2：检察院抗诉可以启动二审吗？
>
> 答：不可以。“2014/83A 二审既可能因当事人上诉而发生，也可能因检察院的抗诉而发生 × 。”
>
> 解析：二审只能基于当事人的上诉而启动。检察院的抗诉只能启动再审。

（二）怎么写上诉状？上诉形式 = 书面上诉状 = 口头上诉无效

> 《民诉解释》第 320 条，一审宣判时或者判决书、裁定书送达时，当事人口头表示上诉的，人民法院应告知其必须在法定上诉期间内递交上诉状。未在法定上诉期间内递交上诉状的，视为未提起上诉。
>
> 虽递交上诉状，但未在指定的期限内交纳上诉费的，按自动撤回上诉处理。

判断：【口头上诉有效吗？无效】2011/40 吴某被王某打伤后诉至法院，王某败诉。一审判决书送达王某时，其当即向送达人郑某表示上诉，但因其不识字，未提交上诉状。关于王某行为的法律效力：

A. 王某已经表明上诉，产生上诉效力×。

B. 郑某将王某的上诉要求告知法院后，产生上诉效力×。

C. 王某未提交上诉状，不产生上诉效力√。

D. 王某口头上诉经二审法院同意后，产生上诉效力×。

解析：①上诉必须提交书面上诉状。②起诉原则要求书面起诉状，但允许口头起诉。(《民诉法》第120条第2款，"书写起诉状确有困难的，可以口头起诉，由人民法院记入笔录，并告知对方当事人。")

（三）什么时候提交上诉状？上诉期

1. 判决送达之日起15日内。
2. 裁定送达之日起10日内。

秒杀：各自收到裁判文书的时间分别计算各自的上诉期。

（四）怎么提交上诉状？上诉渠道

1. 应当通过原审法院提出（并按对方人数提出副本）（《民诉法》第166条第1款）
2. 当事人直接向二审法院上诉的，二审法院应在5日内将上诉状移交原审法院。（《民诉法》第166条第2款）

归总：①原审法院收到上诉状之日起5日内将上诉状副本送达对方当事人。②对方当事人收到上诉状副本之日起15日内提交答辩状。③原审法院收到答辩状之日起5日内将答辩状副本送达上诉人。④原审法院收到上诉状、答辩状，5日内连同全部案卷和证据，报送二审法院。（《民诉法》第167条）

（五）什么时候会出结果？二审审限（《民诉法》第176条、《民诉解释》第341条）

1. 对判决上诉的二审审限=3N。（①3=二审立案之日起3个月内审结。②N=有特殊情况需要延长的，由本院院长批准）
2. 对裁定上诉的二审审限=30N。（①30=二审立案之日起30日内作出终审裁定。②N=有特殊情况需要延长审限的，由本院院长批准）（**3个裁定上诉，审查没有太多事实查证工作，大多不涉及实体权利义务确认，故给30日**）

审限：

①简易程序审限330：33（院长批准）0。

②普通程序一审审限66N：66（院长批准）N（上级法院批准）。

③普通程序二审审限3N：3N（院长批准）。对裁定上诉的二审审限=30N天。

④执行程序6N：立案之日起6个月内执行结案，但中止执行的期间应当扣除。确有特殊情况需要延长的，由本院院长批准。

⑤特别程序30N：立案之日起30日内或者公告期满后30日内审结，院长批准可以延长。选民资格案件必须在选举日前审结。

记忆：简易330，一审66N，二审3N，执行6N，特别30N。

三、二审会开庭吗，我们可以看到二审法官真容吗？（“③审理形式”即开庭吗）

（一）开不开庭？可以，也可以。二审开庭审理为原则，也可以“例外”依法不开庭审理。

判断：“2014/83D 二审原则上应开庭审理，特殊情况下可不开庭审理√。”“2012/43B 二审案件的审理，以开庭审理为原则√。”

《民诉法》第169条，第二审人民法院对上诉案件，应当组成合议庭，开庭审理。经过阅卷、调查和询问当事人，对没有提出新的事实、证据或者理由，合议庭认为不需要开庭审理的，可以不开庭审理。（《民诉解释》第333条=可以不开庭4情形）

问：二审不开庭的3个条件缺一不可？①阅卷调查询问当事人（不能叫书面审违反直接言辞证据原则）+②没有提出新的事实、证据和理由（必须开庭质证否则剥夺辩论权违反辩论原则）+③合议庭认为不需要开庭审理（合议庭也可以开庭审理）。

1. 可以不开庭审理①：当事人瞎胡闹的=不服不予受理、管辖权异议和驳回起诉裁定的。（二审不开庭搞定）

2. 可以不开庭审理②：当事人瞎胡闹的=当事人提出的上诉请求明显不能成立的。（二审不开庭搞定）

3. 可以不开庭审理③：一审错得很明显=原判决、裁定认定事实清楚，但适用法律错误的。（二审不开庭搞定）

4. 可以不开庭审理④：一审错得很明显=原判决严重违反法定程序，需要发回重审的。（二审压根不搞）

秒杀：无开庭必要，所以二审例外可以不开庭。

一审	必须开庭（不论小额、简易还是普通程序）
二审	原则上开庭审理，特殊例外可以不开庭审理
仲裁	原则上开庭审理，当事人可以协议不开庭的，可以书面审理

（二）在哪里开庭？可以，也可以，还可以。可以在二审法院开庭，也可以在案发地开庭，还可以在原审法院开庭

《民诉法》第169条第2款，第二审人民法院审理上诉案件，可以在本院进行，也可以到案件发生地或者原审人民法院所在地进行。“单一合议制3人不能有人民陪审员”

四、到了二审开庭时，怎么确定上诉人或被上诉人或原审诉讼地位的？（“④二审当事人诉讼地位”）

（一）全部人对一审都不服=全部为上诉人+不列被上诉人（《民诉解释》第317条）

1. 原告=上诉人。
2. 被告=上诉人。
3. 有独三=上诉人。
4. 承担义务的无独三=上诉人。

（二）部分人对一审不服，部分人对一审服＝打架的是上诉人和被上诉人＋打酱油的是原审诉讼地位（《民诉解释》第319条）

1. 不服而提起上诉的人＝上诉人＝“打架”
2. 如果支持上诉人全部主张会受损的人＝被上诉人＝“打架”
3. 如果支持上诉人全部主张不会受损的人＝原审诉讼地位列明＝“打酱油”

秒杀：对谁有意见谁被上诉人，其他该咋地咋地。“各玩各的”。

《民诉解释》第319条，“必要共同诉讼人”的一人或者部分人提起上诉的，按下列情形分别处理：

（一）上诉仅对与对方当事人之间权利义务分担有意见，不涉及其他共同诉讼人利益的，对方当事人为被上诉人，未上诉的同一方当事人依原审诉讼地位列明；

（二）上诉仅对共同诉讼人之间权利义务分担有意见，不涉及对方当事人利益的，未上诉的同一方当事人为被上诉人，对方当事人依原审诉讼地位列明；

（三）上诉对双方当事人之间以及共同诉讼人之间权利义务承担有意见的，未提起上诉的其他当事人均为被上诉人。

做题有技巧

1. 第一步，谁是上诉人？谁提起上诉，他有权上诉吗，有权他就是上诉人。如一审判决中不承担责任的无独三没有上诉权。

2. 第二步，谁是被上诉人或者原审诉讼地位列明？

（1）假设二审法院改判完全支持上诉人请求，谁会受到不利影响（权利减少或义务增加），谁就是被上诉人。

（2）其他人不受影响，按原审诉讼地位列明。

例1：【内部不满＝丁告甲、乙、丙连带侵权，甲对丙分担不满案】2017/44 甲、乙、丙三人共同致丁身体损害，丁起诉三人要求赔偿3万元。一审法院经审理判决甲、乙、丙分别赔偿2万元、8000元和2000元，三人承担连带责任。甲认为丙赔偿2000元的数额过低，提起上诉。二审当事人诉讼地位怎么确定？

A 甲为上诉人，丙为被上诉人，乙为原审被告，丁为原审原告√。
B 甲为上诉人，丙、丁为被上诉人，乙为原审被告×。
C 甲、乙为上诉人，丙为被上诉人，丁为原审原告×。
D 甲、乙、丙为上诉人，丁为被上诉人×。

甲
乙　　　丁（原告）
丙

做题步骤：①第一步，谁提起上诉？甲提起上诉，甲有上诉权，故甲是上诉人。②第二步，如果全部支持甲的主张，该改判导致丙受害（增加丙的赔偿义务），故丙是被上诉人。对乙和丁无不利影响，故按原审诉讼地位列明，乙是原审被告，丁是原审原告。（乙不但不会受害反而会得益）。③**有资格不服的人＝上诉人；不利影响＝被上诉人。**

例2：【外部不满＝甲告丙代位权诉讼，乙为第三人，法院没判乙负担义务，乙、丙对甲不满案】2013/48 甲对乙享有10万元到期债权，乙无力清偿，且怠于行使对丙的15万元债权，甲遂对丙提起代位权诉讼，法院依法追加乙为第三人。一审判决甲胜诉，丙应向甲给付 10 万元。乙、丙均提起上诉，乙请求法院判令丙向其支付剩余 5 万元债务，丙请求法院判令甲对乙的债权不成立。二审当事人地位怎么确定？

A. 丙是上诉人，甲是被上诉人√。

B. 乙、丙是上诉人，甲是被上诉人×。

C. 乙是上诉人，甲、丙是被上诉人×。

D. 丙是上诉人，甲、乙是被上诉人×。

甲　　乙（债务人）无独三（受到有利影响）

代位权诉讼

丙（次债务人）被告

做题步骤：①第一步，谁提起上诉？乙、丙提起上诉，乙无上诉权（法院追加乙参加诉讼，故乙是无独三，因为有独三只能以起诉方式参加诉讼，法院不能追加。一审判决中乙不承担责任，故乙的上诉无效，不能成为上诉人）。丙有上诉权，故丙是上诉人，乙不是上诉人。②第二步，如果全部支持丙的主张，甲会受害（债权消灭），故甲是被上诉人。乙不会受害，故按原审诉讼地位列明，乙是原审无独三。（乙不但不会受害反而会受益）。③“丙请求法院判令甲对乙的债权不成立”似乎是丙对甲、乙都不服，实际上应该将丙的上诉请求与“一审判决”相对比，本案一审判决是丙向甲支付 10 万元，丙主张甲对乙的债权不成立，是对一审判决自己向甲支付 10 万元这一义务不服，希望通过确定甲对乙的债权不成立来实现自己不向甲支付这 10 万元，这只涉及自己与甲之间的权利义务，所以不能选 D。

例 3：【内部和外部都不满 = 甲、乙、丙告丁等人分遗产，甲对丙和丁多分不满案】2016/44 甲、乙、丙诉丁遗产继承纠纷一案，甲不服法院作出的一审判决，认为分配给丙和丁的遗产份额过多，提起上诉。二审当事人地位怎么确定？

A. 甲是上诉人，乙、丙、丁是被上诉人×。

B. 甲、乙是上诉人，丙、丁是被上诉人×。

C. 甲、乙、丙是上诉人，丁为被上诉人×。

D. 甲是上诉人，乙为原审原告，丙、丁为被上诉人√。

甲

乙　　丁（被告）

丙

做题步骤：①第一步，谁提起上诉？甲提起上诉，甲有上诉权，故甲是上诉人。②第二步，如果全部支持甲的主张，会减少丙和丁在一审判决中获得的遗产份额，故丙和丁是被上诉人。乙不会受害，故按原审诉讼地位列明，乙是原审原告。

例 4：【内部和外部都不满 = 乙、丙告甲、报社侵权，报社对甲、乙、丙都不满案】2007/43 甲在某报发表纪实报道，对明星乙和丙的关系作了富有想象力的描述。乙和丙以甲及报社共同侵害了他们的名誉权为由提起诉讼，要求甲及报社赔偿精神损失并公开赔礼道歉。一审判决甲向乙和丙赔偿 1 万元，报社赔偿 3 万元，并责令甲及报社在该报上书面道歉。**报社提起上诉，**请求二审法院改判甲和自己各承担 2 万元，以甲的名义在该报上书面道歉。二审当事人地位怎么确定？

A. 报社是上诉人，甲是被上诉人，乙和丙列为原审原告×。

B. 报社是上诉人，甲、乙、丙是被上诉人√。
C. 报社是上诉人，乙和丙是被上诉人，甲列为原审被告×。
D. 报社和甲是上诉人，乙和丙是被上诉人×。

做题步骤：①第一步，谁提起上诉？报社提起上诉，报社有上诉权，故报社是上诉人。②第二步，如果全部支持报社的主张，甲会受害（增加赔偿义务1万元，赔礼道歉义务没变），故甲是被上诉人。乙和丙也会受害（改判后乙、丙只能得到甲的道歉，而得不到报社的道歉），故乙、丙也是被上诉人。

五、到了二审开庭时，台上坐了什么法官？（“⑤审判组织”）

（一）必须合议制。
（二）必须由审判员组成，人民陪审员不能参加。

判断：2012/43D 二审案件的审理，应当由法官组成的合议庭进行审理√。 秒杀：由审判员组成合议庭审理。

六、到了二审，二审法院怎么给一审挑错？（“⑥审理范围”）（《民诉法》第168条、《民诉解释》第323条）

（一）应该围绕上诉请求的事实和法律适用进行审查 = 事实审和法律的有限审

仅围绕上诉请求有关的事实和法律问题进行审查，对被上诉人在答辩中要求变更、补充一审判决的内容可以不予审查。

判断1：2014/83B 关于民事诉讼二审程序的表述，二审既是事实审，又是法律审√。 解析：一般性地阐述二审是事实审又是法律审，表述准确。

判断2：2017/82D 二审应全面审查一审法院对案件的事实认定和法律适用×。 解析：具体个案中，一般情况二审应围绕上诉请求相关的事实和法律适用问题进行审查。

（二）特殊情况可以超越上诉请求进行事实和法律适用的全面审查 = 事实和法律的全面审查

1. 一审判决违反法律禁止性规定。
2. 一审判决损害国家利益。
3. 一审判决损害社会公共利益。
4. 一审判决损害他人合法权益。

平衡：尊重当事人处分权与确保法律严肃性 ①为什么二审应围绕上诉请求进行法律审和事实审？尊重当事人的处分权，既然没有提出上诉请求，说明服判，既然服判，二审法院就不能管了。 ②为什么二审在特殊情况下可以超越上诉请求进行全面的法律审和事实审？因为违反禁止性规定、损害国家利益、社会公共利益、他人合法权益（“三益”）的一审判决，即使当事人未提出上诉请求，二审法院也应该予以纠正，依职权进行改判，以维护法院判决公正和权威。

例：2017/82 朱某诉力胜公司商品房买卖合同纠纷案，朱某要求判令被告支付违约金5万元；因房屋质量问题，请求被告修缮，费用由被告支付。一审法院判决被告败诉，认可了原告全部诉讼请求。力胜公司不服令其支付5万元违约金的判决，提起上诉。二审法院发现一审法院关于房屋有质量问题的事实认定，证据不充分。二审法院对本案处理应如何处理？

A. 应针对上诉人不服违约金判决的请求进行审理√。

B. 可对房屋修缮问题在查明事实的情况下依法改判×。

C. 应针对上诉人上诉请求所涉及的事实认定和法律适用进行审理√。

D. 应全面审查一审法院对案件的事实认定和法律适用×。

七、二审审理结束后成果是什么？（“⑦撤回起诉、撤回上诉、调解、裁判”）（各种状况）

（一）【一次用尽】原审原告“撤回起诉”＝对一审自始退出＋原一审白忙乎了

《民诉解释》第338条第1款，在第二审程序中，原审原告申请撤回起诉，经其他当事人“同意”，且不损害国家利益、社会公共利益、他人合法权益的，人民法院可以准许。准许撤诉的，应当一并裁定撤销一审裁判。

《民诉解释》第338条第2款，原审原告在第二审程序中撤回起诉后重复起诉的，人民法院不予受理。

1. 条件

（1）其他当事人同意。

（2）且法院审查不损害“三益”：国家利益、社会公共利益、他人合法权益。

2. 效果

（1）二审法院准许原审原告撤回起诉，一并裁定撤销一审裁判（2006/50AD），当事人之间的权利义务纠纷并未获得一审或二审法院的实体处理。

（2）为了防止反复纠缠，原审原告在第二审程序中撤回起诉后重复起诉的，法院不予受理。

一审撤回起诉	撤回起诉后案件尚未得到实体处理，可以再次起诉。
二审中撤回起诉	撤回起诉后，原告不能再次起诉。
再审中撤回起诉	撤回起诉后，原告不能再次起诉。

例：2006/50 季某诉赵某解除收养关系，一审判决解除收养关系，赵某不服提起上诉。二审中双方和解，维持收养关系，向法院申请撤诉。问：二审法院怎么办？

答：二审法院应当准许当事人的撤诉申请。二审法院在准许撤回起诉时应一并裁定撤销原判。

（二）【一次用尽】上诉人申请“撤回上诉”＝对二审中途退出＋原一审判决生效没白忙乎

撤回上诉：《民诉解释》第337条，在第二审程序中，当事人申请撤回上诉，人民法院经审查认为一审判决确有错误，或者当事人之间恶意串通损害国家利益、社会公共利益、他人合法权益的，不应准许。 达成和解协议后申请撤回上诉：《民诉解释》第339条，当事人在第二审程序中达成和解协议的，人民法院可以根据当事人的请求，对双方达成的和解协议进行审查并制作调解书送达当事人；因和解而申请撤诉，经审查符合撤诉条件的，人民法院应予准许。 问：如何理解《民诉解释》第339条中的“和解”走向？❶达成和解协议后2种走向。❷一种是撤回上诉，那么一审判决生效。❸另一种是根据和解协议制作调解书，那么二审调解结案。❹关于第339条中所谓的“撤诉”，是撤回起诉（由起诉人提出，只能原审原告提出）还是撤回上诉（由上诉人提出，可能是原审原告或原审被告），最高院认为，二审法院需要让当事人明确到底是撤回起诉还是撤回上诉。因为一旦撤回起诉，就不能再起诉，而和解协议又可以不作数，所以，原审原告为保障自身权益，通常应不会选择撤回起诉。

秒杀：一旦二审中撤回上诉，则还是一审的判决好。除非二审调解结案。

1. 上诉期内撤回上诉

（1）撤回上诉1次用尽。此后不得再次上诉。不能撤回上诉然后隔天又上诉，调戏法院。

（2）“上诉期内其他上诉人”全都不上诉或者全都撤回上诉，一审判决才生效。

2. 上诉期满后二审审理中撤回上诉

（1）在二审判决宣告前，上诉人申请撤回上诉，是否准许由二审法院裁定（裁定不可上诉直接生效）。（《民诉法》第173条）

（2）“如无其他上诉人”或者“全部都撤回上诉”，则二审法院裁定准许撤回上诉之日＝一审判决生效。（2017/46）（2012/42）（2016/47）

例1：【二审中双方和解而撤回上诉＝一审判决生效】2017/46 石山公司起诉建安公司请求返还86万元借款及支付5万元利息，一审判决石山公司胜诉，建安公司不服提起上诉。二审中，双方达成和解协议：石山公司放弃5万元利息主张，建安公司在撤回上诉后15日内一次性付清86万元本金。建安公司向二审法院申请撤回上诉后，并未履行还款义务。石山公司怎么办？ A. 可依和解协议申请强制执行×。 B. 可依一审判决申请强制执行√。 C. 可依和解协议另行起诉×。 D. 可依和解协议申请司法确认×。

"86 + 5→86→0。则回到原来 86 + 5。"

解析：①和解协议属于民事合同，不能成为执行依据。②二审中撤回上诉 = 一审生效，可以申请强制执行。③本案已经经过实体审理，故不能再次起诉，否则违反一事不再理原则。④司法确认调解协议效力的确认对象仅有调解协议，不包括司法确认和解协议。且司法确认是非讼程序，是没有纠纷才确认。本案中已经解决了纠纷。"如果允许司法确认"将会产生 2 个执行依据，这是不允许的。

例 2：【二审中双方和解而撤回上诉 = 一审判决生效】2012/42 经审理，一审法院判决被告王某支付原告刘某欠款本息合计 22 万元，王某不服提起上诉。二审中，双方当事人达成和解协议，约定：王某在 3 个月内向刘某分期偿付 20 万元，刘某放弃利息请求。案件经王某申请撤回上诉而终结。约定的期限届满后，王某只支付了 15 万元。刘某欲寻求法律救济，怎么办？

A. 只能向一审法院重新起诉 ×。

B. 只能向一审法院申请执行一审判决√。

C. 可向一审法院申请执行和解协议 ×。

D. 可向二审法院提出上诉 ×。

"22→20→15。则回到原来 22，还差 7。"

解析：①A 撤回上诉成功后 = 一审判决生效，本案已经经过实体审理，根据一事不再理原则，当事人不能再次起诉。②B 一审判决生效，故当事人可申请执行一审判决。③C 和解协议不具有强制执行力，不能执行。④D 一审判决已经生效，不能上诉，因为上诉的对象只能是未生效的判决、裁定书。

例 3：【二审中双方和案外人和解而撤回上诉 = 一审判决生效】2016/47 王某诉赵某借款纠纷一案，法院一审判决赵某偿还王某债务，赵某不服，提出上诉。二审期间，案外人李某表示，愿以自己的轿车为赵某偿还债务提供担保。三人就此达成书面和解协议后，赵某撤回上诉，法院准许。一个月后，赵某反悔并不履行和解协议。关于王某实现债权：

A. 依和解协议对赵某向法院申请强制执行 ×。

B. 依和解协议对赵某、李某向法院申请强制执行 ×。

C. 依一审判决对赵某向法院申请强制执行√。

D. 依一审判决与和解协议对赵某、李某向法院申请强制执行 ×。

"模糊"条件反射：撤回上诉 = 一审生效。

3. 二审中撤回起诉和撤回上诉的区别

二审程序中	主体	对象	原判效力	反悔
撤回起诉 = 未起诉	原审原告	原审原告处分自己的起诉权	二审法院裁定准许撤回起诉，一并撤销原判决。	纠纷未经实体处理。原审原告如反悔，则不能再次起诉。
撤回上诉 = 服从一审	上诉人	上诉人处分自己的上诉权	二审法院裁定准许撤回上诉，一审判决生效。	纠纷已经实体处理。上诉人如反悔，则只能走审判监督程序。

例1：张某起诉李某要求解除合同，一审判决解除合同，李某不服，提起上诉。

问：张某可否撤回起诉？李某可否撤回上诉？法律效果如何？

①张某可撤回起诉，二审法院裁定准许后，应一并裁定撤销原判决。故张某与李某合同未解除。案件未经过实体审理，张某和李某的纠纷可以通过仲裁、协议方式解决，但不能再次起诉。

②李某可撤回上诉，二审法院裁定准许时，一审判决生效，即张某与李某合同已经解除，案件已经经过生效的一审判决实体解决，故也不可以再次起诉。

例2：原审原告申请撤回起诉，上诉人申请撤回上诉，同时出现，都许可，裁定撤销一审判决

2016/45 甲公司诉乙公司买卖合同纠纷一案，法院判决乙公司败诉并承担违约责任，乙公司不服提起上诉。在二审中，甲公司与乙公司达成和解协议，并约定双方均将提起之诉予以撤回。关于两个公司的撤诉申请，法院怎么处理？

A. 应当裁定准许双方当事人的撤诉申请，并裁定撤销一审判决√。

B. 应当裁定准许乙公司撤回上诉，不准许甲公司撤回起诉×。

C. 不应准许双方撤诉，应依双方和解协议制作调解书×。

D. 不应准许双方撤诉，应依双方和解协议制作判决书×。

解析：①甲公司撤回的是起诉，乙公司撤回的是上诉。②本案不存在不准许撤回起诉和撤回上诉的情形，都应准许。③既然撤回起诉，就是没有起诉，没有起诉就没有审判，法院应当一并裁定撤销原判。

例3：原审原告申请撤回起诉，上诉人申请撤回上诉，同时出现，都许可，裁定撤销一审判决

2017/45 张某诉新立公司买卖合同纠纷案，新立公司不服一审判决提起上诉。二审中，新立公司与张某达成协议，双方同意撤回起诉和上诉。二审法院怎么办？

A. 起诉应在一审中撤回，二审中撤回起诉的，法院不应准许×。

B. 因双方达成合意撤回起诉和上诉的，法院可准许张某二审中撤回起诉√。

C. 二审法院应裁定撤销一审判决并发回重审，一审法院重审时准许张某撤回起诉×。

D. 二审法院可裁定新立公司撤回上诉，而不许张某撤回起诉×。

解析：ACD 都说不允许二审中撤回起诉＝错。各玩各的。

（三）当事人达成“调解”＝二审调解结案自动撤销原判

1. 二审调解书＝自动撤销一审判决

《民诉法》第172条，第二审人民法院审理上诉案件，可以进行调解。调解达成协议，应当制作调解书，由审判人员、书记员署名，加盖人民法院印章。调解书送达后，原审人民法院的判决即视为撤销。

2. 条件反射：二审调解书自动撤销原判，不用写明“撤销原判”。

2014/83C“二审调解书应写明撤销原判×。”2012/43C“二审案件调解的结果变更了一审判决内容的，应当在调解书中写明‘撤销原判’×。”

解析：二审调解书有当然撤销一审判决的效力，故不用再调解书中写明“撤销原判”。

3. 一审、二审、再审调解区别

	要制作成调解书吗？	是哪个法院结案？
一审调解（一审功劳是执行依据）	应当制作调解书，但符合法定情形，可以不作调解书，由双方当事人、审判人员、书记员在调解协议上签字或盖章生效。	签收后生效，一审调解结案。
二审、再审调解（二审、再审功劳是执行依据）	应当制作调解书。	签收后一审判决视为撤销，二审调解结案。

原理：为什么二审达成调解协议后必须制作调解书？①因为一审是定纷止争，只有这一个功能。②而二审调解书的效力不仅仅在于解决纠纷，还在于明确一审判决的效力，即一审判决视为撤销，所以，需要制作调解书。

（四）“裁判”=二审裁判结案

1. 一审正确=二审维持

【直接维持】《民诉法》第170条（一）原判决、裁定认定事实清楚，适用法律正确的，以判决、裁定（“判决回应判决或裁定回应裁定”）方式驳回上诉，维持原判决、裁定。

【纠正瑕疵后维持】《民诉解释》第334条　原判决、裁定认定事实或者适用法律虽有瑕疵，但裁判结果正确的，第二审人民法院可以在判决、裁定中纠正瑕疵后，依照民事诉讼法第170条第1款第1项规定予以维持。

判断1：用判决维持原判=对判决上诉则驳回上诉维持原判决用判决

2011/44A“二审法院认为原判对上诉请求的有关事实认定清楚、适用法律正确，裁定驳回上诉，维持原判×。”

解析：维持“原判”，应该用判决，而非裁定。

判断2：裁定对裁定=对裁定上诉则驳回上诉维持原裁定用裁定书

《民诉法》第171条，第二审人民法院对不服第一审人民法院裁定的上诉案件的处理，一律使用裁定。

判决回应判决；裁定回应裁定。

2. 一审事实或法律错误=二审改判、撤销、变更

《民诉法》第170条（二）原判决、裁定认定事实错误或者适用法律错误的，以判决、裁定方式依法改判、撤销或者变更。

（1）二审法院明知一审“判决”认定事实错误或者判决适用法律错误，应依法“改判”而非发回重审

判断：2011/44B二审法院认为原判对上诉请求的有关事实认定清楚，但适用法律有错误，裁定发回重审×。

解析：认定事实错误或者法律适用错误，均应依法改判，不能发回重审。

（2）二审法院明知一审“裁定”错误，应依法“裁定”撤销原裁定

①【受理错误】一审错误裁定受理：二审直接裁定撤销原裁判，驳回起诉。（《民诉解

释》第 330 条）

②【不予受理错误】一审错误裁定不受理：二审裁定撤销原裁定，同时指令一审法院立案受理。（《民诉解释》第 332 条）

③【驳回起诉错误】一审错误裁定驳回起诉：二审裁定撤销原裁定，同时指令一审法院审理。（《民诉解释》第 332 条）

④一审违反专属管辖规定错误受理：二审裁定撤销原裁判并移送有管辖权法院。（《民诉解释》第 331 条）

3. 一审“基本事实不清”＝二审查清改判或者二审撤销原判发回重审（2 可）

《民诉法》第 170 条（三）原判决认定基本事实不清的，裁定撤销原判决，发回原审人民法院重审，或者查清事实后改判。

《民诉解释》第 335 条，民事诉讼法第 170 条第 1 款第 3 项规定的基本事实，是指用以确定当事人主体资格、案件性质、民事权利义务等对原判决、裁定的结果有实质性影响的事实。

原理：①一审认定基本事实不请，裁定撤销原判发回重审，或者查清事实后依法改判。②因为二审查事实水平未必高于一审，所以撤。二审水平高的话就自己来。③实务中，二审法院只有 3N 月审限，会撤发重审。

判断：2015/82CD 一审适用简易程序审理，二审法院以事实不清为由发回一审法院重审。在一审案件开庭前，一方增加诉讼请求，对方提出反诉。一审法院受理了一方增加诉讼请求，但以重审不可提出反诉为由拒绝受理对方的反诉。C 一审法院可受理一方提出的增加诉讼请求√；D 一审法院应拒绝受理对方的反诉 ×。 解析：二审法院发回重审的案件，当事人可新增诉讼请求、可提出反诉。

4. 一审严重违反法定程序＝二审撤销原判发回重审

《民诉法》第 170 条（四）原判决遗漏当事人或者违法缺席判决等严重违反法定程序的，裁定撤销原判决，发回原审人民法院重审。

《民诉解释》第 325 条，下列情形，可以认定为民事诉讼法第 170 条第 1 款第四项规定的严重违反法定程序：

（一）审判组织的组成不合法的；

（二）应当回避的审判人员未回避的；

（三）无诉讼行为能力人未经法定代理人代为诉讼的；

（四）违法剥夺当事人辩论权利的。

问：为什么无兜底条款？严格控制撤发的情形。限于 6 种程序情形。漏人缺席合议回避代理辩论。与再审理由中的程序问题完全一致《民诉法》第 200 条 7、8、9、10 项。

判断：2011/44C “二审法院认为一审判决是在案件未经开庭审理而作出的，裁定撤销原判，发回重审√。”

问1：为什么一审严重违反法定程序，撤销原判，发回重审？①【审级利益】这是因为一审程序错了，所以当事人没有经历过一审，违反了两审终审制。为了让当事人有机会经历两审终审制，故需要撤销原判，发回重审。②【改错不能】二审再怎么改判都无法纠正一审的程序错误，只有让一审程序正确的再来一次才可以纠正一审的程序错误。比如一审没回避，二审也改不了啊。

问2：为什么遗漏当事人属于严重违反法定程序，而原告错告了被告或者多告了当事人，不属于严重违反法定程序呢？

被告卢某驾驶皮卡车在行驶过程中与原告余某驾驶的两轮摩托车相撞，造成两车受损、原告余某受伤的交通事故。事故经交警部门认定被告卢某负全部责任，余某遂向法院提起诉讼，要求被告卢某赔偿各项经济损失203093元，由安邦××县支公司在保险限额内赔付。案件审理过程发现被告卢某驾驶车辆的保险人非安邦××县支公司，实系安邦××市分公司，原告余某告错了保险公司，此时应该如何处理？实务分歧意见：

①动员原告余某撤诉，然后起诉正确的被告×。（因为动员原告撤诉，违背了撤诉自愿原则）

②因为原告余某告错了被告，应裁定驳回原告的起诉×。（裁定驳回原告起诉后原告再另行起诉，加重了当事人的精力和经济上的负担，增加了诉讼成本，造成讼累。）

③向原告作必要的释明，由原告申请更换被告，再由法院通知不适格的被告退出诉讼，通知适格被告加入诉讼。如果原告不更换被告，则判决驳回诉讼请求√。（根据《民诉法》第51条明确规定，原告可以放弃或变更诉讼请求，变更被告也属于在诉讼中变更诉讼请求。在案件审理过程中如果出现原告告错被告的情况下，案件承办人应该履行释明义务，由原告提出变更被告的申请，再由法院作出不适格被告退出诉讼和适格被告加入诉讼的通知。这种处理方法既尊重了原告的处分权又节约了诉讼成本，提高了审判效率）

惊天一问：因为被告明确就可以受理，但被告弄错了怎么办？（广义的弄错了）

①被告明确即受理。

②遗漏了被告：本来应该是共同被告1+被告2，结果原告只告了被告1，则法院必须通知被告2参加诉讼，否则一审违反法定程序，二审要对一审"撤发"。

③告错了被告：本来应该是告被告1，结果却告了被告2，则法院一审释明，如不变更诉讼请求，一审法院判决驳回原告诉讼请求。法条没有明文要求法院释明，故一审法院没有释明不违反法定程序，二审不能对一审"撤发"。

④多告了被告：本来应该只告被告1，结果却多告了，告成了被告1+被告2，一审法院会判决被告1败诉，被告2胜诉。法条没有明文要求法院释明，一审法院不释明没有违反法定程序，二审不能对一审"撤发"。

区分思维：律师思维和法官思维

（1）两个思维的侧重点：①律师思维是考虑能不能赢，所以被告要求告的完全正确（不遗漏、不增加、不错告）。②法官思维是考虑是否程序违法，根据《民诉法》规定，只有在遗漏必要共同诉讼中才是程序违法（不遗漏）。其他法官不考虑（原告多告法官不管）（原告错告法官也不管）。

（2）律师思维：①会希望原告寻找到正确的被告。②因为遗漏被告，法官会提点律师。③但是告错了被告，会面临败诉。④告多了被告，会面临部分胜诉，部分败诉。

（3）法官思维：①受理案件时只需要被告明确。②遗漏了必须参加诉讼的被告，法院依据职权通知这个被告参加诉讼，如果法院没有追加，则属于违反法定程序。③对于告错了或者多告了的，法院可以释明，也可以不说话，直接判决原告败诉或部分败诉，但不能说法院违反法定程序。

（4）做题思维：①如果设问当事人确定是否正确，应该是问法官思维。②那么，我们只观察是否有遗漏必要共同诉讼的当事人，因为遗漏当事人的话，一审法院会构成程序违法，要面临二审的“撤发”。③至于告错了，或者多告了，都不构成一审法院程序违法，不会涉及二审“撤发”。

（5）终极追问：①作为律师，怎么为客户提出诉讼策略？全都告，部分胜诉，部分败诉。省得折腾。②作为法官，只关注被告是否明确，以及是否遗漏必共。其他不涉及程序问题。

（6）**告错了被告，判决驳回诉讼请求，因为不会判错。告多了被告，判决驳回诉讼请求，因为不会判错。告漏了被告，要追加，因为会判错，二审发现要裁定撤销原判发回重审。**

5. 总结1：二审撤销原判，发回一审法院重审，怎么审理？

（1）两情形发回重审：二审法院认为一审认定基本事实不清＋二审法院认为一审程序错误。

（2）组成合议庭审理，不能适用独任制。

（3）另行组成合议庭，原合议庭成员全体回避。（2014/47C）

（4）适用一审程序重新审理，所作判决为一审判决，当事人可以上诉。

（5）原审法院对发回重审案件作出判决后，当事人上诉的，二审法院不得再次发回重审。（《民诉法》第170条第2款）（2014/47D）

原理：防止二审法院通过反复发回重审的方式规避责任，而导致案件久拖不决，增加当事人的诉讼负担。

原理：发回重审是审理成本高、对当事人解决矛盾纠纷效果不理想的方式。

例：2014/47 甲诉乙人身损害赔偿一案，一审法院根据甲的申请，冻结了乙的银行账户，并由李法官独任审理。后甲胜诉，乙提出上诉。二审法院认为一审事实不清，裁定撤销原判，发回重审。关于重审：

A. 由于原判已被撤销，一审中的审判行为无效，保全措施也应解除×。

B. 由于原判已被撤销，一审中的诉讼行为无效，法院必须重新指定举证时限×。

C. 重审时不能再适用简易程序，应组成合议庭，李法官可作为合议庭成员参加重审×。

D. 若重审法院判决甲胜诉，乙再次上诉，二审法院认为重审认定的事实依然错误，则只能在查清事实后改判√。

解析：①虽然一审判决被撤销，但案件仍然处于诉讼过程中，保全措施并不能当然解除。②发回重审的案件，一审法院再重新审理时可以根据案件情况，酌情确定举证期限，故发回重审的案件，原来的举证行为依然有效，只是法院可以酌情确定举证期限，让当事人补充新的证据或者保障未行使举证权的当事人行使举证权。③发回重审必须适用普通程序，不能适用简易程序，李法官是原审独任审判员，不能参加重审合议庭。

法考有趣的12个一次用尽：
①发回重审。
②再审申请。
③二审撤回起诉。
④再审撤回起诉。
⑤二审撤回上诉。
⑥再审撤回申请部分用尽。
⑦再审中当事人向人民检察院申请检察建议或者抗诉。
⑧执行时效。
⑨发表权。
⑩发行权。
⑪保证期间。
⑫方志平。

6. 总结2：二审"4种"调解与两审终审

（1）漏判：一审已经提出的诉讼请求，一审未作审理判决，二审怎么办？调不成发回重审。

《民诉解释》第326条，对当事人在第一审程序中已经提出的诉讼请求，原审人民法院未作审理、判决的，第二审人民法院可以根据当事人自愿的原则进行调解；调解不成的，发回重审。

（2）漏人：必须参加诉讼的当事人或有独三在一审中未参加，二审怎么办？调不成发回重审。

《民诉解释》第327条，必须参加诉讼的当事人或者有独立请求权的第三人，在第一审程序中未参加诉讼，第二审人民法院可以根据当事人自愿的原则予以调解；调解不成的，发回重审。

判断1：继承纠纷二审发现一审漏人=二审调不成撤销原判发回重审
"2010/80二审法院审理继承纠纷上诉案时，发现一审判决遗漏另一继承人甲。怎么办？"
A. 为避免诉讼拖延，二审法院可依职权直接改判×。
B. 二审法院可根据自愿原则进行调解，调解不成的裁定撤销原判决发回重审√。
C. 甲应列为本案的有独立请求权第三人×。
D. 甲应是本案的共同原告√。
解析：①必共：继承纠纷中应将其他继承人列为共同原告。②二审发现一审遗漏必共怎么办：二审时发现遗漏必要共同诉讼人，不能直接判决，因为直接判决会侵害该遗漏必要共同诉讼的上诉权，只能调解，调解不成，发回重审。

判断2：2005/43 甲对乙提起财产损害赔偿之诉，一审法院判决甲胜诉。乙不服，提出上诉。二审法院发现丙是必须参加诉讼的共同诉讼人，便追加其参加诉讼。但丙既不参加诉讼，也不表示放弃权利。二审法院怎么办？ A. 仍将其列为二审当事人，依法作出判决×。 B. 仍将其列为二审当事人，可以缺席判决×。 C. 不能将其列为二审当事人，但可以直接根据上诉人的请求作出判决×。 D. 不能将其列为二审当事人，可以裁定撤销原判决、发回原审法院重审√。 解析：①必共：必须追加的共同诉讼人既不参加诉讼，也不放弃权利的，依然要追加为共同诉讼人，其不参加诉讼不影响案件的审理。②二审中，不能直接追加为二审当事人后进行判决，应当进行调解，调解不成发回重审。丙不愿意参加诉讼＝无法调解，故应裁定撤销原判发回重审。

（3）【不离到离】错判：一审判不准离婚，二审认为应该判离婚的，二审怎么办？调不成发回重审（双方当事人同意二审一并审理，二审可以一并裁判）。

《民诉解释》第329条，一审判决不准离婚的案件，上诉后，第二审人民法院认为应当判决离婚的，可以根据当事人自愿的原则，与子女抚养、财产问题一并调解；调解不成的，发回重审。

双方当事人同意由第二审人民法院一并审理的，第二审人民法院可以一并裁判。

判断：2006/42 甲起诉乙请求离婚，一审判决不准离婚，甲不服提起上诉，二审法院审理后认为应当判决离婚。诉讼程序怎么走？ A. 对离婚、子女抚养和财产问题一并进行调解，调解不成，发回重审√。 B. 直接改判离婚，并对子女抚养和财产问题进行调解，调解不成的，将子女抚养和财产问题发回重审×。 C. 直接改判离婚，并对子女抚养和财产问题进行调解，调解不成的，子女抚养和财产问题另案处理×。 D. 直接改判离婚，子女抚养和财产问题一并判决×。

（4）【"上诉变化"】新诉讼请求（原告新增独立诉讼请求或者原审被告提出反诉），二审怎么办？调不成另行起诉（双方当事人同意二审一并审理，二审可以一并裁判）

《民诉解释》第328条，在第二审程序中，原审原告增加独立的诉讼请求或者原审被告提出反诉的，第二审人民法院可以根据当事人自愿的原则就新增加的诉讼请求或者反诉进行调解；调解不成的，告知当事人另行起诉。

双方当事人同意由第二审人民法院一并审理的，第二审人民法院可以一并裁判。

判断1：2011/44D"原审原告增加独立的诉讼请求，二审法院合并审理，一并作出判决×。"解析：保证新增诉讼请求的上诉权。 判断2：合同纠纷原审被告在二审反诉＝二审调不成告知另诉 "2006/39 甲起诉乙支付货款。一审判决后，乙提起上诉，并提出产品质量存在问题，要求甲赔偿损失。二审法院怎么处理？" A. 应将双方的请求合并审理一并作出判决×。 B. 应将双方的请求合并进行调解，调解不成的，发回重审×。

C. 应将双方的请求合并进行调解，调解不成的，对赔偿损失的请求发回重审×。

D. 应将双方的请求合并进行调解，调解不成的，告知乙对赔偿损失的请求另行起诉√。

解析：①“乙上诉并提出产品质量存在问题，要求甲赔偿损失” = 乙在二审中提出的该请求构成反诉。②二审法院可以调解，调解不成告知另行起诉。当然，如果当事人同意二审法院一并审理，可由二审法院一并裁判。要双方同意，放弃上诉权，省一笔诉讼费。

记忆：一审法院有错的，调不成发回重审；一审法院没错的，调不成另行起诉。

一审有错 = 调解不成，发回重审	漏判：当事人在一审中已经提出诉讼请求，原审法院未做审理、判决。
	漏人：必须参加诉讼的当事人或者有独三在一审中没有参加诉讼。
	错判不离婚：一审判不离婚，二审法院认定应当判离婚，对财产分割和子女抚养问题。（如果当事人同意二审法院一并审理，可以由二审法院一并裁判）
一审没错 = 调解不成，告知另诉	新增或反诉：原审原告新增独立的诉讼请求或者原审被告提出反诉（如果当事人同意二审法院一并审理，可以由二审法院一并裁判）

例：离婚纠纷漏一个请求、加一个请求 = 各自处理 = 漏的调不成撤销原判发回重审 + 加的调不成告知另诉

“2015/44 齐远、张红是夫妻，因感情破裂诉至法院离婚，提出解除婚姻关系、子女抚养、住房分割等诉讼请求。一审判决准予离婚并对子女抚养问题作出判决。齐远不同意离婚提出上诉。二审中，张红增加诉讼请求，要求分割诉讼期间齐远继承其父的遗产。怎么办？”

A. 一审遗漏的住房分割诉讼请求，二审可调解，调解不成，发回重审√。

B. 二审增加的遗产分割诉讼请求，二审可调解，调解不成，发回重审×。

C. 住房和遗产分割的两个诉讼请求，二审可合并审理，也可一并发回重审×。

D. 住房和遗产分割的两个诉讼请求，经当事人同意，二审法院可一并裁判×。

解析：①一审有三个诉讼请求 = 解除婚姻关系 + 子女抚养 + 住房分割。②一审判决处理两个诉讼请求 = 准予离婚 + 子女抚养。③一审判决遗漏了一个诉讼请求即住房分割。④二审中，张红提出要求分割遗产，属于新增诉讼请求。⑤一个遗漏，一个新增，各自处理。⑥对于遗漏的住房分割这一诉讼请求，二审法院可以调解，调解不成撤销原判发回重审。⑦对于新增的遗产分割这一诉讼请求，法院可以调解，调解不成，告知另行起诉，当然，当事人同意由二审法院一并审理的，二审法院可以一并裁判。

（5）变更诉讼请求：二审过程中当事人不可变更诉讼请求，因为二审是对一审裁判结果的第二次审理，承担纠正一审裁判结果的程序作用。所以调解不成，告知当事人另行起诉。

7. 宣判

《民诉解释》第 340 条，第二审人民法院宣告判决可以自行宣判，也可以委托原审人民法院或者当事人所在地人民法院代行宣判。

（1）不得再次起诉。一事不再理。

（2）不得再次上诉。两审终审。

（3）执行力保障。具有给付内容的裁判具有强制执行力。

- ①二审4结果
  - ①维持
  - ②有错必改
  - ③不清两可（撤发重审或者查清改判）
  - ④违反程序（撤发）
- ②二审4调解
  - ①漏判调不成撤发
  - ②漏人调不成撤发
  - ③一审不离二审离调不成撤发，合意二审
  - ④增反调不成另诉，合意二审
- ③二审3和解
  - ①二审制作调解书：二审调解书是执行依据，一审判决视为撤销
  - ②撤回上诉：一审判决生效是执行依据（最高院指导案例2号）
  - ③撤回上诉也撤回起诉：无执行依据，不会有任何再救济了
- ④一审2和解
  - ①做成调解书：一审调解书是执行依据
  - ②撤诉：还可以再起诉

第十二部分 审判监督程序（再审）

再审程序的逻辑体系：先琢磨什么案子不能再审（再审的对象）？再考虑怎么“申冤”（再审的启动 = ①法院喊冤 + ②当事人先向法院喊 1 次冤 + ③当事人再向检察院喊 1 次冤 + ④检察院喊冤）？最后思考怎么“平反”（再审的审理 = ①决定再审的效果 + ②再审的程序 + ③再审的法院 + ④再审的范围 + ⑤再审的结果）？

一、什么案子不能再审？（再审的对象）（“不能再审必然不能检察监督再审”）

（一）可以再审的对象

1. 已经生效的判决书。

2. 已经生效的裁定书（《民诉解释》第 381 条）。

（1）不予受理裁定。

（2）驳回起诉裁定。

3. 已经生效的调解书。

（1）法院启动再审 = 调解书确有错误。

（2）当事人申请再审 = 调解书违背自愿或合法原则。

（3）检察院抗诉或者提出检察建议 = 调解书损害国家、社会公共利益（2 益）。

（二）不可以再审的对象

1. 特别程序

2. 管辖权异议的裁定

判断：法院受理案件后，被告提出管辖权异议，怎么救济？

A. 向受诉法院提出管辖权异议，要求受诉法院对管辖权的归属进行审查√。

B. 向受诉法院的上级法院提出异议，要求上级法院对案件的管辖权进行审查 ×。

C. 在法院对管辖异议驳回的情况下，可以对该裁定提起上诉√。

D. 在法院对案件审理终结后，可以以管辖错误作为法定理由申请再审 ×。

解析：①被告在提交答辩状期间向受诉法院提出管辖权异议，而不是向上级法院提出。②法院审查异议成立，应移送管辖；法院审查异议不成立，裁定驳回。③当事人对驳回其管辖权异议裁定不服，有权提起上诉。④2012 民诉法在再审一章中将“管辖权错误”从再审理由中删除。

3. 督促程序

4. 公示催告程序

5. 解除婚姻关系的判决、调解

《民诉解释》第382条，当事人就离婚案件中的财产分割问题申请再审，如涉及判决中已分割的财产，人民法院应当依照民事诉讼法第200条的规定进行审查，符合再审条件的，应当裁定再审；如涉及判决中未作处理的夫妻共同财产，应当告知当事人另行起诉。

辨析：判决解除婚姻关系的案件不得申请再审≠离婚诉讼的判决书不能申请再审。

（1）离婚诉讼案件＝①离婚与否的身份关系＋②财产分割的财产关系。

（2）离婚与否的身份关系：①解除婚姻关系的判决书一旦生效＝婚姻关系解除＝身份上已经离婚成功。②当事人可以另行登记结婚。③如果对方申请再审，并通过再审程序撤销原来解除婚姻关系的有效判决书，那么婚姻关系又恢复了，这会导致另行结婚一方构成“重婚”。④如果解除婚姻关系判决书确实错了，怎么办？重新登记结婚。⑤如果维持婚姻关系判决书确实错误，怎么办？再诉离婚就完了（被告随时；原告有新证据或理由随时；原告在6个月后随便）。

秒杀：因为婚姻关系不可以通过事后司法方式强制恢复，婚姻关系也不可三撤。

（3）财产分割的财产关系：①【区分】财产分割的判决一旦生效，如果申请再审，区分处理。②【分错】如果涉及判决书中已经分割的财产，审查符合再审条件的，立案再审。③【漏分】如果涉及判决书中未作处理的夫妻共同财产，告知当事人另行起诉。

秒杀：因为再审程序不负责解决新的纠纷，只解决原法院审查过的东西。

判断1：2011/77C“关于离婚诉讼，判决生效后，不允许当事人申请再审×。”

判断2：2015/42B“某夫妻解除婚姻关系的调解书生效后，一方以违反自愿为由可申请再审×。”

解析：解除婚姻关系的判决书、调解书生效后，不得申请再审。

小结离婚诉讼特点（2011/77）：

①老公不见了，原告老婆住所地法院管辖（2011/77A被告下落不明的，案件由原告住所地管辖√）。

②老公诉讼中死了，裁定终结诉讼（2011/77B一方当事人死亡的，诉讼终结√）。

③是依申请不公开审理，不是法定不公开审理（2011/77D原则上不公开审理，因其属于法定不公开审理案件的范围×）。

④判决离婚，不能申请再审。财产问题判错可以再审（2011/77C判决生效后，不允许当事人申请再审×）。财产问题遗漏告知另行起诉。

6. 购买生效判决、调解书债权的购买人自甘风险

①法定承继者可申请再审：《民诉解释》第375条第1款，当事人死亡或者终止的，其权利义务承继者可以根据民事诉讼法第199条、第201条的规定申请再审。（“一般诉讼继承主义”）

②意定购买不可申请再审：《民诉解释》第375条第2款，判决、调解书生效后，当事人将判决、调解书确认的债权转让，债权受让人对该判决、调解书不服申请再审的，人民法院不予受理。（当事人恒定主义＞“特定诉讼继承主义”）（卖判决）

7. 破产程序

《民诉解释》第380条，适用特别程序、督促程序、公示催告程序、破产程序等非讼程序审理的案件，当事人不得申请再审。

口诀记忆1：不能再审

①别（“特别程序”）、②管（“管辖权异议裁定”）、③督（“督促程序”）、④公（“公示催告程序”）、⑤解除婚姻（“解除婚姻关系”）、⑥购买债权（购买生效判决书调解书债权自甘风险）、⑦乱花钱后破产（“破产程序”等非讼程序）。

口诀记忆2：不能二审

①小（“小额”）②督（“督促”）③公（“公示催告”）④特（“特别”）⑤调（“调解书”）⑥定（“一般裁定”）⑦罪（“最高院一审”）⑧无效婚姻（“婚姻效力”）=1次搞定。

口诀记忆3：特别程序=选、宣、宣、无限、无主、单（担保物权）调（确认调解协议）

二、怎么申冤？（再审的启动）

北京一中院有冤情
- ①法院喊冤
  - ①最高院对一中院说冤
  - ②北京市高院对一中院说冤
  - ③北京一中院：一中院院长喊冤，审委会讨论说冤
- ②当事人先向法院喊冤1次
  - ①北京市高院
  - ②可以北京一中院
    - ①一方当事人众多
    - ②双方都是公民
  - ③必须北京一中院
    - ②中一方向北京高院
    - 协商未果
    - ②中另一方向一中院

  ↓ 驳回 / 不理 / 再审再错
- ③当事人再向检察院喊冤1次=剧终
  - ①北京市检察院抗诉
  - ②北京市检察院第一分院检察建议
- ④检察院喊冤
  - ①最高检对一中院喊冤=抗诉
  - ②北京市检察院向北京市高院喊冤=抗诉
  - ③北京市检察院第一分院向一中院提出检察建议（并报北京市检察院备案）
  - ④北京市检察院第一分院提请北京市检察院向北京市高院喊冤=抗诉

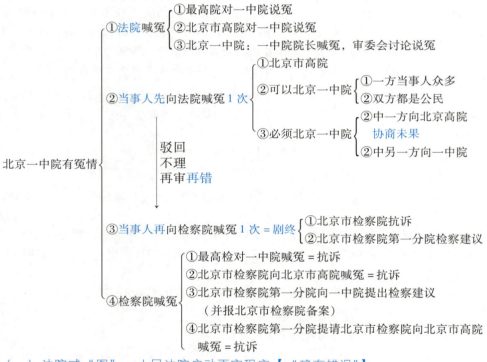

（一）法院喊“冤”=人民法院启动再审程序【“确有错误”】

1. 本院启动再审

《民诉法》198条第1款，各级人民法院院长对本院已经发生法律效力的判决、裁定、调解书，发现确有错误，认为需要再审的，应当提交审判委员会讨论决定。

2. 上级法院启动再审

《民诉法》198 条第 2 款，最高人民法院对地方各级人民法院已经发生法律效力的判决、裁定、调解书，上级人民法院对下级人民法院已经发生法律效力的判决、裁定、调解书，发现确有错误的，有权提审或者指令下级人民法院再审（最高院和高院才有指令权，中院没有指令权，依据是 2015 年的《民事审判监督程序严格依法适用指令再审和发回重审若干问题的规定》第 2 条第 3 款。因此中院有提审权却无指令权。）。

秒杀：谁启动，谁提审。高院和最高院有提审权还有指令权，中院只有提审权，没有指令权。

（二）当事人喊冤【200 条 13 项】

1. 当事人向法院喊冤 1 次 = 当事人向法院申请再审

（1）必须在什么时间之内申冤？6 个月（不变期间 = 不适用中止、中断、延长规定）

①判决裁定生效后 6 个月内

《民诉法》第 205 条第 1 句，当事人申请再审，应当在判决、裁定**发生法律效力后 6 个月**内提出。

②知情后 6 个月内

《民诉法》第 205 条第 2 句，有本法第 200 条第一项（有新的证据，足以推翻原判决、裁定的）、第三项（原判决、裁定认定事实的主要证据是伪造的）、第十二项（据以作出原判决、裁定的法律文书被撤销或者变更的）、第十三项（审判人员审理该案件时有贪污受贿，徇私舞弊，枉法裁判行为的）规定情形的，**自知道或者应当知道之日起 6 个月内提出**。

③调解书书生效后 6 个月内

《民诉解释》第 384 条，当事人对已经发生法律效力的调解书申请再审，应当在调解书发生法律效力后 6 个月内提出。

（2）有几次向法院申冤的机会？只能找法院 1 次

①已经程序上理了且不认有冤，法院不再理

再审申请被驳回后再次提出申请的，法院不予受理。（《民诉解释》第 383 条第 1 款第 1 项）

②已经实体上理了且不认有冤，法院不再理

对再审判决、裁定提出再审申请的，法院不予受理。（《民诉解释》第 383 条第 1 款第 2 项）

③检察院已经程序上理了且不认为有冤，法院不再理

在人民检察院对当事人的申请作出不予提出再审检察建议或者抗诉决定后又提出申请的。（《民诉解释》第 383 条第 1 款第 3 项）

秒杀：检察院那边搞了 1 次就终局了。

小结：①法院程序上或实体上理了不认为有冤，当事人可以向检察院申请再审检察建议或者抗诉。②检察院已经程序上理了且不认为有冤，不但法院不再理，检察院也不再理。故检察院作出的不予提出再审检察建议或者不予抗诉决定具有终局性。（《民诉解释》第 383 条第 2 款）

秒杀：【前置】法院只能搞 1 次；【终局】检察院只能搞 1 次。一次用尽。不要搞错频道。

(3) 向哪个法院去申冤？管辖（《民诉法》第199条；《民诉解释》第376、379条）

①原则上应当向“原审法院”的“上一级”法院申请：公司对公司；公司对个人。(人数不多)

②例外也可以向原审法院申请：当事人一方人数众多（10人以上）或者双方都是公民的案件，为方便当事人诉讼。

③当事人一方人数众多或者双方都是公民的案件，当事人“分别”向上一级法院申请和原审法院申请，“协商不成”，则原审法院受理。

> 秒杀口诀：双公一桌可以选择，发生冲突“协商失败”原配优先。

> 小结：哪些情形是由原审法院受理当事人再审申请？①双公一桌都选向原审法院申请；②双公一桌分别申请协商失败“原配优先”；③小额案件再审一律向原审基层法院申请；④案外人对执行异议裁定不服都向原审法院申请再审。

> 判断1：2015/46C“周立诉孙华人身损害赔偿案，一审法院适用简易程序审理，电话通知双方当事人开庭，孙华无故未到庭，法院缺席判决孙华承担赔偿周立医疗费。判决书生效后，周立申请强制执行，执行程序开始，孙华向一审法院提出再审申请。……”C孙华应向二审法院提出再审申请，而不可向原一审法院申请再审×。
>
> 解析：①双方都是公民，当事人有权选择向向原审法院或者上一级法院申请再审。②本案为一审生效，孙华可以选择向原审法院即一审法院或者上一级法院即二审法院申请再审。

> 判断2：2013/81A周某因合同纠纷起诉，甲省乙市的两级法院均驳回其诉讼请求。周某申请再审，但被驳回。周某又向检察院申请抗诉，检察院以原审主要证据系伪造为由提出抗诉，法院裁定再审。A周某只应向甲省高院申请再审×。
>
> 解析：①当事人申请再审原则上应向上一级法院申请，但如果是双方当事人都是公民或者一方当事人众多的案件，也可以向原生效裁判作出法院申请。②本题只说了周某因合同纠纷起诉，并不排除存在对方也是公民或对方人数众多的情形，故A说“只”，表述过于绝对。

(4) 已经经过了法院的审理，生效的判决、裁定到底还会有什么冤情？（《民诉法》第200条）

①有新的证据，“足以推翻”原判决、裁定的；（新情况之新证据，知情日起算6个月）

②原判决、裁定认定事实的“主要”证据是伪造的；（新情况之发现原来的证据是假的，知情日起算6个月）

③据以作出原判决、裁定的法律文书被撤销或者变更的；（新情况之先决文书作废了，知情日起算6个月）

④审判人员审理该案件时有贪污受贿，徇私舞弊，枉法裁判行为的；（新情况之法官被处分了，知情日起算6个月）

⑤没证据就判：原判决、裁定认定的“基本事实”缺乏证据证明的；

⑥法院应该去搜集证据而不去搜集就判：对审理案件需要的“主要”证据，当事人因客观原因不能自行收集，书面申请人民法院调查收集，人民法院未调查收集的；

⑦有证据但不质证就判：原判决、裁定认定事实的“主要”证据未经质证的；

⑧乱用法条判：原判决、裁定适用法律确有错误的，“导致判决、裁定结果错误的”；

⑨乱用法官去判：审判组织的组成不合法或者依法应当回避的审判人员没有回避的；

⑩无诉讼行为能力人爹妈没来“或漏人”就判：无诉讼行为能力人未经法定代理人代为诉讼或者应当参加诉讼的当事人，因不能归责于本人或者其诉讼代理人的事由，未参加诉讼的；

> 问1：什么是人没来？剥夺了当事人程序参与权，如没送达开庭通知。
>
> 问2：“漏人”时判决书无其名，可以申请再审吗？
>
> （1）【无名氏】漏了必共人则判决书没她名字，他可以申请再审吗？他不是“案外人”，他本应是当事人，所以不能提“三撤”，必须提供再审救济。
>
> （2）【视为当事人】进入执行程序前，视为“当事人”，再审事由是200条的13项。①“一是一，二是二”。②“一是一”，追加其为当事人；③“二是二”，调不成，撤销原裁判发回重审，重审时追加其为当事人。④“双公一桌可以选择，协商失败原配优先”。
>
> （3）【视为案外人】进入执行程序后，视为“案外人”，再审事由是原裁判调解“内容错误损害其民事权益”。①道路“23”。②必须前置执行异议，裁定驳回后，可以申请再审。③一旦提了执行异议，只能向前走提再审（特别纠错），而不能回头选三撤（一般纠错程序）。④案外人申请再审向原审法院提出（类似三撤向原审法院提出）。⑤案外人申请再审的结果？仅审理案外人对原判决提出异议部分的合法性，查明原判的特定判项是否确实侵害了该案外人的权利，且该案外人无法提起新诉解决。侵了，撤销原判决相关判项；没侵，判决驳回维持原判。

⑪不让人到庭就判：未经传票传唤，缺席判决的；

⑫不让人说话就判：违反法律规定，剥夺当事人辩论权利的（2015/46B 简易程序电话通知开庭，被告无故未到庭，法院缺席判决 = 剥夺当事人辩论权。因为此种情形不能缺席判决。）；

⑬对诉讼请求视而不见听而不闻就判：原判决、裁定遗漏或者超出诉讼请求的。

> 口诀记忆：《民诉法》第200条当事人申请再审事由记忆口诀
>
> 故事情节：
>
> ①不该来的法官来了（审判组织的组成不合法或应回避的审判人员没有回避），
>
> ②该传的当事人没传来（未经传票传话，缺席判决的），
>
> ③来了的当事人没辩论（违反法律规定，剥夺当事人辩论权的），
>
> ④辩论了却被当作空气无视诉讼请求就判决（遗漏或超出诉讼请求），
>
> ⑤这是用“错”了法啊（适用法律确有错误的）……
>
> ⑥还有“枉法”吗（贪污受贿，徇私舞弊，枉法裁判行为）？
>
> 这“真”（证据）⑦“心”（有新的证据，足以推翻原判决、裁定的）是⑧“没”（基本事实缺乏证据证明的）——⑨“没治”（主要证据未经质证的）、⑩“没臊”（主要证据，当事人因客观原因不能自行收集，书面申请人民法院调查收集，人民法院未调查收集的）、⑪“伪琐”了（原判决、裁定认定事实的主要证据是伪造的）……
>
> ⑫欺负“无诉讼行为能力人爹妈没来”（无诉讼行为能力人未经法定代理人代为诉讼或者应当参加诉讼的当事人，因不能归责于本人或者其诉讼代理人的事由，未参加诉讼的），
>
> ⑬我要“撤”了这“文书”（据以作出原判决、裁定的法律文书被撤销或者变更的）！

简要情节：
不该来的“法官”来了，该传的当事人“没传来”，来了的“没辩论”，辩论的被当作空气“无视诉讼请求”就瞎判，这是“用错了法”啊，还有“枉法”吗？这“真”“心”是“没”（此处可以有一个小结巴）——“没治”“没臊”“伪”琐了，欺负“爹妈没来”，我要“撤”了这“文书”。（200 条 4 大类：事实证据问题 + 法律适用问题 + 程序问题 + 人品问题）

（5）当事人在法院主持下调解，既然是各自让步，那么生效的调解书还会有什么冤情？

违背自愿原则或者合法原则：《民诉法》第 201 条，当事人对已经发生法律效力的调解书，提出证据证明调解违反自愿原则或者调解协议的内容违反法律的，可以申请再审。经人民法院审查属实的，应当再审。

（6）法院对当事人申请的冤情认不认？再审申请审查

①3N = 收到再审申请书之日起

《民诉法》第 204 条第 1 款，人民法院应当自收到再审申请书之日起 3 个月内审查，符合本法规定的，裁定再审；不符合本法规定的，裁定驳回申请。有特殊情况需要延长的，由本院院长批准。

《民诉解释》第 129 条，对申请再审案件，人民法院应当自受理之日起 3 个月内审查完毕，但公告期间、当事人和解期间等不计入审查期限。有特殊情况需要延长的，由本院院长批准。

②新 3N = 审查再审申请期间同案其他人依法提出再审申请则重新计算审查期限

《民诉解释》第 398 条，审查再审申请期间，被申请人及原审其他当事人依法提出再审申请的，人民法院应当将其列为再审申请人，对其再审事由一并审查，审查期限重新计算。经审查，其中一方再审申请人主张的再审事由成立的，应当裁定再审。各方再审申请人主张的再审事由均不成立的，一并裁定驳回再审申请。

③询问当事人吗？法院定 + 但是新证据可能推翻原案则必须询问

《民诉解释》第 397 条，人民法院根据审查案件的需要决定是否询问当事人。新的证据“可能推翻”原判决、裁定的，人民法院应当询问当事人。

④鉴定、勘验吗？不可以

《民诉解释》第 399 条，审查再审申请期间，再审申请人申请人民法院委托鉴定、勘验的，人民法院不予准许。

⑤再审申请可撤回吗？可以，但由法院定。

《民诉解释》第 400 条第 1 款，审查再审申请期间，再审申请人撤回再审申请的，是否准许，由人民法院裁定。

第 2 款，再审申请人经传票传唤，无正当理由拒不接受询问的，可以按撤回再审申请处理。

⑥撤回再审申请后还可以再次申请再审吗？看情况。再审申请“部分一次用尽”。

《民诉解释》第401条，人民法院准许撤回再审申请或者按撤回再审申请处理后，再审申请人再次申请再审的，不予受理，但有民事诉讼法第200条第1项（有新的证据，足以推翻原判决、裁定的）、第3项（原判决、裁定认定事实的主要证据是伪造的）、第12项（据以作出原判决、裁定的法律文书被撤销或者变更的）、第13项（审判人员审理该案件时有贪污受贿，徇私舞弊，枉法裁判行为的）规定情形，自知道或者应当知道之日起六个月内提出的除外。（规避一次用尽）

⑦再审申请审查结果1：裁定终结审查（6情形无兜底条款）

《民诉解释》第402条，再审申请审查期间，有下列情形之一的，裁定终结审查：

（一）再审申请人死亡或者终止，无权利义务承继者或者权利义务承继者声明放弃再审申请的。

（二）在给付之诉中，负有给付义务的被申请人死亡或者终止，无可供执行的财产，也没有应当承担义务的人的。

（三）当事人达成和解协议且已履行完毕的，但当事人在和解协议中声明不放弃申请再审权利的除外。

（四）他人未经授权以当事人名义申请再审的（无权代理申请再审的）。

（五）原审或者上一级人民法院已经裁定再审的。

（六）有本解释第383条第1款（法院申冤过了或检察院申冤过了）规定情形的。（法院前置，1次用尽）

⑧再审申请审查结果2：认为有冤情 = 裁定再审

《民诉解释》第395条第1款，当事人主张的再审事由成立，且符合民事诉讼法和本解释规定的申请再审条件的，人民法院应当裁定再审。

⑨再审申请审查结果3：认为无冤情 = 裁定驳回再审申请

《民诉解释》第395条第2款，当事人主张的再审事由不成立，或者当事人申请再审超过法定申请再审期限、超出法定再审事由范围等不符合民事诉讼法和本解释规定的申请再审条件的，人民法院应当裁定驳回再审申请。

判断：2010/42 李某向A公司追索劳动报酬。诉讼中，李某向法院申请先予执行部分劳动报酬，法院经查驳回李某申请。李某不服，申请复议。法院审查后再次驳回李某申请。李某对复议结果仍不服，遂向上一级法院申请再审。上一级法院怎么办？

A. 裁定再审×。

B. 决定再审×。

C. 裁定不予受理×。

D. 裁定驳回申请√。

解析：①先予执行裁定可以复议但不停止执行，不得申请再审。②对再审申请只有三种处理形式：符合法定情形的，裁定终结审查；符合条件的，裁定再审；不符合条件，裁定驳回再审申请。不存在裁定不予受理这种处理形式。

2. 当事人向法院喊冤1次失败后再向检察院喊冤1次 = 当事人申请检察建议或抗诉

（1）当事人向法院喊冤1次失败，对法院处理结果继续不满，认为有冤情（《民诉法》第209条第1款）

①法院驳回：法院驳回再审申请的；
②法院不理：法院逾期未对再审申请作出裁定的；
③法院再审继续错误：再审判决、裁定有“明显”错误的。

秒杀：“法院前置”。当事人必须先向法院提出再审申请，对法院处理结果不满意，通过法院系统内部监督机制仍然不足以纠错的情况下，当事人才能启动检察监督这一外部监督机制。

判断1：2013/82D“……经县市两级法院审理，韩某均胜诉，后对方申请再审。再审法院最终维持原判。”D对于维持原判的再审裁判，韩某认为有错误的，可以向检察院申请抗诉√。

判断2：2015/42C“检察院对调解书的监督方式只能是提出检察建议×。”

分析：还可以通过抗诉即上级检察院向上级法院提出抗诉，启动再审。

（2）检察院对当事人在法院未成功伸的冤认不认？

①3：《民诉法》第209条第2款，人民检察院对当事人的申请应当在三个月内进行审查，作出提出或者不予提出检察建议或者抗诉的决定。当事人不得再次向人民检察院申请检察建议或者抗诉。（检察终局，1次用尽）
②认＝作出提检察建议或抗诉的决定。
③不认＝作出不提检察建议或抗诉的决定。

秒杀：“检察终局”。

判断：如果检察院不认当事人喊冤当事人还能转回头向法院喊冤？或者继续向检察院喊冤？

答：不能。因为已经剧终。①当事人必须先到法院喊冤，但是法院不认；②当事人才能再转向检察院喊冤，但是检察院继续不认。③剧终！④当事人既不得再次转头向法院喊冤（《民诉解释》第383条第1款第3项），⑤也不得再次继续向检察院喊冤（《民诉法》第209条第2款第2句）。⑥检察院作出的不予提出检察建议或者抗诉的决定具有终局性。

做题步骤：当事人先向法院喊1次冤与当事人后向检察院喊1次冤。
①必须先找法院。（看到当事人同时向法院和检察院喊冤＝错）
②此后对法院处理结果不满意，才能找检察院。（看到当事人同时向法院和检察院喊冤＝错）
③找了检察院，无论是同级检察院决定不提检察建议，还是上级检察院决定不提抗诉，都是剧终。（看到驳回检察建议申请＝剧终；看到驳回抗诉申请＝剧终；看到驳回检察建议申请后，又去申请抗诉＝错）

记忆秒杀：“法”院前置，“检”察终局。适用于当事人申冤情形。不适用于检察院主动抗诉情形。

做题秒杀：①先法后检√。②同时法检×。③可选法院可选检察院×。④可选检察建议可选检察抗诉×。

判断：2014/80 就瑞成公司与建华公司的合同纠纷，某省甲市中院作出了终审裁判。建华公司不服，打算启动再审程序。后其向甲市检察院申请检察建议，甲市检察院经过审查，作出驳回申请的决定。关于检察监督：

A. 建华公司可在向该省高院申请再审的同时，申请检察建议×。（“法”院前置）

B. 在甲市检察院驳回检察建议申请后，建华公司可向该省检察院申请抗诉×。（“检”察终局）

C. 甲市检察院在审查检察建议申请过程中，可向建华公司调查核实案情√。

D. 甲市检察院在审查检察建议申请过程中，可向瑞成公司调查核实案情√。

分析：①《民诉法》第210条，人民检察院因履行法律监督职责提出检察建议或者抗诉的需要，可以向当事人或者案外人调查核实有关情况。“这个很特殊，因为检察院是不解决纠纷的”，这是为法律监督所必须做的工作。②不能向法院调查核实情况。③此后法院审理时仍然“必须由当事人质证”。

（三）检察院喊冤 = 检察院启动再审

1. 怎么检察监督？

（1）同级建议 + 上级备案：同级检察院向同级法院提检察建议并报上级检察院备案

《民诉法》第208条第2款前半句，地方各级人民检察院对同级人民法院已经发生法律效力的判决、裁定，发现有本法第200条规定情形之一的，或者发现调解书损害国家利益、社会公共利益的，可以向同级人民法院提出检察建议，并报上级人民检察院备案……

（2）同同提请上上抗诉：同级检察院提请上级检察院向上级法院提起抗诉

《民诉法》第208条第2款后半句，也可以提请上级人民检察院向同级人民法院提出抗诉。

（3）上上抗诉：上级检察院向上级法院提起抗诉

《民诉法》第208条第1款，最高人民检察院对各级人民法院已经发生法律效力的判决、裁定，上级人民检察院对下级人民法院已经发生法律效力的判决、裁定，发现有本法第二百条（当事人向法院喊冤情形）规定情形之一的，或者发现调解书损害国家利益、社会公共利益的，应当提出抗诉。

（4）同级建议：非审判监督程序中审判人员违法行为，同级检察院向同级法院提出检察建议

《民诉法》第208条第3款，各级人民检察院对审判监督程序以外的其他审判程序中审判人员的违法行为，有权向同级人民法院提出检察建议。

判断1：北京一中院生效裁判存在法定再审情形，怎么检查监督？

①第1步，同同建议 + 上级备案。北京市检察院第一分院向北京市一中院提出检察建议，报北京市高院备案。

②第2步，同同提请上上抗诉。北京市检察院第一分院提请北京市检察院向北京市高院抗诉。

③第3步，上上抗诉。北京市检察院向北京市高院提出抗诉。

一句话记忆：再审程序中同级建议、上级抗诉（经提请或者主动）。

判断2：最高院判决存在法定再审情形，怎么检察监督？

最高检直接向最高法提出抗诉。

判断3：特别程序、督促程序、公示催告程序与破产程序中法官受贿，怎么检察监督？
①第1步，没有再审问题，这些程序不适用再审。
②第2步，同级检察院向同级法院提出检察建议，“对人的建议”。
秒杀：凡是不可再审的案件，检察院就不能提检察监督去抗诉或检察建议让“再审”。

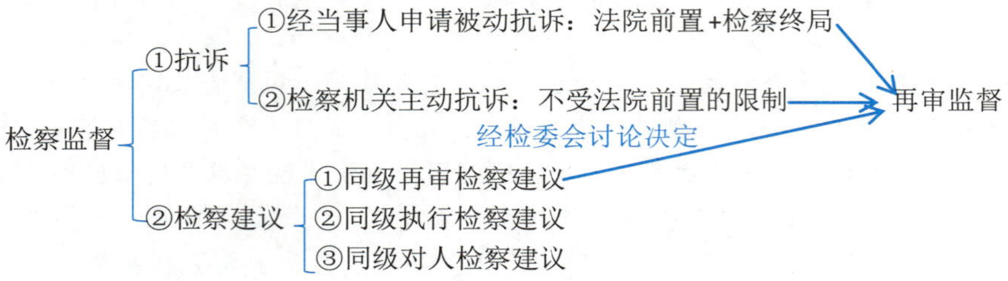

2. 检察监督威力很猛

（1）【形式审查】针对抗诉：法院必然裁定再审

《民诉法》第211条第1句，人民检察院提出抗诉的案件，接受抗诉的人民法院应当自收到抗诉书之日起30日内作出再审的裁定。

问1：接受抗诉的法院应当在收到抗诉书之日起30日内进行实质审查，并作出是否再审的裁定。这句话对吗？错误。①只要检察院抗诉，法院必须裁定再审。②法院不能对检察院的抗诉进行实质审查，只可以对检察院的抗诉进行必要的形式审查。③比如当事人没有先到法院喊冤，而直接到检察院喊冤，法院会裁定不予受理。④参考法条：《民诉解释》第417条，人民检察院依当事人的申请对生效判决、裁定提出抗诉，符合下列条件的，人民法院应当在30日内裁定再审：（一）抗诉书和原审当事人申请书及相关证据材料已经提交（要材料齐全）；（二）抗诉对象为依照民事诉讼法和本解释规定可以进行再审的判决、裁定（适用再审的案件）；（三）抗诉书列明该判决、裁定有民事诉讼法第208条第1款规定情形（法定再审情形）；（四）符合民事诉讼法第209条第1款第1项、第2项规定情形（必须先到法院喊冤后到检察院喊冤）。不符合前款规定的，人民法院可以建议人民检察院予以补正或者撤回；不予补正或者撤回的，人民法院可以裁定不予受理。

判断：2013/81B 周某因合同纠纷起诉，甲省乙市的两级法院均驳回其诉讼请求。周某申请再审，但被驳回。周某又向检察院申请抗诉，检察院以原审主要证据系伪造为由提出抗诉，法院裁定再审。B检察院抗诉后，应当由接受抗诉的法院审查后，作出是否再审的裁定×。

问2：当事人申请再审，同时上级检察院提出抗诉（不是因当事人申请检察院抗诉，而是检察院主动抗诉），谁大？①抗诉大，法院直接裁定再审。②此时不受法院前置的限制。③但一般检察院不会主动抗诉，都是被动的经当事人申请抗诉。

判断：2010/47 张某诉季某人身损害赔偿一案判决生效后，张某以法院剥夺其辩论权为由申请再审，在法院审查张某再审申请期间，检察院对该案提出抗诉。法院怎么处理？

A. 法院继续对当事人的再审申请进行审查，并裁定是否再审×。

B. 法院应当审查检察院的抗诉是否成立，并裁定是否再审×。

C. 法院应当审查检察院的抗诉是否成立，如不成立，再继续审查当事人的再审申请×。

D. 法院直接裁定再审√。

解析：①只要检察院提起抗诉，法院必须在收到抗诉书之日起30日内裁定再审，而不能对抗诉理由进行审查。②既然检察院已经提出抗诉，法院必然裁定再审，对当事人再审申请进行审查就没有必要，法院直接裁定再审。③看到检察院抗诉＝必须裁定再审。凡是说“经审查”“裁定是否再审”一律错。

（2）【实质审查】针对检察建议（“经检委会讨论决定”）：法院必须组成合议庭3个月内给结果，要么裁定再审；要么决定不再审但应书面回复检察院

《民诉解释》第419条，人民法院收到再审检察建议后，应当组成合议庭，在3个月内进行审查，发现原判决、裁定、调解书“确有错误”，需要再审的，依照民事诉讼法第198条规定裁定再审，并通知当事人；经审查，决定不予再审的，应当书面回复人民检察院。

（四）喊冤的近期效果

着急，是一个漫长的等待的痛苦的过程，在再审审理前，原判决、裁定继续执行。

1. 喊冤的近期效果

（1）法院喊冤，决定再审之前；（2）当事人喊冤，法院裁定再审之前；（3）检察院喊冤（包括当事人向检察院喊冤），法院裁定再审之前；（4）均“不停止原判决、裁定、调解书的执行”。

问：为什么？①在审查是否要再审期间，生效法律文书是否可能存在错误，是否需要重新审理，法院没有表态，故应当维护原生效法律文书的权威，不能停止原生效法律文书的执行。②【刺激再审申请】如果1个小小的再审申请就可以卡住执行，那当事人都会去申请再审。《民诉法》第199条“当事人申请再审的，不停止判决、裁定的执行”。

2. 喊冤的中期效果：忐忑，法院决定再审后，应当裁定中止原判决、裁定、调解书的执行

3. 喊冤的远期效果：揭晓，再审审理完毕后，再审结案，到底是沉冤昭雪还是无理缠讼？

秒杀1：驳回再审申请的裁定不能上诉，不能再审。

秒杀2：大家都申请再审，都列申请人。

秒杀3：再审中撤回起诉，一撤到底，经其他当事人同意且不损害“3益”国家利益、社会公共利益、他人合法权益。裁定准许撤诉的，应当一并撤销原判决。

三、怎么“平反”？再审的审理

（一）决定再审时裁定中止执行

1. 同时裁定中止原判决、裁定、调解书的执行

《民诉法》第206条上半句，按照审判监督程序决定再审的案件，裁定中止原判决、裁定、调解书的执行……

《民诉解释》第396条，人民法院对已经发生法律效力的判决、裁定、调解书依法决定再审，依照民事诉讼法第206条规定，需要中止执行的，应当在再审裁定中同时写明中止原判决、裁定、调解书的执行；情况紧急的，可以将中止执行裁定口头通知负责执行的人民法院，并在通知后10日内发出裁定书。

2. 但追索赡养费、扶养费、抚育费、抚恤金、医疗费用、劳动报酬等案件，可以不中止执行

《民诉法》第206条下半句，但追索赡养费、扶养费、抚育费、抚恤金、医疗费用、劳动报酬等案件，可以不中止执行。

记忆：3费在医院劳动要抚恤。

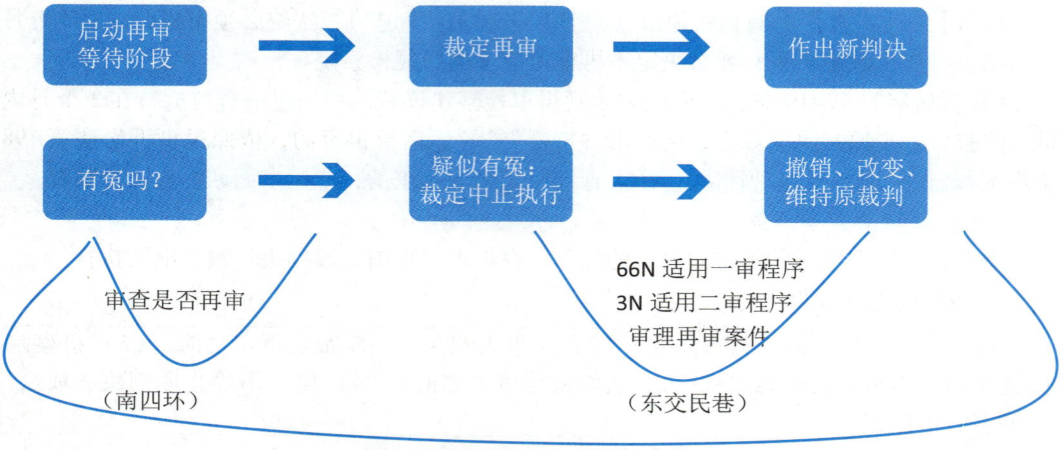

整个再审程序=原生效裁判依然有效

判断1："喊冤"之启动再审阶段，原生效裁判有效，并且要继续执行。"当事人申请再审不停止执行"√。

判断2："平反"之审理再审案件阶段，即重新审理阶段，原生效裁判有效，但应当中止执行。"法院决定再审后应当裁定中止执行"√。

判断3：看到裁定再审同时裁定中止执行都对，看到裁定再审同时裁定撤销原判都错。决定再审时和再审案件审理期间，原判决仍然有效。

2009/88D 林某诉张某房屋纠纷案，经某中级人民法院一审判决后，林某没有上诉，而是收到判决书20日后，向省高级法院申请再审。期间，张某向中级人民法院申请执行判决。省高级法院经审查，认为一审判决确有错误，遂指令作出判决的中级人民法院再审。

A. 高级法院指令再审的同时，应作出撤销原判决的裁定×。
B. 中级人民法院再审时应作出撤销原判决的裁定×。
C. 中级人民法院应裁定中止原裁判执行√。
D. 中级人民法院应适用一审程序再审该案√。

解析：①启动再审阶段，原生效判决仍然有效。②只有在经过再审审理后，作出新的判决，才能明确原判决是撤销还是维持，所以在决定再审时，应当中止原判决、裁定的执行，而不能直接撤销原判决。

2013/81CD 周某因合同纠纷起诉，甲省乙市的两级法院均驳回其诉讼请求。周某申请再审，但被驳回。周某又向检察院申请抗诉，检察院以原审主要证据系伪造为由提出抗诉，法院裁定再审。

C. 法院应在裁定再审的同时，裁定撤销原判×。

D. 法院应当在裁定再审的同时，裁定中止执行√。

判断 4：2015/46D“周立诉孙华人身损害赔偿案，一审法院适用简易程序审理，电话通知双方当事人开庭，孙华无故未到庭，法院缺席判决孙华承担赔偿周立医疗费。判决书生效后，周立申请强制执行，执行程序开始，孙华向一审法院提出再审申请。法院裁定再审，未裁定中止原判决的执行。”

A. 法院电话通知当事人开庭是错误的×。

B. 孙华以法院未传票通知其开庭即缺席判决为由，提出再审申请是符合法律规定的√。

C. 孙华应向二审法院提出再审申请，而不可向原一审法院申请再审×。

D. 法院裁定再审，未裁定中止原判决的执行是错误的×。

分析：①简易程序可以电话通知开庭；②在未经当事人确认不得缺席判决；③公民对公民，当事人可以选择向原审法院申请再审，也可以选择向上一级法院申请再审；④法院裁定再审时，应当裁定中止执行，但追索赡养费、扶养费、抚育费、抚恤金、医疗费用、劳动报酬等案件可以不中止执行。本案是追索医疗费案件，可以不中止执行。

（二）审理法院审理再审案件用什么程序？再审的程序

1. 重新组建合议庭开庭审理，适用二审程序例外可以不开庭

（1）另行组成合议庭

《民诉法》第 207 条第 2 款，人民法院审理再审案件，应当另行组成合议庭。

（2）适用一审程序应当开庭审理 + 适用二审程序应当开庭审理例外可以不开庭审理

《民诉解释》第 403 条，人民法院审理再审案件应当组成合议庭开庭审理，但按照第二审程序审理，有特殊情况或者双方当事人已经通过其他方式充分表达意见，且书面同意不开庭审理的除外。

符合缺席判决条件的，可以缺席判决。

2. 冤情来自一审 = 适用一审程序重新审理 = 应当开庭审理 = 所作裁判可以上诉

《民诉法》第 207 条第 1 款第 1 句，人民法院按照审判监督程序再审的案件，发生法律效力的判决、裁定是由第一审法院作出的，按照第一审程序审理，所作的判决、裁定，当事人可以上诉。

3. 冤情来自二审 = 适用二审程序重新审理 = 应当开庭审理例外可不开庭审理 = 所作裁判是终审裁判

《民诉法》第 207 条第 1 款第 2 句，发生法律效力的判决、裁定是由第二审法院作出的，按照第二审程序审理，所作的判决、裁定，是发生法律效力的判决、裁定；

4. 无论冤情来自一审，还是来自二审，上级法院按照再审程序提审的 = 适用二审程序

重新审理＝应当开庭审理例外可不开庭审理＝所作裁判是终审裁判

《民诉法》第207条第1款第3句，上级人民法院按照审判监督程序提审的，按照第二审程序审理，所作的判决、裁定是发生法律效力的判决、裁定。

> 判断：再审一律适用原生效裁判的审理程序审理×。
>
> 分析：因为如果原生效裁判是一审作出，而再审是上级法院提审时，则应当适用二审程序审理。

> **秒杀：一是一，二是二，提审一定是二。**

（三）哪里喊冤，就在哪里审理再审案件吗？审理的法院（这里审理的是案件≠前头审查的是再审申请）

北京一中院有冤情 谁来平反冤案

- ①法院喊冤
  - ①最高院对一中院说冤（最高院提审或指令一中院再审）
  - ②北京市高院对一中院说冤（高院提审或指令一中院再审）
  - ③北京一中院：一中院院长喊冤，审委会讨论说冤（一中院本院再审）
- ②当事人先向法院喊冤1次
  - ①北京市高院（高院提审）
  - ②可以北京一中院（一中院本院再审）
    - ①一方当事人众多
    - ②双方都是公民
  - ③必须北京一中院（一中院本院再审）
    - ①中一方向北京高院协商未果
    - ②中另一方向一中院
  - 驳回 不理 再审再错 ↓
- ③当事人再向检察院喊冤1次＝剧终
  - ①北京市检察院抗诉（高院提审审理或者证据问题一中院本院再审）
  - ②北京市检察院第一分院检察建议
- ④检察院喊冤
  - ①最高检对一中院喊冤＝抗诉（最高院提审或者证据问题高院再审）
  - ②北京市检察院向北京市高院喊冤＝抗诉（高院提审或者证据问题一中院本院再审）
  - ③北京市检察院第一分院向一中院提出检察建议（并报北京市检察院备案）
  - ④北京市检察院第一分院提请北京市检察院向北京市高院喊冤＝抗诉（高院提审或者证据问题一中院本院再审）

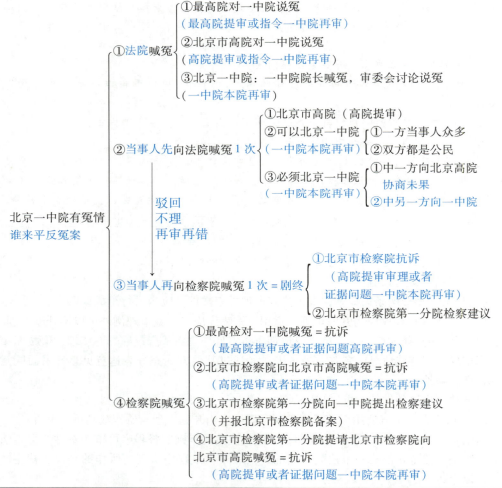

> **上图可见，在哪里喊冤，并不一定是哪里审理再审案件，因为高院和最高院有指令权即指令下级法院再审，故需要通过假设各种情况，总结规律。**

1. 法院喊冤启动的再审，谁启动再审谁来审

（1）本院启动的再审＝本院审理。

（2）上级法院启动的再审＝由该上级法院提审或者（最高院或高院）指令下级法院

审理。

例 1：基层海淀法院有冤情。谁来平反？
①自己：海淀法院启动 = 海淀法院再审 = 一审程序。
②上面：北京一中院启动 = 北京一中院审理提审 = 二审程序。
例 2：中级北京一中院有冤情。北京一中院可能是一审，也可能是二审。谁来平反？
①自己：北京一中院启动 = 北京一中院再审 = 一审程序或二审程序。
②上面：北京高院启动 = 北京高院审理提审 = 二审程序。
例 3：高级北京高院有冤情。北京高院可能是一审，也可能是二审。谁来平反？
①自己：北京高院启动 = 北京高院再审 = 一审程序或二审程序。
②上面：最高院启动 = 最高院审理提审 = 二审程序。
例 4：最高院有冤情。谁来平反？
自己最高院启动 = 最高院再审 = 一审程序一审终审。

规律口诀 1：法院系统内部纠错谁启动再审谁来平反 = 自己或上面来平反 = 自己“一是一，二是二”，提审“一定二”。

①自己纠错：“一是一”（冤案用一审程序，再审也用一审程序），“二是二”（冤案用二审程序，再审也用二审程序）。

②上面纠错：“一定是二”（提审一定是用二审程序）。

2. 当事人向法院喊冤 1 次启动的再审

（1）中院有提审权，没有指令权

因当事人申请而裁定再审的案件由中级以上法院审理，但当事人依法选择向基层法院申请再审的除外

《民诉法》第 204 条第 2 款第 1 句，因当事人申请裁定再审的案件由中级人民法院以上的人民法院审理，但当事人依照本法第 199 条的规定（当事人一方人数众多或者当事人双方为公民的案件，也可以向原审人民法院申请再审。为方便归纳，以下统称“双公一桌”）选择向基层人民法院申请再审的除外。

“双公一桌”：双公 = 双方是公民；一桌 = 一方人数众多就是 10 人。双公一桌可以选择向原审或上级申请再审。

（2）最高院、高院有提审权，也有指令权

因当事人申请后最高院、高院裁定再审的案件：

①由本院再审；

②或者指令原审法院再审；

③或者指令本辖区内与原审法院同级其他法院再审；

④或者“双公一桌”当事人选择向原审法院申请再审则由原审法院再审。

《民诉法》第 204 条第 2 款第 2 句，最高人民法院、高级人民法院（无中院）裁定再审的案件，由本院再审或者交其他人民法院再审，也可以交原审人民法院再审。

例 1：基层海淀法院有冤情。谁来平反？

①自己：“双公一桌”，当事人向海淀法院申请，海淀法院再审 = 一审程序。

②上面：当事人向北京市一中院申请再审，北京一中院提审 = 二审程序。（中院没有指令下级法院再审权）

例2：中级北京一中院有冤情。北京一中院可能是一审，也可能是二审。谁来平反？

①自己："双公一桌"，当事人向北京一中院申请再审，北京一中院再审＝一审程序或二审程序。

②上面：当事人向北京高院申请再审，北京高院提审＝二审程序；或者北京高院指令北京二中院再审（一审程序或二审程序）；或者北京高院指令北京一中院再审（一审程序或二审程序）。

例3：高级北京高院有冤情。北京高院可能是一审，也可能是二审。谁来平反？

①自己："双公一桌"，当事人向北京高院申请再审，北京高院再审＝一审程序或二审程序。

②上面：当事人向最高院申请再审，最高院提审＝二审程序；或者最高院指令北京高院再审（一审程序或二审程序）；或者最高院指令河北省高院再审（一审程序或二审程序）。

例4：最高院有冤情。谁来平反？

自己：最高院再审＝一审终审。

规律口诀2：当事人申请法院内部纠错＝"双公一桌" 自己平反＋上面平反＋最高院或高院指令与"自己"同级的下级平反

①"双公一桌" 自己纠错："一是一"（冤案用一审程序，再审也用一审程序），"二是二"（冤案用二审程序，再审也用二审程序）。

②上面纠错："一定是二"（提审一定是用二审程序）。高院或最高院有提审权也有指令权，提审（一定是二）或者指令下面审（下面还是"一是一，二是二）"。中院有提审权（一定是二），没有指令权。

3. 当事人先向法院喊冤1次失败，然后再向检察院喊冤1次经检察院提出抗诉的再审

（1）接受抗诉的法院提审（因为接受抗诉的法院是冤案法院的上级法院，故应当是提审）

（2）符合《民诉法》第200条第1到5项情形的（即证据有问题），可以交给下一级法院审理。但是不能交给曾经再审审理过本案的下一级法院审理。

《民诉解释》第418条，当事人的再审申请被上级人民法院裁定驳回后，人民检察院对原判决、裁定、调解书提出抗诉，抗诉事由符合民事诉讼法第200条第1项至第5项规定情形之一的（有新的证据，足以推翻原判决、裁定的；原判决、裁定认定的基本事实缺乏证据证明的；原判决、裁定认定事实的主要证据是伪造的；原判决、裁定认定事实的主要证据未经质证的；对审理案件需要的主要证据，当事人因客观原因不能自行收集，书面申请人民法院调查收集，人民法院未调查收集的），受理抗诉的人民法院可以交由下一级人民法院再审。

4. 检察院喊冤抗诉启动的再审

（1）接受抗诉的法院提审（因为接受抗诉的法院是冤案法院的上级法院，故应当是提审）

（2）符合《民诉法》第200条第1到5项情形的（即证据有问题），可以交给下一级法院审理。但是不能交给曾经再审审理过本案的下一级法院审理。

《民诉法》第 211 条，人民检察院提出抗诉的案件，接受抗诉的人民法院应当自收到抗诉书之日起 30 日内作出再审的裁定；有本法第 200 条第一项至第五项规定情形之一的（有新的证据，足以推翻原判决、裁定的；原判决、裁定认定的基本事实缺乏证据证明的；原判决、裁定认定事实的主要证据是伪造的；原判决、裁定认定事实的主要证据未经质证的；对审理案件需要的主要证据，当事人因客观原因不能自行收集，书面申请人民法院调查收集，人民法院未调查收集的），可以交下一级人民法院再审，但经该下一级人民法院再审的除外。

例 1：基层海淀法院有冤情。谁来平反？

①自己：证据有问题，北京一中院交海淀法院再审 = 一审程序。

②上面：北京市检察院第一分院向北京一中院抗诉，北京一中院提审 = 二审程序。

例 2：中级北京一中院有冤情。北京一中院可能是一审，也可能是二审。谁来平反？

①自己：证据有问题，北京市高院交由北京一中院再审 = 一审程序或二审程序。

②上面：北京市检察院向北京市高院抗诉，北京市高院提审 = 二审程序。

例 3：高级北京高院有冤情。北京高院可能是一审，也可能是二审。谁来平反？

①自己：证据有问题，最高院交由北京高院再审 = 一审程序或二审程序。

②上面：最高检察院向最高法院抗诉，最高法院提审 = 二审程序。

例 4：最高院有冤情。谁来平反？

自己：最高检察院抗诉，最高院一审终审。

例 5：例 1、2、3 自己已经“再审”过一次，还被检察院抗诉的，则无论是否证据问题，都不能再交给下级法院自己重审审理，以防止反复。这种情况要一概由上面来提审。

规律口诀 3：检察系统抗诉外部纠错 = 证据问题“可以”下面自己平反 + 其他问题上面平反 = 证据问题自己“一是一，二是二”，上面提审“一定二”。

①证据问题“可以”下面自己纠错：“一是一”（冤案用一审程序，再审也用一审程序），“二是二”（冤案用二审程序，再审也用二审程序）。

②其他问题上面提审纠错：“一定是二”（提审一定是用二审程序）。

5. 三个规律口诀的进一步简化

①法院启动再审谁平反：自己平反“一是一，二是二”，上面提审平反“一定二”。

②当事人申请法院启动再审谁平反：“双公一桌”下面自己平反“一是一，二是二”。最高院、高院有提审权也有指令权，提审平反“一定是二”，指令下面平反，则“一是一，二是二”。中院有提审权（一定是二），没有指令权。

③检察院抗诉启动再审谁平反：证据问题“可以”下面自己平反“一是一，二是二”，其他问题上面提审平反“一定是二”。

归总记忆当事人申请再审 1：

（1）看到当事人申请启动法院再审时，先问是否“双公一桌”（双方公民或者一方人数众多），有的话下面自己平反“一是一，二是二”。再问是中院、最高院或高院？中院有提审权，没有指令权；高院、最高院有提审权，还有指令权。

（2）提审一定是适用二审程序再审。原终审判决是一审作出，则再审适用一审程序；原终审判决是二审作出，则再审适用二审程序。

归总记忆当事人申请再审2：

终审法院	受理再审申请	重新审理
基层法院	中级人民法院	该中院（提审＝二审程序）
	※该基层法院	该基层法院（一审程序）
中级人民法院	高级法院	该高院（提审＝二审程序）、该中院（一或者二审程序），或其他中院（一或者二审程序）
	※该中院	该中院（一或者二审程序）
高级法院	最高院	最高院（提审＝二审程序）、该高院（一或者二审程序）、其他高院（一或者二审程序）
	※该高院	该高院（一或者二审程序）
记忆规律	※＝当事人一方人数众多或者双方都是公民，可以向原审法院申请再审情形	口诀：一是一，二是二，提审一概都是二。

当事人喊冤做题口诀之“华山论剑”

秒杀1：双公一桌可选择（申请上级或原审），检察抗诉可选择（上级提或者证据下放）

法院前置，一次用尽；检察终局，一次用尽。

秒杀2：一是一，二是二，提审一定是二，中院有提审权，无指令权，高院和最高院有提审权也有指令权。

例1：当事人申请启动再审：高院指令下面审理，一是一，二是二。高院有提审权，也有指令权，本案高院指令下面审理，下面刚好是一。

2009/88D林某诉张某房屋纠纷案，经某中级人民法院一审判决后，林某没有上诉，而是收到判决书20日后，向省高级法院申请再审。期间，张某向中级人民法院申请执行判决。省高级法院经审查，认为一审判决确有错误，遂指令作出判决的中级人民法院再审。则中院用什么程序再审？答：中级人民法院应适用一审程序再审该案√。

解析：①第1步，是当事人申请法院启动再审。是“双公一桌”，双方都是公民，可以向原审中院申请再审，也可以先向上级法院即省高院申请再审。本案是选择向上级法院省高院申请再审。（“双公一桌”）②第2步，最高院或高院有提审权也有指令权，中院只有提审权，没有指令权。上级提审一定是二审程序。指令下级再审，“一是一，二是二”。本案是高院指令下级再审，下级原来是一。因此，本案中院再审适用一审程序。（1是1，2是2，提审一定是2）

例2：当事人申请启动再审：中院提审，“一是一，二是二”。中院没有指令权，只有提审权，本案中院提审是二。

2009/87甲公司诉乙公司合同纠纷案，南山市S县法院进行了审理并作出驳回甲公司诉讼请求的判决，甲公司未提出上诉。判决生效后，甲公司因收集到新的证据申请再审。

A. 甲公司应当向S县法院申请再审×。

B. 甲公司应当向南山市中级人民法院申请再审√。

C. 法院应当适用一审程序再审本案×。

D. 法院应当适用二审程序再审本案√。

分析：①第1步，是当事人申请法院启动再审。不是“双公一桌”，只能向上级法院申请再审。②第2步，上级法院不是最高院，也不是高院，而是中院，中院没有指令权。中院只能自己提审。提审一定是二审程序。

例3：当事人申请启动再审：高院有提审权也有指令权。高院提审一定是二；指令下面则“一是一，二是二”。

2013/82AB 韩某起诉翔鹭公司要求其依约交付电脑，并支付迟延履行违约金5万元。经县市两级法院审理，韩某均胜诉。后翔鹭公司以原审适用法律错误为由申请再审，省高院裁定再审后……

A. 省高院可以亲自提审，提审应当适用二审程序√。

B. 省高院可以指令原审法院再审，原审法院再审时应当适用一审程序×。

分析：①第1步，是当事人申请法院启动再审。不是“双公一桌”，只能向上级法院申请再审。②第2步，上级法院是高院，高院有提审权，也有指令权。高院提审一定是二；高院指令下面，“一是一，二是二，”下面是中院生效判决，故用二审程序。

（四）审理法院审理再审案件的范围是什么？再审的范围有限原则

1. 再审范围有限原则：再审范围不超过再审申请或者抗诉范围。

《民诉解释》第405条第1款，法院审理再审案件应当围绕再审请求进行。当事人的再审请求超出原审诉讼请求的，不予审理；符合另案诉讼条件的，告知当事人可以另行起诉。

判断1：再审中，当事人超出原审范围增加诉讼请求或者提出反诉的，再审法院可以调解，调解不成撤销原判，发回重审×。

解析：根据再审范围有限原则，当事人超出原审范围增加、变更的诉讼请求不属于再审范围，故再审法院不予受理即可，不能进行调解。

判断2：2013/82AB 韩某起诉翔鹭公司要求其依约交付电脑，并支付迟延履行违约金5万元。经县市两级法院审理，韩某均胜诉。后翔鹭公司以原审适用法律错误为由申请再审，省高院裁定再审后，韩某变更诉讼请求为由解除合同，支付迟延履行违约金10万元。再审法院最终维持原判。C 再审法院对韩某变更后的诉讼请求应当不予审查√。

判断3：2010/82 关于再审程序的说法：

A. 在再审中，当事人提出新的诉讼请求的，原则上法院应根据自愿原则进行调解，调解不成的告知另行起诉×。（这是二审中新增诉讼请求的处理办法）

B. 在再审中，当事人增加诉讼请求的，原则上法院应根据自愿原则进行调解，调解不成的裁定发回重审×。

C. 按照第一审程序再审案件时，经法院许可原审原告可撤回起诉√。（《民诉解释》第410条）

D. 在一定条件下，案外人可申请再审√。（①在执行程序中，案外人对执行标的异议。②法院裁定驳回后，案外人不服，如果与原判无关，可提起案外人异议之诉。③如果与原判有关，可依照审判监督程序处理即申请再审。故案外人申请再审以提出案外人对执行标的的异议为前置程序）

2. 再审范围扩大 1：其他人在庭审辩论结束前提出的再审请求，法院一并审理。

《民诉解释》第 405 条第 2 款，被申请人及原审其他当事人在庭审辩论结束前提出的再审请求，符合民事诉讼法第 205 条规定的（6 个月时限要求），人民法院应当一并审理。

3. 再审范围扩大 2：冤案裁判损害国家利益、社会公共利益、他人合法权益，法院一并审理。

《民诉解释》第 405 条第 3 款，法院经再审，发现已经发生法律效力的判决、裁定损害国家利益、社会公共利益、他人合法权益的，应当一并审理。

4. 再审发回重审可以扩大（用“二审程序”再审，二审“撤发”到一审时有特殊情形方可启用）

《民事审判监督程序严格依法适用指令再审和发回重审若干问题的规定》第 8 条，再审发回重审的案件应当围绕当事人原诉讼请求进行审理。当事人申请变更、增加诉讼请求和提出反诉的，按照《民诉解释》第 252 条的规定审查决定是否准许。当事人变更其在原审中的诉讼主张、质证及辩论意见的，应说明理由并提交相应的证据，理由不成立或证据不充分的，人民法院不予支持。

《民诉解释》第 252 条，再审裁定撤销原判决、裁定发回重审的案件，当事人申请变更、增加诉讼请求或者提出反诉，符合下列情形之一的，人民法院应当准许：

（一）原审未合法传唤缺席判决，影响当事人行使诉讼权利的；

（二）追加新的诉讼当事人的；

（三）诉讼标的物灭失或者发生变化致使原诉讼请求无法实现的；

（四）当事人申请变更、增加的诉讼请求或者提出的反诉，无法通过另诉解决的。

（五）审理法院审理再审案件的结果是什么？再审的结案

1. 当事人撤回再审申请或者检察院撤回抗诉（**“裁定终结再审程序”**“维持原判”）

（1）裁定**终结再审程序**。

（2）原生效判决自动恢复执行。

《民诉解释》第 406 条，再审审理期间，有下列情形之一的，可以裁定终结再审程序：

（一）再审申请人在再审期间撤回再审请求，人民法院准许的；

（二）再审申请人经传票传唤，无正当理由拒不到庭的，或者未经法庭许可中途退庭，按撤回再审请求处理的；

（三）人民检察院撤回抗诉的；

（四）有本解释第 402 条第 1 项至第 4 项规定情形的（裁定终结审查情形 = 申请人死了 + 被申请人死了没财产 + 当事人和解履行完毕未声明不放弃再审 + 无权代理申请再审）。

因人民检察院提出抗诉裁定再审的案件，申请抗诉的当事人有前款规定的情形，且不损害国家利益、社会公共利益或者他人合法权益的，人民法院应当裁定终结再审程序。

再审程序终结后，人民法院裁定中止执行的原生效判决自动恢复执行。

2. 一审原告在再审中撤回起诉（平反阶段了）

（1）裁定准许撤诉一并撤销原判决。（“一撤到底”）

《民诉解释》第 410 条 第 1 款，“一审原告”在再审审理程序中申请撤回起诉，经其他当事人同意，且不损害国家利益、社会公共利益、他人合法权益的，人民法院可以准许。裁定准许撤诉的，应当一并撤销原判决。

（2）再审中撤回起诉一次用尽。

《民诉解释》第410条第2款，一审原告在再审审理程序中撤回起诉后重复起诉的，人民法院不予受理。

	一审	二审	再审
审理方式	必须开庭审理。	①原则上应当开庭审理，②但二审法院经过阅卷、调查和询问当事人，没有新的事实，证据或理由提出，合议庭认为不需要开庭的可以不开庭审理。	同一审或者同二审。
调解	①可以调解，身份关系的确认案件除外。②原则上制作调解书，③但可以不制作。	①可以调解，身份关系的确认案件除外。②应当制作调解书。③调解书签收后，原判决视为撤销。	①可以调解，身份关系的确认案件除外。②应当制作调解书。③调解书签收后，原判决视为撤销。
撤诉	可以撤诉，可以再次起诉。	可以撤诉，一次用尽。	可以撤诉，一次用尽。

3. 调解结案

（1）再审中达成调解协议，应当制作调解书。

《再审解释2008》第36条第1句，当事人在再审审理中经调解达成协议的，人民法院应当制作调解书。

（2）调解书签收后，原判决、裁定视为撤销。

《再审解释2008》第36条第2句，调解书经各方当事人签收后，即具有法律效力，原判决、裁定视为被撤销。

4. 裁判结案

（1）维持原判 = 原判决、裁定正确

《民诉解释》第407条第1款，人民法院经再审审理认为，原判决、裁定认定事实清楚、适用法律正确的，应予维持；原判决、裁定认定事实、适用法律虽有瑕疵，但裁判结果正确的，应当在再审判决、裁定中纠正瑕疵后予以维持。

（2）改判、撤销或变更 = 原判决、裁定认定事实错误；适用法律错误

《民诉解释》第407条第2款，原判决、裁定认定事实、适用法律"错误"，导致裁判结果错误的，应当依法改判、撤销或者变更。

（3）发回重审 = 仅适用于二审程序（"二是二"）

《再审解释2008》第38条，人民法院按照第二审程序审理再审案件，发现原判决认定事实错误或者认定事实不清的，应当在查清事实后改判。但原审人民法院便于查清事实，化解纠纷的，可以裁定撤销原判决，发回重审；原审程序遗漏必须参加诉讼的当事人且无法达成调解协议，以及其他违反法定程序不宜在再审程序中直接作出实体处理的，应当裁定撤销原判决，发回重审。

> 判断：遗漏必须参加当事人调解不成裁定撤销原判发回重审
>
> 2006/49B 某省高级法院依照审判监督程序审理某案，发现张某是必须参加诉讼的当事人，而一审、二审法院将其遗漏。法院怎么处理？

A. 可以通知张某参加诉讼，进行调解，调解不成，裁定撤销二审判决，发回二审法院重审×。

B. 可以通知张某参加诉讼，进行调解，调解不成，裁定撤销一、二审判决，发回一审法院重审√。

C. 应当直接裁定撤销二审判决，发回二审法院重审×。

D. 只能直接裁定撤销一、二审判决，发回一审法院重审×。

解析：①经过一审、二审，说明是两审生效，应当适用二审程序再审。②适用二审程序再审，法院原审遗漏必须参加诉讼的当事人，应当进行调解，调解不成，撤销原判，发回（原一审法院）重审。为了保护当事人上诉权，故不能直接作出判决。③不存在发回二审法院重审，因为如果发回二审法院重审，二审法院所作判决也是终审判决，同样无法保护当事人上诉权。

（4）驳回起诉＝适用二审程序的再审发现案件压根不归法院管＝裁定撤销一、二审判决，驳回起诉。

《民诉解释》第408条，按照第二审程序再审的案件，人民法院经审理认为不符合民事诉讼法规定的起诉条件或者符合民事诉讼法第124条规定不予受理情形的，应当裁定撤销一、二审判决，驳回起诉。

5. 小额诉讼程序案件中当事人申请再审，怎么办？（《民诉解释》第426条）

（1）向原审法院“喊冤”（2016/81A“向上级法院申请再审×”）。由原审法院“平反”。不适用简易程序故应“另行组成合议庭”（2016/81B“法院应当组成合议庭√”）。

（2）用原来的一审程序重新审理。既然对小额诉讼程序审理的案件，裁定再审后，适用一审程序审理，所作判决为一审判决，能否上诉？

①不能上诉：当事人对法院适用小额诉讼程序审理无异议，但认为其判决存在法定情形为由申请再审的，再审所作判决仍然适用一审终审的规定。

②可以上诉：当事人认为法院不应适用小额诉讼程序为由申请再审的，再审所作判决不再适用一审终审，可以上诉。（2016/81C）

6. 对调解书的再审，是怎么结案的？

（1）如果调解书没有违背自愿或合法原则怎么办？①“裁定驳回再审申请”。②而非判决维持调解书。③不能用判决书来维持调解书。如果用判决书维持调解书，那假设是一审程序的再审，将会导致对这个判决书可以上诉吗？允许上诉，但调解书不应被再审，已经一审生效。不允许上诉，又违反了按一审程序所作再审判决可以上诉的规定。④经权衡考量，采用裁定驳回再审申请方式处理。

（2）如果调解书不存在损害“2益”怎么办？裁定终结再审程序。原来的调解书继续有效。

7. 再审多久出结果呢？再审立案次日起算。冤案原生效判决的审限＝再审“平反”的审限。

《民诉解释》第128条，再审案件按照第一审程序或者第二审程序审理的，适用民事诉讼法第149条（66N）、第176条（判决3N或者裁定30N）规定的审限。审限自再审立案的次日起算。

第十三部分 调 解

调解的逻辑体系：先思考到底什么是调解（①调解≠人民调解；调解≠和解）？然后琢磨哪些案件可以调解，哪些案件不能调解（②调解的适用范围和调解的适用阶段）？再思考怎么进行调解（③调解程序）？最后思考调解之后的成果是什么（④调解协议、调解书、调解书变判决书、对调解书的再审）？

一、什么是调解？（①调解≠人民调解；调解≠和解）

诉讼中调解＝法院调解＝民事诉讼中双方当事人在法院的主持下，就案件争议问题进行协商，从而解决纠纷所进行的活动。

（一）调解≠人民调解

1. 法院调解是法院行使“审判权”的体现，属于“公力救济”

（1）制作的有执行内容的调解书可以强制执行。

（2）调解协议不得约定还可以就调解协议起诉，根据“一事不再理”原则，调解本身已经对案件进行了实体解决（《调解规定》第8条第2款）。

判断：2011/42C 法院制作的调解书生效后都具有执行力×。 解析：①调解书具有法律效力，但不一定都有执行力。②有法律效力＋有明确的执行内容＝有执行力。③如生效的维持婚姻关系的调解书，具有法律效力，但是没有可供执行的内容，没法执行也不需要执行。

2. 人民调解委员会的调解属于社会救济

（1）达成的调解协议无强制执行力。经过法院特别程序之确认调解协议的效力之后，才具有强制执行力。

（2）经过人民调解委员会调解后，当事人不得再就实体纠纷向人民法院提起诉讼，但可就调解协议约定内容的履行提起诉讼。（无名合同）

判断：2014/36D 人民调解委员会可以主动调解当事人之间的民事纠纷√。

3. 什么是邀请调解？法院调解过程中要求有关单位参与协助调解工作，这是法院调解，而不是人民调解

《民诉法》第95条，人民法院进行调解，可以邀请有关单位和个人协助。被邀请的单位和个人，应当协助人民法院进行调解。 2012/35B 他人参与调解，影响当事人意思表达，违反了辩论原则×。

4. 什么是委托调解？人民法院委托单位或个人调解，这是法院调解，而不是人民调解

《调解规定》第1条，经各方当事人同意，人民法院可以委托单位或者个人（与当事人有特定关系或者与案件有一定联系的企业事业单位、社会团体或者其他组织，和具有专门知识、特定社会经验、与当事人有特定关系并有利于促成调解的个人）对案件进行调解，达成调解协议后，人民法院应当依法予以确认。

2011/42A 法院可以委托与当事人有特定关系的个人进行调解，达成协议的，法院应当依法予以确认√。

5. 什么是特邀调解?《最高人民法院关于人民法院特邀调解的规定》

（1）特邀调解是指人民法院吸纳符合条件的人民调解、行政调解、商事调解、行业调解等调解组织或者个人成为特邀调解组织或者特邀调解员，接受人民法院立案前委派或者立案后委托依法进行调解，促使当事人在平等协商基础上达成调解协议、解决纠纷的一种调解活动。

（2）特邀调解员不得在后续的诉讼程序中担任该案的人民陪审员、诉讼代理人、证人、鉴定人以及翻译人员等。

（3）立案前叫委派调解：委派调解达成的调解协议，当事人可以依照民事诉讼法、人民调解法等法律申请司法确认。当事人申请司法确认的，由调解组织所在地或者委派调解的基层人民法院管辖。（司法确认更快。）

（4）立案后叫委托调解：委托调解达成调解协议，特邀调解员应当向人民法院提交调解协议，由人民法院审查并制作调解书结案。达成调解协议后，当事人申请撤诉的，人民法院应当依法作出裁定。

（5）特邀调解员，山西晋城中院，调解成功1个300元，失败酌情1个100元。

区分法院调解和其他调解	法院调解（诉讼调解）	其他调解
时间	诉讼中（诉讼行为）	诉讼外（非诉讼行为）
性质	法院行使审判权，公力救济	不是审判活动，不是公力救济
程序	遵守法定程序	非法定原则，程序规范程度低
效力	生效调解书（不能留置送达）与生效判决书同等效力（“都”不能电子送达）（“都”一事不再理）	调解协议是无名合同，可以申请司法确认后，具有强制执行人

（二）诉讼调解≠诉讼和解

诉讼和解是当事人在诉讼中自行达成和解协议，接下来有3个走向结案：

1. 走向①：可以申请撤回起诉。

（1）和解协议不具有强制执行力。

（2）一审撤回起诉后，案件未经过实体处理，当事人可以再次起诉。

（3）二审、再审撤回起诉后，为防止反复，当事人不可以再次起诉。

2. 走向②：可以申请法院依据和解协议制作调解书结案。

（1）有执行内容的调解书具有强制执行力，一方不履行，他方可申请强制执行［《调解规定》（2020修正）第2条］。

判断：2011/42B 当事人在诉讼中自行达成和解协议的，可以申请法院依法确认和解协议并制作调解书√。

（2）以调解书结案后案件已经经过实体处理，根据一事不再理原则，当事人不得再次起诉。

3. 例外可以走向③：无人离婚案或涉外案和解，可以申请法院依据和解协议制作判决书。

无民事行为能力人离婚案件，法定代理人与对方达成和解协议；或者涉外民事诉讼当事人达成和解协议。之后要求发给判决书的，可以依照协议内容制作判决书送达当事人。（《民诉解释》第148条第2款）（二审终审）

秒杀：外国无人离婚（和解调解）转化为判决书

判断1：达成和解协议后一般是两个走向，例外“无人离婚案或涉外案”才增加第三个走向。 2012/39 甲诉乙损害赔偿一案，双方在诉讼中达成和解协议。 A. 当事人无权向法院申请撤诉×。 B. 因当事人已达成和解协议，法院应当裁定终结诉讼程序×。 C. 当事人可以申请法院依和解协议内容制作调解书√。 D. 当事人可以申请法院依和解协议内容制作判决书×。

判断2：2009/84 民事诉讼的法院调解与诉讼和解的区别： A. 法院调解是法院行使审判权的一种方式，诉讼和解是当事人对自己的实体权利和诉讼权利进行处分的一种方式√。 B. 法院调解的主体包括双方当事人和审理该案件的审判人员，诉讼和解的主体只有双方当事人√。 C. 法院调解以《民事诉讼法》为依据，具有程序上的要求，诉讼和解没有严格的程序要求√。 D. 经过法院调解达成的调解协议生效后如有给付内容则具有强制执行力，经过诉讼和解达成的和解协议即使有给付内容也不具有强制执行力√。

区分法院调解和诉讼和解	法院调解（诉讼调解）	诉讼和解
主体	法院＋双方当事人	当事人
性质	法院行使审判权＋当事人行使处分权	当事人行使处分权
效力	调解书结案，具有执行内容的调解书受强制执行力保护	达成和解协议可以申请撤诉或者申请转化为调解书或者特殊情形（外国无人离婚）可转为判决书
程序	遵守法定程序	当事人高度自治
相同之处	①时间发生在诉讼中（但是执行中也可以和解，称为执行和解；而执行中不能调解）②遵守合法自愿原则③合意发挥重要作用	

二、哪些案件可以调解，哪些案件不能调解？（②调解的适用范围和调解的适用阶段）

（一）哪些案件可以调解

1. 应当调解：对于有可能通过调解解决的民事案件，应当调解。

2. 应当先行调解：离婚案件。离婚案件应当先调解＝约束法官＝不约束当事人。当事人不同意，开庭时法官问完就继续审理。

3. 应当先行调解：适用简易程序审理的下列案件。

记忆口诀：适用简易程序的应该调解 “结婚”（①婚姻家庭纠纷）后是“合伙”（②合伙协议纠纷），通勤“上班被撞”（③交通事故和工伤事故）拿“工资”（④劳务合同纠纷），“钱比较少”（⑤诉讼标的额较小的纠纷），指望“继承”（⑥继承纠纷）“邻居”（⑦相邻关系纠纷）的“宅基地”（⑧宅基地纠纷）……

（二）哪些案件不可以调解

1. “诉讼”程序可以调。

（1）简易程序＋“一审普通程序＋二审程序＋再审程序”

（2）一审终审，但二审调解也可以终审（本来二审终审）

判断：只有在一审程序才适用调解×。 分析：法院对受理的第一审、第二审和再审民事案件，可以在答辩期满后裁判作出前进行调解。在征得当事人各方同意后，法院可以在答辩期满前进行调解。

（3）立案前调解＝“诉前调解”

①“起诉后受理前的调解”：当事人起诉到人民法院的民事纠纷，适宜调解的，先行调解，但当事人拒绝调解的除外。（《民诉法》第122条）

②“走出去拿回来”：调解成功，立案，而后出调解结案。“手伸很长”。

（4）开庭前调解＝“调解分流”

①“调解分流”：人民法院对受理的案件，开庭前可以调解的，采取调解方式及时解决纠纷。

②“无须庭审”：开庭前调解解决纠纷，案件无须进入庭审环节，而是在审前通过调解方式结案。

总结：立案前调解＋开庭前调解＋庭审中调解

问：什么是径行调解？①不经法庭调查辩论径行调解。②《民诉解释》第142条，“人民法院受理案件后，经审查，认为法律关系明确、事实清楚，在征得当事人双方同意后，可以径行调解。”③法律关系明确＋事实清楚＋双方当事人同意。

2. 其他程序不可以调

（1）【“程序性质不能调解”】《民诉解释》第143条，适用特别程序、督促程序、公示催告程序的案件，不可以调解

原理：①【调解解决争议而他们无争议】调解制度的立法原意，即解决诉讼中的实体争议。因此，上述案件不能调解的原因是不具有实体争议。②调解最适合法律关系需要修复型的纠纷，如在熟人之间、有长期稳定关系并希望保持这种关系的人们之间适用调解最为有效，比如相邻纠纷。

（2）【“案件类型和案件性质不能调解”】婚姻等身份关系确认案件（“案件类型”），以及其他根据案件性质（“案件性质”）不能进行调解的案件，不得调解。

（3）执行程序不适用调解制度。但允许“执行和解”。

原理：①执行程序的功能是实现执行根据中所确定的权利义务关系，其本身并不承担解决实体纠纷的功能。②简言之，执行程序不解决纠纷，仅仅是实现权利。③既然权利义务纠纷解决完毕，而法院调解是行使审判权的方式之一，执行阶段怎么可以去行使审判权呢？

判断：2015/42D 执行过程中，达成和解协议的，法院可根据当事人的要求制作成调解书×。 解析：执行程序不适用调解制度。在执行程序中当事人虽然可以自行和解，但不能根据该和解协议制作调解书。

秒杀记忆：本章之后，无效婚姻，“不调解”。

综合判断：2006/86 哪些案件不调解？A 适用公示催告程序的案件√。B 请求确认婚姻无效的案件√。C 请求确认收养无效的案件√。D 选民资格案件√。

原理： ①诉讼程序可以调解：调解是解决纠纷的一种方式，只有解决纠纷的诉讼程序可以适用调解。 ②执行程序不能调解：执行程序不解决纠纷，只是为了实现生效裁判确定的权利义务而已。 ③特别程序和非讼程序不能调解：特别程序、督促程序、公示催告程序等也不存在争议，不需要解决纠纷。 ④身份关系的确认案件等依据案件性质不能调解的民事案件也不能调解：调解的基础在于处分，婚姻等身份关系的确认不能由当事人进行处分，比如不能把父子调解成兄弟。但是，离婚是可以调的。

小结诉讼程序和其余程序的 3 点区分： ①辩论原则的适用范围：诉讼程序可以适用辩论原则，其余程序不适用辩论原则。 ②调解制度适用范围：诉讼程序可以调解，其余程序不适用调解制度。 ③人民陪审员参加的合议庭：适用一审程序审理的诉讼程序可以有人民陪审员参加。

（三）恶意串通虚假调解侵害他人合法权益 = 判决驳回诉讼请求

《民诉解释》第 144 条，人民法院审理民事案件，发现当事人之间恶意串通，企图通过和解、调解方式侵害他人合法权益的，应当依照民事诉讼法第 112 条的规定处理。

《民诉法》第 112 条，当事人之间恶意串通，企图通过诉讼、调解等方式侵害他人合法权益的，人民法院应当驳回其请求，并根据情节轻重予以罚款、拘留；构成犯罪的，依法追究刑事责任。

三、怎么进行调解？（③调解程序）

（一）谁主持调解？（《民诉法》第94条第1款）

1. 审判员1人主持；

2. 或者合议庭主持，尽可能就地进行。

（二）哪些人参加调解？

1. 简便方式通知当事人、证人到庭。（《民诉法》第94条第2款）

2. 当事人不能出庭，经过“特别授权”，可委托代理人参加调解，代理人在达成的调解协议上签名。（《民诉解释》第147条第1款）

3. 离婚案件人到不了书面意见要到：《民诉解释》第147条第2款，离婚案件当事人确因特殊情况无法出庭参加调解的，除本人不能表达意志的以外，应当出具书面意见。

（三）怎么告知诉讼权利和义务？

《调解规定》第3条，法院应当在调解前告知当事人主持调解人员和书记员姓名以及是否申请回避等有关诉讼权利和诉讼义务。

（四）谁出调解方案？

《调解规定》第6条，当事人可以自行提出调解方案，主持调解的人员也可以提出调解方案供当事人协商时参考。

（五）调解必须面对面吗？可以背对背吗？

《调解规定》第5条第2款，调解时当事人各方应当同时在场（“对席调解为原则”），根据需要也可以对当事人分别做调解工作（“单方调解为例外”）。

（六）调解公开还是不公开？

1. 调解过程不公开。但是，当事人同意公开的，可以公开调解过程。（《民诉解释》第146条第1款）

2. 调解协议内容不公开。但是，为保护国家利益、社会公共利益、他人合法权益，法院认为有必要公开的，要公开调解内容。（《民诉解释》第146条第2款）

3. 调解涉密人员不公开秘密（国家秘密、商业秘密、个人隐私和其他不宜公开的信息）。但是为保护国家、社会公共利益、他人合法权益的，要公开这些秘密（比如调解涉及刑事犯罪的信息）（“**豁免保密义务**”）。（《民诉解释》第146条第3款）

判断：公益诉讼案件可以调解、和解结案。但是由于其调解、和解协议内容一定涉及公共利益，所以应当公告√。

（七）调解可以久拖不决吗？

《调解规定》第4条，在答辩期满前人民法院对案件进行调解，适用普通程序的案件在当事人同意调解之日起15天内，适用简易程序的案件在当事人同意调解之日起7天内未达成调解协议的，经各方当事人同意，可以继续调解。延长的调解期间不计入审限。

四、调解之后是什么结果？（④调解协议、调解书、调解书变判决书、对调解书的再审）

（一）调解协议

自愿、合法、可以超请求、不能违反一事不再理原则、原则上不公开例外要公开。

1. 自愿：调解协议达成要自愿。

《民诉法》第 96 条，调解达成协议，必须双方自愿，不得强迫。调解协议的内容不得违反法律规定。

《民诉解释》第 145 条第 1 款，法院审理民事案件，应当根据自愿、合法的原则进行调解。当事人一方或者双方坚持不愿调解的，应当及时裁判。第 2 款，法院审理离婚案件，应当进行调解，但不应久调不决。

2. 合法：调解协议内容不得违反法律的强制性规定。

《调解规定》第 10 条，调解协议具有下列情形之一的，人民法院不予确认：

（一）侵害国家利益、社会公共利益的；

（二）侵害案外人利益的；

（三）违背当事人真实意思的；

（四）违反法律、行政法规禁止性规定的。

3. 可以超请求：调解协议内容可以不同于当事人的诉讼请求。

（1）可以超出

《调解规定》第 7 条，调解协议内容超出诉讼请求的，法院可以准许。

（2）可以部分

《调解规定》第 14 条第 1 款，当事人就部分诉讼请求达成调解协议的，法院可以就此先行确认并制作调解书。第 2 款，当事人就主要诉讼请求达成调解协议，请求法院对未达成协议的诉讼请求提出处理意见并表示接受该处理结果的，法院的处理意见是调解协议的一部分内容，制作调解书的记入调解书。

判断 1：判决书不能超出原告诉讼请求，否则违反处分原则√。

判断 2：甲起诉与乙离婚，同时主张抚养小孩、分割房屋和存款。在诉讼过程中，双方当事人在法院主持下达成以下调解协议：解除婚姻关系、甲抚养小孩并分得房屋；乙分得存款及双方共同经营的杂货店；共同债务 2000 元由甲承担。

A. 调解协议的内容超出诉讼请求范围，法院不应批准×。

B. 除杂货店的分割，协议的其他内容法院应当批准×。

C. 调解协议将债务约定由一人承担违法，法院不应批准×。

D. 除债务承担部分，协议的其他内容法院应当批准×。

解析：诉讼请求分割房屋和存款，没有杂货店。但是调解可以超请求。

判断 3：调解协议可以超出原告诉讼请求

2016/42A 甲公司因合同纠纷向法院提起诉讼，要求乙公司支付货款 280 万元。在法院的主持下，双方达成调解协议。协议约定："乙公司在调解书生效后 10 日内支付 280 万元本金，另支付利息 5 万元。"法院据此制作调解书送达各方。A 调解协议内容尽管超出了当事人诉讼请求，但仍具有合法性√。

4. 调解协议条款不能违反"一事不再理"规则，否则部分无效

《调解规定》第 8 条第 1 款，人民法院对于调解协议约定一方不履行协议应当承担民事责任的，应予准许。第 2 款，调解协议约定一方不履行协议，另一方可以请求人民法院对案件作出裁判的条款，人民法院不予准许。

原理：为什么调解协议不能约定另一方可向法院起诉的条款？因为调解本身就是对案件进行实体解决，既然调解结案，该纠纷已经经过了实体解决，基于"一事不再理"原则，自然不可以再次起诉。

5. 调解协议内容不公开，但为保护国家利益、社会公共利益、他人合法权益，法院认为确有必要公开的除外（比如公益诉讼调解过程公开，和调解结果公开）

（二）调解书

1. 一审原则上应当制作调解书，例外不制作调解书。

判断：2016/85A 达善公司因合同纠纷向甲市 A 区法院起诉美国芙泽公司，经法院调解双方达成调解协议。A 法院应当制作调解书√。

2. 什么是"一审""法定例外"不制作调解书？（调解协议顶替）

《民诉法》第 98 条第 1 款，下列案件调解达成协议，人民法院可以不制作调解书：

（一）调解和好的离婚案件；（夫妻不离婚）（一切照旧）

（二）调解维持收养关系的案件；（养父子不分手）（一切照旧）（2015/42A）

（三）能够即时履行的案件；（交钱后不见面）（无执行必要）

（四）其他不需要制作调解书的案件。

《民诉法》第 98 条第 2 款，对不需要制作调解书的协议，应当记入笔录，由双方当事人、审判人员、书记员签名或者盖章后，即具有法律效力。

原理：

①【一切照旧】调解和好的离婚案件、调解维持收养关系的案件，再制作调解书相当于提醒当事人曾经发生过的争议，揭开曾经的伤疤，对双方未来关系的稳定并无促进意义。

②【无执行必要】能够即时履行的案件，不涉及执行问题，没有制作调解书的必要。

判断 1：2015/42A 经法院调解，老李和小李维持收养关系，可不制作调解书√。

判断 2：2016/85D 达善公司因合同纠纷向甲市 A 区法院起诉美国芙泽公司，经法院调解双方达成调解协议。D 法院可以将调解协议记入笔录，由双方签字即发生法律效力×。

解析：不属于一审法定例外不制作调解书情形，也没提及当事人同意不制作调解书。

3. 什么是"一审""意定例外"不需要制作调解书？

《民诉解释》第 151 条第 1 款，各方同意在调解协议上签名或者盖章后就发生法律效力，经法院审查确认后，记入笔录或将调解协议附卷，并由当事人、审判人员、书记员签名或盖章后即具有法律效力。

《民诉解释》第 151 条第 2 款，当事人请求制作调解书，法院审查确定后可以制作调解书送交当事人。当事人拒收的，不影响调解协议的效力。

原理：①当事人各方同意签名盖章的，不用制作调解书，避免夜长梦多、调了白调。法官乘胜追击，迅速结案。②那为什么当事人请求制作调解书？如果调解协议包含了将来的给付内容，在债务人不履行债务时会进入执行程序，为了便于执行，此类案件，当事人可以要求出具调解书。调解书仅仅作为申请强制执行的依据，不需要当事人再签收，送交前调解协议早已生效。③一句话：不是一律不制作调解书，当事人可以请求制作，但“不影响此前调解协议的生效时间”。④一句话：调解协议不是执行依据，调解书才是执行依据。考虑到法律的严肃性和规范性，避免调解协议的宽泛随意。

4. 二审和再审的调解必须制作调解书。

原理：为什么二审和再审的调解必须制作调解书？①【评价一审判决】因为二审和再审调解书的效力不仅在于解决纠纷，还在于明确一审判决书的效力，即二审、再审调解书签收后，一审判决视为撤销。②【一审判决与二审调解协议】如果二审不制作调解书，只有调解协议，则会同时存在二审调解协议与一审判决书，这个怎么办？说不清楚了。

判断：2009/45 某借款纠纷二审中，双方达成调解协议，被上诉人当场将欠款付清。关于被上诉人请求二审法院制作调解书：

A. 可以不制作调解书，因为当事人之间的权利义务已经实现×。

B. 可以不制作调解书，因为本案属于法律规定可以不制作调解书的情形×。

C. 应当制作调解书，因为二审法院的调解结果除解决纠纷外，还具有对一审法院的判决效力发生影响的功能√。

D. 应当制作调解书，因为被上诉人已经提出请求，法院应当予以尊重×。

解析：①“当场将欠款付清”＝能够即时履行的案件。②但是这是在二审，不是在一审。③只有一审中能够即时履行的案件调解可以不制作调解书。

5. 调解书包括哪些内容？

诉讼请求＋案件的事实＋调解结果＋审判人员书记员署名＋加盖人民法院印章，还缺“双方当事人签字”。（《民诉法》第 97 条第 1、2 款）

6. 调解书什么时候生效？当事人签字了吗？无独三呢？担保人呢？

①不需要制作调解书的案件：双方当事人、审判人员、书记员在调解协议书上签名或盖章

②需要制作调解书的案件：双方签收或送达双方。

③一审终审，不可上诉，但违反合法与自愿原则可以申请再审。

④具有给付内容的调解书，具有强制执行力。

（1）双方当事人签字有效

①双方签

《民诉法》第 97 条第 3 款，调解书经双方当事人签收后，即具有法律效力。（当场协商）

②最后方签日期＝调解书生效日期

《民诉解释》第 149 条，调解书需经当事人签收后才发生法律效力的，应当以最后收到调解书的当事人签收的日期为调解书生效日期。（“非当场协商，而用书面传阅形式”）

问：调解书送达原告，原告先签收。被告尚未签收之时，原告此时是否可以反悔？①不可以。②原告签收，对原告产生暂时拘束力。③被告最后不签收，则调解失败应判决结案；被告最后签收，则调解成功结案。（2019 年）

③无关人员不签没关系

《调解规定》第 12 条，对调解书的内容既不享有权利又不承担义务的当事人不签收调解书的，不影响调解书的效力。

④诉讼费用分歧没关系

《调解规定》第 11 条，当事人不能对诉讼费用如何承担达成协议的，不影响调解协议的效力。人民法院可以直接决定当事人承担诉讼费用的比例，并将决定记入调解书。

⑤签收前反悔

《民诉法》第 99 条，调解未达成协议或者调解书送达前一方反悔的，人民法院应当及时判决。（注意，签收后不能反悔）

判断 2：2016/42B 甲诉乙公司支付货款，达成调解协议，约定丙公司为乙公司提供担保，丙公司同意。法院制作调解书，但丙公司反悔拒绝签收。B 丙公司反悔拒绝签收调解书，法院可以采取留置送达 ×。

解析：调解书不能留置送达。

（2）无独三签不签 = 有责无独三签不签很重要 + 无责无权无独三签不签不重要。

《民诉解释》第 150 条，人民法院调解民事案件，需由无独立请求权的第三人承担责任的，应当经其同意。该第三人在调解书送达前反悔的，法院应当及时裁判。

问：为什么有责无独三有达成调解协议后的反悔权？①无独三需要承担责任，在判决中有当事人诉讼地位。②但无独三经调解同意承担责任，因其没有参加之前进行的诉讼程序，其程序权利并没有得到保障，所以其达成调解协议与当事人同意调解协议相比，不具有同等法律效力。③第三人在调解书达成前反悔的，法院须再做出裁判。

（3）担保人签不签 = 不重要。

《调解规定》第 9 条第 1 款，调解协议约定一方提供担保或者案外人同意为当事人提供担保的，人民法院应当准许。

《调解规定》第 9 条第 2 款、第 3 款，案外人提供担保的，法院制作调解书应当列明担保人，并将调解书送交担保人。担保人不签收调解书的，不影响调解书生效。当事人或者案外人提供的担保符合民法典规定的条件时生效。

问 1：为什么调解协议的担保人签不签收不重要？①“合同相对性”。②因为调解协议的当事人是 AB，而非担保人 C。担保人 C 不是 AB 争议当事人法律关系的主体。

问 2：担保人何时承担责任？①调解书上约定条件成就时承担责任。②担保人不签收或签收调解协议不是其担保有效的前提，其担保有效的前提是担保人自己的签字。

判断1：担保人不签收没关系

2016/42CD 甲诉乙公示支付货款，达成调解协议，约定丙公司为乙公司提供担保，丙公司同意。法院制作调解书，但丙公司反悔拒绝签收。C 因丙公司反悔，调解书对其没有效力，但对甲公司、乙公司仍具有效力×。D 因丙公司反悔，法院应当及时作出判决×。

解析：调解协议可以约定担保，调解书应当送达担保人，但担保人拒不签收调解书不影响调解书生效，担保自符合民法典规定条件时生效。

判断2：调解书送交担保人后就可以

2011/42D 法院调解书确定的担保条款的条件成就时，当事人申请执行的，法院应当依法执行√。

解析：调解中可以约定担保，调解书送交担保人，但无需担保人签收，自符合民法典规定条件时，担保生效。不需要再诉，因为违反一事不再理原则。

7. “调解书写错了”怎么办？裁定补正：调解协议 > 调解书

《调解规定》第13条，当事人以民事调解书与调解协议的原意不一致为由提出异议，法院审查后认为异议成立的，应当根据调解协议裁定补正民事调解书的相关内容。

问1：2018考题，调解协议2套房，调解书写成了1套房，怎么办？①这需要裁定补正，不能申请再审、不能判决。②没有违反自愿原则，因为法院写错了是转化错了，并没有干预当事人的意思。

问2：调解书写错了，裁定补正调解书情形，调解书何时生效？调解协议达成时为调解书生效日期。而做出补正民事调解书的裁定或送达该补正裁定的日期，不是调解书生效日期。

8. 调解书为什么不能留置送达？

留置送达是一种拟制“本人”知悉诉讼文书的制度。如果留置送达调解书，会与当事人接受自愿调解的真实意思不符合。所以调解书不能留置送达，以此“认定”当事人“签收”。

（三）调解书变判决书

1. 调解书一般不能变成判决书

《民诉解释》第148条第1款，当事人自行和解或者调解达成协议后，请求人民法院按照和解协议或者调解协议的内容制作判决书的，人民法院不予准许。

判断：2012/39D“甲诉乙损害赔偿一案，双方在诉讼中达成和解协议。D 当事人可申请法院依和解协议内容制作判决书×。”

2. 调解书例外可以变成判决书

（1）无人离婚案件

《民诉解释》第148条第2款，无民事行为能力人的离婚案件，由其法定代理人进行诉讼。法定代理人与对方达成协议要求发给判决书的，可根据协议内容制作判决书。

原理：因为无人离婚，所以这种调解并非真正的“调解”，是父母的意思，并非就是无人的意思。所以，父母希望出判决书“师出有名”。正式革女婿的职，女婿也方便再结婚。

（2）涉外民事诉讼

《民诉解释》第530条，涉外民事诉讼中，经调解双方达成协议，应当制发调解书。当事人要求发给判决书的，可以依协议的内容制作判决书送达当事人。

原理：涉外民事诉讼，调解为东方经验“六尺巷”。国际通行做法是判决书。“便于司法协助”。

判断：2016/85C 达善公司因合同纠纷向甲市A区法院起诉美国芙泽公司，经法院调解双方达成调解协议。C 当事人要求根据调解协议制作判决书的，法院应当予以准许√。

记忆：“外国”“无人离婚”，和解协议或者调解书可变成判决书。

（四）调解书不能上诉，但是可以再审，怎么再审呢？

1. 当事人申请再审 = 调解书违背自愿或合法原则。

2. 法院启动再审 = 调解书确有错误。（2014/36A 法院主动对确有错误的生效调解书启动再审√。）

3. 检察院抗诉或者提出检察建议 = 调解书损害国家、社会公共利益。（2015/42C 检察院对调解书的监督方式只能是提出检察建议×。）

《民诉解释》第409条，人民法院对调解书裁定再审后，按照下列情形分别处理：

（一）当事人提出的调解违反自愿原则的事由不成立，且调解书的内容不违反法律强制性规定的，裁定驳回再审申请；

（二）人民检察院抗诉或者再审检察建议所主张的损害国家利益、社会公共利益的理由不成立的，裁定终结再审程序。

前款规定情形，人民法院裁定中止执行的调解书需要继续执行的，自动恢复执行。

五、二审中的调解

记忆：一审法院有错的，调不成发回重审；一审法院没错的，调不成另行起诉。

一审有错 = 调解不成，发回重审	漏判：当事人在一审中已经提出诉讼请求，原审法院未做审理、判决。
	漏人：必须参加诉讼的当事人或者有独三在一审中没有参加诉讼。
	错判不离婚：一审判不离婚，二审法院认定应当判离婚，对财产分割和子女抚养问题。（如果当事人同意二审法院一并审理，可以由二审法院一并裁判）
一审没错 = 调解不成，告知另诉	新增或反诉：原审原告新增独立的诉讼请求或者原审被告提出反诉。（如果当事人同意二审法院一并审理，可以由二审法院一并裁判）

第十四部分　期间与送达

一、期间

（一）期间的分类

1. 法定期间：法律明文规定的期间。

（1）绝对不可变期间

法律明确规定，任何机构和人员都不得变更，如上诉期，如三撤6个月，如申请再审6个月等。

【不变期间】《民诉解释》第127条，民事诉讼法第56条第3款（三撤知道受害日起6个月）、第205条（申请再审冤案生效时起算6个月，知道新情况之日起算6个月）以及本解释第374条（对确认调解协议、准许实现担保物权的裁定，当事人收到裁定15日内异议，利害关系人知道受害日起6个月内异议）、第384条（对调解书申请再审在调解生效之日起6个月内）、第401条（新证据申请再审6个月内）、第422条（必要共同诉讼人申请再审自知道自己被遗漏起6个月）、第423条（案外人对驳回其执行异议的裁定不服，自执行异议裁定送达之日起6个月内向冤案法院申请再审）规定的6个月，民事诉讼法第223条规定的1年（公示催告程序，利害关系人因正当理由不能在判决前向人民法院申报的，自知道或者应当知道判决公告之日起1年内，可以向作出判决的人民法院起诉"撤销除权判决"），为不变期间，不适用诉讼时效中止、中断、延长的规定。

（2）相对不可变期间

经法律确定后，一般不得改变，但特殊事由，可以依法变更，如一审审限66N。涉外案件中在中国境内没有住所的当事人的答辩、上诉期。

2. 指定期间

法院根据审理案件的需要，依职权指定当事人及其他诉讼参与人进行诉讼行为的期间。如举证期限。通常情况下不应任意变更，但遇到特殊情况，法院可依职权变更。

判断1：2012/38A 法定期间都属于绝对不可变期间×。

判断2：2011/41D 遇有特殊情况，法院可依职权变更原确定的指定期间√。

判断3：2011/41A 法定期间都是不可变期间，指定期间都是可变期间×。

解析：①法定期间与指定期间的区分仅仅是确定方式不同，法定是法定，指定是法院。与是否可变没有关系。②法定期间中的上诉期为绝对不可变期间，而法定期间中的一、二审审限却是相对不可变期间，必要时可以延长。

（二）期间的起算

1.【时】次时起算：12 时起算的期间，从 13 时起算。

2.【日月年】次日起算：12 月 1 日起算的日、月、年期间，从 12 月 2 日起算。

判断：12 月 1 日收到判决书，不论判决书内写明“从收到本判决书之日起 15 日内向某中院提起上诉”，还是写明“从收到本判决书之次日起 15 日内向某中院提起上诉”，上诉期都是从 12 月 2 日起算。收到判决书的 12 月 1 日不计算在内√。

（三）期间的经过

1. 不包括诉讼文书的在途时间（诉讼文书在期满前交邮的，不算过期）。

2. 包括当事人的在途时间。

秒杀：人在途算期间；文书在途不算期间。

判断 1：2011/41C 当事人参加诉讼的在途期间不包括在期间内×。 解析：诉讼文书的在途期间不计算在期间内。当事人参加诉讼的在途期间应当计算在期间内。 判断 2：2012/38C 当事人从外地到法院参加诉讼的在途期间不包括在期间内×。

（四）期间的终点

1. 最后一天是节假日，则节假日后的第一日是期间届满的日期。（必须是最后一天碰巧过节）（“最后 1 天落在节假日”）

2. 平时是节假日，则管 TN 的呢，都算期间。

判断：2011/41B 法定期间的开始日及期间中遇有节假日的，应当在计算期间时予以扣除×。 解析：在期间届满最后一日是节假日，期间顺延至节假日后的第一个工作日。期间开始或期间中有节假日的，不能扣除。

（五）期间的顺延：依当事人申请而非法院依职权

《民诉法》第 83 条，当事人因不可抗拒的事由或者其他正当理由耽误期限的，在障碍消除后的 10 日内，可以申请顺延期限，是否准许，由人民法院决定。

判断 1：2012/38D 当事人有正当理由耽误了期间，法院应当依职权为其延展期间×。 判断 2：2015/41 张兄与张弟因遗产纠纷诉至法院，一审判决张兄胜诉。张弟不服，却在赴法院提交上诉状的路上被撞昏迷（=不可抗拒事由），待其经抢救苏醒时已超过上诉期限一天。 A. 法律上没有途径可对张弟上诉权予以补救×。 B. 因意外事故耽误上诉期限，法院应依职权决定顺延期限×。 C. 张弟可在清醒后 10 日内，申请顺延期限，是否准许，由法院决定√。 D. 上诉期限为法定期间，张弟提出顺延期限，法院不应准许×。

（六）涉外案件审理无限期

《民诉法》第 270 条，人民法院审理涉外民事案件的期间，不受本法第 149 条（66N）、第 176 条（判决 3N 或者裁定 30N）规定的限制。

判断：2012/38B 涉外案件的审理不受案件审结期限的限制√。

（七）小结

①不变期间：
- ①保全中的期间：
  - ①紧急情况下做出保全裁定的期间 48 小时
  - ②诉前保全后的起诉期间 30 日内
- ②上诉期 15 或 10
- ③三撤 6 个月
- ④再审申请期 6 个月
- ⑤未参加必共申请再审 6 个月
- ⑥除权判决后利害关系人向法院起诉期间 1 年
- ⑦利害关系人对法院确认调解和准许实现担保物权裁定异议期间 6 个月

②可变期间：
- ①举证期间
- ②执行申请期
- ③一审的审限 + “再审一是一” 66（院长批）
- ④二审判决（3N 院长批）和裁定（30）的审限 + “再审二是二”
- ⑤当事人喊冤阶段：3 个月审查再审申请（扣除公告和解期间） + N 院长批

③不计入审限：
- ①公告
- ②鉴定
- ③管辖权争议：协商前置，协商不成则启动共同上级法院指定管辖
- ④管辖权异议
- ⑤庭外和解

二、送达（“法院的公权力行为”）

（一）直接送达（诉讼文书）

1. 人物（《民诉法》第 85 条）

（1）公民：受送达人或受送达人同住成年家属（离婚案不能送达给配偶）。

（2）单位：法人的法定代表人、其他组织的主要负责人、法人其他组织负责收件的人。

（3）诉讼代理人。

（4）受送达人指定的代收人（如诉讼代理人）。

判断：离婚诉讼中应送达给离婚中老婆的诉讼文书，不得送达给正在离婚中老公（老公身份 1 = 与受送达人同住的成年家属）（老公身份 2 = 离婚案中对方当事人）。 2009/43A 甲起诉要求与妻子乙离婚，法院经审理判决不予准许。书记员两次到甲住所送达判决书，甲均拒绝签收。书记员怎么办？A 将判决书交给甲的妻子乙转交 ×。

2. 地点

（1）通知到法院来领取。

①【到了法院拒收】当事人到达法院但拒绝签署送达回证的，视为送达。这不是留置送达，因为绝不可能留置在法院，否则法院就不会存在留置送达困难的问题了。（《民诉解释》第 131 条第 1 款）

②【定期宣判】定期宣判，当事人拒不签收判决书、裁定书，应视为送达，并在宣判笔录中记明。受送达人有诉讼代理人的，法院既可向受送达人送达，也可向诉讼代理人送达。（《民诉解释》第 141 条）（当庭宣判的应 10 日内送达判决书；定期宣判的，宣判后立即发给判决书）

（2）当事人的住所。

(3) 当事人住所外的其他地方。

(二) 留置送达 ("有强迫的意思")

1. 公民拒绝

受送达人或与其同住成年家属"拒绝"接收诉讼文书。(《民诉法》第86条)

(1)"人的见证"

送达人可以邀请有关基层组织或者所在单位的"代表"到场,说明情况,在送达回证上记明拒收事由和日期,由送达人、见证人签名或者盖章。把诉讼文书留在受送达人的住所。

(2)"电子见证"

在受送达人的住所或者住所地以外送达,当事人拒绝签署送达回证,法院可以采用拍照、录像等方式记录送达过程,即视为送达。审判人员、书记员应在送达回证上注明送达情况并签名。(《民诉解释》第131条第2款)

判断1:留置送达不准离婚判决书

2009/43A 甲起诉要求与妻子乙离婚,法院经审理判决不予准许。书记员两次到甲住所送达判决书,甲均拒绝签收。书记员怎么办?C 请甲住所地居委会主任到场见证并将判决书留在甲住所√。

判断2:2013/39A 陈某以马某不具有选民资格向法院提起诉讼,由于马某拒不签收判决书,法院向其留置送达√。

2. 单位拒绝

法人大BOSS、组织主要负责人、办公室、收发室、值班室负责收件人拒绝签收或盖章的,适用留置送达。(《民诉解释》第130条)

3. 诉讼代理人拒绝

受送达人有诉讼代理人的,人民法院既可以向受送达人送达,也可以向其诉讼代理人送达。受送达人指定诉讼代理人为代收人的,向诉讼代理人送达时,适用留置送达("律师决绝时")。(《民诉解释》第132条)

4. 调解书不适用留置送达("仅指诉讼调解")

调解书应当直接送达当事人本人,不适用留置送达。当事人本人因故不能签收的,可由其指定的代收人签收。(《民诉解释》第133条)

判断:2016/42B 法院对调解书可采取留置送达×。

(三) 委托送达或者邮寄送达(直接送达有困难)(《民诉法》第88条)

1. 解决直接送达困难的办法①

委托送达=委托其他法院送达,受托法院应当代为送达。(《民诉解释》第134条)

判断:2013/39C 法院在审理张某和赵某借款纠纷时,委托赵某所在学校代为送达起诉状副本和应诉通知×。

2. 解决直接送达困难的办法②

邮寄送达:邮寄送达的,以回执上注明的收件日期为送达日期。不论送达回证是否寄回，也不论寄回的送达回证上记载的日期是哪天，一律以邮局挂号信回执记载日期为送达日期。（“EMS”）

判断：2013/39B 法院通过邮寄方式向葛某送达开庭传票，葛某未寄回送达回证，送达无效，应当重新送达×。 解析：邮寄送达中，在送达回证没有寄回或者送达回证上记载的日期与挂号信回执上记载的日期不一致的情况下，应当以挂号信回执上记载的日期为送达日期。本题已经有效送达。

（四）转交送达（《民诉法》第 89 条、90 条、91 条，送达回证上的签收日期，为送达日期）

1. 受送达人是军人的：通过其所在部队团以上单位的政治机关转交。
2. 受送达人被监禁的：通过其所在监所转交。
3. 受送达人被采取强制性教育措施的：通过其所在强制性教育机构转交。

判断 1：2009/43B 将判决书交给甲住所地居委会转交×。 判断 2：2009/43D 将判决书交给甲住所地派出所转交×。

（五）电子送达（《民诉法》第 87 条）

《民诉解释》第 135 条，电子送达可以采用传真、电子邮件、移动通信等即时收悉的特定系统作为送达媒介。

1. 受送达人同意，且确认其能收悉。（“谁同意我们送谁；谁不同意我们不送谁”）
2. 禁止境内电子送达判决书、裁定书、调解书。（2014/42B）（2013/39D）（“北广杭州互联网法院经当事人同意可以电子送达裁判书”）

判断：2013/39D 经许某同意，法院用电子邮件方式向其送达证据保全裁定书×。

诉讼文书
- ①当事人提交的文书
  - ①起诉状
  - ②答辩状
  - ③申请再审书
  - ④证据目录
  - ⑤管辖权异议申请书
  - ⑥执行异议申请书
- ②法院制作的文书
  - ①一般文书：案件受理通知书、开庭通知书
  - ②裁判文书：判决书、裁定书、调解书

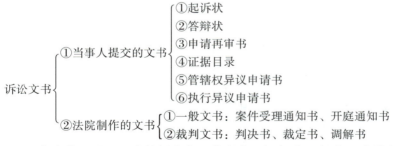

3. 允许境外电子送达涉外判决书、裁定书、调解书，但有一个前提：能够确认受送达人收悉。

《民诉法》第 267 条，人民法院对在中华人民共和国领域内没有住所的当事人送达诉讼文书，可以采用下列方式：（七）采用传真、电子邮件等能够确认受送达人收悉的方式送达。

判断：2014/42 张某诉美国人海斯买卖合同一案，由于海斯在我国无住所，法院无法与其联系，遂要求张某提供双方的电子邮件地址，电子送达了诉讼文书，并在电子邮件中告知双方当事人在收到诉讼文书后予以回复，但开庭之前法院只收到张某的回复，一直未收到海斯的回复。后法院在海斯缺席的情况下，对案件作出判决，驳回张某的诉讼请求，并同样以电子送达的方式送达判决书。本案诉讼文书的电子送达：

A. 向张某送达举证通知书√。
B. 向张某送达缺席判决书×。
C. 向海斯送达举证通知书×。
D. 向海斯送达缺席判决书×。
解析：①第一步，电子送达，看到境内送达判决书就是错，故不能向张某送达缺席判决书。②第二步，看到境外送达，不能确认受送达人收悉（一直未收到海斯的回复），因此，不能对海斯适用电子送达。因为没有有效送达诉讼文书，就不能缺席判决。缺席判决的前提是经有效的传票传唤而没有正当理由拒不到庭。

（六）公告送达＝兜底送达方式

1. 境内60日

《民诉法》第92条，受送达人下落不明，或者用本节规定的其他方式无法送达的（“穷尽其他送达方式”），公告送达。自发出公告之日起，经过60日，即视为送达。

记忆：公告送达和公示催告公告都是60日，公公60周岁。

问：公告送达的公告发在哪里？①法院公告栏。②受送达人住所地张贴公告（“应采取拍照、录像方式记录张贴过程”）。③报纸刊登公告、信息网络等媒体上刊登公告。(《民诉解释》第138条)

2. 境外3个月

《民诉法》第267条　人民法院对在中华人民共和国领域内没有住所的当事人送达诉讼文书，可以采用下列方式：（八）不能用上述方式送达的，公告送达，自公告之日起满3个月，即视为送达。

判断：支付令不能公告送达√。适用简易程序的案件不能公告送达√（《民诉解释》第140条）。

问1：为什么支付令不能公告送达？①公告送达中，受送达人是看不到的，因此公告送达的本质是拟制送达。②因为支付令有15天异议（《民诉法》第216条第2款），需要让债务人看到，才能提出异议，保障债务人提出异议的权利。

问2：为什么简易程序不能公告送达？①【公告送达时限与简易程序的审限发生冲突】因为简易程序追求的是效率。公告送达要公告60天，已经是2个月过去了，太慢了。②很多时候原告真的不能准确提供被告的地址，导致该案件只能通过公告送达。一旦需要公告，则简易程序要转普通程序。导致本来可以用简易程序的案件因为送达难而使得整个简易程序的价值目标难以实现。

送达常见错误表述小结：
①调解书留置送达×。
②委托居委会送达×。
③村委会转交送达×。
④离婚老婆送达老公×。
⑤电子送达判决书、裁定书、调解书×。
⑥支付令公告送达×。
⑦简易程序案件公告送达×。

记忆口诀：

①离婚不配偶（离婚案件直接送达不能交给受送达人配偶）。②调解不留置。③同意电子非三书（电子送达需经受送达人同意且不能是判决书、裁定书、调解书）。④简易支付不公告（简易程序、支付令不能公告送达，“兼职不公告”）

第十五部分　对妨碍诉讼的强制措施

一、妨碍诉讼的强制措施分类

问：强制措施适用于哪些人？案件当事人（“吃借条吃遗嘱吃证据罚款 5 万”）、其他诉讼参与人、“案外人”。主观“故意”对诉讼秩序造成不利影响。

（一）院长批准拘传、罚款、拘留

1. 2 次传票之后会升级为“拘传票”（《民诉法》第 109、116 条）。

（1）拘传被告

负有赡养、抚育、扶养义务（“三费”）和“不到庭就无法查清案情”的被告 + 两次传票传唤 + 无正当理由拒不到庭 = 直接送达拘传票（《民诉解释》第 174 条第 1 款）

（2）拘传原告

必须到庭才能查清案件基本事实的原告 + 两次传票传唤 + 无正当理由拒不到庭 = 直接送达拘传票（《民诉解释》第 174 条第 2 款）

（3）批评教育前置：在拘传前，应当向被拘传人说明拒不到庭的后果，经批评教育仍拒不到庭的，可以拘传其到庭。（《民诉解释》第 175 条）

2. 罚款决定书

（1）个人罚款 10 万以下。

（2）单位罚款 5 万 ~ 100 万。

3. 拘留决定书

（1）15 日以下：院长批准，作出拘留决定书，由司法警察将被拘留的人送交当地公安机关看管。

（2）提前解除：公安机关看管拘留期间，被拘留人承认并改正错误的，法院（谁决定拘留谁决定提前解除拘留）可以决定提前解除拘留。

（3）对被拘留人采取拘留措施后，应当在 24 小时内通知其家属；确实无法按时通知或者通知不到的，应当记录在案。

（二）合议庭或独任审判员决定训诫（“口头批评”）、责令退出法庭（《民诉法》第 110 条、《民诉解释》第 177 条）

1. 人民法院对违反法庭规则的人，可以予以训诫，责令退出法庭或者予以罚款、拘留。

2. 到法院违反法庭规则。①未经准许进行录音、录像、摄影。②未经准许以移动通信等方式现场转播审判活动。③其他扰乱法庭秩序，妨害审判活动进行。④法院可以“暂扣”

诉讼参与人或者其他人进行录音、录像、摄影、传播审判活动的器材，并责令其删除有关内容；拒不删除的，人民法院可以采取必要手段强制删除。（《民诉解释》第176条）

训诫的内容、被责令退出法庭者的违法事实应当记入庭审笔录。

小结：①训诫、责令退出法庭，由合议庭或独任审判员决定。②拘传、罚款、拘留，经院长批准。③拘传用拘传票。④罚款和拘留用决定书。对罚款拘留决定不服向上一级法院复议，复议期间不停止执行。

二、罚款、拘留适用情形

（一）到法院不守规矩的（《民诉法》第110条）

1. 违反法庭规则：可以予以训诫、责令退出法庭或者予以罚款、拘留。（《民诉法》第110条第2款）

2. 到法院违反法庭规则。（《民诉解释》第176条）

3. 哄闹、冲击法庭，侮辱、诽谤、威胁、殴打审判人员，严重扰乱法庭秩序：情节较轻的，予以罚款、拘留。（《民诉法》第110条第3款）

（二）妨碍诉讼程序进展的（《民诉法》第111条、《民诉解释》第189条）

1. 证据的：伪造、毁灭重要证据，妨碍人民法院审理案件。

2. 证人证言的：以暴力、威胁、贿买方法阻止证人作证或者指使、贿买、胁迫他人作伪证。

3. 财产的：隐藏、转移、变卖、毁损已被查封、扣押的财产，或者已被清点并责令其保管的财产，转移已被冻结的财产。

4. 大家的：对司法工作人员、诉讼参加人、证人、翻译人员、鉴定人、勘验人、协助执行的人，进行侮辱、诽谤、诬陷、殴打或者打击报复。

5. 工作人员的：以暴力、威胁或者其他方法阻碍司法工作人员执行职务。

6. 判决的：拒不履行人民法院已经发生法律效力的判决、裁定。

单位实施上述行为的，可以对其主要负责人或者直接责任人员予以罚款、拘留。

7. 假人：冒充他人提起诉讼或者参加诉讼。

8. 假证人证言：证人签署保证书后作虚假证言，妨碍人民法院审理案件。

9. 单位和家人帮忙隐藏：伪造、隐藏、毁灭或者拒绝交出有关被执行人履行能力的重要证据，妨碍人民法院查明被执行人财产状况。

10. 银行擅自解冻：擅自解冻已被人民法院冻结的财产。

11. 家人通风报信：接到人民法院协助执行通知书后，给当事人通风报信，协助其转移、隐匿财产的。

（三）单位不协助诉讼之调查、执行的（《民诉法》第114条、《民诉解释》第192条）

《民诉法》第114条，①第一次，责令协助。双罚款：可对单位罚款，并可以对主要负责人或者直接责任人员罚款。②第二次，对仍不履行协助义务的，可以予以拘留，并可以向监察机关或者有关机关提出予以纪律处分的司法建议。

1. 单位不协助调查取证：有关单位拒绝或者妨碍人民法院调查取证的；

2. 单位不协助执行“定位财产”：有关单位接到人民法院协助执行通知书后，拒不协助查询、扣押、冻结、划拨、变价财产。

3. 单位不协助执行“转移财产”：有关单位接到人民法院协助执行通知书后，拒不协助扣留被执行人的收入、办理有关财产权证照转移手续、转交有关票证、证照或者其他财产。

4. 单位不协助其他：其他拒绝协助执行。

5. 高档场所：允许被执行人高消费。

6. 出境场所：允许被执行人出境。

7. 财产场所：拒不停止办理有关财产权证照转移手续、权属变更登记、规划审批等手续的；

8. 装神场所：以需要内部请示、内部审批，有内部规定等为由拖延办理的。

（四）搞虚假诉讼的（《民诉法》第112、113条）

1. 害人：当事人之间恶意串通，企图通过诉讼、调解等方式侵害他人合法权益的，人民法院应当驳回其请求，并根据情节轻重予以罚款、拘留；构成犯罪的，依法追究刑事责任。(112)

2. 逃债：被执行人与他人恶意串通，通过诉讼、仲裁、调解等方式逃避履行法律文书确定的义务的，人民法院应当根据情节轻重予以罚款、拘留；构成犯罪的，依法追究刑事责任。(113)

（五）“假装法官”索债的（《民诉法》第117条）

采取对妨害民事诉讼的强制措施必须由人民法院决定。任何单位和个人采取非法拘禁他人或者非法私自扣押他人财产追索债务的，应当依法追究刑事责任，或者予以拘留、罚款。

第十六部分　特别程序

一、什么是特别程序？特别在哪里？

口诀记忆：特别程序 = 选、宣、宣、无限、无主、单（担保物权）调（确认调解协议） 5个判决2个裁定，判决撤改判决，裁定撤裁定。选民资格案件不是非讼案件，因为压根就不是民事案件，只是程序和特别程序一致。

（一）"五无"程序

1. 特别程序与"普通程序""简易程序"相对。

（1）特别程序并不解决争议，因此特别程序不是诉讼程序。

（2）如在审理过程中发现属于民事权益争议，应当裁定终结特别程序，告知利害关系人通过诉讼等方式解决。

《民诉法》第179条，人民法院在依照本章程序审理案件的过程中，发现本案属于民事权益争议的，应当裁定终结特别程序，并告知利害关系人可以另行起诉。

2. 特别程序不适用调解制度、不适用辩论原则、不能有人民陪审员参加。其特点为由基层法院审理一审终审，"无辩论、无调解、无陪审，无上诉、无再审" + "**免费**"，简称五无程序。

判断1：2012/44C 适用特别程序审理的案件都是一审终审√。 判断2：2012/44D 陪审员通常不参加适用特别程序案件的审理×。 解析：①特别程序不解决争议，不能适用辩论原则，不适用调解，人民陪审员不能参加合议庭。②陪审员不是"通常"不参加特别程序的审理，而是一概不能参加。 判断3：2012/44B 特别程序起诉人或申请人与案件都有直接的利害关系×。 解析：①起诉人不一定与案件有直接利害关系，比如选民资格案件中选民本人起诉，当然有利害关系，但是如果选民之外的其他公民起诉，则与案件没有利害关系。②申请人不一定与案件有直接利害关系，比如申请认定财产无主的申请人也不一定跟案件有利害关系。 判断4：适用特别程序审理的案件都是非讼案件×。 解析：①选民资格案件解决的是选举权，涉及公民的政治权利，并非民事权利，因此，选民资格案件不是民事案件。②诉讼程序和非讼程序的分类是针对民事案件而言，因选民资格案件不是民事案件，故其既不是诉讼程序，也不是非讼程序。③特别程序中除选民资格案件外，其余都是非讼程序。

小结：①特别程序不是诉讼程序√。②特别程序都是非讼程序×。③特别程序中选民资格案件不是诉讼程序，也不是非讼程序√。④特别程序中除选民资格案件之外的其他程序是非讼程序√。

（二）审判程序

1. 哪个法院管辖？基层法院。不再适用普通程序中的管辖规则，包括不适用级别管辖和不适用专属管辖规则。

2. 怎么审？审判组织两分法

《民诉法》第178条，依照本章程序审理的案件，实行一审终审。选民资格案件或者重大、疑难的案件，由审判员组成合议庭审理；其他案件由审判员一人独任审理。

（1）简单的=审判员独任制

（2）复杂的=审判员合议制

（3）选民资格案件直接就是复杂的=必须审判员合议制。

（4）实现担保物权案件，担保财产标的额超过基层法院管辖范围的=必须组成合议庭审查（《民诉解释》第369条）（仍旧是基层法院，法院级别不变，变的是审判组织）。

一句话：简"单"；复"合"

3. 什么时候审完？审限两分法（《民诉法》第180条）

（1）30N=立案之日起30日内或者公告期满后30日内审结，院长批准可以延长。

（2）选举日前=选民资格案件必须在选举日前审结。

4. 错了怎么救济？原地救济。如果认为判决、裁定有错误，可以向作出判决、裁定的人民法院提出异议。异议后果两分法。（《民诉解释》第374条第1款）

（1）如果异议不成立，则裁定驳回。

（2）如果异议成立或者部分成立，则作出新判决、裁定，撤销或者改变原判决、裁定。

5. 对确认调解协议和准许实现担保物权的裁定，不同主体提出异议时限两分法（《民诉解释》第374条第2款）

（1）当事人有异议的，应当自收到裁定之日起15日内提出。

（2）利害关系人有异议的，自知道或应知道其民事权益受侵害之日起6个月内提出。

6. 法院审完收费吗？依照特别程序审理的案件，不交案件受理费用。

二、选民资格案件：选区所在地基层人民法院（人们在哪里?）

直接选举：划分选区——成立选举委员会——公布选民名单——选举日

《民诉法》第181条，公民不服选举委员会对选民资格的申诉所作的处理决定，可以在选举日的5日以前向选区所在地基层人民法院起诉。

（一）可以直接向法院起诉吗?

不可以。必须申诉前置=连续两个不服。

公民不服①选民资格，向选举委员会申诉，由选举委员会对申诉作出处理决定（"内部救济优先"）。公民不服②申诉处理决定，向基层法院起诉。

（二）什么人可以起诉?

任何不服的人。(2009/49B)

起诉人可以是选民资格收到选民名单侵犯的公民，也可以是其他公民。不要求起诉人是选民本人或与案件有利害关系的人。比如选民名单上有被剥夺政治权利的人，任何人都可以起诉。

（三）哪些人必须参加选民资格案件的诉讼？

任何不服的人＋选举委员会代表＋有关公民。（2009/49A）

（四）多长时间审完？

秒审＝必须在选举日前审结。

由审判员组成合议庭审理一审终审。判决书，应当在选举日前送达选举委员会和起诉人，并通知有关公民。

判断：2009/49 在基层人大代表换届选举中，村民刘某发现选举委员会公布的选民名单中遗漏了同村村民张某的名字，遂向选举委员会提出申诉。选举委员会认为，刘某不是本案的利害关系人无权提起申诉，故驳回了刘某的申诉，刘某不服诉至法院。 A. 张某、刘某和选举委员会的代表都必须参加诉讼√。 B. 法院应当驳回刘某的起诉，因刘某与案件没有直接利害关系×。 C. 选民资格案件关系到公民的重要政治权利，只能由审判员组成合议庭进行审理√。 D. 法院对选民资格案件作出的判决是终审判决，当事人不得对此提起上诉√。

三、宣告失踪案件、宣告死亡案件

下落不明人住所地基层人民法院（人在哪里？最接近失踪人的密切联系原则）

（一）谁可以去提出宣告公民失踪、宣告公民死亡的申请？利害关系人

1. 利害关系人。（2017/47A）

2. 符合法律规定的多个利害关系人申请＝列为共同申请人。

（二）要下落不明满多长时间？2与420

1. 宣告失踪案件：2年。

2. 宣告死亡案件：4（一般）、2（意外）、0（特殊意外）。

3. 申请书需要附有公安机关或者其他有关机关关于该公民下落不明的书面证明。

（三）发出寻找下落不明人公告的期间多长？313（2007/82A）

1. 宣告失踪案件：3个月。

2. 宣告死亡案件：1年。因意外事故下落不明，经有关机关证明该公民不可能生存的，宣告死亡的公告期间为3个月。

（四）公告期间届满，法院会作出什么判决？宣告判决或者驳回申请判决

1. 宣告失踪、宣告死亡判决：公告期间届满，失踪、死亡事实得到确认。

2. 驳回宣告失踪申请、驳回宣告死亡申请：公告期间届满，失踪、死亡事实没有得到确认。

3. 申请人撤回：裁定终结案件。但其他利害关系人加入程序要求继续审理的，则继续审理。

（五）判决宣告失踪的，财产代管人怎么指定？

1. 判决宣告失踪的，必须同时指定失踪人的财产代管人。

2. “辞职下海”＝特别程序：原代管人申请变更不想做代管人的，理由成立，裁定撤销同时另行指定；理由不成立的，裁定驳回申请。（“懒”＝无争议＝特别程序）

3. “竞争上岗”＝普通程序：失踪人其他利害关系人申请变更原代管人，法院告知其

以原代管人为被告，按普通程序进行审理。（2017/47B）（“抢”=有争议=普通程序）

原理：①宣告失踪财产代管人，自己不想干，不涉及申请人与其他人的民事权益争议，等于没有纠纷，继续适用特别程序裁定撤销和另行指定。②别人不让干，属于就代管权发生争议，有纠纷，双方诉讼，适用普通程序。

判断：2017/47 公公去抢儿媳妇的代管人身份案 李某因债务人刘某下落不明申请宣告刘某失踪。法院经审理宣告刘某为失踪人，并指定刘妻为其财产代管人。判决生效后，刘父认为由刘妻代管财产会损害儿子的利益，要求变更刘某的财产代管人。 A. 李某无权申请刘某失踪×。 B. 刘父应提起诉讼变更财产代管人，法院适用普通程序审理√。 C. 刘父应向法院申请变更刘妻的财产代管权，法院适用特别程序审理×。 D. 刘父应向法院申请再审变更财产代管权，法院适用再审程序审理×。

（六）活人回来了或者死人活回来了怎么办？

本人或利害关系人申请，法院作出新判决，撤销原判决。

（七）先判了宣告失踪，后来申请宣告死亡，怎么办？宣告死亡

《民诉解释》第345条，人民法院判决宣告公民失踪后，利害关系人向人民法院申请宣告失踪人死亡，自失踪之日起满4年的，人民法院应当受理，宣告失踪的判决即是该公民失踪的证明，审理中仍应依照民事诉讼法第185条（313）规定进行公告。

四、认定公民无民事行为能力、限制民事行为能力案件：该公民住所地基层人民法院（人在哪里？）

（一）谁可以提出申请？

1. 公民的近亲属
2. 或者其他利害关系人

（二）申请公民无限人，需要鉴定吗？

1. 必要时进行鉴定。
2. 当人已经提供鉴定意见的，法院应当对鉴定意见进行审查。

（三）公民怎么发表意见？“必须有代理人”

1. 由不是申请人的“其他”近亲属作为代理人。
2. 近亲属相互推诿，法院指定1人为代理人。
3. 没近亲属，法院指定其他亲属为代理人。
4. 没有亲属，指定经居委、村委同意且愿意担任代理人的关系密切的朋友为代理人。
5. 以上都没有，由公民所在单位或者居委、村委或民政部门担任代理人。
6. 公民健康状况允许的，还应当询问公民本人意见。
7. 代理人可以是一人，也可以是同一顺序中的两人。

（四）审理结束后做出什么判决？

1. 判决无限人：法院经审理认定申请有事实根据的，判决该公民为无民事行为能力或者限制民事行为能力人。（“判决没有溯及力”）
2. 判决驳回申请：法院认定申请没有事实根据的，应当判决予以驳回。

（五）原因已经消除怎么办？

无限人自己或其监护人申请，证实该公民无民事行为能力或者限制民事行为能力的原因已经消除的，法院应当作出新判决，撤销原判决。

（六）诉讼中，要求宣告无限人，则原诉讼中止，按照宣告无限人程序审理

《民诉解释》第349条，在诉讼中，当事人的利害关系人提出该当事人患有精神病，要求宣告该当事人无民事行为能力或者限制民事行为能力的，应由利害关系人向人民法院提出申请，由受诉人民法院按照特别程序立案审理，原诉讼中止。

五、认定财产无主案件

财产所在地基层人民法院（东西在哪里?）（“限于有形财产”）

（一）谁可以去申请认定财产无主？公民、法人或者其他组织。

（二）审理完毕后是什么结果？发财产认领公告，再出结果（2007/82D）

1. 无主归公＝谁提谁“傻”：法院发出财产认领公告满1年无人认领的，判决财产无主，归国家或集体。

2. 有主＝裁定终结特别程序＝申请人另诉＝普通程序：法院发出财产认领公告期间有人对财产提出请求，法院裁定终结特别程序，告知申请人另行起诉，适用普通程序。

原理：①在公告期间，有人对财产提出请求，说明财产的归属问题发生了争议，需要通过诉讼程序解决。②认定财产无主案件是特别程序，不能解决纠纷，故裁定终结特别程序，告知当事人另行起诉。

（三）判决财产无主后，原主人出现了，怎么办？作出新判决撤销原判决。

判决认定财产无主后，原财产所有人或者继承人出现，在诉讼时效期间可以对财产提出请求，人民法院审查属实后，应当作出新判决，撤销原判决。

六、实现担保物权案件

担保财产所在地或者担保物权登记地基层人民法院（东西在哪里?）

（一）哪些人可以申请实现担保物权？（《民诉解释》第361条）

1. 申请人

（1）银行＝担保物权人＝抵押权人＋质权人＋留置权人。

（2）其他有权请求实现担保物权的人＝抵押人、出质人、财产被留置的债务人或者所有权人等。

2. 被申请人（与申请人相对应）

（1）申请人是抵押权人、质权人、留置权人，则被申请人是抵押人、出质人、财产被留置的债务人。

（2）申请人是抵押人、出质人、财产被留置的债务人，则被申请人是抵押权人、质权人、留置权人。

判断：2014/44B 甲公司向银行借款8000万，甲公司大BOSS美国人汤姆用自己位于W市三套别墅设定抵押。银行适用特别程序申请实现担保物权。B本案被申请人只应是债务人甲公司×。

解析：①被申请人除了债务人甲公司之外，还应列他物担保人大BOSS美国人汤姆为被申请人。②因为实现担保物权的裁定将涉及担保人大BOSS美国人汤姆的财产权利。如果不列其为被申请人，将导致裁定对其没有约束力，无法实现担保物权。

3. 法院审查（而非审理）可以询问，必要时依职权调查相关事实

《民诉解释》第370条，人民法院“审查”（“而非审理”）实现担保物权案件，可以询问申请人、被申请人、利害关系人，必要时可以依职权调查相关事实。

4. 实现担保物权的非讼程序，可以适用诉讼保全吗？

《民诉解释》第373条，人民法院受理申请后，申请人对“担保财产”提出保全申请的，可以按照民事诉讼法关于诉讼保全的规定办理。

5. 多个担保物权人怎么办？银行1和银行2打架，银行2后顺位的担保物权人也可以作为申请人

《民诉解释》第366条，同一财产上设立多个担保物权，登记在先的担保物权尚未实现的，不影响后顺位的担保物权人向人民法院申请实现担保物权。

6. 人保和他物保怎么办？人保和他物保，银行可以选择找他物保，法院应当受理。

《民诉解释》第365条，依照民法典第392条的规定，被担保的债权既有物的担保又有人的担保，当事人对实现担保物权的顺序有约定，实现担保物权的申请违反该约定的，人民法院裁定不予受理；没有约定或者约定不明的，人民法院应当受理。（自物优先，人物可选）

（二）去哪些法院申请实现担保物权？管辖法院

1. 一般情况

（1）担保财产所在地基层法院；或者担保物权登记地基层法院。

判断：2014/44A 甲公司向银行借款8000万，甲公司大BOSS美国人汤姆用自己位于W市三套别墅设定抵押。银行适用特别程序申请实现担保物权。A 由于本案标的金额巨大，且具有涉外因素，银行因向W市中院提交书面申请×。 解析：①实现担保物权程序属于特别程序，特别程序均由基层法院管辖。②不能适用级别管辖额规定，因为民事诉讼级别管辖仅仅适用于诉讼案件管辖的确定。③而特别程序和非讼程序不论标的额大小、案件的复杂程度，一律由基层法院管辖。④本案应该由房屋所在地或者房屋抵押权登记地的基层法院管辖。

（2）同一债权担保物多个且所在地不同，都有管辖权，各自受理：申请人分别向有管辖权的人民法院申请实现担保物权的，人民法院应当依法受理。

2. 特殊情况①权利质权

（1）有权利凭证的（票据、仓单、提单、存款单等），由权利凭证持有人住所地基层法院管辖。（“纸”人地）

（2）无权利凭证的，由出质登记地基层法院管辖。（“无纸”登记地）

3. 特殊情况②海事法院：实现担保物权案件属于海事法院等专门人民法院管辖的，由专门人民法院管辖。

（三）法院里头几个审判员审理？1人或合议庭，没有陪审员。

1. 担保财产标的额低的＝审判员1人独任审理。

2. 担保财产标的额高的超过基层法院管辖范围＝审判员合议庭审理。

判断：实现担保物权案件由担保财产所在地或担保物权登记地基层法院管辖，但担保财产标的额超过基层法院管辖范围的，由中级人民法院管辖×。 解析：实现担保物权案件是特别程序，金额大小只会影响到到底是1个审判员独任制还是多个审判员合议制，不会影响到管辖法院。特别程序均由基层法院管辖。

（四）审判员怎么审理？形式审查（《民诉法》第197条、《民诉解释》第372条）

1. 裁定准许

（1）全裁准许＝裁定准许拍卖、变卖担保财产：当事人对实现担保物权无实质性争议且实现担保物权条件成就的。

（2）分裁准许＝部分裁定准许拍卖、变卖担保财产：当事人对实现担保物权有部分实质性争议的，可以就无争议部分裁定准许拍卖、变卖担保财产。

（3）无论全裁准许，还是分裁准许，都是由当事人根据裁定向法院申请执行，而非由法院主动执行。

判断：2014/44C如果法院对实现担保物权的案件经过审查，作出拍卖抵押房屋的裁定，可直接移交执行庭进行拍卖×。

《担保解释》第45条【担保物权的实现程序】当事人约定当债务人不履行到期债务或者发生当事人约定的实现担保物权的情形，担保物权人有权将担保财产自行拍卖、变卖并就所得的价款优先受偿的，该约定有效。因担保人的原因导致担保物权人无法自行对担保财产进行拍卖、变卖，担保物权人请求担保人承担因此增加的费用的，人民法院应予支持。

当事人依照民事诉讼法有关“实现担保物权案件”的规定，申请拍卖、变卖担保财产，被申请人以担保合同约定仲裁条款为由主张驳回申请的，人民法院经审查后，应当按照以下情形分别处理：

（一）当事人对担保物权无实质性争议且实现担保物权条件已经成就的，应当裁定准许拍卖、变卖担保财产；

（二）当事人对实现担保物权有部分实质性争议的，可以就无争议的部分裁定准许拍卖、变卖担保财产，并告知可以就有争议的部分申请仲裁；

（三）当事人对实现担保物权有实质性争议的，裁定驳回申请，并告知可以向仲裁机构申请仲裁。

债权人以诉讼方式行使担保物权的，应当以债务人和担保人作为共同被告。

2. 裁定驳回申请＋告知起诉＝当事人对实现担保物权有实质性争议的，裁定驳回申请，并告知申请人向人民法院提起诉讼。

原理：①经过形式审查当事人对实现担保物权有实质性争议，说明不符合实现担保物权的条件，因此裁定驳回申请。②实现担保物权是特别程序，不解决实体权利义务纠纷，故当事人可通过起诉等方式解决实体权利义务纠纷。

判断：2014/44D如果法院对实现担保物权的案件经过审查，驳回担保权人银行申请，银行可就该抵押权益向法院起诉√。

担保物权实现程序图

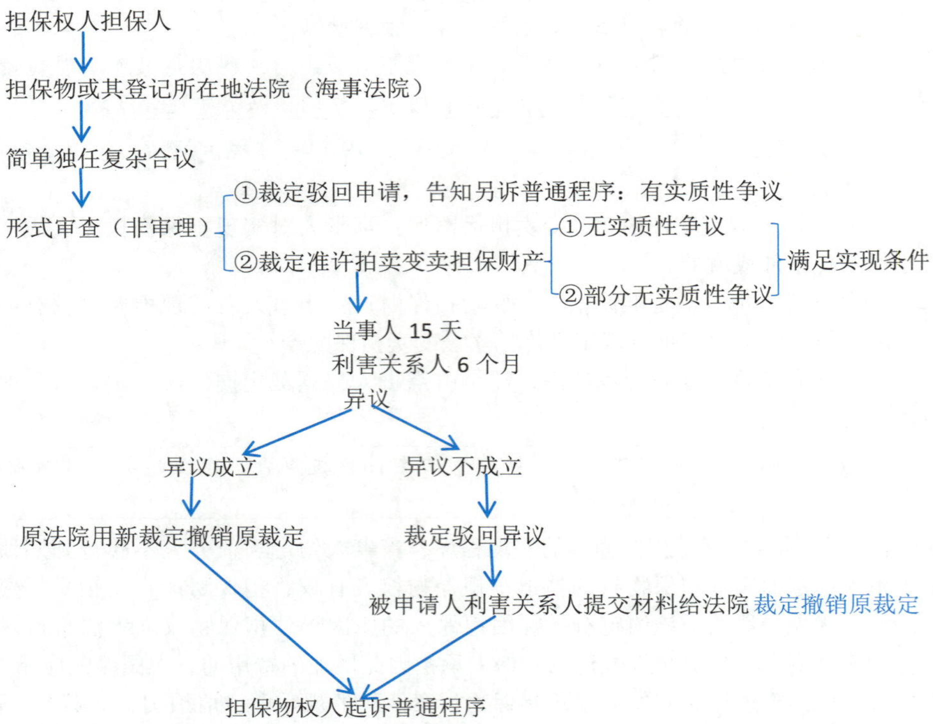

七、确认调解协议案件：调解组织所在地基层人民法院（组织在哪里?）

（一）人民调解委员会做的调解协议与人民法院确认人民调解委员会的调解协议有何差异?

1. 人民调解委员会做的调解协议。当事人可以就调解协议内容向法院申请确认效力，前提是双方同意（特别程序）；一方反悔，对方当事人可以就调解协议向法院提起诉讼（普通程序）。故其没有既判力。(2013/83D)

2. 人民法院确认人民调解委员会的调解协议。人民法院确认调解协议后，制作裁定，该裁定可以强制执行，当事人不能就此再次提起诉讼，故具有既判力。

> 原理：什么是既判力？禁止再诉的效力叫既判力。后诉法院在审判中受前诉法院确定判决内容的拘束，禁止当事人对判决的内容再起争执。

（二）谁去申请司法确认调解协议？必须双方！

1. 什么时候呢？双方（2015/45B）自调解协议生效之日 30 日内（2015/45C），共同提出申请。

2. 必须亲自吗？双方本人或者双方的代理人共同提出申请。

3. 口头可以吗？双方可以采取书面形式或口头形式共同提出申请。当事人口头申请的，人民法院应当记入笔录，并由当事人签名、捺印或者盖章。

（三）去哪个法院申请司法确认调解协议？

1. 一个调解组织所在地基层法院：调解组织所在地基层法院或派出法庭。（2013/83AB）

2. 两个调解组织所在地基层法院：两个以上调解组织参与调解，各调解组织所在地基层法院都有管辖权。

问：为什么会存在 2 个调解组织参与调解？几个调解组织联合调处纠纷。

（1）双方共同选择其中 1 个调解组织所在地基层法院提出申请。

（2）双方共同向 2 个以上调解组织所在地基层法院提出申请，最先立案的法院管辖。（立案时间无法区分则法院协商，协商失败，则报共同上一级法院指定管辖）

原理：①调解协议可能来自此前的合同争议。②而当事人此前的合同争议，可能属于专属管辖范畴，或者可能虽然不属于专属管辖范畴，但合同有约定协议管辖法院。③但是，因为现在是启动司法确认调解协议，属于特别程序。故只能由调解组织所在地法院管辖，不再考虑合同中的管辖问题了。（2015/45A）

（四）法院里头几个审判员审理？1 人或合议庭，没有陪审员。

一般为 1 个审判员独任审理，重大、疑难的由审判员组成合议庭。（2013/83C）

（五）到了法院会有什么结果呢？（“不予受理”“受理后驳回申请或裁定有效”“撤回申请”）

1. 结果①：有不予受理情形，则裁定不予受理。有不予受理情形，在受理后裁定驳回申请。（《民诉解释》第 357 条）

（1）不属于人民法院受理范围的；（“主管”）

（2）不属于收到申请的人民法院管辖的；（“管辖”，调解组织所在地基层法院）

（3）申请确认婚姻关系、亲子关系、收养关系等身份关系无效、有效或者解除的；（本来就不能调解，故也就不存在司法确认调解协议，比如离婚要么协议离婚要么诉讼离婚）

（4）涉及适用其他特别程序、公示催告程序、破产程序审理的；（非讼不能调解，不存在司法确认调解协议）

（5）调解协议内容涉及物权、知识产权确权的。（2015/45D）

原理①：身份关系不能调解，所以不能确认。调解员不要求懂法，有生活阅历就可以。万一调解贾宝玉和林黛玉婚姻有效，就麻烦了。 原理②：物权、知识产权确权调解协议不能确认。对世权，会涉及案外人利益。避免利用免费的人民调解 + 免费的特别程序 = 达到实现强制执行的目的。不动产登记机构变成了“协执单位”，申请人如此“曲线救国”不但做业务不排队，而且还可以直接过户。

2. 结果②：无不予受理情形，法院审查后出结果（《民诉法》第 195 条）

（1）【确认裁定书】“受理后”认 = 裁定调解协议有效 = 可以强制执行

①法院受理申请后，经审查，符合法律规定的，裁定调解协议有效，一方当事人拒绝履行或者未全部履行的，对方当事人可以向人民法院申请执行。

②【不能再审】对认不服，怎么办：异议。《民诉解释》第 374 条第 2 款，对人民法院作出的确认调解协议、准许实现担保物权的裁定，当事人有异议的，应当自收到裁定之日起 15 日内提出；利害关系人有异议的，自知道或者应当知道其民事权益受到侵害之日起 6 个月内提出。

（2）【驳回申请裁定书】“受理后”不认 = 裁定驳回申请 = 回到原来。

①法院受理申请后，经审查，不符合法律规定的，裁定驳回申请。

②对不认不服怎么办？这么办：没辙。法院裁定驳回申请，当事人可以通过调解方式变更原调解协议或者达成新的调解协议，也可以向人民法院提起诉讼。

原理：①经审查不符合规定而裁定驳回申请说明法院否认了调解协议的效力，当事人应该想办法去解决实体权利义务纠纷。②因为确认调解协议效力属于特别程序，不解决实体权利义务纠纷。③因此，当事人可以通过变更调解协议、重新达成调解协议、起诉等方式解决纠纷。

3. 结果③：当事人撤回申请的，法院就不审查了（《民诉解释》第359条）

（1）裁定准许撤回申请：确认调解协议的裁定作出前，当事人撤回申请的，法院可以裁定准许。

（2）按撤回申请处理：当事人无正当理由未在限期内补充陈述、补充证明材料或者拒不接受询问的，法院可以按撤回申请处理。

综合判断1：2015/45 李云将房屋出售给王亮，后因合同履行发生争议，经双方住所地人民调解委员会调解，双方达成调解协议，明确王亮付清房款后，房屋的所有权归属王亮。为确保调解协议的效力，双方约定向法院提出司法确认申请，李云随即长期出差在外。

A. 本案系不动产交易，应向房屋所在地法院提出司法确认申请×。（是非讼）

B. 李云长期出差在外，王亮向法院提出确认申请，法院可受理×。（双方）

C. 李云出差两个月后，双方向法院提出确认申请，法院可受理×。（30日）

D. 本案的调解协议内容涉及物权确权，法院不予受理√。（确权）

解析：①确认调解协议效力是特别程序，不能适用专属管辖规定。②应该双方共同申请，不能单方申请。③应在调解协议生效后30日向法院提出申请，而不能在2个月后。④调解协议内容涉及确认婚姻关系、亲子关系、收养关系等身份关系无效、有效或者解除；调解协议内容涉及物权、知识产权确权的，法院不予受理。

综合判断2：2013/83 甲区A公司将位于丙市价值5000万元的写字楼转让给乙区的B公司。后双方发生争议，经丁区人民调解委员会调解达成协议：B公司在1个月内支付购房款。双方又对该协议申请法院作出了司法确认裁定。关于本案和司法确认：

A. 本案应由市中级人民法院管辖×。

B. 可由乙区法院管辖×。

C. 应由1名审判员组成合议庭，开庭审理司法确认申请×。

D. 本案的调解协议和司法确认裁定，均具有既判力×。

解析：①确认调解协议属于特别程序，**由调解组织所在地基层法院管辖，即丁区法院**管辖。②不适用级别管辖规则。③不适用地域管辖规则。④确认调解协议的程序审理一般是1个审判员独任审理，疑难、复杂的由审判员组成合议庭审理，不存在1个审判员组成合议庭的情况。人民调解委员会主持下达成调解协议没有既判力，当事人可以就调解协议起诉。法院作出确认调解协议效力的裁定，禁止当事人再诉，具有既判力。

八、归总特别程序“不存在再审”，怎么纠错呢？（5个判决选宣宣无限无主）、（2个裁定单调）

《民诉解释》第374条第1款，适用特别程序作出的判决、裁定，当事人、利害关系人认为有错误的，可以向作出该判决、裁定的人民法院提出异议。人民法院经审查，异议成立或者部分成立的，作出新的判决、裁定撤销或者改变原判决、裁定；异议不成立的，裁定驳回。

《民诉解释》第374条第2款，对人民法院作出的确认调解协议、准许实现担保物权的裁定，当事人有异议的，应当自收到裁定之日起15日内提出；利害关系人有异议的，自知道或者应当知道其民事权益受到侵害之日起6个月内提出。

“司法确认”程序图

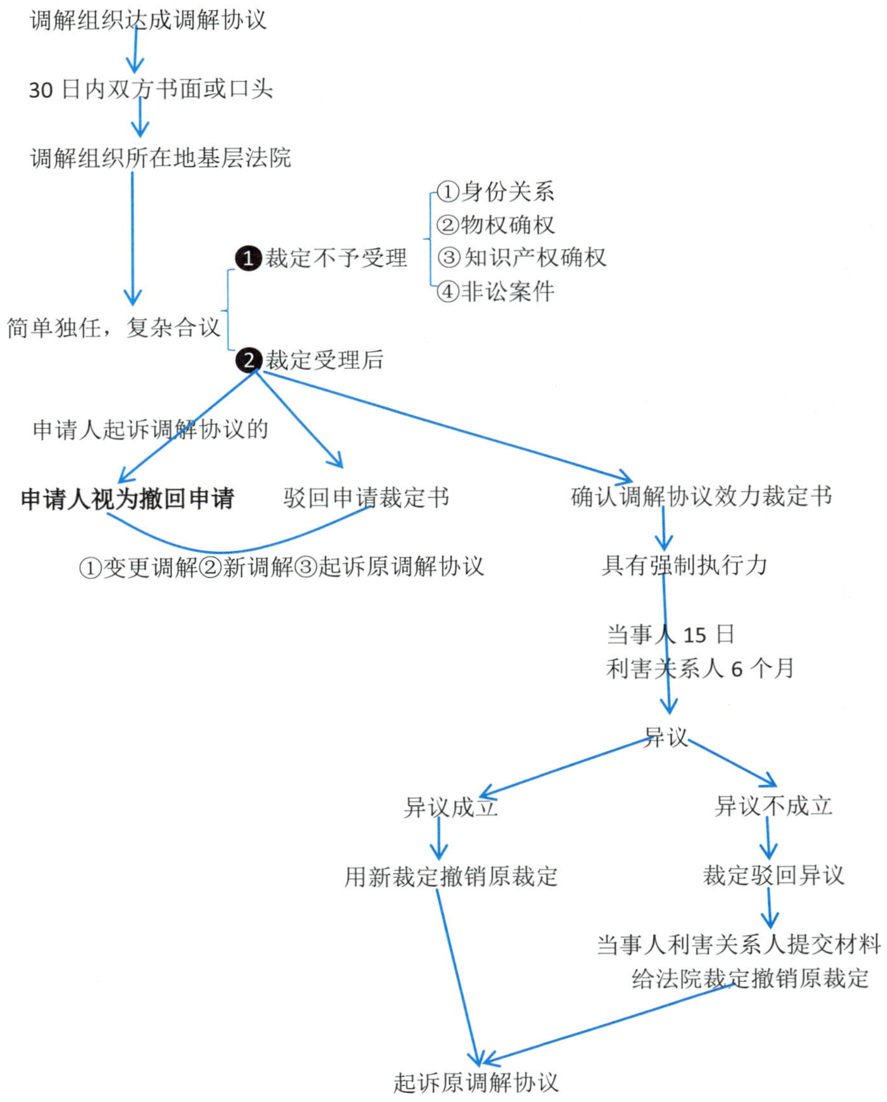

第十七部分 非讼程序

第一节 督促程序

督促程序的逻辑体系：①什么案子可以启动督促程序？（督促程序的适用条件）②债权人向哪个法院申请支付令？（管辖）③法院受理申请后经处理，会出什么结果？④法院发出支付令有什么法律效果？（支付令的效力）

一、什么案子可以启动督促程序？（督促程序的适用条件）（《民诉法》第214条、《民诉解释》第429条第1款）

（一）【受理前第1次审查】法院会受理债权人的申请吗？

1. 中国：债务人在我国境内且未下落不明。

2. 数学：请求给付的金钱或者有价证券“已到期”且“数额确定”，并写明了请求所根据的事实、证据。

3. 清白：债权人与债务人没有其他债务纠纷。债权人没有对待给付义务。

4. 纸张：请求给付金钱或者汇票、本票、支票、股票、债券、国库券、可转让的存款单等有价证券。

5. 没保：债权人未向人民法院申请诉前保全。

6. 送达：支付令能够送达债务人。

（1）不能公告送达。

（2）但是可以留置送达。《民诉解释》第431条，向债务人“本人”送达支付令，债务人拒绝接收的，法院可以留置送达（2010/89A）（2014/46A）（2016/82A）。

判断1：2007/34A 向债务人送达支付令时，债务人拒绝签收的，法院可以留置送达√。 判断2：2016/82A 卢某拒绝签收支付令，M法院采取留置送达是正确的√。 判断3：2017/83A 甲公司拒绝签收支付令，法院可采取留置送达√。 判断4：2007/34B 向债务人送达支付令时法院发现债务人下落不明的，可以公告送达×。

联想记忆：在中国，考数学，交清白纸张（交白卷），所以，没有保（没有申请诉前保全）送（支付令能够送达债务人）……受理还是不受理？①债权人申请支付令，符合条件的，基层法院应当受理，并在收到支付令申请书后5日内通知债权人。②不符合条件的，法院应当在收到支付令申请书后5日内通知债权人不予受理。

（二）法院受理债权人申请后，发现什么情形应在受理之日起15日内裁定驳回申请？（《民诉解释》第430条）（“不合法、不明确”）

1. 人错了：申请人不具备当事人资格。（“当事人适格”）

2. 钱错了①，构成违法：要求给付的金钱或者有价证券属于违法所得。

3. 钱错了②，没有到期：要求给付的金钱或者有价证券尚未到期（“现有给付之诉”）或者数额不确定的。

4. 钱错了③，没有约定违约金赔偿金逾期利息：给付金钱或者有价证券的证明文件没有约定逾期给付利息或者违约金、赔偿金，债权人坚持要求给付利息或者违约金、赔偿金。

二、债权人向哪个法院申请支付令？（管辖）

（一）1个法院管辖

1. 债务人住所地基层法院

债权人申请支付令，适用民事诉讼法第21条规定，由债务人住所地基层人民法院管辖。

2. 什么是债务人住所地？

《民诉法》第21条第1、2款，对公民提起的民事诉讼，由被告住所地人民法院管辖；被告住所地与经常居住地不一致的，由经常居住地人民法院管辖。

对法人或者其他组织提起的民事诉讼，由被告住所地人民法院管辖。

（二）2个法院管辖

1. 【管辖选择权】共同债务人的各个法院选择管辖

共同债务人住所地、经常居住地不在同一基层人民法院辖区，各有关人民法院都有管辖权的，债权人可以向其中任何一个基层人民法院申请支付令。

2. 【地域管辖】最先立案法院管辖

债权人向两个以上有管辖权的人民法院申请支付令的，由最先立案的人民法院管辖。

（三）不管债权金额多大，都是归基层法院管辖

基层人民法院受理申请支付令案件，不受债权金额的限制。

三、法院受理申请后15日内经处理，会出什么结果？

（一）【独任制】审判员1人审查

法院受理申请后，由审判员一人进行审查。

（二）【受理后第2次审查】向债务人发出支付令

法院受理申请后，经审查债权人提供的事实、证据，对债权债务关系明确、合法的，应当在受理之日起15日内向债务人发出支付令。

（三）【受理后第 2 次审查】裁定驳回申请

法院受理申请后，经审查债权人申请不成立的，裁定予以驳回。

四、法院发出支付令有什么法律效果？（支付令的效力）（依法申请支付令的，比照财产案件受理费标准的 1/3 交纳申请费）

（一）【督促效力】支付令对债务人有法律效力（《民诉法》第 216 条）

1. 要么还债

债务人应当自收到支付令之日起 15 日内清偿债务，或者向人民法院提出书面异议。

记忆：收到支付令之日起 15 日异议，“异” = yi = 1。议 = 5 笔 = 5。

2. 要么异议

（1）书面异议

债务人应当自收到支付令之日起 15 日内清偿债务，或者向人民法院提出“书面”异议。

判断：2007/34D 债务人对支付令提出异议，通常以书面形式，但书写异议书有困难的，也可以口头提出 ×。

（2）法院对债务人提出的书面异议进行形式审查而非实质审查

判断：2010/89B 债务人提出支付令异议的，法院无须审查异议理由客观上是否属实 √。解析：形式审查即可。

问：为什么法院对债务人异议不作实质审查？①法院对债务人书面异议是形式审查，不做实质审查。②支付令失效的，转入诉讼程序，但是申请支付令一方当事人“不同意”起诉的除外。③如果法院在督促程序中对债务人书面异议进行实质审查，那都查清楚了，再转入诉讼程序不就多此一举吗。所谓转入诉讼程序，就是通过诉讼程序来解决实体争议。④债权人不同意，则债权人可以另案提起诉讼了。如果债权人同意，就是本院诉讼了。不需要债务人同意，因为债务人是被告，“被告被告不需要被告同意”。

（3）如果债务人书面异议成立 = 支付令自动失效

法院收到债务人提出的书面异议后，经审查，异议成立的，应当裁定终结督促程序，支付令自行失效。(2013/84BD)

判断 2：2014/46 黄某向法院申请支付令，督促陈某返还借款。送达支付令时，陈某拒绝签收，法官遂进行留置送达。12 天后，陈某以已经归还借款为由向法院提起书面异议。黄某表示希望法院彻底解决自己与陈某的借款问题。 A. 支付令不能留置送达，法官的送达无效 ×。 B. 提出支付令异议的期间是 10 天，陈某的异议不发生效力 ×。 C. 陈某的异议并未否认二人之间存在借贷法律关系，因而不影响支付令的效力 ×。 D. 法院应将本案转为诉讼程序审理 √。 解析：①支付令不能公告送达，但可以留置送达。②债务人收到支付令后 15 天内提出书面异议或者履行债务。不是 10 天。③法院对异议仅形式审查，异议成立即裁定终结督促程序，支付令失效。④债务人异议成立说明债权人债务人之间有纠纷，而督促程序不

解决纠纷，故应当将案件转入诉讼程序解决纠纷，但申请支付令一方不同意转入诉讼的除外（因为转入诉讼程序后申请一方作为原告，原告不同意起诉自然不能进入诉讼程序）。本案中，黄某表示希望法院彻底解决该债权债务纠纷，可见黄某本人不反对转入诉讼程序。

（4）如果债务人书面异议失败 = 不影响支付令效力

①口头异议 = 没异议

债务人的口头异议无效。(2007/34D)

②超期异议 = 没异议

债务人超过法定期间提出异议的，视为未提出异议。(《民诉解释》第 433 条第 2 款)

③向其他法院起诉 = 没异议

债务人在收到支付令后，未在法定期间提出书面异议，而向“其他”人民法院起诉的，不影响支付令的效力（2016/82CD）（2017/83BC）（2015/47AB）。(《民诉解释》第 433 条第 1 款)

如果是向发出支付令的法院起诉，则视为书面异议，支付令失效。

判断 1：【笼统说向法院起诉不影响支付令效力，犯了以偏概全的错误】2010/89C 债务人收到支付令后不在法定期间提出异议而向法院起诉的，不影响支付令的效力 ×。解析：将“法院”修改为“其他法院”就是对的。

判断 2：【向其他法院起诉不是异议，不影响支付令效力】2015/47A 向另一法院起诉，视为对支付令提出异议 ×；2015/47B 向另一法院起诉，法院应裁定终结督促程序 ×。

判断 3：【向其他法院起诉不是异议，不影响支付令效力】2016/82 单某将八成新手机以 4000 元的价格卖给卢某，双方约定：手机交付卢某，卢某先付款 1000 元，待试用一周没有问题后再付 3000 元。但试用期满卢某并未按约定支付余款，多次催款无果后单某向 M 法院申请支付令。M 法院经审查后向卢某发出支付令，但卢某拒绝签收，法院采取了留置送达。20 天后，卢某向 N 法院起诉，以手机质量问题要求解决与单某的买卖合同，并要求单某退还 1000 元付款。

A. 卢某拒绝签收支付令，M 法院采取留置送达是正确的√。

B. 单某可以依支付令向法院申请强制执行√。

C. 因卢某向 N 法院提起了诉讼，支付令当然失效 ×。

D. 因卢某向 N 法院提起了诉讼，M 法院应当裁定终结督促程序 ×。

解析：①支付令不能公告送达，但可以留置送达。②支付令送达 20 天后，卢某向 N 区法院起诉（并非发出支付令的法院），不是向发出支付令法院起诉，故等于未在异议期（支付令送达后 15 日内）提出书面异议，不影响支付令效力，故单某可以申请强制执行。

判断4:【债务人向发出支付令的法院起诉，则视为书面异议，支付令失效】2011/85 甲公司因乙公司拖欠货款向A县法院申请支付令，经审查甲公司的申请符合法律规定，A县法院向乙公司发出支付令。乙公司收到支付令后在法定期间没有履行给付货款的义务，而是向A县法院提起诉讼，要求甲公司承担因其提供产品存在质量问题的违约责任。

A. 乙公司向A县法院起诉的行为具有提出书面异议的效力√。

B. 甲公司可以持支付令申请强制执行×。

C. A县法院应当受理乙公司的起诉√。

D. A县法院不应受理乙公司的起诉×。

④说自己穷、现在很穷、用肉还债=没异议

债务人对债务本身没有异议，只是提出缺乏清偿能力、延缓债务清偿期限、变更债务清偿方式等异议的，不影响支付令的效力。人民法院经审查认为异议不成立的，裁定驳回。（《民诉解释》第438条第1、2款）（“还比如提出以物抵债”）

⑤部分异议、部分未异议=未异议部分等于没异议

债权人基于“同一”债权债务关系，在同一支付令申请中向债务人提出多项支付请求，债务人仅就其中一项或者几项请求提出异议的，不影响其他各项请求的效力。（《民诉解释》第434条）

⑥部分人异议，部分人没异议=没异议的人等于没异议

债权人基于同一债权债务关系，就可分之债向多个债务人提出支付请求，多个债务人中的一人或者几人提出异议的，不影响其他请求的效力。（《民诉解释》第435条）

⑦债务人撤回异议，法院裁定准许=没异议

法院作出终结督促程序或者驳回异议裁定前，债务人请求撤回异议的，应当裁定准许。债务人对撤回异议反悔的，法院不予支持。（《民诉解释》第439条）

3. 如果既不还债，又不异议，则强制执行

（1）债务人在收到支付令之日起15日内不提出异议又不履行支付令的，债权人可以向人民法院申请执行

（2016/82B）（2017/83C）（2015/47C债务人甲在法定期间未提出书面异议，不影响支付令的效力√）

（2）债权人向人民法院申请执行支付令的期间为2年：从支付令规定履行期间的最后1日起计算。

适用民事诉讼法第239条（申请执行的期间为2年。申请执行时效的中止、中断，适用法律有关诉讼时效中止、中断的规定。）的规定。（《民诉解释》第442条）

（3）区分支付令的法律效力和支付令的强制执行力

①支付令自“债务人收到日”产生法律效力。

②支付令在债务人于异议期间没有提出书面异议又不履行支付令时产生强制执行力。

原理：①支付令的法律效力≠支付令的强制执行力。②支付令自“债务人收到日”起发生法律效力。支付令的强制执行力是需要“附生效条件”的。③督促体现：要么还债，要么异议。④啥都不干则产生强制执行力：产生督促债务人履行债务或者提出书面异议的效力，债务人如果在15日内既不提出异议，又不履行债务，支付令就取得强制执行效力。⑤法院向债务人发出支付令，不等于法院实体上认可了债权人主张的债权，支付令是否产生强制执行力完全取决于债务人的态度。债务人认可债权债务可选择清偿债务；或者不认可债权债务，提出书面异议，法院审查，认为异议成立，则裁定终结督促程序，转为诉讼程序解决纠纷，但申请支付令一方当事人不同意起诉的除外。

判断1：2007/34C 支付令送达债务人后，在法律规定的异议期间，支付令不具有法律效力×。

判断2：支付令只有在债务人15日内不提出异议也不履行债务才产生法律效力×。

判断3：2010/89D 支付令送达后即具有强制执行力×。

解析：①支付令自作出之日起具有法律效力。②债务人在异议期间没有提出书面异议又不履行支付令的产生强制执行力。

4. 什么情形下支付令会自动失效？（“裁定终结督促程序”，支付令自行失效）

（1）【债务人书面异议】债务人提出了书面异议

法院收到债务人提出的书面异议后，经审查，异议成立的，应当裁定终结督促程序，支付令自行失效。

（2）【债务人未收到支付令】债务人没收到支付令

法院发出支付令之日起30日内无法送达债务人。（《民诉解释》第432条第2项）

问：为什么？①支付令无法送达，则不符合适用督促程序的条件。②如果发出支付令起30日内无法送达债务人的，法院应当终结督促程序，支付令失效。③督促程序设立的初衷是迅速、便捷地实现债权，拖延过久就难以实现其目的。

（3）【债权人起诉】债权人三心二意

在法院受理支付令申请后，债权人就同一债权债务关系又提起诉讼。（《民诉解释》第432条第1项）

问：为什么？①【禁止一案2诉】督促程序和诉讼程序都是债权人实现权利的方式，两者不能同时进行。②【尊重程序选择权】既然债权人选择了诉讼程序，法院就应该尊重其选择，终结督促程序，通过诉讼程序解决债权债务纠纷。③【以免2个法律文书】如果允许1案2种程序同时进行，就可能出现同一案件有2种不同法律文书的现象。④【加害给付】合同要支付令，侵权要诉讼，则支付令失效。

（4）【债权人撤回申请】债权人回心转意

在债务人收到支付令之前，债权人撤回申请。（《民诉解释》第432条第3项）

5. 支付令失效后怎么办？“自动转入诉讼程序”（补钱补起诉状）

（1）申请支付令一方同意提起诉讼的

①支付令失效的，转入诉讼程序，但申请支付令的一方当事人不同意提起诉讼的除外。

②债权人提出支付令申请的时间，即为向人民法院起诉的时间。（不是转为诉讼程序之

日计算）

判断：2013/84 胡某向法院申请支付令，督促彗星公司缴纳房租。彗星公司收到后立即提出书面异议称，根据租赁合同，彗星公司的装修款可以抵销租金，因而自己并不拖欠租金。法院收到该异议后怎么办？

A. 对双方进行调解，促进纠纷的解决×。

B. 终结督促程序√。

C. 将案件转为诉讼程序审理，但彗星公司不同意的除外×。

D. 将案件转为诉讼程序审理，但胡某（申请一方）不同意的除外√。

解析：督促程序不解决纠纷，故不适用调解。

（2）申请支付令一方不同意提起诉讼的

①支付令失效后，申请支付令的一方当事人不同意提起诉讼的，应当自收到终结督促程序裁定之日起7日内向受理申请的法院提出；7日内未向受理申请的法院表明不同意提起诉讼的，视为向受理申请的法院起诉。

问：申请方不同意提起诉讼的提出形式是什么？"不同意提起诉讼"的声明，具有通知、告知性质，书面声明。具有撤回起诉的法律意义。

②申请支付令的一方当事人不同意提起诉讼的，不影响其向其他有管辖权的法院提起诉讼。

6. 督促程序（非讼）与诉讼程序（诉讼）的"双向转换"

（1）督促程序转诉讼程序：支付令失效后

支付令失效的，转入诉讼程序，但申请支付令的一方当事人不同意提起诉讼的除外。

（2）诉讼程序转督促程序：审前阶段

已经按照诉讼程序受理的案件，当事人没有争议，符合督促程序规定条件的，"可以转入"督促程序。

（二）支付令对担保人无法律效力

1. 对设有担保的债务的主债务人发出的支付令，对担保人没有拘束力（2017/83D）（2015/47D 法院发出的支付令，对第三担保人丙具有拘束力×）。

2. 债权人就担保关系单独提起诉讼的，支付令自人民法院受理案件之日起失效。（2019 考）

判断：2017/83 甲公司购买乙公司的产品，丙公司以其房产为甲公司提供抵押担保（他物保）。因甲公司未按约支付120万元货款，乙公司向A市B县法院申请支付令。法院经审查向甲公司发出支付令，甲公司拒绝签收。甲公司未在法定期间提出异议，而以乙公司提供的产品有质量问题为由向A市C区法院提起诉讼。

A. 甲公司拒绝签收支付令，法院可采取留置送达√。

B. 甲公司提起诉讼，法院应裁定中止督促程序×。

C. 乙公司可依支付令向法院申请执行甲公司的财产√。

D. 乙公司可依支付令向法院申请执行丙公司的担保财产×。

解析：①支付令不能公告送达，但可以留置送达。②被申请人甲公司没有在异议期间提出书面异议，而是向其他法院起诉，这不影响支付令效力。③故乙公司可以申请强制执行支付令。④支付令对担保人没有拘束力。

（三）【支付令撤销制度】支付令发错了怎么办？“自带救济”“只能靠法院”

法院院长发现本院已经发生法律效力的支付令确有错误，认为需要撤销的，应当提交本院审判委员会讨论决定后，裁定撤销支付令，驳回债权人的申请。

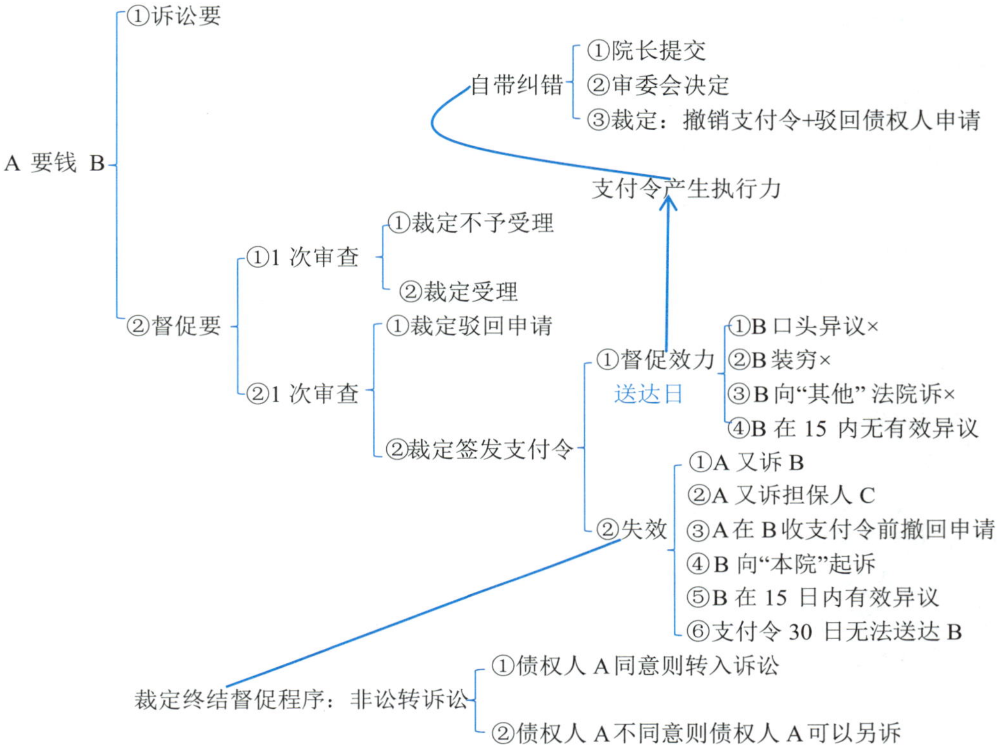

第二节　公示催告程序

公示催告程序的逻辑体系：①什么案件要启动公示催告程序？②法院受理公示催告申请后有什么法律效果？③公示催告后有人申报权利怎么办？④公示催告后无人申报权利怎么办？

一、什么案件要启动公示催告程序？（《民诉法》第 218 条、《民诉解释》第 444、446 条）

按照规定可以背书转让的票据持有人（启动），因票据被盗、遗失或者灭失，可以向票据支付地的基层人民法院（管辖）（2005/40A 公示催告程序只适用于基层人民法院√）申请公示催告。依照法律规定可以申请公示催告的其他事项（为了应对金融产品更新换代而预设的兜底条款）（2005/40B 公示催告程序仅适用于各种票据的公示催告 ×），适用本章公示催告程序的规定。

原理：①公示催告阶段为什么适用独任制？形式审查比较简单，1个法官就够了。②除权判决阶段为什么适用合议制？这里涉及责任，所以要多个法官一起来。 秒杀："简单催告、合议除权"。

二、法院受理公示催告申请后有什么法律效果？（公示催告阶段①审判员1人独任审理）

（一）公示催告申请人撤回申请（《民诉解释》第455条）

1. 公示催告前撤回＝撤回

公示催告申请人撤回申请，应在公示催告前提出。

2. 公示催告期间撤回＝终结程序

公示催告期间申请撤回的，法院可以径行裁定终结公示催告程序。

（二）法院审查公示催告申请与止付通知（《民诉法》第219条、《民诉解释》第445条）

1. 审查

法院收到公示催告申请后，应立即审查，并决定是否受理。

2. 受理＝通知支付人停止支付

（1）法院认为符合受理条件，通知受理。并同时通知支付人停止支付。（《民诉法》第220条、《民诉解释》第456条）。支付人收到人民法院停止支付的通知，应当停止支付，至公示催告程序终结。（2015/85A）

（2）公示催告期间，转让票据权利的行为无效。（2015/85B）

3. 不受理：法院认为不符合受理条件，7日内裁定驳回申请。

（三）催促利害关系人申报权利（《民诉法》第219条）

1. 在受理公示催告申请后的3日内发出公告，催促利害关系人申报权利。

2. 公告期间由法院决定但不少于60日，且公示催告期间届满日不得早于票据付款日后15日。（《民诉解释》第449条）

3. 公告应当在有关报纸或者其他媒体上刊登，并于"同日"公布于法院公告栏内。法院所在地有证券交易所的，还应当"同日"在该交易所公布。（《民诉解释》第448条）

三、公示催告后有人申报权利怎么办？（公示催告阶段②审判员1人独任审理）（《民诉法》第221条）

（一）利害关系人在什么时候申报？

1. 利害关系人应当在公示催告期间向法院申报权利（《民诉法》第221条第1款。）

2. 利害关系人也可以在申报期届满后、"除权"判决作出前向法院申报权利（《民诉解释》第450条）

（二）法院对于利害关系人的票据和申请人的票据进行形式审查（《民诉解释》第451、458条）

1. 两边过来核对

（1）利害关系人出示票据：利害关系人申报权利，法院应当通知其向法院出示票据。

（2）公示催告申请人查看利害关系人的票据：法院通知公示催告申请人在指定的期间查看该票据。（2016/83A）（2012/46C）

2. 法院形式审查（对比“口头”1票和“纸质”2票）

（1）两票不一致则法院裁定驳回利害关系人的申报。申报人申报失败（1票大＝无争议＝等待申请人启动除权判决阶段）（2016/83C）。

（2）两票一致则法院裁定终结公示催告程序。（2票大＝有争议＝当事人另诉）（《民诉法》第221条第2、3款。《民诉解释》第457条）（2017/48C）（2016/83B）（2009/89D）①申请人或申报人可向法院起诉解决争议。②因票据权利纠纷提起的，由票据支付地或者被告住所地法院管辖。③因非票据权利纠纷提起的，由被告住所地法院管辖。

判断1：2012/46B 法院应当开庭，就失票的权属进行审查，组织当事人进行辩论×。

判断2：2012/46D 法院应当审查乙迟延申报权利是否有正当事由，并分别情况作出处理×。

原理：“看看图片哪里不一致的游戏”①对利害关系人申报权利的，法院不能对票据权利义务进行实质审查，只能形式上审查申报的票据与公示催告的票据是否一致。（2016/83D）（2009/89AB）②如果一致，则申报成立，说明就该票据权利义务存在纠纷，法院应裁定终结公示催告程序，申请人和申报人通过诉讼方式解决票据权利义务纠纷；③如果不一致，则申报不成立，法院应当裁定驳回申报。④如果公示催告期间届满无人申报或申报被驳回，说明票据权利义务无纠纷，申请人可申请法院作出除权判决，宣告票据无效。

有人申报案①：2016/83

大界公司就其遗失的一张汇票向法院申请公示催告，法院经审查受理案件并发布公告。在公告期间，盘堂公司持被公示催告的汇票向法院申报权利。对于盘堂公司的权利申报：

A. 法院应通知大界公司到法院查看盘堂公司提交的汇票√。

B. 若盘堂公司出具的汇票与大界公司申请公示的汇票一致，则法院应当开庭审理×。

C. 若盘堂公司出具的汇票与大界公司申请公示的汇票不一致，则法院应当驳回盘堂公司的申请√。

D. 法院应当责令盘堂公司提供证明其对出示的汇票享有所有权的证据×。

解析：公示催告程序是非讼程序，不解决票据权利义务纠纷，无须开庭审理，也无须当事人提供证据。

有人申报案②：2009/89

甲公司因遗失汇票，向A市B区法院申请公示催告。在公示催告期间，乙公司向B区法院申报权利。

A. 对乙公司的申报，法院只就申报的汇票与甲公司申请公示催告的汇票是否一致进行形式审查，不进行权利归属的实质审查√。

B. 乙公司申报权利时，法院应当组织双方当事人进行法庭调查与辩论×。

C. 乙公司申报权利时，法院应当组成合议庭审理×。

D. 乙公司申报权利成立时，法院应当裁定终结公示催告程序√。

解析：①公示催告程序不解决实体争议，没有调查和辩论，权利人申报权利时，法院不进行实质审查，只作形式审查，如果公示催告票据与申报票据一致，说明存在实体争议，则法院裁定终结公示催告程序，持票人和失票人可通过诉讼解决票据权利纠纷。②公示催告程序中的公示催告阶段实行独任制，宣告票据无效的除权判决阶段实行合议制。

有人申报案③：2017/48

海昌公司因丢失票据申请公示催告，期间届满无人申报权利，海昌公司遂申请除权判决。在除权判决作出前，家佳公司看到权利申报公告，向法院申报权利。

A. 因公示催告期间届满，裁定驳回家佳公司的权利申报×。

B. 裁定追加家佳公司参加案件的除权判决审理程序×。

C. 应裁定终结公示催告程序√。

D. 作出除权判决，告知家佳公司另行起诉×。

解析：①《民诉法》规定申报权利的时间是公示催告期间，《民诉解释》将该时间拓展到"除权判决作出前"（2012/46A 在公示催告期间届满第3天申报，法院应驳回权利申报×）。②公司催告期间如果无人申报权利或者申报被驳回，申请人可申请法院作出除权判决。③如果有人申报则说明关于票据权利义务存在纠纷，法院则应当裁定终结公示催告程序，当事人通过诉讼方式解决票据权利义务纠纷。

四、公示催告后无人申报权利或申报被驳回怎么办？（除权判决阶段＝组成合议庭）

（一）怎么作出除权判决？（申请人赢了）（《民诉法》第222条）

1. 根据申请人申请，作出除权判决。（《民诉解释》第452条）

（1）申请人自公示催告期间届满之日起1个月内申请作出判决。（"不变期间"）

（2）申请人逾期不申请判决的，法院裁定终结公示催告程序，将该裁定通知申请人和支付人。

判断1：2015/85C 申请人未申请，法院可以作出宣告该汇票无效的判决×。

解析：①在公示催告期间无人申报，或者申报被驳回，法院根据申请人申请，判决宣告票据无效。②故除权判决的作出应以申请人申请为前提。

判断2：无人申报案

2015/85 甲公司财务室被盗，遗失金额为80万元的汇票一张。甲公司向法院申请公示催告，法院受理后即通知支付人A银行停止支付，并发出公告，催促利害关系人申报权利。在公示催告期间，甲公司按原计划与材料供应商乙企业签订购货合同，将该汇票权利转让给乙企业作为付款。公告期满，无人申报，法院即组成合议庭作出判决，宣告该票据无效。

A. 银行应当停止支付，直至公示催告程序终结√。

B. 甲公司将该汇票权利转让给乙企业的行为有效×。

C. 甲公司若未提出申请，法院可作出宣告该汇票无效的判决×。

D. 法院若判决宣告汇票无效，应当组成合议庭√。

解析：①止付通知的效力＝停止支付＋公示催告期间转让票据行为无效。②除权判决＝由申请人申请而非法院主动作出。③公示催告阶段适用独任制，除权判决阶段适用合议制。

2. 宣告票据无效。（1票无效，申请人根据除权判决这张纸向银行要钱）

判断：2005/40C 除权判决应当宣告票据是否无效×。

解析：只能宣告票据无效，不能宣告票据有效。

3. 除权判决应当公告，通知支付人。除权判决公告之日起，申请人有权依据判决向支

付人请求支付。付款人拒绝的，申请人有权向人民法院起诉。(《民诉解释》第453条)

判断：2007/82 哪些案件的审理程序中公告是必经程序?

A. 甲在车祸中导致精神失常，其妻向法院申请要求认定甲为无民事行为能力人×。

B. 2005年1月乙被冲入大海后一直杳无音信，2007年3月其妻向法院申请宣告乙死亡√。

C. 丙拿了一张5万元的支票到银行兑现，途中遗失，丙向银行所在地的区法院提出申请公示催告√。

D. 某施工单位施工时挖出一个密封的金属盒，内藏一本宋代经书，该施工单位向法院申请认定经书及盒子为无主财产√。

小结民诉中需要公告的程序

(1) 诉讼程序

①人数不确定的代表人诉讼中，法院受理案件后可以发出公告，通知权利人申报权利。

②公益诉讼中当事人达成和解、调解协议的，应当将调解、和解协议予以公告。

③检察机关拟提起公益诉讼的，应当进行诉前公告。

④受送达人下落不明或者其他方式无法送达的，可以公告送达，公告期满视为送达。(简易程序不能公告送达；支付令不能公告送达)

(2) 特别程序

①宣告公民失踪、宣告公民死亡案件：法院受理宣告失踪、死亡案件的申请后，应当发出寻找下落不明人的公告。(找人)

②认定财产无主案件：法院受理认定财产无主的申请后，经审查核实，应当发出财产认领公告。(找人)

(3) 非讼程序之公示催告程序有2次公告：

①公告1 = 法院受理公示催告申请后，应当同时通知支付人停止支付，并在3日内发出公告，催促利害关系人申报权利。(找❷票)

②公告2 = 法院作出除权判决后，应当公告，并通知支付人。自判决公告之日起，申请人有权向支付人请求支付。(❶票作废，权利是我的)

(二) 利害关系人错失申报机会怎么补救？(利害关系人救济)(《民诉法》第223条)

1. 利害关系人因正当理由不能在判决前向法院申报的，自知道或者应当知道判决公告之日起1年内，可以向作出除权判决的法院起诉(2007/46B)。利害关系人向法院起诉的，法院可按票据纠纷适用普通程序审理。(《民诉解释》第459条)

2. 利害关系人请求撤销除权判决的，应当将申请人列为被告。(《民诉解释》第461条第1款)

3. 利害关系人仅诉请确认其为合法持票人的，法院应当在裁判文书中写明，确认利害关系人为票据权利人的判决作出后，除权判决即被撤销。(《民诉解释》第461条第2款)

(1) 利害关系人诉撤销除权判决

如法院支持，则法院判项只有1个，判撤销除权判决。因为支持的基础是确定利害关系人的票据权利人身份，故法院在本院认为部分写明“确定利害关系人为票据权利人”。

（2）利害关系人诉撤销除权判决，诉请确认利害关系人为票据权利人

如法院支持，则法院有 2 个判项，判撤销除权判决，判支持利害关系人的诉讼请求。

（3）利害关系人诉请求利害关系人为票据权利人

如法院支持，则法院 1 个判项，判确认利害关系人为票据权利人的判决作出后，除权判决即被撤销。

公示催告程序图

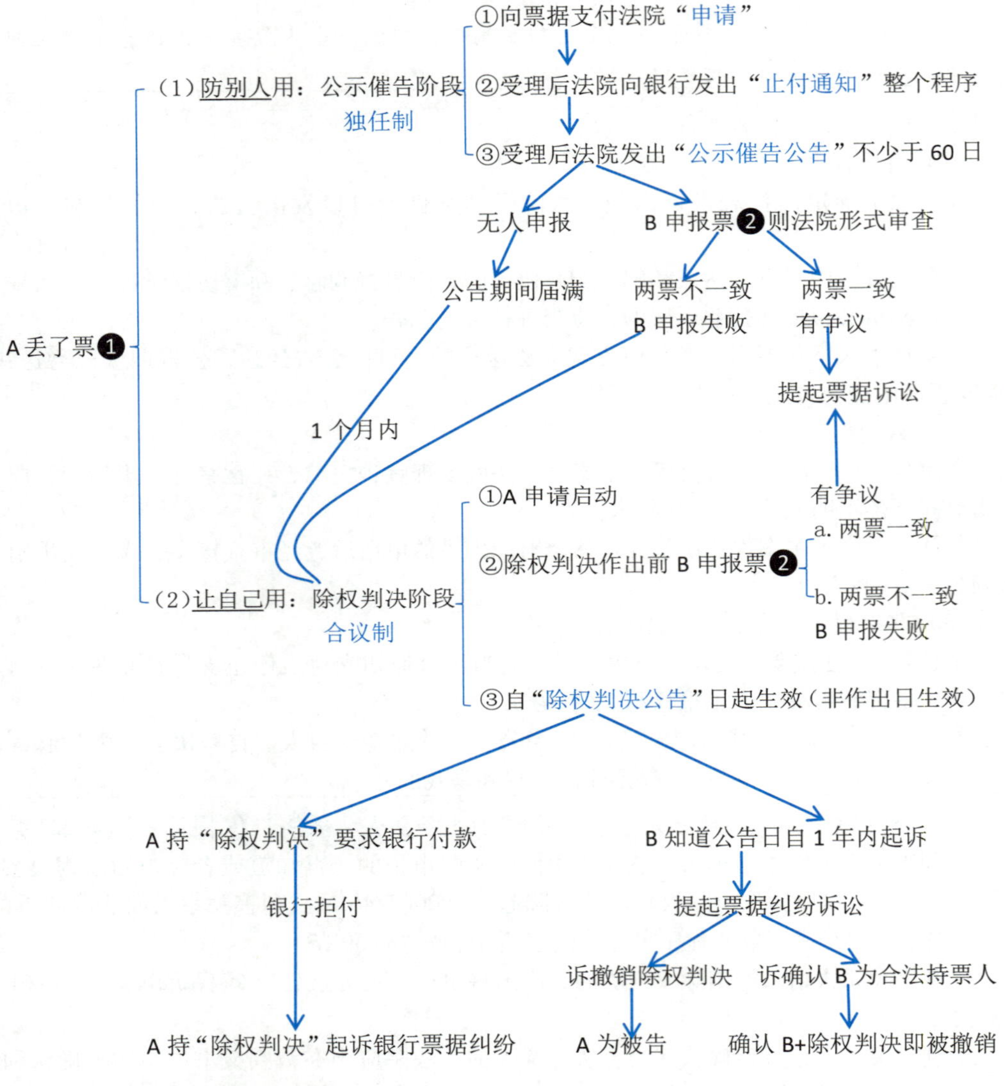

小结：民诉中特别程序（除选民资格外）、督促程序、公示催告程序 = 不解决纠纷 = 法院形式审查

（1）如果不存在纠纷，符合法定条件，产生可强制执行的文书。

（2）如果存在纠纷，直接裁定终结程序，当事人可以通过诉讼程序解决纠纷。

形式审查	行	不行
确认调解协议效力	符合条件，裁定确认调解协议效力 = 可以强制执行（收钱）	不符合条件，裁定驳回申请，当事人可以重新达成调解协议或诉讼方式解决纠纷
实现担保物权	符合条件，裁定实现担保物权 = 可以强制执行（收钱）	不符合条件，裁定驳回申请，当事人可以起诉
督促程序	无纠纷（15 日内不提出书面异议），支付令 = 可以强制执行（收钱）	有纠纷（15 日内提出书面异议），裁定终结督促程序，转入诉讼程序解决纠纷
公示催告程序	无纠纷（无人申报权利或申报权利被驳回）（收钱）	有纠纷（有人申报权利），裁定终结公示催告程序，当事人可以起诉

第十八部分　执行程序

①钱会自动送上门吗？（执行的启动）②我凭什么要钱？（执行依据）③我去哪里要钱？（执行管辖）④执行中债务人“自愿还钱”怎么办？（执行和解）⑤执行中债务人死了变了，可以向死人新人要钱吗？（执行承担）⑥执行中有人提供担保，可以向执行中的担保人要钱吗？（执行担保）⑦可以在执行中向次债务人要钱吗？（代位申请执行）⑧执行中我要钱，他也来要钱，“钱不够”，怎么办？（参与分配）⑨执行中我要钱，他说弄错了怎么办？（执行异议 = 对执行行为的异议 + 案外人对执行标的的异议）⑩什么情形会暂停执行？（执行中止）⑪什么情形会结束执行？（执行终结）⑫执行完了，钱拿到了，发现弄错了怎么办？（执行回转）⑬执行法院有哪些执行措施？（执行措施）

一、钱会自动送上门吗？（执行的启动）

（一）【移送执行】什么案子（民事判决、裁定）不需要我去申请执行，钱会自动送上门来？

1. 具有给付赡养费、扶养费、抚育费内容的法律文书。（给个人，弱势群体，老弱病残）

2. 民事制裁决定书如罚款。（给国家，一定是无人申请的）

3. 刑事附带民事判决、裁定、调解书。（国家过程中给个人，弱势群体被害人）

4. 环保公益诉讼以及检察机关提起的公益诉讼的生效判决、裁定。（给大家，公共利益）

记忆：3 费、罚款、刑事、公益。

（二）【申请执行】什么案子（民事判决、裁定、调解书和其他法律文书）必须我去申请执行，而且过期不候？

1. 谁去申请？生效法律文书确定的权利人或其继承人、权利承受人。

2. 什么时候去申请？申请执行时效是 2 年，申请执行时效的中止、中断，适用法律有关诉讼时效中止、中断的规定。

（1）申请执行时效的起算点

①从最后义务日（从法律文书规定履行期间的最后一日）起算；

②分期履行则从每次的最后义务日起算；

③没有义务日则从法律文书生效之日起算。

（2）申请执行时效的中断

申请执行时效因达成执行中的和解协议而中断，自和解协议约定履行期限的最后一日起重新计算。

（3）申请执行时效的届满

①没给就可以不给

申请执行人超过申请执行时效期间向法院申请强制执行的，人民法院应予受理。被执行人对申请执行时效期间提出异议，法院经审查异议成立的，裁定不予执行。异议不成立，裁定驳回异议，案件继续执行。（《民诉解释》第483条第1款）（法院不主动审查）

②给了就不能反悔

被执行人履行全部或者部分义务后，又以不知道申请执行时效期间届满为由请求执行回转的，法院不予支持。（《民诉解释》第483条第2款）

3. 已经申请1次，但是又撤销申请，终结执行后，则第2次申请还算申请执行时效吗？算。

《民诉解释》第520条，因撤销申请而终结执行后，当事人申请执行时效期间内再次申请执行的，法院应当受理。

4. 已经申请1次，虽然赢了官司但是执行全部或部分失败，接下来还算申请执行时效吗？不算。（执行通知发出后，执行时效一次用尽，退出历史舞台）

（1）可以随时请求执行

《民诉法》第254条，法院采取执行措施后，被执行人仍不能偿还债务的，应当继续履行义务。债权人发现被执行人有其他财产的，可以随时请求人民法院执行。

（2）不受申请执行时效限制

《民诉解释》第517条，债权人根据民事诉讼法第254条规定请求法院继续执行的，不受申请执行时效期间的限制。

5. 【**“继续执行”**】已经申请1次，虽然赢了官司但没拿到一分钱，终结执行程序后，发现被执行人有财产，再次申请执行还算申请执行时效吗？不算。（无财产而终结执行后，执行时效一次用尽，退出历史舞台）

（1）无可供执行财产则裁定终结本次执行程序

《民诉法解释》第519条第1款，经过财产调查未发现可供执行的财产，在申请执行人签字确认或者执行法院组成合议庭审查核实并经院长批准后，可以裁定终结本次执行程序。

（2）再次申请执行不受申请执行时效限制

《民诉法解释》第519条第2款，依照前款规定终结执行后，申请执行人发现被执行人有可供执行财产的，可以再次申请执行。再次申请不受申请执行时效期间的限制。

6. 申请执行要交费用吗？

要。《执行规定》第21条，执行申请费的收取按照《诉讼费用交纳办法》办理。

判断1：执行程序并不解决纠纷，所以不适用辩论原则，不适用调解√。 判断2：2009/86 民事审判程序与民事执行程序的关系？ A. 民事审判程序是确认民事权利义务的程序，民事执行程序是实现民事权利义务关系的程序√。 B. 法院对案件裁定进行再审时，应当裁定终结执行×。 C. 民事审判程序是民事执行程序的前提×。 D. 民事执行程序是民事审判程序的继续×。

解析：①有些案件不经审判依然可以进入执行程序，比如仲裁裁决、赋予强制执行力的公证债权文书等。因此审判并非执行的前提。②有些案件的判决不具有可执行内容，如判决维持婚姻关系、判决驳回原告诉讼请求等，无需执行；有些案件有可执行内容，但是义务人自觉履行义务故无需进入执行程序。因此，执行不是审判的继续。

二、我凭什么要钱？（执行依据）

（一）依据来自法院

1. 法院制作的具有执行内容的生效法律文书，包括民事判决、裁定、调解书与支付令、刑事裁判中的财产部分。

《民诉解释》第463条，生效法律文书＝权利义务主体明确＋给付内容明确＋继续履行合同的应当明确继续履行的具体内容。（“这是执行立案标准”）

2. 法院制作的承认并执行外国法院判决、裁定或者国外仲裁机构裁决的裁定书。

（二）依据来自仲裁委

仲裁委制作的依法由法院强制执行的仲裁裁决书。（《仲裁法》第62条）

（三）依据来自公证处

公证处依法赋予强制执行效力的债权文书。（《公证法》第37条）

秒杀：民事审判程序与民事执行程序“各玩各的”。①民事审判程序不是执行程序的前提，因为执行依据也可以来自仲裁裁决书。②执行程序不是审判程序的继续，因为有的案件没有执行内容，有的案件有执行内容但是义务人自愿履行了。

三、我去哪里要钱？（执行管辖）

（一）初次确定执行管辖

1. 法院“诉讼”裁判书的执行管辖（“一审要执行”）

发生法律效力的民事判决、裁定，以及刑事判决、裁定中的财产部分，由第一审法院或者与第一审法院同级的被执行财产所在地法院执行。（2008/85A）（《民诉法》第224条第1款）

判断：被执行人住所地法院无执行管辖权

2005/44 甲诉乙侵权一案经某市东区法院一审终结，判决乙赔偿甲6万元。乙向该市中级人民法院提出上诉，二审法院驳回了乙的上诉请求。乙居住在该市南区，家中没什么值钱的财产，但其在该市西区集贸市场存有价值5万元货物。甲向哪一个法院申请执行？

A. 该市东区法院√。B. 该市南区法院×。C. 该市西区法院√。D. 该市中级人民法院×。

2. 非讼程序文书的执行管辖

（1）担、调、支

发生法律效力的确认调解协议效力、实现担保物权的裁定以及支付令，由作出该裁定、支付令的法院或者与之同级的被执行财产所在地法院执行。（《民诉解释》第462条第1款）

（2）财产无主

认定财产无主的判决，由作出该判决的法院将无主财产收归国家或者集体所有。（《民诉解释》第462条第2款）

3. 其他“机构”文书的执行管辖

由被执行人住所地或者被执行财产所在地法院执行。（《民诉法》第224条第2款）

4. 共同执行管辖

（1）2个以上法院都有管辖权的，当事人可以向其中一个法院申请执行。当事人向2个以上法院申请执行的，由最先立案的法院管辖。 （2）法院在立案前发现其他有管辖权的法院已经立案的，不得重复立案。 （3）法院在立案后发现其他有管辖权的法院已经立案的，应当撤销案件。已经采取执行措施的，应当将控制的财产移交先立案的法院处理。

（二）【逾期执行的救济】为避免拖延，需要变更执行管辖（《民诉法》第226条）

1. 有执行管辖权法院在收到执行申请之日起6个月内未执行，执行申请人向上一级法院申请。

2. 上一级法院作出3种处理：（1）裁定由本院执行。（2）裁定指令辖区内其他法院执行。（3）作出督促执行令，责令执行法院限期执行。

（三）【委托法院执行】为了执行方便，可以委托外地法院执行（《民诉法》第229条）

1. 委托外地法院代为执行

被执行人或者被执行的财产在外地的，可以委托当地法院代为执行。受委托法院收到委托函件后，必须在15日内开始执行，不得拒绝。执行完毕后，应当将执行结果及时函复委托法院；在30日内如果还未执行完毕，也应当将执行情况函告委托法院。

2. 为避免拖延，可以请求受托法院上级法院指令受托法院执行

受委托法院自收到委托函件之日起15日内不执行的，委托法院可以请求受委托法院的上级法院指令受委托人民法院执行。

（四）执行管辖异议

1. 当事人对执行管辖权有异议，向受理执行申请的法院提出。

2. 异议成立，法院应撤销案件（不是移送管辖），并告知当事人向有管辖权法院申请执行。

问：为什么不是移送管辖，而是撤销案件？因为执行追求效率价值。

3. 异议不成立，裁定驳回，当事人对裁定不服，可向上一级法院申请复议。

4. 执行管辖权异议审查和复议期间，不停止执行。

小结：诉讼管辖“异议”与执行管辖“异议”

	诉讼管辖	执行管辖
共同管辖和选择管辖	最先立案的管	最先立案的管
后立案的法院怎么办？	诉讼中，裁定移送管辖	执行中，裁定撤销案件
何时提出管辖权异议？	提交答辩状期间	收到执行通知书10日内
异议成功怎么办？	裁定移送管辖	裁定撤销案件
异议失败怎么办？	上诉：可拖延	上级复议：不停止执行

四、执行中债务人“自愿还钱”怎么办？（执行和解）

（一）什么是执行和解？向法院说了。

1. 各方共同向法院提交书面和解协议。

2. 单方向法院提交书面和解协议，其他方认可。

3. 各方达成口头和解协议，执行人员将和解协议内容记入笔录，由各方当事人签名、盖章。

> 判断 1：2014/85A 法院不应在执行程序中劝说申请执行人接受玉石抵债√。解析：执行中不允许调解，故不存在根据和解协议制作调解书。
>
> 判断 2：2014/85B 由于和解协议已经即时履行，法院无须再将和解协议记入笔录 ×。

（二）什么是执行外和解？没向法院说。

1. 未共同向法院提交书面和解协议。

2. 一方提交而另外方不认可。

（三）为什么执行和解更厉害？具有可诉性

1. 达成和解协议具有程序上效果

（1）“申请执行人”申请后法院裁定中止执行。《民诉解释》第 466 条，申请执行人与被执行人达成和解协议后请求中止执行或者撤回执行申请的，法院可以裁定中止执行或者终结执行。

（2）执行人可申请解除查封、扣押、冻结措施。（法院不主动）（我给你钱你给我自由）

2. 已经履行完毕和解协议具有实体上和程序上效果

（1）在实体上 = 消灭债权债务。

（2）在程序上 = 终结执行。和解协议履行完毕，法院裁定终结执行。（《民诉解释》第 467 条）

> 判断 1：2014/85C 裁定中止执行 ×。
>
> 判断 2：2015/49A 对撤回执行的申请，法院裁定中止执行 ×。
>
> 判断 3：2008/85C 申请执行人和被申请执行人达成和解协议的，在和解协议履行期间，执行程序终结 ×。

（3）和解协议履行有问题怎么办？

> 如被执行人存在迟延履行、瑕疵履行，使申请人遭受损害的则申请人可向执行法院另行提起诉讼。如和解协议以房抵债，履行完后发现房屋漏水，则只能另外诉。（《2020 执行和解解释》第 15 条）
>
> 问：为什么履行瑕疵要另诉？履行瑕疵，不属于执行程序处理，故应该另诉。“坑了申请执行人”。

3. 不履行和解协议怎么办？申请人有选择权，选择权行使之后即不可逆。（《2020 执行和解解释》第 9、13 条）

（1）申请人可选择申请恢复执行原生效法律文书。（2015/49D）

①法院审查认为理由成立，则裁定恢复执行。

②对法院是否恢复执行的裁定不服的，可向上级法院复议一次。

③恢复执行或不予恢复执行都属于执行行为，当然可以依法提出执行行为异议。

④恢复执行后，执行和解协议已经履行部分应当依法扣除。

问1：为什么不能申请执行和解协议？因为和解协议不能作为执行依据。（2015/49B）恢复后的执行根据是原生效法律文书，而不是执行和解协议。

问2：申请人不履行和解协议呢？【一视同仁】被申请人可以申请执行原生效法律文书，法院应恢复执行，但和解协议已经履行的部分应当扣除。被申请人不存在诉和解协议的问题，自己自动履行就完了。

（2）申请人可选择就和解协议起诉。（2015/49C）（2014/85D）（有判决书还可以再诉，这非常特殊，意味着执行和解协议否定了之前的生效裁判）

①由执行法院管辖，法院裁定终结执行。

②执行中的查封、扣押、冻结自动转为诉讼中的查封、扣押、冻结。

原理1：申请恢复执行与就和解协议起诉，只能二选一，主动权为什么给申请执行人？①选执行就不能再起诉和解协议：恢复执行后，对申请执行人就履行执行和解协议提起的诉讼，法院不予受理。（《2020执行和解解释》第13条）②选起诉和解协议，就不能再恢复执行：申请执行人就履行执行和解协议提起诉讼，法院受理后，可以裁定终结原生效法律文书的执行。③不能都选的原因是避免重复起诉：执行和解协议如果履行完毕，本质上就是改变了原来生效裁判的结果。如果再次通过诉讼程序来确认执行和解协议，则会构成重复起诉。④【避免好人被坏人牵着鼻子走】选择的主动权给权利人，不能给义务人。比如和解协议以房抵债，如果主动权给了义务人，则义务人会在房屋涨价时不履行和解协议，然后义务人再恢复执行“钱”；在房价下跌时履行和解协议。这对申请执行人很不公平。

原理2：申请人会做哪个选择哪？为什么？

（1）选恢复执行=可以速战速决。①债务人真要当老赖，完全可以反复许诺空头支票来忽悠债权人不断诉讼以拖延履行。②如果执行和解协议是妥协产物，债务人不履行的情况下，债权人也不会傻到不要求恢复执行而去搞一个吃力不讨好的诉讼程序来确认这个执行和解协议，要这个诉权也没有什么实质意义。

（2）选起诉和解协议=或许可以获得更多。①在协商和解事宜时，若被执行人想争取更长的还款期限，则其可能会让渡一定的利益给申请执行人作为交换条件，此时，根据实际情况，申请执行人可向被执行人提出，将年利率提高到24%。②还比如约定“被执行人不履行和解协议的，申请人除有权要求被执行人向其支付原生效判决确定的金额外，被执行人还应向申请人支付生效判决确定金额的30%作为违约金。”③起诉是有成本的，包括时间、金钱和大量精力，如果起诉后的结果仍然是执行不能，那起诉也未必一定是正确的事，但起码给了当事人一种选择。

原理3：如何防止被执行人利用执行和解协议拖延时间实现其不可告人的其他经济目的？【提前预警】【提前暴露】

①在执行和解协议中，可在一定期限内将还款次数增加，这样有利于防止被执行人利用执行和解协议拖延时间。②比如被执行人正在办理银行贷款手续，为了防止自己被列入失信“黑名单”影响贷款，故借口与申请执行人签订和解协议，拖延时间，一旦达成执行和解，法院可以裁定中止执行，在一定的期限内就不会将被执行人列入失信“黑名单”，

这样被执行人就能顺利办理贷款手续。③申请执行人将还款的频次增加，只要被执行人未按照约定足额还款，就可立即申请恢复执行，最大程度的维护自己的合法权益。

4. 当事人起诉和解协议无效或可撤销怎么办？

（1）当事人、利害关系人认为执行和解协议无效或应撤销的，可向执行法院提起诉讼。

原理：出于审执分离的考虑，当事人、利害关系人主张和解无效或可撤销的，应当通过诉讼程序认定。

（2）执行和解协议被确认无效或者被撤销后，申请执行人可以据此申请恢复执行。

（3）被申请人以执行和解协议无效或者应予撤销为由提起诉讼的，不影响申请执行人申请恢复执行。（有利于防止债务人滥用该诉权拖延执行）

小结：执行中和解协议属于合同性质“无名合同”，具有可诉性。①和解协议履行完毕但不当，有迟延履行、瑕疵履行等造成损失的，申请人可另诉索赔。②和解协议没有履行，申请人可以选择就和解协议提起诉讼（给付之诉）。③和解协议无效，当事人可起诉要求确认和解协议无效（确认之诉）。和解协议可撤销，当事人可起诉撤销和解协议（形成之诉）。

5. 当事人达成以物抵债执行和解协议的，法院不得依据该协议作出以物抵债裁定。

（1）以物抵债的法律文书可以直接引起物权变动，对于当事人的权利义务影响较大，这个显然需要通过诉讼程序进行实体审理，才能确认。

（2）如果法院依据和解协议作出以物抵债裁定，则等于强制执行了和解协议，但和解协议本身是不具有强制执行力的。

（3）法院“不出裁定”并不代表当事人不得约定“以物抵债”。法院的意思是：你们约定以物抵债的，你们自己去转让、过户，能转让、能过户的自然皆大欢喜，但是中间有问题了别来找法院。所以，如果被执行人提出以物抵债的，申请执行人要综合考虑成本、可行性、物的权属等情况再做决定是否接受。一旦转让或过户不成，后果自负。

原理：①国家和地方政府出台的相关商品房限购政策，有些人为了规避限购，通过虚构债务的形式向法院提起诉讼，然后快速和解，若法院此时出具以物抵债裁定，则据此可以办理房屋产权过户，严重损害了国家和地方政府政策的实施。②另外，有的债务人为了逃避执行，也会采取类似虚假诉讼的方式，然后和解让法院出具以物抵债裁定，将房产等财产过户给虚假债权人，这样很容易损害被执行人的其他债权人的合法权益。

6. 执行和解协议中有诚意的担保，必须出现“自愿接受直接强制执行”的字眼

（1）执行和解协议中约定担保条款，且担保人向人民法院承诺在被执行人不履行执行和解协议时自愿接受直接强制执行的，恢复执行原生效法律文书后，人民法院可以依申请执行人申请及担保条款的约定，直接裁定执行担保财产或者保证人的财产。（《2020 执行和解解释》第 18 条）

（2）虽然法院可以直接执行担保财产或者保证人的财产，但不得将担保人变更、追加为被执行人。也就是说法院根据现有的相关规定，对被执行人能够采取的执行措施，不能适用于执行和解中的担保人。比如“限制高消费”“列入失信黑名单”等。

（四）为什么执行外和解更弱？没有可诉性（私奔 = 宫外孕）

1. 和解协议达成不具有程序上效果

（1）法院不裁定中止执行。

（2）被执行人不可申请解除查封、扣押、冻结措施。

2. 在执行过程中，被执行人以存在和解协议为由提出执行行为异议的，法院经审查区分处理（《2020 执行和解解释》第 19 条）：

（1）被执行人全部履行完毕和解协议 = 裁定终结执行。（不能让我给 2 次）

（2）被执行人因和解协议履行条件未满足故尚未履行或者和解协议正在履行中 = 裁定中止执行。

（3）被执行人不履行和解协议 = 裁定驳回异议 = 继续执行。

（4）和解协议不成立、未生效或者无效 = 裁定驳回异议 = 继续执行。

原理 1：①执行外和解协议未履行，不可诉。因为执行外和解协议并不会直接产生中止执行的效果，即便申请执行人与被执行人签订了执行外和解协议，原执行程序仍在进行之中，并未中止。既然原程序还在进行，申请人再起诉履行执行外和解协议，就会构成重复起诉。②执行外和解即使履行，也仅仅产生实体法上债权债务消灭的法律效果。被执行人想要产生程序上中止、终结执行程序的法律效果，则必须以执行行为异议方式向法院提出，自己已经履行完毕执行外和解协议。③“执行外和解协议”显然不如“执行和解协议”的法律效力强大。从申请执行人立场观察，除非和解协议里牵涉到了天大的机密连法院也不能告诉，否则强烈不建议选择“执行外和解协议”，如果还是坚持要选择不提交，后果自负。

原理 2：实务中，执行外和解协议有人提供担保，是否属于执行担保？不属于执行担保，属于担保。申请执行人还是仅可申请执行原文书。实务法官认为可以另案诉担保人。什么是执行担保？担保人的担保对象必须是文书，而非“和解协议”。因此，即使是执行“内”和解协议的担保，也要担保人的意思，如果担保的是和解协议，则不是执行担保；如果担保的是文书，则是执行担保。

五、执行中债务人死了变了，可以向死人新人要钱吗？（执行承担）

（一）申请执行人换人（权利承受人可以申请变更、追加自己为申请执行人）（《民事执行中变更、追加当事人规定》第 2 ~ 9 条）

1. 死了“变”活人、失踪了“变”财产代管人

（1）申请执行人死了变活人

作为申请执行人的自然人死亡或被宣告死亡，该自然人的遗产管理人、受遗赠人、继承人或其他因该自然人死亡或被宣告死亡依法承受生效法律文书确定权利的主体，申请变更、追加其为申请执行人。

（2）申请执行人失踪变财产代管人

作为申请执行人的自然人被宣告失踪，该自然人的财产代管人申请变更、追加其为申请执行人。

2. 老公“变”老婆

作为申请执行人的自然人离婚时，生效法律文书确定的权利全部或部分分割给其配偶，该配偶申请变更、追加其为申请执行人。

3. 原单位终止“变”新主体

作为申请执行人的法人或非法人组织终止，因该法人或非法人组织终止依法承受生效法律文书确定权利的主体，申请变更、追加其为申请执行人。

4. 原单位合并“变”新主体

作为申请执行人的法人或非法人组织因合并而终止，合并后存续或新设的法人、非法人组织申请变更其为申请执行人。

5. 原单位分立“变”新主体

作为申请执行人的法人或非法人组织分立，依分立协议约定承受生效法律文书确定权利的新设法人或非法人组织，申请变更、追加其为申请执行人。

6. 原单位清算或破产“变”权利承受第三人

作为申请执行人的法人或非法人组织清算或破产时，生效法律文书确定的权利依法分配给第三人，该第三人申请变更、追加其为申请执行人。

7. 原机关“变”新主体

作为申请执行人的机关法人被撤销，继续履行其职能的主体申请变更、追加其为申请执行人的，人民法院应予支持，但生效法律文书确定的权利依法应由其他主体承受的除外；没有继续履行其职能的主体，且生效法律文书确定权利的承受主体不明确，作出撤销决定的主体申请变更、追加其为申请执行人。

8. 原执行债权人“变”收购新执行债权人

申请执行人将生效法律文书确定的债权依法转让给第三人，且书面认可第三人取得该债权，该第三人申请变更、追加其为申请执行人。（自动换人，不用出裁定）

（二）被执行人换人（申请执行人申请变更、追加“新人”为被执行人）

1. 形式审查类型

（1）公民死亡、宣告死亡、宣告失踪：遗产管理人、继承人、受遗赠人、宣告失踪财产代管人

①死亡或宣告死亡

作为申请执行人的自然人死亡或被宣告死亡，该自然人的遗产管理人、继承人、受遗赠人或其他因该自然人死亡或被宣告死亡依法承受生效法律文书确定权利的主体，申请变更、追加其为申请执行人的，人民法院应予支持。申请执行人申请变更、追加遗嘱执行人、继承人、受遗赠人或其他因该公民死亡或被宣告死亡取得遗产的主体为被执行人，在遗产范围内承担责任。继承人放弃继承的，人民法院可以直接执行被执行人的遗产。

秒杀：“有人继承该人为被执行人、无人继承但有遗产则执行遗产、无人继承且无遗产还无义务人则裁定终结执行”①【谁继承】谁愿意继承裁定谁为被执行人。在继承遗产范围内承担责任。②【无人继承但有遗产】无人愿意则直接执行遗产。因为继承人放弃继承，其对被执行人的债务不负责偿还，自然不应列为被执行人。仍将已经死亡的公民作为被执行人，并在法律文书中注明已经死亡的事实，直接执行被执行人的遗产。③【无人继承且无遗产】作为被执行人的公民死亡，没有遗产可供执行，又没有义务承担人，法院裁定终结执行。

判断：【执行中被执行人死亡案】2016/49 何某依法院生效判决向法院申请执行甲的财产，在执行过程中，甲突发疾病猝死。法院询问甲的继承人是否继承遗产，甲的继承人乙表示继承，其他继承人均表示放弃继承。关于该案执行程序？

A. 应裁定延期执行×。

B. 应直接执行被执行人甲的遗产×。

C. 应裁定变更乙为被执行人√。

D. 应裁定变更甲的全部继承人为被执行人×。

②宣告失踪

申请执行人申请变更该自然人的财产代管人为被执行人，在代管的财产范围内承担责任。（第 10 条第 2 款）

（2）个体工商户：字号经营者

个体工商户的字号为被执行人的，法院可以直接执行该字号经营者的财产。（第 13 条第 2 款）

（3）个人独资企业：投资人

个人独资企业不能清偿生效法律文书确定的债务，申请执行人申请变更、追加其投资人为被执行人。个人独资企业投资人作为被执行人的，法院可以直接执行该个人独资企业的财产。（第 13 条第 1 款）

（4）合伙企业：普通合伙人

合伙企业不能清偿生效法律文书确定的债务，申请执行人申请变更、追加普通合伙人为被执行人。（第 14 条第 1 款）

判断：【合伙饭店中客人吃饭受伤，执行让饭店赔光案】2017/49 钱某在甲、乙、丙三人合伙开设的饭店就餐时被砸伤，遂以营业执照上登记的字号“好安逸”饭店为被告提起诉讼，要求赔偿医疗费等费用 25 万元。法院经审理，判决被告赔偿钱某 19 万元。执行过程中，“好安逸”饭店支付了 8 万元后便再无财产可赔。对此，法院应采取哪一措施？

A. 裁定终结执行×。

B. 裁定终结本次执行×。

C. 裁定中止执行，告知当事人另行起诉合伙人承担责任×。

D. 裁定追加甲、乙、丙为被执行人，执行其财产√。

解析：本案如合伙人甲、乙、丙对裁定不服，应申请上级法院复议。因为普通合伙人对合伙债务承担连带责任，故属于形式审查问题，上级复议解决程序问题。

（5）法人或非法人组织因合并而终止

申请执行人申请变更合并后存续或新设的法人、非法人组织为被执行人。（第 11 条）

问 1：什么是新设合并？A 和 B 合并成 C。问 2：什么是吸收合并？A 和 B 合并成 A。

（6）法人或非法人组织分立

申请执行人申请变更、追加分立后新设的法人或非法人组织为被执行人，对生效法律文书确定的债务承担连带责任。但被执行人在分立前与申请执行人就债务清偿达成的书面协议另有约定的除外。（第 12 条）

问 1：什么是新设分立？C 分立成 A 和 B。问 2：什么是存续分立？A 分立成 A 和 B。

（7）法人或非法人组织被“罚死”（法人或非法人组织，被注销或出现被吊销营业执照、被撤销、被责令关闭、歇业等解散事由）

> 其股东、出资人或主管部门无偿接受其财产，致使该被执行人无遗留财产或遗留财产不足以清偿债务，申请执行人申请变更、追加该股东、出资人或主管部门为被执行人，在接受的财产范围内承担责任。（第22条）

（8）法人分支机构

①分—总：法人分支机构不能清偿生效法律文书确定的债务，申请执行人申请变更、追加该法人为被执行人。法人直接管理的责任财产仍不能清偿债务的，法院可以直接执行该法人其他分支机构的财产。

②总—分：法人直接管理的责任财产不能清偿生效法律文书确定债务的，法院可以直接执行该法人分支机构的财产。（第15条）

（9）“非法人组织”（个人独资企业、合伙企业、法人分支机构以外的非法人组织作为被执行人）

> “非法人组织”不能清偿生效法律文书确定的债务，申请执行人申请变更、追加依法对该非法人组织的债务承担责任的主体（法人或公民个人）为被执行人。（第16条）

（10）第三人

①注销登记过程中的第三人。

> 第三人对未经依法清算就办理注销登记的法人或非法人组织债务书面承诺承担清偿责任，申请执行人申请变更、追加该第三人为被执行人，在承诺范围内承担清偿责任。（第23条）

②执行过程中的自愿加入债务第三人。

> 执行过程中，第三人向执行法院书面承诺自愿代被执行人履行生效法律文书确定的债务，申请执行人申请变更、追加该第三人为被执行人，在承诺范围内承担责任。（第24条）

③行政命令划拨获得财产的第三人。

> 法人或非法人组织，财产依行政命令被无偿调拨、划转给第三人，致使该被执行人财产不足以清偿生效法律文书确定的债务，申请执行人申请变更、追加该第三人为被执行人，在接受的财产范围内承担责任（第25条）

（11）新名字

> 在执行中，作为被执行人的法人或者其他组织名称变更的，法院可以裁定变更后的法人或者其他组织为被执行人。（《民诉解释》第474条）

> 问：怎么区分3变？①【变名】裁定变更被执行人。②【变性质、住所、经营范围、经营期限、法定代表人、注册资本】不需要变更被执行人。③【变得分立合并】法院可以裁定变更后的法人或其他组织为被执行人。

2. 实质审查类型（《民事执行中变更、追加当事人规定》第14条第2款、17～21条）

（1）有限合伙企业：未按期足额缴纳出资的有限合伙人

有限合伙企业财产不足以清偿生效法律文书确定的债务，申请执行人申请变更、追加未按期足额缴纳出资的有限合伙人为被执行人，在未足额缴纳出资的范围内承担责任。（第14条第2款）（缴纳与否是问号）

（2）一人公司：股东不能证明公司财产独立于自己的财产

一人有限责任公司，财产不足以清偿生效法律文书确定的债务，股东不能证明公司财产独立于自己的财产，申请执行人申请变更、追加该股东为被执行人，对公司债务承担连带责任。（第20条）

（3）企业法人：未足额缴纳出资的股东、未足额缴纳出资就卖股权的股东、抽逃出资的股东

①未足额缴纳出资的股东

作为被执行人的营利法人，财产不足以清偿生效法律文书确定的债务，申请执行人申请变更、追加未缴纳或未足额缴纳出资的股东、出资人或依公司法规定对该出资承担连带责任的发起人为被执行人，在尚未缴纳出资的范围内依法承担责任。（17条）

②未足额缴纳出资就卖股权的股东

作为被执行人的公司，财产不足以清偿生效法律文书确定的债务，其股东未依法履行出资义务即转让股权，申请执行人申请变更、追加该原股东或依公司法规定对该出资承担连带责任的发起人为被执行人，在未依法出资的范围内承担责任。（19条）

③抽逃出资的股东

作为被执行人的营利法人，财产不足以清偿生效法律文书确定的债务，申请执行人申请变更、追加抽逃出资的股东、出资人为被执行人，在抽逃出资的范围内承担责任。（18条）

（4）公司未经清算就办理注销登记：有限公司股东、股份公司董事和控股股东

作为被执行人的公司，未经清算即办理注销登记，导致公司无法进行清算，申请执行人申请变更、追加有限责任公司的股东、股份有限公司的董事和控股股东为被执行人，对公司债务承担连带清偿责任。（第21条）

问：被执行人被注销的变更？①注销登记之日为法律人格消灭之日，所以根据执行申请人申请，变更追加有实体责任的人为被执行人。②但是在清算阶段尚未注销，则企业法人资格没消灭，法院无须裁定变更追加被执行人。

（三）处理结果是什么？（裁定变更、追加；或者裁定驳回申请）

1. 除事实清楚、权利义务关系明确、争议不大的案件外，执行法院应当组成合议庭审查并公开听证。

2. 经审查，理由成立的，裁定变更、追加；理由不成立的，裁定驳回。

3. 执行法院应当自收到书面申请之日起60日内作出裁定。有特殊情况需要延长的，由本院院长批准。

（四）对处理结果不服，怎么救济？（执行当事人对执行法院作出的变更、追加裁定或驳回申请裁定不服）

1. “本该如此类型”：自裁定书送达之日起10日内向上一级法院申请复议。

（1）上一级法院对复议申请应当组成合议庭审查。

（2）被裁定变更、追加的被申请人申请复议的，复议期间，法院不得对其争议范围内的财产进行处分。申请人请求法院继续执行并提供相应担保的，法院可以准许。

2. “不一定如此类型”：裁定书送达之日起 15 日内，向执行法院提起执行异议之诉。

（1）申请人提起执行异议之诉的，以被申请人为被告。

①理由成立的，判决变更、追加被申请人为被执行人并承担相应责任或者判决变更责任范围。

②理由不成立的，判决驳回诉讼请求。

（2）被申请人提起执行异议之诉的，以申请人为被告。

①理由成立的，判决不得变更、追加被申请人为被执行人或者判决变更责任范围。

②理由不成立的，判决驳回诉讼请求。

③诉讼期间，法院不得对被申请人争议范围内的财产进行处分。申请人请求法院继续执行并提供相应担保的，法院可以准许。

原理：如何区分哪些情形需要形式审查还是需要实质审查？（1）如果只要形式审查就可以确定，属于程序问题，则上级复议重新审查就够了。（2）如果必须实质审查才能确定，则属于实体问题，由当事人提起执行异议之诉，对实体问题进行审查。（3）记住 4 个需要实体处理的情形，其他的都是程序问题：①有限合伙企业不能清偿债务，变更、追加未足额出资的有限合伙人为被执行人；②一人公司不能清偿债务，股东不能证明公司财产独立于自己的财产，可变更、追加该股东为被执行人；③企业法人不能清偿债务，变更、追加未足额出资的股东、未足额出资就卖股权的股东、抽逃出资的股东、出资人在未缴纳出资或抽逃出资的范围内承担责任；④公司未经清算就注销，可变更、追加有限责任公司的股东、股份公司的董事和控股股东为被执行人。

判断 1：【合伙企业】申请追加普通合伙人为被执行人，法院裁定驳回，如何救济？向上级法院申请复议。申请追加未足额出资的有限合伙人为被执行人，法院裁定驳回，如何救济？向执行法院提起执行异议之诉。（需要实体上判断有限合伙人是否足额出资）

判断 2：【个人独资企业】申请追加出资人为被执行人，法院裁定驳回，如何救济？向上一级法院申请复议。

判断 3：【一人公司】申请追加不能证明公司财产独立于自己财产的股东为被执行人，法院裁定驳回，如何救济？向执行法院提起执行异议之诉。（需要实体上判断股东能否证明公司财产独立于个人财产）

判断 4：【有限责任公司】

①申请人申请变更、追加合并、分立后的公司作为被执行人，法院裁定驳回，如何救济？向上一级法院申请复议。

②申请人申请追加未足额出资或抽逃出资股东为被执行人，法院裁定驳回，如何救济？向执行法院提起执行异议之诉。（需要实体上审理确定是否存在未足额出资、抽逃出资的情形）

③公司未经清算注销，申请人追加该公司的股东为被执行人，法院裁定驳回，如何救济？向执行法院提起执行异议之诉。（需要实体上判断是否存在未经清算就被注销的情形）

六、执行中有人提供担保，可以向执行中的担保人要钱吗？（执行担保）

（一）什么是执行担保？为被执行人履行生效法律文书确定的义务提供的担保（《民诉法》第231条）

1. 在执行中，被执行人向人民法院提供担保。

2. 并经申请执行人书面同意，也可以由执行人员将其同意的内容记入笔录，并由申请执行人签名或者盖章。

3. 法院可以决定暂缓执行及暂缓执行的期限。担保书内容与事实不符，且对申请执行人合法权益产生实质影响的，法院可以依申请执行人的申请恢复执行。

4. 被执行人逾期仍不履行的或暂缓执行期间担保人有转移、隐藏、变卖、损毁担保财产等行为，法院依申请执行人申请，执行被执行人的担保财产或者担保人的财产。

（二）执行担保有哪些方式？（《执行担保解释》第2条）

1. 自物保：由被执行人提供财产担保。

2. 他物保：由他人提供财产担保。

3. 人保：由他人提供保证。

（三）执行担保人承担什么担保责任？（《执行担保解释》第8～13条）

1. 过期不候：执行担保期间

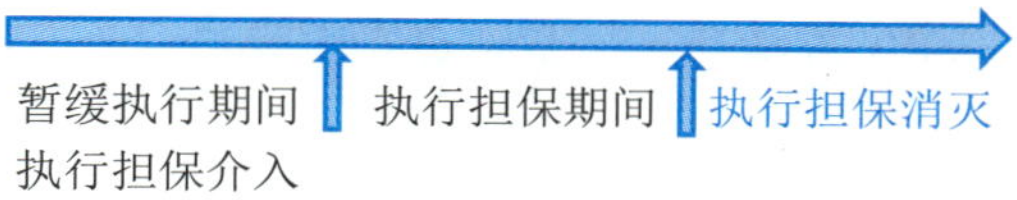

（1）暂缓执行期间是多久？

担保人说了算，但最长是1年。（第10条，“暂缓执行的期限应当与担保书约定一致，但最长不得超过1年”）（“喘息期”）（太久会导致执行积案）

（2）执行担保期间是多久？

担保人说了算，没有说，则执行担保期间为1年。（第12条，“担保期间自暂缓执行期限届满之日起计算。担保书中没有记载担保期间或者记载不明的，担保期间为1年。”）

例1：担保书可以在1年以内约定暂缓执行期间

①担保书约定暂缓执行4个月，则暂缓执行4个月。②担保书约定暂缓执行1年，则暂缓执行1年。③担保书约定暂缓执行2年，则暂缓执行1年。

例2：担保书可以乱约定执行担保期间，无约定则执行担保期间为1年。

担保期间 { ①≤1年　暂缓执行期间一致
　　　　　 ②＞1年　暂缓执行期间1年

（3）申请执行人在执行担保期间内睡觉＝执行担保消灭

担保期间届满后，申请执行人申请执行担保财产或者保证人财产的，法院不予支持。他人提供财产担保的，法院可以依其申请解除对担保财产的查封、扣押、冻结。

原理：为什么创设了不同于实体法上保证期间的一个全新的执行担保期间制度？
①任何权利的行使都不能没有约束，如果申请执行人长期不主张权利，②既会对担保人的生产、生活产生不利影响，③还存在利用执行担保使担保人财产被长期查封，进而规避担保人的债权人求偿的可能。

2. 第三担保人身份性质：财产被执行但不是被执行人（第11条第1款）（“约等于财产扔给了法院”）

暂缓执行期限届满后被执行人仍不履行义务（①被执行人拖），或者暂缓执行期间担保人有转移、隐藏、变卖、毁损担保财产等行为的（②担保人忽悠），人民法院可以依申请执行人的申请恢复执行（③依申请人申请），并直接裁定执行担保财产或者保证人的财产（④执行担保人财产），不得将担保人变更、追加为被执行人（⑤担保人不是被执行人，因为执行担保与变更、追加执行当事人在民事诉讼法上属于不同的法律制度）。

错误做法①：法院不出裁定直接执行。
错误做法②：法院裁定追加担保人为被执行人。
错误做法③：法院不依申请执行人申请，而直接裁定执行担保财产或保证人财产。
错误做法④：要求申请执行人去起诉担保人。
错误做法⑤：要求考虑一般保证人先诉抗辩权。

判断：执行中第三人提供他物保的执行担保，被执行人在暂缓执行期满后还是不履行案

2009/50 在民事执行中，被执行人朱某申请暂缓执行，提出由吴某以自有房屋为其提供担保，申请执行人刘某同意。法院作出暂缓执行裁定，期限为6个月。对于暂缓执行期间届满后朱某仍不履行义务的情形，哪一表述正确？

A. 刘某应起诉吴某，取得执行依据可申请执行吴某的担保房产×。

B. 朱某财产不能清偿全部债务时刘某方能起诉吴某，取得执行依据可申请执行吴某的担保房产×。

C. 朱某财产不能清偿刘某债权时法院方能执行吴某的担保房产×。

D. 法院可依申请执行人刘某的申请恢复执行，并直接裁定执行吴某的担保房产√。

解析：看到“起诉”执行担保人则都是错误的。执行担保中第三担保人没有先诉抗辩权。

3. 第三人担保责任范围（第11条第2款；《民诉解释》第471条）

（1）被执行人货币优先：被执行人有便于执行的现金、银行存款的，应当优先执行该现金、银行存款。

（2）以担保义务为限：执行担保财产或者保证人的财产，以担保人应当履行义务部分的财产为限。

4. 代偿后可起诉向被执行人追偿。（第14条，“担保人承担担保责任后，有权提起诉讼向被执行人追偿”）

错误做法①：法院认为执行担保不能适用民事担保规则，不允许担保人进行追偿。
错误做法②：法院在裁定执行担保人财产时同时明确担保人向被担保人的追偿权和申请执行权，允许担保人直接申请执行被执行人。

原理：担保人是否对被执行人享有追偿权往往取决于担保人与被执行人之间的约定，不能一概而论，对此法律关系执行机构不宜介入。

七、可以在执行中向次债务人要钱吗？（代位申请执行）

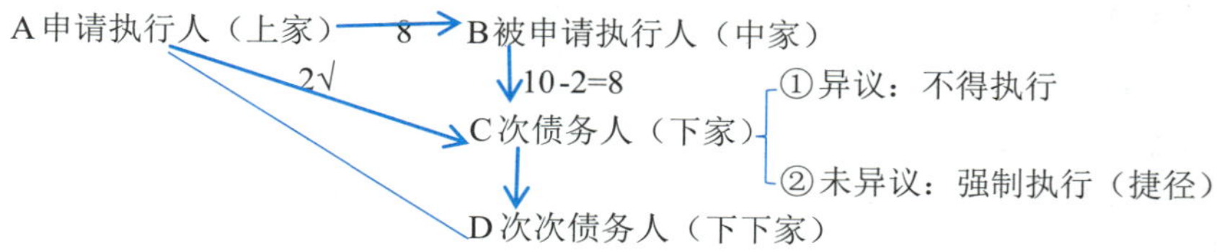

（一）什么是代位申请执行？民法的精灵在民诉执行程序中的部分呈现（《执行规定》45条）

被执行人不能清偿债务（①中家不行），但对本案以外的第三人享有“到期”债权的（②中家对下家有到期次债），执行法院可以依申请执行人或被执行人的申请（③上家或中家申请），向第三人发出履行到期债务的通知（以下简称履行通知）。履行通知必须直接送达第三人（④向下家发出履行通知）。同时可以作出冻结债权的裁定。

《民诉解释》第501条，“人民法院执行被执行人对他人的到期债权，可以作出冻结债权的裁定，并通知该他人向申请执行人履行。

该他人对到期债权有异议，申请执行人请求对异议部分强制执行的，人民法院不予支持。利害关系人对到期债权有异议的，人民法院应当按照民事诉讼法第227条规定处理。

对生效法律文书确定的到期债权，该他人予以否认的，人民法院不予支持。”

（二）执行法院发出履行通知有什么法律效果？

1. 中家：放弃次债无效

被执行人收到法院履行通知后，放弃其对第三人的债权或延缓第三人履行期限的行为无效，法院仍可在第三人无异议又不履行的情况下予以强制执行。

2. 下家：异议或不异议

（1）提出异议＝不能强制执行下家（异议可以破掉代位执行）

①收到履行通知后15日内向执行法院提出异议。

（2007/84A收到通知后30日提出异议×）

②书面或口头异议

一般应当以书面形式提出，口头提出的，执行人员应记入笔录，并由第三人签字或盖章。（2007/84B必须书面异议×。）

③法院对异议不审查

下家在履行通知指定期间提出异议，法院不得对第三人强制执行，对提出的异议不进行审查。（2007/84C法院应对异议进行审查×。）

判断：2006/78甲向法院申请执行乙的财产，乙除对案外人丙享有到期债权外，并无其他财产可供执行。法院根据甲的申请，通知丙向甲履行债务。但丙提出其与乙之间的债权债务关系存在争议，拒不履行。法院如何处理？

A. 强制执行丙的财产×。
B. 不得对丙强制执行√。
C. 中止对乙的执行√。
D. 裁定驳回甲对乙的执行申请×。
解析：①第三人已经异议，法院不对第三人丙强制执行，且对第三人丙的异议不进行审查。②乙确实无其他财产可供执行，属于应当中止执行的情形。

（2）不提出异议＝可以强制执行下家

①沉默＝不提出异议

次债务人在履行通知指定的期限内没有提出异议，而又不履行的，执行法院有权裁定对其强制执行。此裁定同时送达被执行人和次债务人。

②说穷＝不提出异议

次债务人提出自己无履行能力或其与申请执行人无直接法律关系，不属于本规定所指的异议。

原理：①次债务人说自己没有履行能力，表明其对债权债务关系本身没有异议。②次债务人与申请执行人（下家与上家）本来就没有直接法律关系。③如果次债务人说自己与被执行人无直接关系（中家与下家），则属于典型的异议。

③耍赖＝不提出异议

对生效法律文书确定的到期次债权，次债务人予以否认的，法院不予支持。（《民诉解释》第501条第3款）

（3）部分提出异议，部分没有异议＝部分强制执行

次债务人对债务部分承认、部分有异议的，可以对其承认的部分强制执行。

（4）擅自向被执行人履行无效＝妨害执行

次债务人收到法院要求其向上家申请执行人履行到期债务的通知后，擅自向中家被执行人履行，造成已向中家被执行人履行的财产不能追回的，除在已履行的财产范围内与中家被执行人承担连带清偿责任外，可以追究其妨害执行的责任。

3. 下下家：不能越级执行

在对第三人作出强制执行裁定后，第三人确无财产可供执行的，不得就第三人对他人享有的到期债权强制执行。（2007/84D 法院可以就次债务人丙对他人享有的到期债权强制执行×）

思维：有什么办法可以做到对次次债务人强制执行呢？①A先对C次债务人提起代位权诉讼，获得胜诉判决。②A债权人是申请执行人，C次债务人是被执行人，此时，债权人就可能对次债务人的债务人D（即次次债务人＝下下家）强制执行。③简言之，就是先让次债务人C升级为第一层的被执行人。

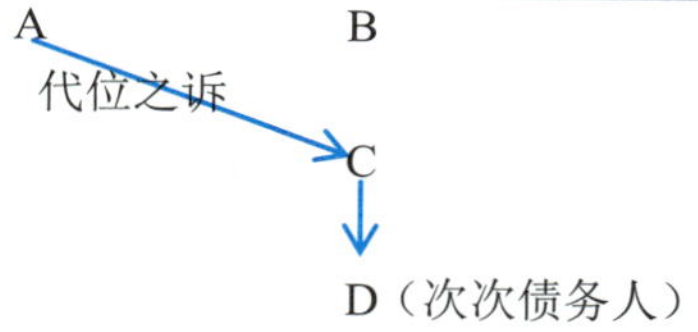

隔山打牛。

4. “案外人怎么办”?

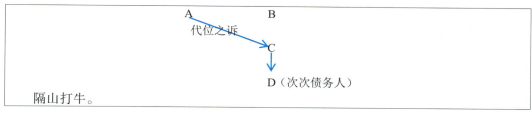

《民诉解释》501 条第 2 款，利害关系人对到期债权有异议的，人民法院应当按照民事诉讼法第 227 条规定处理。

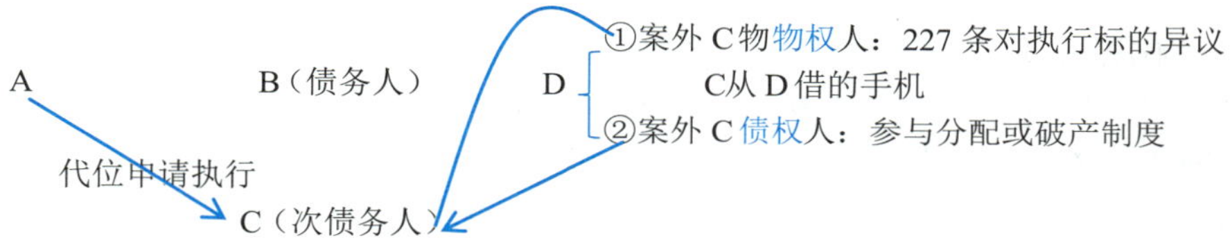

问：为什么 D 提异议不能直接影响 A 的代位申请执行？①D 叫“利害关系人”。②如果 D 提的异议也可以和 C 的异议一样，阻止代位申请执行，那么，代位申请执行这个制度就没有意义了，会被彻底架空。③本来实践中 C 就会滥用异议权，导致代位申请执行制度难以发挥作用。④如果再增加 D 的异议可以停止代位申请执行，会彻底导致代位申请执行制度失去存在价值。⑤因为 C 是 AB 的案外人，所以 D 也是案外人，为了避免混淆，就把 C 叫第三人，D 叫利害关系人。

八、执行中我要钱，他也来要钱，“钱不够”，怎么办？（参与分配）（执行分配方案异议之诉）

（一）如果被执行人是法人，“钱不够”，启动破产制度

1. 破产程序≠参与分配程序

	被执行人“钱不够”	被执行人还要继续还钱吗
破产程序	“法人”“钱不够”	“不还”：法人破产后，对剩余债务不再清偿
参与分配程序	“自然人或其他组织”“钱不够”（2011/46 被执行人为法人，不适用参与分配制度√。）	“继续还”：①参与分配程序不产生债务免除的法律后果，如果经参与分配后债权未能得到完全满足，则应该终结本次执行程序。②债权人发现被执行人还有其他财产的，法院可以依据债权人的申请继续依法执行。

2. 执行转破产（执行程序与破产程序的衔接）

（1）任一当事人申请主义：执行转破产程序仍然坚持企业破产法规定的当事人申请主义原则，经由征求债权人或债务人同意后启动破产程序。

《民诉解释》第 513 条，“在执行中，作为被执行人的企业法人符合企业破产法第二条第一款规定（破产条件）情形的，执行法院经申请执行人之一或者被执行人同意，应当裁定中止对该被执行人的执行，将执行案件相关材料移送被执行人住所地人民法院。”

（2）执行转破产程序启动的几种可能后果。

①破产，则终结执行

执行法官释明后，由有权申请人提出申请，被执行人住所地法院受理破产，执行法院应解除对被执行人财产保全措施，中止执行程序。法院裁定宣告被执行人破产，则执行法院裁定终结原执行案件的执行。（《民诉解释》第515条第1款）

②不破产，则恢复执行

当事人不愿申请，或受移送法院经审查认为不符合破产立案条件，故不受理破产案件，将相关案件材料退回执行法院，执行法院应当恢复执行。（《民诉解释》第515条第2款）

（3）倒逼后来者尽量启动执行转破产程序：【破产破首封】

《民诉解释》第516条，“当事人不同意移送破产或者被执行人住所地人民法院不受理破产案件的，执行法院就执行变价所得财产，在扣除执行费用及清偿优先受偿的债权后，对于普通债权，按照财产保全和执行中查封、扣押、冻结财产的先后顺序清偿。”

原理：怎么倒逼“后来者”启动执行转破产程序？（执行转破产）

（1）【强制执行是个别清偿】①强制执行是个别实现债权的程序，坚持先到先得原则。“执行程序是在坚持债权平等的原则下按照‘先来先得’的规则掴取债务人财产”。②裸体债权按执行先后：《执行规定》第55条第1款，“多份生效法律文书确定金钱给付内容的多个债权人分别对同一被执行人申请执行，各债权人对执行标的物均无担保物权的，按照执行法院采取执行措施的先后顺序受偿。第3款，一份生效法律文书确定金钱给付内容的多个债权人对同一被执行人申请执行，执行的财产不足清偿全部债务的，各债权人对执行标的物均无担保物权的，按照各债权比例受偿。”（多份：比如，拆开来诉的普共。1份：比如，经当事人同意合并审理的普共，1个判决书，N多债权。“多份”是执行措施的先后，因为有多个判决，就是多个执行依据。“1份”是债权比例，因为只有1个判决，就一个执行依据，不存在所谓执行先后。）③担保债权按担保先后：《执行规定》第55条第2款，“多个债权人的债权种类不同的，基于所有权和担保物权而享有的债权，优先于金钱债权受偿。有多个担保物权的，按照各担保物权成立的先后顺序清偿。”④因此，顺位在先的债权人一般已经成为可执行财产的最大受益主体，而顺位在后的债权人可能就一分钱都拿不到。这样会被倒逼拿不到钱的债权人另行申请启动破产程序。破产案件被受理后，则要中止对被执行人（破产企业）的执行程序。

（2）【破产程序是概括清偿】①破产程序是概括实现债权的程序，实行的是平均分配原则。②后来者再起诉被告已经晚了，要参加排队，后来者只有申请被告破产才是有意义的，约等于将“抢跑”的人重新拽回来，因为一旦被告进入破产程序，则针对被告的执行程序要中止，此前胜诉的原告和申请执行人，都要甩到破产程序中参加债权受偿的排队。③以此解决“执行积案”和“破产法困境”。

多个债权人 进入执行程序
- ①被执行人是企业法人：执行转破产
- ②被执行人是个人或其他组织：参与分配

（二）如果被执行人是自然人或其他组织，"钱不够"，启动"参与分配制度"

《民诉解释》第 508 条第 1 款，"被执行人为公民或者其他组织，在执行程序开始后，被执行人的其他已经取得执行依据的债权人发现被执行人的财产不能清偿所有债权的，可以向人民法院申请参与分配。"

《民诉解释》第 508 条第 2 款，"对人民法院查封、扣押、冻结的财产有优先权、担保物权的债权人，可以直接申请参与分配，主张优先受偿权。"

原理：为什么要"从宽把握"被执行人"钱不够"？（2011/46A "被执行人的财产无法清偿所有的债权√。C 有多个申请人对同一被申请人享有债权√。"）①什么是钱不够？被执行人是公民或者其他组织，其财产不能清偿所有债权。②从宽把握"被执行人的财产不能清偿所有债权"这一标准，以保障所有适格的债权人均能加入到参与分配程序中来。③规定参与分配制度的目的，在于保障被执行人不具备破产资格情形下债权的平等受偿。④实践中有的法院严格要求债权人必须证明"被执行人的财产不能清偿所有债权"，这不符合参与分配制度的目的。

1. 哪些人可以申请参与分配？"要钱人 + 有纸人"；"优先人 + 无纸人"

（1）要钱人 + 有纸人：一般金钱债权人，参与分配的条件是已经取得执行依据且为金钱债权，而虽然已经起诉，但尚未取得执行依据的债权人已经不能申请参与分配。

（2）优先人 + 无纸人："对法院查封、扣押、冻结的财产"有优先权、担保物权的债权人，可以直接申请参与分配，主张优先受偿权。

2. 什么时候提交什么材料申请参与分配？

《民诉解释》第 509 条第 1 款，"申请参与分配，申请人应当提交申请书。申请书应当写明参与分配和被执行人不能清偿所有债权的事实、理由（①材料 = 被执行人钱不够），并附有执行依据。"

《民诉解释》第 509 条第 2 款，"参与分配申请应当在执行程序开始后，被执行人的财产执行终结前提出（②时间 = 执行开始后到终结前）。"

原理：为什么对申请人填写的参与分配申请书仅进行形式审查？①申请书还是要写"被执行人钱不够"。执行程序中的一般原则是"先主张者先受偿"，参与分配只是在债务人财产不能清偿全部债务时的补充制度，因此要求申请书写明不能清偿所有债权的事实与理由。②要求在申请书中写明相关事实与理由，并未规定严格的证明责任。③只要申请人在申请书中予以说明，执行法院形式审查后即应准许。④执行实践中要求申请执行人必须证明被执行人不能清偿所有债务，是错误的。⑤执行实践中应注意，审查参与分配申请时，不应苛求申请执行人必须证明被执行人不能清偿所有债务，或给参与分配申请设置过多的障碍，以切实实现参与分配制度平等保护债权的立法目的。

3. 执行法院怎么制作分配方案？

①应当制作分配方案：《民诉解释》第511条第1句，“多个债权人（判决1、判决2、判决3）对执行财产申请参与分配的，执行法院应当制作财产分配方案，并送达各债权人和被执行人。”

②按裸体债权比例来制作分配方案：《民诉解释》第510条，“参与分配执行中，执行所得价款扣除执行费用，并清偿应当优先受偿的债权后，对于普通债权，原则上按照其占全部申请参与分配债权数额的比例受偿。清偿后的剩余债务，被执行人应当继续清偿。债权人发现被执行人有其他财产的，可以随时请求人民法院执行。”

判断1：多个债权人对同一被执行人申请执行的情况下，执行法院不一定要制作分配方案√。（因为被执行人“钱可能够”）

判断2：只有在多个债权人申请参与分配或者多个债权人申请执行而符合参与分配条件的情况下，才需要制作分配方案√。（因为被执行人“钱不够”）

问1：执行法院为什么按照裸体债权比例制作分配方案？不考虑开国功臣的功劳？（首封者、带头大哥）①就普通债权的清偿原则问题，多数意见认为应对首先申请查封财产的债权予以适当优待，以实现财产保全制度的目的，同时缓解执行程序中财产查找的困难。②关于优待的具体方式，《民诉解释》第510条最初设计的方案是对首先申请查封财产的债权优先受偿20%，剩余债权按照普通债权平等受偿。③在讨论过程中，有意见认为“20%的优先受偿”没有法律依据，可以考虑适当优先满足其为查封而支出的必要费用。④还有观点认为，优待首先查封的债权并不合适，还是应该坚持平等受偿的原则。理由在于：第一，缺乏法律依据。这样规定实质上是创设了一个法定优先权。在缺乏法律基础的情况下，司法解释创设法定优先权的合法性存疑。第二，违反了参与分配的制度精神。参与分配制度是为了实现破产制度的功能，而破产制度坚持平等受偿的原则。第三，会带来其他问题。实践中，有些查封是法院的职权行为，不好确定谁是首先查封的债权人。如果优待首先查封债权，可能会引发道德风险。⑤考虑到《民诉解释》的基础性地位，其第510条只规定了“原则上按照比例平等受偿”的原则，至于是否优待、如何优待首先查封债权等具体问题，则留给了参与分配的专门司法解释去解决。

问2：参与分配没拿到的其他钱怎么办？①裁定终结本次执行程序。②但是，参与分配程序不产生债务免除的法律效果，以后可以随时请求法院执行。

4. 对于分配方案异议怎么处理？

《民诉解释》第511条第2句，“债权人或者被执行人对分配方案有异议的，应当自收到分配方案之日起15日内向执行法院提出书面异议。”

《民诉解释》第512第1款，“债权人或者被执行人对分配方案提出书面异议的，执行法院应当通知未提出异议的债权人、被执行人。”第2款，“未提出异议的债权人、被执行人自收到通知之日起15日内未提出反对意见的，执行法院依异议人的意见对分配方案审查修正后进行分配。提出反对意见的，应当通知异议人。‘异议人’可以自收到通知之日起15日内，以提出‘反对意见’的债权人、被执行人为被告，向执行法院提起诉讼；异议人逾期未提起诉讼的，执行法院按照原分配方案进行分配。”第3款，“诉讼期间进行分配的，执行法院应当提存与争议债权数额相应的款项。”

（1）“连续三个15日”：①我收到分配方案后15日提出书面异议。②你收到异议通知后 15 日内提出反对；③我收到反对通知后 15 日内提起分配方案异议之诉。

（2）“哪个分配方案‘牛’？”第一，大家没异议，则原分配方案①牛（都一致）。第二，有异议没反对，则异议大，异议新方案②牛（都一致）。第三，有异议，有反对，但是异议人没对反对人提分配方案异议之诉，则反对大，原分配方案①牛（视为都一致）。第四，有异议，有反对，且异议人对反对人提分配方案异议之诉，则诉讼大，执行法院按照该诉讼给出的方案③牛（吵架）。

法院方案❶
- 异议人提出异议，法院修改得出方案❷
- 反对人提出反对
  - 异议人起诉反对人之“分配方案异议之诉”❸
  - 异议人不起诉则方案❶

> 秒杀一句话：无人异议则方案❶大。无人反对则方案❷大。异议人起诉反对人则方案❸大。

> 问 1：为什么允许对执行法院制定的分配方案提出异议？①由于享有优先权、担保物权的债权未经过生效法律文书的确认（**上门抢钱**），在参与分配程序中，如果其他债权人对于债权的真伪、数额等提出异议的，应保障其获得救济的权利。②最高人民法院（2013）执他字第 26 号函，在答复山东高院请示时明确指出：“如果其他债权人、被执行人对于抵押权及其担保债权的范围存在异议，可以根据《最高人民法院关于适用〈中华人民共和国民事诉讼法〉执行程序若干问题的解释》第 25 条、第 26 条的规定，通过分配方案异议、分配方案异议之诉程序予以救济。”

> 问 2：为什么执行法院不对分配方案异议进行审查？“当事人主义”，法院说我听你们的。①执行程序中对分配方案异议的处理，执行法院贯彻的是“当事人主义”，并不需要行使对异议进行审查的职权，只是将当事人的异议告之相关权利主体。②如果没有对异议的反对意见，执行法院则按照异议的意见修改分配方案并予以分配。③如果有人提出了反对意见，执行法院则通知异议人并等待其 15 天，根据异议人是否起诉而决定或者按照原方案分配，或者将争议份额提存。④如此规定彻底贯彻了“审执分离”的原则，也符合一般的法理。但是这种无任何职权干预的运作模式，可能会使并无多少实质影响的异议也进入异议之诉程序。无法有效推进参与分配程序。⑤实践中，执行法院一般会在保障当事人权利的情况下，在程序中发挥主导作用。多做当事人的说服解释工作，引导当事人就参与分配方案达成一致意见。至少应当做到避免非实质性的争议进入参与分配方案异议之诉。

（3）分配方案异议之诉怎么列当事人？①异议人为原告。②对异议提出反对意见的人为被告。

> 问：其他人的诉讼地位呢？①分配方案异议之诉的目的在于解决争议当事人之间关于分配方案的争议。②由于分配方案的部分变动可能会导致其他债权的受偿比例发生变化，所以分配方案异议之诉的结果会影响到其他债权人。③实践中有案例将除争议双方外的其他所有债权人、被执行人追加为第三人，一揽子解决争议问题。④最高院认为，对此无需统一规定，可由审判庭根据争议事项是否会影响到其他主体的权利而予以灵活掌握。

> 做题口诀：看到谁异议（挑事），谁原告；看到谁反对，谁被告。

2016/48 甲向法院申请执行郭某的财产，乙、丙和丁向法院申请参与分配，法院根据郭某财产以及各申请人债权状况制定了财产分配方案。甲和乙认为分配方案不合理，向法院提出了异议，法院根据甲和乙的意见，对分配方案进行修正后，丙和丁均反对。关于本案：

A. 丙、丁应向执行法院的上一级法院申请复议×。

B. 甲、乙应向执行法院的上一级法院申请复议×。

C. 丙、丁应以甲和乙为被告向执行法院提起诉讼×。

D. 甲、乙应以丙和丁为被告向执行法院提起诉讼√。

捡巧：法条措辞和题干措辞都会是“异议人”“反对人”，异议人是原告（维护方案2），反对人是被告（回到方案1）。

九、执行中我要钱，他说弄错了怎么办？（执行异议＝当事人或利害关系人对执行行为的异议＋案外人对执行标的的异议）

问1：什么是执行行为异议，当事人说法院卖便宜了，参与买的人说我怎么没有买到，有问题。

问2：什么是执行标的异议，当事人不允许，只有案外人，怎么执行我的了？你和他争房子却判决了我的房子，执行我的房子，审判人错了（解决判决问题）；你和他借贷，执行了我的房子，判决没错，执行法院执行错了（执行异议之诉）。案外物权人。当事人不能对执行标的提异议，不能说换一个卖。（为什么会出现这个错误？）

（一）什么是程序问题错误？什么是实体问题错误？有什么区别？交叉怎么办？

1.【225条】是程序问题错误吗？（当事人或利害关系人对执行行为的异议）

对执行行为的异议，是对程序事项的异议，由执行机构自行审查，实现执行审查权对执行实施权的制衡。

《民诉法》第225条，“当事人、利害关系人认为执行行为违反法律规定的，可以向负责执行的人民法院提出书面异议。当事人、利害关系人提出书面异议的，人民法院应当自收到书面异议之日起15日内审查，理由成立的，裁定撤销或者改正；理由不成立的，裁定驳回。当事人、利害关系人对裁定不服的，可以自裁定送达之日起10日内向上一级人民法院申请复议。”

利害关系人：AB当事人。C参与竞拍时认为法院拍卖违法，C可以提出执行行为违法的异议。

问：什么情形下利害关系人可以对执行行为的程序错误提出异议？（“明摆着错误”）

《执行异议和复议规定》第5条，有下列情形之一的，当事人以外的公民、法人和非法人组织，可以作为利害关系人提出执行行为异议：

（一）认为人民法院的执行行为违法，妨碍其轮候查封、扣押、冻结的债权受偿的（如抵押权人认为在先查封的法院无法定正当理由一直不处置查封财产，导致其抵押权长期拖延受偿的）；

（二）认为人民法院的拍卖措施违法，妨碍其参与公平竞价的；

（三）认为人民法院的拍卖、变卖或者以物抵债措施违法，侵害其对执行标的的优先购买权的；

（四）认为人民法院要求协助执行的事项超出其协助范围或者违反法律规定的；

（五）认为其他合法权益受到人民法院违法执行行为侵害的（“其他合法权益”应是指程序性权益和不能排除执行的实体权益，如果是主张能够排除执行的实体权益，则其身份是案外人。例如，某仓储公司提出，人民法院要求协助执行的财产属于其所有。由于其异议主张的是执行标的所有权，目的是排除对该财产的执行，应依照案外人异议程序提出。如果其仅仅提出，被执行人在其处没有财产，则并非阻止执行，仍属于利害关系人。）。

2.【227 条】是实体问题错误吗？（案外人对执行标的的异议）

《民诉法》第 227 条，“执行过程中，案外人对执行标的提出书面异议的，人民法院应当自收到书面异议之日起 15 日内审查，理由成立的，裁定中止对该标的的执行；理由不成立的，裁定驳回。案外人、当事人对裁定不服，认为原判决、裁定错误的，依照审判监督程序办理（‘走向再审’）；与原判决、裁定无关的，可以自裁定送达之日起 15 日内向人民法院提起诉讼。（‘走向执行异议之诉’）”

（1）案外人向执行法院提出书面异议。执行法院进行审查，如案外人异议成功，则裁定中止执行。如案外人异议失败，则裁定驳回异议。

（2）如案外人异议成功，则申请执行人会不服。申请执行人可提出“许可执行之诉”。

（3）如案外人异议失败，则案外人会不服。案外人区分情况处理，如“判错了”，则案外人可“申请再审”。如“执错了”，则案外人可提出“执行异议之诉”。

判断：2008/85B 案外人对执行标的异议的裁定不服的，可以根据执行标的的不同情况，选择提起诉讼或者通过审判监督程序进行救济√。

（4）如果“执错了”要走向执行异议之诉，是对执行标的的实体权利异议，原则上应当通过诉讼程序由审判机构最终裁决。

①案外人执行异议之诉（422 案由）。②申请执行人执行异议之诉（423 案由）。

区分执行异议和执行异议之诉	性质	期限	价值理念	对案外人异议的审查
执行异议	是执行程序	法院只有 15 天审查期	“效率优先、兼顾公平”	主要是程序性和阶段性审查
执行异议之诉	是审判程序	有一、二、再审三个程序	“公平优先，兼顾效率”	认定案外人是否享有阻却执行的实体权利的实质性审查

3. 程序问题错误与实体问题错误的有什么不同？（对执行行为的异议与案外人对执行标的的异议）

表格 1　区分对执行行为的异议和案外人对执行标的的异议

	对执行行为的异议	案外人对执行标的的异议
谁异议？	当事人和利害关系人	案外人
对什么异议？	认为执行行为在程序上违反法律规定	实体上，对执行标的主张权利
向谁异议？	向执行法院提出书面异议	向执行法院提出书面异议

续表

	对执行行为的异议	案外人对执行标的的异议
15日内对异议处理结果？	①异议成立，裁定撤销或改正。②异议不成立，裁定驳回异议。	①异议成立（案外人对执行标的享有足以排除强制执行权益的），裁定中止对该标的执行。 ②异议不成立（案外人对执行标的不享有足以排除强制执行权益的），裁定驳回案外人的异议。 ③**审查期间可以查扣冻但不能处分财产。** ④无论是中止执行还是驳回裁定，都是执行法院进经过初步审查作出临时性程序处理，未经诉讼程序实体处理争议，不能成为确认实体权利的最终依据。接下来到底能否继续执行，需要看情况。
对异议处理结果不服，怎么救济	收到裁定后10日内向上一级法院申请复议。	①走向执行异议之诉：如果与原判决、裁定无关，自裁定送达其15日内起诉，即执行异议之诉。 ②走向再审：认为原判决、裁定确有错误，依照审判监督程序处理。
其他	①异议审查和复议期间，不停止执行。 ②异议人提供担保请求停止处分，可以准许。 ③申请执行人提供担保要求继续执行，应当继续执行。	①案外人对执行标的的异议→升级→执行异议之诉：判钱，执行房，异议房。 ②案外人对执行标的的异议→升级→再审：判房，执行房，异议房。

判断1：【区分行为异议与标的异议】2011/47关于执行行为异议与案外人对执行标的的异议的比较：

A. 异议都是在执行过程中提出√。

B. 异议都应当向执行法院提出√。

C. 申请异议当事人有部分相同√。

D. 申请异议人对法院针对异议所作裁定不服，可采取的救济手段相同×。

判断2：【当事人不是案外人，只有案外人可以提对执行标的的异议，当事人不可以提】关于执行程序中的当事人，对下列哪些事项享有异议权？

A. 法院对某案件的执行管辖权√。

B. 执行法院的执行行为的合法性√。

C. 执行标的的所有权归属×。

D. 执行法院作出的执行中止的裁定×。

解析：①被执行人认为受理执行申请的法院没有管辖权，可以在收到执行申请后10日内对法院管辖权提出异议。异议成立，法院裁定撤销案件；异议不成立，法院裁定驳回异议。对法院裁定不服，可向上级法院复议1次。②执行标的所有权归属属于对执行标的的异议，只有案外人可以异议，当事人不可以提异议。③对中止执行的裁定，当事人不得提出异议。

判断3：【当事人先对执行行为异议后，后对法院处理结果不服，申请向上级法院复议】2014/49 对于甲和乙的借款纠纷，法院判决乙应归还甲借款。进入执行程序后，由于乙无现金，法院扣押了一住所处的一架钢琴准备拍卖。乙提出钢琴是其父亲的遗物，申请用一台价值与钢琴相当的相机替换钢琴。法院认为相机不足以抵偿乙的债务，未予同意。乙认为扣押行为错误，提出异议。法院经过审查，驳回该异议。乙的救济渠道：

A. 向执行法院申请复议×。

B. 向执行法院的上一级法院申请复议√。

C. 向执行法院提起异议之诉×。

D. 向原审法院申请再审×。

解析：①“乙认为扣押行为错误”，乙是当事人，故不可能是案外人对执行标的的异议，就不可能走向案外人执行异议之诉。②认为扣押错误是对执行行为的异议，法院对异议作出裁定后当事人的救济途径是向上一级法院申请复议1次。

表格2　区分上诉和复议

上诉	上级法院	①不予受理。②驳回起诉。③管辖权异议	①可上诉的文书在上诉期间以及上诉后的二审期间不生效。②如法院作出管辖权异议裁定，当事人再10日内上诉，在10日内以及二审法院审理期间，下达终审裁定前，原一审裁定仍未生效，只有上诉期满当事人没上诉或者二审法院下达终审裁定后才能生效。
复议	同级复议	①申请先予执行。 ②申请回避。 ③申请保全。	①可复议的文书在复议期间是有效的即复议不停止执行。 ②如法院作出拘留决定后，当事人可以在收到拘留决定后3日内申请复议，则在该3日或者在上级法院复议期间，拘留决定依然是有效的，并且是要交付执行的。
	上级复议	①罚款。 ②拘留。 ③执行管辖异议。 ④执行行为异议 “志志罚款拘留”	

4. 当事人或利害关系人对执行行为提异议，案外人对执行标的提异议，有时间限制吗？是永远都可以提异议吗？过期了怎么办？

（1）执行行为异议时间节点：执行程序终结之前。

《执行异议和复议规定》第6条第1款，当事人、利害关系人依照民事诉讼法第225条（对执行行为异议）规定提出异议的，应当在执行程序终结之前提出，但对终结执行措施提出异议的除外。

原理：①异议人提出执行行为异议的目的，是纠正违法的执行行为，而执行程序终结之后需要纠正的对象已经不存在，异议已无实益。②但是，终结执行本身作为一种特殊的执行措施，对当事人和利害关系人的权利会产生重大影响，所以，对其仍可以提出异议。

（2）执行标的异议时间节点：区分是谁受让执行标的，“外人保护，内人不保护”。

①“外人买要保护”：【没有流拍】【“东西拍卖交付过户前”】别人已经通过执行拍卖买到执行标的了，你不能再异议了。维护司法拍卖公信力，故异议人应在“执行标的执行终结前”提异议。

《执行异议和复议规定》第 6 条第 2 款，案外人对执行标的提出异议的，应当在异议指向的执行标的执行终结之前提出。（类似善意取得）（过期去告被执行人得利，返还不当得利）

原理：①执行标的物由当事人以外的第三人受让的，受让人通过司法拍卖程序已经取得了执行标的的所有权时，应当维护司法拍卖的公信力，案外人提出阻止执行的实体权利异议的，应当在执行标的执行程序终结之前。②其后，不应允许再对执行标的提出异议。③“司法拍卖裁定作出后权属变更登记前，案外人异议，执行法院审查发现真是案外人的东西，则执行法院可以裁定撤销拍卖。”

②“内人买不保护”：【流拍】【“执行程序终结前”】申请执行人受让执行标的，他无信赖利益问题，故异议人在“执行程序终结前”都可提异议。（比如流拍，不涉及交易安全）

《执行异议和复议规定》第 6 条第 2 款，执行标的由当事人受让的，案外人对执行标的提出异议，应当在执行程序终结之前提出。

原理：①当执行标的由申请执行人受让的，其因错误执行案外人财产所获得的利益理所应当予以返还，不存在信赖利益保护的问题。②只要执行程序尚未结束，案外人提出异议的期限就不应届至，案外人提出异议的时间应在执行程序终结之前。

5. “执行程序终结了”则过期了不能再异议，怎么办？另诉不当得利返还。（来晚了）

案外人虽不能依照《民诉法》第 227 条提出对执行标的的异议，但可以另行对申请执行人或者被执行人提起不当得利之诉，请求返还执行标的变价款或者请求返还执行标的。

（二）【民间借贷案型】实体问题错误之情形 1：“执错了”＝“钱房房”

案外人对执行标的的异议→升级→执行异议之诉：判钱，执行房，异议房。

原理：①案外人对执行标的的异议＝执行程序。②执行异议之诉＝审判程序。

1. 依据：《民诉法》第 227 条一半【这个诉打的是执行，打的不是判决】

“案外人、当事人对执行法院出的执行异议裁定（自查自纠）不服，认为与原判决、裁定无关的，可以自裁定送达之日起 15 日内向人民法院提起执行异议之诉。”（《民诉法》第 227 条）

2. 范例：判钱＋执行房＋异议房＝**“钱房房”**【打执行，不是打判决】

①甲起诉乙要归还 100 万元（判钱）获得法院支持。②进入执行程序后，法院将丙（前妻）的房屋（执行房＝“钱房房”）列为执行标的。③丙提出异议说房屋归自己所有（异议房）。（“本案＝判钱＋执行房＋异议房”）。④法院裁定异议成立则中止执行。⑤法

院裁定异议不成立则驳回异议继续执行。⑥“申请执行人”甲对裁定中止执行不服，可提起许可执行之诉。⑦“案外人”丙对裁定驳回异议继续执行不服，可提出案外人执行异议之诉。

一句话总结本案：甲起诉乙的案子没判错，只是甲和丙就房屋归属发生纠纷，故甲和丙需要通过诉讼解决，叫“执行异议之诉”。

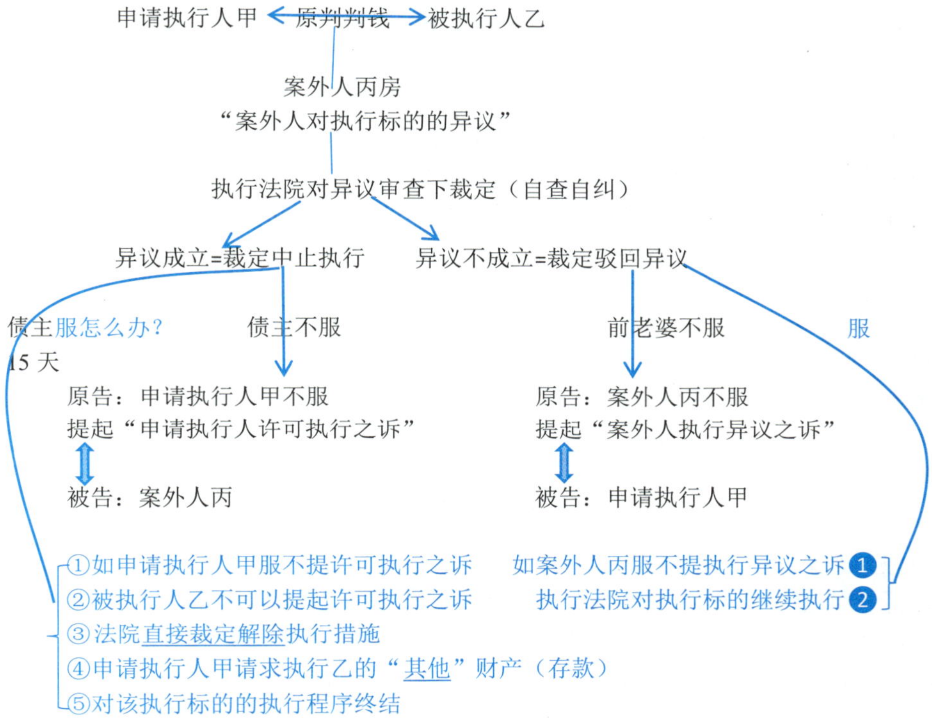
申请执行人甲
原判判钱
被执行人乙
案外人丙房
“案外人对执行标的的异议”
执行法院对异议审查下裁定（自查自纠）
异议成立=裁定中止执行
异议不成立=裁定驳回异议
债主服怎么办？
15 天
债主不服
前老婆不服
服
原告：申请执行人甲不服
提起“申请执行人许可执行之诉”
被告：案外人丙
原告：案外人丙不服
提起“案外人执行异议之诉”
被告：申请执行人甲
①如申请执行人甲服不提许可执行之诉
②被执行人乙不可以提起许可执行之诉
③法院直接裁定解除执行措施
④申请执行人甲请求执行乙的“其他”财产（存款）
⑤对该执行标的的执行程序终结
如案外人丙服不提执行异议之诉 1
执行法院对执行标的继续执行 2

问 1：为什么不会有“三撤”或“再审”问题？

①【与原判无关】因为案外人丙对房屋主张权利，与原判决无关。所以，就不可能对原判决“三撤”或者“再审”。（属于“与原判决、裁定无关” = “雨女无瓜”）

②【案外人异议之诉起诉条件】《民诉解释》第 305 条，“案外人提起执行异议之诉，除符合民事诉讼法第 119 条规定外，还应当具备下列条件：（一）案外人的执行异议申请已经被人民法院裁定驳回（**前置；目的是过滤一批不必进入诉讼程序的争议**）；（二）有明确的排除对执行标的执行的诉讼请求，且诉讼请求与原判决、裁定无关（是执错了而不是判错了）；（三）自执行异议裁定送达之日起 15 日内提起。人民法院应当在收到起诉状之日起 15 日内决定是否立案。”

原理：执行程序与诉讼程序怎么衔接？①案外人异议（“形式审查”）是案外人异议之诉（“诉讼审理”）的前置程序。②执行法院对案外人异议的审查标准是看案外人是否具有实体“权益”，案外人的实体“权益”是否足以排除执行，如案外人是所有权人，但不能排除申请执行人的抵押权。③驳回案外人执行异议裁定送达案外人之日起 15 日内，法院不得对执行标的进行处分，以衔接案外人之诉期间中止对执行标的的处分。

③【许可执行之诉的起诉条件】《民诉解释》第306条，“申请执行人提起执行异议之诉，除符合民事诉讼法第119条规定外，还应当具备下列条件：（一）依案外人执行异议申请，人民法院裁定中止执行；（二）有明确的对执行标的继续执行的诉讼请求，且诉讼请求与原判决、裁定无关；（是执错了而不是判错了）（三）自执行异议裁定送达之日起15日内提起。人民法院应当在收到起诉状之日起15日内决定是否立案。”

问2：【许可执行之诉＝“债主”目的恢复执行】申请执行人甲对裁定中止执行不服，怎么办？

答：①申请执行人甲启动“许可执行之诉”。②申请执行人甲起诉，解决标的物实体归属问题，以实现继续执行。③如果甲在起诉期满前，未提起许可执行之诉，法院将会解除或撤销执行措施。（《民诉解释》第316条）。④如果甲没提起许可执行之诉，被执行人乙提起许可执行之诉，法院告知其另行起诉。（《民诉解释》第309条）

许可执行之诉{申请执行人甲＝原告；案外人丙＝被告}　被执行人乙呢？{不反对甲，则乙为第三人；反对甲，则乙为共同被告}

老婆
原告（申请执行人）→被告（案外人）债主
谁不服
→共同被告（被执行人反对申请执行人）（或许N个）
老公
→无独三（被执行人不反对申请执行人）
（一般情形被执行人和申请执行人利益是一致的）

原理：为什么在申请执行人未提许可执行之诉时，被执行人不能“做原告”提起执行异议之诉？而应该另行起诉？被执行人不具有执行异议之诉的原告资格。“民诉法上无债务人异议之诉”。①【对错都与“前老公”无利害关系】无论案外人对执行标的的异议是否被驳回，只要没有进入执行异议之诉，就与被执行人的利益没有直接关系。②【继续：可以主动用其他财产履行】如果被执行人认为应该继续执行，其可以主动履行，但无权请求法院对该执行标的强制执行。③【不继续：针对该执行标的的执行程序终结】申请执行人可请求执行法院对被执行人其他财产继续执行，被执行人无权要求法院继续执行该执行标的。④【另案起诉】法院裁定中止执行，则被执行人与案外人就执行标的权属产生争议，应另行起诉，不影响申请执行人继续对被执行人的其他责任财产申请强制执行。

结案：法院适用普通程序审理，认为诉讼请求成立的，判决准许执行，丙输。认为诉讼请求不成立的，判决驳回诉讼请求，丙赢（此时被执行人乙可以就执行标的另行提起确权之诉）。（《民诉解释》第313条）

原理：申请执行人有权不提起执行异议之诉，而另行对执行标的提起确权之诉吗？①不可以。②申请执行人可以被执行人对执行标的享有权利为由请求继续执行，但不能代被执行人之位提出对不执行标的进行确权的诉讼请求。

问 3：【前妻案外人执行异议之诉＝目的阻止执行】案外人丙对裁定驳回异议继续执行不服，怎么办？

答：①案外人丙启动“案外人异议之诉”。②因为法院裁定驳回案外人丙的异议，执行将会继续，故由案外人丙起诉以阻止执行继续。只要提起了案外人执行异议之诉，执行法院就不得对执行标的进行处分。但申请执行人请求人民法院继续执行并提供相应担保的，法院可以准许。(《民诉解释》第 315 条第 1 款)

案外人异议之诉 { 案外人丙＝原告；申请执行人甲＝被告 }　被执行人乙呢？ { 不反对丙，则乙为第三人；反对丙，则为乙共同被告 }

原告（案外人）→ 被告（申请执行人）（可能是 N 个债权人）

原告（案外人）→ 共同被告（被执行人反对案外人）

原告（案外人）→ 无独三（被执行人不反对案外人）

原理：为什么被执行人反对则是共同被告？①【同一执行标的争抢】案外人执行异议之诉的诉讼标的表现为法院的强制执行措施是否妨害了案外人的实体权益，实质是对于同一执行标的，案外人所享有的实体权益，与执行债权人所享有的债权谁应该优先保护。②【列为被告就获得申请再审入门券】这一诉讼标的通常与案外人与被执行人对该执行标的的权属纠纷相联系。如果被执行人反对案外人，则列为被告，即使执行异议之诉裁判已经生效，被执行人则可通过再审获得救济。

结案 1：法院适用一审普通程序审理，认为案外人“排除对执行标的执行”的诉讼请求成立，判决不准执行，丙赢。认为案外人“排除对执行标的执行”的诉讼请求不成立，判决驳回诉讼请求，丙输。(《民诉解释》第 312 条第 2 款，“案外人同时提出确认其权利的诉讼请求的，人民法院可以在判决中一并作出裁判。”)

结案 2：案外人与被执行人恶意串通，通过执行异议、执行异议之诉妨害执行的，人民法院应当依照民事诉讼法第 113 条（虚假诉讼逃债，罚款，拘留，刑责）规定处理。申请执行人因此受到损害的，可以提起诉讼要求被执行人、案外人赔偿（“另诉新案”）。(《民诉解释》第 315 条第 2 款)

打掉执行（指向①②）

案外人 {
①执错了，指向案外人执行异议之诉，以案外人提执行异议被驳回为前置
②判错了，指向案外人申请再审，以案外人提执行异议被驳回为前置
③案外人 3 撤，不直接产生阻止执行效果
}

打掉判决（指向②③）

问：案外人执行异议之诉的性质是什么？①【形成之诉】目的是请求撤销执行机构的错误执行行为，变更现有的执行法律关系，排除对执行标的强制执行。②【确认之诉】确认案外人所主张的实体权益。③【区分与案外人再审和 3 撤】案外人执行异议之诉兼具确认之诉的功能，有必要对案外人对执行异议之诉中提起的诉讼请求予以明确，以便于区分与原判决、裁定有关的案外人申请再审之诉，以及与不直接产生阻止执行效果的第三人撤销之诉的区别。

做题秒杀：针对案外人丙提出的“执错了的”异议，无论执行法院出什么裁定，会导致一方不爽！谁不爽谁原告，谁爽谁被告，谁打酱油谁第三人。一审普通程序，一律由案外人承担证明责任。“执行异议之诉是‘全新纠纷’，期间法院不得对执行标的进行处分。申请执行人请求法院继续执行并提供担保的，法院可以准许”。

问4：许可执行之诉（“恢复执行之诉”）和案外人异议之诉，合称什么？①“执行异议之诉”。②“案外人、当事人对执行异议裁定不服的，认为与原生效判决、裁定无关的，可以自待定送达之日起15日内向执行法院提起执行异议之诉。”③都是由“案外人”就其执行标的享有足以排除执行的民事权益承担证明责任。

问5：“执错了”之执行异议之诉的考察点是什么？

①案外人执行异议之诉和申请执行人执行异议之诉（又称许可执行之诉），合称“执行异议之诉”。

②由执行法院管辖。（《民诉解释》第304条）

③适用一审普通程序审理。（《民诉解释》第310条）

④所作判决为一审判决（准许执行或不准许执行），当事人有权上诉（进入了“轮回”）。与此同时，执行法院原来针对执行异议申请所作“与判决结果不一致”的裁定自动失效。（《民诉解释》第314条）

如案外人对法院驳回案外人执行异议的裁定不服

- 案外人提起执行异议之诉
  - ①法院判决驳回案外人诉讼请求（判决结果与原裁定一致）
    - ①继续执行
    - ②原驳回裁定继续有效
  - ②法院判决支持案外人诉讼请求（判决结果与原裁定不一致）
    - ①裁定终结执行程序
    - ②原驳回裁定失效

如申请执行人对法院支持案外人异议的裁定不服

- 申请执行人提许可执行之诉
  - ①法院判驳（一致）
    - ①继续中止执行
    - ②原支持案外人异议裁定继续有效
  - ②法院判支持（不一致）
    - ①准许继续执行
      - ①申请执行人申请
      - ②法院依职权恢复
    - ②原支持案外人异议裁定失效

秒杀一句话：与法院判决结果一致的裁定继续有效；与法院判决结果不一致的裁定失效。

⑤无论是案外人执行异议之诉还是申请执行人执行异议之诉，都是由案外人就其对执行标的享有足以排除强制执行的民事权益承担举证证明责任。因为自始至终都是案外人在说“东西”是自己的。（《民诉解释》第311条）

⑥对法院处理执行异议申请裁定不满，根据裁定，谁亏谁是原告；对方是被告；其他人看表态，不反对原告则是第三人，反对原告则是共同被告。（《民诉解释》第307条、308条）

3. “执错了”（“民间借贷案型”“钱房房”）的做题套路

“判钱”“执行房”“异议房”案中，观察法院审查案外人提出执行标的异议后所作出的裁定，谁吃亏谁就是原告，对立面是被告，一审普通程序，案外人一律承担证明责任。

判断1：2017/41“钱房房”案，案外人提执行异议，法院裁定支持异议，申请执行人亏了=原告

易某依法院对王某支付其5万元损害赔偿金之判决申请执行。执行中，法院扣押了王某的某项财产。案外人谢某提出异议，称该财产是其借与王某使用的，该财产为自己所有。法院经审查，认为谢某异议理由成立，遂裁定中止对该财产的执行。关于本案：

A. 易某不服该裁定提起异议之诉的，由易某承担对谢某不享有该财产所有权的证明责任×。

B. 易某不服该裁定提起异议之诉的，由谢某承担对其享有该财产所有权的证明责任√。

C. 王某不服该裁定提起异议之诉的，由王某承担对谢某不享有该财产所有权的证明责任×。

D. 王某不服该裁定提起异议之诉的，由王某承担对其享有该财产所有权的证明责任×。

解析：①判“钱”、执行“财产”、异议“财产”，故案外人对执行标的的异议属于“与原生效判决无关”情形。②看法院对于异议处理的裁定结果，谁吃亏？易某吃亏，因此，易某是原告。谢某是被告。王某看态度，不反对易某，则王某是第三人；反对易某，则王某是共同被告。注意，王某不可能提起异议之诉，因为如果执行对了，本来王某应该还钱，如果执行错了，不是王某的，王某谈不上异议，与王某无关。③无论怎么滴，都是案外人谢某其对执行标的享有足以阻碍执行的权利承担证明责任。

判断2：2010/49“钱房房案”，案外人提执行异议，法院裁定驳回异议，案外人亏了=原告

甲公司申请强制执行乙公司的财产，法院将乙公司的一处房产列为执行标的。执行中，丙银行向法院主张，乙公司已将该房产抵押贷款，并以自己享有抵押权为由提出异议。乙公司否认将房产抵押给丙银行。经审查，法院驳回丙银行的异议（为何驳回？足以排除吗?）。丙银行拟向法院起诉，关于本案被告的确定？

A. 丙银行只能以乙公司为被告起诉×。

B. 丙银行只能以甲公司为被告起诉×。

C. 丙银行可选择甲公司为被告起诉，也可选择乙公司为被告起诉×。

D. 丙银行应当以甲公司和乙公司为共同被告起诉√。

解析：①第1步，谁不服，谁原告。法院驳回丙银行的异议=丙亏=原告。②第2步，申请执行人甲是被告。③第3步，被执行人乙反对原告，则是共同被告。“谁反对不符的人，谁共同被告。”银行最后不可能赢官司！

（三）【无权处分案型】实体问题错误之情形2：“判错了”=“房房房”

案外人对执行标的的异议→升级→再审：判房，执行房，异议房。

原理：①案外人对执行标的的异议=执行程序。②执行异议之诉=审判程序。

1. 依据：《民诉法》第227条另一半【打判决】

案外人对执行法院作出的驳回其执行异议裁定不服（走完了前半程，自查自纠），认为原判决、裁定、调解书内容错误损害其民事权益的，可以自执行异议裁定送达之日起6个月内，向作出原判决、裁定、调解书的人民法院申请再审。（《民诉法》第227条、《民诉解释》第423条）

规则1：如果案外人是被生效判决遗漏的必要共同诉讼人，怎么办？

（1）**【进入执行程序后视为“案外人”】**异议＋异议被驳回后申请再审：该当事人在执行程序中以案外人身份提出异议，异议被驳回的，根据民事诉讼法司法解释第423条的规定，其可以在驳回异议裁定送达之日起6个月内向原审人民法院申请再审。

（2）**【进入执行程序前视为“当事人”】**直接申请再审：该当事人未在执行程序中以案外人身份提出异议的（进入执行程序之前），根据民事诉讼法司法解释第422条的规定，其可以根据《民事诉讼法》第200条第8项的规定，自知道或者应当知道生效裁判之日起6个月内向上一级人民法院申请再审。当事人一方人数众多或者当事人双方为公民的案件，也可以向原审人民法院申请再审。

（3）怎么再审？《民诉解释》第424条第1款，根据民事诉讼法第227条（案外人对执行标的的异议）规定，人民法院裁定再审后，案外人属于必要的共同诉讼当事人的，依照本解释第422条第2款（按一审程序再审的，追加其为当事人；按二审程序再审，经调解不能达成协议，撤销原裁定，发回重审，重审时追加其为当事人）规定处理。

规则2：如果案外人不是必要共同诉讼人，**“普通案外人”**怎么办？

（1）异议＋异议被驳回后申请再审：适用《民诉法》第227条另一半，案外人执行异议被驳回后，可申请再审。

（2）怎么再审：《民诉解释》第423条，根据民事诉讼法第227条规定，案外人对驳回其执行异议的裁定不服，认为原判决、裁定、调解书内容错误损害其民事权益的，可以自执行异议裁定送达之日起六个月内，向作出原判决、裁定、调解书的人民法院申请再审。

（3）再审结果：《民诉解释》第424条第2款，案外人不是必要的共同诉讼当事人的，人民法院仅审理原判决、裁定、调解书对其民事权益造成损害的内容。经审理，再审请求成立的，撤销或者改变原判决、裁定、调解书；再审请求不成立的，维持原判决、裁定、调解书。

2. 范例：判房＋执行房＋异议房＝**“房房房”**【打判决】

①甲起诉乙要争议房屋（“判房”）获得法院支持。②进入执行程序后，法院将丙的房屋（“执行房”）列为执行标的。③丙提出异议说房屋归自己所有（“异议房”）。“本案房房房＝判房＋执行房＋异议房”④法院裁定异议成立则中止执行。⑤法院裁定异议不成立则驳回异议继续执行（一般是这种结果）。⑥“案外人”丙对裁定驳回异议继续执行不服，丙在执行中提出异议的本质在于执行的内容（房屋）即判决指向的对象（房屋）。但是甲乙之间的判决书已经确定了执行标的物（房屋）的权属。案外人丙要维护权利，必须通过审判监督程序纠正原生效判决，属于原生效法律文书确有错误，应当启动审判监督程序。

一句话总结本案：甲起诉乙的案子可能判错，丙要提起再审，目的是通过再审程序将原判决予以撤销、纠正。

问：甲起诉乙获得生效判决，进入执行程序。则丙接下来有哪 2 条道路可以选择？

道路 1：三撤（诉讼程序）＋案外人对执行标的的异议（执行程序）

案外人丙启动三撤后，可以通过提供担保或者提出案外人对执行标的的异议的方式实现中止执行的目的。故第三人撤销之诉中可以提起案外人对执行标的的异议，其目的是实现中止执行。执行法院审查后作出中止执行（案外人丙满意）或者驳回异议继续执行的裁定（案外人丙不服）。

问：案外人丙针对驳回异议继续执行的裁定不服，能否申请对原生效法律文书再审？

答：不可以。原因是案外人丙已经启动三撤了“必须继续撤下去”。而三撤和再审不能同在，因为他们都是为了纠正原生效裁判的错误。《民诉解释》第 303 条第 1 款，在第三人撤销之诉中，第三人提起案外人对执行标的的异议，法院作出裁定后该第三人不服驳回执行异议裁定，申请对原判决、裁定、调解书再审的，人民法院不予受理。

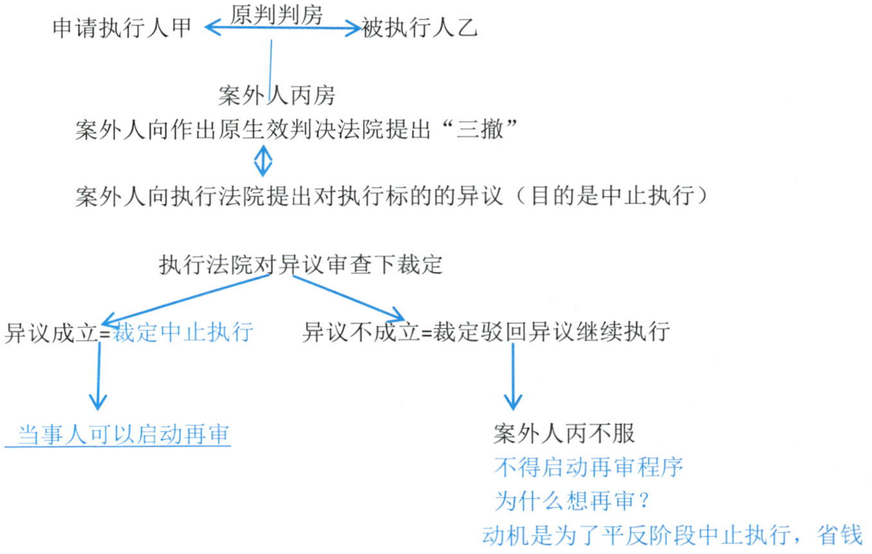
申请执行人甲
原判判房
被执行人乙
案外人丙房
案外人向作出原生效判决法院提出“三撤”
案外人向执行法院提出对执行标的的异议（目的是中止执行）
执行法院对异议审查下裁定
异议成立=裁定中止执行
异议不成立=裁定驳回异议继续执行
当事人可以启动再审
案外人丙不服
不得启动再审程序
为什么想再审？
动机是为了平反阶段中止执行，省钱

原理：如果选择三撤＋案外人对执行标的异议，是因为案外人想省钱或者穷，然后通过案外人对执行标的异议实现中止执行的目的。但这样会有一定的风险，即异议不成立，不能提起再审。所以，只有回过头来提供担保才能实现中止执行。如此一来，“担保是早晚要花的钱了……”

道路 2：案外人对执行标的的异议（执行程序）＋再审（审判程序）

案外人丙启动案外人对执行标的的异议。执行法院审查后作出中止执行（案外人丙满意）或者驳回异议继续执行的裁定（案外人丙不服）。案外人丙对驳回异议继续执行的裁定不服，认为原判决、裁定、调解书内容错误损害其合法权益，应当依法申请再审。

问：案外人丙针对驳回异议继续执行的裁定不服，能否启动第三人撤销之诉？

答：不可以。《民诉解释》第 303 条第 2 款，案外人对法院驳回其执行标的异议裁定不服，认为原生效法律文书确有错误的，应当依法申请再审，而不能提出第三人撤销之诉。

申请执行人甲 ⟷（原判判房）⟷ 被执行人乙

案外人丙房

“案外人对执行标的的异议”

执行法院对异议审查下裁定

异议成立=裁定中止执行 → 当事人可以启动再审

异议不成立=裁定驳回异议继续执行 → 案外人丙不服
启动再审程序
启动再审！6个月。
平反阶段中止执行。
立杆剑影的效果！

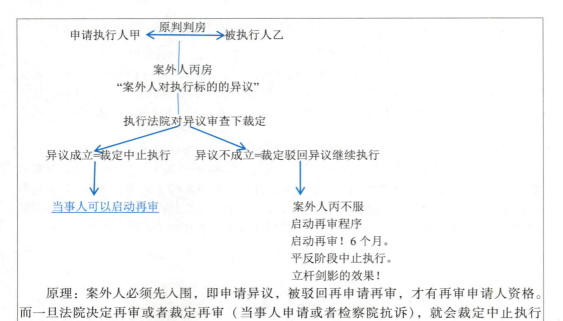

原理：案外人必须先入围，即申请异议，被驳回再申请再审，才有再审申请人资格。而一旦法院决定再审或者裁定再审（当事人申请或者检察院抗诉），就会裁定中止执行（三费等穷人救命钱不停止执行）

3. “判错了”（**“房房房”“无权处分案型”**）做题套路

三撤 → 案外人对执行标的异议 → 再审

（1）12：三撤+案外人对执行标的异议。（三撤前头有一个冤案）

（2）23：案外人对执行标的异议+再审。（特别注意案外人必须先提异议才能入围，入围才能有资格提起再审，作为再审申请人。）（只能向前走，不能向后走，不能可逆，不能去三撤）（必须走向再审。因为再审可以让第三人有独三参加之诉。一是一，二是二，提审是二）（再审是特别程序）（三撤本质是一审普通程序）

判断：2017/77“房房”≠“房房房”，案外人可以异议，可以三撤，但没有异议就不能申请再审，因为异议是再审的前置程序

汤某设宴为母祝寿，向成某借了一尊清代玉瓶装饰房间（打肿脸充胖子）。毛某来祝寿时，看上了玉瓶，提出购买。汤某以30万元将玉瓶卖给了毛某，并要其先付钱，寿典后15日内交付玉瓶。毛某依约履行，汤某以种种理由拒绝交付。毛某诉至甲县法院，要求汤某交付玉瓶，得到判决支持（判决支持特定物继续履行，执行特定物）。汤某未上诉，判决生效。在该判决执行时，成某知晓了上述情况。对此，成某依法可采取哪些救济措施？

A. 以案外人身份向甲县法院直接申请再审×。

B. 向甲县法院提出执行异议√。

C. 向甲县法院提出第三人撤销之诉√。

D. 向甲县法院申诉，要求甲县法院依职权对案件启动再审√。

解析：本案属于“判房”“执行房”，缺少一个“异议房”。本案是“房房”，不是“房房房”。主要是考察案外人提异议被驳回是案外人提再审的前置程序。①三撤：汤某、毛某是无权处分成某之物买卖合同当事人，汤某、毛某买卖合同诉讼中，成某可依据所有权关系作为有独三参加诉讼。成某未参加诉讼，生效判决进入执行，该判决侵犯了成某物权，成某本应作为有独三参加诉讼，却因不能归责于自身的时候，未参加诉讼，因此可以提第三人撤销之诉，由作出生效裁判法院甲县法院管辖。②案外人对执行标的提出异议：进入执行程序，成某对执行标的玉瓶主张权利，可以作为案外人向执行法院提出案外人对执行标的的异议，执行由一审法院（甲县法院）或者与之同级的被执行财产所在地法院管辖。③案外人对执行标的提出异议被驳回，这是案外人提出再审的前置程序：如果成某执行异议被法院裁定驳回，则属于“房房房”，“原生效判决错误”，成某可以申请再审。但是，案外人申请再审以其提出案外人对执行标的的异议为前提。所以，成某不能直接申请再审。④当然，法院可以依职权启动再审，而成某可以提出申诉作为法院依职权启动再审的材料来源。

问：判错了，第三人的救济体系是什么？甲和乙打继承、合同或离婚官司，争的是丙的房屋，丙怎么办？

①情形1：诉讼中，法院发现甲和乙的诉讼是恶意串通的，应判决驳回诉讼请求，并视情节轻重予以罚款、拘留，构成犯罪的，依法追究刑事责任。

②情形2：诉讼中，丙发现甲和乙的诉讼，丙可以以有独三方式参加诉讼。本诉和有独三之诉各玩各的。一审参加。二审调不成撤发（从头开始吵）？

③情形3：判决生效后，有独三丙因不能归责自身事由不能参加诉讼，但有证据证明原生效法律文书侵犯自身合法权益，可以提起第三人撤销之诉。

④情形4：执行中，丙可以选择提起第三人撤销之诉，丙也可以选择提起案外人对执行标的的异议。（单独1或者单独2）

⑤情形5：执行中，丙可以选择提起第三人撤销之诉，可以通过提供担保或提出案外人对执行标的异议的方式实现中止执行的目的（所以案外人提三撤后，案外人再对执行标的提出异议，目的是为实现中止执行）。如果法院审查后作出驳回异议的裁定，丙不服该裁定，也不能申请对原生效法律文书再审。【可以三撤+提出案外人对执行标的的异议】（12）

⑥情形6：执行中，丙也可以选择提起案外人对执行标的的异议，法院审查后驳回异议，案外人对该驳回不服，认为原判决、裁定、调解书内容错误损害其合法权益的，应当依法申请再审。不能提三撤。【丙可以提出案外人对执行标的的异议+再审。】（23）

原理：再审是三撤的特别规定，特别规定优先于一般规定，故只有23，不能21。

总结数字模型

12
23 }向前走不可逆

单独1可以

单独2可以，马拉松只跑半程，只提异议（执行程序搞定就可以）。

但是单独3不行。

漏必共人，执行前是当事人申请再审。进入执行后，是案外人审再审23，但不能三撤，因为不是有独三或无独三。

秒杀一句话：单独 1 可以，单独 2 可以，单独 3 不可以。12 可以，23 可以。

做题步骤：

第一步，判错了，则指向再审。会存在三撤、案外人对执行标的的异议、再审的问题，12 或者 23，位置定死。三撤 + 案外人对执行标的的异议。案外人对执行标的异议 + 再审。

第二步，执错了，则指向执行异议之诉。因为案外人对执行法院申请异议，法院无论是中止执行还是继续执行，都有不满的人，必然会启动执行异议之诉。谁不爽，谁原告，谁爽谁被告，打酱油的被执行人是第三人，如果被执行人选择站队，则是共同被告。记住永远是案外人承担证明责任。

秒杀记忆：

第一步：判错了，则 1（三撤 S）、2（案外人对执行标的的异议 Y）、3（再审 Z）。要么 12，要么 23，都不可逆（“排队互斥主义”）。（当事人再审与三撤，是吸收互斥主义）

第二步：执错了，则执行异议之诉，要么申请人执行异议之诉，要么案外人执行异议之诉。

真题示例：【2015 主观题案例是“判错”，故向前走 123，要么 12，要么 23】①12：12（三撤时不停止执行，故三撤要么提供担保，要么提出案外人对执行标的的异议试图实现中止执行，但是一旦失败，则不能再启动再审，只能回过头来提供担保实现中止执行的意图，早晚都要花的钱）（12 不可逆）。②23：23（案外人对执行标的的异议，是案外人去申请再审的入围条件，否则只有当事人才有资格去申请再审，案外人是没有资格的）（23 不可逆）。

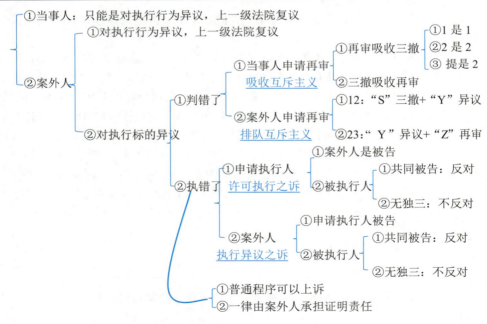

- ①当事人：只能是对执行行为异议，上一级法院复议
- ②案外人
  - ①对执行行为异议，上一级法院复议
  - ②对执行标的异议
    - ①判错了
      - ①当事人申请再审 吸收互斥主义
        - ①再审吸收三撤
          - ①1 是 1
          - ②2 是 2
          - ③ 提是 2
        - ②三撤吸收再审
      - ②案外人申请再审 排队互斥主义
        - ①12：“S”三撤+“Y”异议
        - ②23：“Y”异议+“Z”再审
    - ②执错了
      - ①申请执行人 许可执行之诉
        - ①案外人是被告
        - ②被执行人
          - ①共同被告：反对
          - ②无独三：不反对
      - ②案外人 执行异议之诉
        - ①申请执行人被告
        - ②被执行人
          - ①共同被告：反对
          - ②无独三：不反对
      - ①普通程序可以上诉
      - ②一律由案外人承担证明责任

一、【淘宝司法拍卖】

案情：A 诉 B，司法拍卖手表，当事人 AB 或者案外人 C 认为司法拍卖行为违法，提执行行为异议，对驳回异议裁定不服，向上一级法院申请复议。

二、【无权处分案型“判错了”“判表执行表异议表”“表表表”】

案情：A 诉 B，要手表，B 无权处分了 C 的手表，A 尚未善意取得，A 诉 B 履行合同，法院判决 B 要交付手表。实际上是 C 的手表。这是“判错了”。

（1）AB 诉讼中，C 可以作为无独三参加诉讼。

（2）AB 诉讼结束后，C 可以提三撤（三撤的优势是不管你进没进执行程序）。

（3）AB 诉讼结束后，进入执行程序（案外人三撤和案外人再审互斥），C 可以提三撤 + 案外人对执行标的的异议。如果这个执行异议被驳回，那么 C 只能继续三撤走下去，而不能提再审。（12）

（4）AB 诉讼结束后，进入执行程序（案外人三撤和案外人再审互斥），C 提案外人执行标的的异议被驳回 + 案外人再审。如果再审输了，不能再去提三撤。（23）。问：为何不能 21？只能 23，因为 3 是再审，1 是三撤，再审是特别纠错程序，三撤是一般纠错程序，应优先适用特别纠错程序再审。再审（C 进入 AB 的诉讼）解决问题更彻底一是一二是二提审一定是二。三撤（AB 进入 C 的诉讼）是一审还可以上诉。

（5）AB 诉讼结束后，C 提三撤（不管是否启动执行程序案外人都可以提三撤），AB 当事人申请再审。则一般再审吸收三撤（再审时 1 是 1，2 是 2，提审一定是 2。1 则吸收 C 进来参加 AB 的诉讼。2 则调解，如果调解不成则撤销原判发回重审，重审时吸收 C 进来参加 AB 的诉讼）。例外 AB 恶意串通则三撤吸收再审（三撤中 C 是原告，AB 是共同被告，作出判决可以上诉）。

三、【民间借贷案型“执错了”“判钱执行表异议表”“钱表表”】

案情：A 诉 B 要钱，B 借用 C 的手表在 B 处。执行法院执行了这个手表。这是“执行错了”。

（1）案外人 C 提出执行标的异议。

（2）法院裁定案外人 C 异议成立，则申请执行人 A 不服，要求恢复执行，需要提出执行异议之诉（叫许可执行之诉）。①申请执行人 A 原告，案外人 C 被告，被执行人 B 如果反对 A（说表真是 C 的）则共同被告，被执行人 B 如果不反对 A（说表是自己的）则无独三。②一律由案外人 C 承担证明责任。

（3）法院裁定案外人 C 异议不成立，则案外人 C 不服，要求阻止执行，需要提出案外人执行异议之诉。①案外人 C 原告，申请执行人 A 被告，被执行人 B 如果反对 C（说表是自己的）则共同被告，被执行人 B 如果不反对 C（说表真是 C 的）则无独三。②一律由案外人 C 承担证明责任。

四、【怎么区分判错了和执错了】

案情：到底是判错了还是执行错了？看判决书怎么写的。判决是写了错了叫判错了。判决是没写而执行错了叫执错了。

（1）【判错了】法院把 a 的东西，在 bc 诉讼判给了 c。这是判错了。①bc 启动再审，则存在吸收互斥主义。②c 自己启动再审，则存在排队互斥主义，12 和 23。

(2)【执错了】法院判 bc 让 b 还 c 钱。而后 c 申请法院执行，把 b 从 a 借的花瓶执行了。这叫执行错误。判决没错，因为判决书里根本没有涉及 a 的花瓶。

(3)【区分判错了还是执行错了】判决对还是错，你就看判决书里是不是把案外人东西给判了，判决书主文里写了吗。没写，就不会把案外人东西判错了。写了，就属于把案外人东西判错了。

十、什么情形会暂停执行？（执行中止）（《民诉法》第 256 条）

（一）下列情形之一法院应当裁定中止执行

1. 申请人表示可以延期执行的。
2. 案外人对执行标的提出确有理由的异议的。
3. 作为一方当事人的公民死亡，需要等待继承人继承权利或者承担义务的。
4. 作为一方当事人的法人或者其他组织终止，尚未确定权利义务承受人的；
5. 人民法院认为应当中止执行的其他情形。

（1）人民法院已受理以被执行人为债务人的破产申请的；

（2）被执行人确无财产可供执行的；

问：是执行中止还是终本？❶向前一步就是终本。❷申请执行人同意。❸或者执行法院合议庭经院长批准。“《民诉解释》第 519 条第 1 款，经过财产调查未发现可供执行的财产，在申请执行人签字确认或者执行法院组成合议庭审查核实并经院长批准后，可以裁定终结本次执行程序。”

（3）执行的标的物是其他法院或仲裁机构正在审理的案件争议标的物，需要等待该案件审理完毕确定权属的；

（4）一方当事人申请执行仲裁裁决，另一方当事人申请撤销仲裁裁决的；

（5）仲裁裁决的被申请执行人依据民事诉讼法第 217 条第 2 款的规定向人民法院提出不予执行请求，并提供适当担保的。

6. 按照审判监督程序提审或再审的案件，执行机构根据上级法院或本院作出的中止执行裁定书中止执行。（《执行规定》第 59 条）

7. 中止执行的裁定，送达当事人后立即生效。

（二）中止的情形消失后，恢复执行

《执行规定》第 60 条，中止执行的情形消失后，执行法院可以根据当事人的申请或依职权恢复执行。恢复执行应当书面通知当事人。

十一、什么情形会结束执行？（执行终结）[①]（《民诉法》第 257 条）

（一）下列情形之一法院裁定终结执行

1. 申请人撤销申请的（在执行时效内可以再次申请执行）。

《民诉解释》第 520 条，“因撤销申请而终结执行后，当事人在民事诉讼法第 239 条规定的申请执行时效期间内再次申请执行的，人民法院应当受理。”

2. 据以执行的法律文书被撤销的（执行失去了根据）。

① 不同于终结本次执行。终结执行是彻底终结。终结本次执行是这次终结，待被执行人有可供执行财产，经申请执行人申请，仍要继续执行。

3. 作为被执行人的公民死亡，无遗产可供执行，又无义务承担人的。（“山穷水尽”）

4. 追索赡养费、扶养费、抚育费案件的权利人死亡的。（权利人死了，没有继续赡养、扶养和抚育的必要；义务人死亡则不一定会导致执行终结，因为权利人还需要继续赡养、扶养、抚育。）

原理：①为什么在诉讼中，追索赡养费、扶养费、抚育费案件，当事人死亡，不论权利人还是义务人，都需要终结诉讼？因为在诉讼中要考虑诉讼标的问题。一方当事人死亡，身份关系消灭，且无法继承，即诉讼标的消灭，诉讼终结。②但是在执行程序中，只需要考虑执行的依据和执行的必要性和可能性，追索赡养费、扶养费、抚育费案件的权利人死亡，则无继续执行的必要，执行终结。而如果义务人死亡后，作为执行根据的生效判决依然存在，且权利人尚需继续赡养、抚养、抚育，有执行的必要和可能，不一定终结执行。

5. 作为被执行人的公民因生活困难无力偿还借款，无收入来源，又丧失劳动能力的。

6. 人民法院认为应当终结执行的其他情形。

7. 在执行中，被执行人被人民法院裁定宣告破产的，执行法院应当裁定终结执行。（《执行规定》第61条）

8. 终结执行的裁定，送达当事人后立即生效。

小结：当事人死亡产生的程序法上效果 1. 起诉前：被告死亡，属于“没有明确的被告”，不符合起诉条件，法院不予受理或受理后裁定驳回起诉。 2. 诉讼中 （1）一般案件：①诉讼中，一方当事人死亡，需要等待继承人表明是否继续诉讼的，应当裁定诉讼中止。②诉讼中，一方当事人死亡，没有继承人、继承人放弃权利，没有遗产、没有义务承担人的，应当裁定诉讼终结。 （2）身份关系案件（离婚案件、解除收养关系、追索赡养费、扶养费、抚育费案件）：一方当事人死亡，诉讼终结。 3. 执行中 （1）一般案件：①执行中，一方当事人死亡，需要等待继承人继承权利或者承担义务，应当执行中止。②执行中，被执行人死亡，以其遗产偿还债务，裁定执行中止。（没有继承人或继承人放弃继承的，直接执行遗产；有继承人且继承人表示愿意继承的，变更继承人为被执行人，在遗产范围内执行） （2）追索赡养费、扶养费、抚育费案件：①权利人死亡的，执行终结；②义务人死亡的，以遗产偿还债务，裁定执行中止（同一般案件）。

（二）对裁定终结执行提出执行行为异议的期限：收到终结执行文书之日起60日内

《最高人民法院 关于对人民法院终结执行行为提出执行异议期限问题的批复》（2016年2月15日起施行）湖北省高级人民法院： 你院《关于咸宁市广泰置业有限公司与咸宁市枫丹置业有限公司房地产开发经营合同纠纷案的请示》（鄂高法〔2015〕295号）收悉。经研究，批复如下：

当事人、利害关系人依照民事诉讼法第225条规定对终结执行行为提出异议的，应当自收到终结执行法律文书之日起60日内提出；未收到法律文书的，应当自知道或者应当知道人民法院终结执行之日起60日内提出。批复发布前终结执行的，自批复发布之日起60日内提出。超出该期限提出执行异议的，人民法院不予受理。

（三）一般执行要多久结案？6N

《执行规定》第63、64条，人民法院执行生效法律文书，一般应当在立案之日起6个月内执行结案，但中止执行的期间应当扣除。确有特殊情况需要延长的，由本院院长批准。

执行结案的方式为：

1. 执行完毕；
2. 终结本次执行程序；
3. 终结执行；
4. 销案；
5. 不予执行；
6. 驳回申请。

十二、执行完了，钱拿到了，发现弄错了怎么办？（执行回转）

（一）法院撤执行依据，法院依职权裁定执行回转

《民诉法》第233条，“执行完毕后，据以执行的判决、裁定和其他法律文书确有错误，被人民法院撤销的，对已被执行的财产，人民法院应当作出裁定，责令取得财产的人返还；拒不返还的，强制执行。”

（二）有关机关撤执行依据，当事人申请执行回转

《民诉解释》第476条，“法律规定由人民法院执行的其他法律文书执行完毕后，该法律文书被有关机关或者组织依法撤销的，经当事人申请，适用民事诉讼法第二百三十三条规定（执行回转）。”

（三）执行回转应重新立案

《执行规定》第65条第2款，执行回转应重新立案，适用执行程序的有关规定。

（四）执行回转应退还原物，原物不在则退钱

《执行规定》第66条第1款，执行回转时，已执行的标的物系特定物的，应当退还原物。不能退还原物的，经双方当事人同意的，可以折价赔偿。

十三、执行法院有哪些执行措施？（执行措施）

（一）不用等，立刻、马上、现在

执行员接到“申请执行书”或者“移交执行书”，应当向被执行人发出执行通知，并可以立即采取强制执行措施。（《民诉法》第240条）

原理：2007年《民诉法》规定，执行员向被执行人发出执行通知，责令其在指定期间内履行，逾期不履行的，强制执行。为什么不再给被执行人一个履行准备期间？①申请执行人申请执行之时，生效法律文书确定的履行期限已经届满，执行通知再为义务人指定履行期限，会变相通过执行通知改变生效法律文书，违反了执行严格以生效法律文书为依据的原则。②指定的履行期限义务人转移、隐匿财产提供了机会，执行通知将会变成“通风报信”，提示被执行人赶快“采取行动”逃避执行。

（二）对财产的执行措施

1. 工资：扣留、提取

（1）扣提收入

《民诉法》第243条，被执行人未按执行通知履行法律文书确定的义务，人民法院有权扣留、提取被执行人应当履行义务部分的收入。但应当保留被执行人及其所扶养家属的生活必需费用。人民法院扣留、提取收入时，应当作出裁定，并发出协助执行通知书，被执行人所在单位、银行、信用合作社和其他有储蓄业务的单位必须办理。

（2）不协执要赔

《执行规定》第30条，有关单位收到人民法院协助执行被执行人收入的通知后，擅自向被执行人或其他人支付的，人民法院有权责令其限期追回；逾期未追回的，应当裁定其在支付的数额内向申请执行人承担责任。

2. 法律文书指定交付的财物或者票证：强制交出

（1）强制交出财物或票证

《民诉法》第249条，法律文书指定交付的财物或者票证，由执行员传唤双方当事人当面交付，或者由执行员转交，并由被交付人签收。有关单位持有该项财物或者票证的，应当根据人民法院的协助执行通知书转交，并由被交付人签收。有关公民持有该项财物或者票证的，人民法院通知其交出。拒不交出的，强制执行。

（2）不协执要赔

《执行规定》第42条，有关组织或者个人持有法律文书指定交付的财物或票证，在接到人民法院协助执行通知书或通知书后，协同被执行人转移财物或票证的，人民法院有权责令其限期追回；逾期未追回的，应当裁定其承担赔偿责任。

3. 金融资产之存款、债券、股票、基金份额等：查询、扣押、冻结、划拨、变价

（1）查扣冻划变

《民诉法》第242条，被执行人未按执行通知履行法律文书确定的义务，人民法院有权向有关单位查询被执行人的存款、债券、股票、基金份额等财产情况。人民法院有权根据不同情形扣押、冻结、划拨、变价被执行人的财产。人民法院查询、扣押、冻结、划拨、变价的财产不得超出被执行人应当履行义务的范围。人民法院决定扣押、冻结、划拨、变价财产，应当作出裁定，并发出协助执行通知书，有关单位必须办理。

（2）不协执要赔

《执行规定》第26条，金融机构擅自解冻被人民法院冻结的款项，致冻结款项被转移的，人民法院有权责令其限期追回已转移的款项。在限期内未能追回的，应当裁定该金融机构在转移的款项范围内以自己的财产向申请执行人承担责任。《执行规定》第40条，有关企业收到人民法院发出的协助冻结通知后，擅自向被执行人支付股息或红利，或擅自为被执行人办理已冻结股权的转移手续，造成已转移的财产无法追回的，应当在所支付的股息或红利或转移的股权价值范围内向申请执行人承担责任。

4. 财产：查封、扣押、冻结、拍卖、变卖

《民诉法》第244条，被执行人未按执行通知履行法律文书确定的义务，人民法院有权查封、扣押、冻结、拍卖、变卖被执行人应当履行义务部分的财产。但应当保留被执行人及其所扶养家属的生活必需品。采取前款措施，人民法院应当作出裁定。

5. 怎么查封、扣押、冻结？

（1）到场不？不影响执行

《民诉法》第245条，人民法院查封、扣押财产时，被执行人是公民的，应当通知被执行人或者他的成年家属到场；被执行人是法人或者其他组织的，应当通知其法定代表人或者主要负责人到场。拒不到场的，不影响执行。被执行人是公民的，其工作单位或者财产所在地的基层组织应当派人参加。

对被查封、扣押的财产，执行员必须造具清单，由在场人签名或者盖章后，交被执行人一份。被执行人是公民的，也可以交他的成年家属一份。

（2）查封后谁保管呢？可指定被执行人保管

《民诉法》第246条，被查封的财产，执行员可以指定被执行人负责保管。因被执行人的过错造成的损失，由被执行人承担。

（3）查封后可以使用吗？可以

原《执行规定》第42条，被查封的财产，可以指令由被执行人负责保管。如继续使用被查封的办产对其价值无重大影响，可以允许被执行人继承使用。因被执行人保管或使用的过错造成的损失，由被执行人承担。

问：什么是活封？什么是死封？①活封是仅仅在不动产登记机构办理查封登记，限制不动产的交易，但不影响被执行人继续使用，以避免自愿浪费。②死封是除限制不动产价值交易外，还要强制被执行人迁出，在不动产之上张贴封条，禁止被执行人和第三人使用。

（4）扣押后可以使用吗？不可以

原《执行规定》第43条，被扣押的财产，人民法院可以自行保管，也可以委托其他单位或个人保管。对扣押的财产，保管人不得使用。

（5）处分呢？法院先查扣冻后才可以取得被执行财产处分权

①查扣冻前置程序后处分

《民诉解释》第486条，对被执行的财产，人民法院非经查封、扣押、冻结不得处分。对银行存款等各类可以直接扣划的财产，人民法院的扣划裁定同时具有冻结的法律效力。

②擅自处分要赔偿

《执行规定》第32条，被执行人或其他人擅自处分已被查封、扣押、冻结财产的，人民法院有权责令责任人限期追回财产或承担相应的赔偿责任。

（6）多久呢？1、2、3可以续

《民诉解释》第487条，人民法院冻结被执行人的银行存款的期限不得超过1年，查封、扣押动产的期限不得超过2年，查封不动产、冻结其他财产权的期限不得超过3年。

申请执行人申请延长期限的，人民法院应当在查封、扣押、冻结期限届满前办理续行查封、扣押、冻结手续，续行期限不得超过前款规定的期限。

人民法院也可以依职权办理续行查封、扣押、冻结手续。

原《执行规定》第45条，被执行人的财产经查封、扣押后，在人民法院指定的期间内履行义务的，人民法院应当及时解除查封、扣押措施。

（7）多少呢？相当

原《执行规定》第39条规定，查封、扣押财产的价值应当与被执行人履行债务的价值相当。

（8）物保呢？封，但物保大

《执行规定》第31条，人民法院对被执行人所有的其他人享有抵押权、质押权或留置权的财产，可以采取查封、扣押措施。财产拍卖、变卖后所得价款，应当在抵押权人、质押权人或留置权人优先受偿后，其余额部分用于清偿申请执行人的债权。

（9）多个查封呢？公示先后和轮候查封

原《执行规定》第41条，对动产的查封，应当采取加贴封条的方式。不便加贴封条的，应当张贴公告。对有产权证照的动产或不动产的查封，应当向有关管理机关发出协助执行通知书，要求其不得办理查封财产的转移过户手续，同时可以责令被执行人将有关财产权证照交人民法院保管。必要时也可以采取加贴封条或张贴公告的方法查封。既未向有关管理机关发出协助执行通知书，也未采取加贴封条或张贴公告的办法查封的，不得对抗其他人民法院的查封。

《查封扣押冻结规定》第26条，对已被人民法院查封、扣押、冻结的财产，其他人民法院可以进行轮候查封、扣押、冻结。查封、扣押、冻结解除的，登记在先的轮候查封、扣押、冻结即自动生效。其他人民法院对已登记的财产进行轮候查封、扣押、冻结的，应当通知有关登记机关协助进行轮候登记，实施查封、扣押、冻结的人民法院应当允许其他人民法院查阅有关文书和记录。其他人民法院对没有登记的财产进行轮候查封、扣押、冻结的，应当制作笔录，并经实施查封、扣押、冻结的人民法院执行人员及被执行人签字，或者书面通知实施查封、扣押、冻结的人民法院。

6. 怎么拍卖、变卖？

（1）何时拍？

《民诉法》第247条，财产被查封、扣押后，执行员应当责令被执行人在指定期间履行法律文书确定的义务。被执行人逾期不履行的，人民法院应当拍卖被查封、扣押的财产；不适于拍卖或者当事人双方同意不进行拍卖的，人民法院可以委托有关单位变卖或者自行变卖。国家禁止自由买卖的物品，交有关单位按照国家规定的价格收购。

（2）淘宝拍？

《民诉解释》第488条，依照民事诉讼法第247条规定，人民法院在执行中需要拍卖被执行人财产的，可以由人民法院自行组织拍卖，也可以交由具备相应资质的拍卖机构拍卖。交拍卖机构拍卖的，人民法院应当对拍卖活动进行监督。

（3）卖多少？拍卖评估。

《民诉解释》第489条，拍卖评估需要对现场进行检查、勘验的，人民法院应当责令被执行人、协助义务人予以配合。被执行人、协助义务人不予配合的，人民法院可以强制进行。

原《执行规定》第47条，人民法院对拍卖、变卖被执行人的财产，应当委托依法成立的资产评估机构进行价格评估。

（4）不拍卖则变卖？可以。

《民诉解释》第490条，人民法院在执行中需要变卖被执行人财产的，可以交有关单位变卖，也可以由人民法院直接变卖。

对变卖的财产，人民法院或者其工作人员不得买受。

《执行规定》第33条，被执行人申请对人民法院查封的财产自行变卖的，人民法院可以准许，但应当监督其按照合理价格在指定的期限内进行，并控制变卖的价款。

（5）可以分期付款吗？不可以。

《执行规定》第34条，拍卖、变卖被执行人的财产成交后，必须即时钱物两清。委托拍卖、组织变卖被执行人财产所发生的实际费用，从所得价款中优先扣除。所得价款超出执行标的数额和执行费用的部分，应当退还被执行人。

（6）股权怎么转让？一人公司随便，多人公司则其他股东不买视为同意对外卖。

《执行规定》第39条，被执行人在其独资开办的法人企业中拥有的投资权益被冻结后，人民法院可以直接裁定予以转让，以转让所得清偿其对申请执行人的债务。

对被执行人在有限责任公司中被冻结的投资权益或股权，人民法院可以依据《中华人民共和国公司法》第71条、第72条、第73条的规定，征得全体股东过半数同意后，予以拍卖、变卖或以其他方式转让。不同意转让的股东，应当购买该转让的投资权益或股权，不购买的，视为同意转让，不影响执行。人民法院也可允许并监督被执行人自行转让其投资权益或股权，将转让所得收益用于清偿对申请执行人的债务。

7. 怎么作价？以物抵债。

（1）都同意？“不经拍卖变卖而2方同意直接以物抵债”（文书物权）

《民诉解释》第491条，经申请执行人和被执行人同意，且不损害其他债权人合法权益和社会公共利益的，人民法院可以不经拍卖、变卖，直接将被执行人的财产作价交申请执行人抵偿债务。对剩余债务，被执行人应当继续清偿。

（2）交管理？“无法拍卖变卖则1方同意可以物抵债”

《民诉解释》第492条，被执行人的财产无法拍卖或者变卖的，经申请执行人同意，且不损害其他债权人合法权益和社会公共利益的，人民法院可以将该项财产作价后交付申请执行人抵偿债务，或者交付申请执行人管理；申请执行人拒绝接收或者管理的，退回被执行人。

8. 怎么折价？对特定物（2018）

（1）特定物没了，都同意折价？①协商一致折价赔偿。②协商不了则终结执行程序可另诉。

《民诉解释》第494条，执行标的物为特定物的，应当执行原物。原物确已毁损或者灭失的，经双方当事人同意，可以折价赔偿。双方当事人对折价赔偿不能协商一致的，人民法院应当终结执行程序。申请执行人可以另行起诉。

（2）“他人持有”的财物、票证没了，都同意折价？

《民诉解释》第495条，“他人”（单位或个人）“持有”法律文书指定交付的财物或者票证，人民法院依照民事诉讼法第249第2款、第3款规定发出协助执行通知后，拒不转交的，可以强制执行，并可依照民事诉讼法第114条（单位协助义务）、第115条（个人协助义务）规定处理。【协助执行】

他人持有期间财物或者票证毁损、灭失的，参照本解释第494条（协议折价）规定处理。【协议折价】【他人同意赔偿则协商一致，如协商失败则申请执行人另诉该他人】

他人主张合法持有财物或者票证的，可以根据民事诉讼法第227条（案外人执行异议）规定提出执行异议。【执行标的异议】【他人有的合法持有故给一条救济路径】

9. 怎么析产？对共有物（2017/84）（2019）（“析产诉讼”）

（1）可以查封扣押冻结夫妻共有物（老公欠个债）

《查封扣押冻结规定》第12条第1款规定，对被执行人与其他人共有的财产，人民法院可以查封、扣押、冻结，并及时通知共有人。（2017/84AB）

（2）共有物被查封、扣押、冻结后，共有财产怎么分割？（3条路：协议或析产诉讼或代位析产诉讼）（不逼人离婚，婚内分割）

①“内部同意＋外部同意”协议（3P）

经债权人认可可协议分割共有物。共有人协议分割共有财产，并经债权人认可的（2017/84C），人民法院可以认定有效。查封、扣押、冻结的效力及于协议分割后被执行人享有份额内的财产；对其他共有人享有份额内的财产的查封、扣押、冻结，人民法院应当裁定予以解除。

②“共有人析产诉讼＋申请执行人代位析产诉讼”诉讼（审执分离。）

共有人诉讼分割共有物或申请执行人代位诉讼分割共有物。共有人提起析产诉讼或者申请执行人代位提起析产诉讼的（2017/84D），人民法院应当准许。诉讼期间中止对该财产的执行。

判断：2017/84 龙前铭申请执行郝辉损害赔偿一案，法院查扣了郝辉名下的一辆汽车。查扣后，郝辉的两个哥哥向法院主张该车系三兄弟共有（“执错了”）。法院经审查，确认该汽车为三兄弟共有。关于该共同财产的执行： A. 因涉及案外第三人的财产，法院应裁定中止对该财产的执行×。 B. 法院可查扣该共有财产√。 C. 共有人可对该共有财产协议分割，经债权人同意有效√。 D. 龙前铭可对该共有财产提起析产诉讼√。 解析：①可以查封共有财产。②协议分割全部人同意。③可以由共有人提起析产诉讼；也可以由申请执行人龙前铭代位提起析产诉讼。④只有在析产诉讼中应当裁定中止执行。

10. 对涉及所有权保留动产如何执行？

（1）被执行人作为出卖人时

被执行人将其财产出卖给第三人，第三人已经支付部分价款并实际占有该财产，但根据合同约定被执行人保留所有权的，人民法院可以查封、扣押、冻结；第三人要求继续履行合同的，向人民法院交付全部余款后，裁定解除查封、扣押、冻结。

（2）被执行人作为买受人时

被执行人购买第三人的财产，已经支付部分价款并实际占有该财产，第三人依合同约定保留所有权，人民法院可以查封、扣押、冻结。保留所有权已办理登记的，第三人的剩余价款从该财产变价款中优先支付；第三人主张取回该财产的，可以依据民事诉讼法第二百二十七条提出异议。

11. 怎么办证？

《民诉法》第251条，在执行中，需要办理有关财产权证照转移手续的，人民法院可以向有关单位发出协助执行通知书，有关单位必须办理。

《民诉解释》第502条，人民法院在执行中需要办理房产证、土地证、林权证、专利证书、商标证书、车船执照等有关财产权证照转移手续的，可以依照民事诉讼法第251条规定办理。

12. 裁定拍卖的或裁定以物抵债的物权何时变动？裁定送达你＝物权归属你

《民诉解释》第493条，拍卖成交或者依法定程序裁定以物抵债的，标的物所有权自拍卖成交裁定或者抵债裁定送达买受人或者接受抵债物的债权人时转移。

（三）对行为的执行措施

1. 行为①：强制迁出房屋或强制退出土地 + 强制迁出房屋被搬出的财物

《民诉法》第250条，强制迁出房屋或者强制退出土地，由院长签发公告，责令被执行人在指定期间履行。被执行人逾期不履行的，由执行员强制执行。强制执行时，被执行人是公民的，应当通知被执行人或者他的成年家属到场；被执行人是法人或者其他组织的，应当通知其法定代表人或者主要负责人到场。拒不到场的，不影响执行。被执行人是公民的，其工作单位或者房屋、土地所在地的基层组织应当派人参加。执行员应当将强制执行情况记入笔录，由在场人签名或者盖章。强制迁出房屋被搬出的财物，由人民法院派人运至指定处所，交给被执行人。被执行人是公民的，也可以交给他的成年家属。因拒绝接收而造成的损失，由被执行人承担。

2. 行为②：强制执行或委托他人完成法律文书指定的行为

《民诉法》第252条，对判决、裁定和其他法律文书指定的行为，被执行人未按执行通知履行的，人民法院可以强制执行或者委托有关单位或者其他人完成，费用由被执行人承担。

（1）强制本人履行（“不可以替代履行的行为义务” = 强制执行）

《民诉解释》第505条，被执行人不履行法律文书指定的行为，且该项行为只能由被执行人完成的，人民法院可以依照民事诉讼法第111条第1款第6项（罚款、拘留）规定处理。

被执行人在人民法院确定的履行期间内仍不履行的，人民法院可以依照民事诉讼法第111条第1款第6项（罚款、拘留）规定**再次处理**。

（2）委托他人代为履行（“可替代履行的行为义务” = 替代执行）

《民诉解释》第503条，被执行人不履行生效法律文书确定的行为义务，该义务可由他人完成的，人民法院可以选定代履行人；法律、行政法规对履行该行为义务有资格限制的，应当从有资格的人中选定。必要时，可以通过招标的方式确定代履行人（引入竞争机制降低成本和打消当事人顾虑）。

申请执行人可以在符合条件的人中推荐代履行人，也可以申请自己代为履行，是否准许，由人民法院决定。

《民诉解释》第504条，代履行费用的数额由人民法院根据案件具体情况确定，并由被执行人在指定期限内预先支付。被执行人未预付的，人民法院可以对该费用强制执行。

代履行结束后，被执行人可以查阅、复制费用清单以及主要凭证。（被执行人知情权）

（3）赔礼道歉怎么强制执行：登报掏钱（“代履行”）

《关于审理名誉权案件若干问题的解答》“十一、问：侵权人不执行生效判决，不为对方恢复名誉、消除影响、赔礼道歉的，应如何处理？

答：侵权人拒不执行生效判决，不为对方恢复名誉、消除影响的，人民法院可以采取公告、登报等方式，将判决的主要内容和有关情况公布于众，费用由被执行人负担”

这一司法解释是针对审理名誉权案件作出的，但目前各级法院已将其适用范围扩及于各种人格权受到损害时的赔礼道歉。

判断：2005/73 甲在网上发表文章指责某大学教授乙编造虚假的学术经历，乙为此起诉。经审理，甲被判决赔礼道歉，但甲拒绝履行该义务。法院可采取下列哪些措施？

A. 由甲支付迟延履行金√。

B. 采取公告、登报等方式，将判决的主要内容公布于众，费用由甲负担√。

C. 决定罚款√。

D. 决定拘留√。

解析：①被执行人未按照生效法律文书指定的期间履行非给付义务，应当支付迟延履行金。②拒不履行生效法律文书，构成妨碍执行行为，可追究其妨碍执行的责任，即拘留或罚款。

（四）不能执行

1. 金融机构交人民银行的存款准备金和备付金、营业场所

《执行规定》第 27 条，被执行人为金融机构的，对其交存在人民银行的存款准备金和备付金不得冻结和扣划（2008/89C），但对其在本机构、其他金融机构的存款，及其在人民银行的其他存款可以冻结、划拨，并可对被执行人的其他财产采取执行措施，但不得查封其营业场所（2008/89D）。（“存款准备金和备付金是储户的钱，不是银行的钱；场所有公共属性”）

2. 生活必需的物品、必需生活费用、义务教育必需物品、残疾必需物品、荣誉表彰物品、未公开的发明或未发表的著作等

《查封扣押冻结规定》第 3 条，人民法院对被执行人下列的财产不得查封、扣押、冻结：

（一）被执行人及其所扶养家属生活所必需的衣服、家具、炊具、餐具及其他家庭生活必需的物品；

（二）被执行人及其所扶养家属所必需的生活费用。当地有最低生活保障标准的，必需的生活费用依照该标准确定；

（三）被执行人及其所扶养家属完成义务教育所必需的物品；

（四）未公开的发明或者未发表的著作；

（五）被执行人及其所扶养家属用于身体缺陷所必需的辅助工具、医疗物品；

（六）被执行人所得的勋章及其他荣誉表彰的物品；

（七）根据《中华人民共和国缔结条约程序法》，以中华人民共和国、中华人民共和国政府或者中华人民共和国政府部门名义同外国、国际组织缔结的条约、协定和其他具有条约、协定性质的文件中规定免于查封、扣押、冻结的财产；

（八）法律或者司法解释规定的其他不得查封、扣押、冻结的财产。

问 1：对唯一住房可以执行吗？可以。《执行异议和复议规定》第 20 条。

1. 执行依据是给付金钱：可以“有条件”的执行唯一住房。（民间借贷）“穷的剩房屋 500 平的房子。”

金钱债权执行中，符合下列情形之一，被执行人以执行标的系本人及所扶养家属维持生活必需的居住房屋为由提出异议的，人民法院不予支持：

（一）对被执行人有扶养义务的人名下有其他能够维持生活必需的居住房屋的【孩子有房，足够保障，投靠，避免房屋都转给儿子自己只留 1 个】；

（二）执行依据生效后，被执行人为逃避债务转让其名下其他房屋的【多房变1房，无须保障，坏人】；

（三）申请执行人按照当地廉租住房保障面积标准为被执行人及所扶养家属提供居住房屋，或者同意参照当地房屋租赁市场平均租金标准从该房屋的变价款中扣除5至8年租金的【欠了500万债，还住500平】【找房租给你或给钱你租，考虑到被执行人向当地政府申请被保护，需要一定的周转时间，所以规定了5－8年的期间。】。（500－20＝我的）（我是你债主）

2. 执行依据是交付房屋：可以无条件执行唯一住房。

（1）执行依据确定被执行人交付居住的房屋，自执行通知送达之日起，已经给予3个月的宽限期，被执行人以该房屋系本人及所扶养家属维持生活的必需品为由提出异议的，人民法院不予支持。

（2）债务人出卖自己的房屋，生效法律文书确定被执行人依据合同约定交付居住房屋，但在执行时其又以“仅有一套房屋”为由作为抗辩。此种情形，出卖唯一一套住房是债务人自由处分其财产的结果，其对该房屋被执行应当有充分的风险预料，如果不允许执行，无异于变相鼓励失信行为。

（3）3个月搬家期，考虑到被执行人需要另外租房子，可能要有一个周转期，所以给予3个月的宽限期。给执行法院做工作的期间，避免被执行人对强制执行过于抵触，但是其超过执行依据确定履行期履行的，应当依法支付迟延履行金。

原理：为什么唯一住房可以被金钱债权所执行？①在执行程序中，人民法院保障的是被执行人的居住权，而不是房屋的所有权。②这种居住权是被执行人及所抚养的家属生存所必需的，否则，就不属于必要的保障。③这个保障是有期限的，所谓“救急不救穷”，被执行人最终居住权的保障还是要靠当地政府的各种救济保障机制，就是说应当向当地政府申请社会保障，而不能让本来应当由政府承担的社会保障义务全部转嫁给申请执行人。④被执行人不能利用法律对他生存权的保障来逃避执行。⑤有的案件，被执行人本来有几套房子，人民法院的判决或者仲裁机构的裁决一做出来，被执行人意识到自己马上要输官司了，就赶快卖房，把自己名下的房屋全部转让、转移，有的转移到自己子女或者自己父母名下，等人民法院执行的时候，被执行人称自己只有一套房子，不能执行。⑥还有的案件，现在北京、上海房价上涨比较快，一些房屋的所有人把自己房子出卖以后，买受人把价款全部交付。经过一段时间后，卖方的人一看房价上涨，就不愿意交付房屋了。这个时候，买受人就打官司，要求卖方交付房屋。法院判决合同有效，限定出卖人在一定的期限内向买受人交付居住的房屋，等到法院执行的时候，他说我就只有一套房子，你不能执行。在这类案件中，出卖房屋是当事人能够预料的风险范围，是当事人真实的意思表示。进入执行程序后，被执行人又以这个理由对抗执行，就没有依据了。因为这违反了任何人都不能因为自己过错行为而获得利益这样一个法律基本的原则或者原理。

问2：先卖后查封，一般买受人物权期待权可以优先于金钱债权人吗？【二手房买卖】

《执行异议和复议规定》第28条，金钱债权执行中，买受人对登记在被执行人名下的不动产提出异议，符合下列情形且其权利能够排除执行的，人民法院应予支持（卖房的欠债还输了官司进入执行）（债主和买房人抢房子！）（买房人叫物权期待权人）（买房债权人符合条件可以升级为“准房主”，优先效力）：

（一）在人民法院查封之前已签订合法有效的书面买卖合同；

（二）在人民法院查封之前已合法占有该不动产；

（三）已支付全部价款，或者已按照合同约定支付部分价款且将剩余价款按照人民法院的要求交付执行；（付款时间按合同；付款对象听法院）

（四）非因买受人自身原因未办理过户登记。

秒杀：甲与乙签订买卖房屋合同，乙欠银行款届期未还，银行申请法院查封乙名下房屋。甲大还是银行大？甲合同人、钥匙人、全款人、没错人，则甲大于银行。

问3：先卖后查封，消费者买受人物权期待权可以优先于金钱债权人吗？被执行人限于房地产开发企业，被执行标的是其名下商品房。【一手房买卖】

《执行异议和复议规定》第29条，金钱债权执行中，买受人对登记在被执行的房地产开发企业名下的商品房提出异议，符合下列情形且其权利能够排除执行的，人民法院应予支持：（从开发商名下买房买到了吗？开发商欠债。开发商的债主和买房人抢房。开发商都说自己厉害，买房人升级）

（一）在人民法院查封之前已签订合法有效的书面买卖合同；

（二）所购商品房系用于居住且买受人名下无其他用于居住的房屋

（三）已支付的价款超过合同约定总价款的百分之五十（到位1半，不管付款方式）。

秒杀：甲与房地产企业乙签订房屋买卖合同，购房用于居住，乙欠银行款未还，银行申请法院查封乙名下房屋。甲大还是银行大？甲合同人、半款人、“穷人”（在设区的市、县级市无其他住房），则甲大于银行。

问4：先预告后查封，预告大。被查封前已经预告登记的，预告登记大还是金钱债权执行大？预告大。（“预告登记”买受人）

《执行异议和复议规定》第30条，金钱债权执行中，对被查封的办理了受让物权预告登记的不动产，受让人提出停止处分异议的，人民法院应予支持；符合物权登记条件，受让人提出排除执行异议的，应予支持。

问5：先房屋租赁后查封，租赁钥匙人大。执行不破租赁（合同在先+占有在先）（避免倒签时间）（换房东）。

《执行异议和复议规定》第31条，承租人请求在租赁期内阻止向受让人移交占有被执行的不动产，在人民法院查封之前已签订合法有效的书面租赁合同并占有使用该不动产的，人民法院应予支持。承租人与被执行人恶意串通，以明显不合理的低价承租被执行的不动产或者伪造交付租金证据的，对其提出的阻止移交占有的请求，人民法院不予支持。

（五）对老赖撒下“天罗地网”

1. 你不能沉默：拘传过来疯狂地问

《民诉解释》第 484 条，对必须接受调查询问的被执行人（自然人）、被执行人的法定代表人（企业法人）、负责人（其他组织）或者实际控制人（企业法人或其他组织），经依法传唤无正当理由拒不到场的，人民法院可以拘传其到场。

人民法院应当及时对被拘传人进行调查询问，调查询问的时间不得超过 8 小时；情况复杂，依法可能采取拘留措施的，调查询问的时间不得超过 24 小时。（借鉴治安管理处罚法）

人民法院在本辖区以外采取拘传措施时，可以将被拘传人拘传到当地人民法院，当地人民法院应予协助。（因为不需要到庭审判所以可以异地拘传）

《民诉解释》第 485 条，人民法院有权查询被执行人的身份信息与财产信息，掌握相关信息的单位和个人必须按照协助执行通知书办理。

2. 你不能说穷：财产报告令

《民诉法》第 241 条，被执行人未按执行通知履行法律文书确定的义务，应当报告当前以及收到执行通知之日前 1 年的财产情况。被执行人拒绝报告或者虚假报告的，人民法院可以根据情节轻重对被执行人或者其法定代理人、有关单位的主要负责人或者直接责任人员予以罚款、拘留。

3. 你不能藏富：搜查令

《民诉法》第 248 条，被执行人不履行法律文书确定的义务，并隐匿财产的，人民法院有权发出搜查令，对被执行人及其住所或者财产隐匿地进行搜查。

采取前款措施，由院长签发搜查令。

《民诉解释》第 496 条，在执行中，被执行人隐匿财产、会计账簿等资料的，人民法院除可依照民事诉讼法第 111 条第 1 款第 6 项（罚款、拘留）规定对其处理外，还应责令被执行人交出隐匿的财产、会计账簿等资料。被执行人拒不交出的，人民法院可以采取搜查措施。

《民诉解释》第 497 条，搜查人员应当按规定着装并出示搜查令和工作证件（不是身份证是工作证）。

《民诉解释》第 498 条，人民法院搜查时禁止无关人员进入搜查现场；搜查对象是公民的，应当通知被执行人或者他的成年家属以及基层组织派员到场；搜查对象是法人或者其他组织的，应当通知法定代表人或者主要负责人到场。拒不到场的，不影响搜查。

搜查妇女身体，应当由女执行人员进行。

《民诉解释》第 499 条，搜查中发现应当依法采取查封、扣押措施的财产，依照民事诉讼法第 254 条第 2 款（清单、在场人签字）和第 247 条（拍卖、变卖）规定办理。

《民诉解释》第 500 条，搜查应当制作搜查笔录，由搜查人员、被搜查人及其他在场人签名、捺印或者盖章。拒绝签名、捺印或者盖章的，应当记入搜查笔录。

4. 你不能拖延：加倍罚

（1）“迟延钱” = 针对金钱给付义务：加倍支付利息

《民诉法》第 253 条，被执行人未按判决、裁定和其他法律文书指定的期间履行给付金钱义务的，应当加倍支付迟延履行期间的债务利息。被执行人未按判决、裁定和其他法律文书指定的期间履行其他义务的，应当支付迟延履行金。

《民诉解释》第 506 条，被执行人迟延履行的，迟延履行期间的利息或者迟延履行金自判决、裁定和其他法律文书指定的履行期间届满之日起计算。

问：什么是迟延履行期间的利息？①迟延履行期间的一般债务利息（生效法律文书确定）。②加倍部分债务利息（执行期间从法律文书指定的履行期间届满之日起算）（第 2 天起算）。③加倍怎么计算？加倍部分债务利息 = 债务人尚未清偿的生效法律文书确定的除一般债务利息之外的金钱债务（本金）×日万分之一点七五（0. 0175% 每日，1 年 365 天则为 6%）×迟延履行期间。

（2）“迟延行为”=针对行为债务：迟延履行金（①已经造成损失，双倍补偿损失；②未造成损失，法院具体确定）

《民诉解释》第 507 条，被执行人未按判决、裁定和其他法律文书指定的期间履行非金钱给付义务的，无论是否已给申请执行人造成损失，都应当支付迟延履行金。已经造成损失的，双倍补偿申请执行人已经受到的损失；没有造成损失的，迟延履行金可以由人民法院根据具体案件情况决定。（2016/84C）

《民诉解释》第 506 条，被执行人迟延履行的，迟延履行期间的利息或者迟延履行金自判决、裁定和其他法律文书指定的履行期间届满之日起计算。

判断：2016/84 田某拒不履行法院令其迁出钟某房屋的判决，因钟某已与他人签订租房合同，房屋无法交给承租人，使钟某遭受损失，钟某无奈之下向法院申请强制执行。法院受理后，责令田某 15 日内迁出房屋，但田某仍拒不履行。关于法院可对田某采取的强制执行措施：

A. 罚款√。

B. 责令田某向钟某赔礼道歉×。

C. 责令田某双倍补偿钟某所受到的损失√。

D. 责令田某加倍支付以钟某所受损失为基数的同期银行利息×。

解析：①生效判决书确定的内容为责令田某迁出房屋 = 非金钱给付义务。不能加倍计算利息，应当计算迟延履行金。“使钟某遭受损失”=双倍补偿器损失作为迟延履行金。②法院采取强制执行措施责令田某迁出房屋，田某仍拒绝履行的行为构成妨碍执行，法院可对其采取拘留、罚款措施。

5. 你不能出境

《民诉法》第 255 条，被执行人不履行法律文书确定的义务的，人民法院可以对其采取或者通知有关单位协助采取限制出境，在征信系统记录、通过媒体公布不履行义务信息以及法律规定的其他措施。

6. 你不能奢侈：限高

《限制高消费规定》第 3 条，被执行人为自然人的，被采取限制消费措施后，不得有以下高消费及非生活和工作必需的消费行为：

（一）乘坐交通工具时，选择飞机、列车软卧、轮船二等以上舱位；

（二）在星级以上宾馆、酒店、夜总会、高尔夫球场等场所进行高消费；

（三）购买不动产或者新建、扩建、高档装修房屋；

（四）租赁高档写字楼、宾馆、公寓等场所办公；

（五）购买非经营必需车辆；

（六）旅游、度假；

（七）子女就读高收费私立学校；

（八）支付高额保费购买保险理财产品；

（九）乘坐G字头动车组列车全部座位、其他动车组列车一等以上座位等其他非生活和工作必需的消费行为。

被执行人为单位的，被采取限制消费措施后，被执行人及其法定代表人、主要负责人、影响债务履行的直接责任人员、实际控制人不得实施前款规定的行为。因私消费以个人财产实施前款规定行为的，可以向执行法院提出申请。执行法院审查属实的，应予准许。

7. 你不能贷款：失信（拉清单）

《民诉解释》第518条，被执行人不履行法律文书确定的义务的，人民法院除对被执行人予以处罚外，还可以根据情节将其纳入失信被执行人名单，将被执行人不履行或者不完全履行义务的信息向其所在单位、征信机构以及其他相关机构通报（拉名单是惩戒措施，通报是具体措施）。

“失信被执行人”是因为被执行人**“故意”不**履行（如果被执行人积极得很，随叫随到，就是没钱，也不规避执行，更不会抗拒执行，就不能将其纳入失信被执行人黑名单）；而“限制高消费”可能是被执行人“故意”不履行，也可能是因为被迫负债或其他原因。

列入失信被执行人的对象，只可能是被执行人本身，不会及法定代表人或实际控制人等；但限制高消费措施的对象除了被执行自己，也可以用在法定代表人、实际控制人身上。

“媒体公布”，电话彩铃，接听来电，都会显示说机主是老赖。这都是威胁性保障性执行措施。

8. 你不能复仇

《民诉解释》第521条，在执行终结6个月内，被执行人或者其他人对已执行的标的有妨害行为的，人民法院可以**依申请**排除妨害，并可以依照民事诉讼法第111条（罚款、拘留）规定进行处罚。因妨害行为给执行债权人或者其他人造成损失的，受害人可以另行起诉。

问：为什么规定**“再次执行妨害”排**除制度？①【本来是新的侵权】执行终结意味生效法律文书已经实现，此后执行标的被妨害，是1个新的侵权事实。当事人如果向寻求执行程序的公力救济，需要取得新的执行根据。②【经常发生】但是就社会现实说，执行程序终结后，经常会发生被执行人再次侵犯执行标的，使执行标的恢复到执行前状态的事例。如再次侵占强制交付的房屋，或者再次修建被强制拆除的墙壁以堵塞通道。③【避免增加申请执行人诉累】如果要去申请执行人另行起诉，法院将会作出与已经生效法律文书完全相同的裁判。这不仅增加了申请执行人的诉累，也增加了法院的审判负担。【不需要找新的执行依据】

第十九部分　仲裁程序

仲裁程序的逻辑体系：①什么案子可以提交仲裁？（仲裁的范围）②什么是仲裁协议？（仲裁协议形式与内容）？③仲裁协议有效吗？（仲裁协议的效力）④仲裁能“赢”吗？（仲裁中的财产保全和证据保全）⑤谁是仲裁员呢？（仲裁庭的组成和仲裁员的回避）⑥可以看到仲裁员吗？（仲裁的审理方式）⑦当事人会来吗？（撤回仲裁申请和缺席裁决）⑧仲裁中可以和解吗？（仲裁中的和解）⑨仲裁中可以调解吗？（仲裁中的调解）⑩仲裁裁决怎么弄？（仲裁中的裁决）⑪仲裁裁决就一定很厉害吗？（司法与仲裁：执裁、撤裁、不执裁）

一、什么案子可以提交仲裁？（仲裁的范围）

（一）什么案子可以提交仲裁

1. 需要双方自愿达成仲裁协议，无仲裁协议，一方申请仲裁，仲裁委不予受理。（《仲裁法》第 4 条）

2. 平等主体之间的合同纠纷和其他财产权益纠纷。（《仲裁法》第 2 条）

（二）什么案子不可以提交仲裁（《仲裁法》第 3 条）（“不具有可仲裁性”）

1. 婚姻、收养、监护、扶养、继承纠纷。（2008/88A 民事诉讼可解决各类民事纠纷，仲裁不适用与身份有关的民事纠纷√。）

2. 依法应当由行政机关处理的行政争议。

3. 劳动争议仲裁（劳动仲裁前置且无需仲裁协议）和农业承包合同纠纷仲裁，不适用《仲裁法》，由法律另行规定。

（三）仲裁实行一裁终决制

仲裁实行一裁终局的制度。裁决作出后，当事人就同一纠纷再申请仲裁或者向法院起诉的，仲裁委员会或者法院不予受理。（《仲裁法》第 9 条第 1 款）（2008/88B 民事诉讼实行两审终审，仲裁实行一裁终局√。）

二、什么是仲裁协议？（仲裁协议形式与内容）

（一）仲裁协议要采用什么形式？

1. 应当书面形式。（“无名合同”）

（1）仲裁条款（《仲裁法》第 16 条）。（合同 + 无名合同仲裁条款，各玩各的）

（2）单独仲裁协议书。（**坑买合同的人，抽屉仲裁条款，倒签协议**）

（3）其他书面形式：包括以合同书、信件和数据电文（包括电报、电传、传真、电子

数据交换和电子邮件）等形式达成的请求仲裁的协议。（《仲裁法解释》第1条）

2. 禁止口头形式。口头仲裁协议无效。

（二）仲裁协议（无名合同）要包括哪些内容？（《仲裁法》第16条）

1. 请求仲裁的意思表示

《仲裁法》第27条，申请人可以放弃或者变更仲裁请求。被申请人可以承认或者反驳仲裁请求，有权提出反请求。（“入口自治，出口强制”）

2. 仲裁事项

《仲裁法解释》第2条，当事人概括约定仲裁事项为合同争议的，基于合同成立、效力、变更、转让、履行、违约责任、解释、解除等产生的纠纷都可以认定为仲裁事项。

> 判断：2006/35B 从理论上说，诉讼当事人无权确定法院审理和判决的范围，仲裁当事人有权确定仲裁机构审理和裁决的范围×。
>
> 解析：根据处分原则，当事人可以通过诉讼请求确定法院审理和判决的范围，因为法院的审理和判决范围不能超过当事人的诉讼请求范围。

3. 要有选定的仲裁委员会，选定的仲裁委员会应该明确、具体。

（1）当事人协议选定仲裁委（《仲裁法》第6条）

①区县一级没有仲裁委（会有劳动仲裁委但不会有商事仲裁委），地级市及以上市可以有仲裁委。（《仲裁法》第10条）

② 仲裁不实行级别管辖和地域管辖。

③仲裁委员会不按行政区划层层设立。（不存在“北京市仲裁委”，只有北京仲裁委，仲裁机构上不会有行政区划的名称）

④仲裁委员会由市的人民政府组织有关部门和商会统一组建。

⑤设立仲裁委员会，应当经省、自治区、直辖市的司法行政部门登记。

> 问：甲乙买卖合同约定“因履行本合同发生争议，由甲市A区仲裁委仲裁”，仲裁条款是否有效？
>
> 答：无效。因为A区不存在仲裁委，仲裁协议约定的仲裁委不存在，故仲裁协议无效。该合同纠纷应通过和解、人民调解委员会调解或者到法院诉讼解决。

> 秒杀：见到区仲裁委、县仲裁委，则仲裁协议一概无效，因为不存在这样的仲裁委。

（2）当事人协议选定仲裁委名称虽然不准确，但是可以锁定是哪家就没关系

《仲裁法解释》第3条，仲裁协议约定的仲裁机构名称不准确，但能够确定具体的仲裁机构的，应当认定选定了仲裁机构。（如约定北京市仲裁委，应认定为选了北京仲裁委）

（3）当事人协议约定仲裁规则，但是可以依照该规则锁定是哪家仲裁委就没关系

《仲裁法解释》第4条，仲裁协议仅约定纠纷适用的仲裁规则的，视为未约定仲裁机构，但当事人达成补充协议或者按照约定的仲裁规则能够确定仲裁机构的除外。

> 问：什么是按照约定的仲裁规则能确定仲裁机构？“仲裁规则与仲裁机构捆绑”。比如沈阳仲裁委规则中说了，当事人约定了规则即视为约定了本委。

（4）各个仲裁委彼此独立，是中国仲裁协会的会员

①彼此独立。《仲裁法》第14条，仲裁委员会独立于行政机关，与行政机关没有隶属关系。仲裁委员会之间也没有隶属关系。（2011/36D 仲裁机构是民间组织，法院是国家机关√。）

②仲裁协会会员。《仲裁法》第 15 条，中国仲裁协会是社会团体法人。仲裁委员会是中国仲裁协会的会员。中国仲裁协会的章程由全国会员大会制定。

三、仲裁协议有效吗？（仲裁协议的效力体系 =8 个一半一半规律）

- ①合同无效，仲裁条款也无效吗？仲裁条款效力独立性
  - ①不影响
    - ①合同不成立
    - ②合同被撤
    - ③合同被变更解除等
  - ②仲裁自己无效
    - ①无限人胁迫人
    - ②口头协议
    - ③无协议
    - ④裁人身
- ②合同有效，仲裁条款一定有效吗？不一定，同上，仲裁条款有自己的无效因素
- ③换人了，仲裁条款就无效吗？
  - ①新人：合并分立。但有约定除外。
  - ②活人：人死了。但有约定除外。
  - ③买人：卖合同了。但受让人不知道或明确反对除外。
- ④约定 2 个以上仲裁机构，仲裁条款就无效吗？
  - ①协商成功，有效。
  - ②协商失败，无效。
- ⑤约定或裁或审，仲裁条款就无效吗？
  - ①约定裁的无效，约定审的有效（协议管辖）
  - ②应裁到仲裁委有效：被申请人首次开庭前没提
- ⑥仲裁条款有效，法院就一定没有管辖权吗？
  - ①裁大：
    - ①法院受理前发现
    - ②法院受理后被告首次开庭提出
  - ②法大
    - ①首提了，但法院发现仲裁协议无效
    - ②没首提，应诉到法院的
- ⑦仲裁条款无效，仲裁委就一定没有管辖权吗？
  - ①法大
  - ②裁大：没首提，应裁到仲裁委的
- ⑧仲裁协议是否有效，谁说了算？
  - ①双方一致手拉手
    - ①一起去仲裁委确认
    - ②一起去法院确认
  - ②你去裁，我去法，则法大
    - ①人 1 申请人中院
    - ②人 2 被申请人中院
    - ③人 3 仲裁委中院
    - ④协议地中院

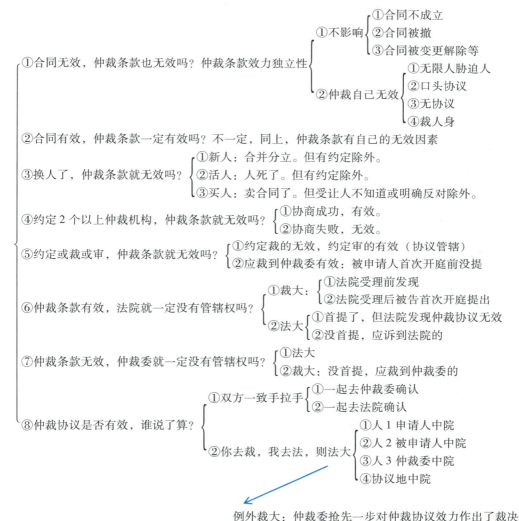

例外裁大：仲裁委抢先一步对仲裁协议效力作出了裁决

（一）合同无效，仲裁条款也无效吗？（仲裁条款效力独立性）（一半一半）

1. 一般，有效：一般情况下，合同无效，不会影响仲裁条款的效力，即仲裁条款有效。

（1）合同未成立不影响仲裁协议的效力

《仲裁法解释》第 10 条第 2 款，当事人在订立合同时就争议达成仲裁协议的，合同未成立不影响仲裁协议的效力。

问：合同成立与否与仲裁条款到底是什么关系？❶情形 1：合同和仲裁条款在一起，合同不成立，那么仲裁条款也不成立，因为都没有意思表示。❷情形 2：合同条款是合同条款；仲裁条款是仲裁条款。比如当事人约定，合同成立与否，也要去仲裁，那么，还是

有仲裁的意思。所以关于合同是否成立这件事情，请去仲裁。❸合同的意思；和仲裁的意思，各管各的。❹实务中，因为签约的方法有各种表现形态。他们（合同条款和仲裁条款）有时候是在一张纸上；有时候不在一张纸上。然后写法也各不相同。❺我们只看有没有仲裁意思；有没有成立合同的意思。观察上进行拆分就可以。

（2）合同成立后未生效或者被撤销，不影响仲裁协议的效力

《仲裁法解释》第10条第1款，合同成立后未生效或者被撤销的，仲裁协议效力的认定适用仲裁法第19条第1款的规定。

（3）合同无效、合同变更、解除、终止，不影响仲裁协议的效力

①《仲裁法》第19条第1款，仲裁协议独立存在，合同的变更、解除、终止或者无效，不影响仲裁协议的效力。

判断1：2015/50B 投资合同约定了仲裁条款，如投资合同无效，仲裁条款即无效×。 判断2：2012/48B 因洪湖公司承办人员超越权限签订合同导致合同无效，仲裁协议当然无效×。 判断3：2007/90A 双方协商拟解除合同，但因赔偿问题发生争议，一方向法院起诉，法院不得受理√。

问：甲、乙公司签订买卖合同，合同约定本协议产生的纠纷由A市仲裁委仲裁，后来双方协议解除合同，关于违约责任问题发生纠纷，可以诉讼吗？ 答：不可以。①仲裁条款具有独立性，合同解除不当然导致仲裁条款解除。②甲乙公司之间存在有效仲裁协议，故只能根据仲裁协议申请A市仲裁委仲裁，不能起诉。

②《仲裁法》第19条第2款，仲裁庭有权确认合同的效力。（2015/50A“仲裁委员会无权确认投资合同是否有效×。”）

（4）本合同约定解决争议适用别的合同的仲裁条款，则适用别的仲裁条款

《仲裁法解释》第11条第1款，合同约定解决争议适用其他合同、文件中的有效仲裁条款的，发生合同争议时，当事人应当按照该仲裁条款提请仲裁。

2. 但是有例外，无效：如果仲裁条款本身无真实意思，则仲裁条款无效。

（1）无限人：无民事行为能力人或者限制民事行为能力人订立的仲裁协议，仲裁协议无效（《仲裁法》第17条第2项）

（2）胁迫人：一方采取胁迫手段，迫使对方订立仲裁协议的，仲裁协议无效（《仲裁法》第17条第3项）

（3）分歧人：《仲裁法》第18条，仲裁协议对仲裁事项或者仲裁委员会没有约定或者约定不明确的，当事人可以补充协议；达不成补充协议的，仲裁协议无效。

（4）没谱人：约定的仲裁事项超出法律规定（“如婚姻事项不具有可仲裁性”）的仲裁范围的，仲裁协议无效（《仲裁法》第17条第1项）

（二）合同有效，仲裁条款一定有效吗？（一半一半）

1. 一般，有效：一般合同有效，仲裁条款也是有效的，且有效仲裁排斥法院管辖

《仲裁法》第5条，当事人达成仲裁协议，一方向人民法院起诉的，人民法院不予受理，但仲裁协议无效的除外。

2. 但是有例外，无效：虽然合同有效，但是仲裁条款无效。比如离婚协议有效，约定发生争议去仲裁，则仲裁条款无效。

判断：【仲裁无效启动继承专属管辖】2010/43 甲乙因遗产继承发生纠纷（或修改为因收养、婚姻），双方书面约定由某仲裁委员会仲裁。后甲反悔，向遗产所在地法院起诉。法院受理后，乙向法院声明双方签订了仲裁协议。法院应该怎么办？

A. 裁定驳回起诉×。

B. 裁定驳回诉讼请求×。

C. 裁定将案件移送某仲裁委会审理×。

D. 法院裁定仲裁协议无效，对案件继续审理√。

解析：①遗产继承纠纷时有关身份关系的案件，不具有可仲裁性，故仲裁协议无效。②法院有权管辖。③启动专属管辖，由被继承人死亡时住所地或主要遗产所在地法院管辖。

（三）换人了，仲裁条款就无效吗？（仲裁条款效力扩张性 = 仲裁条款相对性的突破）

1. 新人（一半一半）

《仲裁法解释》第 8 条第 1 款，当事人订立仲裁协议后合并、分立的，仲裁协议对其权利义务的继受人有效。但是，当事人订立仲裁协议时另有约定的除外。

问：甲乙公司签订买卖合同，合同约定因履行本协议发生争议由 A 市仲裁委仲裁。合同签订后甲公司分立为丙、丁公司，则关于丙、丁公司和乙公司履行合同发生争议，可以诉讼吗？

答：不可以诉讼。①仲裁条款效力具有扩张性，仲裁条款对分立后的丙、丁公司发生效力。②故丙、丁公司和乙之间存在有效仲裁协议，故不能去诉讼。

2. 活人（一半一半）

《仲裁法解释》第 8 条第 2 款，当事人订立仲裁协议后死亡的，仲裁协议对承继其仲裁事项中的权利义务的继承人有效。但是，当事人订立仲裁协议时另有约定的除外。

3. 买人（一半一半）

《仲裁法解释》第 9 条，债权债务全部或者部分转让的，仲裁协议对受让人有效，但当事人另有约定、在受让债权债务时受让人明确反对或者不知有单独仲裁协议的除外。

抽屉仲裁条款。

问：甲乙公司签订买卖合同，约定因履行本协议发生争议由 A 市仲裁委仲裁。合同签订后，甲公司将合同项下权利义务转让给丙公司。则关于丙公司、乙公司履行合同发生争议，可以诉讼吗？

答：不可以诉讼。①仲裁条款效力具有扩张性，仲裁条款对受让人丙公司生效。②故在丙公司和乙公司之间存在有效仲裁协议，故不可以去诉讼。

判断：【受让人明确反对案】2007/89A 市甲公司与 B 市乙公司在 B 市签订了一份钢材购销合同，约定合同履行地在 A 市。同时双方还商定因履行该合同所发生的纠纷，提交 C 仲裁委员会仲裁。后因乙公司无法履行该合同，经甲公司同意，乙公司的债权债务转让给 D 市的丙公司，但丙公司明确声明不接受仲裁条款。关于本案仲裁条款效力：

A. 因丙公司已明确声明不接受合同中的仲裁条款，所以仲裁条款对其无效√。

B. 因丙公司受让合同中的债权债务，所以仲裁条款对其有效×。

C. 因丙公司声明只有取得甲公司同意，该仲裁条款对丙公司才无效×。

D. 因丙公司声明只有取得乙公司同意，该仲裁条款对丙公司才无效×。

（四）约定2个以上仲裁机构，仲裁条款就无效吗？（一半一半）（半个无效：启动协商机制，协商成功则选1个；协商失败则无效）

1. 一般，有效：协商机制启动后协商成功

仲裁协议约定2个以上仲裁机构的，当事人可以协议选择其中1个仲裁机构申请仲裁。(《仲裁法解释》第5条第1句)（2012/48A“因当事人约定了2个仲裁委，仲裁协议当然无效×。”）

2. 但是有例外，无效：协商机制启动后协商失败

仲裁协议约定2个以上仲裁机构的，当事人不能就仲裁机构选择达成一致，仲裁协议无效。(《仲裁法解释》第5条第2句)（2012/48C“武当公司和洪湖公司签订了钢材购销合同，约定争议提交A仲裁委或B仲裁委仲裁解决。……洪湖公司如向法院起诉，法院应当受理√。”解析：既然一方起诉，即意味协商失败，仲裁协议无效。）

问1：如果当事人约定某地仲裁机构，怎么处理？ 答：①约定某地仲裁机构，而该地只有1个仲裁机构，则该仲裁机构视为约定的仲裁机构。(《仲裁法解释》第6条第1句。)②约定某地仲裁机构，而该地有2个以上仲裁机构，则启动协商机制：协商成功则选1个；协商失败则仲裁协议无效。(《仲裁法解释》第6条第2句。)

问2：如果当事人约定适用某个仲裁规则，而某个仲裁规则可能会被很多仲裁机构适用，比如贸仲和贸仲的分会，怎么处理？ 答：视为约定了2个以上仲裁委，应启动协商机制。协商成功则选1个；协商失败则仲裁协议无效。

秒杀：看到约定不清楚或者约定2个仲裁委，然后看到1方去起诉=协商失败=仲裁协议无效。

（五）约定或裁或审，仲裁条款就无效吗？（一半一半）（半个无效）

1. 一般，无效：约定或裁或审，则仲裁条款无效，而约定审的一般有效。（2010/84ABD）

《仲裁法解释》第7条第1句，当事人约定争议可以向仲裁机构申请仲裁也可以向人民法院起诉的，仲裁协议无效。

判断：【约定或裁或审，仲裁条款无效，法院继续管案】2010/84甲公司与乙公司签订了一份钢材购销合同，约定因该合同发生纠纷双方可向A仲裁委员会申请仲裁，也可向合同履行地B法院起诉。 A. 双方达成的仲裁协议无效√。 B. 双方达成的管辖协议有效√。 C. 如甲公司向A仲裁委申请仲裁，乙公司在仲裁庭首次开庭前未提出异议，A仲裁委可对该案进行仲裁√。 D. 如甲公司向B法院起诉，乙公司在法院首次开庭时对法院管辖提出异议，法院应当驳回甲公司的起诉×。

解析：①仲裁协议约定了或裁或审条款，仲裁协议无效。②既然仲裁协议无效，当事人应向法院起诉，合同纠纷可以协议管辖，故协议由合同履行地B法院管辖，该管辖协议有效（协议管辖=合同或其他财产权益纠纷+书面、明确、具体+与争议有实际联系）。③虽然仲裁协议无效，但当事人应在仲裁庭首次开庭前对仲裁协议效力提出异议。如果一方申请仲裁，另一方未在仲裁庭开庭前对仲裁协议效力提出异议，则仲裁委有权仲裁。④因为仲裁协议无效，法院可以管辖案件，应该继续审理，而不是驳回起诉。即使仲裁协议有效，乙公司也应在法院首次开庭前对法院管辖提出异议，而不是开庭时提出异议。

2. 但是有例外，可以仲裁：约定或裁或审，本来仲裁条款无效，但是被申请人在仲裁庭首次开庭前没有提出仲裁协议无效的，则可以仲裁。（2010/84C）

当事人约定或裁或审，仲裁协议无效。但一方向仲裁机构申请仲裁，另一方未在仲裁法第20条第2款规定期间内（当事人对仲裁协议的效力有异议，应当在仲裁庭首次开庭前提出）提出异议的除外。（《仲裁法解释》第7条第2句）

判断：【约定或裁或审，仲裁条款无效，但没在仲裁庭首次开庭前提异议，则仲裁继续管案（应诉到仲裁委，来了就别想走）】2017/85 住所在北京市C区的甲公司与住所在北京市H区的乙公司在天津市J区签订了一份买卖合同，约定合同履行发生争议，由北京仲裁委员会仲裁或者向H区法院提起诉讼。合同履行过程中，双方发生争议，甲公司到北京仲裁委员会申请仲裁，仲裁委员会受理并向乙公司送达了甲公司的申请书副本。在仲裁庭主持首次开庭的答辩阶段，乙公司对仲裁协议的效力提出异议。仲裁庭对此作出了相关的意思表示。此后，乙公司又向法院提出对仲裁协议的效力予以认定的申请。

A. 双方当事人约定的仲裁协议原则上有效×。

B. 仲裁庭对案件管辖权作出决定应有仲裁委员会的授权√。

C. 仲裁庭对乙公司的申请应予以驳回，继续审理案件√。

D. 乙公司应向天津市中级人民法院申请认定仲裁协议的效力×。

解析：①约定或裁或审，仲裁协议原则上是无效的，而不是原则上有效。②确认仲裁协议效力的决定应由仲裁委作出，仲裁庭向要对案件管辖作出决定，即需要对仲裁协议效力作出认定，应得到仲裁委授权。③对仲裁协议效力提出异议，应该在仲裁庭首次开庭前提出，本案是在首次开庭的答辩阶段提出，因此，过期提出等于没提出，仲裁继续。“应裁管辖，说晚了。”④确认仲裁协议效力的法院可以是申请人住所地、被申请人住所地、仲裁委所在地、仲裁协议签订地中级人民法院。因此，本案有北京市中院（三人地）和天津市中院（仲裁协议签订地）可以管辖仲裁协议效力。（北京市有3个中院、天津市也有3个中院，所以应该具体到某个中院）

已经应裁了，还可以去法院确认无效吗？119起诉条件。

（六）仲裁条款有效，法院就一定没有管辖权吗？（一半一半）（半个管辖权）（关键词：法院首次开庭）

1. 一般，法院不能管：仲裁排斥法院管辖。

《仲裁法》第26条第1句，当事人达成仲裁协议，一方向人民法院起诉未声明有仲裁协议，人民法院受理后，另一方在首次开庭前提交仲裁协议的，人民法院应当驳回起诉，但仲裁协议无效的除外。

（1）仲裁大①

法院受理案件前，发现合同中有仲裁条款，则法院裁定不予受理。（法院主动知道有仲裁）

（2）仲裁大②

法院受理案件后，被告在法院首次开庭前提出有仲裁条款，法院审查仲裁协议有效，则法院裁定驳回起诉。（法院很早就被动知道有仲裁）

2. 但是有例外，法院可以管：法院有应诉管辖权。被告在法院首次开庭前没有提出仲裁协议，而在首次开庭后提出，则法院可以管。（应诉到法院，来了就别想走）（抽屉仲裁）

《仲裁法》第26条第2句，另一方在首次开庭前未对人民法院受理该案提出异议的，视为放弃仲裁协议，人民法院应当继续审理。

《仲裁法解释》第14条，仲裁法第26条规定的“首次开庭”是指答辩期满后人民法院组织的第一次开庭审理，不包括审前程序中的各项活动。

（1）法院大①

法院受理后，被告在首次开庭前提出有仲裁协议，但是法院经过审查后认为仲裁协议无效，则法院可以管，继续审理。（法院知道仲裁协议无效＝无仲裁协议）

（2）法院大②

法院受理后，被告在首次开庭前没有提出有仲裁协议，而在首次开庭后提出，则法院可以管，继续审理。（仲裁协议异议晚了法院很晚才知道＝放弃仲裁协议＝无仲裁协议）

判断：在法院首次开庭前没提出有仲裁协议，则法院大，继续审理【应诉管辖，法大】

2008/36 甲公司与乙公司因合同纠纷向A市B区法院起诉，乙公司应诉。经开庭审理，法院判决甲公司胜诉。乙公司不服B区法院的一审判决，以双方签订了仲裁协议为由向A市中级人民法院提起上诉，要求据此撤销一审判决，驳回甲公司的起诉。A市中级人民法院应如何处理？

A. 裁定撤销一审判决，驳回甲公司的起诉×。

B. 应当首先审查仲裁协议是否有效，如果有效，则裁定撤销一审判决，驳回甲公司的起诉×。

C. 应当裁定撤销一审判决，发回原审法院重审×。

D. 应当裁定驳回乙公司的上诉，维持原判决√。

解析：一方起诉时未声明有仲裁协议，另一方在法院首次开庭前没有对法院受理该案提出异议，视为放弃仲裁协议，法院应当继续审理，故法院取得应诉管辖权。

（七）仲裁条款无效，仲裁委就一定没有管辖权吗？（一半一半）（半个管辖权）（关键词：仲裁庭首次开庭）【应裁管辖，说完了】

1. 一般，仲裁委不能管。

2. 但是有例外，仲裁委可以管。被申请人在仲裁庭首次开庭前没提出，此后再提出，则仲裁委可以继续仲裁。（应诉到仲裁委，来了就别想走）

①仲裁庭首次开庭前提出仲裁条款无效才管用：《仲裁法》第20条第2款，当事人对仲裁协议的效力有异议，应当在仲裁庭首次开庭前提出。

②晚了再提，法院不再受理：《仲裁法解释》第13条第1款，依照仲裁法第20条第2款的规定，当事人在仲裁庭首次开庭前没有对仲裁协议的效力提出异议，而后向人民法院申请确认仲裁协议无效的，人民法院不予受理。

③晚了再提，法院不会撤裁；也不会不予执行：《仲裁法解释》第27条第1款，当事人在仲裁程序中未对仲裁协议的效力提出异议，在仲裁裁决作出后以仲裁协议无效为由主张撤销仲裁裁决或者提出不予执行抗辩的，人民法院不予支持。

④按时提了仲裁委不搭理，则法院会撤裁或者不予执行裁：《仲裁法解释》第27条第2款，当事人在仲裁程序中对仲裁协议的效力提出异议，在仲裁裁决作出后又以此为由主张撤销仲裁裁决或者提出不予执行抗辩，经审查符合仲裁法第58条或者老民事诉讼法第217（不予执行仲裁裁决情形）条、第260条（不予执行涉外仲裁裁决情形）规定的，人民法院应予支持。

判断1：【在仲裁庭首次开庭后提仲裁协议无效，晚了，仲裁继续管（应诉到仲裁委，来了就别想走）】2007/48 A市水天公司与B市龙江公司签订一份运输合同，并约定如发生争议提交A市C仲裁委员会仲裁。后因水天公司未按约支付运费，龙江公司向C仲裁委员会申请仲裁。在第一次开庭时，水天公司未出庭参加仲裁审理，而是在开庭审理后的第二天向A市中级人民法院申请确认仲裁协议无效。C仲裁委员会如何处理本案？

A. 应当裁定中止仲裁程序×。

B. 应当裁定终结仲裁程序×。

C. 应当裁定驳回仲裁申请×。

D. 应当继续审理√。

解析：①在仲裁庭开庭审理后的第2天，晚了！仲裁继续管。②且以后再也不能以仲裁协议无效等原因申请法院确认仲裁协议的效力或者申请撤销或不予执行仲裁裁决。③如果不去，仲裁委会缺席裁决，但是至少被申请人有机会向法院申请撤裁（以无协议为由）或者在执行阶段申请不予执行裁决。

判断2：2010/44C“仲裁当事人在仲裁程序中没有提出对仲裁协议效力的异议，此后以仲裁协议无效为由申请撤销或不予执行，法院不予支持√。”

（八）仲裁协议是否有效，谁说了算？（一半一半）（“二元化双轨制法院确认优先”）

1. 一般，“法大”：一方找仲裁委说仲裁协议无效，另一方找法院说，则法院管。

（1）可以双方去仲裁，也可以双方去法院（双方一致手拉手）

《仲裁法》第20条第1款第1句，当事人对仲裁协议的效力有异议的，可以请求仲裁委员会作出决定或者请求人民法院作出裁定。

判断：【关于确认仲裁协议效力，没有说有分歧，只问一方可以去哪里，视同双方可以去哪里】2005/79 甲乙在合同中约定因合同所发生的争议，提交某仲裁委员会仲裁。后双方发生争议，甲向约定的仲裁委员会申请仲裁，但乙对仲裁协议的效力提出异议。对此，乙就仲裁协议的效力有权向谁申请认定？

A. 该仲裁委员会所在地基层法院×。

B. 该仲裁委员会所在地中级人民法院√。

C. 该仲裁委员会√。

D. 甲居住地的基层法院×。

解析：①看见仲裁找中院，例外，国内仲裁的保全和证据保全找基层。②确认仲裁协议效力≠保全，故找中院。③或者找仲裁委。

（2）一方去仲裁（我仲裁委有人），对方去法院（我法院有人），则法院大（双方不一致）

《仲裁法》第20条第1款第2句，一方请求仲裁委员会作出决定，另一方请求人民法院作出裁定的，由人民法院裁定。

判断：【争说仲裁协议无效，一方去仲裁，对方去法院，则法院大】2015/50 大成公司与华泰公司签订投资合同，约定了仲裁条款：如因合同效力和合同履行发生争议，由A仲裁委员会仲裁。合作中双方发生争议，大成公司遂向A仲裁委员会提出仲裁申请，要求确认投资合同无效。A仲裁委员会受理。华泰公司提交答辩书称，如合同无效，仲裁条款当然无效，故A仲裁委员会无权受理本案。随即，华泰公司向法院申请确认仲裁协议无效，大成公司见状，向A仲裁委员会提出请求确认仲裁协议有效。 A. A仲裁委员会无权确认投资合同是否有效×。 B. 投资合同无效，仲裁条款即无效×。 C. 仲裁条款是否有效，应由法院作出裁定√。 D. 仲裁条款是否有效，应由A仲裁委员会作出决定×。 解析：关于仲裁协议无效，一方去仲裁，一方去法院，则法院确认权优先。

（3）如果是法院大，是哪些法院呢？人①，人②，人③，双方协议地④中院

《仲裁司法审查》第2条第1款，申请确认仲裁协议效力的案件，由仲裁协议约定的仲裁机构所在地、仲裁协议签订地、申请人住所地、被申请人住所地的中级人民法院或者专门人民法院管辖。（2017/85D）（2017/50）

《仲裁司法审查》第4条，申请人向两个以上有管辖权的人民法院提出申请的，由最先立案的人民法院管辖。

《仲裁法解释》第15条，人民法院审理仲裁协议效力确认案件，应当组成合议庭进行审查，并询问当事人。

判断：【去法院说仲裁协议无效，是去哪些法院呢？】2017/50 住所在A市B区的两江公司与住所在M市N区的百向公司，在两江公司的分公司所在地H市J县签订了一份产品购销合同，并约定如发生合同纠纷可向设在W市的仲裁委员会申请仲裁（W市有两个仲裁委员会）。因履行合同发生争议，两江公司向W市的一个仲裁委员会申请仲裁。仲裁委员会受理后，百向公司拟向法院申请认定仲裁协议无效。百向公司向什么法院提出申请？ A. 可向W市中级人民法院申请√。 B. 只能向M市中级人民法院申请×。 C. 只能向A市中级人民法院申请×。 D. 可向H市中级人民法院申请√。 解析：①A市＝申请人住所地。②M市＝被申请人住所地。③W市＝仲裁委所在地。④H市＝仲裁协议签订地。⑤A、M、W、H市中院都可以。⑥BC错在只能。

2. 但是有例外，“裁大”：仲裁机构已经对仲裁协议效力作出决定，则法院不能再管了。

《仲裁法解释》第13条第2款，仲裁机构对仲裁协议的效力作出决定后，当事人向人民法院申请确认仲裁协议效力或者申请撤销仲裁机构的决定的，人民法院不予受理。

《仲裁法》第20条第2款，当事人对仲裁协议的效力有异议，应当在仲裁庭首次开庭前提出。

秒杀：仲裁协议效力的认定，采用“二元化双轨制法院确认优先”。仲裁委对仲裁协议效力异议所作出的是“决定”。法院对仲裁协议效力异议所作出的是“裁定”，对此裁定不得上诉。

四、仲裁能“赢”吗？（仲裁中的财产保全和证据保全）

（一）仲裁中的财产保全

1. “仲裁中的财产保全”向仲裁委申请

《仲裁法》第28条第1款，一方当事人因另一方当事人的行为或者其他原因，可能使裁决不能执行或者难以执行的，可以申请财产保全。

判断1：2011/36B诉讼中当事人可以申请财产保全，在仲裁中不可以申请财产保全×。 判断2：仲裁中的保全不存在依职权保全问题，只能依据当事人申请进行√。

2. 仲裁委将申请转交法院

《仲裁法》第28条第2款，当事人申请财产保全的，仲裁委员会应当将当事人的申请依照民事诉讼法的有关规定提交人民法院。

判断1：2005/47A“仲裁中申请人申请财产保全，仲裁委不予受理，告知当事人直接向法院提出申请×。” 判断2：2005/47B“仲裁中申请人申请财产保全，仲裁委审查后直接作出财产保全裁定，由有关法院执行×。” 判断3：2008/88D“民事诉讼中财产保全由法院负责执行，而仲裁机构则不介入任何财产保全活动×。”解析：虽然仲裁委无权作出保全裁定，但当事人依然是向仲裁委提出申请，故不能说仲裁机构不介入任何保全的活动。 判断4：2010/44A仲裁当事人申请财产保全，应当向仲裁机构申请，由仲裁机构将该申请移交给相关法院√。

3. 被申请人住所地和被申请保全财产所在地法院的执行机构负责执行

《执行规定》第2条，执行机构负责执行下列生效法律文书：……（3）我国仲裁机构作出的仲裁裁决和调解书，人民法院依据《中华人民共和国仲裁法》有关规定作出的财产保全和证据保全裁定……

4. 错了要赔

《仲裁法》第28条第3款，申请有错误的，申请人应当赔偿被申请人因财产保全所遭受的损失。

（二）仲裁中的证据保全

1. 仲裁中的证据规定

（1）证据来自哪里？当事人应当对自己的主张提供证据；仲裁庭认为有必要收集的证据可以自行收集。（《仲裁法》第43条）

（2012/85A “在一定情况下，法院可以依职权收集证据，仲裁庭也可以自行收集证据√。”解析：民事诉讼中，涉及身份关系、国家、社会、第三人利益或与当事人实体权利义务无关的程序性事实，法院依职权调查收集证据。）

（2）专门问题怎么鉴定？当事人协商的鉴定部门鉴定；仲裁庭指定的鉴定部门鉴定；应当事人请求或仲裁庭请求鉴定部门应当派鉴定人参加开庭；当事人经仲裁庭许可可以向鉴定人提问。（《仲裁法》第44条）

（2012/85B “对专门性问题需要鉴定的，法院可以指定鉴定部门鉴定，仲裁庭也可以指定鉴定部门鉴定√。”）

（3）证据在开庭时要出示吗？证据应当在开庭时出示，当事人可以质证。（《仲裁法》第45条）

2. 仲裁中的证据保全

《仲裁法》第46条，在证据可能灭失或者以后难以取得的情况下，当事人可以申请证据保全。当事人申请证据保全的，仲裁委员会应当将当事人的申请提交证据所在地的基层人民法院。（2014/77B）

判断：【仲裁前的证据保全适用诉讼前证据保全规则=证据所在地、被申请人住所地或者有管辖权的法院】2014/77 甲县的佳华公司与乙县的亿龙公司订立的烟叶买卖合同中约定，如果因为履行合同发生争议，应提交A仲裁委员会仲裁。佳华公司交货后（说明证据在乙县），亿龙公司认为烟叶质量与约定不符，且正在霉变，遂准备提起仲裁，并对烟叶进行证据保全。

A. 在仲裁程序启动前，亿龙公司可直接向甲县法院申请证据保全√。

B. 在仲裁程序启动后，亿龙公司既可直接向甲县法院申请证据保全，也可向A仲裁委员会申请证据保全×。（必须仲裁委转交申请）

C. 法院根据亿龙公司申请采取证据保全措施时，可要求其提供担保√。

D. A仲裁委员会收到保全申请后，应提交给烟叶所在地的中级法院×。（不是中院）

解析：①“遂准备提起仲裁”=尚未提起仲裁。②仲裁前的证据保全，适用诉前证据保全规定。③诉前证据保全，因为情况紧急，在证据可能灭失或者以后难以取得的情况下，利害关系人可以在提起诉讼或者申请仲裁前，向证据所在地、被申请人住所地或者对案件有管辖权的法院申请证据保全。④“交货后”=证据所在地为乙县。被申请人住所地为甲县。故申请人亿龙公司可向乙县（证据地）或甲县（被申请人地）基层法院申请证据保全。

（三）合并观察

当事人申请保全（财产保全或证据保全）→仲裁委转交申请→国内是基层法院涉外是中级人民法院裁定。

1. 国内仲裁保全由基层法院裁定

《执行规定》第9条，在国内仲裁过程中，当事人申请财产保全，经仲裁机构提交人民法院的，由被申请人住所地或被申请保全的财产所在地的基层人民法院裁定并执行；申请证据保全的，由证据所在地的基层人民法院裁定并执行。

2. 涉外仲裁保全由中级人民法院裁定

《执行规定》第10条，在涉外仲裁过程中，当事人申请财产保全，经仲裁机构提交人民法院的，由被申请人住所地或被申请保全的财产所在地的中级人民法院裁定并执行；申请证据保全的，由证据所在地的中级人民法院裁定并执行。

判断1：2005/47C“中国甲公司与某国乙公司发生买卖合同纠纷，在中国仲裁过程中，乙公司申请财产保全，即要求扣押甲公司在某港口的一批机器设备。仲裁委应如何处理？C将乙公司的申请提交甲公司所在地的中级人民法院裁定√。”

判断2：2005/47D“将乙公司的申请提交机器设备所在地的基层法院裁定×。”

秒杀1：看到仲裁找中院，3除外，除外1：执行仲裁裁决的管辖权转移，除外2：国内仲裁证据保全，除外3：国内仲裁财产保全。

秒杀2：①只存在申请保全，不存在依职权保全。②仲裁委转交。仲裁委无职权。③法院的裁定可以复议但复议期间不停止执行。④国内仲裁保全申请找基层，涉外仲裁保全申请找中院。

五、谁是仲裁员呢？（仲裁庭的组成和仲裁员的回避）

（一）仲裁庭的组成

1. 1个仲裁员 = 独任仲裁（《仲裁法》第30条）

与合议仲裁庭的首席仲裁员产生方式相同：当事人共同选定或者共同委托主任指定（《仲裁法》第31条第2款）

2. 3个仲裁员 = 合议仲裁庭（《仲裁法》第31条第1款）

（1）2个边裁：各自选定或各自委托主任指定。

（2）1个首席仲裁员：当事人共同选定或者共同委托主任指定

首席，主任。

3. 到底是1个还是3个呢？当事人定不了则主任定

《仲裁法》第32条，当事人没有在仲裁规则规定的期限内约定仲裁庭的组成方式或者选定仲裁员的，由仲裁委员会主任指定。（2004/79C“对仲裁庭的组成，当事人可以约定由3名仲裁员组成仲裁庭√。”）

4. 1个或3个组成后，仲裁委应书面通知当事人谁是仲裁员

《仲裁法》第33条，仲裁庭组成后，仲裁委员会应当将仲裁庭的组成情况书面通知当事人。

（二）仲裁员的回避

1. 什么时候提回避申请？（《仲裁法》第35条）

（1）首次开庭前提出。

（2）回避事由在首次开庭后知道的，可以在最后一次开庭终结前提出。

2. 谁来决定回避？（《仲裁法》第36条）

（1）仲裁员（包括首席仲裁员）是否回避，由仲裁委员会主任决定。

（2016/50A“首席仲裁员回避应由仲裁委员会集体决定×。”）

（2）仲裁委员会主任担任仲裁员时，由仲裁委员会集体决定。

3. 谁应该回避？应该回避，当事人也有权提出回避申请（《仲裁法》第34条）

（1）自己人或者亲人：是本案当事人或者当事人、代理人的近亲属。

（2）利害人：与本案有利害关系。

（3）可能人：与本案当事人、代理人有其他关系，可能影响公正仲裁的。

（4）见面人或者送礼人：私自会见当事人、代理人，或者接受当事人、代理人的请客送礼的。

（2016/50“申请人甲公司代理律师发现首席仲裁员与被申请人乙公司老总汪某在一起吃饭”）

4. 仲裁员回避或其他原因不能履职，接下来怎么办？

（1）依仲裁法重新选定或指定仲裁员（换1个人）

《仲裁法》第37条第1款，仲裁员因回避或者其他原因不能履行职责的，应当依照本法规定重新选定或者指定仲裁员。

（2016/50B“首席仲裁员回避后，合议庭应重新组成×。”解析：更换首席仲裁员即可，无须重新组成仲裁庭。“不实行株连”）

（2）仲裁庭决定已经进行的程序是否重新进行

《仲裁法》第37条第2款，因回避而重新选定或者指定仲裁员后，当事人可以请求已进行的仲裁程序重新进行，是否准许，由仲裁庭决定；仲裁庭也可以自行决定已进行的仲裁程序是否重新进行。

（2016/50C“……仲裁员回避后……已经进行的仲裁程序应继续进行×。”D“当事人可请求已进行的仲裁程序重新进行√。”）

重新进行仲裁程序的可能：
- ①当事人有请求权，仲裁庭有决定权
- ②仲裁庭有自行决定权

做题口诀：①仲裁员回避后，一旦看到说已经进行的仲裁程序作废或者有效，一旦看到当事人请求已经进行的仲裁程序作废重新再来，都是错误的。②正确的做法是，由仲裁庭决定。③民事诉讼中，审判人员回避后程序一概无需重新进行。

判断：2012/49 仲裁员回避后，仲裁委员会重新确定了仲裁员。

A. 已经进行的仲裁程序应当重新进行×。

B. 已经进行的仲裁程序有效，仲裁程序应当继续进行×。

C. 当事人请求已经进行的仲裁程序重新进行的，仲裁程序应当重新进行×。

D. 已经进行的仲裁程序是否重新进行，仲裁庭有权决定√。

六、可以看到仲裁员吗？（仲裁的审理方式）

（一）开庭吗？彼此见面吗？一半一半，原则见，例外不见

《仲裁法》第39条，仲裁应当开庭进行（开庭审理为原则）。当事人协议不开庭的，仲裁庭可以根据仲裁申请书、答辩书以及其他材料作出裁决（书面审理为例外）。

《仲裁法》第41条，仲裁委员会应当在仲裁规则规定的期限内将开庭日期通知双方当事人。当事人有正当理由的，可以在仲裁规则规定的期限内请求延期开庭。是否延期，由仲裁庭决定。

秒杀：①仲裁开庭为原则，不开庭的书面审为例外（当事人可以协议书面审）。②诉讼一审必须开庭。二审开庭为原则，不开庭为例外（但不允许书面审因为二审即使不开庭也需要调卷、要询问当事人）

判断1：2004/79A 仲裁应当开庭进行，但当事人可以约定不开庭√。

判断2：2011/36C 仲裁不需要对案件进行开庭审理，诉讼原则上要对案件进行开庭审理×。

解析：仲裁原则上也需要开庭审理，当事人协议不开庭的，可以书面审理，但仍以开庭为原则。

（二）公开吗？和天下人见面吗？一半一半，原则不见，例外见

《仲裁法》第40条，仲裁不公开进行（不公开审理为原则）。当事人协议公开的，可以公开进行，但涉及国家秘密的除外（公开审理为例外）。

判断：2004/79B“仲裁不公开进行，但如不涉及国家秘密，当事人也可以约定公开进行√。”

七、当事人会来吗？（撤回仲裁申请和缺席裁决）

（一）申请人没来或来了又提前走，视为撤回仲裁申请

《仲裁法》第42条第1款，申请人经书面通知，无正当理由不到庭或者未经仲裁庭许可中途退庭的，可以视为撤回仲裁申请。（≈“诉讼中的撤诉”）

判断：撤回仲裁申请后又反悔的，可以依据原仲裁协议申请仲裁

2007/90B“当事人申请仲裁后达成和解协议而撤回仲裁申请，因一方反悔，另一方向法院起诉的，法院可以受理×。”

原理：①撤回仲裁申请后，该纠纷没有经过仲裁实体处理，仲裁协议仍然有效。②因为存在有效的仲裁协议，故只能根据仲裁协议申请仲裁，不能起诉。

（二）被申请人没来或者来了又提前走，缺席裁决

《仲裁法》第42条第2款，被申请人（或其法定代理人）经书面通知，无正当理由不到庭或者未经仲裁庭许可中途退庭的，可以缺席裁决。仲裁被申请人提出**反请求**，而仲裁申请人经书面通知无正当理由不到庭或未经仲裁庭准许中途退庭的，仲裁庭可以基于反请求对仲裁申请人作出缺席裁决。

八、仲裁中可以和解吗？（仲裁中的和解）

（一）和解后成功了怎么办？两可（《仲裁法》第49条）

1. 结案方式①：撤回仲裁申请。

2. 结案方式②：请求仲裁庭根据和解协议制作裁决书。（2006/85A 当事人可请求仲裁庭根据双方的和解协议作出裁决√。）

原理：为什么可以根据和解协议制作裁决书？因为和解协议不公开，而裁决书本来也是不公开的。

（二）和解后失败了怎么办？和解协议可以不作数（“和解协议本身无执行力、不是执行依据”）

《仲裁法》第50条，当事人达成和解协议，撤回仲裁申请后反悔的，可以根据仲裁协议申请仲裁。

原理：为什么和解协议不履行或者有人反悔，还可以继续仲裁？①仲裁和解达成协议后，申请人撤回仲裁申请后反悔或者对方不履行和解协议，这意味着还有纠纷。②该纠纷没有经过仲裁实体处理。原来的仲裁协议继续有效，故只能继续仲裁，不能去法院起诉。

做题一句话：见到和解失败，又看到起诉到法院，一定是错误的。还得打仲裁。

判断：【达成仲裁和解协议后一方申请撤回仲裁申请，对方未履行和解协议案】2006/36 甲公司与乙公司就某一合同纠纷进行仲裁，达成和解协议，向仲裁委员会申请撤回仲裁申请。后乙公司未按和解协议履行其义务。甲公司应如何解决此纠纷？

A. 甲公司可以依据原仲裁协议重新申请仲裁√。(2008/39A)

B. 甲公司只能向法院起诉×。(2008/39C)(2007/90B)

C. 甲公司既可向法院提起诉讼，也可与乙公司重新达成仲裁协议申请仲裁×。(2008/39B)

D. 甲公司可向仲裁委员会申请恢复仲裁程序×。(2008/39D)

解析：仲裁中不存在恢复仲裁程序。

- ❶一审和解
  - ①撤回起诉，还可以再次起诉。
  - ②根据和解协议做调解书：一审调解结案。
  - ③外国无人离婚案：根据和解协议走向判决书。
- ❷二审和解
  - ①原审原告撤回起诉：一撤到底，不得再次起诉。
  - ②根据和解协议做调解书：二审调解结案，一审判决视为被撤销。
  - ③上诉人撤回上诉：一审判决生效。
- ❸再审中和解：一是一，二是二，提审一定是二。
- ❹执行中和解
  - ①履行完，裁定终结执行程序。
  - ②瑕疵履行，申请执行人另行起诉。
  - ③不履行，申请执行人可选择
    - ①申请恢复执行
    - ②起诉和解协议
- ❺仲裁中和解
  - ①撤回仲裁申请
  - ②请求仲裁庭根据和解协议制作裁决书

九、仲裁中可以调解吗？（仲裁中的调解）

（一）什么是仲裁调解？

1. 时点：仲裁庭在作出裁决前，可以先行调解（《仲裁法》第51条第1款）（2010/81D 仲裁庭在作出裁决前可先行调解√。）

2. 启动：当事人自愿调解的，仲裁庭应当调解。（2010/81B 对于事实清楚的案件，仲裁庭可依职权进行调解×。解析：事实不清楚，只要当事人自愿，都可以进行调解。）

（二）仲裁调解成功后怎么办？

两可，调解书与裁决书具有同等法律效力。（《仲裁法》第51条第2款）

1. 结案方式：调解书。调解达成协议的，仲裁庭应当制作调解书。调解书在双方当事人签收后发生法律效力。调解书由仲裁员签名，加盖仲裁委员会印章，送达双方当事人。（《仲裁法》第 52 条第 1 款、第 2 款）

判断 1：2010/81C 仲裁调解达成协议的，经当事人、仲裁员在协议上签字后即发生效力 ×。

解析：仲裁中达成调解，只有两种结案方式，要么调解书，要么裁决书。不可能是在调解协议签字就结案（诉讼中调解可以这么结案）。

判断 2：2004/79D “当事人对仲裁的调解书不得申请撤销，对裁决书可以申请撤销√。

解析：①撤销仲裁调解书无法律依据，②撤销仲裁裁决书有法律依据。”

2. 结案方式：裁决书。调解达成协议的，仲裁庭根据协议的结果制作裁决书。

判断 1：2006/85A 仲裁庭可根据双方当事人达成的调解协议作出裁决√。

判断 2：2010/81A 仲裁调解达成协议的，仲裁庭应当根据协议制作调解书或者根据协议结果制作裁决书√。

判断 3：2012/85C “当事人在诉讼中或仲裁中达成和解协议的，法院可根据当事人的申请制作判决书，仲裁庭也可根据当事人的申请制作裁决书 ×。”

解析：①诉讼中，当事人申请根据和解协议或调解协议制作判决书的，法院不予支持（但无行为能人离婚案件以及涉外民事诉讼案件的除外）。②仲裁中，当事人可以申请仲裁庭根据和解或者调解协议制作裁决书。

判断 4：2006/35A 法院调解达成协议一般不能制作判决书，而仲裁机构调解达成协议可以制作裁决书√。

3. 调解成功后，当事人不得以同一事实和理由向仲裁委申请仲裁，也不得向法院起诉。

（三）仲裁调解失败后怎么办？

1. 调解不成的，应当及时作出裁决。（《仲裁法》第 51 条第 3 句。）

2. 在调解书签收前当事人反悔的，仲裁庭应当及时作出裁决。（《仲裁法》第 52 条第 3 款。）

归总秒杀：无论是和解，还是调解，都是可以乱来的，或出调解书，或出裁决书。

十、仲裁裁决怎么弄？（仲裁中的裁决）

（一）谁输谁赢谁说了算？首席仲裁员

《仲裁法》第 53 条，裁决应当按照多数仲裁员的意见作出，少数仲裁员的不同意见可以记入笔录。仲裁庭不能形成多数意见时，裁决应当按照首席仲裁员的意见作出。

（诉讼中，少数服从多数，不同意见要记入笔录，必须都签名，这是因为有“错案追究制”。形不成多数意见，是由院长决定提交审委会讨论）

判断：2006/85 仲裁裁决应当根据仲裁庭多数仲裁员的意见作出，形不成多数意见的，由仲裁委员会讨论决定 ×。

（二）写裁决书可以偷懒吗？当事人协议不愿写明争议事实和裁决理由的，可以不写。

《仲裁法》第 54 条第 1、2 句，裁决书应当写明仲裁请求、争议事实、裁决理由、裁决结果、仲裁费用的负担和裁决日期。当事人协议不愿写明争议事实和裁决理由的，可以“不写”。

判断：2012/85D 当事人协议不愿写明争议事实和判（裁）决理由的，法院可以在判决书中不予写明，仲裁庭也可以在裁决书中不予写明×。

解析：①诉讼中，适用普通程序审理，法院应当写明事实和理由，适用简易程序审理的，双方当事人一致同意后可对判决事实和理由部分进行适当简化，但不是不予写明。②仲裁中，充分尊重当事人的自由选择，当事人协议不愿写明裁决事实和理由的，裁决书中可不予写明。

（三）反对意见仲裁员可以不签名吗？可以签名也可以不签名。

《仲裁法》第 54 条第 3、4 句，裁决书由仲裁员签名，加盖仲裁委员会印章。对裁决持不同意见的仲裁员，可以签名，也可以不签名。

判断：2008/88C “民事诉讼判决书需要审理案件的全体审判人员签署，仲裁裁决则可由部分仲裁庭成员签署√”。

解析：民事诉讼合议庭成员对判决持不同意见应当在合议笔录中注明，但是判决书应当由全体合议庭成员署名。仲裁中对裁决持不同意见的仲裁员的意见可以记入笔录，同时，该仲裁员还可以拒绝在裁决书中签名。

（四）部分清楚可以先裁部分吗？可以。

《仲裁法》第 55 条，仲裁庭仲裁纠纷时，其中一部分事实已经清楚，可以就该部分先行裁决。

（五）低级错误可以改吗？补正。

《仲裁法》第 56 条，对裁决书中的①文字错误（2011/50B）、②计算错误（2011/50C）或者③仲裁庭已经裁决但在裁决书中遗漏的事项（2011/50D “裁决书遗漏了仲裁评议中记录的仲裁庭已经裁决的事项”），仲裁庭应当补正（仲裁庭自已补正）；当事人自收到裁决书之日起 30 日内，可以请求仲裁庭补正（当事人申请补正）。

判断：2011/50A 事实错误属于裁决的实质性错误，不能进行补正√。

（六）裁决书什么时候发生效力？

1. 《仲裁法》第 57 条，裁决书自作出之日起发生法律效力。
2. 仲裁裁决具有强制执行力。
3. 当事人不得就已经裁决的事项再申请仲裁，也不得起诉。

判断 1：2006/85D 仲裁裁决一经作出立即发生法律效力√。

判断 2：2006/35C 对法院判决不服的，当事人有权上诉或申请再审，对于仲裁机构裁决不服的可以申请重新仲裁×。

解析：对仲裁裁决不服的，不能申请重新仲裁。

十一、仲裁裁决就一定很厉害吗？（司法与仲裁：执裁、撤裁、不执裁）

仲裁与诉讼的关系：①分离（或裁或审）；②结合（确认仲裁协议效力；优势互补）；③支持（仲裁保全、执行仲裁裁决）；④监督（撤裁、不执裁）

（一）执裁（执行程序，被执行人住所地或被执行财产所在地中院裁定执行）（下放到基层）

1. 执！一方申请执行仲裁裁决

（1）申请人启动：依当事人申请。

（2）申请时限：2 年，可中止可中断。

（3）管辖法院：①中院管辖为原则（被执行人住所地或被执行人财产所在地中院）。②基层法院管辖为例外（经上级法院批准，中院可指定相应的基层法院管辖仲裁执行案件）

（4）救济机制：申请执行人对驳回执行申请裁定不服可自裁定送达之日起 10 日内向上一级法院申请复议。

《仲裁法》第 62 条，当事人应当履行裁决。一方当事人不履行的，另一方当事人可以依照民事诉讼法的有关规定向人民法院申请执行。受申请的人民法院应当执行。

《仲裁法解释》第 29 条，当事人申请执行仲裁裁决案件，由被执行人住所地或者被执行的财产所在地的中级人民法院管辖。

《民诉法》第 237 条第 1 款，对依法设立的仲裁机构的裁决，一方当事人不履行的，对方当事人可以向有管辖权的人民法院申请执行。受申请的人民法院应当执行。

> 判断：2011/36A 具有给付内容的生效判决书都具有执行力，具有给付内容的生效裁决书没有执行力 ×。

2. 执不执？一方申请执行仲裁裁决，另一方申请撤销仲裁裁决：法院裁定中止执行。

（1）无论是一方申请执，对方申请撤

（《仲裁法》第 64 条第 1 款，一方当事人申请执行裁决，另一方当事人申请撤销裁决的，法院应当裁定中止执行。）

> 问：谁裁定中止执行？A 法院先受理执行仲裁裁决申请，B 法院后受理撤销仲裁裁决申请，则 B 法院裁定中止执行。

（2）还是一方申请撤，对方申请执

（《仲裁法解释》第 25 条，法院受理当事人撤销仲裁裁决的申请后，另一方当事人申请执行同一仲裁裁决的，受理执行申请的法院应当在受理后裁定中止执行。）

> 问：谁裁定中止执行？A 法院先受理撤销仲裁裁决申请，B 法院后受理执行仲裁裁决申请，则 B 法院裁定中止执行。

（3）执行法院和撤销法院都各自受理（《仲裁法》第 64 条第 2 款）

①法院裁定撤销裁决的，应当裁定终结执行。

②撤销裁决的申请被裁定驳回的，法院应当裁定恢复执行。

> 问：为什么法院先裁定中止执行，然后先审查撤销仲裁裁决问题？这样更加有效率。撤了就不用执。没撤才存在执的问题。

> 判断：一方申请执，对方申请撤，执行法院和撤销法院都受理，执行法院裁定中止执行
>
> 2012/50 甲公司因与乙公司的合同纠纷向某仲裁委员会申请仲裁，甲公司的仲裁请求得到仲裁庭的支持。裁决作出后，乙公司向法院申请撤销仲裁裁决。法院在审查过程中，甲公司向法院申请强制执行仲裁裁决。

A. 法院对撤销仲裁裁决申请的审查，不影响法院对该裁决的强制执行×。（执）
B. 法院不应当受理甲公司的执行申请×。（不执）
C. 法院应当受理甲公司的执行申请，同时应当告知乙公司向法院申请裁定不予执行仲裁裁决×。（执）
D. 法院应当受理甲公司的执行申请，受理后应当裁定中止执行√。（执不执?）

（二）撤裁（审判程序，仲裁委所在地中院裁定撤销）（“法院事后监督”）

1. 谁启动法院的撤裁程序？（“依当事人申请为原则，法院依职权为例外”）

（1）法院依职权启动撤裁程序。《仲裁法》第58条第3款，法院认定该裁决违背社会公共利益的，应当裁定撤销。

（2）当事人依申请启动撤裁程序。

①申请人、被申请人。不包括仲裁委。

②当事人申请撤销裁决的，应当自收到裁决书之日起6个月内提出。（《仲裁法》第59条）

问：哪3个地方的6个月重要？①三撤。②申请再审。③撤裁。

③仲裁委员会所在地的中级人民法院应当在受理撤销裁决申请之日起2个月内作出撤销裁决或者驳回申请的裁定。（《仲裁法》第60条）

判断：2008/41 某仲裁委员会对甲公司与乙公司之间的买卖合同一案作出裁决后，发现该裁决存在超裁情形，甲公司与乙公司均对裁决持有异议。
A. 该仲裁委员会可直接变更已生效的裁决，重新作出新的裁决×。
B. 甲公司或乙公司可以请求该仲裁委员会重新作出仲裁裁决×。
C. 该仲裁委员会申请法院撤销此仲裁裁决×。
D. 甲公司或乙公司可以请求法院撤销此仲裁裁决√。
解析：①仲裁裁决作出后生效，不能重新裁决。②如果有法定情形，当事人可申请撤裁或不予执行。③仲裁委不能申请撤或不予执行。

2. 当事人在什么情况下可以申请撤裁？仲裁委员会所在地中院“有限纠错”（《仲裁法》第58条第1款）（2018主观大案例第2问）

《仲裁法》第58条，当事人提出证据证明裁决有下列情形之一的，可以向仲裁委员会所在地的中级人民法院申请撤销裁决：
（一）没有仲裁协议的；
（二）裁决的事项不属于仲裁协议的范围或者仲裁委员会无权仲裁的；
（三）仲裁庭的组成或者仲裁的程序违反法定程序的；
（四）裁决所根据的证据是伪造的；
（五）对方当事人隐瞒了足以影响公正裁决的证据的；
（六）仲裁员在仲裁该案时有索贿受贿，徇私舞弊，枉法裁决行为的。
人民法院经组成合议庭审查核实裁决有前款规定情形之一的，应当裁定撤销。
人民法院认定该裁决违背社会公共利益的，应当裁定撤销。

（1）仲裁委员会2个低级瞎抢

①无仲裁协议：没有仲裁协议的

《仲裁法解释》第18条，仲裁法第58条第1款第1项规定的“没有仲裁协议”是指当事人没有达成仲裁协议（“无”）。仲裁协议被认定无效（“无”）或者被撤销的（“无”），视为没有仲裁协议。

②有仲裁协议但超出范围：裁决的事项不属于仲裁协议的范围（“超裁”）或者仲裁委员会无权仲裁的（“不具有可仲裁性”）。

超裁要么部分撤要么全部撤：《仲裁法解释》第19条，当事人以仲裁裁决事项超出仲裁协议范围为由申请撤销仲裁裁决，经审查属实的，法院应当撤销仲裁裁决中的超裁部分。但超裁部分与其他裁决事项不可分的，法院应当撤销仲裁裁决。

（2）仲裁员2个低级乱来

①违反程序：仲裁庭的组成（“如没回避；如2人庭”）或者仲裁的程序违反法定程序的。

《仲裁法解释》第20条，仲裁法第58条规定的“违反法定程序”，是指违反仲裁法规定的仲裁程序和当事人选择的仲裁规则可能影响案件正确裁决的情形。

②违反良心：仲裁员在仲裁该案时有索贿受贿，徇私舞弊，枉法裁决行为的。

（3）证据2个低级忽悠（不怪仲裁委）

①假证：裁决所根据的证据是伪造的。（没证据）

②隐证：对方当事人隐瞒了足以影响公正裁决的证据的。（没证据）

（4）“言外之意，其他的仲裁委可以乱来”

《仲裁法解释》第17条，当事人以不属于仲裁法第58条或者民事诉讼法第258条规定（涉外仲裁存在的不予执行仲裁事由）的事由申请撤销仲裁裁决的，人民法院不予支持。

问：为什么证据不足、证据未经质证、适用法律错误都不是申请撤裁或者不予执裁的法定事由？①法院对国内仲裁的监督范围，原则上限于程序问题和仲裁员人品问题、伪造和隐瞒证据问题。②体现了法院对仲裁的监督，而不是法院对仲裁的替代。③避免诉讼一家独大，将仲裁异化为诉讼。④体现了司法对仲裁独立性、自治性的尊重。

判断1：证据不足不是法定撤裁理由√。（仲裁员可以随便错误认定事实）

判断2：法律适用错误不是法定撤裁理由√。（仲裁员可以随便错误适用法律）

《仲裁法》第58条撤裁和不予执行裁事由记忆口诀：

①没有仲裁协议（协议）（协）

②仲裁的程序违反法定程序的（程序）（程）

③仲裁员在仲裁该案时有索贿受贿，徇私舞弊，枉法裁决行为的（枉法裁决）

证据≈“证”≈“真”

④裁决的事项不属于仲裁协议的范围或者仲裁委员会无权仲裁的（事项）（事）（是）

⑤仲裁庭的组成（庭）（挺）

⑥裁决所根据的证据是伪造的（伪造）（伪）（猥琐）

⑦对方当事人隐瞒了足以影响公正裁决的证据的（隐瞒）（隐）（银）

记忆：“携”（协议）“程”（程序）“枉法裁决”，“真”（证据）“是”（裁决的事项）“庭”（仲裁庭）“伪”琐（伪造证据）的“银”（隐瞒证据）！

秒杀记忆：“协”“程”“枉法裁决”“真”“是”“挺”“伪”琐的“银”。

3. 仲裁委所在地中院收到当事人申请撤裁后，怎么行动？合议庭审理。

《仲裁法解释》第 24 条，当事人申请撤销仲裁裁决的案件，法院应当组成合议庭审理，并询问当事人。

问：为什么撤裁必须组成合议庭审理？因为撤裁是对仲裁最严重的打击，也是对仲裁员的否定。所以不可轻易为之。

4. 仲裁委所在地中院收到当事人申请撤裁后，行动后出什么结果？2 个月之内出结果，可能有 3 种结果

（1）处理结果 1：发现仲裁存在 58 条的 2 个证据低级忽悠，缓一缓，让仲裁委重新仲裁（自打脸）。（《仲裁法》第 61 条）

①只有法院发现仲裁存在 2 个证据低级忽悠，才会缓一缓，"通知仲裁庭重新仲裁"。

《仲裁法解释》第 21 条，当事人申请撤销国内仲裁裁决的案件属于下列情形之一的，法院可以依照仲裁法第 61 条的规定通知仲裁庭在一定期限内重新仲裁：（一）仲裁裁决所根据的证据是伪造的；（二）对方当事人隐瞒了足以影响公正裁决的证据的。法院应当在通知中说明要求重新仲裁的具体理由。

原理：为什么只有法院发现仲裁存在 2 个证据低级忽悠才缓一缓，给仲裁委 1 次改过的机会？因为这两种情形，都是当事人的错，仲裁员是没有错的。所以给仲裁委重新仲裁的机会。

判断：2010/44D 申请撤销仲裁裁决或申请不予执行仲裁裁决程序中，法院可通知仲裁机构在一定期限内重新仲裁 ×。

解析：只有在撤销仲裁程序中才存在通知仲裁庭重新仲裁的可能，而在不予执行仲裁程序中并无通知重新仲裁的程序。

②裁定中止撤裁程序

法院受理撤销裁决的申请后，认为可以由仲裁庭重新仲裁的，通知仲裁庭在一定期限内重新仲裁，并裁定中止撤销程序。

③裁定终结撤裁程序：仲裁委理法院

仲裁庭在法院指定的期限内开始重新仲裁的（无须重组仲裁庭），法院应当裁定终结撤销程序。（《仲裁法解释》第 22 条第 1 句）

第 2 次申请撤裁。当事人对重新仲裁裁决不服的，可以在重新仲裁裁决书送达之日起 6 个月内依据仲裁法第 58 条规定向人民法院申请撤销。（《仲裁法解释》第 23 条）

④裁定恢复撤裁程序：仲裁委不理法院

仲裁庭在法院指定期限内拒绝重新仲裁的，法院应当裁定恢复撤销程序。（《仲裁法解释》第 22 条第 2 句）

问：是否重新仲裁？①仲裁自己决定。②仲裁庭可以理法院（法院理仲裁 = 终结撤裁程序），也可以不理法院（法院就不理仲裁 = 恢复撤裁程序）。

（2）处理结果 2：发现不存在 58 条情形，不撤 = 驳回当事人撤裁申请。（《仲裁法解释》第 17 条）

①驳回裁定不能上诉。②驳回后，原仲裁裁决具有强制执行力。（《仲裁法》第 60 条，在受理撤销裁决申请之日起 2 个月内）

（3）处理结果 3：发现存在 58 条 2 个低级瞎抢、2 个低级乱来，撤 = 支持当事人撤裁

申请。

①原仲裁裁决被撤销，当事人可以起诉。②或者重新达成仲裁协议仲裁。（《仲裁法》第60条，在受理撤销裁决申请之日起2个月内）（《仲裁法》第9条第2款）

原理：为什么仲裁裁决被撤销或被不予执行的后果一致，即可诉或重新达成仲裁协议仲裁？①仲裁裁决被撤销后，或者被不予执行，但是纠纷经过了仲裁的实体处理，原仲裁协议已经失效。（原仲裁协议1次用尽）②既然没有有效的仲裁协议，当事人要解决纠纷，要么到法院起诉，要么重新达成仲裁协议申请仲裁。

（三）不执裁（执行程序，执行法院即被申请人住所地或被执行财产所在地中院裁定不予执行）

仲裁裁决作出后　进入执行程序前　执行程序中　执行程序终结

被执行人申请不予执行仲裁裁决

问：申请撤销仲裁裁决，与申请不予执行仲裁裁决，有什么差异？①申请不予执行仲裁裁决，可以是法院依职权、当事人申请、案外人申请。（撤裁是当事人申请为原则法院依职权为例外为公共利益）。【打掉裁决】②不予执行是一种消极的补救途径，它只是否定仲裁裁决的强制执行力，对法律文书自身的正确性和其他约束力没有做出任何肯定或否定评价。

1．“谁”启动执行法院的不执裁程序？（被申请人住所地或被执行财产所在地中院是执行法院）

（1）执行法院依职权启动不执裁程序的情形。《民诉法》第237条第3款，法院认定执行该裁决违背社会公共利益的，裁定不予执行。（“无时间限制”）

（2）当事人依申请启动不执裁程序的情形。《民诉法》第237条第2款[①]=《仲裁法》第58条=仲裁委员会2个低级瞎抢（无仲裁协议或超裁）+仲裁员2个低级乱来（仲裁庭组成违反法定程序或仲裁程序违反法定程序）+证据2个低级忽悠（伪造或隐瞒）。

判断1：【证据未经质证不是法定情形】2011/49 甲不履行仲裁裁决，乙向法院申请执行。甲拟提出不予执行的申请并提出下列证据证明仲裁裁决应不予执行。下列哪一选项，法院可裁定驳回甲的申请？ A. 甲、乙没有订立仲裁条款或达成仲裁协议。不予执行。 B. 仲裁庭组成违反法定程序。不予执行。 C. 裁决事项超出仲裁机构权限范围。不予执行。 D. 仲裁裁决没有根据经当事人质证的证据认定事实。执行。故驳回√。

判断2：【超裁属于法定情形（撤或不予执行）】2010/86 甲公司因与乙公司合同纠纷申请仲裁，要求解除合同。某仲裁委员会经审理裁决解除双方合同，还裁决乙公司赔偿甲公司损失六万元。 A. 因仲裁裁决超出了当事人请求范围，乙公司可申请撤销超出甲公司请求部分的裁决√。

① 《仲裁法》2017年修改时出现了法条指引的低级错误，其第63条规定，被申请人提出证据证明裁决有民事诉讼法第213条第2款规定的情形之一的，经人民法院组成合议庭审查核实，裁定不予执行。（实际上应该是《民诉法》第237条第2款，而不是213条第2款）

B. 因仲裁裁决超出了当事人请求范围，乙公司可向法院提起诉讼×。
C. 因仲裁裁决超出了当事人请求范围，乙公司可向法院申请再审×。
D. 乙公司可申请不予执行超出甲公司请求部分的仲裁裁决√。
解析：①申请人仅要求解除合同，仲裁庭裁决解除合同后还裁决乙公司赔偿，这属于超裁。②对超裁部分，可以撤销或不予执行。③如果裁决可以分割，可部分撤销或不予执行。

判断3：2006/35D 当事人对于法院判决和仲裁裁决都有权申请法院不予执行×。
解析：只能对仲裁裁决申请不予执行，不能对法院判决申请不予执行。

（3）当事人不得申请下列文书的不予执行。（“法院不支持不予执行申请”）

①当事人和解的：当事人请求不予执行根据和解协议制作的裁决书的。（《仲裁法解释》第28条）

判断：2007/49 张某依据与刘某达成的仲裁协议，向某仲裁委员会申请仲裁。在仲裁审理中，双方达成和解协议并申请依和解协议作出裁决。裁决作出后，刘某拒不履行其义务，张某向法院申请强制执行，而刘某则向法院申请裁定不予执行该仲裁裁决。法院应如何处理？
A. 裁定中止执行，审查是否具有不予执行仲裁裁决的情形×。
B. 终结执行，审查是否具有不予执行仲裁裁决的情形×。
C. 继续执行，不予审查是否具有不予执行仲裁裁决的情形√。
D. 先审查是否具有不予执行仲裁裁决的情形，然后决定后续执行程序是否进行×。

②当事人调解的：当事人请求不予执行仲裁调解书的。（《仲裁法解释》第28条）

③当事人申请撤裁被驳回后的：当事人向法院申请撤销仲裁裁决被驳回后，又在执行程序中以“相同理由”提出不予执行的。（《仲裁法解释》第26条）

判断：2010/44B 仲裁当事人申请撤销仲裁裁决被法院驳回，此后以相同理由申请不予执行，法院不予支持√。

④当事人在仲裁程序中未对仲裁协议效力提出异议，在仲裁裁决作出后以仲裁协议无效为由主张撤销仲裁裁决或者提出不予执行仲裁裁决，法院不支持。

（4）案外人申请不执裁的其他情形（“虚假仲裁”）

①案外人申请不执裁的条件

案外人向人民法院申请不予执行仲裁裁决或者仲裁调解书的，应当提交申请书以及证明其请求成立的证据材料，并符合下列条件：（一）有证据证明仲裁案件当事人恶意申请仲裁或者虚假仲裁，损害其合法权益；（二）案外人主张的合法权益所涉及的执行标的尚未执行终结；（三）自知道或者应当知道人民法院对该标的采取执行措施之日起30日内提出。

②案外人申请不执裁获得支持的条件

案外人申请不予执行仲裁裁决或者仲裁调解书，符合下列条件的，人民法院应当支持：（一）案外人系权利或者利益的主体；（二）案外人主张的权利或者利益合法、真实；（三）仲裁案件当事人之间存在虚构法律关系，捏造案件事实的情形；（四）仲裁裁决主文或者仲裁调解书处理当事人民事权利义务的结果部分或者全部错误，损害案外人合法权益。

2. 什么情形下申请不予执行仲裁裁决？同撤裁情形。

3. 仲裁委所在地中院收到当事人申请不予执行仲裁裁决后，怎么行动？合议庭审理。(2018)

《最高人民法院关于人民法院办理仲裁裁决执行案件若干问题的规定》第11条，人民法院对不予执行仲裁裁决案件应当组成合议庭围绕被执行人申请的事由、案外人的申请进行审查；对被执行人没有申请的事由不予审查，但仲裁裁决可能违背社会公共利益的除外。

被执行人、案外人对仲裁裁决执行案件申请不予执行的，人民法院应当进行询问；被执行人在询问终结前提出其他不予执行事由的，应当一并审查。人民法院审查时，认为必要的，可以要求仲裁庭作出说明，或者向仲裁机构调阅仲裁案卷。

4. 执行法院裁定不予执行的后果（《民诉法》第237条第4款）（《仲裁法》第9条第2款）

（1）仲裁裁决被法院裁定不予执行的，当事人可以起诉。

（2）或者双方达成的书面仲裁协议重新申请仲裁。

问1：为什么仲裁裁决被撤销或被不予执行的后果一致，即可诉或重新达成仲裁协议仲裁？①仲裁裁决被撤销后，或者被不予执行，但是纠纷经过了仲裁的实体处理，原仲裁协议已经失效（1次用尽）。②既然没有有效的仲裁协议，当事人要解决纠纷，要么到法院起诉，要么重新达成仲裁协议申请仲裁。（回到原点，不执裁，仲裁裁决书就是废纸）

问2：为什么当事人对不予执行仲裁裁决的裁定不能提出执行异议或者复议？法院既然作出裁定，说明审查中已经对仲裁裁决进行了司法监督，不需要再提供救济途径了。

判断1：2007/90C、2005/49D“仲裁裁决被法院依法裁定不予执行后，一方向法院起诉的，法院可以受理起诉√。”

判断2：2007/90D、2005/49B“仲裁裁决被法院依法撤销后，一方向法院起诉的，法院可以受理√。”

	申请撤裁	申请不执裁
申请主体	申请人＋被申请人	被申请执行人＋案外人
申请时限	仲裁裁决书送达后6个月内	对方申请执行仲裁裁决后，法院作出是否执行裁决的裁定之前
管辖法院	仲裁委所在地中院	受理执行申请的法院
程序设置	伪造证据、隐瞒证据导致不公，法院通知重新仲裁	无
相同之处	①事由相同：“协”“程”“枉法裁决”“真”“是”“挺”“伪”琐的“银” ②效力相同：针对当事人申请，法院对不予执行仲裁裁决的裁定、撤销仲裁裁决的裁定，都不得复议、都不得上诉。	

（四）对仲裁司法审查的“司法审查”（2018）【报核制度】【死刑复核】

如果法院要认定仲裁协议无，故法院要推翻仲裁裁决，则要接受报核制度约束。

情形1：中院拟认定仲裁协议无效，不予执行或撤（内地仲裁机构的仲裁裁决），不予认可和执行（港澳台仲裁结构的仲裁裁决），不予承认和执行（外国仲裁裁决）

情形2：在民事诉讼案件中，对于人民法院因涉及仲裁协议效力而作出的不予受理、驳回起诉、管辖权异议的裁定，当事人不服提起上诉，第二审人民法院经审查拟认定仲裁协议不成立、无效、失效、内容不明确无法执行的。（《最高人民法院关于仲裁司法审查案件报核问题的有关规定》第7条）

1. 涉外：中院向高院报核，高院向最高院报核（层报）

《最高人民法院关于仲裁司法审查案件报核问题的有关规定》第2条第1款，各中级人民法院或者专门人民法院办理涉外涉港澳台仲裁司法审查案件，经审查拟认定仲裁协议无效，不予执行或者撤销我国内地仲裁机构的仲裁裁决，不予认可和执行香港特别行政区、澳门特别行政区、台湾地区仲裁裁决，不予承认和执行外国仲裁裁决，应当向本辖区所属高级人民法院报核；高级人民法院经审查拟同意的，应当向最高人民法院报核。待最高人民法院审核后，方可依最高人民法院的审核意见作出裁定。

2. 一般境内：中院向高院报核

《最高人民法院关于仲裁司法审查案件报核问题的有关规定》第2条第2款，各中级人民法院或者专门人民法院办理非涉外涉港澳台仲裁司法审查案件，经审查拟认定仲裁协议无效，不予执行或者撤销我国内地仲裁机构的仲裁裁决，应当向本辖区所属高级人民法院报核；待高级人民法院审核后，方可依高级人民法院的审核意见作出裁定。

3. 特殊境内（跨省当事人或者以违反公共利益为由不执裁或撤裁）：中院向高院报核，高院向最高院报核

《最高人民法院关于仲裁司法审查案件报核问题的有关规定》第3条，本规定第二条第二款规定的非涉外涉港澳台仲裁司法审查案件，高级人民法院经审查拟同意中级人民法院或者专门人民法院认定仲裁协议无效，不予执行或者撤销我国内地仲裁机构的仲裁裁决，在下列情形下，应当向最高人民法院报核，待最高人民法院审核后，方可依最高人民法院的审核意见作出裁定：

（一）仲裁司法审查案件当事人住所地跨省级行政区域；

（二）以违背社会公共利益为由不予执行或者撤销我国内地仲裁机构的仲裁裁决。

秒杀：涉外、跨省或公共利益，报到最高院。其他报到高院。

合同案件到底是仲裁还是诉讼的做题步骤：

（1）第一步，看主管：否存在有效仲裁协议。

①存在有效仲裁协议，则案件只能仲裁不能诉讼，因为这不是法院主管范围（除非应诉管辖，但应诉管辖不能违反专属管辖和级别管辖规定）。

②仲裁协议效力1次用尽，只要纠纷经过仲裁实体处理，原仲裁协议即失去效力。

（2）第二步，看管辖：不存在有效仲裁协议，则案件可以起诉。启动法院的管辖，对接和匹配民诉管辖：

①第一步：专属管辖。

②第二步：协议管辖。

③第三步：直接提出来被告地可以管辖。（不管三七二十一）。

④第四步：有约定地。+约定地。除非三无是空气。（三无是空气 = 无履行 + 约定地既不是原告地 + 约定地也不是被告地），则被告地。

⑤第五步：无约定地。则 + 法定履行地。

⑥第六步：应诉管辖则应诉法院有管辖权。

例 1：第一步看主管，仲裁协议效力 1 次未用尽 1 情形

撤回仲裁申请后反悔或对方不履行和解协议，仲裁协议没用尽，纠纷未经过仲裁实体处理，原仲裁协议继续有效。因此，案件只能仲裁不能诉讼。

例 2：第一步看主管，仲裁协议效力 1 次用尽 2 情形

①仲裁裁决被撤销后，或者②仲裁裁决被不予执行后，仲裁协议已经用尽，纠纷经过了仲裁实体处理，原仲裁协议失效。因此，当事人可以重新达成仲裁协议申请仲裁，也可以向法院起诉。

例 3：第二步看管辖，或裁或审的仲裁条款无效启动法院管辖之专属管辖

甲乙签订房屋租赁合同，约定甲将位于 A 市 a 区的办公楼出租给乙，同时约定因履行合同发生争议由 A 市某仲裁委仲裁或者由合同签订地 A 市 b 区法院管辖。后发生争议，去哪里解决纠纷？

第一步，看主管：或裁或审，仲裁条款无效。属于法院主管。

第二步，看管辖：房屋是不动产，不动产租赁合同属于专属管辖，协议管辖不能违反专属管辖或级别关系的规定。因此不应由 A 市 b 区法院管辖。而应由 A 市 a 区法院管辖。

例 4：第二步看管辖，或裁或审的仲裁条款无效启动法院管辖之协议管辖

甲乙签订买卖手机合同，约定甲将手机卖给乙，同时约定履行合同发生争议由某仲裁委仲裁或者合同签订地 A 市 a 区法院管辖。后发生争议，去哪里解决纠纷？

第一步，看主管：或裁或审，仲裁条款无效。属于法院主管。

第二步，看管辖：手机合同纠纷，不属于专属管辖范围，允许协议管辖。双方协议约定由 A 市 a 区法院管辖。故启动协议管辖。

例 5：第二步看管辖，或裁或审的仲裁条款无效启动法院管辖之特殊地域管辖

甲乙签订买卖手机合同，约定居住在 A 市 a 区（被告地）的甲将手机在 A 市 b 区（约定地）交付给居住在 A 市 c 区（原告地）的乙，同时约定合同履行争议由 A 市 a 区仲裁委仲裁。后甲在 A 市 d 区（实际履行地）交付手机给乙，因手机质量不合格，乙向甲主张赔偿而发生争议，去哪里解决纠纷？

第一步，看主管：a 区不会设仲裁委，因此仲裁条款无效。属于法院主管。

第二步，看管辖：①不属于专属管辖，②也没有协议管辖。③因此直接提出来被告住所地 A 市 a 区法院。④有约定地，则 + 约定履行地 A 市 b 区法院。⑤故 A 市 a 区法院（被告地）和 A 市 b 区法院（约定地）可以管辖本案。

例 6：修改上述案情，设手机未交付，则①不属于专属管辖，②也没有协议管辖。③直接提出来被告住所地 A 市 a 区法院。④有约定地，但是“三无是空气”，没有履行，且约定地既不是原告地也不是被告地，因此约定地是空气。⑤所以只有 A 市 a 区法院（被告地）有权管辖。

例7：修改上述案情，设未约定履行地，手机实际交付了，则①不属于专属管辖，②也没有协议管辖，③直接提出来被告住所地A市a区法院。④无约定地，但实际履行了，+实际履行地A市d区法院。⑤故A市a区（被告地）法院和A市d区（实际履行地）法院管辖。

例8：修改上述案情，设未约定履行地，手机也未交付，则①不属于专属管辖，②也没有协议管辖，③直接提出来被告住所地A市a区法院。④无约定地，无实际履行地，+法定履行地管辖。争议标的不是给付货币、不是交付不动产，而是交付其他标的，故履行义务一方所在地为合同履行地，即法定履行地，被告地法院管辖。⑤故A市a区（被告地）。

仲裁司法管辖合并规则：

（1）确认仲裁协议效力案件：人①，人②，人③，双方协议地④中院。

（《仲裁司法审查》第2条第1款，申请确认仲裁协议效力的案件，由仲裁协议约定的仲裁机构所在地、仲裁协议签订地、申请人住所地、被申请人住所地的中级人民法院或者专门人民法院管辖。）

（2）撤裁案件：仲裁委所在地中院

《仲裁法》第60条：仲裁委员会所在地的中级人民法院应当在受理撤销裁决申请之日起2个月内作出撤销裁决或者驳回申请的裁定。

（3）执裁案件：被执行人住所地或被执行财产所在地中院

《仲裁法解释》第29条，当事人申请执行仲裁裁决案件，由被执行人住所地或者被执行的财产所在地的中级人民法院管辖。可以下放基层。

（4）不执裁案件：执行法院=被执行人住所地或被执行财产所在地中院。

仲裁司法管辖记忆规律

（1）仲裁协议效力→协议→协议是各种人签订的→人①（申请人），人②（被申请人），人③（仲裁委），双方仲裁协议地④中院。

（2）撤裁→打脸仲裁委→仲裁委中院。

（3）执裁→执行→找到人或找到财产→被执行人住所地或者被执行财产所在地中院（上级法院批准可以下放到基层法院）。

（4）不予执裁→已经进入执行程序→执行法院，被执行人住所地或者被执行财产所在地中院。

第二十部分　涉外民事诉讼程序

一、什么是涉外民事案件？（涉外民事诉讼程序）

（一）涉外案件（《民诉解释》第 522 条），有下列情形之一，法院可以认定为涉外民事案件：

1. 人：当事人一方或者双方是外国人、无国籍人、外国企业或者组织的。

判断：2007/36A 涉外民事诉讼中的司法豁免是无限的×。 解析：司法豁免权的重要依据是“在平等者之间无管辖权”的原则。根据国家主权原则，各主权国家都是国际社会平等的一员，相互之间不存在管辖与裁决的问题。但有例外：①外交代表以私人身份参与的私有不动产物权的诉讼。②外交代表私人参与的继承案件。③外交代表私人从事的商业或专业活动。④外交代表主动诉讼引起对他主诉之反诉。

2. 家：当事人一方或者双方的经常居所地在中国领域外的。
3. 事：产生、变更或者消灭民事关系的法律事实发生在中国领域外的。
4. 物：标的物在中国领域外的。
5. 可以认定为涉外民事案件的其他情形。

（二）参照涉外案件

《民诉解释》第 551 条，人民法院审理涉及香港、澳门特别行政区和台湾地区的民事诉讼案件，可以参照适用涉外民事诉讼程序的特别规定。

二、涉外民事案件去哪个法院诉讼？

（一）级别管辖

《民诉法》第 18 条，中级人民法院管辖下列第一审民事案件：重大涉外案件……

判断：2013/47D 重大的涉外案件由中级以上级别的法院管辖，体现了便于当事人诉讼原则×。 解析：重大涉外案件是根据案件性质、影响作的级别管辖安排，与便于当事人诉讼无关。

（二）地域管辖

1. 专属管辖（“国别专属”）

《民诉法》第 266 条，因在中华人民共和国履行中外合资经营企业合同、中外合作经营企业合同、中外合作勘探开发自然资源合同发生纠纷提起的诉讼，由中华人民共和国人民法院管辖。

判断：2013/47C 中外合资经营企业与其他民事主体的合同纠纷，专属我国法院管辖，体现了维护国家主权原则×。

解析：专属管辖限于在中国履行的三个合同，而非合资企业与其他企业的合同。

2. 协议管辖（与国内一模一样）

《民诉解释》第531条第1款，涉外合同或者其他财产权益纠纷的当事人，可以书面协议选择被告住所地、合同履行地、合同签订地、原告住所地、标的物所在地、侵权行为地等与争议有实际联系地点的外国法院管辖。第2款，根据民事诉讼法第33条（国内专属管辖）和第266条（涉外专属管辖）规定，属于中国法院专属管辖的案件，当事人不得协议选择外国法院管辖，但协议选择仲裁的除外。

判断1：2013/47B 当事人在不违反级别管辖和专属管辖的前提下，可以约定各类涉外民事案件的管辖法院，体现了尊重当事人原则×。

解析：不是各类案件，限于“涉外合同或者其他财产权益纠纷”。涉外协议管辖，可以协议中国法院或外国法院，故比国内协议管辖选择法院范围要宽，其他都一样。

判断2：2007/36B 当事人可以就涉外合同纠纷或者涉外财产权益纠纷协议确定管辖法院√。

3. 牵连管辖 = 财产纠纷对在中国无住所的被告起诉，任意与争议有实际联系地点的法院都有权管辖（任何一个地方落在中国都可以管辖，是属地管辖）

《民诉法》第265条，因合同纠纷或者其他财产权益纠纷，对在中国领域内没有住所的被告提起的诉讼，如果合同在中国领域内签订或者履行，或者诉讼标的物在中国领域内，或者被告在中国领域内有可供扣押的财产，或者被告在中国领域内设有代表机构，可以由合同签订地、合同履行地、诉讼标的物所在地、可供扣押财产所在地、侵权行为地或者代表机构（被告）住所地法院管辖。

判断1：2013/47A “凡是涉外诉讼与我国法院所在地存在一定实际联系的，我国法院都有管辖权，体现了诉讼与法院所在地实际联系原则√。”

判断2：2010/85AB 合同签订地和被告住所地法院管辖案

住所位于我国A市B区的甲公司与美国乙公司在我国M市N区签订了一份买卖合同，美国乙公司在我国C市D区设有代表处。甲公司因乙公司提供的产品质量问题诉至法院。

A. M市N区法院（合同签订地）对本案有管辖权√。

B. C市D区法院（代表机构所在地）对本案有管辖权√。

三、外国人可以委托什么人参加诉讼？

（一）律师代理：必须请中国律师（“律师身份”）

《民诉法》第263条，外国人、无国籍人、外国企业和组织在人民法院起诉、应诉，需要委托律师代理诉讼的，必须委托中国的律师。

（二）一般代理

可以请外国人、可以请外国律师以非律师身份、可以请驻中国的外交官员。

《民诉解释》第528条，涉外民事诉讼中的外籍当事人，可以①委托本国人为诉讼代理人，也可以②委托本国律师以非律师身份担任诉讼代理人；③外国驻华使领馆官员，受本国公民的委托，可以以个人名义担任诉讼代理人，但在诉讼中不享有外交或者领事特权和豁免。

判断：2014/84D“……中国公民与美国在华留学生离婚案……D美国驻华使馆法律参赞可以个人名义作为琼斯的诉讼代理人参加诉讼√。”

（三）在中国无住所外人的授权委托书＝应经所在国公证＋中国驻该国使领馆认证

《民诉法》第264条，在中华人民共和国领域内没有住所的外国人、无国籍人、外国企业和组织委托中国律师或者其他人代理诉讼，从中华人民共和国领域外寄交或者托交的授权委托书，应当经所在国公证机关证明，并经中华人民共和国驻该国使领馆认证，或者履行中华人民共和国与该所在国订立的有关条约中规定的证明手续后，才具有效力。

判断：2014/45/C“在法国居住的雷诺委托赵律师代理在我国的民事诉讼，其授权委托书需要经法国公证机关证明，并经我国驻法国使领馆认证后，方发生效力√”

四、涉外民事案件期间有什么特殊之处？

（一）有特殊

所有涉外案件的一审、二审一概无审限。

《民诉法》第270条，法院审理涉外民事案件的期间，不受本法第149条（66N）、第176条（判决3N或者裁定30N）规定的限制。

判断1：2012/38B涉外案件的审理不受案件审结期限的限制√。

判断2：2014/84A“……中国公民与美国在华留学生离婚案……A本案的一审审理期限为6个月×。”

（二）无特殊

在中国有住所的被告（中国人或外国人）答辩期、上诉期、被上诉人答辩期＝国内期间。

秒杀：住所标准，而非国籍标准。因为住所不在国内，不方便，才需要更长时间。不考虑国籍。

判断1：2014/84B“……中国甲市公民李虹与美国在华留学生琼斯在中国甲市登记结婚，婚后一直居住在中国甲市B区。李虹提起离婚诉讼，甲市B区法院受理了该案，适用普通程序审理……C不服一审判决，李虹的上诉期为15天，琼斯的上诉期为30天×。”

解析：琼斯在中国有住所，适用国内诉讼的上诉期15天。

判断2：2010/85C“……被告美国公司在中国C市D区设有代表处……”D如位于中国A市B区的原告中国甲公司不服一审判决，应在一审判决书送达之日起15日内提起上诉√。

解析：甲公司在中国有住所，适用国内诉讼的上诉期15天。

（三）有特殊

在中国无住所的被告（中国人或外国人）答辩期、上诉期，被上诉人答辩期＝一概30日

1. 答辩期＝收到起诉状副本后30日内。

《民诉法》第268条，被告在中华人民共和国领域内没有住所的，人民法院应当将起诉状副本送达被告，并通知被告在收到起诉状副本后30日内提出答辩状。被告申请延期的，是否准许，由人民法院决定。

2. 上诉期＝判决书、裁定书送达之日起30日内

《民诉法》第269条第1句，在中华人民共和国领域内没有住所的当事人，不服第一审人民法院判决、裁定的，有权在判决书、裁定书送达之日起30日内提起上诉。

3. 被上诉人答辩期＝收到上诉状副本后30内

《民诉法》第269条第2句，被上诉人在收到上诉状副本后，应当在30内提出答辩状。当事人不能在法定期间提起上诉或者提出答辩状，申请延期的，是否准许，由人民法院决定。

（四）一方在中国有住所上诉期15日，他方在中国无住所上诉期30日，一审判决何时生效吗？双方上诉期均届满没有上诉时一审判决生效。（《民诉解释》第538条）

判断：2007/36C 涉外民事诉讼中，双方当事人的上诉期无论是不服判决还是不服裁定一律都是30日×。 解析：在中国有住所的是15日，没住所的是30日。

五、涉外民事案件送达有什么特殊之处？

秒杀：住所标准，而非国别标准。

（一）无特殊：在中国有住所的被告（中国人或外国人）

判断1：2014/84B“中国李虹与居住在中国的美国琼斯离婚案……B法院送达诉讼文书时，对李虹与琼斯可采取同样的方式√。” 判断2：2010/85C“……被告美国公司在中国C市D区设有代表处……”C法院向乙公司送达时，可向乙公司设在C市D区的代表处送达√。

（二）有特殊：在中国无住所的被告（中国人或外国人）

《民诉法》第267条，人民法院对在中华人民共和国领域内没有住所的当事人（中国人或外国人）送达诉讼文书，可以采用下列方式：

1. 条约方式：依照受送达人所在国与中国缔结或者共同参加的国际条约中规定的方式送达。

2. 外交途径：通过外交途径送达。中国法院→外交部→美国驻华使领馆→美国外交部→美国有管辖权法院→受送达人。

3. 在外国的中国籍受送达人：中国法院→中国驻受送达人所在国的使领馆→代为送达。

判断：2007/36D 对居住在国外的外国当事人，可以通过我国驻该国的使领馆的代为送达诉讼文书×。 解析：法院让驻美使馆代为送达，限于在美国的中国公民，而不能对美国的美国公民送达。

4. 送达给代理人：向受送达人委托的有权代其接受送达的诉讼代理人送达。

5. 送达给代表机构：向受送达人在中国领域内设立的代表机构或者有权接受送达的分支机构、业务代办人送达。

6. 邮寄送达：受送达人所在国的法律允许；自邮寄之日起满3个月，送达回证没有退回，但根据各种情况足以认定已经送达的，期间届满之日视为送达。

7. 电子送达：采用传真、电子邮件等能够确认受送达人收悉的方式送达。

8. 公告送达：不能用上述方式送达的，公告送达，自公告之日起满3个月，即视为送达。

一句话，看住所不看国籍，被告无论是中国人还是外国人，只要在中国有住所，则答辩期（收到起诉状副本之日起15日内）、上诉期（判决书送达之日起15日内、裁定书送达之日起10日）、被上诉人的答辩期（收到上诉状副本之日起15日内）、送达，一概适用国内诉讼规则。

六、我国法院如何提供司法协助？

（一）一般司法协助＝送达文书和调查取证

1. 中国协助外国

（1）美国驻华使领馆可以向美国公民送达文书和调查取证

《民诉法》第277条第2款，外国驻中华人民共和国的使领馆可以向该国公民送达文书和调查取证，但不得违反中华人民共和国的法律，并不得采取强制措施。

（2）外国法院请求中国法院代为送达文书和调查取证

《民诉法》第276条第1款，根据中国缔结或者参加的国际条约，或者按照互惠原则，人民法院和外国法院可以相互请求，代为送达文书、调查取证以及进行其他诉讼行为。

2. 外国协助中国：同中国协助外国。

（二）特殊司法协助＝裁判承认和执行

1. 中国协助外国

（1）外国法院裁判，可由外人或外国法院启动，求中国法院承认和执行

《民诉法》第281条，外国法院作出的发生法律效力的判决、裁定，需要中华人民共和国法院承认和执行的，可以由①当事人直接向中华人民共和国有管辖权的中级人民法院申请承认和执行，②也可以由外国法院依照该国与中华人民共和国缔结或者参加的国际条约的规定，或者按照互惠原则，请求人民法院承认和执行。

（2）外国仲裁机构裁决，只能由当事人，求中国法院承认和执行

《民诉法》第283条，国外仲裁机构的裁决，需要中华人民共和国法院承认和执行的，只能由当事人直接向被执行人住所地或者其财产所在地的中级人民法院申请，人民法院应当依照中华人民共和国缔结或者参加的国际条约，或者按照互惠原则办理。

2. 外国协助中国

（1）中国法院裁判，可由中人或中国法院启动，求外国法院承认和执行

《民诉法》第280条第1款，人民法院作出的发生法律效力的判决、裁定，如果被执行人或者其财产不在中华人民共和国领域内，当事人请求执行的，可以由①当事人直接向有管辖权的外国法院申请承认和执行，②也可以由人民法院依照中华人民共和国缔结或者参加的国际条约的规定，或者按照互惠原则，请求外国法院承认和执行。

（2）中国涉外仲裁裁决，只能由当事人，求外国法院承认和执行

《民诉法》第280条第2款，中华人民共和国涉外仲裁机构作出的发生法律效力的仲裁裁决，当事人请求执行的，如果被执行人或者其财产不在中华人民共和国领域内，只能由当事人直接向有管辖权的外国法院申请承认和执行。

判断：外国协助中国法院裁判

2009/90 中国公民甲与外国公民乙因合同纠纷诉至某市中级人民法院，法院判决乙败诉。判决生效后，甲欲请求乙所在国的法院承认和执行该判决。

A. 可以直接向有管辖权的外国法院申请承认和执行√。

B. 可以向中国法院申请，由法院根据我国缔结或者参加的国际条约，或者按照互惠原则，请求外国法院承认和执行√。

C. 可以向司法行政部门申请，由司法行政部门根据我国缔结或者参加的国际条约，或者按照互惠原则，请求外国法院承认和执行×。

D. 可以向外交部门申请，由外交部门向外国中央司法机关请求协助×。

秒杀：特殊司法协助，仲裁裁决是自己来，法院裁判是自己或者法院来。

涉外诉讼
- ❶级别管辖
  - ①重大的中级人民法院
  - ②不重大的基层法院
- ❷地域管辖
  - ①“国别专属”：在中国履行中外合资、合作、勘探开发
  - ②“牵连管辖”：合同或财产任何地方落在中国境内
- ❸诉代理人
  - ①律师身份：必须中国律师
  - ②非律师身份：可以外国人
- ❹不能适用小额程序
- ❺没有审限限制
- ❻调解可以出判决书
- ❼可以电子送达
- ❽涉外期间：只看住所不看国籍
  - ①住所不在中国的
    - ①判决上诉期 30 日
    - ②裁定上诉期 30 日
    - ③答辩期 30 日
  - ②住所在中国的
    - ①判决上诉期 15 日
    - ②裁定上诉期 10 日
    - ③答辩期 15 日
- ❾涉外送达：只看住所不看国籍
  - ①住所不在中国的：公告送达 3 个月
  - ②住所在中国的：公告送达 60 日

附录 1：繁简分流

1. 优化司法确认：

【特邀调解员调解：协议签订地法院管辖司法确认】

【法院委派调解：委派法院管辖司法确认】

【调解委员会或特邀调解组织调解：调解组织所在地法官管辖司法确认】

2. 小额：

【小额：5 万法定 +5 万约定】

【小额案件明确放弃答辩和举证则直接开庭审理；不放弃抵抗的则 77 答辩期限与举证期限】

【2 +1 院长审结】

【人、求、辩、事实、理由、法条、结果和告知一审终审；当庭裁判，笔录完整庭审录音录像完整裁判文书不用载明裁判理由 = 直接出结果】

【小转简：本来不符合、增加诉讼请求导致 5 – 10 对方不同意、增加诉讼请求大于 10、反诉、需要鉴定评估审计的】

【小转普：案情疑难复杂。】

【小转简一般不能再转普，但确有必要的除外。】

3. 简易：
【清楚的简易可公告送达】
【3+1 院长批】
4. 扩大独任制范围：
【1 审普通的 1 法官：事实不好查但法律好查。基层法院事实不好查明但法律适用明确普通程序=1 法官独任】
【必须合议：国公、群体纠纷、群体吃瓜、新类型疑难、可能矛盾、发回重审、再审、三撤】
【二审的 1 法官：一审简易二审也简易+管理起诉的上诉审】
【独任转合议：国公、群体纠纷、群体吃瓜、新类型疑难、可能矛盾】
【上诉 1 人审：应当开庭；例外不开庭，不服裁定，不成立、事实没错法律错、违反程序要撤发】
5. 电子诉讼规则：
【网上开庭。】
【不能网上开庭：2 方不同意；1 方有理由不同意；当事人穷电脑盲；需查明身份核对原件、其他不宜】
【一方上网；另一方在线】
【受送达人同意电子送达：明确同意、约定、起诉状答辩状主动写电子地址、回复收悉参加诉讼接受完成的电子送达】
【受送达人同意可以电子送达三书】
【同意+主动地址：到达主义=送达】
【同意+未主动地址：法院根据获取电子地址送达，受送达人回复已收到或根据送达内容作出相应诉讼行为的；自动回复受送达人已经阅知；】

附录 2：民事起诉状范本。《民诉法》第 120 条第 1 款，起诉应当向人民法院递交起诉状，并按照被告人数提出副本。第 2 款，书写起诉状确有困难的，可以口头起诉，由人民法院记入笔录，并告知对方当事人。

民事起诉状

【自然人版本】
原告：方志平，男，生日，身份证号码，住址，联系电话
法定代理人：
委托诉讼代理人：
【法人版本】
原告：方志平有限责任公司，住所
法定代表人：方志平，董事长，联系电话
委托诉讼代理人：
被告：汤某，女，生日，身份证号码，住址，联系电话
诉讼请求：
1. 请求判令汤某赔礼道歉。
2. 请求判令汤某赔偿损失 1 元。

3. 请求判令汤某承担本案诉讼费。

事实和理由：

证据和证据来源，证人姓名和住所：

1. 书证：合同

2. 鉴定意见：某鉴定意见书，由某鉴定机构依法出具。

3. 证人紫霞，住址

此致

北京市海淀区人民法院

附：本起诉状副本X份

起诉人（方志平签名）

某年某月某日

①不需要写案由，案由是法院审查后依法确定的。（2011/79B 说起诉状要包含案由×）

②被告信息要明确，保证可以送达。

③法人一般是注册地，也可以是经常办公地，还要提交法人的工商信息，在网站上打印出来提交，为了证明案件属于立案法院管辖，法人名称比较长，在事实和理由第一次出现时可以后头加括号写上（以下简称……）。

④按照被告人数量上交起诉状份数，且另多交2份，因为被告被告都要送达一份起诉状，法院立案庭和审判庭都要自己留存一份。

⑤事实与理由部分简单明了，时间、地点、人物、事件叙述清楚，不要长篇大论写主观臆测。起诉状中有谩骂和人身攻击之辞的，人民法院应当告知其修改后提起诉讼。

⑥证据的提交可以把手里有的都上交一份复印件，没有收集到的可以开庭再提交。

附录3：一审判决书范本

北京市海淀区人民法院

民事判决书

（2019）海法民初字第001号（案号）

原告：方志平，男，生日，工作单位、职务，住址。

委托诉讼代理人：小方律师，小方律师事务所律师。

被告：汤某，女，生日，工作单位、职务，住址。

委托诉讼代理人：小汤律师，小汤律师事务所律师。

（当事人基本情况）

原告方志平与被告房屋买卖合同纠纷一案（案由），本院于2019年9月9日立案后，依法适用普通程序，公开开庭审理（如不公开审理，表述为“因涉及……依法或依当事人申请不公开开庭审理”）。原告、原告委托诉讼代理人小方、被告、被告委托诉讼代理人小汤均到庭参加诉讼，本案现已审理终结。

原告诉称……请求判令……

（原告的诉讼请求，事实和理由）

被告辩称……请求判令驳回原告诉讼请求……

（被告主张的事实和理由）

当事人围绕诉讼请求提供了证据，本院组织当事人进行了证据交换和质证。对当事人无异议的事实和证据，本院予以确认并在卷佐证。

原告为证实其诉讼请求提交证据……

被告质证……

以上证据原告均提交了原件……本院对上述证据的真实性予以确认，对其关联性及证明力将结合本案其他事实和相关证据综合予以认定。

被告为支持其抗辩理由提交证据……

原告质证……

本院对被告提交的证据12……组证据真实性予以确认，第6组证据为复印件真实性不予认可，对以上证据的关联性及证明力将结合本案其他事实和相关证据综合予以认定。

本院经审理查明：……

（判决认定的事实、证据）

本院认为，根据双方当事人的诉辩意见，归纳本案争议焦点问题如下：……

一、关于……

二、关于……

……

（判决理由）

综上，依照《中华人民共和国合同法》第八条、《中华人民共和国民事诉讼法》第一百四十四条之规定，判决如下：

一、被告在本判决生效后十日内向原告赔偿1元。

二、驳回原告的其他诉讼请求。

如果未按本判决指定的期间履行金钱给付义务，应当按照《中华人民共和国民事诉讼法》第二百五十三条之规定，加倍支付迟延履行期间的债务利息。

案件受理费1000元，由原告负担250元，被告负担750元。

如不服本判决，可在判决书送达之日起十五日内，向本院递交上诉状或直接向北京市第一中级人民法院上诉，应提交上诉状正本一份，并按对方当事人的人数提出副本X份。

（上诉期限和上诉法院）

（如适用小额诉讼程序审理，本段表述为“本判决为终审判决”）

审判长　佩琪

审判员　佩琪妈妈

人民陪审员　佩琪爸爸

（如果是简易程序或者小额诉讼程序，落款只落一名审判员）

2020年2月20日

（北京市海淀区人民法院印章）

本件与原本核对无异

书记员：紫霞

方志平秒杀民诉真题

第一节　民事诉讼与民事诉讼法

1. （2011年卷三35题）关于民事诉讼法的性质，下列哪一说法是正确的?[①]

A. 根据其调整的社会关系，民事诉讼法是程序法

B. 根据其在法律体系中的地位，民事诉讼法是程序法

C. 根据其规定的内容，民事诉讼法是程序法

D. 根据公法与私法的划分标准，民事诉讼法是程序法

2. （2012年卷三84题）下列哪些是1991年颁布实行的《民事诉讼法》（2007修正）规定的诉讼案件的审判程序?[②]

A. 普通程序

B. 二审程序

C. 认定财产无主案件审理程序

D. 小额诉讼程序

第二节　诉的基本理论

一、诉的标的

1. （2009年卷三37题）刘某习惯每晚将垃圾袋放在家门口，邻居王某认为会招引苍蝇并影响自己出入家门。王某为此与刘某多次交涉未果，遂向法院提起诉讼，要求刘某不得将垃圾袋放在家门口，以保证自家的正常通行和维护环境卫生。关于本案的诉讼标的，下列哪一选项是正确的?[③]

A. 王某要求刘某不得将垃圾袋放在家门口的请求

B. 王某要求法院保障自家正常通行权的请求

C. 王某要求刘某维护环境卫生的请求

D. 王某和刘某之间的相邻关系

2. （2011年卷三37题）甲因乙久拖房租不付，向法院起诉，要求乙支付半年房租

---

① 答案：C

② 答案：AB

③ 答案：D

6000元。在案件开庭审理前，甲提出书面材料，表示时间已过去1个月，乙应将房租增至7000元。关于法院对甲增加房租的要求的处理，下列哪一选项是正确的?①

A. 作为新的诉讼受理，合并审理

B. 作为诉讼标的变更，另案审理

C. 作为诉讼请求增加，继续审理

D. 不予受理，告知甲可以另行起诉

二、诉的分类

1.（2015年卷三37题）李某驾车不慎追尾撞坏刘某轿车，刘某向法院起诉要求李某将车修好。在诉讼过程中，刘某变更诉讼请求，要求李某赔偿损失并赔礼道歉。针对本案的诉讼请求变更，下列哪一说法是正确的?②

A. 该诉的诉讼标的同时发生变更

B. 法院应依法不允许刘某变更诉讼请求

C. 该诉成为变更之诉

D. 该诉仍属给付之诉

2.（2013年卷三37题）关于诉的分类的表述，下列哪一选项是正确的?③

A. 孙某向法院申请确认其妻无民事行为能力，属于确认之诉

B. 周某向法院申请宣告自己与吴某的婚姻无效，属于变更之诉

C. 张某在与王某协议离婚后，又向法院起诉，主张离婚损害赔偿，属于给付之诉

D. 赵某代理女儿向法院诉请前妻将抚养费从每月1000元增加为2000元，属于给付之诉

3.（2008年卷三86题）关于诉的种类的表述，下列哪些选项是正确的?④

A. 甲公司以乙公司违约为由，诉至法院要求解除合同，属于变更之诉

B. 甲公司以乙公司的履行不符合约定为由，诉至法院要求乙公司继续履行，属于给付之诉

C. 甲向法院起诉乙，要求返还借款1000元，乙称自己根本没有向甲借过钱，该诉讼属于确认之诉

D. 甲公司起诉乙公司，要求乙公司立即停止施工或采取有效措施降低噪音，属于变更之诉

三、反诉

1.（2009年卷三36题）甲公司起诉要求乙公司交付货物。被告乙公司向法院主张合同无效，应由原告甲公司承担合同无效的法律责任。关于本案被告乙公司主张的性质，下列哪一说法是正确的?⑤

A. 该主张构成了反诉

---

① 答案：C

② 答案：D

③ 答案：C

④ 答案：AB

⑤ 答案：A

B. 该主张是一种反驳

C. 该主张仅仅是一种事实主张

D. 该主张是一种证据

2. (2014年卷三43题) 刘某与曹某签订房屋租赁合同，后刘某向法院起诉，要求曹某依约支付租金。曹某向法院提出的下列哪一主张可能构成反诉?①

A. 刘某的支付租金请求权已经超过诉讼时效

B. 租赁合同无效

C. 自己无支付能力

D. 自己已经支付了租金

3. (2012年卷三80题) 关于反诉，下列哪些表述是正确的?②

A. 反诉应当向受理本诉的法院提出，且该法院对反诉所涉及的案件也享有管辖权

B. 反诉中的诉讼请求是独立的，它不会因为本诉的撤销而撤销

C. 反诉如果成立，将产生本诉的诉讼请求被依法驳回的法律后果

D. 本诉与反诉的当事人具有同一性，因此，当事人在本诉与反诉中诉讼地位是相同的

4. (2013年卷三80题) 关于反诉，下列哪些表述是正确的?③

A. 反诉的原告只能是本诉的被告

B. 反诉与本诉必须适用同一种诉讼程序

C. 反诉必须在答辩期届满前提出

D. 反诉与本诉之间须存在牵连关系，因此必须源于同一法律关系

第三节　基本原则与基本制度

基本原则

1. (2014年卷三35题) 社会主义法治的价值追求是公平正义，因此必须坚持法律面前人人平等原则。下列哪一民事诉讼基本原则最能体现法律面前人人平等原则的内涵?④

A. 检察监督原则

B. 诚实信用原则

C. 当事人诉讼权利平等原则

D. 同等原则和对等原则

2. (2014年卷三37题) 据《民事诉讼法》规定的诚信原则的基本精神，下列哪一选项符合诚信原则?⑤

A. 当事人以欺骗的方法形成不正当诉讼状态

---

① 答案：B

② 答案：AB

③ 答案：AB

④ 答案：C

⑤ 答案：C

B. 证人故意提供虚假证言

C. 法院根据案件审理情况对当事人提供的证据不予采信

D. 法院对当事人提出的证据任意进行取舍或否定

3. （2011 年卷三 38 题）关于民事诉讼法基本原则在民事诉讼中的具体体现，下列哪一说法是正确的？①

A. 当事人有权决定是否委托代理人代为进行诉讼，是诉讼权利平等原则的体现

B. 当事人均有权委托代理人代为进行诉讼，是处分原则的体现

C. 原告与被告在诉讼中有一些不同但相对等的权利，是同等原则的体现

D. 当事人达成调解协议不仅要自愿，内容也不得违法，是法院调解自愿和合法原则的体现

4. （2008 年卷三 38 题）甲向法院起诉，要求判决乙返还借款本金 2 万元。在案件审理中，借款事实得以认定，同时，法院还查明乙逾期履行还款义务近一年，法院遂根据银行同期定期存款利息，判决乙还甲借款本金 2 万元，利息 520 元。关于法院对该案判决的评论，下列哪一选项是正确的？②

A. 该判决符合法律规定，实事求是，全面保护了权利人的合法权益

B. 该判决不符合法律规定，违反了民事诉讼的处分原则

C. 该判决不符合法律规定，违反了民事诉讼的辩论原则

D. 该判决不符合法律规定，违反了民事诉讼的平等原则

5. （2010 年卷三 88 题）王某与钱某系夫妻，因感情不合王某提起离婚诉讼，一审法院经审理判决不准予离婚。王某不服提出上诉，二审法院经审理认为应当判决离婚，并对财产分割与子女抚养一并作出判决。关于二审法院的判决，下列哪些选项违反了《民事诉讼法》的原则或制度？③

A. 处分原则　　B. 辩论原则

C. 两审终审制度　　D. 回避制度

6. （2013 年卷三 45 题）关于民事诉讼基本原则的表述，下列哪一选项是正确的？④

A. 外国人在我国进行民事诉讼时，与中国人享有同等的诉讼权利义务，体现了当事人诉讼权利平等原则

B. 法院未根据当事人的自认进行事实认定，违背了处分原则

C. 当事人主张的法律关系与法院根据案件事实作出的认定不一致时，根据处分原则，当事人可以变更诉讼请求

D. 环保组织向法院提起公益诉讼，体现了支持起诉原则

7. （2009 年卷三 82 题）关于辩论原则的表述，下列哪些选项是正确的？⑤

A. 当事人辩论权的行使仅局限于一审程序中开庭审理的法庭调查和法庭辩论阶段

B. 当事人向法院提出起诉状和答辩状是其行使辩论权的一种表现

C. 证人出庭陈述证言是证人行使辩论权的一种表现

① 答案：D

② 答案：B

③ 答案：ABC

④ 答案：C

⑤ 答案：BD

D. 督促程序不适用辩论原则

8. （2018 年模拟题第 39 题）甲公司与乙公司于2016 年10 月签订《房屋租赁合同》一份，甲公司将房屋出租给乙公司使用。该合同约定：租赁期限自 2016 年 10 月 30 日起至 2026 年 10 月 29 日止，每月租金为人民币 11.8 万元，装修免租期为五个月，逾期支付租金需按日租金千分之五支付违约金，逾期支付租金累计超过一个月，出租方可提前解除合同，承租方应支付违约金 11.8 万元。合同签订后，乙公司自 2017 年 7 月起拒不履行支付租金的义务。甲公司经多次催讨无果，2018 年 2 月诉至法院，要求支付自 2017 年 7 月 30 日起至 2018 年 2 月 28 日止的房屋租金 70.8 万元。一审法院审理后作出判决，支付拖欠的房屋租金 70.8 万元，并支付逾期付款的利息 3600 元，解除双方之间的租赁合同。关于法院对该案判决的评论，下列哪一选项是正确的?①

A. 该判决符合法律规定，实事求是，全面保护了权利人的合法权益

B. 该判决不符合法律规定，违反了民事诉讼的处分原则

C. 该判决不符合法律规定，违反了民事诉讼的公开审判制度

D. 该判决不符合法律规定，违反了民事诉讼的两审终审制度

基本制度

一、合议制

1. （2016 年卷三 35 题）不同的审判程序，审判组织的组成往往是不同的。关于审判组织的适用，下列哪一选项是正确的?②

A. 适用简易程序审理的案件，当事人不服一审判决上诉后发回重审的，可由审判员独任审判

B. 适用简易程序审理的案件，判决生效后启动再审程序进行再审的，可由审判员独任审判

C. 适用普通程序审理的案件，当事人双方同意，经上级法院批准，可由审判员独任审判

D. 适用选民资格案件审理程序的案件，应组成合议庭审理，而且只能由审判员组成合议庭

2. （2008 年卷三 83 题）根据我国《民事诉讼法》和相关司法解释的规定，下列关于审判组织的哪些表述是正确的?③

A. 再审程序中只能由审判员组成合议庭

B. 二审法院裁定发回重审的案件，原审法院应当组成合议庭进行审理

C. 法院适用特别程序审理案件，陪审员不参加案件的合议庭

D. 中级人民法院作为一审法院时，合议庭可以由审判员与陪审员共同组成，作为二审法院时，合议庭则一律由审判员组成

---

① 答案：B

② 答案：D

③ 答案：BCD

3. （2006年卷三37题）根据我国民事诉讼法和相关司法解释的规定，下列关于审判组织的哪一表述是错误的?①

A. 第二审程序中只能由审判员组成合议庭

B. 二审法院裁定发回重审的案件，原审法院可以由审判员与陪审员共同组成合议庭

C. 法院适用特别程序，只能采用独任制

D. 独任制只适用于基层法院及其派出法庭

4. （2010年卷三38题）关于合议庭评议案件，下列哪一表述是正确的?②

A. 审判长意见与多数意见不同的，以其意见为准判决

B. 陪审员意见得到支持、形成多数的，可按该意见判决

C. 合议庭意见存在分歧的，也可提交院长审查决定

D. 审判人员的不同意见均须写入笔录

二、回避制度

1. （2015年卷三36题）某区法院审理原告许某与被告某饭店食物中毒纠纷一案。审前，法院书面告知许某合议庭由审判员甲、乙和人民陪审员丙组成时，许某未提出回避申请。开庭后，许某始知人民陪审员丙与被告法定代表人是亲兄弟，遂提出回避申请。关于本案的回避，下列哪一说法是正确的?③

A. 许某可在知道丙与被告法定代表人是亲兄弟时提出回避申请

B. 法院对回避申请作出决定前，丙不停止参与本案审理

C. 应由审判长决定丙是否应回避

D. 法院作出回避决定后，许某可对此提出上诉

2. （2010年卷三37题）关于回避，下列哪一说法是正确的?④

A. 当事人申请担任审判长的审判人员回避的，应由审委会决定

B. 当事人申请陪审员回避的，应由审判长决定

C. 法院驳回当事人的回避申请，当事人不服而申请复议，复议期间被申请回避人不停止参与本案的审理工作

D. 如当事人申请法院翻译人员回避，可由合议庭决定

3. （2018年模拟题第42题）刘某因买卖合同纠纷向法院起诉，要求被告冯某履行合同并承担违约责任。法院按照普通程序审理该案件，决定由法官张某和人民陪审员乔某、吉某组成合议庭，张某任审判长。刘某得知陪审员乔某是被告的表弟，便要求其回避，但回避申请被张法官当场拒绝。法庭审理后作出判决，原告不服判决，提起上诉。关于本案，下列说法正确的是：⑤

A. 刘某申请回避理由成立

B. 乔某作为人民陪审员，其是否应当回避审判长有权决定

C. 对法院作出的决定不服的，刘某可以提出上诉

---

① 答案：C

② 答案：D

③ 答案：A

④ 答案：C

⑤ 答案：A

D. 发回重审后，应当由组成新的合议庭进行审理，且合议庭组成人员中不得有人民陪审员

三、公开审判制度

(2012年卷三36题) 唐某作为技术人员参与了甲公司一项新产品研发，并与该公司签订了为期2年的服务与保密合同合同履行1年后，唐某被甲公司的竞争对手乙公司高薪挖走，负责开发类似的产品。甲公司起诉至法院，要求唐某承担违约责任并保守其原知晓的产品秘密。关于该案的审判，下列哪一说法是正确的?①

A. 只有在唐某与甲公司共同提出申请不公开审理此案的情况下，法院才可以不公开审理

B. 根据法律的规定，该案不应当公开审理，但应当公开宣判

C. 法院可以根据当事人的申请不公开审理此案，但应当公开宣判

D. 法院应当公开审理此案并公开宣判

第四节　主管与管辖

主　管

1. (2010年卷三35题) 张某与李某产生邻里纠纷，张某将李某打伤。为解决赔偿问题，双方同意由人民调解委员会进行调解。经调解员黄某调解，双方达成赔偿协议。关于该纠纷的处理，下列哪一说法是正确的?②

A. 张某如反悔不履行协议，李某可就协议向法院提起诉讼

B. 张某如反悔不履行协议，李某可向法院提起人身损害赔偿诉讼

C. 张某如反悔不履行协议，李某可向法院申请强制执行调解协议

D. 张某可以调解委员会未组成合议庭调解为由，向法院申请撤销调解协议

2. (2006年卷三80题) 王某是某电网公司员工，在从事高空作业时受伤，为赔偿问题与电网公司发生争议。王某可以采用哪些方式处理争议?③

A. 可以向本公司劳动争议调解委员会申请调解，调解不成的，可以申请劳动仲裁

B. 可以直接向劳动争议仲裁委员会申请仲裁，对仲裁裁决不服的，可以向法院提起诉讼

C. 可以不申请劳动仲裁而直接向法院起诉

D. 如果进行诉讼并按简易程序处理，法院开庭审理时，可以申请先行调解

---

① 答案：C

② 答案：A

③ 答案：ABD

管　辖

归总规律：①“只有被告坐牢的案件”，“只有被告没户口的案件”，“被告找不到的身份案件”，这是“被告就原告”。②“离婚案只有被告离开超1年的”，“找监护人案”，“三费案被告复杂的”，这是“两可”。③其他统统都是原告就被告。比如“双方坐牢的案件”；比如“双方都没有户口的案件”；比如“找不到被告的财产案件”；比如“离婚案中，双方离开原住所地没超过1年或超过1年、被告离开没超过1年、原告离开超过1年或没超过1年”；比如“三费被告简单的案件”，统统都是原告就被告。

记忆3句话：①只有被告“坐牢”、“没户口”、“找不到的身份”，则“被告就原告”；②“离婚案只有被告离开超过1年”，所以要“找监护人案”、要“三费案被告复杂的”，则“两可”。③其他统统都是原告就被告。

一、级别管辖

1. （2015年卷三77题）根据《民事诉讼法》相关司法解释，下列哪些法院对专利纠纷案件享有管辖权?①

A. 知识产权法院　　B. 所有的中级人民法院

C. 最高法院确定的中级人民法院　　D. 最高法院确定的基层法院

2. （2011年卷三39题）根据《民事诉讼法》和相关司法解释，关于中级人民法院，下列哪一表述是正确的?②

A. 既可受理一审涉外案件，也可受理一审非涉外案件

B. 审理案件组成合议庭时，均不可邀请陪审员参加

C. 审理案件均须以开庭审理的方式进行

D. 对案件所作出的判决均为生效判决

3. （2009年卷三35题）关于民事案件的级别管辖，下列哪一选项是正确的?③

A. 第一审民事案件原则上由基层法院管辖

B. 涉外案件的管辖权全部属于中级人民法院

C. 高级法院管辖的一审民事案件包括在本辖区内有重大影响的民事案件和它认为应当由自己审理的案件

D. 最高法院仅管辖在全国有重大影响的民事案件

二、地域管辖

1. （2016年卷三77题）A市东区居民朱某（男）与A市西县刘某结婚，婚后双方住A市东区。一年后，公司安排刘某赴A市南县分公司工作。三年之后，因感情不合朱某向A市东区法院起诉离婚。东区法院受理后，发现刘某经常居住地在南县，其对该案无管辖权，遂裁定将案件移送南县法院。南县法院收到案件后，认为无管辖权，将案件移送刘某

① 答案：ACD

② 答案：A

③ 答案：A

户籍所在地西县法院。西县法院收到案件后也认为无管辖权。关于本案的管辖问题，下列哪些说法是正确的?①

A. 东区法院有管辖权

B. 南县法院有管辖权

C. 西县法院有管辖权

D. 西县法院认为自己没有管辖权，应当裁定移送有管辖权的法院

2. （2007年卷三80题）甲县的电热毯厂生产了一批电热毯，与乙县的昌盛贸易公司在丙县签订了一份买卖该批电热毯的合同。丁县居民张三在出差到乙县时从昌盛贸易公司购买了一条该批次的电热毯，后在使用过程中电热毯由于质量问题引起火灾，烧毁了张三的房屋。张三欲以侵权损害为由诉请赔偿。下列哪些法院对该纠纷有管辖权?②

A. 甲县法院　　B. 乙县法院

C. 丙县法院　　D. 丁县法院

3. （2018年模拟题第84题）A区公司为所有货车在C区与另一辆小汽车相撞，经查，肇事小汽车在B区保险公司投保交强险，肇事司机甲负全部责任。甲住所地在D区，该车车主为E区的乙，甲系向乙借用。现该公司欲起诉赔偿，请问对本案有管辖权的法院包括:③

A. A区　　B. B区　　C. C区　　D. D区

三、裁定管辖

1. （2009年卷三80题）2008年7月，家住A省的陈大因赡养费纠纷，将家住B省甲县的儿子陈小诉至甲县法院，该法院受理了此案。2008年8月，经政府正式批准，陈小居住的甲县所属区域划归乙县管辖。甲县法院以管辖区域变化对该案不再具有管辖权为由，将该案移送至乙县法院。乙县法院则根据管辖恒定原则，将案件送还至甲县法院。下列哪些说法是正确的?④

A. 乙县法院对该案没有管辖权　　B. 甲县法院的移送管辖是错误的

C. 乙县法院不得将该案送还甲县法院　　D. 甲县法院对该案没有管辖权

2. （2008年卷三82题）李某在甲市A区新购一套住房，并请甲市B区的装修公司对其新房进行装修。在装修过程中，装修工人不慎将水管弄破，导致楼下住户的家具被淹毁。李某与该装修公司就赔偿问题交涉未果，遂向甲市B区法院起诉。B区法院认为该案应由A区法院审理，于是裁定将该案移送至A区法院，A区法院认为该案应由B区法院审理，不接受移送，又将案件退回B区法院。关于本案的管辖，下列哪些选项是正确的?⑤

A. 甲市A、B区法院对该案都有管辖权

B. 李某有权向甲市B区法院起诉

C. 甲市B区法院的移送管辖是错误的

D. A区法院不接受移送，将案件退回B区法院是错误的

---

① 答案：AB

② 答案：ABD

③ 答案：BCD

④ 答案：ABC

⑤ 答案：ABCD

3. （2010 年卷三 39 题）某省甲市 A 区法院受理一起保管合同纠纷案件，根据被告管辖权异议，A 区法院将案件移送该省乙市 B 区法院审理。乙市 B 区法院经审查认为，A 区法院移送错误，本案应归甲市 A 区法院管辖，发生争议。关于乙市 B 区法院的做法，下列哪一选项是正确的？①

A. 将案件退回甲市 A 区法院

B. 将案件移送同级第三方法院管辖

C. 报请乙市中级人民法院指定管辖

D. 与甲市 A 区法院协商不成，报请该省高级法院指定管辖

4. （2013 年卷三 79 题）关于管辖制度的表述，下列哪些选项是不正确的？②

A. 对下落不明或者宣告失踪的人提起的民事诉讼，均应由原告住所地法院管辖

B. 因共同海损或者其他海损事故请求损害赔偿提起的诉讼，被告住所地法院享有管辖权

C. 甲区法院受理某技术转让合同纠纷案后，发现自己没有级别管辖权，将案件移送至甲市中院审理，这属于管辖权的转移

D. 当事人可以书面约定纠纷的管辖法院，这属于选择管辖

5. （2014 年卷三 39 题）关于管辖，下列哪一表述是正确的？③

A. 军人与非军人之间的民事诉讼，都应由军事法院管辖，体现了专门管辖的原则

B. 中外合资企业与外国公司之间的合同纠纷，应由中国法院管辖，体现了维护司法主权的原则

C. 最高法院通过司法解释授予部分基层法院专利纠纷案件初审管辖权，体现了平衡法院案件负担的原则

D. 不动产纠纷由不动产所在地法院管辖，体现了管辖恒定的原则

6. （2014 年卷三 78 题）根据《民事诉讼法》和相关司法解释的规定，法院的下列哪些做法是违法的？④

A. 在一起借款纠纷中，原告张海起诉被告李河时，李河居住在甲市 A 区。A 区法院受理案件后，李河搬到甲市 D 区居住，该法院知悉后将案件移送 D 区法院

B. 王丹在乙市 B 区被黄玫打伤，以为黄玫居住乙市 B 区，而向该区法院提起侵权诉讼。乙市 B 区法院受理后，查明黄玫的居住地是乙市 C 区，遂将案件移送乙市 C 区法院

C. 丙省高院规定，本省中院受理诉讼标的额 1000 万元至 5000 万元的财产案件。丙省 E 市中院受理一起标的额为 5005 万元的案件后，向丙省高院报请审理该案

D. 居住地为丁市 H 区的孙溪要求居住地为丁市 G 区的赵山依约在丁市 K 区履行合同。后因赵山下落不明，孙溪以赵山为被告向丁市 H 区法院提起违约诉讼，该法院以本院无管辖权为由裁定不予受理

四、管辖权异议

1. （2016 年卷三 78 题）法院受理案件后，被告提出管辖异议，依据法律和司法解释

① 答案：D
② 答案：ABCD
③ 答案：C
④ 答案：ABC

规定，其可以采取下列哪些救济措施？①

A. 向受诉法院提出管辖权异议，要求受诉法院对管辖权的归属进行审查

B. 向受诉法院的上级法院提出异议，要求上级法院对案件的管辖权进行审查

C. 在法院对管辖异议驳回的情况下，可以对该裁定提起上诉

D. 在法院对案件审理终结后，可以以管辖错误作为法定理由申请再审

2. （2010年卷三50题）红光公司起诉蓝光公司合同纠纷一案，A市B区法院受理后，蓝光公司提出管辖权异议，认为本案应当由A市中级人民法院管辖。B区法院裁定驳回蓝光公司异议，蓝光公司提起上诉。此时，红光公司向B区法院申请撤诉，获准。关于本案，下列哪一选项是正确的？②

A. B区法院裁定准予撤诉是错误的，因为蓝光公司已经提起上诉

B. 红光公司应当向A市中级人民法院申请撤诉，并由其裁定是否准予撤诉

C. B区法院应当待A市中级人民法院就蓝光公司的上诉作出裁定后，再裁定是否准予撤诉

D. B区法院裁定准予撤诉后，二审法院不再对管辖权异议的上诉进行审查

3. （2007年卷三40题）关于管辖权异议的表述，下列哪一选项是错误的？③

A. 当事人对一审案件的地域管辖和级别管辖均可提出异议

B. 通常情况下，当事人只能在提交答辩状期间提出管辖异议

C. 管辖权异议成立的，法院应当裁定将案件移送有管辖权的法院；异议不成立的，裁定驳回

D. 对于生效的管辖权异议裁定，当事人可以申请复议一次，但不影响法院对案件的审理

4. （2017年卷三36题）住所在A市B区的甲公司与住所在A市C区的乙公司签订了一份买卖合同，约定履行地为D县。合同签订后尚未履行，因货款支付方式发生争议，乙公司诉至D县法院。甲公司就争议的付款方式提交了答辩状。经审理，法院判决甲公司败诉。甲公司不服，以一审法院无管辖权为由提起上诉，要求二审法院撤销一审判决，驳回起诉。关于本案，下列哪一表述是正确的？④

A. D县法院有管辖权，因D县是双方约定的合同履行地

B. 二审法院对上诉人提出的管辖权异议不予审查，裁定驳回异议

C. 二审法院应裁定撤销一审判决，发回一审法院重审

D. 二审法院应裁定撤销一审判决，裁定将案件移送有管辖权的法院审理

5. （2012年卷三78题）根据《民事诉讼法》和司法解释的相关规定，关于级别管辖，下列哪些表述是正确的？⑤

A. 级别管辖不适用管辖权异议制度

B. 案件被移送管辖有可能是因为受诉法院违反了级别管辖的规定而发生的

C. 管辖权转移制度是对级别管辖制度的变通和个别的调整

---

① 答案：AC

② 答案：D

③ 答案：D

④ 答案：B

⑤ 答案：BC

D. 当事人可以通过协议变更案件的级别管辖

第五节 当事人

1. (2014 年卷三 81 题) 根据民事诉讼理论和相关法律法规，关于当事人的表述，下列哪些选项是正确的?①

A. 依法清算并注销的法人可以自己的名义作为当事人进行诉讼

B. 被宣告为无行为能力的成年人可以自己的名义作为当事人进行诉讼

C. 不具有法人资格的非法人组织依法可以自己的名义作为当事人进行诉讼

D. 中国消费者协会可以自己的名义作为当事人，对侵害众多消费者权益的企业提起公益诉讼

2. (2018 年模拟题) A 市 B 区宝安商场为拓展业务，自行在 C 市 D 区设立分店，并私刻了宝安商场 C 市分公司的公章，苏某因在宝安商场 C 市分店购买的商品存在质量问题，发生争议，向法院提起诉讼，关于本案主体和管辖的说法，下列哪些选项是正确的?②

A. C 市 D 区法院因是被告住所地而享有管辖权

B. C 市 D 区法院因是合同履行地而享有管辖权

C. 宝安商场 C 市分公司是适格被告

D. 宝安商场是适格被告

3. (2012 年卷三 81 题) 关于当事人能力与当事人适格的概念，下列哪些表述是正确的?③

A. 当事人能力又称当事人诉讼权利能力，当事人适格又称正当当事人

B. 有当事人能力的人一定是适格当事人

C. 适格当事人一定具有当事人能力

D. 当事人能力与当事人适格均由法律明确加以规定

4. (2013 年卷三 38 题) 关于当事人能力和正当当事人的表述，下列哪一选项是正确的?④

A. 一般而言，应以当事人是否对诉讼标的有确认利益，作为判断当事人适格与否的标准

B. 一般而言，诉讼标的的主体即是本案的正当当事人

C. 未成年人均不具有诉讼行为能力

D. 失踪人的财产代管人对失踪人的财产享有管理权，可以该失踪人的名义起诉、应诉

5. (2015 年卷三 39 题) 徐某开设打印设计中心并以自己名义登记领取了个体工商户营业执照，该中心未起字号。不久，徐某应征入伍，将该中心转让给同学李某经营，未办理工商变更登记。后该中心承接广告公司业务，款项已收却未能按期交货，遭广告公司起

① 答案：BCD

② 答案：BD

③ 答案：AC

④ 答案：B

诉。下列哪一选项是本案的适格被告?①

A. 李某

B. 李某和徐某

C. 李某和该中心

D. 李某、徐某和该中心

6. （2010年卷三40题）甲乙丙三人合伙开办电脑修理店，店名为“一通电脑行”，依法登记。甲负责对外执行合伙事务。顾客丁进店送修电脑时，被该店修理人员戊的工具碰伤。丁拟向法院起诉。关于本案被告的确定，下列哪一选项是正确的?②

A. “一通电脑行”为被告

B. 甲为被告

C. 甲乙丙三人为共同被告，并注明“一通电脑行”字号

D. 甲乙丙戊四人为共同被告

7. （2016年卷三36题）精神病人姜某冲入向阳幼儿园将入托的小明打伤，小明的父母与姜某的监护人朱某及向阳幼儿园协商赔偿事宜无果，拟向法院提起诉讼。关于本案当事人的确定，下列哪一选项是正确的?③

A. 姜某是被告，朱某是无独立请求权第三人

B. 姜某与朱某是共同被告，向阳幼儿园是无独立请求权第三人

C. 向阳幼儿园与姜某是共同被告

D. 姜某、朱某、向阳幼儿园是共同被告

8. （2010年卷三46题）甲在丽都酒店就餐，顾客乙因地板湿滑不慎滑倒，将热汤洒到甲身上，甲被烫伤。甲拟向法院提起诉讼。关于本案当事人的确定，下列哪一说法是正确的?④

A. 甲起诉丽都酒店，乙是第三人

B. 甲起诉乙，丽都酒店是第三人

C. 甲起诉，只能以乙或丽都酒店为单一被告

D. 甲起诉丽都酒店，乙是共同被告

9. （2016年卷三37题）小桐是由菲特公司派遣到苏拉公司工作的人员，在一次完成苏拉公司分配的工作任务时，失误造成路人周某受伤，因赔偿问题周某起诉至法院。关于本案被告的确定，下列哪一选项是正确的?⑤

A. 起诉苏拉公司时，应追加菲特公司为共同被告

B. 起诉苏拉公司时，应追加菲特公司为无独立请求权第三人

C. 起诉菲特公司时，应追加苏拉公司为共同被告

D. 起诉菲特公司时，应追加苏拉公司为无独立请求权第三人

10. （2017年卷三37题）马迪由阳光劳务公司派往五湖公司担任驾驶员。因五湖公司经常要求加班，且不发加班费，马迪与五湖公司发生争议，向劳动争议仲裁委员会申请仲裁。关于本案仲裁当事人的确定，下列哪一表述是正确的?⑥

---

① 答案：B

② 答案：C

③ 答案：D

④ 答案：D

⑤ 答案：C

⑥ 答案：B

A. 马迪是申请人，五湖公司为被申请人

B. 马迪是申请人，五湖公司和阳光劳务公司为被申请人

C. 马迪是申请人，五湖公司为被申请人，阳光劳务公司可作为第三人参加诉讼

D. 马迪和阳光劳务公司为申请人，五湖公司为被申请人

11. （2011 年卷三 45 题）三合公司诉两江公司合同纠纷一案，经法院审理后判决两江公司败诉。此后，两江公司与海大公司合并成立了大江公司。在对两江公司财务进行审核时，发现了一份对前述案件事实认定极为重要的证据。关于该案的再审，下列哪一说法是正确的①

A. 应当由两江公司申请再审并参加诉讼

B. 应当由海大公司申请再审并参加诉讼

C. 应当由大江公司申请再审并参加诉讼

D. 应当由两江公司申请再审，但必须由大江公司参加诉讼

12. （2012 年卷三 45 题）2010 年 7 月，甲公司不服 A 市 B 区法院对其与乙公司买卖合同纠纷的判决，上诉至 A 市中级人民法院，A 市中级人民法院经审理维持原判决。2011 年 3 月，甲公司与丙公司合并为丁公司。之后，丁公司法律顾问在复查原甲公司的相关材料时，发现上述案件具备申请再审的法定事由。关于该案件的再审，下列哪一说法是正确的？②

A. 应由甲公司向法院申请再审

B. 应由甲公司与丙公司共同向法院申请再审

C. 应由丁公司向法院申请再审

D. 应由丁公司以案外人身份向法院申请再审

13. （2016 年卷三 79 题）程某诉刘某借款诉讼过程中，程某将对刘某因该借款而形成的债权转让给了谢某。依据相关规定，下列哪些选项是正确的？③

A. 如程某撤诉，法院可以准许其撤诉

B. 如谢某申请以无独立请求权第三人身份参加诉讼，法院可予以准许

C. 如谢某申请替代程某诉讼地位的，法院可以根据案件的具体情况决定是否准许

D. 如法院不予准许谢某申请替代程某诉讼地位的，可以追加谢某为无独立请求权的第三人

第六节　公益诉讼程序

1. （2013 卷三 35 题）根据 2012 年修改的《民事诉讼法》，关于公益诉讼的表述，下列哪一选项是错误的？④

A. 公益诉讼规则的设立，体现了依法治国的法治理念

① 答案：C

② 答案：C

③ 答案：ABCD

④ 答案：D

B. 公益诉讼的起诉主体只限于法律授权的机关或团体

C. 公益诉讼规则的设立，有利于保障我国经济社会全面协调发展

D. 公益诉讼的提起必须以存在实际损害为前提

2.（2015年卷三35题）某品牌手机生产商在手机出厂前预装众多程序，大幅侵占标明内存，某省消费者保护协会以侵害消费者知情权为由提起公益诉讼，法院受理了该案。下列哪一说法是正确的?①

A. 本案应当由侵权行为地或者被告住所地中级人民法院管辖

B. 本案原告没有撤诉权

C. 本案当事人不可以和解，法院也不可以调解

D. 因该案已受理，购买该品牌手机的消费者甲若以前述理由诉请赔偿，法院不予受理

3.（2017年卷三98～100题）大洲公司超标排污导致河流污染，公益环保组织甲向A市中级人民法院提起公益诉讼，请求判令大洲公司停止侵害并赔偿损失。法院受理后，在公告期间，公益环保组织乙也向A市中级人民法院提起公益诉讼，请求判令大洲公司停止侵害、赔偿损失和赔礼道歉。公益案件审理终结后，渔民梁某以大洲公司排放的污水污染了其承包的鱼塘为由提起诉讼，请求判令赔偿其损失。

（1）对乙组织的起诉，法院的正确处理方式是:②

A. 予以受理，与甲组织提起的公益诉讼合并审理

B. 予以受理，作为另案单独审理

C. 属重复诉讼，不予受理

D. 允许其参加诉讼，与甲组织列为共同原告

（2）公益环保组织因与大洲公司在诉讼中达成和解协议申请撤诉，法院的正确处理方式是:③

A. 应将和解协议记入笔录，准许公益环保组织的撤诉申请

B. 不准许公益环保组织的撤诉申请

C. 应将双方的和解协议内容予以公告

D. 应依职权根据和解协议内容制作调解书

（3）对梁某的起诉，法院的正确处理方式是:④

A. 属重复诉讼，裁定不予受理

B. 不予受理，告知其向公益环保组织请求给付

C. 应予受理，但公益诉讼中已提出的诉讼请求不得再次提出

D. 应予受理，其诉讼请求不受公益诉讼影响

第七节　共同诉讼

1.（2013年卷三77题）甲向大恒银行借款100万元，乙承担连带保证责任，甲到期未

---

① 答案：A

② 答案：D

③ 答案：BCD

④ 答案：D

能归还借款，大恒银行向法院起诉甲乙二人，要求其履行债务。关于诉的合并和共同诉讼的判断，下列哪些选项是正确的?①

A. 本案属于诉的主体的合并　　B. 本案属于诉的客体的合并

C. 本案属于必要共同诉讼　　D. 本案属于普通共同诉讼

2. (2007年卷三87题) 关于必要共同诉讼与普通共同诉讼的区别，下列哪些选项是正确的?②

A. 必要共同诉讼的诉讼标的是共同的，普通共同诉讼的诉讼标的是同种类的

B. 必要共同诉讼的诉讼标的只有一个，普通共同诉讼的诉讼标的有若干个

C. 必要共同诉讼的诉讼请求只有一个，普通共同诉讼的诉讼请求有若干个

D. 必要共同诉讼中共同诉讼人的诉讼行为必须一致，普通共同诉讼中共同诉讼人的诉讼行为不需要一致

3. (2011年卷三48题) 某企业使用霉变面粉加工馒头，潜在受害人不可确定。甲、乙、丙、丁等20多名受害者提起损害赔偿诉讼，但未能推选出诉讼代表人。法院建议由甲、乙作为诉讼代表人，但丙、丁等人反对。关于本案，下列哪一选项是正确的?③

A. 丙、丁等人作为诉讼代表人参加诉讼

B. 丙、丁等人推选代表人参加诉讼

C. 诉讼代表人由法院指定

D. 在丙、丁等人不认可诉讼代表人情况下，本案裁判对丙、丁等人没有约束力

4. (2008年卷三48题) A厂生产的一批酱油由于香精投放过多，对人体有损害。报纸披露此消息后，购买过该批酱油的消费者纷纷起诉A厂，要求赔偿损失。甲和乙被推选为诉讼代表人参加诉讼。下列哪一选项是正确的?④

A. 甲乙因故不能参加诉讼，法院可以指定另一名当事人为诉讼代表人代表当事人进行诉讼

B. 甲因病不能参加诉讼，可以委托一至两人作为诉讼代理人，而无需征得被代表的当事人的同意

C. 甲和乙可以自行决定变更诉讼请求，但事后应当及时告知其他当事人

D. 甲和乙经超过半数原告方当事人同意，可以和A厂签订和解协议

第八节　第三人

1. (2017年卷三78题) 李立与陈山就财产权属发生争议提起确权诉讼。案外人王强得知此事，提起诉讼主张该财产的部分产权，法院同意王强参加诉讼。诉讼中，李立经法院同意撤回起诉。关于该案，下列哪些选项是正确的?⑤

A. 王强是有独立请求权的第三人

---

① 答案：AC
② 答案：AB
③ 答案：C
④ 答案：B
⑤ 答案：AD

B. 王强是必要的共同诉讼人

C. 李立撤回起诉后，法院应裁定终结诉讼

D. 李立撤回起诉后，法院应以王强为原告、李立和陈山为被告另案处理，诉讼继续进行

2. （2009年卷三39题）甲与乙对一古董所有权发生争议诉至法院。诉讼过程中，丙声称古董属自己所有，主张对古董的所有权。下列哪一说法是正确的？①

A. 如丙没有起诉，法院可以依职权主动追加其作为有独立请求权第三人

B. 如丙起诉后认为受案法院无管辖权，可以提出管辖权异议

C. 如丙起诉后经法院传票传唤，无正当理由拒不到庭，应当视为撤诉

D. 如丙起诉后，甲与乙达成协议经法院同意而撤诉，应当驳回丙的起诉

3. （2016年卷三38题）丁一诉弟弟丁二继承纠纷一案，在一审中，妹妹丁爽向法院递交诉状，主张应由自己继承系争的遗产，并向法院提供了父亲生前所立的其过世后遗产全部由丁爽继承的遗嘱。法院予以合并审理，开庭审理前，丁一表示撤回起诉，丁二认为该遗嘱是伪造的，要求继续进行诉讼。法院裁定准予丁一撤诉后，在程序上，下列哪一选项是正确的？②

A. 丁爽为另案原告，丁二为另案被告，诉讼继续进行

B. 丁爽为另案原告，丁一、丁二为另案被告，诉讼继续进行

C. 丁一、丁爽为另案原告，丁二为另案被告，诉讼继续进行

D. 丁爽、丁二为另案原告，丁一为另案被告，诉讼继续进行

4. （2007年卷三37题）甲有两子乙和丙，甲死亡后留有住房3间。乙乘丙长期外出之机，将3间房屋卖给丁，后因支付房款发生纠纷，乙将丁诉至法院。在诉讼过程中，丙知道了这一情况，要求参加诉讼。关于丙在诉讼中的地位，下列哪一选项是正确的？③

A. 必要的共同原告

B. 普通的共同原告

C. 有独立请求权的第三人

D. 无独立请求权的第三人

5. （2015年卷三38题）赵某与刘某将共有商铺出租给陈某。刘某瞒着赵某，与陈某签订房屋买卖合同，将商铺转让给陈某，后因该合同履行发生纠纷，刘某将陈某诉至法院。赵某得知后，坚决不同意刘某将商铺让与陈某。关于本案相关人的诉讼地位，下列哪一说法是正确的？④

A. 法院应依职权追加赵某为共同原告

B. 赵某应以刘某侵权起诉，陈某为无独立请求权第三人

C. 赵某应作为无独立请求权第三人

D. 赵某应作为有独立请求权第三人

6. （2011年卷三80题）关于无独立请求权第三人，下列哪些说法是错误的？⑤

A. 无独立请求权第三人在诉讼中有自己独立的诉讼地位

B. 无独立请求权第三人有权提出管辖异议

---

① 答案：C
② 答案：B
③ 答案：C
④ 答案：D
⑤ 答案：BC

C. 一审判决没有判决无独立请求权第三人承担民事责任的，无独立请求权的第三人不可以作为上诉人或被上诉人

D. 无独立请求权第三人有权申请参加诉讼和参加案件的调解活动，与案件原、被告达成调解协议

第九节　第三人撤销之诉

1. （2014年卷三41题）关于第三人撤销之诉，下列哪一说法是正确的？①

A. 法院受理第三人撤销之诉后，应中止原裁判的执行

B. 第三人撤销之诉是确认原审裁判错误的确认之诉

C. 第三人撤销之诉由原审法院的上一级法院管辖，但当事人一方人数众多或者双方当事人为公民的案件，应由原审法院管辖

D. 第三人撤销之诉的客体包括生效的民事判决、裁定和调解书

2. （2017年卷三38题）丙公司因法院对甲公司诉乙公司工程施工合同案的一审判决（未提起上诉）损害其合法权益，向A市B县法院提起撤销诉讼。案件审理中，检察院提起抗诉，A市中级人民法院对该案进行再审，B县法院裁定将撤销诉讼并入再审程序。关于中级人民法院对丙公司提出的撤销诉讼请求的处理，下列哪一表述是正确的？②

A. 将丙公司提出的诉讼请求一并审理，作出判决

B. 根据自愿原则进行调解，调解不成的，告知丙公司另行起诉

C. 根据自愿原则进行调解，调解不成的，裁定撤销原判发回重审

D. 根据自愿原则进行调解，调解不成的，恢复第三人撤销诉讼程序

第十节　诉讼代理人

1. （2011年卷三82题）关于法定诉讼代理人，下列哪些认识是正确的？③

A. 代理权的取得不是根据其所代理的当事人的委托授权

B. 在诉讼中可以按照自己的意志代理被代理人实施所有诉讼行为

C. 在诉讼中死亡的，产生与当事人死亡同样的法律后果

D. 所代理的当事人在诉讼中取得行为能力的，法定诉讼代理人则自动转化为委托代理人

2. （2015年卷三78题）律师作为委托诉讼代理人参加诉讼，应向法院提交下列哪些材料？④

A. 律师所在的律师事务所与当事人签订的协议书

---

① 答案：D

② 答案：C

③ 答案：AB

④ 答案：BCD

B. 当事人的授权委托书

C. 律师的执业证

D. 律师事务所的证明

3. (2013年卷三42题) 某市法院受理了中国人郭某与外国人珍妮的离婚诉讼，郭某委托黄律师作为代理人，授权委托书中仅写明代理范围为“全权代理”。关于委托代理的表述，下列哪一选项是正确的?①

A. 郭某已经委托了代理人，可以不出庭参加诉讼

B. 法院可以向黄律师送达诉讼文书，其签收行为有效

C. 黄律师可以代为放弃诉讼请求

D. 如果珍妮要委托代理人代为诉讼，必须委托中国公民

第十一节 证 据

证明对象

1. (2015年卷三40题) 下列哪一情形可以产生自认的法律后果?②

A. 被告在答辩状中对原告主张的事实予以承认

B. 被告在诉讼调解过程中对原告主张的事实予以承认，但该调解最终未能成功

C. 被告认可其与原告存在收养关系

D. 被告承认原告主张的事实，但该事实与法院查明的事实不符

2. (2010年卷三48题) 郭某诉张某财产损害一案，法院进行了庭前调解，张某承认对郭某财产造成损害，但在赔偿数额上双方无法达成协议。关于本案，下列哪一选项是正确的?③

A. 张某承认对郭某财产造成损害，已构成自认

B. 张某承认对郭某财产造成损害，可作为对张某不利的证据使用

C. 郭某仍需对张某造成财产损害的事实举证证明

D. 法院无需开庭审理，本案事实清楚可直接作出判决

3. (2009年卷三42题) 关于自认的说法，下列哪一选项是错误的?④

A. 自认的事实允许用相反的证据加以推翻

B. 身份关系诉讼中不涉及身份关系的案件事实可以适用自认

C. 调解中的让步不构成诉讼上的自认

D. 当事人一般授权的委托代理人一律不得进行自认

4. (2018年第81题) 贾某因家里突发急事、急需用钱，向好友艾某借了30万元，并

---

① 答案：B

② 答案：A

③ 答案：C

④ 答案：D

承诺下月还钱，因是朋友关系，再加上很快就会归还，艾某也就没有让贾某打借条。过了半年之后，贾某仍未归还该笔欠款。正好赶上艾某家里有事用钱，就打电话给贾某尽快还钱。电话中，艾某要求贾某归还欠款30万，并要求贾某支付逾期利息3000元。贾某承认借款30万元，但请求艾某免除利息。后双方没有协商成功，艾某向法院起诉，要求贾某归还欠款及支付利息。艾某将其与贾某打电话时私下偷录的电话录音，剪辑之后提交给了法院。关于本案证据的认定，下列说法错误的是?①

A. 电话录音没有经过对方同意，不能作为证据使用

B. 电话录音虽然没有经过对方同意，依然可以作为证据使用

C. 电话录音经过了剪辑，存有疑点，不能作为证据使用

D. 贾某对借款事实的承认构成了自认

证据搜集

1. （2013年卷三46题）甲县吴某与乙县宝丰公司在丙县签订了甜橙的买卖合同，货到后发现甜橙开始腐烂，未达到合同约定的质量标准。吴某退货无果，拟向法院起诉，为了证明甜橙的损坏状况，向法院申请诉前证据保全。关于诉前保全，下列哪一表述是正确的?②

A. 吴某可以向甲、乙、丙县法院申请诉前证据保全

B. 法院应当在收到申请15日内裁定是否保全

C. 法院在保全证据时，可以主动采取行为保全措施，减少吴某的损失

D. 如果法院采取了证据保全措施，可以免除吴某对甜橙损坏状况提供证据的责任

2. （2013年卷三40题）大皮公司因买卖纠纷起诉小华公司，双方商定了25天的举证时限，法院认可。时限届满后，小华公司提出还有一份发货单没有提供，申请延长举证时限，被法院驳回。庭审时小华公司向法庭提交该发货单。尽管大皮公司反对，但法院在对小华公司予以罚款后仍对该证据进行质证。下列哪一诉讼行为不符合举证时限的相关规定?③

A. 双方当事人协议确定举证时限

B. 双方确定了25天的举证时限

C. 小华公司在举证时限届满后申请延长举证时限

D. 法院不顾大皮公司反对，依然组织质证

3. （2016年卷三41题）李某起诉王某要求返还10万元借款并支付利息5000元，并向法院提交了王某亲笔书写的借条。王某辩称，已还2万元，李某还出具了收条，但王某并未在法院要求的时间内提交证据。法院一审判决王某返还李某10万元并支付5000元利息，王某不服提起上诉，并称一审期间未找到收条，现找到了并提交法院。关于王某迟延提交收条的法律后果，下列哪一选项是正确的?④

---

① 答案：ACD

② 答案：D

③ 答案：C

④ 答案：B

A. 因不属于新证据，法院不予采纳

B. 法院应采纳该证据，并对王某进行训诫

C. 如果李某同意，法院可以采纳该证据

D. 法院应当责令王某说明理由，视情况决定是否采纳该证据

4. (2013年卷三36题) 执法为民是社会主义法治的本质要求，据此，法院和法官应在民事审判中遵守诉讼程序，履行释明义务。下列哪一审判行为符合执法为民的要求?①

A. 在李某诉赵某的欠款纠纷中，法官向赵某释明诉讼时效，建议赵某提出诉讼时效抗辩

B. 在张某追索赡养费的案件中，法官依职权作出先予执行裁定

C. 在杜某诉阎某的离婚案件中，法官向当事人释明可以同时提出离婚损害赔偿

D. 在罗某诉华兴公司房屋买卖合同纠纷中，法官主动走访现场，进行勘察，并据此支持了罗某的请求

5. (2012年卷三83题) 关于法院依职权调查事项的范围，下列哪些选项是正确的?②

A. 本院是否享有对起诉至本院案件的管辖权

B. 委托诉讼代理人的代理权限范围

C. 当事人是否具有诉讼权利能力

D. 合议庭成员是否存在回避的法定事由

6. (2008年卷三90题) 关于民事诉讼中的证据收集，下列哪些选项是正确的?③

A. 在王某诉齐某合同纠纷一案中，该合同可能存在损害第三人利益的事实，在此情况下法院可以主动收集证据

B. 在胡某诉黄某侵权一案中，因客观原因胡某未能提供一项关键证据，在此情况下胡某可以申请法院收集证据

C. 在周某诉贺某借款纠纷一案中，周某因自己没有时间收集证据，于是申请法院调查收集证据，在此情况下法院应当进行调查收集

D. 在武某诉赵某一案中，武某申请法院调查收集证据，但未获法院准许，武某可以向受案法院申请复议一次

7. (2013年卷三85题) 高某诉张某合同纠纷案，终审高某败诉。高某向检察院反映，其在一审中提交了偷录双方谈判过程的录音带，其中有张某承认货物存在严重质量问题的陈述，足以推翻原判，但法院从未组织质证。对此，检察院提起抗诉。关于再审程序中证据的表述，下列哪些选项是正确的?④

A. 再审质证应当由高某、张某和检察院共同进行

B. 该录音带属于电子数据，高某应当提交证据原件进行质证

C. 虽然该录音带系高某偷录，但仍可作为质证对象

D. 如再审法院认定该录音带涉及商业秘密，应当依职权决定不公开质证

8. (2014年卷三45题) 下列关于证明的哪一表述是正确的?⑤

---

① 答案：C

② 答案：ABCD

③ 答案：ABD

④ 答案：CD

⑤ 答案：C

A. 经过公证的书证，其证明力一般大于传来证据和间接证据

B. 经验法则可验证的事实都不需要当事人证明

C. 在法国居住的雷诺委托赵律师代理在我国的民事诉讼，其授权委托书需要经法国公证机关证明，并经我国驻法国使领馆认证后，方发生效力

D. 证明责任是一种不利的后果，会随着诉讼的进行，在当事人之间来回移转

9.（2018 年模拟题）张某向李某借款，但未书面签订协议，李某长期不还。张某约谈邵某并私自录音，在约谈中李某承认借款 10 万利息 5 千，并请求张某减免。张某随即将该录音剪辑后作为主要证据向法院起诉。下列说法正确的是?①

A. 录音证据符合法律规定具有证据能力

B. 经剪辑后的录音存疑不具有证据能力

C. 系为达成和解而做的妥协，不具有证据能力

D. 未经对方同意私自录音不具有证据能力

证据分类

1.（2014 年卷三 48 题）张某驾车与李某发生碰撞，交警赶到现场后用数码相机拍摄了碰撞情况，后李某提起诉讼，要求张某赔偿损失，并向法院提交了一张光盘，内附交警拍摄的照片。该照片属于下列哪一种证据?②

A. 书证　　B. 鉴定意见　　C. 勘验笔录　　D. 电子数据

2.（2016 年卷三 80 题）哥哥王文诉弟弟王武遗产继承一案，王文向法院提交了一份其父生前关于遗产分配方案的遗嘱复印件，遗嘱中有“本遗嘱的原件由王武负责保管”字样，并有王武的签名。王文在举证责任期间书面申请法院责令王武提交遗嘱原件，法院通知王武提交，但王武无正当理由拒绝提交。在此情况下，依据相关规定，下列哪些行为是合法的?③

A. 王文可只向法院提交遗嘱的复印件

B. 法院可依法对王武进行拘留

C. 法院可认定王文所主张的该遗嘱能证明的事实为真实

D. 法院可根据王武的行为而判决支持王文的各项诉讼请求

3.（2017 年卷三 80 题）叶某诉汪某借款纠纷案，叶某向法院提交了一份内容为汪某向叶某借款 3 万元并收到该 3 万元的借条复印件，上有“本借条原件由汪某保管，借条复印件与借条原件具有同等效力”字样，并有汪某的署名。法院据此要求汪某提供借条原件，汪某以证明责任在原告为由拒不提供，后又称找不到借条原件。证人刘某作证称，他是汪某向叶某借款的中间人，汪某向叶某借款的事实确实存在；另外，汪某还告诉刘某，他在叶某起诉之后把借条原件烧毁，汪某在法院质证中也予以承认。在此情况下，下列哪些选项是正确的?④

---

① 答案：B

② 答案：D

③ 答案：AC

④ 答案：ABCD

A. 法院可根据叶某提交的借条复印件，结合刘某的证言对案涉借款事实进行审查判断

B. 叶某提交给法院的借条复印件是案涉借款事实的传来证据

C. 法院可认定汪某向叶某借款3万元的事实

D. 法院可对汪某进行罚款、拘留

4. （2015年卷三79题）张志军与邻居王昌因琐事发生争吵并相互殴打，之后，张志军诉至法院要求王昌赔偿医药费等损失共计3000元。在举证期限届满前，张志军向法院申请事发时在场的方强（26岁）、路芳（30岁）、蒋勇（13岁）出庭作证，法院准其请求。开庭时，法院要求上列证人签署保证书，方强签署了保证书，路芳拒签保证书，蒋勇未签署保证书。法院因此允许方强、蒋勇出庭作证，未允许路芳出庭作证。张志军在开庭时向法院提供了路芳的书面证言，法院对该证言不同意组织质证。关于本案，法院的下列哪些做法是合法的？①

A. 批准张志军要求事发时在场人员出庭作证的申请

B. 允许蒋勇出庭作证

C. 不允许路芳出庭作证

D. 对路芳的证言不同意组织质证

5. （2011年卷三83题）根据证据理论和《民事诉讼法》以及相关司法解释，关于证人证言，下列哪些选项是正确的？②

A. 限制行为能力的未成年人可以附条件地作为证人

B. 证人因出庭作证而支出的合理费用，由提供证人的一方当事人承担

C. 证人在法院组织双方当事人交换证据时出席陈述证言的，可视为出庭作证

D. “未成年人所作的与其年龄和智力状况不相当的证言不能单独作为认定案件事实的依据”，是关于证人证言证明力的规定

6. （2008年卷三45题）关于证人的表述，下列哪一选项是正确的？③

A. 王某是未成年人，因此，王某没有证人资格，不能作为证人

B. 原告如果要在诉讼中申请证人出庭作证，应当在举证期限届满前提出，并经法院许可

C. 甲公司的诉讼代理人乙律师是目击案件情况发生的人，对方当事人丙可以向法院申请乙作为证人出庭作证，如法院准许，则乙不得再作为甲公司的诉讼代理人

D. 李某在法庭上宣读未到庭的证人的书面证言，该书面证言能够代替证人出庭作证

7. （2017年卷三79题）杨青（15岁）与何翔（14岁）两人经常嬉戏打闹，一次，杨青失手将何翔推倒，致何翔成了植物人。当时在场的还有何翔的弟弟何军（11岁）。法院审理时，何军以证人身份出庭。关于何军作证，下列哪些说法不能成立？④

A. 何军只有11岁，无诉讼行为能力，不具有证人资格，故不可作为证人

B. 何军是何翔的弟弟，应回避

C. 何军作为未成年人，其所有证言依法都不具有证明力

---

① 答案：ABCD

② 答案：ACD

③ 答案：BC（原答案为C）

④ 答案：ABC

D. 何军作为何翔的弟弟，证言具有明显的倾向性，其证言不能单独作为认定案件事实的根据

8. （2013年卷三50题）甲公司诉乙公司专利侵权，乙公司是否侵权成为焦点。经法院委托，丙鉴定中心出具了鉴定意见书，认定侵权。乙公司提出异议，并申请某大学燕教授出庭说明专业意见。关于鉴定的说法，下列哪一选项是正确的？①

A. 丙鉴定中心在鉴定过程中可以询问当事人

B. 丙鉴定中心应当派员出庭，但有正当理由不能出庭的除外

C. 如果燕教授出庭，其诉讼地位是鉴定人

D. 燕教授出庭费用由乙公司垫付，最终由败诉方承担

9. （2014年卷三38题）在一起侵权诉讼中，原告申请由其弟袁某（某大学计算机系教授）作为专家辅助人出庭对专业技术问题予以说明。下列哪一表述是正确的？②

A. 被告以袁某是原告的近亲属为由申请其回避，法院应批准

B. 袁某在庭上的陈述是一种法定证据

C. 被告可对袁某进行询问

D. 袁某出庭的费用，由败诉方当事人承担

10. （2006年卷三47题）民事诉讼中下列哪种证据属于间接证据？③

A. 无法与原件、原物核对的复印件、复制品

B. 无正当理由未出庭作证的证人证言

C. 证明夫妻感情破裂的证据

D. 与一方当事人或者代理人有利害关系的证人出具的证言

11. （2009年卷三40题）关于证据理论分类的表述，下列哪一选项是正确的？④

A. 传来证据有可能是直接证据

B. 诉讼中原告提出的证据都是本证，被告提出的证据都是反证

C. 证人转述他人所见的案件事实都属于间接证据

D. 一个客观与合法的间接证据可以单独作为认定案件事实的依据

12. （2016年卷三39题）战某打电话向牟某借款5万元，并发短信提供账号，牟某当日即转款。之后，因战某拒不还款，牟某起诉要求战某偿还借款。在诉讼中，战某否认向牟某借款的事实，主张牟某转的款是为偿还之前向自己借的款，并向法院提交了证据；牟某也向法院提供了一些证据，以证明战某向其借款5万元的事实。关于这些证据的种类和类别的确定，下列哪一选项是正确的？⑤

A. 牟某提供的银行转账凭证属于书证，该证据对借款事实而言是直接证据

B. 牟某提供的记载战某表示要向其借款5万元的手机短信属于电子数据，该证据对借款事实而言是间接证据

C. 牟某提供的记载战某表示要向其借款5万元的手机通话录音属于电子数据，该证据对借款事实而言是直接证据

---

① 答案：A
② 答案：BC（原答案为C）
③ 答案：C
④ 答案：A
⑤ 答案：B

D. 战某提供一份牟某书写的向其借款10万元的借条复印件，该证据对牟某主张战某借款的事实而言属于反证

13. （2017年卷三39题）王某诉钱某返还借款案审理中，王某向法院提交了一份有钱某签名、内容为钱某向王某借款5万元的借条，证明借款的事实；钱某向法院提交了一份有王某签名、内容为王某收到钱某返还借款5万元并说明借条因王某过失已丢失的收条。经法院质证，双方当事人确定借条和收条所说的5万元是相对应的款项。关于本案，下列哪一选项是错误的?①

A. 王某承担钱某向其借款事实的证明责任

B. 钱某自认了向王某借款的事实

C. 钱某提交的收条是案涉借款事实的反证

D. 钱某提交的收条是案涉还款事实的本证

证明责任与证明标准

1. （2011年卷三84题）关于证明责任，下列哪些说法是正确的?②

A. 只有在待证事实处于真伪不明情况下，证明责任的后果才会出现

B. 对案件中的同一事实，只有一方当事人负有证明责任

C. 当事人对其主张的某一事实没有提供证据证明，必将承担败诉的后果

D. 证明责任的结果责任不会在原、被告间相互转移

2. （2014年卷三79题）当事人可对某些诉讼事项进行约定，法院应尊重合法有效的约定。关于当事人的约定及其效力，下列哪些表述是错误的?③

A. 当事人约定“合同是否履行无法证明时，应以甲方主张的事实为准”，法院应根据该约定分配证明责任

B. 当事人在诉讼和解中约定“原告撤诉后不得以相同的事由再次提起诉讼”，法院根据该约定不能再受理原告的起诉

C. 当事人约定“如果起诉，只能适用普通程序”，法院根据该约定不能适用简易程序审理

D. 当事人约定“双方必须亲自参加开庭审理，不得无故缺席”，如果被告委托了代理人参加开庭，自己不参加开庭，法院应根据该约定在对被告两次传唤后对其拘传

3. （2016年卷三40题）刘月购买甲公司的化肥，使用后农作物生长异常。刘月向法院起诉，要求甲公司退款并赔偿损失。诉讼中甲公司否认刘月的损失是因其出售的化肥质量问题造成的，刘月向法院提供了本村吴某起诉甲公司损害赔偿案件的判决书，以证明甲公司出售的化肥有质量问题且与其所受损害有因果关系。关于本案刘月所受损害与使用甲公司化肥因果关系的证明责任分配，下列哪一选项是正确的?④

A. 应由刘月负担有因果关系的证明责任

---

① 答案：C

② 答案：ABD

③ 答案：ABCD

④ 答案：B

B. 应由甲公司负担无因果关系的证明责任

C. 应由法院依职权裁量分配证明责任

D. 应由双方当事人协商分担证明责任

4.（2017 年卷三 40 题）薛某雇杨某料理家务。一天，杨某乘电梯去楼下扔掉厨房垃圾时，袋中的碎玻璃严重划伤电梯中的邻居乔某。乔某诉至法院，要求赔偿其各项损失 3 万元。关于本案，下列哪一说法是正确的？①

A. 乔某应起诉杨某，并承担杨某主观有过错的证明责任

B. 乔某应起诉杨某，由杨某承担其主观无过错的证明责任

C. 乔某应起诉薛某，由薛某承担其主观无过错的证明责任

D. 乔某应起诉薛某，薛某主观是否有过错不是本案的证明对象

5.（2008 年卷三 33 题）王某承包了 20 亩鱼塘。某日，王某发现鱼塘里的鱼大量死亡，王某认为鱼的死亡是因为附近的腾达化工厂排污引起，遂起诉腾达化工厂请求赔偿。腾达化工厂辩称，根本没有向王某的鱼塘进行排污。关于化工厂是否向鱼塘排污的事实举证责任，下列哪一选项是正确的？②

A. 根据"谁主张、谁举证"的原则，应当由主张存在污染事实的王某负举证责任

B. 根据"谁主张、谁举证"的原则，应当由主张自己没有排污行为的腾达化工厂负举证责任

C. 根据"举证责任倒置"的规则，应当由腾达化工厂负举证责任

D. 根据本证与反证的分类，应当由腾达化工厂负举证责任

6.（2008 年卷三 80 题）三个小孩在公路边玩耍，此时，一辆轿车急速驶过，三小孩捡起石子向轿车扔去，坐在后排座位的刘某被一石子击中。刘某将三孩子起诉至法院。关于本案举证责任分配，下列哪些选项是正确的？③

A. 刘某应对三被告向轿车投掷石子的事实承担举证责任

B. 刘某应对其所受损失承担举证责任

C. 三被告应对投掷石子与刘某所受损害之间不存在因果关系承担举证责任

D. 三被告应对其主观没有过错承担举证责任

7.（2007 年卷三 45 题）甲养的宠物狗将乙咬伤，乙起诉甲请求损害赔偿。诉讼过程中，甲认为乙被咬伤是因为乙故意逗狗造成的。关于本案中举证责任的分配，下列哪一选项是正确的？④

A. 甲应当就乙受损害与自己的宠物狗没有因果关系进行举证

B. 甲应当对乙故意逗狗而遭狗咬伤的事实负举证责任

C. 乙应当就自己没有逗狗的故意负举证责任

D. 乙应当就自己受到甲的宠物狗伤害以及自己没有逗狗的故意负举证责任

8.（2012 年卷三 37 题）甲路过乙家门口，被乙叠放在门口的砖头砸伤，甲起诉要求乙赔偿。关于本案的证明责任分配，下列哪一说法是错误的？⑤

---

① 答案：D

② 答案：A

③ 答案：ABC

④ 答案：B

⑤ 答案：D

A. 乙叠放砖头倒塌的事实，由原告甲承担证明责任

B. 甲受损害的事实，由原告甲承担证明责任

C. 甲所受损害是由于乙叠放砖头倒塌砸伤的事实，由原告甲承担证明责任

D. 乙有主观过错的事实，由原告甲承担证明责任

9. （2018 年模拟题第 97 题）甲公司与乙公司签订长期代销产品合同，2015 年至 2017 年，甲公司支付给乙公司货款 660 万，乙公司供货后开具 590 万的增值税发票。2018 年 1 月，甲公司向法院起诉要求乙公司返还差款价额 70 万元，乙公司辩称发票少开是对方同意的，但是确实给甲公司提供了价值 660 万元货物，并提供了双方 2017 年 12 月合同期限结束时的对账单，对账单写明了双方以先送货后付款的方式发生了 660 万元的业务并全部结清。甲公司辩称该对账单是传真件，是对方伪造的。关于本案，下列说法正确的是：①

A. 对账单只是对账簿记录审核、对照形成的会计凭证，并不能作为证据使用

B. 该对账单是传真件，没有单位盖章，不能作为证据使用

C. 该对账单可以作为证据使用，法官可以综合案件情况对该事实进行认定

D. 该对账单是伪造的，该事实举证证明责任应该由甲公司承担

第十二节　保全与先予执行

保　全

1. （2015 年卷三 81 题）甲公司生产的“晴天牌”空气清新器销量占据市场第一，乙公司见状，将自己生产的同类型产品注册成“清天牌”，并全面仿照甲公司产品，使消费者难以区分。为此，甲公司欲起诉乙公司侵权，同时拟申请诉前禁令，禁止乙公司销售该产品。关于诉前保全，下列哪些选项是正确的？②

A. 甲公司可向有管辖权的法院申请采取保全措施，并应当提供担保

B. 甲公司可向被申请人住所地法院申请采取保全措施，法院受理后，须在 48 小时内作出裁定

C. 甲公司可向有管辖权的法院申请采取保全措施，并应当在 30 天内起诉

D. 甲公司如未在规定期限内起诉，保全措施自动解除

2. （2008 年卷三 87 题）A 地甲公司与 B 地乙公司签订买卖合同，约定合同履行地在 C 地，乙到期未能交货。甲多次催货未果，便向 B 地基层法院起诉，要求判令乙按照合同约定交付货物，并支付违约金。法院受理后，甲得知乙将货物放置于其设在 D 地的仓库，并且随时可能转移。下列哪些选项是错误的？③

A. 甲如果想申请财产保全，必须向货物所在地的 D 地基层法院提出

B. 甲如果要向法院申请财产保全，必须提供担保

---

① 答案：CD

② 答案：ABC

③ 答案：ABD

C. 受诉法院如果认为确有必要，可以直接作出财产保全裁定

D. 法院受理甲的财产保全申请后，应当在48小时内作出财产保全裁定

3.（2008年卷三43题）甲公司以乙公司为被告向法院提起诉讼，要求乙公司支付拖欠的货款100万元。在诉讼中，甲公司申请对乙公司一处价值90万元的房产采取保全措施，并提供担保。一审法院在作出财产保全裁定之后发现，乙公司在向丙银行贷款100万元时已将该房产和一辆小轿车抵押给丙银行。关于本案，下列哪一说法是正确的？①

A. 一审法院不能对该房产采取保全措施，因为该房产已抵押给丙银行

B. 一审法院可以对该房产采取保全措施，但是需要征得丙银行的同意

C. 一审法院可以对该房产采取保全措施，但是丙银行仍然享有优先受偿权

D. 一审法院可以对该房产采取保全措施，同时丙银行的优先受偿权丧失

4.（2015年卷三80题）李根诉刘江借款纠纷一案在法院审理，李根申请财产保全，要求法院扣押刘江向某小额贷款公司贷款时质押给该公司的两块名表。法院批准了该申请，并在没有征得该公司同意的情况下采取保全措施。对此，下列哪些选项是错误的？②

A. 一般情况下，某小额贷款公司保管的两块名表应交由法院保管

B. 某小额贷款公司因法院采取保全措施而丧失了对两块名表的质权

C. 某小额贷款公司因法院采取保全措施而丧失了对两块名表的优先受偿权

D. 法院可以不经某小额贷款公司同意对其保管的两块名表采取保全措施

5.（2006年卷三45题）某法院对齐某诉黄某借款一案作出判决，黄某提起上诉。在一审法院将诉讼材料报送二审法院前，齐某发现黄某转移财产。下列关于本案财产保全的哪种说法是正确的？③

A. 齐某向二审法院提出申请，由二审法院裁定财产保全

B. 齐某向二审法院提出申请，二审法院可以指令一审法院裁定财产保全

C. 齐某向一审法院提出申请，一审法院将申请报送二审法院裁定财产保全

D. 齐某向一审法院提出申请，由一审法院裁定财产保全

6.（2016年卷三43题）李某与温某之间债权债务纠纷经甲市M区法院审理作出一审判决，要求温某在判决生效后15日内偿还对李某的欠款。双方均未提起上诉。判决履行期内，李某发现温某正在转移财产，温某位于甲市N区有可供执行的房屋一套，故欲申请法院对该房屋采取保全措施。关于本案，下列哪一选项是正确的？④

A. 此时案件已经审理结束且未进入执行阶段，李某不能申请法院采取保全措施

B. 李某只能向作出判决的甲市M区法院申请保全

C. 李某可向甲市M区法院或甲市N区法院申请保全

D. 李某申请保全后，其在生效判决书指定的履行期间届满后15日内不申请执行的，法院应当解除保全措施

7.（2018年模拟题第83题）H地的刘某创作了歌曲《沙漠骆驼》，B地的罗某、展某未经过刘某同意演唱了该首歌曲，一炮而红，并计划在C地开演唱会。刘某拟申请诉前禁

---

① 答案：C

② 答案：ABC

③ 答案：D

④ 答案：C

令，关于本案，下列说法错误的有？①

A. 刘某可以向H地、B地、C地法院申请诉前禁令

B. 刘某应在申请诉前禁令后的30天内去提起诉讼

C. 刘某申请诉前禁令时应当提供担保，且应当提供相当于请求保全数额的担保

D. 罗某、展某可在收到保全裁定之日起5日内提出异议，收到异议后，法院应当撤销原裁定，禁止令失效。

先予执行

（2012年卷三82题）关于财产保全和先予执行，下列哪些选项是正确的？②

A. 二者的裁定都可以根据当事人的申请或法院依职权作出

B. 二者适用的案件范围相同

C. 当事人提出财产保全或先予执行的申请时，法院可以责令其提供担保，当事人拒绝提供担保的，驳回申请

D. 对财产保全和先予执行的裁定，当事人不可以上诉，但可以申请复议一次

同级复议	回避、调查取证、保全、先予执行
上级复议	罚款、拘留、执行管辖异议、执行行为异议

第十三节　简易程序及小额诉讼程序

1. （2006年卷三48题）下列哪种民事诉讼案件不能适用简易程序审理？③

A. 当事人协议不适用简易程序的案件

B. 起诉时被告被监禁的案件

C. 发回重审的案件

D. 共同诉讼案件

2. （2013年卷三41题）关于简易程序的简便性，下列哪一表述是不正确的？④

A. 受理程序简便，可以当即受理，当即审理

B. 审判程序简便，可以不按法庭调查、法庭辩论的顺序进行

C. 庭审笔录简便，可以不记录诉讼权利义务的告知、原被告的诉辩意见等通常性程序内容

D. 裁判文书简便，可以简化裁判文书的事实认定或判决理由部分

3. （2010年卷三87题）关于适用简易程序的表述，下列哪些选项是正确的？⑤

① 答案：ACD

② 答案：CD

③ 答案：C

④ 答案：C

⑤ 答案：ABC

A. 基层法院适用普通程序审理的民事案件，当事人双方可协议并经法院同意适用简易程序审理

B. 经双方当事人一致同意，法院制作判决书时可对认定事实或者判决理由部分适当简化

C. 法院可口头方式传唤当事人出庭

D. 当事人对案件事实无争议的，法院可不开庭径行判决

4. （2017年卷三43题）夏某因借款纠纷起诉陈某，法院决定适用简易程序审理。法院依夏某提供的被告地址送达时，发现有误，经多方了解和查证也无法确定准确地址。对此，法院下列哪一处理是正确的？①

A. 将案件转为普通程序审理　　B. 采取公告方式送达

C. 裁定中止诉讼　　D. 裁定驳回起诉

5. （2015年卷三46题）周立诉孙华人身损害赔偿案，一审法院适用简易程序审理，电话通知双方当事人开庭，孙华无故未到庭，法院缺席判决孙华承担赔偿周立医疗费。判决书生效后，周立申请强制执行，执行程序开始，孙华向一审法院提出再审申请。法院裁定再审，未裁定中止原判决的执行。关于本案，下列哪一说法是正确的？②

A. 法院电话通知当事人开庭是错误的

B. 孙华以法院未传票通知其开庭即缺席判决为由，提出再审申请是符合法律规定的

C. 孙华应向二审法院提出再审申请，而不可向原一审法院申请再审

D. 法院裁定再审，未裁定中止原判决的执行是错误的

6. （2015年卷三82题）章俊诉李泳借款纠纷案在某县法院适用简易程序审理。县法院判决后，章俊上诉，二审法院以事实不清为由发回重审。县法院征得当事人同意后，适用简易程序重审此案。在答辩期间，李泳提出管辖权异议，县法院不予审查。案件开庭前，章俊增加了诉讼请求，李泳提出反诉，县法院受理了章俊提出的增加诉讼请求，但以重审不可提出反诉为由拒绝受理李泳的反诉。关于本案，该县法院的下列哪些做法是正确的？③

A. 征得当事人同意后，适用简易程序重审此案

B. 对李泳提出的管辖权异议不予审查

C. 受理章俊提出的增加诉讼请求

D. 拒绝受理李泳的反诉

7. （2015年卷三83题）郑飞诉万雷侵权纠纷一案，虽不属于事实清楚、权利义务关系明确、争议不大的案件，但双方当事人约定适用简易程序进行审理，法院同意并以电子邮件的方式向双方当事人通知了开庭时间（双方当事人均未回复）。开庭时被告万雷无正当理由不到庭，法院作出了缺席判决。送达判决书时法院通过各种方式均未联系上万雷，遂采取了公告送达方式送达了判决书。对此，法院下列的哪些行为是违法的？④

A. 同意双方当事人的约定，适用简易程序对案件进行审理

B. 以电子邮件的方式向双方当事人通知开庭时间

① 答案：D

② 答案：B

③ 答案：BC

④ 答案：CD

C. 作出缺席判决

D. 采取公告方式送达判决书

8. (2015年卷三84题) 根据《民事诉讼法》相关司法解释，下列哪些案件不适用小额诉讼程序?①

A. 人身关系案件　　B. 涉外民事案件

C. 海事案件　　D. 发回重审的案件

9. (2014年卷三40题) 赵洪诉陈海返还借款100元，法院决定适用小额诉讼程序审理。关于该案的审理，下列哪一选项是错误的?②

A. 应在开庭审理时先行调解

B. 应开庭审理，但经过赵洪和陈海的书面同意后，可书面审理

C. 应当庭宣判

D. 应一审终审

10. (2016年卷三81题) 李某诉谭某返还借款一案，M市N区法院按照小额诉讼案件进行审理，判决谭某返还借款。判决生效后，谭某认为借款数额远高于法律规定的小额案件的数额，不应按小额案件审理，遂向法院申请再审。法院经审查，裁定予以再审。关于该案再审程序适用，下列哪些选项是正确的?③

A. 谭某应当向M市中级人民法院申请再审

B. 法院应当组成合议庭审理

C. 对作出的再审判决当事人可以上诉

D. 作出的再审判决仍实行一审终审

11. (2018年模拟题第82题) 2014年9月30日，吴某租赁王某建筑搭架设备，使用结束后，经双方结算下欠王某1000元。2016年5月29日，吴某为王某出具了一张1000元欠条，后经王某多次催要，吴某一直未还，王某诉至法院。法院决定适用小额诉讼程序审理，告知了双方小额诉讼程序的特点。被告要求书面答辩，法院确定了7天的答辩期，并指定了5天的举证期限。在答辩内，被告提出了管辖权异议，法院告知其小额诉讼程序不能提管辖权异议。关于本案诉讼程序中，法院做法正确的有?④

A. 法院决定适用小额诉讼程序审理该案

B. 法院确定了7天的答辩期

C. 法院指定的5天举证期限

D. 法院告知其小额诉讼程序不能提管辖权异议

第十四节　一审普通程序

1. (2011年卷三79题) 关于民事起诉状应当包括的内容，下列哪些选项是正确的?⑤

① 答案：ABD

② 答案：B

③ 答案：BC

④ 答案：ABC

⑤ 答案：ACD

A. 双方当事人的基本情况　　B. 案由

C. 诉讼请求　　D. 证据和证据来源

2. （2013年卷三44题）何某因被田某打伤，向甲县法院提起人身损害赔偿之诉，法院予以受理。关于何某起诉行为将产生的法律后果，下列哪一选项是正确的？①

A. 何某的诉讼时效中断　　B. 田某的答辩期开始起算

C. 甲县法院取得排他的管辖权　　D. 田某成为适格被告

3. （2007年卷三44题）甲与乙系夫妻关系，四年前乙下落不明。甲提起离婚之诉。对于该起诉，法院应如何处理？②

A. 法院应不予受理，并告知甲应当依照特别程序申请宣告乙死亡

B. 法院应不予受理，并告知甲应先依照特别程序申请宣告乙为失踪人

C. 法院应当受理，但在受理后应当裁定中止诉讼，并依照特别程序认定乙为失踪人后，再对离婚之诉作出判决

D. 法院应当受理，并向乙公告送达有关的诉讼文书

4. （2015年卷三48题）张丽因与王旭感情不和，长期分居，向法院起诉要求离婚。法院向王旭送达应诉通知书，发现王旭已于张丽起诉前因意外事故死亡。关于本案，法院应作出下列哪一裁判？③

A. 诉讼终结的裁定　　B. 驳回起诉的裁定

C. 不予受理的裁定　　D. 驳回诉讼请求的判决

5. （2006年卷三44题）张某起诉周某人身损害赔偿一案，被告答辩提出原告的请求超过诉讼时效，法院应当如何处理？④

A. 裁定不予受理　　B. 裁定驳回起诉

C. 受理后通过审理判决驳回诉讼请求　　D. 受理后通过审理裁定驳回起诉

6. （2005年卷三76题）对于下列哪些起诉，法院应当裁定不予受理或裁定驳回起诉？⑤

A. 甲起诉乙支付拖欠的货款3万元，但已超过诉讼时效

B. 甲公司起诉乙公司支付房租20万，但乙公司已经依法清算并注销

C. 甲起诉乙离婚，诉讼中撤诉，两个月后甲再次起诉离婚，但没有提出新情况、新理由

D. 甲、乙曾同居数年，乙曾经书面允诺送甲一辆价值10万以上的汽车，但一直未履行承诺，甲起诉乙请求给付汽车

7. （2004年卷三72题）下列哪些案件人民法院应当受理？⑥

A. 林某曾与李某同居3年，二人分手时产生纠纷，林某起诉李某，要求赔偿“青春费”5万元

B. 甲诉乙离婚，法院于2004年3月判决不准离婚；2004年7月乙起诉甲，请求离婚

---

① 答案：A

② 答案：D

③ 答案：B

④ 答案：C

⑤ 答案：BC

⑥ 答案：ABC

C. 陈某下落不明3年，其丈夫不申请宣告失踪，直接起诉离婚

D. 甲村民想承包本村鱼塘，故起诉乙村民，请求判决解除乙村民与本村的鱼塘承包合同

8. （2012年卷三79题）关于起诉和受理的表述，下列哪些选项是正确的？①

A. 法院裁定驳回起诉的，原告再次起诉符合条件的，法院应予受理

B. 法院按撤诉处理后，当事人以同一诉讼请求再次起诉的，法院应当受理

C. 判决不准离婚的案件，当事人没有新事实和新理由再次起诉的，法院一律不予受理

D. 当事人超过诉讼时效起诉的，法院应当受理

9. （2007年卷三85题）根据我国民事诉讼法及相关司法解释的规定，法院作出的判决、裁定已经发生法律效力的案件，当事人起诉，法院应予受理的有哪些？②

A. 判决不准离婚，没有新情况、新理由，原告在6个月内起诉的

B. 原告撤诉后，没有新情况、新理由，原告又起诉的

C. 已过诉讼时效、法院判决驳回诉讼请求的

D. 追索赡养费案件的判决生效后，有新情况、新理由，当事人起诉要求增加赡养费的

10. （2017年卷三42题）甲、乙两公司签订了一份家具买卖合同，因家具质量问题，甲公司起诉乙公司要求更换家具并支付违约金3万元。法院经审理判决乙公司败诉，乙公司未上诉。之后，乙公司向法院起诉，要求确认该家具买卖合同无效。对乙公司的起诉，法院应采取下列哪一处理方式？③

A. 予以受理　　B. 裁定不予受理

C. 裁定驳回起诉　　D. 按再审处理

12. （2013年卷三43题）下列哪一选项中法院的审判行为，只能发生在开庭审理阶段？④

A. 送达法律文书　　B. 组织当事人进行质证

C. 调解纠纷，促进当事人达成和解　　D. 追加必须参加诉讼的当事人

13. （2008年卷三79题）关于对当事人及其法定代理人的缺席判决，下列哪些选项是正确的？⑤

A. 原告经法院传票传唤，无正当理由拒不到庭的，或者未经法庭许可中途退庭的，可以按撤诉处理；被告反诉的，法院可以缺席判决

B. 无民事行为能力人离婚案件，当事人的法定代理人应当到庭，法定代理人不能到庭的，法院应当在查清事实的基础上，依法作出缺席判决

C. 有独立请求权第三人经法院传票传唤，无正当理由拒不到庭的，或者未经法庭许可中途退庭的，法院可以缺席判决

D. 无独立请求权第三人经法院传票传唤，无正当理由拒不到庭的，或者未经法庭许可中途退庭的，法院可以缺席判决

14. （2009年卷三46题）齐某起诉宋某要求返还借款八万元，法院适用普通程序审理

---

① 答案：ABD

② 答案：BD（原答案ABD）

③ 答案：B

④ 答案：B

⑤ 答案：ABD

并向双方当事人送达出庭传票，因被告宋某不在家，宋某的妻子代其签收了传票。开庭时，被告宋某未到庭。经查，宋某已离家出走，下落不明。关于法院对本案的处理，下列哪一选项是正确的?①

A. 法院对本案可以进行缺席判决

B. 法院应当对被告宋某重新适用公告方式送达传票

C. 法院应当通知宋某的妻子以诉讼代理人的身份参加诉讼

D. 法院应当裁定中止诉讼

15. （2008 年卷三 34 题）居民甲与金山房地产公司签订了购买商品房一套的合同，后因甲未按约定付款。金山公司起诉至法院，要求甲付清房款并承担违约责任。在诉讼中，甲的妻子乙向法院主张甲患有精神病，没有辨别行为的能力，要求法院认定购房合同无效。关于本案的说法，下列哪一选项是正确的?②

A. 法院应当通知甲的妻子作为法定诉讼代理人出庭进行诉讼

B. 由乙或金山公司申请对甲进行鉴定，鉴定过程中，诉讼继续进行

C. 法院可以依职权决定对甲进行鉴定

D. 乙或金山公司可以向法院申请认定甲为无民事行为能力人，法院应裁定诉讼中止

16. （2015 年卷三 43 题）甲县法院受理居住在乙县的成某诉居住在甲县的罗某借款纠纷案。诉讼过程中，成某出差归途所乘航班失踪，经全力寻找仍无成某生存的任何信息，主管方宣布机上乘客不可能生还，成妻遂向乙县法院申请宣告成某死亡。对此，下列哪一说法是正确的?③

A. 乙县法院应当将宣告死亡案移送至甲县法院审理

B. 借款纠纷案与宣告死亡案应当合并审理

C. 甲县法院应当裁定中止诉讼

D. 甲县法院应当裁定终结诉讼

17. （2007 年卷三 38 题）甲与乙系父子关系，甲起诉乙请求给付赡养费。法院确定开庭审理后，对甲和乙都进行了传票传唤。但法院开庭审理时，乙未到庭，也没有向法院说明理由。在这种情况下，法院如何处理?④

A. 应延期审理　　B. 应中止诉讼

C. 可以拘传乙到庭　　D. 可以缺席判决

18. （2011 年卷三 81 题）法院开庭审理时一方当事人未到庭，关于可能出现的法律后果，下列哪些选项是正确的?⑤

A. 延期审理

B. 按原告撤诉处理

C. 缺席判决

D. 采取强制措施拘传未到庭的当事人到庭

19. （2008 年卷三 37 题）张某因孙某欠款不还向法院起诉。在案件审理中，孙某因盗

① 答案：D

② 答案：D

③ 答案：C

④ 答案：A

⑤ 答案：ABCD

窃被刑事拘留。关于本案，下列哪一选项是正确的？①

A. 法院应当裁定中止诉讼，待对孙某的刑事审判结束后再恢复诉讼程序

B. 法院应当裁定终结诉讼，并告知张某提起刑事附带民事诉讼

C. 法院应当继续审理此案

D. 法院应当将此案与孙某盗窃案合并审理

20. （2008 年卷三 40 题）法院对于诉讼中有关情况的处理，下列哪一做法是正确的？②

A. 杨某与赵某损害赔偿一案，杨某在去往法院开庭的路上，突遇车祸，被送至医院急救。法院遂决定中止诉讼

B. 毛某与安某专利侵权纠纷一案，法庭审理过程中，发现需要重新进行鉴定，法院裁定延期审理

C. 甲公司诉乙公司合同纠纷一案，审理过程中，甲公司与其他公司合并，法院裁定诉讼终结

D. 丙公司诉丁公司租赁纠纷一案，法院审理中，发现本案必须以另一案的审理结果为依据，而该案又尚未审结，遂裁定诉讼中止

21. （2009 年卷三 85 题）法院对于诉讼中有关情况的处理，下列哪些做法是正确的？③

A. 甲起诉其子乙请求给付赡养费。开庭审理前，法院依法对甲、乙进行了传唤，但开庭时乙未到庭，也未向法院说明理由。法院裁定延期审理

B. 甲、乙人身损害赔偿一案，甲在前往法院的路上，胃病发作住院治疗。法院决定延期审理

C. 甲诉乙离婚案件，在案件审理中甲死亡。法院裁定按甲撤诉处理

D. 原告在诉讼中因车祸成为植物人，在原告法定代理人没有确定的期间，法院裁定中止诉讼

22. （2009 年卷三 47 题）甲起诉与乙离婚，一审法院判决不予准许。甲不服一审判决提起上诉，在甲将上诉状递交原审法院后第三天，乙遇车祸死亡。此时，原审法院尚未将上诉状转交给二审法院。关于本案的处理，下列哪一选项是正确的？④

A. 终结诉讼　　B. 驳回上诉

C. 不予受理上诉　　D. 中止诉讼

23. （2005 年卷三 45 题）甲向法院起诉请求解除其与乙之间的收养关系，一审法院判决驳回起诉请求。甲不服提出上诉。二审法院开庭的前一天，甲因意外事故而死亡。对此，法院应如何处理？⑤

A. 由一审法院裁定终结诉讼　　B. 由一审法院裁定驳回上诉

C. 由二审法院裁定驳回上诉　　D. 由二审法院裁定终结诉讼

24. （2017 年卷三 81 题）对张男诉刘女离婚案（两人无子女，刘父已去世），因刘女为无行为能力人，法院准许其母李某以法定代理人身份代其诉讼。2017 年 7 月 3 日，法院判决二人离婚，并对双方共有财产进行了分割。该判决同日送达双方当事人，李某对解除

---

① 答案：C

② 答案：D

③ 答案：BD

④ 答案：A（原答案为 D）

⑤ 答案：D

其女儿与张男的婚姻关系无异议，但对共有财产分割有意见，拟提起上诉。2017 年 7 月 10 日，刘女身亡。在此情况下，本案将产生哪些法律后果?①

A. 本案诉讼中止，视李某是否就一审判决提起上诉而确定案件是否终结

B. 本案诉讼终结

C. 一审判决生效，二人的夫妻关系根据判决解除，李某继承判决分配给刘女的财产

D. 一审判决未生效，二人的共有财产应依法分割，张男与李某对刘女的遗产均有继承权

25. （2012 年卷三 41 题）甲公司诉乙公司货款纠纷一案，A 市 B 区法院在审理中查明甲公司的权利主张已超过诉讼时效（乙公司并未提出时效抗辩），遂判决驳回甲公司的诉讼请求。判决作出后上诉期间届满之前，B 区法院发现其依职权适用诉讼时效规则是错误的。关于本案的处理，下列哪一说法是正确的?②

A. 因判决尚未发生效力，B 区法院可以将判决书予以收回，重新作出新的判决

B. B 区法院可以将判决书予以收回，恢复庭审并向当事人释明时效问题，视具体情况重新作出判决

C. B 区法院可以作出裁定，纠正原判决中的错误

D. 如上诉期间届满当事人未上诉的，B 区法院可以决定再审，纠正原判决中的错误

26. （2016 年卷三 46 题）某死亡赔偿案件，二审法院在将判决书送达当事人签收后，发现其中死亡赔偿金计算错误（数学上的错误），导致总金额少了 7 万余元。关于二审法院如何纠正，下列哪一选项是正确的?③

A. 应当通过审判监督程序，重新制作判决书

B. 直接作出改正原判决的新判决书并送达双方当事人

C. 作出裁定书予以补正

D. 报请上级法院批准后作出裁定予以补正

27. （2012 年卷三 47 题）关于民事诉讼的裁定，下列哪一选项是正确的?④

A. 裁定可以适用于不予受理、管辖权异议和驳回诉讼请求

B. 当事人有正当理由没有到庭的，法院应当裁定延期审理

C. 裁定的拘束力通常只及于当事人、诉讼参与人和审判人员

D. 当事人不服一审法院作出的裁定，可以向上一级法院提出上诉

28. （2014 年卷三 82 题）关于民事诉讼程序中的裁判，下列哪些表述是正确的?⑤

A. 判决解决民事实体问题，而裁定主要处理案件的程序问题，少数涉及实体问题

B. 判决都必须以书面形式作出，某些裁定可以口头方式作出

C. 一审判决都允许上诉，一审裁定有的允许上诉，有的不能上诉

D. 财产案件的生效判决都有执行力，大多数裁定都没有执行力

29. （2012 年卷三 40 题）关于民事案件的开庭审理，下列哪一选项是正确的?⑥

---

① 答案：BD

② 答案：D

③ 答案：C

④ 答案：C

⑤ 答案：AB

⑥ 答案：D

A. 开庭时由书记员核对当事人身份和宣布案由

B. 法院收集的证据是否需要进行质证，由法院决定

C. 合议庭评议实行少数服从多数，形成不了多数意见时，以审判长意见为准

D. 法院定期宣判的，法院应当在宣判后立即将判决书发给当事人

30. （2018年模拟题第41题）2013年4月23日，甲网络公司与乙公司签订《企业短消息发布业务合作协议书》（以下简称《短消息合作协议书》）1份，约定甲网络公司向乙公司提供定向移动信息发布服务，单价为：普通短信0.04元/条，小区定投0.1元/条，在移动信息服务执行中因考虑到时间、内容、区域、手机用户群体等随时调整的不确定性，发送时间、内容、区域、手机用户群体不作为合同附件；乙公司应根据双方确认的《信息服务执行确认单》所定的合同总金额向甲网络公司付款，乙公司应于第二个月向甲网络公司支付已执行的信息费用。至诉讼时，甲网络公司已执行信息服务总金额计8.4万元，但乙公司未按约支付该费用，甲网络公司多次催讨未果，遂起诉至法院，要求判令：1. 乙公司立即支付拖欠甲网络公司信息服务费共计8.4万元；2. 本案诉讼费由乙公司承担。关于本案，法院应当如何处理？①

A. 不予受理

B. 驳回起诉

C. 判决驳回诉讼请求

D. 判决将服务费收缴归国家所有

31. （2018年模拟题第43题）温某驾驶未登记的电动车回家，路上不慎撞倒黄某，致其重度颅内损伤构成五级伤残。事故发生后，双方达成赔偿协议，约定温某一次性赔偿黄某医疗费、护理费等各项损失共计8.4万元，此次事故一次性解决后了事。后黄某以欺诈为由诉请撤销该协议，并要求温某赔偿损失120万元。法院受理后，对该案进行了开庭审理，但是在庭审结束后第二天，黄某又被电动车撞倒，当场死亡。法院查明，黄某只有唯一一个继承人黄小明，现黄小明下落不明。法院应该如何处理？②

A. 裁定撤诉

B. 裁定中止诉讼

C. 根据庭审情况直接作出判决

D. 裁定终止诉讼

第十五节　二审程序

1. （2013年卷三78题）下列哪些情况下，法院不应受理当事人的上诉请求？③

A. 宋某和卢某借款纠纷一案，卢某终审败诉，宋某向区法院申请执行，卢某提出执行管辖异议，区法院裁定驳回卢某异议。卢某提起上诉

B. 曹某向市中院诉刘某侵犯其专利权，要求赔偿损失1元钱，中院驳回其请求。曹某提起上诉

C. 孙某将朱某打伤，经当地人民调解委员会调解达成协议，并申请法院进行了司法确认。后朱某反悔提起上诉

D. 尹某诉与林某离婚，法院审查中发现二人系禁婚的近亲属，遂判决二人婚姻无效。

---

① 答案：C

② 答案：B

③ 答案：ACD

尹某提起上诉

2. (2011年卷三40题) 吴某被王某打伤后诉至法院,王某败诉。一审判决书送达王某时,其当即向送达人郑某表示上诉,但因其不识字,未提交上诉状。关于王某行为的法律效力,下列哪一选项是正确的?①

A. 王某已经表明上诉,产生上诉效力

B. 郑某将王某的上诉要求告知法院后,产生上诉效力

C. 王某未提交上诉状,不产生上诉效力

D. 王某口头上诉经二审法院同意后,产生上诉效力

3. (2016年卷三44题) 甲、乙、丙诉丁遗产继承纠纷一案,甲不服法院作出的一审判决,认为分配给丙和丁的遗产份额过多,提起上诉。关于本案二审当事人诉讼地位的确定,下列哪一选项是正确的?②

A. 甲是上诉人,乙、丙、丁是被上诉人

B. 甲、乙是上诉人,丙、丁是被上诉人

C. 甲、乙、丙是上诉人,丁为被上诉人

D. 甲是上诉人,乙为原审原告,丙、丁为被上诉人

4. (2017年卷三44题) 甲、乙、丙三人共同致丁身体损害,丁起诉三人要求赔偿3万元。一审法院经审理判决甲、乙、丙分别赔偿2万元、8000元和2000元,三人承担连带责任。甲认为丙赔偿2000元的数额过低,提起上诉。关于本案二审当事人诉讼地位的确定,下列哪一选项是正确的?③

A. 甲为上诉人,丙为被上诉人,乙为原审被告,丁为原审原告

B. 甲为上诉人,丙、丁为被上诉人,乙为原审被告

C. 甲、乙为上诉人,丙为被上诉人,丁为原审原告

D. 甲、乙、丙为上诉人,丁为被上诉人

5. (2013年卷三48题) 甲对乙享有10万元到期债权,乙无力清偿,且怠于行使对丙的15万元债权,甲遂对丙提起代位权诉讼,法院依法追加乙为第三人。一审判决甲胜诉,丙应向甲给付10万元。乙、丙均提起上诉,乙请求法院判令丙向其支付剩余5万元债务,丙请求法院判令甲对乙的债权不成立。关于二审当事人地位的表述,下列哪一选项是正确的?④

A. 丙是上诉人,甲是被上诉人

B. 乙、丙是上诉人,甲是被上诉人

C. 乙是上诉人,甲、丙是被上诉人

D. 丙是上诉人,甲、乙是被上诉人

6. (2007年卷三43题) 甲在某报发表纪实报道,对明星乙和丙的关系作了富有想象力的描述。乙和丙以甲及报社共同侵害了他们的名誉权为由提起诉讼,要求甲及报社赔偿精神损失并公开赔礼道歉。一审判决甲向乙和丙赔偿1万元,报社赔偿3万元,并责令甲及报社在该报上书面道歉。报社提起上诉,请求二审法院改判甲和自己各承担2万元,以甲的名义在该报上书面道歉。二审法院如何确定当事人的地位?⑤

---

① 答案:C

② 答案:D

③ 答案:A

④ 答案:A

⑤ 答案:B

A. 报社是上诉人，甲是被上诉人，乙和丙列为原审原告

B. 报社是上诉人，甲、乙、丙是被上诉人

C. 报社是上诉人，乙和丙是被上诉人，甲列为原审被告

D. 报社和甲是上诉人，乙和丙是被上诉人

7. （2017年卷三82题）朱某诉力胜公司商品房买卖合同纠纷案，朱某要求判令被告支付违约金5万元；因房屋质量问题，请求被告修缮，费用由被告支付。一审法院判决被告败诉，认可了原告全部诉讼请求。力胜公司不服令其支付5万元违约金的判决，提起上诉。二审法院发现一审法院关于房屋有质量问题的事实认定，证据不充分。关于二审法院对本案的处理，下列哪些说法是正确的？①

A. 应针对上诉人不服违约金判决的请求进行审理

B. 可对房屋修缮问题在查明事实的情况下依法改判

C. 应针对上诉人上诉请求所涉及的事实认定和法律适用进行审理

D. 应全面审查一审法院对案件的事实认定和法律适用

8. （2014年卷三83题）关于民事诉讼二审程序的表述，下列哪些选项是正确的？②

A. 二审既可能因为当事人上诉而发生，也可能因为检察院的抗诉而发生

B. 二审既是事实审，又是法律审

C. 二审调解书应写明撤销原判

D. 二审原则上应开庭审理，特殊情况下可不开庭审理

9. （2011年卷三44题）二审法院根据当事人上诉和案件审理情况，对上诉案件作出相应裁判。下列哪一选项是正确的？③

A. 二审法院认为原判对上诉请求的有关事实认定清楚、适用法律正确，裁定驳回上诉，维持原判

B. 二审法院认为原判对上诉请求的有关事实认定清楚，但适用法律有错误，裁定发回重审

C. 二审法院认为一审判决是在案件未经开庭审理而作出的，裁定撤销原判，发回重审

D. 原审原告增加独立的诉讼请求，二审法院合并审理，一并作出判决

10. （2014年卷三47题）甲诉乙人身损害赔偿一案，一审法院根据甲的申请，冻结了乙的银行账户，并由李法官独任审理。后甲胜诉，乙提出上诉。二审法院认为一审事实不清，裁定撤销原判，发回重审。关于重审，下列哪一表述是正确的？④

A. 由于原判已被撤销，一审中的审判行为无效，保全措施也应解除

B. 由于原判已被撤销，一审中的诉讼行为无效，法院必须重新指定举证时限

C. 重审时不能再适用简易程序，应组成合议庭，李法官可作为合议庭成员参加重审

D. 若重审法院判决甲胜诉，乙再次上诉，二审法院认为重审认定的事实依然错误，则只能在查清事实后改判

11. （2012年卷三43题）关于民事诉讼二审程序的表述，下列哪一选项是错误的？⑤

---

① 答案：AC

② 答案：BD

③ 答案：C

④ 答案：D

⑤ 答案：C

A. 二审案件的审理，遇有二审程序没有规定的情形，应当适用一审普通程序的相关规定

B. 二审案件的审理，以开庭审理为原则

C. 二审案件调解的结果变更了一审判决内容的，应当在调解书中写明“撤销原判”

D. 二审案件的审理，应当由法官组成的合议庭进行审理

12. （2012 年卷三 42 题）经审理，一审法院判决被告王某支付原告刘某欠款本息共计 22 万元，王某不服提起上诉。二审中，双方当事人达成和解协议，约定：王某在 3 个月内向刘某分期偿付 20 万元，刘某放弃利息请求。案件经王某申请撤回上诉而终结。约定的期限届满后，王某只支付了 15 万元。刘某欲寻求法律救济。下列哪一说法是正确的？①

A. 只能向一审法院重新起诉　　B. 只能向一审法院申请执行一审判决

C. 可向一审法院申请执行和解协议　　D. 可向二审法院提出上诉

13. （2016 年卷三 47 题）王某诉赵某借款纠纷一案，法院一审判决赵某偿还王某债务，赵某不服，提出上诉。二审期间，案外人李某表示，愿以自己的轿车为赵某偿还债务提供担保。三人就此达成书面和解协议后，赵某撤回上诉，法院准许。一个月后，赵某反悔并不履行和解协议。关于王某实现债权，下列哪一选项是正确的？②

A. 依和解协议对赵某向法院申请强制执行

B. 依和解协议对赵某、李某向法院申请强制执行

C. 依一审判决对赵某向法院申请强制执行

D. 依一审判决与和解协议对赵某、李某向法院申请强制执行

14. （2017 年卷三 46 题）石山公司起诉建安公司请求返还 86 万元借款及支付 5 万元利息，一审判决石山公司胜诉，建安公司不服提起上诉。二审中，双方达成和解协议：石山公司放弃 5 万元利息主张，建安公司在撤回上诉后 15 日内一次性付清 86 万元本金。建安公司向二审法院申请撤回上诉后，并未履行还款义务。关于石山公司的做法，下列哪一表述是正确的？③

A. 可依和解协议申请强制执行　　B. 可依一审判决申请强制执行

C. 可依和解协议另行起诉　　D. 可依和解协议申请司法确认

15. （2016 年卷三 45 题）甲公司诉乙公司买卖合同纠纷一案，法院判决乙公司败诉并承担违约责任，乙公司不服提起上诉。在二审中，甲公司与乙公司达成和解协议，并约定双方均将提起之诉予以撤回。关于两个公司的撤诉申请，下列哪一说法是正确的？④

A. 应当裁定准许双方当事人的撤诉申请，并裁定撤销一审判决

B. 应当裁定准许乙公司撤回上诉，不准许甲公司撤回起诉

C. 不应准许双方撤诉，应依双方和解协议制作调解书

D. 不应准许双方撤诉，应依双方和解协议制作判决书

16. （2017 年卷三 45 题）张某诉新立公司买卖合同纠纷案，新立公司不服一审判决提起上诉。二审中，新立公司与张某达成协议，双方同意撤回起诉和上诉。关于本案，下列

---

① 答案：B
② 答案：C
③ 答案：B
④ 答案：A

哪一选项是正确的?①

A. 起诉应在一审中撤回，二审中撤回起诉的，法院不应准许

B. 因双方达成合意撤回起诉和上诉的，法院可准许张某二审中撤回起诉

C. 二审法院应裁定撤销一审判决并发回重审，一审法院重审时准许张某撤回起诉

D. 二审法院可裁定新立公司撤回上诉，而不许张某撤回起诉

17. （2010年卷三80题）二审法院审理继承纠纷上诉案时，发现一审判决遗漏另一继承人甲。关于本案，下列哪些说法是正确的?②

A. 为避免诉讼拖延，二审法院可依职权直接改判

B. 二审法院可根据自愿原则进行调解，调解不成的裁定撤销原判决发回重审

C. 甲应列为本案的有独立请求权第三人

D. 甲应是本案的共同原告

18. （2015年卷三44题）齐远、张红是夫妻，因感情破裂诉至法院离婚，提出解除婚姻关系、子女抚养、住房分割等诉讼请求。一审判决准予离婚并对子女抚养问题作出判决。齐远不同意离婚提出上诉。二审中，张红增加诉讼请求，要求分割诉讼期间齐远继承其父的遗产。下列哪一说法是正确的?③

A. 一审漏判的住房分割诉讼请求，二审可调解，调解不成，发回重审

B. 二审增加的遗产分割诉讼请求，二审可调解，调解不成，发回重审

C. 住房和遗产分割的两个诉讼请求，二审可合并调解，也可一并发回重审

D. 住房和遗产分割的两个诉讼请求，经当事人同意，二审法院可一并裁判

19. （2006年卷三39题）甲起诉乙支付货款。一审判决后，乙提起上诉，并提出产品质量存在问题，要求甲赔偿损失。下列关于二审法院处理本案方式的哪一表述是正确的?④

A. 应当将双方的请求合并审理一并作出判决

B. 应当将双方的请求合并进行调解，调解不成的，发回重审

C. 应当将双方的请求合并进行调解，调解不成的，对赔偿损失的请求发回重审

D. 应当将双方的请求合并进行调解，调解不成的，告知乙对赔偿损失的请求另行起诉

20. （2006年卷三42题）甲起诉乙请求离婚，一审判决不准离婚，甲不服提起上诉。二审法院审理后认为应当判决离婚。本案诉讼程序应当如何进行?⑤

A. 对离婚，子女抚养和财产问题一并进行调解，调解不成的，发回重审

B. 直接改判离婚，并对子女抚养和财产问题进行调解，调解不成的，将子女抚养和财产问题发回重审

C. 直接改判离婚，并对子女抚养和财产问题进行调解，调解不成的，子女抚养和财产问题另案处理

D. 直接改判离婚，子女抚养和财产问题一并判决

21. （2005年卷三43题）甲对乙提起财产损害赔偿之诉，一审法院判决甲胜诉。乙不服，提出上诉。二审法院发现丙是必须参加诉讼的共同诉讼人，便追加其参加诉讼。但丙

---

① 答案：B
② 答案：BD
③ 答案：A
④ 答案：D
⑤ 答案：A

既不参加诉讼，也不表示放弃权利。在此情况下，二审法院应如何处理?①

A. 仍将其列为二审的当事人，依法作出判决

B. 仍将其列为二审的当事人，可以缺席判决

C. 不能将其列为二审的当事人，但可直接根据上诉人的请求作出判决

D. 不能将其列为二审的当事人，可以裁定撤销原判决、发回原审法院重审

第十六节　审判监督程序

1. (2011年卷三77题) 根据《民事诉讼法》以及相关司法解释，关于离婚诉讼，下列哪些选项是正确的?②

A. 被告下落不明的，案件由原告住所地法院管辖

B. 一方当事人死亡的，诉讼终结

C. 判决生效后，不允许当事人申请再审

D. 原则上不公开审理，因其属于法定不公开审理案件范围

2. (2010年卷三47题) 张某诉季某人身损害赔偿一案判决生效后，张某以法院剥夺其辩论权为由申请再审，在法院审查张某再审申请期间，检察院对该案提出抗诉。关于法院的处理方式，下列哪一选项是正确的?③

A. 法院继续对当事人的再审申请进行审查，并裁定是否再审

B. 法院应当审查检察院的抗诉是否成立，并裁定是否再审

C. 法院应当审查检察院的抗诉是否成立，如不成立，再继续审查当事人的再审申请

D. 法院直接裁定再审

3. (2014年卷三50题) 万某起诉吴某人身损害赔偿一案，经过两级法院审理，均判决支持万某的诉讼请求，吴某不服，申请再审。再审中万某未出席开庭审理，也未向法院说明理由。对此，法院的下列哪一做法是正确的?④

A. 裁定撤诉，视为撤回起诉　　B. 裁定撤诉，视为撤回再审申请

C. 裁定诉讼中止　　D. 缺席判决

4. (2009年卷三88题) 林某诉张某房屋纠纷案，经某中级人民法院一审判决后，林某没有上诉，而是于收到判决书20日后，向省高级法院申请再审。期间，张某向中级人民法院申请执行判决。省高级法院经审查，认为一审判决确有错误，遂指令作出判决的中级人民法院再审。下列哪些说法是正确的?⑤

A. 高级法院指令再审的同时，应作出撤销原判决的裁定

B. 中级人民法院再审时应作出撤销原判决的裁定

C. 中级人民法院应裁定中止原裁判的执行

D. 中级人民法院应适用一审程序再审该案

---

① 答案：D

② 答案：AB

③ 答案：D

④ 答案：D

⑤ 答案：CD

5.（2009年卷三87题）甲公司诉乙公司合同纠纷案，南山市S县法院进行了审理并作出驳回甲公司诉讼请求的判决，甲公司未提出上诉。判决生效后，甲公司因收集到新的证据申请再审。下列哪些选项是正确的?①

A. 甲公司应当向S县法院申请再审

B. 甲公司应当向南山市中级人民法院申请再审

C. 法院应当适用一审程序再审本案

D. 法院应当适用二审程序再审本案

6.（2013卷三81题）周某因合同纠纷起诉，甲省乙市的两级法院均驳回其诉讼请求。周某申请再审，但被驳回。周某又向检察院申请抗诉，检察院以原审主要证据系伪造为由提出抗诉，法院裁定再审。关于启动再审的表述，下列哪些说法是不正确的?②

A. 周某只应向甲省高院申请再审

B. 检察院抗诉后，应当由接受抗诉的法院审查后，作出是否再审的裁定

C. 法院应当在裁定再审的同时，裁定撤销原判

D. 法院应当在裁定再审的同时，裁定中止执行

7.（2014年卷三80题）就瑞成公司与建华公司的合同纠纷，某省甲市中院作出了终审裁判。建华公司不服，打算启动再审程序。后其向甲市检察院申请检察建议，甲市检察院经过审查，作出驳回申请的决定。关于检察监督，下列哪些表述是正确的?③

A. 建华公司可在向该省高院申请再审的同时，申请检察建议

B. 在甲市检察院驳回检察建议申请后，建华公司可向该省检察院申请抗诉

C. 甲市检察院在审查检察建议申请过程中，可向建华公司调查核实案情

D. 甲市检察院在审查检察建议申请过程中，可向瑞成公司调查核实案情

8.（2013卷三82题）韩某起诉翔鹭公司要求其依约交付电脑，并支付迟延履行违约金5万元。经县市两级法院审理，韩某均胜诉。后翔鹭公司以原审适用法律错误为由申请再审，省高院裁定再审后，韩某变更诉讼请求为解除合同，支付迟延履行违约金10万元。再审法院最终维持原判。关于再审程序的表述，下列哪些选项是正确的?④

A. 省高院可以亲自提审，提审应当适用二审程序

B. 省高院可以指令原审法院再审，原审法院再审时应当适用一审程序

C. 再审法院对韩某变更后的请求应当不予审查

D. 对于维持原判的再审裁判，韩某认为有错误的，可以向检察院申请抗诉

9.（2010年卷三82题）关于再审程序的说法，下列哪些选项是正确的?⑤

A. 在再审中，当事人提出新的诉讼请求的，原则上法院应根据自愿原则进行调解，调解不成的告知另行起诉

B. 在再审中，当事人增加诉讼请求的，原则上法院应根据自愿原则进行调解，调解不成的裁定发回重审

C. 按照第一审程序再审案件时，经法院许可原审原告可撤回起诉

---

① 答案：BD

② 答案：ABC

③ 答案：CD

④ 答案：ACD

⑤ 答案：CD

D. 在一定条件下，案外人可申请再审

10. （2006 年卷三 49 题）某省高级人民法院依照审判监督程序审理某案，发现张某是必须参加诉讼的当事人，而一、二审法院将其遗漏。在这种情况下该省高级人民法院应当如何处理?①

A. 可以通知张某参加诉讼，并进行调解，调解不成的，裁定撤销二审判决，发回二审法院重审

B. 可以通知张某参加诉讼，并进行调解，调解不成的，裁定撤销一、二审判决，发回一审法院重审

C. 应当直接裁定撤销二审判决，发回二审法院重审

D. 只能直接裁定撤销一、二审判决，发回一审法院重审

11. （2018 年模拟题第 46 题）甲诉乙合同纠纷一案，法院判决甲胜诉。在执行过程中，甲和乙自愿达成和解协议：将判决中确定的乙向甲偿还 100 万元人民币减少为 80 万，协议生效之日起 1 个月内还清。乙按照和解协议的约定履行了相关义务。后甲以发现新证据为由向法院申请再审，法院对再审申请进行审查时，发现和解协议已履行完毕。法院的正确做法是?②

A. 应当裁定执行回转

B. 应裁定驳回甲的再审申请

C. 审查执行和解协议是否违反自愿与合法原则

D. 裁定终结对再审的审查

12. （2018 年模拟题第 47 题）谢某与周某交通事故侵权纠纷一案，2016 年 2 月 6 日，经 A 县 B 乡人民调解委员会主持调解，双方签订了人民调解协议，并书面申请司法确认。2016 年 3 月 3 日，A 县法院作出民事裁定，确认该调解协议有效。4 月 2 日，谢某按协议履行完了全部约定义务。2016 年 7 月 5 日，谢某以发现新证据、原调解协议内容错误为由，向法院申请再审，法院当如何处理?③

A. 驳回再审申请

B. 告知另行起诉

C. 进行再审审查，如调解协议错误，裁定执行回转

D. 告知可以申请撤销调解协议

13. （2018 年模拟题第 50 题）甲、乙因一幅字画所有权问题产生争议，甲主张该幅字画属于自己所有，起诉要求乙返还该幅字画。A 市 B 县法院判决乙交付字画给甲，双方均未提起上诉。后因乙拒不履行判决义务，甲申请强制执行。执行过程中，丙向法院提出异议，主张该字画的所有权，法院经审查驳回了其异议。丙遂向 A 市中级人民法院申请再审，A 市中级人民法院在再审中发现该字画实为甲和丙共同所有。关于 A 市中级人民法院的做法，下列选项中正确的有? ④

A. 应当进行调解，调解不成的，再审审理后直接作出判决

---

① 答案：B

② 答案：D

③ 答案：A

④ 答案：D

B. 应当进行调解，调解不成的，驳回丙再审申请，告知其提起执行异议之诉

C. 应当进行调解，调解不成的，驳回其诉讼请求，告知丙另行起诉

D. 应当进行调解，调解不成的，裁定撤销原判决，发回重审

第十七节　调　解

1.（2014年卷三36题）依法治国要求树立法律权威，依法办事，因此在民事纠纷解决的过程中，各方主体都须遵守法律的规定。下列哪一行为违背了相关法律？①

A. 法院主动对确有错误的生效调解书启动再审

B. 派出所民警对民事纠纷进行调解

C. 法院为下落不明的被告指定代理人参加调解

D. 人民调解委员会主动调解当事人之间的民间纠纷

2.（2012年卷三35题）村民甲、乙因相邻关系发生纠纷，甲诉至法院，要求判决乙准许其从乙承包的土地上通过。审理中，法院主动了解和分析甲通过乙土地的合理性，听取其他村民的意见，并请村委会主任做双方工作，最终促成双方同意调解。调解时邀请了村中有声望的老人及当事人的共同朋友参加，双方互相让步达成协议，恢复和睦关系。关于法院的做法，下列哪一说法是正确的？②

A. 法院突破审判程序，违反了依法裁判原则

B. 他人参与调解，影响当事人意思表达，违反了辩论原则

C. 双方让步放弃诉求和权益，违反了处分原则

D. 体现了司法运用法律手段，发挥调解功能，能动履职的要求

3.（2015年卷三42题）关于法院制作的调解书，下列哪一说法是正确的？③

A. 经法院调解，老李和小李维持收养关系，可不制作调解书

B. 某夫妻解除婚姻关系的调解书生效后，一方以违反自愿为由可申请再审

C. 检察院对调解书的监督方式只能是提出检察建议

D. 执行过程中，达成和解协议的，法院可根据当事人的要求制作成调解书

4.（2006年卷三86题）下列哪些民事案件法院不予调解？④

A. 适用公示催告程序的案件　　B. 请求确认婚姻无效的案件

C. 请求确认收养无效的案件　　D. 选民资格案件

5.（2016年卷三42题）甲公司因合同纠纷向法院提起诉讼，要求乙公司支付货款280万元。在法院的主持下，双方达成调解协议。协议约定：乙公司在调解书生效后10日内支付280万元本金，另支付利息5万元。为保证协议履行，双方约定由丙公司为乙公司提供担保，丙公司同意。法院据此制作调解书送达各方，但丙公司反悔拒绝签收。关于本案，下列哪一选项是正确的？⑤

---

① 答案：C

② 答案：D

③ 答案：A

④ 答案：ABCD

⑤ 答案：A

A. 调解协议内容尽管超出了当事人诉讼请求，但仍具有合法性

B. 丙公司反悔拒绝签收调解书，法院可以采取留置送达

C. 因丙公司反悔，调解书对其没有效力，但对甲公司、乙公司仍具有约束力

D. 因丙公司反悔，法院应当及时作出判决

6. (2016年卷三85题) 达善公司因合同纠纷向甲市A区法院起诉美国芙泽公司，经法院调解双方达成调解协议。关于本案的处理，下列哪些选项是正确的?①

A. 法院应当制作调解书

B. 法院调解书送达双方当事人后即发生法律效力

C. 当事人要求根据调解协议制作判决书的，法院应当予以准许

D. 法院可以将调解协议记入笔录，由双方签字即发生法律效力

7. (2009年卷三45题) 某借款纠纷案二审中，双方达成调解协议，被上诉人当场将欠款付清。关于被上诉人请求二审法院制作调解书，下列哪一选项是正确的?②

A. 可以不制作调解书，因为当事人之间的权利义务已经实现

B. 可以不制作调解书，因为本案属于法律规定可以不制作调解书的情形

C. 应当制作调解书，因为二审法院的调解结果除解决纠纷外，还具有对一审法院的判决效力发生影响的功能

D. 应当制作调解书，因为被上诉人已经提出请求，法院应当予以尊重

8. (2012年卷三39题) 甲诉乙损害赔偿一案，双方在诉讼中达成和解协议。关于本案，下列哪一说法是正确的?③

A. 当事人无权向法院申请撤诉

B. 因当事人已达成和解协议，法院应当裁定终结诉讼程序

C. 当事人可以申请法院依和解协议内容制作调解书

D. 当事人可以申请法院依和解协议内容制作判决书

9. (2011年卷三42题) 根据《民事诉讼法》及相关司法解释，关于法院调解，下列哪一选项是错误的?④

A. 法院可以委托与当事人有特定关系的个人进行调解，达成协议的，法院应当依法予以确认

B. 当事人在诉讼中自行达成和解协议的，可以申请法院依法确认和解协议并制作调解书

C. 法院制作的调解书生效后都具有执行力

D. 法院调解书确定的担保条款的条件成就时，当事人申请执行的，法院应当依法执行

10. (2018年模拟题) 周某(男)与张某(女)婚后因感情纠纷，诉至法院，请求离婚。诉讼中双方达成调解协议：约定两个孩子由女方抚养，两套房屋均归女方所有，男方每月支付抚养费1万元，法院依据调解协议制作调解书送达给双方当事人。张某发现法院调解书上关于房屋部分的内容错误，将调解协议中约定都归她所有的两套房屋写成了周某

① 答案：ABC
② 答案：C
③ 答案：C
④ 答案：C

和张某一人一套，遂提出异议。关于本案，下列说法正确的有：①

A. 调解书已经生效，不能提出异议，可以违反自愿原则为由申请再审

B. 调解书不生效，法院收回调解书，重新制作后再送达给双方

C. 法院审查后认为异议成立的，及时作出判决

D. 法院审查后认为异议成立的，作出裁定予以补正

第十八节　期间与送达

1. （2011年卷三41题）根据《民事诉讼法》和民事诉讼理论，关于期间，下列哪一选项是正确的?②

A. 法定期间都是不可变期间，指定期间都是可变期间

B. 法定期间的开始日及期间中遇有节假日的，应当在计算期间时予以扣除

C. 当事人参加诉讼的在途期间不包括在期间内

D. 遇有特殊情况，法院可依职权变更原确定的指定期间

2. （2012年卷三38题）关于《民事诉讼法》规定的期间制度，下列哪一选项是正确的?③

A. 法定期间都属于绝对不可变期间

B. 涉外案件的审理不受案件审结期限的限制

C. 当事人从外地到法院参加诉讼的在途期间不包括在期间内

D. 当事人有正当理由耽误了期间，法院应当依职权为其延展期间

3. （2015年卷三41题）张兄与张弟因遗产纠纷诉至法院，一审判决张兄胜诉。张弟不服，却在赴法院提交上诉状的路上被撞昏迷，待其经抢救苏醒时已超过上诉期限一天。对此，下列哪一说法是正确的?④

A. 法律上没有途径可对张弟上诉权予以补救

B. 因意外事故耽误上诉期限，法院应依职权决定顺延期限

C. 张弟可在清醒后10日内，申请顺延期限，是否准许，由法院决定

D. 上诉期限为法定期间，张弟提出顺延期限，法院不应准许

4. （2009年卷三43题）甲起诉要求与妻子乙离婚，法院经审理判决不予准许。书记员两次到甲住所送达判决书，甲均拒绝签收。书记员的下列哪一做法是正确的?⑤

A. 将判决书交给甲的妻子乙转交

B. 将判决书交给甲住所地居委会转交

C. 请甲住所地居委会主任到场见证并将判决书留在甲住所

D. 将判决书交给甲住所地派出所转交

---

① 答案：D
② 答案：D
③ 答案：B
④ 答案：C
⑤ 答案：C

5. （2013 年卷三 39 题）关于法院的送达行为，下列哪一选项是正确的?①

A. 陈某以马某不具有选民资格向法院提起诉讼，由于马某拒不签收判决书，法院向其留置送达

B. 法院通过邮寄方式向葛某送达开庭传票，葛某未寄回送达回证，送达无效，应当重新送达

C. 法院在审理张某和赵某借款纠纷时，委托赵某所在学校代为送达起诉状副本和应诉通知

D. 经许某同意，法院用电子邮件方式向其送达证据保全裁定书

6. （2014 年卷三 42 题）张某诉美国人海斯买卖合同一案，由于海斯在我国无住所，法院无法与其联系，遂要求张某提供双方的电子邮件地址，电子送达了诉讼文书，并在电子邮件中告知双方当事人在收到诉讼文书后予以回复，但开庭之前法院只收到张某的回复，一直未收到海斯的回复。后法院在海斯缺席的情况下，对案件作出判决，驳回张某的诉讼请求，并同样以电子送达的方式送达判决书。关于本案诉讼文书的电子送达，下列哪一做法是合法的?②

A. 向张某送达举证通知书

B. 向张某送达缺席判决书

C. 向海斯送达举证通知书

D. 向海斯送达缺席判决书

7. （2018 年模拟题）王某与吴某是同学关系。2010 年 2 月王某因结婚需购买住房向吴某借款 20000 元，口头约定年底归还。后无力偿还借款。吴某在多次催讨无果的情况下，于 2012 年 2 月 7 日诉诸法院。2 月 28 日开庭时，王某辩称此前已还了 10000 元借款，但未向法庭提供证据。在调解未果的情况下，法庭电子邮件通知双方决定于 2012 年 3 月 8 日就该案进行宣判。王某因事无法走开，委托其妻子到庭代为签收判决书。宣判之日，王某妻子发现判决王某败诉，并没对 10000 万还款事实予以认定，当即表示不认可判决结果，并拒绝在送达回证上签字。审判人员、书记员在送达回证上注明了送达情况并签名。关于本案的送达方式，下列说法正确的是:③

A. 构成留置送达

B. 构成直接送达

C. 构成委托送达

D. 构成电子送达

第十九节　特别程序

1. （2012 年卷三 44 题）关于《民事诉讼法》规定的特别程序的表述，下列哪一选项是正确的?④

A. 适用特别程序审理的案件都是非讼案件

B. 起诉人或申请人与案件都有直接的利害关系

C. 适用特别程序审理的案件都是一审终审

---

① 答案：A

② 答案：A

③ 答案：B

④ 答案：C

D. 陪审员通常不参加适用特别程序案件的审理

2. （2009 年卷三 49 题）在基层人大代表换届选举中，村民刘某发现选举委员会公布的选民名单中遗漏了同村村民张某的名字，遂向选举委员会提出申诉。选举委员会认为，刘某不是本案的利害关系人无权提起申诉，故驳回了刘某的申诉，刘某不服诉至法院。下列哪一选项是错误的？①

A. 张某、刘某和选举委员会的代表都必须参加诉讼

B. 法院应该驳回刘某的起诉，因刘某与案件没有直接利害关系

C. 选民资格案件关系到公民的重要政治权利，只能由审判员组成合议庭进行审理

D. 法院对选民资格案件做出的判决是终审判决，当事人不得对此提起上诉

3. （2017 年卷三 47 题）李某因债务人刘某下落不明申请宣告刘某失踪。法院经审理宣告刘某为失踪人，并指定刘妻为其财产代管人。判决生效后，刘父认为由刘妻代管财产会损害儿子的利益，要求变更刘某的财产代管人。关于本案程序，下列哪一说法是正确的？②

A. 李某无权申请刘某失踪

B. 刘父应提起诉讼变更财产代管人，法院适用普通程序审理

C. 刘父应向法院申请变更刘妻的财产代管权，法院适用特别程序审理

D. 刘父应向法院申请再审变更财产代管权，法院适用再审程序审理

4. （2013 年卷三 83 题）甲区 A 公司将位于丙市价值 5000 万元的写字楼转让给乙区的 B 公司。后双方发生争议，经丁区人民调解委员会调解达成协议：B 公司在 1 个月内支付购房款。双方又对该协议申请法院作出了司法确认裁定。关于本案及司法确认的表述，下列哪些选项是不正确的？③

A. 应由丙市中级人民法院管辖

B. 可由乙区法院管辖

C. 应由一名审判员组成合议庭，开庭审理司法确认申请

D. 本案的调解协议和司法确认裁定，均具有既判力

5. （2015 年卷三 45 题）李云将房屋出售给王亮，后因合同履行发生争议，经双方住所地人民调解委员会调解，双方达成调解协议，明确王亮付清房款后，房屋的所有权归属王亮。为确保调解协议的效力，双方约定向法院提出司法确认申请，李云随即长期出差在外。下列哪一说法是正确的？④

A. 本案系不动产交易，应向房屋所在地法院提出司法确认申请

B. 李云长期出差在外，王亮向法院提出确认申请，法院可受理

C. 李云出差两个月后，双方向法院提出确认申请，法院可受理

D. 本案的调解协议内容涉及物权确权，法院不予受理

6. （2014 年卷三 44 题）甲公司与银行订立了标的额为 8000 万元的贷款合同，甲公司董事长美国人汤姆用自己位于 W 市的三套别墅为甲公司提供抵押担保。贷款到期后甲公司

---

① 答案：B

② 答案：B

③ 答案：ABCD

④ 答案：D

无力归还，银行向法院申请适用特别程序实现对别墅的抵押权。关于本案的分析，下列哪一选项是正确的?①

A. 由于本案标的金额巨大，且具有涉外因素，银行应向 W 市中院提交书面申请

B. 本案的被申请人只应是债务人甲公司

C. 如果法院经过审查，作出拍卖裁定，可直接移交执行庭进行拍卖

D. 如果法院经过审查，驳回银行申请，银行可就该抵押权益向法院起诉

7. (2007 年卷三 82 题) 根据我国民事诉讼法的规定，下列哪些案件的审理程序中公告是必经的程序?②

A. 甲在车祸中导致精神失常，其妻向法院申请要求认定甲为无民事行为能力人

B. 2005 年 1 月乙被冲入大海后一直杳无音信，2007 年 3 月其妻向法院申请宣告乙死亡

C. 丙拿一张 5 万元的支票到银行兑现，途中遗失，丙向银行所在地的区法院提出申请公示催告

D. 某施工单位施工时挖出一个密封的金属盒，内藏一本宋代经书，该施工单位向法院申请认定经书及盒子为无主财产

第二十节　非讼程序之督促程序

1. (2014 年卷三 46 题) 黄某向法院申请支付令，督促陈某返还借款。送达支付令时，陈某拒绝签收，法官遂进行留置送达。12 天后，陈某以已经归还借款为由向法院提起书面异议。黄某表示希望法院彻底解决自己与陈某的借款问题。下列哪一说法是正确的?③

A. 支付令不能留置送达，法官的送达无效

B. 提出支付令异议的期间是 10 天，陈某的异议不发生效力

C. 陈某的异议并未否认二人之间存在借贷法律关系，因而不影响支付令的效力

D. 法院应将本案转为诉讼程序审理

2. (2013 年卷三 84 题) 胡某向法院申请支付令，督促彗星公司缴纳房租。彗星公司收到后立即提出书面异议称，根据租赁合同，彗星公司的装修款可以抵销租金，因而自己并不拖欠租金。对于法院收到该异议后的做法，下列哪些选项是正确的?④

A. 对双方进行调解，促进纠纷的解决

B. 终结督促程序

C. 将案件转为诉讼程序审理，但彗星公司不同意的除外

D. 将案件转为诉讼程序审理，但胡某不同意的除外

3. (2016 年卷三 82 题) 单某将八成新手机以 4000 元的价格卖给卢某，双方约定：手机交付卢某，卢某先付款 1000 元，待试用一周没有问题后再付 3000 元。但试用期满卢某并未按约定支付余款，多次催款无果后单某向 M 法院申请支付令。M 法院经审查后向卢某

---

① 答案：D

② 答案：BCD

③ 答案：D

④ 答案：BD

发出支付令，但卢某拒绝签收，法院采取了留置送达。20天后，卢某向N法院起诉，以手机有质量问题要求解除与单某的买卖合同，并要求单某退还1000元付款。根据本案，下列哪些选项是正确的?①

A. 卢某拒绝签收支付令，M法院采取留置送达是正确的

B. 单某可以依支付令向法院申请强制执行

C. 因卢某向N法院提起了诉讼，支付令当然失效

D. 因卢某向N法院提起了诉讼，M法院应当裁定终结督促程序

4. (2015年卷三47题) 甲向乙借款20万元，丙是甲的担保人，现已到偿还期限，经多次催讨未果，乙向法院申请支付令。法院受理并审查后，向甲送达支付令。甲在法定期间未提出异议，但以借款不成立为由向另一法院提起诉讼。关于本案，下列哪一说法是正确的?②

A. 甲向另一法院提起诉讼，视为对支付令提出异议

B. 甲向另一法院提起诉讼，法院应裁定终结督促程序

C. 甲在法定期间未提出书面异议，不影响支付令效力

D. 法院发出的支付令，对丙具有拘束力

5. (2017年卷三83题) 甲公司购买乙公司的产品，丙公司以其房产为甲公司提供抵押担保。因甲公司未按约支付120万元货款，乙公司向A市B县法院申请支付令。法院经审查向甲公司发出支付令，甲公司拒绝签收。甲公司未在法定期间提出异议，而以乙公司提供的产品有质量问题为由向A市C区法院提起诉讼。关于本案，下列哪些表述是正确的?③

A. 甲公司拒绝签收支付令，法院可采取留置送达

B. 甲公司提起诉讼，法院应裁定中止督促程序

C. 乙公司可依支付令向法院申请执行甲公司的财产

D. 乙公司可依支付令向法院申请执行丙公司的担保财产

6. (2011年卷三85题) 甲公司因乙公司拖欠货款向A县法院申请支付令，经审查甲公司的申请符合法律规定，A县法院向乙公司发出支付令。乙公司收到支付令后在法定期间没有履行给付货款的义务，而是向A县法院提起诉讼，要求甲公司承担因其提供的产品存在质量问题的违约责任。关于本案，下列哪些选项是正确的?④

A. 乙公司向A县法院起诉的行为具有提出书面异议的效力

B. 甲公司可以持支付令申请强制执行

C. A县法院应当受理乙公司的起诉

D. A县法院不应受理乙公司的起诉

7. (2010年卷三89题) 关于支付令，下列哪些说法是正确的?⑤

A. 法院送达支付令债务人拒收的，可采取留置送达

B. 债务人提出支付令异议的，法院无需审查异议理由客观上是否属实

---

① 答案：AB
② 答案：C
③ 答案：AC
④ 答案：AC
⑤ 答案：AB

C. 债务人收到支付令后不在法定期间提出异议而向法院起诉的，不影响支付令的效力

D. 支付令送达后即具有强制执行力

8. （2007年卷三34题）对民事诉讼法规定的督促程序，下列哪一选项是正确的？①

A. 向债务人送达支付令时，债务人拒绝签收的，法院可以留置送达

B. 向债务人送达支付令时法院发现债务人下落不明的，可以公告送达

C. 支付令送达债务人之后，在法律规定的异议期间，支付令不具有法律效力

D. 债务人对支付令提出异议，通常以书面的形式，但书写异议书有困难的，也可以口头提出

9. （2018年模拟题）高某向杨某借款23万5000元，到期后一直没有归还。杨某于2018年10月21日向高某住所地A区法院申请支付令，并向法院提交了高某向杨某借款时出具的借条，要求高某偿还借款23万5000元。在支付令异议期间，杨某觉得支付令不如法院判决更稳妥，于是向自己住所地的B区法院起诉。关于本案，下列说法错误的是：②

A. 杨某向A区法院申请支付令

B. 杨某向B区法院起诉

C. 杨某向B区法院起诉，会导致支付令失效

D. 杨某未向发出支付令的法院起诉，不影响支付令的效力

第二十一节　非讼程序之公示催告程序

1. （2006年卷三76题）下列关于公示催告程序特点的哪些说法是正确的？③

A. 公示催告程序仅适用于基层人民法院

B. 公示催告程序实行一审终审

C. 公示催告程序中没有答辩程序

D. 公示催告程序中没有开庭审理程序

2. （2016年卷三83题）大界公司就其遗失的一张汇票向法院申请公示催告，法院经审查受理案件并发布公告。在公告期间，盘堂公司持被公示催告的汇票向法院申报权利。对于盘堂公司的权利申报，法院实施的下列哪些行为是正确的？④

A. 应当通知大界公司到法院查看盘堂公司提交的汇票

B. 若盘堂公司出具的汇票与大界公司申请公示的汇票一致，则应当开庭审理

C. 若盘堂公司出具的汇票与大界公司申请公示的汇票不一致，则应当驳回盘堂公司的申请

D. 应当责令盘堂公司提供证明其对出示的汇票享有所有权的证据

3. （2009年卷三89题）甲公司因遗失汇票，向A市B区法院申请公示催告。在公示催告期间，乙公司向B区法院申报权利。关于本案，下列哪些说法是正确的？⑤

---

① 答案：A

② 答案：D

③ 答案：ABCD

④ 答案：AC

⑤ 答案：AD

A. 对乙公司的申报，法院只就申报的汇票与甲公司申请公示催告的汇票是否一致进行形式审查，不进行权利归属的实质审查

B. 乙公司申报权利时，法院应当组织双方当事人进行法庭调查与辩论

C. 乙公司申报权利时，法院应当组成合议庭审理

D. 乙公司申报权利成立时，法院应当裁定终结公示催告程序

4. (2015年卷三85题) 甲公司财务室被盗，遗失金额为80万元的汇票一张。甲公司向法院申请公示催告，法院受理后即通知支付人A银行停止支付，并发出公告，催促利害关系人申报权利。在公示催告期间，甲公司按原计划与材料供应商乙企业签订购货合同，将该汇票权利转让给乙企业作为付款。公告期满，无人申报，法院即组成合议庭作出判决，宣告该汇票无效。关于本案，下列哪些说法是正确的?①

A. A银行应当停止支付，直至公示催告程序终结

B. 甲公司将该汇票权利转让给乙企业的行为有效

C. 甲公司若未提出申请，法院可以作出宣告该汇票无效的判决

D. 法院若判决宣告汇票无效，应当组成合议庭

5. (2007年卷三46题) 甲的汇票遗失，向法院申请公示催告。公告期满后无人申报权利，甲申请法院作出了除权判决。后乙主张对该票据享有票据权利，只是因为客观原因而没能在判决前向法院申报权利。乙可以采取哪种法律对策?②

A. 申请法院撤销该除权判决

B. 在知道或者应当知道判决公告之日起一年内，向作出除权判决的法院起诉

C. 依照审判监督程序的规定，申请法院对该案件进行再审

D. 在2年的诉讼时效期间之内，向作出除权判决的法院起诉

6. (2005年卷三40题) 下列哪一项表述符合公示催告程序的法律规定?③

A. 公示催告程序只适用于基层人民法院

B. 公示催告程序仅适用于各种票据的公示催告

C. 除权判决应当宣告票据是否无效

D. 当事人不服法院的除权判决，可以提起上诉

7. (2012年卷三46题) 甲公司因票据遗失向法院申请公示催告。在公示催告期间届满的第3天，乙向法院申报权利。下列哪一说法是正确的?④

A. 因公示催告期间已经届满，法院应当驳回乙的权利申报

B. 法院应当开庭，就失票的权属进行调查，组织当事人进行辩论

C. 法院应当对乙的申报进行形式审查，并通知甲到场查验票据

D. 法院应当审查乙迟延申报权利是否具有正当事由，并分别情况作出处理

8. (2017年卷三48题) 海昌公司因丢失票据申请公示催告，期间届满无人申报权利，海昌公司遂申请除权判决。在除权判决作出前，家佳公司看到权利申报公告，向法院申报权利。对此，法院下列哪一做法是正确的?⑤

---

① 答案：AD

② 答案：B

③ 答案：A

④ 答案：C

⑤ 答案：C

A. 因公示催告期满，裁定驳回家佳公司的权利申报

B. 裁定追加家佳公司参加案件的除权判决审理程序

C. 应裁定终结公示催告程序

D. 作出除权判决，告知家佳公司另行起诉

第二十二节　执行程序

1. （2009 年卷三 86 题）关于民事审判程序与民事执行程序的关系，下列哪些说法是错误的？①

A. 民事审判程序是确认民事权利义务的程序，民事执行程序是实现民事权利义务关系的程序

B. 法院对案件裁定进行再审时，应当裁定终结执行

C. 民事审判程序是民事执行程序的前提

D. 民事执行程序是民事审判程序的继续

2. （2009 年卷三 50 题）在民事执行中，被执行人朱某申请暂缓执行，提出由吴某以自有房屋为其提供担保，申请执行人刘某同意。法院作出暂缓执行裁定，期限为六个月。对于暂缓执行期限届满后朱某仍不履行义务的情形，下列哪一选项是正确的？②

A. 刘某应起诉吴某，取得执行依据可申请执行吴某的担保房产

B. 朱某财产不能清偿全部债务时刘某方能起诉吴某，取得执行依据可申请执行吴某的担保房产

C. 朱某财产不能清偿刘某债权时法院方能执行吴某的担保房产

D. 刘某可申请法院执行吴某的担保房产

3. （2014 年卷三 85 题）甲诉乙返还 10 万元借款。胜诉后进入执行程序，乙表示自己没有现金，只有一枚祖传玉石可抵债。法院经过调解，说服甲接受玉石抵债，双方达成和解协议并当即交付了玉石。后甲发现此玉石为赝品，价值不足千元。关于执行和解，下列哪些说法是正确的？③

A. 法院不应在执行中劝说甲接受玉石抵债

B. 由于和解协议已经即时履行，法院无须再将和解协议记入笔录

C. 由于和解协议已经即时履行，法院可裁定执行中止

D. 甲可以另行起诉乙要起赔偿。

4. （2015 年卷三 49 题）甲乙双方合同纠纷，经仲裁裁决，乙须偿付甲货款 100 万元，利息 5 万元，分 5 期偿还。乙未履行该裁决。甲据此向法院申请执行，在执行过程中，双方达成和解协议，约定乙一次性支付货款 100 万元，甲放弃利息 5 万元并撤回执行申请。和解协议生效后，乙反悔，未履行和解协议。关于本案，下列哪一说法是正确的？④

---

① 答案：BCD

② 答案：D

③ 答案：AD

④ 答案：新法修改导致答案变动，原答案 D，现在选 CD

A. 对甲撤回执行的申请，法院裁定中止执行

B. 甲可向法院申请执行和解协议

C. 甲可以乙违反和解协议为由提起诉讼

D. 甲可向法院申请执行原仲裁裁决，法院恢复执行

5. （2008年卷三85题）关于现行民事执行制度，下列哪些选项是正确的？①

A. 发生法律效力的判决的执行法院，包括案件的第一审法院和第一审法院同级的被执行财产所在地的法院

B. 案外人对执行标的异议的裁定不服的，可以根据执行标的的不同情况，选择提起诉讼或通过审判监督程序进行救济

C. 申请执行人与被申请执行人达成和解协议的，在和解协议履行期间，执行程序终结

D. 申请执行的期限因申请人与被申请人为自然人或法人而不同

6. （2007年卷三84题）甲公司对乙公司的50万元债权经法院裁判后进入到强制执行程序，被执行人乙公司不能清偿债务，但对第三人（即丙公司）享有30万元的到期债权。甲公司欲申请法院对被执行人的到期债权予以执行。关于该执行程序，下列哪些选项是错误的？②

A. 丙公司应在接到法院发出的履行到期债务通知后的30日内，向甲公司履行债务或提出异议

B. 丙公司如果对法院的履行通知提出异议，必须采取书面方式

C. 丙公司在履行通知指定的期间内提出异议的，法院应当对提出的异议进行审查

D. 在对丙公司作出强制执行裁定后，丙公司确无财产可供执行的，法院可以就丙公司对他人享有的到期债权强制执行

7. （2006年卷三78题）甲向法院申请执行乙的财产，乙除对案外人丙享有到期债权外，并无其他财产可供执行。法院根据甲的申请，通知丙向甲履行债务。但丙提出其与乙之间的债权债务关系存在争议，拒不履行。法院对此如何处理？③

A. 强制执行丙的财产

B. 不得对丙强制执行

C. 中止对乙的执行

D. 裁定驳回甲对乙的执行申请

8. （2011年卷三46题）执行程序的参与分配制度对适用条件作了规定。下列哪一选项不属于参与分配适用的条件？④

A. 被执行人的财产无法清偿所有的债权

B. 被执行人为法人或其他组织而非自然人

C. 有多个申请人对同一被申请人享有债权

D. 参与分配的债权只限于金钱债权

9. （2016年卷三48题）甲向法院申请执行郭某的财产，乙、丙和丁向法院申请参与分配，法院根据郭某财产以及各执行申请人债权状况制定了财产分配方案。甲和乙认为分配方案不合理，向法院提出了异议，法院根据甲和乙的意见，对分配方案进行修正后，丙

---

① 答案：AB

② 答案：ABCD

③ 答案：BC

④ 答案：B

和丁均反对。关于本案，下列哪一表述是正确的?①

A. 丙、丁应向执行法院的上一级法院申请复议

B. 甲、乙应向执行法院的上一级法院申请复议

C. 丙、丁应以甲和乙为被告向执行法院提起诉讼

D. 甲、乙应以丙和丁为被告向执行法院提起诉讼

10. (2016年卷三49题) 何某依法院生效判决向法院申请执行甲的财产，在执行过程中，甲突发疾病猝死。法院询问甲的继承人是否继承遗产，甲的继承人乙表示继承，其他继承人均表示放弃继承。关于该案执行程序，下列哪一选项是正确的?②

A. 应裁定延期执行

B. 应直接执行被执行人甲的遗产

C. 应裁定变更乙为被执行人

D. 应裁定变更甲的全部继承人为被执行人

11. (2014年卷三49题) 对于甲和乙的借款纠纷，法院判决乙应归还甲借款。进入执行程序后，由于乙无现金，法院扣押了乙住所处的一架钢琴准备拍卖。乙提出钢琴是其父亲的遗物，申请用一台价值与钢琴相当的相机替换钢琴。法院认为相机不足以抵偿乙的债务，未予同意。乙认为扣押行为错误，提出异议。法院经过审查，驳回该异议。关于乙的救济渠道，下列哪一表述是正确的?③

A. 向执行法院申请复议

B. 向执行法院的上一级法院申请复议

C. 向执行法院提起异议之诉

D. 向原审法院申请再审

12. (2011年卷三47题) 关于执行行为异议与案外人对执行标的异议的比较，下列哪一选项是错误的?④

A. 异议都是在执行过程中提出

B. 异议都应当向执行法院提出

C. 申请异议当事人有部分相同

D. 申请异议人对法院针对异议所作裁定不服，可采取的救济手段相同

13. (2010年卷三49题) 甲公司申请强制执行乙公司的财产，法院将乙公司的一处房产列为执行标的。执行中，丙银行向法院主张，乙公司已将该房产抵押贷款，并以自己享有抵押权为由提出异议。乙公司否认将房产抵押给丙银行。经审查，法院驳回丙银行的异议。丙银行拟向法院起诉，关于本案被告的确定，下列哪一选项是正确的?⑤

A. 丙银行只能以乙公司为被告起诉

B. 丙银行只能以甲公司为被告起诉

C. 丙银行可选择甲公司为被告起诉，也可选择乙公司为被告起诉

D. 丙银行应当以甲公司和乙公司为共同被告起诉

14. (2017年卷三41题) 易某依法院对王某支付其5万元损害赔偿金之判决申请执行。执行中，法院扣押了王某的某项财产。案外人谢某提出异议，称该财产是其借与王某使用

---

① 答案：D

② 答案：C

③ 答案：B

④ 答案：D

⑤ 答案：D

的，该财产为自己所有。法院经审查，认为谢某异议理由成立，遂裁定中止对该财产的执行。关于本案的表述，下列哪一选项是正确的?①

A. 易某不服该裁定提起异议之诉的，由易某承担对谢某不享有该财产所有权的证明责任

B. 易某不服该裁定提起异议之诉的，由谢某承担对其享有该财产所有权的证明责任

C. 王某不服该裁定提起异议之诉的，由王某承担对谢某不享有该财产所有权的证明责任

D. 王某不服该裁定提起异议之诉的，由王某承担对其享有该财产所有权的证明责任

15. （2017 年卷三 77 题）汤某设宴为母祝寿，向成某借了一尊清代玉瓶装饰房间。毛某来祝寿时，看上了玉瓶，提出购买。汤某以 30 万元将玉瓶卖给了毛某，并要其先付钱，寿典后 15 日内交付玉瓶。毛某依约履行，汤某以种种理由拒绝交付。毛某诉至甲县法院，要求汤某交付玉瓶，得到判决支持。汤某未上诉，判决生效。在该判决执行时，成某知晓了上述情况。对此，成某依法可采取哪些救济措施?②

A. 以案外人身份向甲县法院直接申请再审

B. 向甲县法院提出执行异议

C. 向甲县法院提出第三人撤销之诉

D. 向甲县法院申诉，要求甲县法院依职权对案件启动再审

16. （2010 年卷三 90 题）根据《民事诉讼法》和相关司法解释规定，关于执行程序中的当事人，对下列哪些事项可享有异议权?③

A. 法院对某案件的执行管辖权

B. 执行法院的执行行为的合法性

C. 执行标的的所有权归属

D. 执行法院作出的执行中止的裁定

17. （2017 年卷三 49 题）钱某在甲、乙、丙三人合伙开设的饭店就餐时被砸伤，遂以营业执照上登记的字号“好安逸”饭店为被告提起诉讼，要求赔偿医疗费等费用 25 万元。法院经审理，判决被告赔偿钱某 19 万元。执行过程中，“好安逸”饭店支付了 8 万元后便再无财产可赔。对此，法院应采取下列哪一处理措施?④

A. 裁定终结执行

B. 裁定终结本次执行

C. 裁定中止执行，告知当事人另行起诉合伙人承担责任

D. 裁定追加甲、乙、丙为被执行人，执行其财产

18. （2017 年卷三 84 题）龙前铭申请执行郝辉损害赔偿一案，法院查扣了郝辉名下的一辆汽车。查扣后，郝辉的两个哥哥向法院主张该车系三兄弟共有。法院经审查，确认该汽车为三兄弟共有。关于该共同财产的执行，下列哪些表述是正确的?⑤

A. 因涉及案外第三人的财产，法院应裁定中止对该财产的执行

B. 法院可查扣该共有财产

C. 共有人可对该共有财产协议分割，经债权人同意有效

---

① 答案：B
② 答案：BCD
③ 答案：AB
④ 答案：D
⑤ 答案：BCD

D. 龙前铭可对该共有财产提起析产诉讼

19. （2016年卷三84题）田某拒不履行法院令其迁出钟某房屋的判决，因钟某已与他人签订租房合同，房屋无法交给承租人，使钟某遭受损失，钟某无奈之下向法院申请强制执行。法院受理后，责令田某15日内迁出房屋，但田某仍拒不履行。关于法院对田某可以采取的强制执行措施，下列哪些选项是正确的?①

A. 罚款

B. 责令田某向钟某赔礼道歉

C. 责令田某双倍补偿钟某所受到的损失

D. 责令田某加倍支付以钟某所受损失为基数的同期银行利息

20. （2005年卷三73题）甲在网上发表文章指责某大学教授乙编造虚假的学术经历，乙为此起诉。经审理，甲被判决赔礼道歉，但甲拒绝履行该义务。对此，法院可采取下列哪些措施?②

A. 由甲支付迟延履行金

B. 采取公告、登报等方式，将判决的主要内容公布于众，费用由甲负担

C. 决定罚款

D. 决定拘留

21. （2008年卷三89题）执行法院对下列哪些财产不得采取执行措施?③

A. 被执行人未发表的著作

B. 被执行人及其所扶养家属完成义务教育所必需的物品

C. 金融机构交存在中国人民银行的存款准备金和备付金

D. 金融机构的营业场所

22. （2018年模拟题）付某诉甲公司借款纠纷一案，法院主持作出调解书：甲公司以其位于A地工业园区厂区内的所属地上附着物抵偿借款。因甲公司到期未履行民事调解书确定的义务，付某向法院申请强制执行。执行中，法院发现工业园区管委会已经拆除了甲公司在该园区建设的部分地上附着物，并允许其他企业入驻建厂。双方当事人就折价赔偿一事未能达成协议。法院此时应该如何处理? ④

A. 中止执行，申请执行人另诉请求赔偿

B. 终结执行，申请执行人另诉请求赔偿

C. 法院按照原来的借款数额继续执行

D. 应当裁定折价赔偿或按标的物的价值强制执行被执行人的其他财产

第二十三节　涉外民事诉讼程序

1. （2014年卷三84题）2012年1月，中国甲市公民李虹（女）与美国留学生琼斯

---

① 答案：AC

② 答案：ABCD

③ 答案：ABCD

④ 答案：B

（男）在中国甲市登记结婚，婚后两人一直居住在甲市B区。2014年2月，李虹提起离婚诉讼，甲市B区法院受理了该案件，适用普通程序审理。关于本案，下列哪些表述是正确的？①

A. 本案的一审审理期限为6个月

B. 法院送达诉讼文书时，对李虹与琼斯可采取同样的方式

C. 不服一审判决，李虹的上诉期为15天，琼斯的上诉期为30天

D. 美国驻华使馆法律参赞可以个人名义作为琼斯的诉讼代理人参加诉讼

2. （2013年卷三47题）关于涉外民事诉讼管辖的表述，下列哪一选项是正确的？②

A. 凡是涉外诉讼与我国法院所在地存在一定实际联系的，我国法院都有管辖权，体现了诉讼与法院所在地实际联系原则

B. 当事人在不违反级别管辖和专属管辖的前提下，可以约定各类涉外民事案件的管辖法院，体现了尊重当事人原则

C. 中外合资经营企业与其他民事主体的合同纠纷，专属我国法院管辖，体现了维护国家主权原则

D. 重大的涉外案件由中级以上级别的法院管辖，体现了便于当事人诉讼原则

3. （2010年卷三85题）住所位于我国A市B区的甲公司与美国乙公司在我国M市N区签订了一份买卖合同，美国乙公司在我国C市D区设有代表处。甲公司因乙公司提供的产品质量问题诉至法院。关于本案，下列哪些选项是正确的？③

A. M市N区法院对本案有管辖权

B. C市D区法院对本案有管辖权

C. 法院向乙公司送达时，可向乙公司设在C市D区的代表处送达

D. 如甲公司不服一审判决，应当在一审判决书送达之日起十五日内提起上诉

4. （2007年卷三36题）关于涉外民事诉讼，下列哪一选项是正确的？④

A. 涉外民事诉讼中的司法豁免是无限的

B. 当事人可以就涉外合同纠纷或者涉外财产权益纠纷协议确定管辖法院

C. 涉外民事诉讼中，双方当事人的上诉期无论是不服判决还是不服裁定一律都是30日

D. 对居住在国外的外国当事人，可以通过我国驻该国的使领馆代为送达诉讼文书

5. （2009年卷三90题）中国公民甲与外国公民乙因合同纠纷诉至某市中级人民法院，法院判决乙败诉。判决生效后，甲欲请求乙所在国家的法院承认和执行该判决。关于甲可以利用的途径，下列哪些说法是正确的？⑤

A. 可以直接向有管辖权的外国法院申请承认和执行

B. 可以向中国法院申请，由法院根据我国缔结或者参加的国际条约，或者按照互惠原则，请求外国法院承认和执行

C. 可以向司法行政部门申请，由司法行政部门根据我国缔结或者参加的国际条约，或

---

① 答案：BD

② 答案：A

③ 答案：ABCD

④ 答案：B

⑤ 答案：AB

者按照互惠原则，请求外国法院承认和执行

D. 可以向外交部门申请，由外交部门向外国中央司法机关请求协助

第二十四节　仲裁概述

1. （2011年卷三36题）关于民事仲裁与民事诉讼的区别，下列哪一选项是正确的?①

A. 具有给付内容的生效判决书都具有执行力，具有给付内容的生效裁决书没有执行力

B. 诉讼中当事人可以申请财产保全，在仲裁中不可以申请财产保全

C. 仲裁不需对案件进行开庭审理，诉讼原则上要对案件进行开庭审理

D. 仲裁机构是民间组织，法院是国家机关

2. （2008年卷三88题）民事诉讼与民商事仲裁都是解决民事纠纷的有效方式，但两者在制度上有所区别。下列哪些选项是正确的?②

A. 民事诉讼可以解决各类民事纠纷，仲裁不适用与身份关系有关的民事纠纷

B. 民事诉讼实行两审终审，仲裁实行一裁终局

C. 民事诉讼判决书需要审理案件的全体审判人员签署，仲裁裁决则可由部分仲裁庭成员签署

D. 民事诉讼中财产保全由法院负责执行，而仲裁机构则不介入任何财产保全活动

第二十五节　仲裁协议

1. （2012年卷三48题）武当公司与洪湖公司签订了一份钢材购销合同，同时约定，因合同效力或合同的履行发生纠纷提交A仲裁委员会或B仲裁委员会仲裁解决。合同签订后，洪湖公司以本公司具体承办人超越权限签订合同为由，主张合同无效。关于本案，下列哪一说法是正确的?③

A. 因当事人约定了2个仲裁委员会，仲裁协议当然无效

B. 因洪湖公司承办人员超越权限签订合同导致合同无效，仲裁协议当然无效

C. 洪湖公司如向法院起诉，法院应当受理

D. 洪湖公司如向法院起诉，法院应当裁定不予受理

2. （2010年卷三43题）甲、乙因遗产继承发生纠纷，双方书面约定由某仲裁委员会仲裁。后甲反悔，向遗产所在地法院起诉。法院受理后，乙向法院声明双方签订了仲裁协议。关于法院的做法，下列哪一选项是正确的?④

A. 裁定驳回起诉

B. 裁定驳回诉讼请求

---

① 答案：D

② 答案：ABC

③ 答案：C

④ 答案：D

C. 裁定将案件移送某仲裁委员会审理

D. 法院裁定仲裁协议无效，对案件继续审理

3. （2008年卷三36题）甲公司与乙公司因合同纠纷向A市B区法院起诉，乙公司应诉。经开庭审理，法院判决甲公司胜诉。乙公司不服B区法院的一审判决，以双方签订了仲裁协议为由向A市中级人民法院提起上诉，要求据此撤销一审判决，驳回甲公司的起诉。A市中级人民法院应当如何处理？①

A. 裁定撤销一审判决，驳回甲公司的起诉

B. 应当首先审查仲裁协议是否有效，如果有效，则裁定撤销一审判决，驳回甲公司的起诉

C. 应当裁定撤销一审判决，发回原审法院重审

D. 应当裁定驳回乙公司的上诉，维持原判决

4. （2007年卷三89题）A市甲公司与B市乙公司在B市签订了一份钢材购销合同，约定合同履行地在A市。同时双方还商定因履行该合同所发生的纠纷，提交C仲裁委员会仲裁。后因乙公司无法履行该合同，经甲公司同意，乙公司的债权债务转让给D市的丙公司，但丙公司明确声明不接受仲裁条款。关于本案仲裁条款的效力，下列哪些选项是错误的？②

A. 因丙公司已明确声明不接受合同中的仲裁条款，所以仲裁条款对其无效

B. 因丙公司受让合同中的债权债务，所以仲裁条款对其有效

C. 丙公司声明只有取得甲公司同意，该仲裁条款对丙公司才无效

D. 丙公司声明只有取得乙公司同意，该仲裁条款对丙公司才无效

5. （2017年卷三35题）住所在M省甲县的旭日公司与住所在N省乙县的世新公司签订了一份建筑工程施工合同，工程地为M省丙县，并约定如合同履行发生争议，在北京适用《中国国际经济贸易仲裁委员会仲裁规则》进行仲裁。履行过程中，因工程款支付问题发生争议，世新公司拟通过仲裁或诉讼解决纠纷，但就在哪个仲裁机构进行仲裁，双方产生分歧。对此，下列哪一部门对该案享有管辖权？③

A. 北京仲裁委员会

B. 中国国际经济贸易仲裁委员会

C. M省甲县法院

D. M省丙县法院

6. （2010年卷三84题）甲公司与乙公司签订了一份钢材购销合同，约定因该合同发生纠纷双方可向A仲裁委员会申请仲裁，也可向合同履行地B法院起诉。关于本案，下列哪些选项是正确的？④

A. 双方达成的仲裁协议无效

B. 双方达成的管辖协议有效

C. 如甲公司向A仲裁委员会申请仲裁，乙公司在仲裁庭首次开庭前未提出异议，A仲裁委可对该案进行仲裁

D. 如甲公司向B法院起诉，乙公司在法院首次开庭时对法院管辖提出异议，法院应当

---

① 答案：D

② 答案：BCD

③ 答案：D

④ 答案：ABC

驳回甲公司的起诉

7. （2007 年卷三 48 题）A 市水天公司与 B 市龙江公司签订一份运输合同，并约定如发生争议提交 A 市的 C 仲裁委员会仲裁。后因水天公司未按约支付运费，龙江公司向 C 仲裁委员会申请仲裁。在第一次开庭时，水天公司未出庭参加仲裁审理，而是在开庭审理后的第二天向 A 市中级人民法院申请确认仲裁协议无效。C 仲裁委员会应当如何处理本案？①

A. 应当裁定中止仲裁程序　　B. 应当裁定终结仲裁程序

C. 应当裁定驳回仲裁申请　　D. 应当继续审理

8. （2005 年卷三 79 题）甲、乙在合同中约定因合同所发生的争议，提交某仲裁委员会仲裁。后双方发生争议，甲向约定的仲裁委员会申请仲裁，但乙对仲裁协议的效力提出异议。对此，乙就仲裁协议的效力有权向谁申请认定？②

A. 该仲裁委员会所在地基层法院　　B. 该仲裁委员会所在地中级人民法院

C. 该仲裁委员会　　D. 甲居住地的基层法院

9. （2017 年卷三 85 题）住所在北京市 C 区的甲公司与住所在北京市 H 区的乙公司在天津市 J 区签订了一份买卖合同，约定合同履行发生争议，由北京仲裁委员会仲裁或者向 H 区法院提起诉讼。合同履行过程中，双方发生争议，甲公司到北京仲裁委员会申请仲裁，仲裁委员会受理并向乙公司送达了甲公司的申请书副本。在仲裁庭主持首次开庭的答辩阶段，乙公司对仲裁协议的效力提出异议。仲裁庭对此作出了相关的意思表示。此后，乙公司又向法院提出对仲裁协议的效力予以认定的申请。下列哪些选项是正确的？③

A. 双方当事人约定的仲裁协议原则有效

B. 仲裁庭对案件管辖权作出决定应有仲裁委员会的授权

C. 仲裁庭对乙公司的申请应予以驳回，继续审理案件

D. 乙公司应向天津市中级人民法院申请认定仲裁协议的效力

10. （2017 年卷三 50 题）住所在 A 市 B 区的两江公司与住所在 M 市 N 区的百向公司，在两江公司的分公司所在地 H 市 J 县签订了一份产品购销合同，并约定如发生合同纠纷可向设在 W 市的仲裁委员会申请仲裁（W 市有两个仲裁委员会）。因履行合同发生争议，两江公司向 W 市的一个仲裁委员会申请仲裁。仲裁委员会受理后，百向公司拟向法院申请认定仲裁协议无效。百向公司应向下列哪一法院提出申请？④

A. 可向 W 市中级人民法院申请　　B. 只能向 M 市中级人民法院申请

C. 只能向 A 市中级人民法院申请　　D. 可向 H 市中级人民法院申请

11. （2015 年卷三 50 题）大成公司与华泰公司签订投资合同，约定了仲裁条款：如因合同效力和合同履行发生争议，由 A 仲裁委员会仲裁。合作中双方发生争议，大成公司遂向 A 仲裁委员会提出仲裁申请，要求确认投资合同无效。A 仲裁委员会受理。华泰公司提交答辩书称，如合同无效，仲裁条款当然无效，故 A 仲裁委员会无权受理本案。随即，华泰公司向法院申请确认仲裁协议无效，大成公司见状，向 A 仲裁委员会提出请求确认仲裁协议有效。关于本案，下列哪一说法是正确的？⑤

---

① 答案：D
② 答案：BC
③ 答案：BC
④ 答案：新法修改导致答案变动，原答案 D，现在选 AD
⑤ 答案：C

A. A 仲裁委员会无权确认投资合同是否有效

B. 投资合同无效，仲裁条款即无效

C. 仲裁条款是否有效，应由法院作出裁定

D. 仲裁条款是否有效，应由 A 仲裁委员会作出决定

12. （2007 年卷三 90 题）当事人在合同中约定了仲裁条款，出现下列哪些情况时，法院可以受理当事人的起诉?①

A. 双方协商拟解除合同，但因赔偿问题发生争议，一方向法院起诉的

B. 当事人申请仲裁后达成和解协议而撤回仲裁申请，因一方反悔，另一方向法院起诉的

C. 仲裁裁决被法院依法裁定不予执行后，一方向法院起诉的

D. 仲裁裁决被法院依法撤销后，一方向法院起诉的

13. （2018 年模拟题）S 市（直辖市）A 区的甲公司与 S 市 B 区的乙公司签订一份包含仲裁条款的室内装修合同，双方约定如果产生争议，均提交 S 市 C 区仲裁委员会仲裁。合同签订后，甲公司被并入 S 市 D 区的丙公司。丙公司完成室内装修任务后，乙公司认为其装修风格不符合自己的要求，拒绝支付部分装修费。关于本案纠纷，下列解决办法说法正确的是:②

A. 丙公司可以和乙公司双方自行协商达成和解协议

B. 双方应当依据合同的约定通过仲裁的方式解决

C. 因变更主体，该仲裁协议无效，双方应当通过诉讼解决

D. 因该案属于专属管辖，仲裁协议无效，双方应当向 B 区法院诉讼解决

第二十六节　仲裁程序

1. （2005 年卷三 47 题）中国甲公司与某国乙公司发生买卖合同纠纷，在中国仲裁过程中，乙公司申请财产保全，即要求扣押甲公司在某港口的一批机器设备。仲裁委员会对此申请应如何处理?③

A. 不予受理，告知当事人直接向有关法院提出申请

B. 审查后直接作出财产保全裁定，由有关法院执行

C. 将乙公司的申请提交甲公司所在地的中级人民法院裁定

D. 将乙公司的申请提交机器设备所在地的基层法院裁定

2. （2014 年卷三 77 题）甲县的佳华公司与乙县的亿龙公司订立的烟叶买卖合同中约定，如果因为合同履行发生争议，应提交 A 仲裁委员会仲裁。佳华公司交货后，亿龙公司认为烟叶质量与约定不符，且正在霉变，遂准备提起仲裁，并对烟叶进行证据保全。关于本案的证据保全，下列哪些表述是正确的?④

---

① 答案：CD

② 答案：A

③ 答案：C

④ 答案：AC

A. 在仲裁程序启动前，亿龙公司可直接向甲县法院申请证据保全

B. 在仲裁程序启动后，亿龙公司既可直接向甲县法院申请证据保全，也可向A仲裁委员会申请证据保全

C. 法院根据亿龙公司申请采取证据保全措施时，可要求其提供担保

D. A仲裁委员会收到保全申请后，应提交给烟叶所在地的中级人民法院

3. （2016年卷三50题）甲公司与乙公司因合同纠纷向某仲裁委员会申请仲裁，第一次开庭后，甲公司的代理律师发现合议庭首席仲裁员苏某与乙公司的老总汪某在一起吃饭，遂向仲裁庭提出回避申请。关于本案仲裁程序，下列哪一选项是正确的?[①]

A. 苏某的回避应由仲裁委员会集体决定

B. 苏某回避后，合议庭应重新组成

C. 已经进行的仲裁程序应继续进行

D. 当事人可请求已进行的仲裁程序重新进行

4. （2012年卷三49题）某仲裁委员会在开庭审理甲公司与乙公司合同纠纷一案时，乙公司对仲裁庭中的一名仲裁员提出了回避申请。经审查后，该仲裁员依法应予回避，仲裁委员会重新确定了仲裁员。关于仲裁程序如何进行，下列哪一选项是正确的?[②]

A. 已进行的仲裁程序应当重新进行

B. 已进行的仲裁程序有效，仲裁程序应当继续进行

C. 当事人请求已进行的仲裁程序重新进行的，仲裁程序应当重新进行

D. 已进行的仲裁程序是否重新进行，仲裁庭有权决定

5. （2008年卷三39题）南沙公司与北极公司因购销合同发生争议，南沙公司向仲裁委员会申请仲裁，在仲裁中双方达成和解协议，南沙公司向仲裁庭申请撤回仲裁申请。之后，北极公司拒不履行和解协议。下列哪一选项是正确的?[③]

A. 南沙公司可以根据原仲裁协议申请仲裁

B. 南沙公司应与北极公司重新达成仲裁协议后，才可以申请仲裁

C. 南沙公司可以直接向法院起诉

D. 仲裁庭可以裁定恢复仲裁程序

6. （2010年卷三81题）关于仲裁调解，下列哪些表述是正确的?[④]

A. 仲裁调解达成协议的，仲裁庭应当根据协议制作调解书或根据协议结果制作裁决书

B. 对于事实清楚的案件，仲裁庭可依职权进行调解

C. 仲裁调解达成协议的，经当事人、仲裁员在协议上签字后即发生效力

D. 仲裁庭在作出裁决前可先行调解

7. （2011年卷三50题）根据《仲裁法》，仲裁庭作出的裁决书生效后，在下列哪一情形下仲裁庭不可进行补正?[⑤]

A. 裁决书认定的事实错误

B. 裁决书中的文字错误

---

① 答案：D

② 答案：D

③ 答案：A

④ 答案：AD

⑤ 答案：A

C. 裁决书中的计算错误

D. 裁决书遗漏了仲裁评议中记录的仲裁庭已经裁决的事项

8.（2006年卷三35题）下列关于民事诉讼和仲裁异同的哪一表述是正确的?①

A. 法院调解达成协议一般不能制作判决书，而仲裁机构调解达成协议可以制作裁决书

B. 从理论上说，诉讼当事人无权确定法院审理和判决的范围，仲裁当事人有权确定仲裁机构审理和裁决的范围

C. 对法院判决不服的，当事人有权上诉或申请再审，对于仲裁机构裁决不服的可以申请重新仲裁

D. 当事人对于法院判决和仲裁裁决都有权申请法院裁定不予执行

9.（2012年卷三85题）关于法院与仲裁庭在审理案件有关权限的比较，下列哪些选项是正确的?②

A. 在一定情况下，法院可以依职权收集证据，仲裁庭也可以自行收集证据

B. 对专门性问题需要鉴定的，法院可以指定鉴定部门鉴定，仲裁庭也可以指定鉴定部门鉴定

C. 当事人在诉讼中或仲裁中达成和解协议的，法院可以根据当事人的申请制作判决书，仲裁庭也可以根据当事人的申请制作裁决书

D. 当事人协议不愿写明争议事实和判（裁）决理由的，法院可以在判决书中不予写明，仲裁庭也可以在裁决书中不予写明

第二十七节　司法与仲裁

1.（2012年卷三50题）甲公司因与乙公司的合同纠纷向某仲裁委员会申请仲裁，甲公司的仲裁请求得到仲裁庭的支持。裁决作出后，乙公司向法院申请撤销仲裁裁决。法院在审查过程中，甲公司向法院申请强制执行仲裁裁决。关于本案，下列哪一说法是正确的?③

A. 法院对撤销仲裁裁决申请的审查，不影响法院对该裁决的强制执行

B. 法院不应当受理甲公司的执行申请

C. 法院应当受理甲公司的执行申请，同时应当告知乙公司向法院申请裁定不予执行仲裁裁决

D. 法院应当受理甲公司的执行申请，受理后应当裁定中止执行

2.（2007年卷三49题）张某根据与刘某达成的仲裁协议，向某仲裁委员会申请仲裁。在仲裁审理中，双方达成和解协议并申请依和解协议作出裁决。裁决作出后，刘某拒不履行其义务，张某向法院申请强制执行，而刘某则向法院申请裁定不予执行该仲裁裁决。法院应当如何处理?④

---

① 答案：A

② 答案：AB

③ 答案：D

④ 答案：C

A. 裁定中止执行，审查是否具有不予执行仲裁裁决的情形

B. 终结执行，审查是否具有不予执行仲裁裁决的情形

C. 继续执行，不予审查是否具有不予执行仲裁裁决的情形

D. 先审查是否具有不予执行仲裁裁决的情形，然后决定后续执行程序是否进行

3. （2011 年卷三 49 题）甲不履行仲裁裁决，乙向法院申请执行。甲拟提出不予执行的申请并提出下列证据证明仲裁裁决应不予执行。针对下列哪一选项，法院可裁定驳回甲的申请?①

A. 甲、乙没有订立仲裁条款或达成仲裁协议

B. 仲裁庭组成违反法定程序

C. 裁决事项超出仲裁机构权限范围

D. 仲裁裁决没有根据经当事人质证的证据认定事实

4. （2010 年卷三 44 题）关于法院对仲裁的司法监督的说法，下列哪一选项是错误的?②

A. 仲裁当事人申请财产保全，应当向仲裁机构申请，由仲裁机构将该申请移交给相关法院

B. 仲裁当事人申请撤销仲裁裁决被法院驳回，此后以相同理由申请不予执行，法院不予支持

C. 仲裁当事人在仲裁程序中没有提出对仲裁协议效力的异议，此后以仲裁协议无效为由申请撤销或不予执行，法院不予支持

D. 申请撤销仲裁裁决或申请不予执行仲裁裁决程序中，法院可通知仲裁机构在一定期限内重新仲裁

5. （2010 年卷三 86 题）甲公司因与乙公司合同纠纷申请仲裁，要求解除合同。某仲裁委员会经审理裁决解除双方合同，还裁决乙公司赔偿甲公司损失六万元。关于本案的仲裁裁决，下列哪些表述是正确的?③

A. 因仲裁裁决超出了当事人请求范围，乙公司可申请撤销超出甲公司请求部分的裁决

B. 因仲裁裁决超出了当事人请求范围，乙公司可向法院提起诉讼

C. 因仲裁裁决超出了当事人请求范围，乙公司可向法院申请再审

D. 乙公司可申请不予执行超出甲公司请求部分的仲裁裁决

6. （2005 年卷三 49 题）某仲裁机构对甲公司与乙公司之间的合同纠纷进行裁决后，乙公司不履行仲裁裁决。甲公司向法院申请强制执行，乙公司申请法院裁定不予执行。经审查，法院认为乙公司的申请理由成立，裁定不予执行该仲裁裁决。对此，下列哪一种说法是正确的?④

A. 甲公司可以就法院的裁定提请复议一次

B. 甲公司与乙公司可以重新达成仲裁协议申请仲裁

C. 甲公司与乙公司可以按原仲裁协议申请仲裁

---

① 答案：D

② 答案：D

③ 答案：AD

④ 答案：B

D. 当事人不可以再就该纠纷重新达成仲裁协议，此案只能向法院起诉

7. （2018年模拟题）广东雅诗有限公司（住所地在广州）与浙江新地贸易有限公司（住所地在杭州）于2017年9月26日签订《代理经销协议》及《补充协议》，协议中双方约定如产生纠纷，提交广州仲裁委员会仲裁解决。后在合同履行过程中，浙江新地贸易公司认为广东雅诗发送的产品不符合协议的约定，于2018年2月1日向雅诗公司发出通知解除《协议》。雅诗公司认为新地公司未能按照协议计划完成销售任务，违反了协议的约定。不同意退还新地公司的50万元的保证金。新地公司向广州仲裁委员会提出仲裁申请，广州仲裁委员会作出仲裁裁决，支持新地公司请求。雅诗公司向法院申请撤销仲裁。关于本案，下列说法正确的是：①

A. 雅诗公司应当向广州市中院或者杭州市中院申请撤销仲裁裁决

B. 如中院认定不应撤销仲裁裁决，可以直接作出裁定

C. 如中院认定应当撤销仲裁裁决，应当向高院报核，以高院审核意见为准作出裁定

D. 如中院认定应当撤销仲裁裁决，应当向高院报核，高院拟同意的，应当向最高院报核

8. （2018年模拟题）2010年3月，甲方将某幕墙工程承包给了乙方，乙方指派丙方为项目经理。工程竣工验收合格交付后的两年，丁方以实际施工人的身份，依据甲方、丙方、丁方签订的《关于补充协议的付款情况说明》向某仲裁委员会申请仲裁，要求甲方支付工程尾款900万元。2017年9月，某仲裁委仲裁以丁方系实际施工人为由，裁决甲方支付给丁方工程尾款900万元。由于甲方没有按时履行义务，丁方申请执行仲裁裁决。乙方知道后，欲通过相关法律途径维护自己权益。关于本案说法正确的是：②

A. 丁方申请执行仲裁裁决，该仲裁裁决只能由相应中院来执行

B. 如甲方提出不予执行仲裁裁决申请，法院应组成合议庭审查

C. 乙方作为案外人，只可以提出执行行为异议，不能提出不予执行仲裁裁决申请

D. 乙方作为案外人，既可以提出执行行为异议，也可以提出不予执行仲裁申请

第二十八节　不定项

一、2018年模拟题不定项

1. 甲公司与乙公司签订长期代销产品合同，2015年至2017年，甲公司支付给乙公司货款660万，乙公司供货后开具590万的增值税发票。2018年1月，甲公司向法院起诉要求乙公司返还差款价额70万元，乙公司辩称发票少开是对方同意的，但是确实给甲公司提供了价值660万元货物，并提供了双方2017年12月合同期限结束时的对账单，对账单写明了双方以先送货后付款的方式发生了660万元的业务并全部结清。甲公司辩称该对账单是传真件，是对方伪造的。关于本案，下列说法正确的是：③

① 答案：BD
② 答案：BD
③ 答案：CD

A. 对账单只是对账簿记录审核、对照形成的会计凭证，并不能作为证据使用

B. 该对账单是传真件，没有单位盖章，不能作为证据使用

C. 该对账单可以作为证据使用，法官可以综合案件情况对该事实进行认定

D. 该对账单是伪造的，该事实举证证明责任应该由甲公司承担

案例：居住在A市甲区的蒋某在A市乙区某住宅楼拥有住房一套。为了能够顺利出租，蒋某雇佣住在A市丙区的杨某进行保洁处理。在工作过程中，杨某不慎将窗户上的玻璃撞破，其中的一块碎玻璃掉下来，将从住宅楼下经过的张某（女）的脸严重划伤。张某被送到医院紧急治疗后，与蒋某以及杨某进行交涉，但是因双方分歧较大，未取得任何结果。张某于是向人民法院提起诉讼。根据上述案情，请回答2～4题：

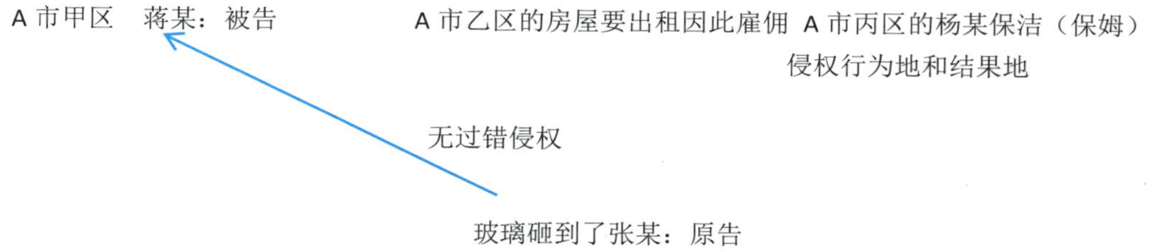

2. 在本案中，张某应当以谁作为被告提起诉讼才是正确的？①

A. 应以蒋某作为被告　　B. 应以杨某作为被告

C. 应以蒋某和杨某作为共同被告　　D. 可以蒋某或杨某作为被告

3. 张某向A市乙区（侵权行为地）人民法院提起诉讼，乙区人民法院认为由甲区（被告住所地）人民法院审理该案更为便利，于是把案件移送至甲区人民法院。甲区人民法院却认为由乙区人民法院审理更适宜，不同意接收移送。则以下说法正确的有：②

A. 甲区人民法院、乙区人民法院对本案都有管辖权

B. 张某可以任意选择向甲区或乙区人民法院提起诉讼

C. 乙区人民法院的移送管辖是错误的

D. 甲区人民法院可以自己对本案无管辖权为由，再行移送

4. 若本案最终由甲区（被告住所地）人民法院进行审理，则下列关于双方当事人证明责任的说法正确的是③

A. 证明责任的分配，原则上是谁主张，谁举证

B. 本案属于证明责任倒置的情形，应当由被告承担举证责任，张某无须承担证明责任

C. 蒋某否认侵权事实的，应当对该事实承担举证责任

D. 蒋某否认自己存在过错的，应当对该事实承担举证责任

二、2017年卷三95～97题

案例：2015年4月，居住在B市（直辖市）东城区的林剑与居住在B市西城区的钟阳（二人系位于B市北城区正和钢铁厂的同事）签订了一份借款合同，约定钟阳向林剑借款20万元，月息1%，2017年1月20日前连本带息一并返还。合同还约定，如因合同履行发

① 答案：A

② 答案：ABC

③ 答案：A

生争议，可向B市东城区仲裁委员会仲裁。至2017年2月，钟阳未能按时履约。2017年3月，二人到正和钢铁厂人民调解委员会（下称调解委员会）请求调解。调解委员会委派了三位调解员主持该纠纷的调解。

2015年4月同事借款单位在B市北城区：钢铁厂调解委员会

借款合同20万月息1%

B（直辖市北京市）东城区 ⟷ B市 西城区

林剑：出借人 钟阳：借款人

2017年1月20日还本息

2017年2月钟阳未按时还款

仲裁条款：B市东城区仲裁委（不存在，无效）

请回答第95~97题。

95. 如调解委员会调解失败，解决的办法有：①

A. 双方自行协商达成和解协议

B. 在双方均同意的情况下，要求林剑居住地的街道居委会的人民调解委员会组织调解

C. 依据借款合同的约定通过仲裁的方式解决

D. 通过诉讼方式解决

96. 如调解成功，林剑与钟阳在调解委员会的主持下达成如下协议：2017年5月15日之前，钟阳向林剑返还借款20万元，支付借款利息2万元。该协议有林剑、钟阳的签字，盖有调解委员会的印章和三位调解员的签名。钟阳未按时履行该调解协议，林剑拟提起诉讼。在此情况下，下列说法正确的是：②

A. 应以调解委员会为被告

B. 应以钟阳为被告

C. 应以调解委员会和钟阳为共同被告

D. 应以钟阳为被告，调解委员会为无独立请求权的第三人

97. 如调解成功，林剑与钟阳在调解委员会的主持下达成了调解协议，相关人员希望该调解协议被司法确认，下列说法正确的是：③

A. 应由林剑或钟阳向有管辖权的法院申请

B. 应由林剑、钟阳共同向有管辖权的法院申请

C. 应在调解协议生效之日起30日内提出申请，申请可以是书面方式，也可以是口头方式

D. 对申请的案件有管辖权的法院包括：B市西城区法院、B市东城区法院和B市北城区法院

三、2016年卷三95~97题

案例：住所地在H省K市L区的甲公司与住所地在F省E市D区的乙公司签订了一份钢材买卖合同，价款数额为90万元。合同在B市C区签订，双方约定合同履行地为W省Z市Y区，同时约定如因合同履行发生争议，由B市仲裁委员会仲裁。合同履行过程中，因钢材质量问题，甲公司与乙公司发生争议，甲公司欲申请仲裁解决。因B市有两个仲裁机

① 答案：ABD

② 答案：B

③ 答案：BC

构，分别为丙仲裁委员会和丁仲裁委员会（两个仲裁委员会所在地都在B市C区），乙公司认为合同中的仲裁条款无效，欲向有关机构申请确认仲裁条款无效。

请回答第95～97题。

95. 依据法律和司法解释的规定，乙公司可以向有关机构申请确认仲裁条款无效。关于确认的机构，下列选项正确的是：①

A. 丙仲裁委员会　　B. 丁仲裁委员会

C. B市中级人民法院　　D. B市C区法院

96. 如相关机构确认仲裁条款无效，甲公司欲与乙公司达成协议，确定案件的管辖法院。关于双方可以协议选择的管辖法院，下列选项正确的是：②

A. H省K市L区法院　　B. F省E市D区法院

C. B市C区法院　　D. W省Z市Y区法院

97. 如仲裁条款被确认无效，甲公司与乙公司又无法达成新的协议，甲公司欲向法院起诉乙公司。关于对本案享有管辖权的法院，下列选项正确的是：③

A. H省K市L区法院　　B. F省E市D区法院

C. W省Z市Y区法院　　D. B市C区法院

四、2016年卷三98～100题

甲市L区居民叶某购买了住所在乙市M区的大亿公司开发的位于丙市N区的商品房一套，合同中约定双方因履行合同发生争议可以向位于丙市的仲裁委员会（丙市仅有一家仲裁机构）申请仲裁。因大亿公司迟迟未按合同约定交付房屋，叶某向仲裁委员会申请仲裁。大亿公司以仲裁机构约定不明，向仲裁委员会申请确认仲裁协议无效。经审查，仲裁委员会作出了仲裁协议有效的决定。在第一次仲裁开庭时，大亿公司声称其又向丙市中级人民法院请求确认仲裁协议无效，申请仲裁庭中止案件审理。在仲裁过程中仲裁庭组织调解，双方达成了调解协议，仲裁庭根据协议内容制作了裁决书。后因大亿公司不按调解协议履行义务，叶某向法院申请强制执行，而大亿公司则以调解协议内容超出仲裁请求为由，向法院申请不予执行仲裁裁决。

请回答第98～100题。

98. 大亿公司向丙市中级人民法院请求确认仲裁协议无效，对此，正确的做法是：④

A. 丙市中级人民法院应予受理并进行审查

B. 丙市中级人民法院不予受理

C. 仲裁庭在法院就仲裁协议效力作出裁定之前，应当中止仲裁程序

D. 仲裁庭应继续开庭审理

99. 双方当事人在仲裁过程中达成调解协议，仲裁庭正确的结案方式是：⑤

A. 根据调解协议制作调解书

B. 应当依据调解协议制作裁决书

① 答案：ABC

② 答案：ABCD

③ 答案：BC

④ 答案：BD

⑤ 答案：AD

C. 将调解协议内容记入笔录，由双方当事人签字后即发生法律效力

D. 根据调解协议的结果制作裁决书

100. 大亿公司以调解协议超出仲裁请求范围请求法院不予执行仲裁裁决，法院正确的做法是:①

A. 不支持，继续执行

B. 应支持，并裁定不予执行

C. 应告知当事人申请撤销仲裁裁决，并裁定中止执行

D. 应支持，必要时可通知仲裁庭重新仲裁

五、2015 年卷三 95 ~97 题

主要办事机构在 A 县的五环公司与主要办事机构在 B 县的四海公司于 C 县签订购货合同，约定：货物交付地在 D 县；若合同的履行发生争议，由原告所在地或者合同签订地的基层法院管辖。现五环公司起诉要求四海公司支付货款。四海公司辩称已将货款交给五环公司业务员付某。五环公司承认付某是本公司业务员，但认为其无权代理本公司收取货款，且付某也没有将四海公司声称的货款交给本公司。四海公司向法庭出示了盖有五环公司印章的授权委托书，证明付某有权代理五环公司收取货款，但五环公司对该授权书的真实性不予认可。根据案情，法院依当事人的申请通知付某参加（参与）了诉讼。

请回答第 95 ~97 题。

95. 对本案享有管辖权的法院包括:②

A. A 县法院 B. B 县法院

C. C 县法院 D. D 县法院

96. 本案需要由四海公司承担证明责任的事实包括:③

A. 四海公司已经将货款交付给了五环公司业务员付某

B. 付某是五环公司业务员

C. 五环公司授权付某代理收取货款

D. 付某将收取的货款交到五环公司

97. 根据案情和法律规定，付某参加（参与）诉讼，在诉讼中所居地位是:④

A. 共同原告 B. 共同被告

C. 无独立请求权第三人 D. 证人

六、2015 年卷三 98 ~100 题

张山承租林海的商铺经营饭店，因拖欠房租被诉至饭店所在地甲法院，法院判决张山偿付林海房租及利息，张山未履行判决。经律师调查发现，张山除所居住房以外，其名下另有一套房屋，林海遂向该房屋所在地乙法院申请执行。乙法院对该套房屋进行查封拍卖。执行过程中，张山前妻宁虹向乙法院提出书面异议，称两人离婚后该房屋已由丙法院判决

① 答案：A

② 答案：AC

③ 答案：AC

④ 答案：D

归其所有，目前尚未办理房屋变更登记手续。

请回答第 98～100 题。

98. 对于宁虹的异议，乙法院的正确处理是：①

A. 应当自收到异议之日起 15 日内审查

B. 若异议理由成立，裁定撤销对该房屋的执行

C. 若异议理由不成立，裁定驳回

D. 应当告知宁虹直接另案起诉

99. 如乙法院裁定支持宁虹的请求，林海不服提出执行异议之诉，有关当事人的诉讼地位是：②

A. 林海是原告，张山是被告，宁虹是第三人

B. 林海和张山是共同原告，宁虹是被告

C. 林海是原告，张山和宁虹是共同被告

D. 林海是原告，宁虹是被告，张山视其态度而定

100. 乙法院裁定支持宁虹的请求，林海提出执行异议之诉，下列说法可成立的是：③

A. 林海可向甲法院提起执行异议之诉

B. 如乙法院审理该案，应适用普通程序

C. 宁虹应对自己享有涉案房屋所有权承担证明责任

D. 如林海未对执行异议裁定提出诉讼，张山可以提出执行异议之诉

七、2014 年卷三 95～97 题

甲县的葛某和乙县的许某分别拥有位于丙县的云峰公司 50% 的股份。后由于二人经营理念不合，已连续四年未召开股东会，无法形成股东会决议。许某遂向法院请求解散公司，并在法院受理后申请保全公司的主要资产（位于丁县的一块土地的使用权）。

请回答第 95～97 题。

95. 关于本案当事人的表述，下列说法正确的是：④

A. 许某是原告

B. 葛某是被告

C. 云峰公司可以是无独立请求权第三人

D. 云峰公司可以是有独立请求权第三人

96. 依据法律，对本案享有管辖权的法院是：⑤

A. 甲县法院　　B. 乙县法院　　C. 丙县法院　　D. 丁县法院

97. 关于许某的财产保全申请，下列说法正确的是：⑥

A. 本案是给付之诉，法院可作出保全裁定

B. 本案是变更之诉，法院不可作出保全裁定

---

① 答案：AC

② 答案：D

③ 答案：BC

④ 答案：A

⑤ 答案：C

⑥ 答案：CD

C. 许某在申请保全时应提供担保

D. 如果法院认为采取保全措施将影响云峰公司的正常经营，应驳回保全申请

八、2014年卷三98~100题

B市的京发公司与T市的蓟门公司签订了一份海鲜买卖合同，约定交货地在T市，并同时约定“涉及本合同的争议，提交S仲裁委员会仲裁。”京发公司收货后，认为海鲜等级未达到合同约定，遂向S仲裁委员会提起解除合同的仲裁申请，仲裁委员会受理了该案。在仲裁规则确定的期限内，京发公司选定仲裁员李某作为本案仲裁庭的仲裁员，蓟门公司未选定仲裁员，双方当事人也未共同选定第三名仲裁员，S仲裁委主任指定张某为本案仲裁庭仲裁员、刘某为本案首席仲裁员，李某、张某、刘某共同组成本案的仲裁庭，仲裁委向双方当事人送达了开庭通知。

开庭当日，蓟门公司未到庭，也未向仲裁庭说明未到庭的理由。仲裁庭对案件进行了审理并作出缺席裁决。在评议裁决结果时，李某和张某均认为蓟门公司存在严重违约行为，合同应解除，而刘某认为合同不应解除，拒绝在裁决书上签名。最终，裁决书上只有李某和张某的签名。

S仲裁委员会将裁决书向双方当事人进行送达时，蓟门公司拒绝签收，后蓟门公司向法院提出撤销仲裁裁决的申请。

请回答第98~100题。

98. 关于本案中仲裁庭组成，下列说法正确的是:①

A. 京发公司有权选定李某为本案仲裁员

B. 仲裁委主任有权指定张某为本案仲裁员

C. 仲裁委主任有权指定刘某为首席仲裁员

D. 本案仲裁庭的组成合法

99. 关于本案的裁决书，下列表述正确的是:②

A. 裁决书应根据仲裁庭中的多数意见，支持京发公司的请求

B. 裁决书应根据首席仲裁员的意见，驳回京发公司的请求

C. 裁决书可支持京发公司的请求，但必须有首席仲裁员的签名

D. 无论蓟门公司是否签收，裁决书自作出之日起生效

100. 关于蓟门公司撤销仲裁裁决的申请，下列表述正确的是:③

A. 蓟门公司应向S仲裁委所在地中院提出申请

B. 法院应适用普通程序审理该撤销申请

C. 法院可以适用法律错误为由撤销S仲裁委的裁决

D. 法院应以缺席裁决违反法定程序为由撤销S仲裁委的裁决

九、2013年卷三95~100题

兴源公司与郭某签订钢材买卖合同，并书面约定本合同一切争议由中国国际经济贸易

---

① 答案：ABCD

② 答案：AD

③ 答案：A

仲裁委员会仲裁。兴源公司支付100万元预付款后，因郭某未履约依法解除了合同。郭某一直未将预付款返还，兴源公司遂提出返还货款的仲裁请求，仲裁庭适用简易程序审理，并作出裁决，支持该请求。

由于郭某拒不履行裁决，兴源公司申请执行。郭某无力归还100万元现金，但可以收藏的多幅字画提供执行担保。担保期满后郭某仍无力还款，法院在准备执行该批字画时，朱某向法院提出异议，主张自己才是这些字画的所有权人，郭某只是代为保管。

请回答第95～100题。

95. 关于仲裁协议的表述，下列选项正确的是：①

A. 买卖合同虽已解除，但仲裁条款具有独立性，兴源公司可以据此申请仲裁

B. 兴源公司返还货款的请求是基于不当得利请求权，与买卖合同无关，不应据此申请仲裁

C. 仲裁协议未约定适用简易程序，仲裁庭不应适用简易程序审理

D. 双方选择的中国国际经济贸易仲裁委员会是涉外仲裁机构，本案不具有涉外因素，应当重新选择

96. 本案适用简易程序审理后，关于仲裁委员会和仲裁庭可以自行决定的事项，下列选项正确的是：②

A. 指定某法院的王法官担任本案仲裁员

B. 由一名仲裁员组成仲裁庭独任审理

C. 依据当事人的材料和证据书面审理

D. 简化裁决书，未写明争议事实

97. 假设在执行过程中，郭某向法院提出异议，认为本案并非合同纠纷，不属于仲裁协议约定的纠纷范围。法院对该异议正确的处理方式是：③

A. 裁定执行中止

B. 经过审理，裁定不予执行仲裁裁决的，同时裁定终结执行

C. 经过审理，可以通知仲裁委员会重新仲裁

D. 不予支持该异议

98. 针对本案中郭某拒不履行债务的行为，法院采取的正确的执行措施是：④

A. 依职权决定限制郭某乘坐飞机

B. 要求郭某报告当前的财产情况

C. 强制郭某加倍支付迟延履行期间的债务利息

D. 根据郭某的申请，对拖欠郭某货款的金康公司发出履行通知

99. 如果法院批准了郭某的执行担保申请，驳回了朱某的异议，关于执行担保的效力和救济，下列选项正确的是：⑤

A. 批准执行担保后，应当裁定终结执行

B. 担保期满后郭某仍无力偿债，法院根据兴源公司申请方可恢复执行

C. 恢复执行后，可以执行作为担保财产的字画

---

① 答案：A

② 答案：BC

③ 答案：D

④ 答案：ABCD

⑤ 原答案为CD，根据21《执行担保规定》最新规定应当修改为BCD。

D. 恢复执行后，既可以执行字画，也可以执行郭某的其他财产

100. 关于朱某的异议和处理，下列选项正确的是：①

A. 朱某应当以书面方式提出异议

B. 法院在审查异议期间，不停止执行活动，可以对字画采取保全措施和处分措施

C. 如果朱某对驳回异议的裁定不服，可以提出执行标的异议之诉

D. 如果朱某对驳回异议的裁定不服，可以申请再审

十、2012 年卷三 95～100 题

2009 年 2 月，家住甲市 A 区的赵刚向家住甲市 B 区的李强借了 5000 元，言明 2010 年 2 月之前偿还。到期后赵刚一直没有还钱。

2010 年 3 月，李强找到赵刚家追讨该债务，发生争吵。赵刚因所牵宠物狗易受惊，遂对李强说："你不要大声喊，狗会咬你。"李强不理，仍然叫骂，并指着狗叫喊。该狗受惊，扑向李强并将其咬伤。李强治伤花费 6000 元。

李强起诉要求赵刚返还欠款 5000 元、支付医药费 6000 元，并向法院提交了赵刚书写的借条、其向赵刚转账 5000 元的银行转账凭证、本人病历、医院的诊断书（复印件）、医院处方（复印件）、发票等。

赵刚称，其向李强借款是事实，但在 2010 年 1 月卖给李强一块玉石，价值 5000 元，说好用玉石货款清偿借款。当时李强表示同意，并称之后会把借条还给赵刚，但其一直未还该借条。

赵刚还称，李强故意激怒狗，被狗咬伤的责任应由李强自己承担。对此，赵刚提交了邻居孙某出具的书面证词，该证词描述了李强当时骂人和骂狗的情形。

赵刚认为，李强提交的诊断书、医院处方均为复印件，没有证明力。

请回答第 95～100 题。

95. 关于李强与赵刚之间欠款的诉讼管辖，下列选项正确的是：②

A. 甲市 A 区法院　　B. 甲市 B 区法院

C. 甲市中级人民法院　　D. 应当专属甲市 A 区法院

96. 关于李强要求赵刚支付医药费的诉讼管辖，下列选项正确的是：③

A. 甲市 A 区法院　　B. 甲市 B 区法院

C. 甲市中级人民法院　　D. 应当专属甲市 A 区法院

97. 关于法院对李强提出的返还欠款 5000 元和支付医药费 6000 元的诉讼审理，下列选项正确的是：④

A. 可以分别审理，分别作出判决　　B. 可以合并审理，一起作出判决

C. 可以合并审理，分别作出判决　　D. 必须分别审理，分别作出判决

98. 关于赵刚向李强借款 5000 元的证据证明问题，下列选项正确的是：⑤

A. 李强提出的借条是本证

---

① 答案：AC

② 答案：AB

③ 答案：A

④ 答案：AC

⑤ 答案：AC

B. 李强提出的其向赵刚转账5000元的银行转账凭证是直接证据
C. 赵刚承认借款事实属于自认
D. 赵刚所言已用卖玉石的款项偿还借款属于反证

99. 关于本案李强被狗咬伤的证据证明问题，下列选项正确的是：①
A. 赵刚的证人提出的书面证词属于书证
B. 李强提交的诊断书、医院处方为复印件，肯定无证明力
C. 李强是因为挑逗赵刚的狗而被狗咬伤的事实的证明责任由赵刚承担
D. 李强受损害与被赵刚的狗咬伤之间具有因果关系的证明责任由李强承担

100. 关于赵刚"用玉石货款清偿借款"的辩称，下列选项正确的是：②
A. 将该辩称作为赵刚偿还借款的反驳意见来审查，审查的结果可以作为判决的根据
B. 赵刚应当以反诉的形式提出请求，法院可以与本诉合并进行审理
C. 赵刚必须另行起诉，否则法院不予处理
D. 赵刚既可以反诉的形式提出，也可另行起诉

十一、2011年卷三95～100题

2011年7月11日，A市升湖区法院受理了黎明丽（女）诉张成功（男）离婚案。7月13日，升湖区法院向张成功送达了起诉状副本。7月18日，张成功向升湖区法院提交了答辩状，未对案件的管辖权提出异议。8月2日，张成功向升湖区法院提出管辖权异议申请，称其与黎明丽已分居2年，分别居住于A市安平区各自父母家中。A市升湖区法院以申请管辖权异议超过申请期限为由，裁定驳回张成功管辖权异议申请。后，升湖区法院查明情况，遂裁定将案件移送安平区法院。安平区法院接受移送，确定适用简易程序审理此案。

安平区法院在案件开庭审理时组织调解。

黎明丽声称：2005年12月，其与张成功结婚，后因张成功有第三者陈佳，感情已破裂，现要求离婚。黎明丽提出，离婚后儿子张好帅由其行使监护权，张成功每月支付抚养费1500元。现双方存款36万元（存折在张成功手中），由2人平分，生活用品归各自所有，不存在其他共有财产分割争议。

张成功承认：2005年12月，其与黎明丽结婚，自己现在有了第三者，36万元存款在自己手中，同意离婚，同意生活用品归各自所有，同意不存在其他共有财产分割争议。不同意支付张好帅抚养费，因其是黎明丽与前男友所生。

黎明丽承认：张好帅是其与前男友所生，但在户籍登记上，张成功与张好帅为父子关系，多年来父子相称，形成事实上的父子关系，故要求张成功支付抚养费。

调解未能达成协议。在随后的庭审中，黎明丽坚持提出的请求；张成功对调解中承认的多数事实和同意的请求予以认可，但否认了有第三者一事，仍不同意支付张好帅抚养费。黎明丽要求法院通知第三者陈佳以无独立请求权的第三人身份参加诉讼。

安平区法院作出判决：解除黎明丽、张成功婚姻关系；张好帅由黎明丽行使监护权，张成功每月支付抚养费700元；存款双方平分，生活用品归个人所有，不存在其他共有财产分割争议。法院根据调解中被告承认自己有第三者的事实，认定双方感情破裂，张成功

---

① 答案：CD
② 答案：BD

存在过失。

请回答第95～100题。

95. 关于本案管辖，下列选项正确的是：①

A. 张成功行使管辖异议权符合法律的规定

B. 张成功主张管辖异议的理由符合法律规定

C. 升湖区法院驳回张成功的管辖异议符合法律规定

D. 升湖区法院对案件进行移送符合法律规定

96. 关于本案调解，下列选项正确的是：②

A. 法院在开庭审理时先行调解的做法符合法律或司法解释规定

B. 法院在开庭审理时如不先行组织调解，将违反法律或司法解释规定

C. 当事人未达成调解协议，法院在当事人同意情况下可以再次组织调解

D. 当事人未达成调解协议，法院未再次组织调解违法

97. 对黎明丽要求陈佳以无独立请求权第三人参加诉讼的请求，下列选项正确的是：③

A. 法院可以根据黎明丽的请求，裁定追加陈佳为无独立请求权第三人

B. 如张成功同意，法院可通知陈佳以无独立请求权第三人名义参加诉讼

C. 无论张成功是否同意，法院通知陈佳以无独立请求权第三人名义参加诉讼都是错误的

D. 如陈佳同意，法院可通知陈佳以无独立请求权第三人名义参加诉讼

98. 下列双方当事人的承认，不构成证据制度中自认的是：④

A. 张成功承认与黎明丽存在婚姻关系

B. 张成功承认家中存款36万在自己手中

C. 张成功同意生活用品归各自所有

D. 黎明丽承认张成功不是张好帅的亲生父亲

99. 下列可以作为法院判决根据的选项是：⑤

A. 张成功承认与黎明丽没有其他财产分割争议

B. 张成功承认家中36万存款在自己手中

C. 黎明丽提出张成功每月应当支付张好帅抚养费1500元的主张

D. 张成功在调解中承认自己有第三者

100. 关于法院宣判时应当向双方当事人告知的内容，下列选项正确的是：⑥

A. 上诉权利　　B. 上诉期限

C. 上诉法院　　D. 判决生效前不得另行结婚

十二、2010年卷三97～100题

丙承租了甲、乙共有的房屋，因未付租金被甲、乙起诉。一审法院判决丙支付甲、乙租金及利息共计10000元，分五个月履行，每月给付2000元。甲、乙和丙均不服该判决，

① 答案：BC（原答案为BCD）

② 答案：ABC

③ 答案：C

④ 答案：ACD

⑤ 答案：AB

⑥ 答案：ABCD

提出上诉：乙请求改判丙一次性支付所欠的租金10000元。甲请求法院判决解除与丙之间租赁关系。丙认为租赁合同中没有约定利息，甲、乙也没有要求给付利息，一审法院不应当判决自己给付利息，请求判决变更一审判决的相关内容。丙还提出，为修缮甲、乙的出租房自己花费了3000元，请求抵销部分租金。

根据上述事实，请回答97～100题。

97. 关于一审法院判决丙给付甲、乙利息的做法，下列说法正确的是：①

A. 违背了民事诉讼的处分原则

B. 违背了民事诉讼的辩论原则

C. 违背了民事诉讼的当事人诉讼权利平等原则

D. 违背了民事诉讼的同等原则

98. 关于二审中当事人地位的确定，下列选项正确的是：②

A. 丙是上诉人，甲、乙是被上诉人

B. 甲、乙是上诉人，丙是被上诉人

C. 乙、丙是上诉人，甲是被上诉人

D. 甲、乙、丙都是上诉人

99. 关于甲上诉请求解除与丙的租赁关系，下列选项正确的是：③

A. 二审法院查明事实后直接判决

B. 二审法院直接裁定发回重审

C. 二审法院经当事人同意进行调解解决

D. 甲在上诉中要求解除租赁关系的请求，须经乙同意

100. 关于丙提出用房屋修缮款抵销租金的请求，二审法院正确的处理办法是：④

A. 查明事实后直接判决

B. 不予审理

C. 经当事人同意进行调解解决，调解不成的，发回重审

D. 经当事人同意进行调解解决，调解不成的，告知丙另行起诉

<table>
<tr><td>当事人在一审中已提出的诉讼请求，原审人民法院未作审理、判决</td><td colspan="2">调解不成，发回重审</td></tr>
<tr><td>必须参加诉讼的当事人或者有独三在一审中没有参加诉讼</td><td colspan="2">调解不成，发回重审</td></tr>
<tr><td>一审判决不准离婚，二审法院认为应当判决离婚的，对财产分割和子女抚养问题</td><td>调解不成，发回重审</td><td rowspan="2">此两种情形中，如果当事人同意二审法院一并审理的，可以由二审法院一并审理</td></tr>
<tr><td>原告新增独立的诉讼请求或者被告提出反诉的</td><td>调解不成，告知另诉</td></tr>
</table>

① 答案：A

② 答案：D

③ 答案：CD

④ 答案：D